제6판

현대
생산·운영관리

PRODUCTION & OPERATIONS MANAGEMENT

이상범 · 안성제 · 양재환 · 문용마

명경사
MYUNGKYUNGSA

머 | 리 | 말

1995년 본서를 처음 발간한 후 그동안 4번 개정을 거쳤다. 본서를 처음 쓸 때의 의도는 계량적인 기법 위주나 미시적인 생산관리가 아니라 경영학적이고 전략적인 생산관리를 쓰는 것이었다. 또한 백과사전식 생산관리가 아니라 체계적이고, 이해하기 쉬운 생산관리를 쓰고 싶었다. 이러한 의도를 살리기 위해 그동안 개정 때마다 많은 고심을 하였다. 그럼에도 불구하고 부족한 점이 많았으리라고 생각한다. 이번에는 일부 장의 체제를 바꾸고, 여러 용어를 고쳐 쓰고, 일부 내용들은 좀 더 이해하기 쉽도록 새롭게 기술하여 제6판을 내놓게 되었다.

제6판에서는 용어를 전체적으로 많이 바꾸었다. 그동안 본서에서는 'process'를 '공정'으로 써왔는데, 이번에는 책 전체에 걸쳐 혼동이 되지 않는 한 가급적 '프로세스'로 고쳐 썼다. 또한 'batch'를 '배치'로 표현하였는데, 이번에는 다른 용어(예를 들면, '설비 배치')와 혼동을 피하고 좀 더 영어 발음에 맞도록 '뱃치'로 고쳐 썼다. 이외에도 프로젝트의 일정계획에서 '주공정'을 '주경로'로 바꾸는 등 책 전체적으로 일부 용어를 수정하였다.

제6판의 주요 개정사항은 다음과 같다.

- **제1장 생산기능**에서는 생산관리의 역사를 새롭게 정리하고, 최근의 인더스트리 4.0, 스마트공장 및 제4차 산업혁명을 추가하였다.
- **제2장 생산전략**에서는 생산전략 모형을 보다 논리적으로 기술하였다.
- **제3장 제품설계**에서는 제5판에서 삭제하였던 품질기능전개를 다시 넣었다.
- **제4장 프로세스 선택**에서는 장의 제목을 바꾸었다. 그리고 집중화 생산을 추가하였고, 대량고객화를 새로 기술하였으며, 보론은 삭제하였다.
- **제5장 서비스 프로세스 설계**에서는 장의 제목을 바꾸었다. 그리고 서비스 복구 및 서비스 보증과 서비스 설계의 생산라인 접근법을 새로 기술하였다.
- **제6장 프로세스 흐름 분석 및 설비배치**에서는 장의 제목을 바꾸었다. 그리고 구체적인 설비배치 기법은 보론에 편제하였다.
- **제7장 수요예측**에서는 추세조정 지수평활법을 삭제하였다.
- **제12장 독립수요품목의 재고관리**에서는 단일기간 재고모형을 보론에 편제하였다.

- **제13장 자재소요계획과 전사적 자원관리**에서는 장의 제목을 바꾸었다. 그리고 생산 통제의 푸시 방식과 풀 방식의 차이를 보다 쉽게 이해할 수 있도록 새로 기술하였다.
- **제14장 린 시스템**에서는 주일정계획의 안정화와 품질문제를 알기 쉽게 새로 기술하는 등 전체적으로 내용을 새로 정리하였다.
- **제16장 품질경영**에서는 ISO 9000 품질표준과 ISO 14000 환경경영표준을 새로 기술하였다.
- **제17장 품질관리 및 개선**에서는 장의 제목을 바꾸고 용어를 새롭게 정리하였다.

이 외에도 모든 장에 걸쳐 표현을 보다 이해하기 쉽고 명확하도록 수정 · 보완하였고, 일부 장에서는 토론문제를 보완하였다.

지난 25년 동안 본서는 생산관리 입문서로서 많은 대학에서 교재로 채택되었다. 저자의 입장에서는 본서를 통해 생산관리를 가르치는 교수님들과 배우는 학생들에게 항상 고마움과 함께 큰 책임감을 느끼고 있다. 앞으로도 좋은 책으로 거듭날 수 있도록 최선의 노력을 다 할 생각이다.

제6판이 나오기까지에는 여러 사람들의 도움이 컸다. 특히 오랜 세월 한결같은 지원과 격려를 아끼지 않으신 명경사 한의명 사장님께 감사드린다. 아울러 편집에 많은 정성을 기울여 주신 김은희 님께도 감사드린다.

2019년 한여름에

저자를 대표하여 이상범 씀

| 부 • 장 차례 |

제Ⅰ부 생산 · 운영관리 입문

제 1 장 생산기능 3
제 2 장 생산전략 23
제 3 장 제품설계 41

제Ⅱ부 프로세스

제 4 장 프로세스 선택 63
제 5 장 서비스 프로세스 설계 91
제 6 장 프로세스 흐름 분석 및 설비배치 117

제Ⅲ부 프로세스

제 7 장 수요예측 159
제 8 장 설비계획 203
제 9 장 총괄생산계획 229
제10장 일정계획 251
제11장 프로젝트의 일정계획 277

제Ⅳ부 재 고

제12장 독립수요품목의 재고관리 311
제13장 자재소요계획과 전사적 자원관리 363
제14장 린 시스템 387
제15장 공급사슬관리 413

제Ⅴ부 품 질

제16장 품질경영 451
제17장 품질관리 및 개선 475

| 차례 |

제 I 부 생산 · 운영관리 입문

제 1 장 생산기능

1. 생산관리의 정의 — 4
2. 생산관리의 역사적 발전 — 6
3. 생산시스템 — 11
4. 생산 의사결정 — 13
5. 생산관리의 목표 — 16
6. 본서의 구성 체계 — 18
■ 요 약 20 / 토론문제 20 / 참고문헌 21

제 2 장 생산전략

1. 생산전략의 정의 — 24
2. 생산전략모형 — 25
3. 타 전략과의 연계 — 33
4. 공급사슬전략 — 35
5. 글로벌 생산전략 — 35
6. 환경과 지속가능한 생산 — 37
■ 요 약 38 / 토론문제 39 / 참고문헌 40

제 3 장 제품설계

1. 신제품 도입전략 — 42
2. 신제품 개발과정 — 43
3. 동시공학 — 45
4. 공급사슬과의 협력 — 47
5. 품질기능전개 — 49
6. 제조를 고려한 설계 — 52
6.1 가치분석/가치공학 52
6.2 모듈러 설계 54
6.3 로버스트 설계 55
7. 에코 설계 — 56
■ 요 약 57 / 토론문제 58 / 참고문헌 59

제Ⅱ부 프로세스

제 4 장 프로세스 선택

1. 프로세스의 유형 ― 64
 1.1 제품 흐름의 유형에 따른 분류 64
 1.2 주문 충족의 유형에 따른 분류 71
2. 프로세스 선택 의사결정 ― 75
3. 제품-프로세스 전략 ― 77
4. 집중화 생산 ― 79
5. 대량고객화 ― 81
6. 수직적 통합 ― 83
7. 프로세스 선택의 환경적 문제 ― 85
■ 요 약 86 / 토론문제 88 / 참고문헌 89

제 5 장 서비스 프로세스 설계

1. 서비스의 정의 ― 92
2. 서비스의 분석 틀 ― 93
3. 서비스전략 ― 96
4. 서비스 상품의 설계 ― 96
5. 서비스 행렬 ― 99
6. 고객접촉 ― 103
7. 서비스 복구 및 서비스 보증 ― 105
8. 종업원과 서비스 ― 107
9. 서비스 설계의 세 가지 접근법 ― 109
■ 요 약 112 / 토론문제 113 / 참고문헌 114

제 6 장 프로세스 흐름 분석 및 설비배치

1. 프로세스 흐름 분석 ― 118
2. 설비배치의 유형 ― 122
 2.1 공정별 배치 123
 2.2 제품별 배치 124
 2.3 프로젝트 배치 126
 2.4 셀룰러 배치 127
3. 서비스시스템의 설비배치 ― 130

■ 요 약 131 / 토론문제 132 / 참고문헌 132

[보론] 설비배치 기법

1. 공정별 배치 기법 ———— 133
   1.1 물량-거리모형 133
   1.2 체계적 배치계획 137
2. 제품별 배치 기법 ———— 139
   2.1 조립라인 139
   2.2 조립라인 균형문제 140
   2.3 조립라인 균형의 절차 144
   2.4 과업의 분할 149

■ 연습문제 150

제Ⅲ부 생산능력

제 7 장 수요예측

1. 수요예측기법의 유형 ———— 160
2. 수요예측과 생산관리 ———— 161
3. 정성적 기법 ———— 162
4. 시계열분석기법 ———— 165
   4.1 시계열의 구성요소 165
   4.2 이동평균법 167
   4.3 지수평활법 171
   4.4 추세분석법 175
   4.5 시계열분해법 179
5. 예측오차의 측정과 통제 ———— 184
   5.1 예측오차의 측정 184
   5.2 예측오차의 통제 188
6. 인과형 모형 ———— 190
   6.1 회귀분석 190
   6.2 기타 인과형 모형 194
7. 수요예측기법의 선택 ———— 194

■ 요 약 196 / 토론문제 196 / 연습문제 197 / 참고문헌 202

제 8 장
설비계획

1. 생산능력의 정의와 측정 —— 204
2. 설비 의사결정 —— 206
3. 설비전략 —— 207
3.1 생산능력의 양 208
3.2 설비의 크기 210
3.3 생산능력의 추가 시기 212
4. 설비입지 —— 213
4.1 제조업의 주요 입지결정요인 213
4.2 서비스업의 주요 입지결정요인 215
4.3 국제입지 216
4.4 입지결정기법 218
■ 요 약 223 / 토론문제 224 / 연습문제 225 / 참고문헌 227

제 9 장
총괄생산계획

1. 총괄생산계획의 정의 —— 230
2. 총괄생산계획의 의사결정 대안 —— 231
2.1 수요관리 232
2.2 공급관리 233
3. 총괄생산계획 전략 —— 235
4. 총괄생산계획 비용 —— 236
5. 총괄생산계획의 예 —— 238
■ 요 약 244 / 토론문제 244 / 연습문제 245 / 참고문헌 247

[보론] 총괄생산계획의 선형계획모형 —— 248

제 10 장
일정계획

1. 뱃치 프로세스의 일정계획 —— 252
2. 갠트도표에 의한 일정계획 —— 253
3. 유한 생산능력 일정계획 —— 256
4. 작업순서의 결정 —— 259
4.1 우선순위규칙과 작업순서의 평가기준 259
4.2 한 개의 작업장을 거치는 경우 261
4.3 두 개의 작업장을 거치는 경우 266
4.4 다수의 작업장을 거치는 일반적인 경우 268

5. 생산현장 통제 ———— 268
5.1 투입-산출 통제 269
5.2 갠트도표에 의한 일정 통제 271
■ 요 약 272 / 토론문제 272 / 연습문제 273 / 참고문헌 276

제 11 장 프로젝트의 일정계획

1. 프로젝트 관리의 목적 ———— 278
2. 프로젝트의 계획 및 통제 ———— 279
3. 프로젝트의 일정계획 방법 ———— 281
3.1 갠트도표에 의한 프로젝트의 일정계획 282
3.2 PERT/CPM 283
4. PERT/CPM의 확정적 모형 ———— 285
4.1 PERT/CPM 네트워크 285
4.2 열거법 287
4.3 전진후진계산법 288
5. PERT/CPM의 확률적 모형 ———— 293
6. 시간-비용의 관계 ———— 297
■ 요 약 303 / 토론문제 304 / 연습문제 304 / 참고문헌 308

제Ⅳ부 재 고

제 12 장 독립수요품목의 재고관리

1. 재고의 목적 ———— 313
2. 재고 관련 비용 ———— 314
3. 독립수요와 종속수요 ———— 316
4. 재고시스템 ———— 318
5. 확정적 재고모형 ———— 322
5.1 경제적 주문량 모형 322
5.2 확정적 정기주문모형 330
6. 확률적 재고모형 ———— 333
6.1 확률적 고정주문량모형 333
6.2 확률적 정기주문모형 338
7. ABC 재고 분류 ———— 340
■ 요 약 343 / 토론문제 344 / 연습문제 345 / 참고문헌 348

[보론] 특수 재고모형

1. 경제적 생산량 모형 ---- 349
2. 수량할인이 있는 경우의 경제적 주문량 모형 ---- 353
3. 단일기간 재고모형 ---- 357

■ 연습문제 361

제 13 장
자재소요계획과 전사적 자원관리

1. MRP의 기본 원리 ---- 365
2. MRP시스템의 기본 구조 ---- 367
3. MRP의 적용 예 ---- 371
4. MRP시스템의 유형 ---- 375
5. MRP 대 주문점시스템 ---- 377
6. MRP시스템의 운영 ---- 379
7. 전사적 자원관리(ERP) ---- 380

■ 요 약 382 / 토론문제 382 / 연습문제 383 / 참고문헌 386

제 14 장
린 시스템

1. 린의 진화 ---- 388
2. 린 사고의 원리 ---- 389
3. 린 생산시스템 ---- 393
4. 주일정계획의 안정화 ---- 395
5. 칸반시스템 ---- 397
6. 준비시간과 로트 크기의 감축 ---- 401
7. 설비배치와 설비정비 ---- 404
8. 작업자에 대한 영향 ---- 405
9. 품질 문제 ---- 406
10. 공급자와의 관계 ---- 408

■ 요 약 409 / 토론문제 410 / 연습문제 411 / 참고문헌 412

제 15 장
공급사슬관리

1. 공급사슬관리의 개요 ---- 414
   1.1 공급사슬과 공급사슬관리 414
   1.2 공급사슬의 채찍효과 416
2. 구 매 ---- 419

2.1 생산/구매 의사결정, 아웃소싱, 오프쇼어링 및 글로벌 소싱 419
2.2 구매 과정 422
2.3 공급자 선택 및 인증 423
2.4 공급자 관계 424
2.5 집중구매와 분산구매 427
3. 로지스틱스 427
3.1 완제품 재고의 배치 428
3.2 수송관리 429
4. 공급사슬의 성과 측정 432
4.1 공급사슬의 성과 척도 432
4.2 재고 척도 435
5. 공급사슬의 개선 437
5.1 공급사슬의 구조적 개선 437
5.2 공급사슬의 하부구조적 개선 440
6. 기술과 공급사슬관리 442
■ 요 약 444 / 토론문제 445 / 연습문제 446 / 참고문헌 448

제Ⅴ부 품 질

제 16 장 품질경영

1. 품질의 정의 452
1.1 제품 품질 453
1.2 서비스 품질 455
2. 품질관리의 발전 457
2.1 품질관리의 역사 457
2.2 품질향상운동 459
3. 품질의 계획, 관리 및 개선 462
4. 공급자 품질 464
5. 품질과 재무성과 466
5.1 품질비용 466
5.2 품질이 재무성과에 미치는 영향 467
6. 국제품질표준 468
6.1 ISO 9000 품질표준 468

6.2 ISO 14000 환경경영표준 469
7. 국가품질상 제도 ---- 470
■ 요 약 471 / 토론문제 472 / 참고문헌 473

제 17 장
품질관리 및 개선

1. 품질관리시스템의 설계 ---- 476
2. 프로세스 품질관리 ---- 479
2.1 품질변동 480
2.2 관리도와 관리한계 480
2.3 계량형 관리도 483
2.4 계수형 관리도 488
2.5 관리도 사용 시 유의점 494
3. 프로세스 능력 ---- 495
4. 지속적 개선 ---- 498
4.1 지속적 개선을 위한 개념적 도구 498
4.2 지속적 개선을 위한 분석적 도구 501
5. 식스 시그마 ---- 506
■ 요 약 509 / 토론문제 509 / 연습문제 510 / 참고문헌 514

[보론] 샘플링 검사
1. 계수형 1회 샘플링 검사법 ---- 515
2. 검사특성곡선 ---- 518
■ 연습문제 522

◆ 부표 / 525
◆ 연습문제 해답(홀수번) / 533
◆ 찾아보기 / 559

제 I 부

생산 · 운영관리 입문

제1장 생산기능

제2장 생산전략

제3장 제품설계

제 I 부 생산 · 운영관리 입문에서는 생산 · 운영관리의 전반적인 소개와 각종 생산의사결정에 기초가 되는 내용을 다룬다. 제1장 생산기능에서는 생산관리의 정의, 생산관리의 역사적 발전, 생산시스템, 생산 의사결정, 생산관리의 목표 등 생산관리의 개요를 살펴본다. 제2장 생산전략에서는 생산 의사결정의 전반적인 방향을 설정하는 비전 또는 지침인 생산전략을 살펴본다. 모든 생산 의사결정에는 어떤 제품이나 서비스를 생산할 것인가가 전제가 되어야 한다. 따라서 제3장에서는 제품설계를 살펴본다.

제 I 부 생산 · 운영관리 입문

제 1 장 생산기능
제 2 장 생산전략
제 3 장 제품설계

제 II 부 프로세스

제 4 장 프로세스 선택
제 5 장 서비스 프로세스 설계
제 6 장 프로세스 흐름 분석 및 설비배치

제 III 부 생산능력

제 7 장 수요예측
제 8 장 설비계획
제 9 장 총괄생산계획
제10장 일정계획
제11장 프로젝트의 일정계획

제 IV 부 재 고

제12장 독립수요품목의 재고관리
제13장 자재소요계획과 전사적 자원관리
제14장 린 시스템
제15장 공급사슬관리

제 V 부 품 질

제16장 품질경영
제17장 품질관리 및 개선

제1장
생산기능

1. 생산관리의 정의
2. 생산관리의 역사적 발전
3. 생산시스템
4. 생산 의사결정
5. 생산관리의 목표
6. 본서의 구성 체계
• 요 약
• 토론문제
• 참고문헌

생산관리란 제품과 서비스의 생산을 효과적 · 효율적으로 관리하는 것이다. 조직에서 제품과 서비스의 생산은 생산기능이 담당하고 있다. 따라서 생산관리란 생산기능의 효과적 · 효율적 관리라고 할 수 있다.

조직에서 생산기능은 생산관리자에 의해 관리된다. 생산관리자의 대표적인 예는 공장의 운영을 책임지고 있는 공장장이다. 기타 공장 내의 생산 및 재고관리자, 품질관리자, 현장감독자 등도 생산관리자이다. 이들 공장관리자 집단은 제조업에서 제품의 생산을 책임지고 있다. 나아가 본사의 생산담당 임원이나 품질, 생산 및 재고관리, 설비 등에 관한 업무를 담당하고 있는 참모 집단도 생산관리자의 범주에 들어간다.

생산관리자는 제조업뿐만 아니라 서비스업에도 고용되어 있다. 은행, 호텔, 항공사, 레스토랑, 유통점 등의 서비스업에서는 운영관리자가 제조업의 생산관리자에 해당하는 역할을 수행한다. 또한 공공서비스를 생산하는 정부기관이나 공기업의 경우에도 운영관리자가 있다. 이러한 서비스 조직의 운영관리자는 제조업에서 제품의 생산 · 공급을 책임지고 있는 생산관리자와 마찬가지로 서비스의 생산 · 공급을 책임지고 있다. 최근 많은 대기업들은 기업 전체 차원에서 생산과 운영을 총괄적으로 책임지는 **최고운영책임자**(COO: chief operating officer)를 두고 있다.

언뜻 보면 제조 활동과 서비스 활동은 공통점이 거의 없는 것처럼 보일 수 있다. 하지만 제조 활동과 서비스 활동은 모두 변환 프로세스(transformation process)로 볼 수 있다. 제조 활동에서는 원자재, 노동력, 자본, 에너지 등과 같은 투입물이 완제품으로 변환되며, 서비스 활동에서는 이들 투입물이 서비스 산출물로 변환된다. 제조업이든 서비스업이든 어떤 조직에서나 이러한 변환 프로세스를 효과적 · 효율적으로 관리하는 것이 생산관리자나 운영관리자의 임무인 것이다.

제품과 서비스의 생산을 효과적 · 효율적으로 관리하는 학문 체계는 오랫동안 **생산관리**(production management)란 명칭으로 불리어 왔다. 왜냐하면 생산관리는 원래 제조업, 즉 공장관리를 중심으로 생겨났기 때문이다. 그 후 서비스업이 경제에서 차지하는 비중이 커지기 시작하면서부터 전통적인 생산관리란 명칭은 제조업뿐만 아니라 서비스업까지 포괄한다는 의미에서 **운영관리**(operations management)란 명칭으로 바뀌었다. 하지만 아직도 많은 사람들이 전통적인 명칭인 생산관리에 익숙해 있으므로 본서의 명칭으로는 **생산 · 운영관리**(production and operations management)를 채택하였다. 그러나 본서의 내용에 있어서는 이들 명칭들을 구별하지 않고 쓰기로 한다. 또한 제조업과 서비스업 모두를 본서의 대상으로 한다.

본장은 생산 · 운영관리의 입문 내용으로서 생산관리의 정의, 생산관리의 역사적 발전, 생산시스템, 생산 의사결정, 생산관리의 목표 등을 개괄적으로 다룬다. 아울러 본서의 구성 체계도 소개한다.

1 생산관리의 정의

영리조직이든 비영리조직이든 모든 조직은 고객에게 가치가 있는 제품이나 서비스를 생산해야만 존속 · 발전할 수 있다.[1)] 조직에서 고객에게 가치가 있는 제품이나

1) 여기서 가치란 고객이 지불하는 가격 대비 제품이나 서비스로부터 얻을 수 있는 유 · 무형의 혜택을 의미한다. 예를 들면, 구두의 가치는 지불하는 가격 대비 디자인, 편의성, 내구성 등이다. 가치는 고객에 따라 달라질 수 있다. 비행기의 일등석은 비즈니스 여행자에게는 가치가 있을지 모르지만 관광 여행자에게는 비싼 요금 때문에 가치가 없을 수도 있다. 이와 같이 가치는 고객의 입장에서 정의된다. 따라서 조직은 고객에게 제공하는 제품이나 서비스의 가치를 잘 파악하고, 이를 제품이나 서비스의 생산 의사결정에 반영해야 한다.

서비스를 생산하는 책임은 생산기능이 지고 있다. 생산기능은 생산관리자에 의해 관리된다. 생산관리자는 생산기능을 효과적 · 효율적으로 관리하기 위해 여러 가지 의사결정을 한다. 따라서 의사결정에 초점을 맞추어 생산관리를 정의해 보면 다음과 같다.[2)]

> 생산기능은 고객에게 가치가 있는 제품이나 서비스를 생산하는 책임을 지고 있다. 생산기능은 생산관리자에 의해 관리된다. 생산관리자는 투입물을 제품이나 서비스로 바꾸는 변환 프로세스를 관리하기 위해 여러 가지 의사결정을 한다. 따라서 생산관리란 생산기능에 관한 의사결정, 즉 생산 의사결정에 관한 연구라고 할 수 있다.

위의 정의에서 강조되는 세 가지 사항은 생산기능, 변환 프로세스 및 생산 의사결정이다.

1. **생산기능**: 생산은 마케팅, 재무 등과 함께 조직의 주요 기능이다. 생산기능은 제조업에서는 보통 제조부서 또는 생산부서로 불리며, 서비스업에서는 운영부서 또는 특정 산업 분야에 고유한 어떤 명칭으로 불린다. 하지만 명칭에 관계없이 생산기능은 어느 조직에서나 제품이나 서비스를 생산하는 기능을 의미한다.
2. **변환 프로세스**: 프로세스 견해에서는 제품과 서비스의 생산 활동을 투입물을 원하는 산출물로 바꾸는 변환 프로세스 또는 변환시스템으로 정의한다. 제조 활동에서는 원자재, 노동력, 자본, 에너지 등의 투입물이 완제품으로 변환되며, 서비스 활동에서는 이와 같은 투입물이 서비스 산출물로 변환된다. 어떠한 조직에서나 생산관리자 또는 운영관리자의 임무는 변환 프로세스를 계획하고 관리하는 것이다.
3. **생산 의사결정**: 생산관리자는 생산기능에 관한 의사결정을 한다. 본서에서는 생산 의사결정을 기능적인 측면에서 프로세스, 생산능력, 재고, 품질의 4대 분야로 구분한다.

---

2) 이 생산관리의 정의는 생산 의사결정에 초점을 둔 Schroeder, Goldstein, and Rungtusanatham (2013)의 정의를 따른 것이다. 생산관리는 학자에 따라 다양하게 정의되고 있다. 예를 들면, Jacobs and Chase(2017)는 생산관리를 "기업의 주요 제품이나 서비스를 생산하여 전달하는 시스템의 설계, 운영 및 개선"으로 정의하고 있고, Krajewski, Malhotra, and Ritzman(2016)은 생산관리를 "투입물을 외부 및 내부 고객을 위한 제품이나 서비스로 변환시키는 프로세스의 체계적인 설계, 관리 및 통제"로 정의하고 있다.

2 생산관리의 역사적 발전

생산관리는 인류가 제품과 서비스를 생산하면서부터 존재해 왔다고 볼 수 있다. 따라서 생산관리의 역사는 고대 문명에까지 거슬러 올라갈 수 있지만, 여기서는 최근 100년간의 역사적 발전에 초점을 맞추어 엄격한 연대순보다는 생산관리에 대한 주요 공헌들을 중심으로 생산관리의 발전과정을 살펴본다.

(1) 과학적 관리법

현대적인 의미에서의 생산관리는 1911년 테일러(Frederick W. Taylor)의 과학적 관리법(scientific management)으로부터 태동되었다고 볼 수 있다. 과학적 관리법은 과학적 방법이 작업을 연구하는 데에도 사용될 수 있다는 논리에 근거하고 있다. 과학적 관리법은 ① 현재의 작업방법의 관찰, ② 과학적 측정과 분석을 통한 개선된 방법의 개발, ③ 새로운 방법에 대한 작업자 훈련, ④ 작업과정에 대한 계속적인 피드백 및 관리의 4단계로 구성된 과학적 접근법을 사용함으로써 작업에 대한 최상의 방법을 발견하는 것을 목적으로 한다. 생산관리는 20세기 초 과학적 관리법의 출현으로 비로소 형태를 갖추기 시작하였다.

(2) 이동조립라인

1913년 포드(Henry Ford)는 자동차의 대량생산을 가능케 한 획기적인 기술혁신인 이동조립라인(moving assembly line)을 도입하였다. 이동조립라인이 도입됨으로써 자동차의 조립시간이 대폭적으로 줄어들게 되었다. 포드는 제품의 단순화(simplification), 부품의 표준화(standardization), 작업의 전문화(specialization)라는 3S 개념에 착안하여 자동차를 설계하고, 각 작업자로 하여금 세분된 작업을 정해진 표준시간에 컨베이어 벨트를 따라 동시에 수행하게 하였다. 이동조립라인의 개념은 자동차뿐만 아니라 다수의 부품으로 조립되는 제품의 신속한 대량생산을 가능케 하였다.

(3) 인간관계론

인간관계론(human relations)은 작업설계에 있어 동기부여와 인간적인 요소를 강조하였다. 1930년대에 메이요(Elton Mayo)와 그의 동료들은 웨스턴 전기회사

(Western Electric)에서 실시한 유명한 호손실험(Hawthorne study)을 통해 작업자에 대한 동기부여가 생산성 향상에 결정적인 요소임을 지적하였다. 오늘날 인간관계학파의 사고는 생산성 향상뿐만 아니라 작업장의 인간화를 위한 방법으로도 인식되고 있다.

(4) 의사결정모형

의사결정모형은 생산시스템을 수학적인 형태로 나타내는 데 사용된다. 의사결정모형은 보통 결정변수, 성과측정식 및 제약식으로 구성된다. 의사결정모형의 목적은 여러 제약조건하에서 생산시스템의 성과를 최대화하는 결정변수의 값을 구하는 것이다. 최초의 의사결정모형은 1915년 해리스(F. W. Harris)에 의해 개발된 재고관리를 위한 경제적 주문량 모형이라고 볼 수 있다. 1924년 벨 전화연구소의 슈하트(Walter A. Shewhart)는 관리도를, 그리고 이보다 조금 뒤에 닷지와 로믹(H. F. Dodge and H. G. Romig)은 샘플링 검사법이란 통계적 품질관리를 위한 계량의사결정모형을 개발하였다. 그러나 생산관리에 계량의사결정모형이 본격적으로 도입된 것은 제2차 세계대전을 계기로 각종 OR(operations research) 또는 경영과학(management science) 기법이 개발되면서부터이다. 1947년 단치히(George Dantzig)는 선형계획모형(linear programming)의 심플렉스 해법(simplex method)을 개발함으로써 선형계획법의 실제 응용을 촉진시켰다. 1950년대에는 컴퓨터 시뮬레이션 모형이 생산관리에 응용되었으며, 1950년대 이후에는 여러 가지 OR기법들이 생산관리에 확대 적용되어 왔다.

(5) 컴퓨터와 자재소요계획(MRP)

1970년대부터는 생산관리에 컴퓨터가 본격적으로 사용되기 시작하였다. IBM의 올리키(Joseph Orlicky)와 컨설턴트인 와이트(Oliver Wight)는 종속수요품목(원자재, 부품, 구성품 등)의 재고관리를 위한 자재소요계획(MRP: material requirements planning) 프로그램을 개발하였다. MRP를 이용함으로써 수많은 부품으로 이루어지는 최종 제품에 대해 생산일정계획을 수립하고, 재고 및 구매 관리를 효과적으로 할 수 있게 되었다.

(6) 생산전략 패러다임

1970년대 말부터 1980년대 초에 걸쳐 하버드 경영대학원 교수들을 중심으로 생산기능이 기업의 경쟁우위를 달성하기 위한 전략적 경쟁무기로 활용되어야 함을 강조하는 생산전략 패러다임이 등장하였다.

(7) 적시생산시스템(JIT), 린(lean) 제조, 총체적 품질관리(TQC) 및 공장자동화

1980년대에는 생산철학과 생산기술에 큰 변혁이 일어났다. 일본 도요타 자동차회사에서 시작된 적시생산시스템(JIT: just-in-time production system)은 획기적인 생산철학이었다. JIT는 제품이나 부품을 필요할 때, 필요한 만큼, 적시에 생산함으로써 재고수준을 최소화하고 생산 전반에 걸쳐 낭비를 줄이는 생산시스템이다. 이러한 일본의 JIT 생산방식은 모든 기업에 있어서 가치를 부가하지 않는 낭비 활동을 제거하는 보다 넓은 개념인 린 제조(lean manufacturing) 또는 린 시스템(lean system)으로 진화 · 발전하였다. 한편 총체적 품질관리(TQC: total quality control)는 제품의 불량 원인을 전사적인 노력을 통해 적극적으로 제거하는 품질관리방식이다. 이러한 JIT 또는 린 생산방식과 TQC는 오늘날 제조기업에서 보편적으로 활용되고 있다. 또한 컴퓨터 지원 설계(CAD: computer-aided design), 컴퓨터 지원 제조(CAM : computer-aided manufacturing), 유연생산시스템(FMS: flexible manufacturing system), 컴퓨터 통합 생산(CIM: computer integrated manufacturing) 등 각종 공장자동화 기술도 1980년대부터 생산관리에 크게 영향을 미치기 시작하였다

(8) 서비스의 품질과 생산성

맥도날드(McDonald's)는 표준화된 패스트푸드 서비스를 대량으로 신속하게 효율적으로 전달한다. 이러한 품질과 생산성에 대한 맥도날드의 독특한 접근법은 대량의 표준화된 서비스를 어떻게 전달해야 하는가에 대한 하나의 기준이 되었다.

(9) 총체적 품질경영(TQM) 및 국제품질인증제도

1980년대 말과 1990년대에는 품질관리의 개념이 제품 차원의 TQC에서 조직시스템 차원의 총체적 품질경영(TQM: total quality management)으로 전환되었다. TQM에서는 국제적으로 경쟁력을 갖춘 품질의 확보를 목표로 고객지향의 제품개발 및 품

질보증체계를 중요시한다. TQM을 촉진시킨 것은 국제표준화기구(ISO: International Organization for Standardization)의 ISO 9000 품질표준 및 인증제도이다. 또한 미국의 말콤 볼드리지 국가품질상(Malcolm Baldrige National Quality Award)과 같은 세계 각국의 국가품질상 제도도 TQM의 확산에 크게 기여하였다.

(10) 비즈니스 프로세스 리엔지니어링(BPR)

1990년대에 들어 세계경제의 불황 속에서 기업의 경쟁력을 유지하기 위해 업무 프로세스를 근본적으로 혁신하고자 하는 비즈니스 프로세스 리엔지니어링(BPR: business process reengineering)이 등장하였다. 해머(Michael Hammer)에 의해 주창된 이 접근법은 기업의 업무 프로세스를 처음부터 새로운 시각으로 다시 생각하고 근본적으로 재설계하자는 것이다. 즉, 기존의 업무 프로세스를 재설계하되 가치를 부가하지 않는 단계는 모두 제거하고 나머지 단계들은 전산화하자는 것이다. BPR은 정보기술의 발달과 밀접히 관련되어 있다. BPR은 점진적이고 지속적인 개선을 추구하는 TQM과는 달리 급진적인 변화를 추구한다.

(11) 식스 시그마 품질

식스 시그마 품질(six sigma quality)은 1980년대에 TQM의 한 부분으로 모토로라(Motorola)에 의해 개발되었다. 식스 시그마는 100만개 제품 중 불량품을 3.4개 이하로 유지할 정도의 좋은 품질을 확보하는 것을 목표로 한 경영혁신기법이다. 이를 위해 자료를 수집하고 통계적으로 분석해 문제의 원인을 찾아내고 개선하는 것이 식스 시그마의 기본 골자이다. 식스 시그마는 여러 가지 세부 기법이 많이 개발되면서 1990년대부터는 제조기업뿐만 아니라 서비스기업 나아가 공공부문에까지 광범위하게 확산되었다.

(12) 공급사슬관리

공급사슬(supply chain)이란 원자재의 공급자로부터 생산을 거쳐 최종 고객에 이르기까지 제조 및 서비스 활동의 네트워크를 말한다. 공급사슬관리(supply chain management)의 핵심 아이디어는 원자재의 공급자로부터 생산과 유통망을 거쳐 최종 고객에 이르기까지 자재, 서비스 및 정보의 흐름을 전체 시스템의 관점에서 관리하는 것이다. 현대 기업에서 공급사슬은 경쟁우위를 달성하는 중요한 수단이 되기 때문에 공급사슬관리는 전략적으로 매우 중요하다.

(13) 전자상거래

1990년대 후반부터는 인터넷과 월드 와이드 웹(WWW: World Wide Web)의 급속한 확산과 활용이 생산관리를 포함한 기업 경영 전반에 크게 영향을 미치고 있다. 인터넷은 1969년 미국 국방부가 구축한 ARPANET라는 정부 네트워크로부터 발전해 나왔다. 인터넷, 웹 페이지, 검색엔진 등의 사용으로 사람들이 소통하고, 정보를 얻고, 구매하는 방식이 크게 바뀌었다. 이에 따라 생산관리자가 생산 및 유통 기능을 실행하고 조정하는 방식도 바뀌게 되었다. 오늘날에는 인터넷 등의 정보통신기술과 비즈니스 모델을 접목시킨 e-비즈니스가 크게 발전해 나가고 있다.[3] 특히 기업 간(B2B) 그리고 기업과 소비자 간(B2C) 전자상거래가 크게 증가하고 있다. 전자상거래는 공급사슬관리를 포함한 생산관리에도 큰 변화를 가져오고 있다.

(14) 서비스과학

오늘날에는 서비스산업이 GDP나 총고용에서 차지하는 비중이 매우 크다. 전 세계적으로 서비스산업이 GDP에서 차지하는 비중은 60%를 넘고 있으며, 선진국의 경우에는 70% 이상을 차지하고 있다. 또한 서비스산업이 총고용에서 차지하는 비중도 선진국의 경우에는 70%를 넘고 있다. 이와 같이 거대해진 서비스산업의 생산성을 높이기 위한 시도가 2000년대에 들어와서 IBM 등 산업계와 학계에서 '서비스과학, 경영 및 공학(SSME: Service Science, Management, and Engineering)'이란 이름으로 시작되었다. SSME는 서비스산업의 변화와 혁신을 이루기 위해 경영학, 사회과학, 산업공학, 컴퓨터과학 등 이미 확립된 분야의 학문을 상호 접목하고 응용하여 서비스산업을 새로이 탐구하려는 과학적인 접근법이다. 이와 같은 SSME와 같은 의미로 사용되는 서비스과학(service science)은 서비스의 개발, 운영 및 개선을 위한 과학적 방법론과 응용기술을 연구하는 학제적 학문 분야이다.

---

3) e-비즈니스는 제품이나 정보 혹은 서비스를 인터넷에서 판매 · 구입하는 전자상거래보다는 포괄적인 개념으로서 제품의 기획 및 개발, 구매, 제조, 판매, 유통 및 소비까지 이어지는 모든 과정이 인터넷 등의 정보통신기술과 접목되는 경영 활동을 의미한다.

(15) 인더스트리 4.0, 스마트공장과 제4차 산업혁명

인더스트리 4.0(Industry 4.0)은 제조업의 경쟁력 강화를 위해 2010년부터 독일 정부가 추진하고 있는 제조혁신전략이다. 이 전략은 정보통신기술을 제조업에 접목해 **스마트공장**(smart factory)을 구축하고, 이를 위해 사물인터넷, 가상물리시스템(cyber physical system), 센서 등 기반 기술을 개발하고 생태계를 조성한다는 것이다.[4] 여기서 스마트공장이란 생산 프로세스에 디지털 자동화 솔루션이 결합된 정보통신기술을 적용한 지능형 공장을 의미한다. 즉, 공장 내 설비와 기계에 사물인터넷을 설치하여 프로세스 데이터를 실시간으로 수집하고, 이를 분석해 목적된 바에 따라 스스로 조직화하고 제어할 수 있는 공장을 말한다. 인더스트리 4.0의 추진자들은 자신들이 주도하는 변화를 **제4차 산업혁명**으로 정의한다.[5] 제4차 산업혁명을 통한 스마트공장을 어떻게 구축하고 관리할 것인가가 앞으로 생산관리의 중요한 과제가 될 것이다.

3 생산시스템

프로세스 또는 시스템적 견해에서는 생산은 투입물을 제품이나 서비스와 같은 산출물로 변환시키는 **변환시스템**(transformation system) 혹은 **생산시스템**(productive system)으로 정의된다. 따라서 이 견해에 따르면 생산관리란 변환시스템 혹은 생산시스템의 계획 및 관리라고 할 수 있다.

생산시스템은 [그림 1-1]과 같은 투입-변환-산출의 관계로 나타낼 수 있다. 생산시스템의 투입물은 자재, 노동력, 자본, 에너지, 정보 등이다. 이러한 투입물은 프로세스 기술에 의해 산출물인 제품이나 서비스로 변환된다. 프로세스 기술이란 투입물을

4) 우리나라도 독일의 인더스트리 4.0의 개념과 유사하게 정보통신기술과 제조업을 결합한 스마트공장을 짓는 것을 목표로 하는 '제조업혁신 3.0 전략'을 추진하고 있다.

5) 제1차 산업혁명은 18세기 증기기관 기반의 기계화 혁명, 제2차 산업혁명은 19~20세기 초 전기에너지 기반의 대량생산 혁명, 제3차 산업혁명은 20세기 후반 컴퓨터와 인터넷 기반의 지식정보 혁명, 그리고 제4차 산업혁명은 2015년 이후 사물인터넷 및 인공지능 기반의 초연결(hyperconnectivity)과 초지능(superintelligence) 혁명을 말한다.

그림 1-1 생산시스템

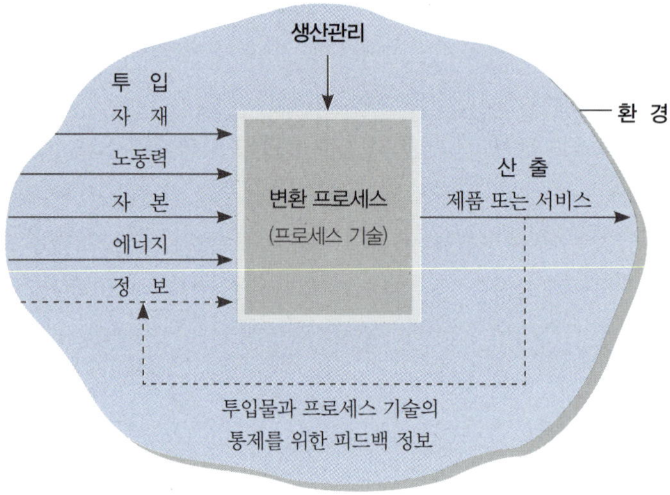

출처: Schroeder, Goldstein, and Rungtusanatham(2013), p. 14.

산출물로 변환시키는 데 사용되는 방법, 절차, 장비 등을 말한다. 피드백 정보는 투입물이나 프로세스 기술의 통제에 사용된다. 즉, 생산관리자는 피드백 정보를 이용하여 산출물의 생산에 필요한 투입물의 배합과 프로세스 기술을 계속적으로 조정한다.

생산의 프로세스 견해는 다양한 산업의 다양한 생산 활동을 통합적으로 분석하는 데 매우 유용하다. 제조업의 변환 프로세스는 자재를 완제품으로 바꾸는 물리적 변환이다. 자동차산업의 경우에는 철, 플라스틱, 알루미늄, 직물(또는 가죽) 및 기타 많은 자재가 다양한 부품으로 변환되고, 다시 이들 부품들이 완성차로 조립된다. 노동력은 기계장비를 가동하고 유지하는 데 요구되며, 에너지와 정보 또한 완성차를 생산하는 데 요구된다. 서비스업의 경우, 변환 프로세스는 투입물을 서비스 산출물로 변환시키는 데 사용된다. 예를 들면, 항공사는 비행기 및 장비와 같은 자본재, 조종사 · 승무원 및 기타 지원 인력과 같은 노동력, 그리고 에너지를 투입물로 사용하여 여객 및 화물 운송이라는 서비스 산출물을 만들어낸다. 〈표 1-1〉은 여러 가지 생산시스템의 예를 보여주고 있다. 이러한 변환 프로세스의 개념을 이용하면 어떠한 생산 활동도 생산시스템으로 파악하여 분석할 수 있다.

표 1-1 생산시스템의 예

생산시스템	투 입 물	산 출 물
제조공장	설비, 장비, 노동력, 에너지, 원자재	완제품
은　　행	직원, 설비, 컴퓨터 장비, 에너지	각종 금융서비스(예금, 대출 등)
병　　원	의사, 간호사, 직원, 설비, 의료 장비, 에너지	의료서비스 및 완쾌된 환자
항 공 사	비행기, 설비, 조종사, 승무원, 정비사, 노동력, 에너지	지역간 여객 및 화물 수송
레스토랑	요리사, 웨이터, 식품, 설비, 장비, 에너지	식사, 대접, 만족한 고객
대　　학	교수, 직원, 설비, 장비, 에너지, 지식	교육받은 학생, 연구 실적물, 공공서비스

출처: Schroeder, Goldstein, and Rungtusanatham(2013), p. 14.

생산시스템은 내부 및 외부 환경과 상호작용한다. 내부 환경과의 상호작용은 조직 내 여러 다른 기능과의 **교차기능적 의사결정**(cross-functional decision making)의 형태로 나타난다. 외부 환경과의 상호작용은 정치적, 경제적 및 사회적 환경과의 접촉을 통해 일어난다. 예를 들면, 각종 규제와 같은 정치적 변화, 인건비의 상승과 같은 경제적 변화, 친환경제품을 선호하는 소비자 기호와 같은 사회적 변화 등이다. 생산은 내부 및 외부 환경에 둘러싸여 있으며 이들 환경과 끊임없이 상호작용한다. 생산은 이러한 상호작용을 통해 환경을 항상 감시하고 필요한 변화를 추구한다. 급속히 변화하는 오늘날의 글로벌 비즈니스 세계에서 생산의 끊임없는 변화는 기업의 생존에 필수적이다.

4 생산 의사결정

생산관리는 생산기능에 관한 각종 의사결정을 다룬다. 본서에서는 생산 의사결정을 기능적 측면에서 프로세스(process), 생산능력(capacity), 재고(inventory), 품질(quality)의 4대 분야로 구분한다.[6)]

(1) 프로세스

프로세스에 관한 의사결정은 제품이나 서비스를 생산하는 데 사용되는 물리적인 프로세스나 설비에 관한 의사결정을 말한다. 구체적으로는 설비와 기술의 유형, 프로세스 흐름, 설비배치, 설비보전 등에 관한 의사결정이 이에 속한다. 프로세스에 관한 의사결정은 대부분 장기적인 성격을 가지고 있으며 대규모 자본투자가 요구되므로 쉽게 되돌리기 어렵다. 따라서 물리적인 프로세스는 기업의 장기적인 전략과 관련하여 설계되어야 한다.

(2) 생산능력

생산능력에 관한 의사결정은 적량의 생산능력을 적시, 적소에 제공함을 목적으로 한다. 장기 생산능력은 물리적인 생산설비의 크기와 공급자 혹은 아웃소싱(outsourcing)에 의해 결정된다. 하지만 단기적으로 생산능력은 잔업, 하청 등에 의해 추가될 수 있다. 생산능력계획에서는 설비의 크기뿐만 아니라 생산인력의 적정 수준도 결정해야 한다. 생산인력의 적정 수준은 시장 수요의 크기와 안정된 고용수준을 감안하여 결정된다. 단기적으로 가용 생산능력은 인력, 설비 및 장비의 일정계획을 통해 특정 작업이나 직무에 할당되어야 한다.

(3) 재 고

재고에 관한 의사결정에서는 재고의 유형과 수준을 결정한다. 또한 재고 의사결정에서는 원자재의 구입에서부터 재공품 및 완제품 재고에 이르기까지 자재를 관리하는 데 사용되는 재고관리시스템을 결정한다. 재고관리자는 얼마나 많은 재고가 필요한지, 재고를 어디에 둘 것인지 등의 재고와 관련된 의사결정을 한다. 즉, 재고관리자는 기업 및 공급사슬 내에서 자재의 흐름을 관리한다.

---

6) 또 하나의 주요 생산 의사결정 분야는 노동인력(workforce)에 관한 의사결정이다. 생산관리 측면에서 노동인력관리의 핵심 내용은 작업자가 수행해야 할 직무의 내용과 수행방법을 결정하는 직무설계(job design)와 작업의 표준량을 결정하는 작업측정(work measurement)이다. 이 두 가지 주제는 주로 산업공학에서 다루고 있고 또한 인적자원관리나 노무관리와도 관련이 있으므로 본서의 제2판부터는 생략하였다. 노동인력에 대한 구체적인 생산 의사결정에 대해서는 본서의 제1판(이상범, 1995)을 참고할 것.

(4) 품 질

생산기능은 제품과 서비스의 품질을 책임지고 있다. 품질에 관한 의사결정은 고객에게 제공되는 제품과 서비스의 품질에 영향을 미친다. 품질 의사결정은 제품과 서비스의 설계, 생산 및 고객 인도의 모든 단계에 품질이 잘 반영되도록 이루어져야 한다. 품질은 생산기능의 중요한 책임사항이지만 동시에 조직 전체의 지원이 요구되는 사항이다. 따라서 조직 내 모든 기능의 관리자는 품질에 관심을 가져야 하고, 품질명세와 요구되는 고객서비스 수준의 설정에 참여해야 한다. 오늘날 지속적인 품질 개선은 모든 관리자의 기본적인 책무이다.

성공적인 생산관리를 위해서는 네 가지 의사결정 분야에 세심한 주의를 기울여야 한다. 만약 네 가지 의사결정 분야의 각각이 잘 기능하고 서로 통합되면 생산기능은 잘 관리되고 있다고 할 수 있다. 또한 조직 내 여러 기능은 상호 연관되어 있으므로 생산 의사결정은 마케팅, 재무, 회계, 인사, 구매 등 다른 기능의 의사결정과도 잘 조정 · 통합되어야 한다. 즉, 생산 의사결정은 교차기능적인 성격을 가지고 있다. 나아가 생산 의사결정은 공급사슬 내의 공급자 및 고객도 고려하여 이루어져야 한다. [그림 1-2]는 이러한 생산 의사결정의 틀과 성격을 보여주고 있다.

그림 1-2 공급사슬에 있어서 생산 의사결정의 틀

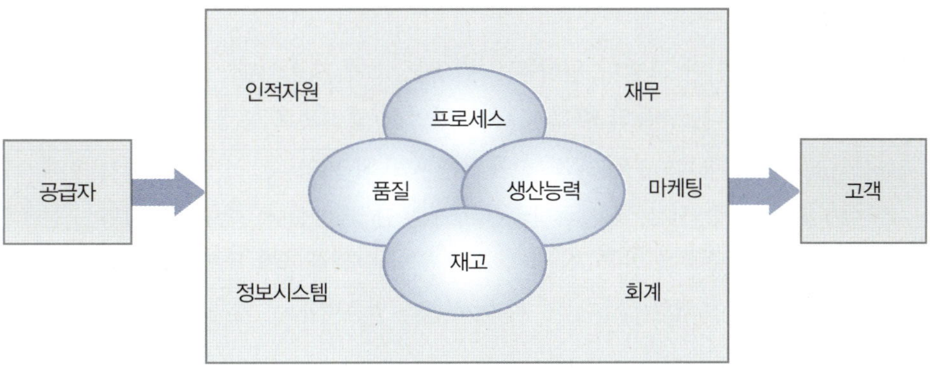

출처: Schroeder, Goldstein, and Rungtusanatham(2013), p. 9.

5 생산관리의 목표

전형적인 생산관리의 목표, 즉 생산의 목표(operations objective)는 원가(cost), 품질(quality), 납품(delivery), 유연성(flexibility)의 네 가지이다.

(1) 원 가

생산원가에는 재료비, 노무비 및 간접비가 포함된다. 생산원가는 보통 매출액의 백분율(%)이나 제품의 단위당 원가로 표시된다. 만약 생산관리의 목표가 원가 또는 비용의 최소화라면 신제품을 신속히 도입할 수 있는 유연성을 희생하고서라도 고도의 자본집약적인 대량생산이 이루어져야 한다. 설비는 가능한 오래 사용되어야 하고 낮은 비용으로 유지되어야 한다. 완제품과 원자재의 재고는 최소화되어야 한다. 품질관리에서는 재작업과 폐기물 비용의 감소가 강조된다.

(2) 품 질

품질이란 제품이나 서비스의 가치, 탁월성, 규격일치성, 고객이 느끼는 만족감 등을 의미한다. 품질은 보통 고객만족도, 불량률, 폐기물 및 재작업의 비율 등으로 표시된다. 생산에서 품질에 중점이 주어질 때는 설계품질과 적합품질(또는 제조품질) 양쪽 모두가 강조된다.[7)]

(3) 납 품

납품이란 고객이 원하는 시간과 장소에 제품이나 서비스를 인도할 수 있는 능력을 말한다. 납품의 좋고 나쁨은 다양한 방법으로 측정될 수 있다. 재고생산의 경우, 납품은 재고로부터 바로 충족되는 수요의 비율(즉, 서비스수준)이나 재고를 보충하는 데 걸리는 시간(즉, 재고보충시간)에 의해 측정된다. 주문생산이나 주문조립생산의 경우에는 주문을 받은 후 실제 제품을 납품할 때까지 걸리는 시간(즉, 리드타임)과 약속한 납기에 납품된 주문의 비율(즉, 정시납품비율)에 의해 측정된다.

---

7) 설계품질과 적합품질에 대해서는 제16장 품질경영을 참고할 것.

(4) 유연성

유연성이란 수요의 양적 및 질적 변화에 신속하게 대응할 수 있는 능력을 말한다. 즉, 유연성이란 수요 변동에 따라 생산수량이나 제품믹스(product mix)를 신속히 조절할 수 있고, 소비자의 요구나 취향에 맞추어 신속하게 신제품을 개발하거나 제품 디자인을 다양하게 변경할 수 있는 능력을 말한다.

가장 이상적인 생산 활동이란 낮은 원가, 높은 품질, 신속한 납품 및 높은 유연성을 동시에 달성하는 것이다. 그러나 낮은 원가를 추구하다 보면 품질, 납품 및 유연성에 상당한 손실을 가져올 수 있다. 또한 유연성은 보통 상당한 비용 증가를 수반한다. 예를 들어, 제품이나 생산량을 빈번히 바꾸면 비용이 많이 든다. 마찬가지로 신속한 납품 서비스를 제공하는 데에도 비용이 많이 든다. 왜냐하면 신속한 납품을 위해서는 많은 재고와 여유 생산능력을 유지해야 하기 때문이다. 이와 같이 네 가지 생산목표는 상충관계(trade-off)를 가질 수 있다.

하지만 생산목표 간의 상충관계는 상황에 따라 다르기 때문에 일반적인 관계를 말하기는 어렵다. 생산목표에 관한 전통적인 견해에서는 품질과 원가는 반대 방향으로 움직인다고 보았다. 그러나 이와 같은 관계가 언제나 성립되는 것은 아니다. 우수한 기업들은 높은 품질과 낮은 원가를 동시에 달성하기도 한다. 이는 생산 활동에서 잘못과 실수를 줄이고, 낭비의 예방과 제거를 지속적으로 추구함으로써 품질향상, 원가절감 및 생산성 향상을 동시에 달성한 결과이다.[8] 또 경우에 따라서는 적당한 비용으로 높은 유연성을 얻을 수 있는가 하면, 신속한 납품에는 더 많은 비용이 들 수도 있다.

이와 같이 경우에 따라 다르기는 하지만 일반적으로 네 가지 생산목표를 동시에 모두 달성하기는 어렵다. 따라서 생산전략에 의해 네 가지 생산목표의 상대적 우선순위가 결정되어야 한다. 이러한 상대적 우선순위에 따라 생산관리자는 프로세스, 생산능력, 재고, 품질의 4대 생산 의사결정 분야에 있어 일관성 있는 일련의 의사결정을 해야 한다. 만일 낮은 원가가 생산의 주요 목표라면 이에 맞도록 일련의 생산

8) 제품의 단위당 원가=(총원가÷총 양품의 수)이다. 생산 활동에서 잘못과 실수를 줄이면 불량품이 적어져 총 양품의 수가 증가한다. 즉, 품질이 향상된다. 또한 낭비의 예방과 제거를 지속적으로 추구하면 총원가가 낮아진다. 이에 따라 분모는 커지고, 분자는 작아지므로 제품의 단위당 원가가 낮아진다.

그림 1-3 전략적 생산 의사결정

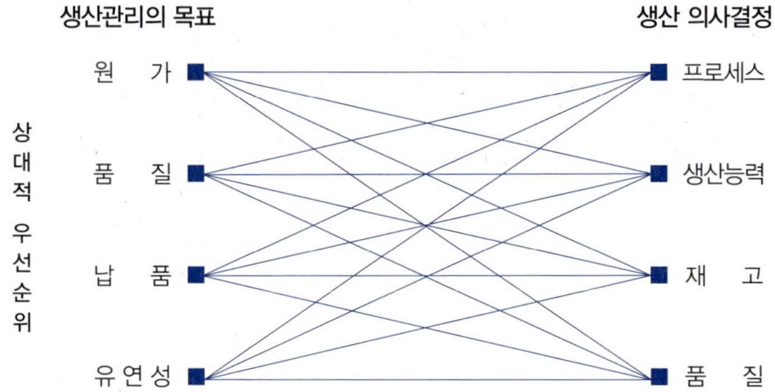

의사결정이 이루어져야 하며, 납품이 주요 목표라면 또 다른 일련의 생산 의사결정이 선택되어야 한다. 즉, [그림 1-3]과 같이 생산 의사결정은 생산목표의 상대적 우선순위에 따라 전략적으로 이루어져야 한다.

6 본서의 구성 체계

생산관리는 체계적인 틀이 없으면 각종 개념과 기법의 개별적인 혼합으로 느껴질 수가 있다. 이와 같은 문제점을 극복하기 위해 본서에서는 생산관리의 내용과 기법을 생산 의사결정의 기능적 분류에 따라 체계적으로 정리 · 편제하였다. 즉, 본서에서는 생산관리의 서론에 해당하는 제 I 부를 제외하고는 프로세스, 생산능력, 재고, 품질의 4가지 유형의 생산 의사결정에 따라 제 II 부부터 제 V 부까지 각 부를 구성하였고, 같은 유형의 생산 의사결정에 속하는 내용과 기법들로 각 부의 장들을 구성하였다.

제 I 부 생산 · 운영관리 입문에서는 생산 · 운영관리의 전반적인 소개와 각종 생산 의사결정에 지침이 되거나 기초가 되는 내용들을 다룬다. 이를 위해 제 I 부는 생산기능(제1장), 생산전략(제2장) 및 제품설계(제3장)로 구성하였다.

제Ⅱ부 프로세스에서는 프로세스에 관한 의사결정인 프로세스 선택(제4장), 서비스 프로세스 설계(제5장), 프로세스 흐름 분석 및 설비배치(제6장)를 살펴본다.

제Ⅲ부 생산능력에서는 생산능력에 관한 의사결정을 다룬다. 생산능력에 관한 의사결정은 수요예측에 입각한 장기, 중기 및 단기의 생산능력계획을 통해 이루어진다. 따라서 제Ⅲ부에서는 먼저 수요예측(제7장)을 살펴본 다음, 장 · 중 · 단기 생산능력계획인 설비계획(제8장), 총괄생산계획(제9장), 일정계획(제10장) 및 프로젝트의 일정계획(제11장)을 다룬다.

제Ⅳ부 재고에서는 재고에 관한 의사결정으로서 독립수요품목의 재고관리(제12장), 종속수요품목의 재고관리 기법인 자재소요계획과 전사적 자원관리(제13장), 린 시스템(제14장) 및 공급사슬관리(제15장)를 살펴본다.

끝으로 제Ⅴ부 품질에서는 품질경영(제16장)과 품질관리 및 개선(제17장)을 살펴본다.

〈표 1-2〉는 이와 같은 본서의 구성 체계를 보여주고 있다.

표 1-2 본서의 구성 체계

부	장
제Ⅰ부 생산 · 운영관리 입문	제 1 장 생산기능 제 2 장 생산전략 제 3 장 제품설계
제Ⅱ부 프로세스	제 4 장 프로세스 선택 제 5 장 서비스 프로세스 설계 제 6 장 프로세스 흐름 분석 및 설비배치
제Ⅲ부 생산능력	제 7 장 수요예측 제 8 장 설비계획 제 9 장 총괄생산계획 제10장 일정계획 제11장 프로젝트의 일정계획
제Ⅳ부 재 고	제12장 독립수요품목의 재고관리 제13장 자재소요계획과 전사적 자원관리 제14장 린 시스템 제15장 공급사슬관리
제Ⅴ부 품 질	제16장 품질경영 제17장 품질관리 및 개선

요약

- 생산기능은 영리조직과 비영리조직 양쪽 모두에 필수적이다. 생산기능은 고객에게 가치가 있는 제품이나 서비스를 생산하는 책임을 지고 있다. 생산기능은 생산관리자에 의해 관리된다. 생산관리자는 생산기능을 관리하기 위해 여러 가지 의사결정을 한다. 따라서 생산관리란 생산기능에 관한 의사결정, 즉 생산 의사결정에 관한 연구라고 할 수 있다.
- 생산관리는 투입물을 제품이나 서비스로 변환시키는 변환 프로세스를 관리하기 위한 의사결정에 초점을 둔다. 이러한 생산 의사결정은 기능적 관점에서 프로세스, 생산능력, 재고, 품질의 4대 분야로 구분된다.
- 전형적인 생산관리의 목표는 원가, 품질, 납품, 유연성의 네 가지이다. 가장 이상적인 생산 활동이란 낮은 원가, 높은 품질, 신속한 납품 및 높은 유연성을 동시에 달성하는 것이다. 그러나 이 네 가지 목표는 상충관계에 있는 경우가 많기 때문에 동시에 모두 달성하기는 어렵다. 따라서 생산전략에 따라 네 가지 생산목표의 상대적 우선순위가 결정되어야 하고, 이에 따라 전략적으로 생산 의사결정이 이루어져야 한다.

토론문제

01 생산관리는 제조업에만 적용되는가?

02 생산관리자의 기능은 마케팅관리자나 재무관리자의 기능과 어떤 차이가 있는가?

03 다음 생산시스템의 투입물, 변환 프로세스 및 산출물을 파악하라.

① 대학 도서관　　② 자동차공장　　③ 호텔

04 호텔의 경우, 생산 의사결정의 4대 유형의 각각에 속하는 구체적인 의사결정으로는 어떤 것들이 있겠는가?

05 생산관리의 목표는 무엇이며, 또 이들과 생산 의사결정과의 관계를 논하라.

06 많은 경우에 품질을 높이려면 원가가 올라간다. 하지만 세계적으로 우수한 기업들은 낮은 원가와 높은 품질을 동시에 달성하기도 한다. 어떻게 하면 이렇게 될 수 있겠는가?

07 일반적으로 신속한 납품을 위해서는 원가가 올라간다. 왜 그런가?

08 수요 변화, 기술 발전, 새로운 환경규제, 환율 변동 등과 같은 환경변화가 생산에 미치는 영향을 논하라.

참/고 문/헌

이상범, 『현대 생산 · 운영관리』, 제1판, 경문사, 1995.

한석희 · 조형식 · 홍대순, 『인더스트리 4.0』, 페이퍼로드, 2015.

Jacobs, F. Robert and Richard B. Chase, *Operations and Supply Chain Management: The Core*, 4th ed., McGraw-Hill, New York, 2017.

Krajewski, Lee J., Manoj K. Malhotra, and Larry P. Ritzman, *Operations Management*, 11th ed., Pearson, Upper Saddle River, NJ, 2016.

Schroeder, Roger G., Susan Meyer Goldstein, and M. Johnny Rungtusanatham, *Operations Management in the Supply Chain*, 6th ed., McGraw-Hill, New York, 2013.

Wren, Daniel A., *The History of Management Thought*, 5th ed., Wiley, New York, 2006.

제2장
생산전략

1. 생산전략의 정의
2. 생산전략모형
3. 타 전략과의 연계
4. 공급사슬전략
5. 글로벌 생산전략
6. 환경과 지속가능한 생산
• 요　약
• 토론문제
• 참고문헌

생산은 단순히 제품이나 서비스를 만드는 것만이 아니라 기업의 경쟁력 강화에도 기여를 해야 한다. 최근의 글로벌 경쟁의 심화, 생산성 제고, 품질에 대한 고객 요구의 증대 등에 따라 생산전략(operations strategy)을 통한 기업의 경쟁우위 확보는 생산관리의 중요한 과제가 되고 있다. 생산이 경쟁수단이 되기 위해서는 사업전략에 부합해야 한다. 즉, 생산 의사결정이 사업전략과 연계되어야만 생산은 기업의 경쟁우위 달성에 기여할 수 있다. 본장에서는 먼저 생산전략을 정의한 다음, 생산전략의 모형 및 유형, 공급사슬전략, 글로벌 생산전략 등을 살펴본다.

1 생산전략의 정의

경영전략은 조직의 수준에 따라 [그림 2-1]과 같이 기업전략(corporate strategy), 사업전략(business strategy) 및 기능별 전략(functional strategy)으로 구분된다.

기업전략은 기업 전체적인 수준에서 기업의 이념과 목적의 설정, 사업의 선택 및 이를 위한 자원의 획득과 배분에 관한 전략이다.

기업이 여러 사업단위로 구성되어 있는 경우에는(예를 들면, 삼성전자의 메모리사업부, 무선사업부, 생활가전사업부 등) 기업전략의 하위전략으로서 사업전략이 수립된다. **사업전략**이란 사업부 수준에서 사업영역의 정의, 목표의 설정 및 경쟁우위의 성취방안에 관한 전략이다. 물론 기업이 여러 사업단위를 가지고 있지 않으면 사업전략을 별도로 수립할 필요는 없다.

기능별 전략은 사업전략의 하위전략으로서 각 기능 부문 수준에서 목표의 설정과 경쟁력 제고방안에 관한 전략이다. 이에는 생산전략, 마케팅전략, 재무전략 등이 포함된다. 물론 한 기업에 여러 사업부가 있으면 각 사업부마다 사업전략의 하위전략으로서 기능별 전략을 갖는다. 따라서 생산전략은 기업의 기능별 전략의 하나라고 볼 수 있다.

생산전략은 생산기능의 전략으로서 다음과 같이 정의할 수 있다(Schroeder et al. 2013).

그림 2-1 조직의 수준에 따른 경영전략의 분류

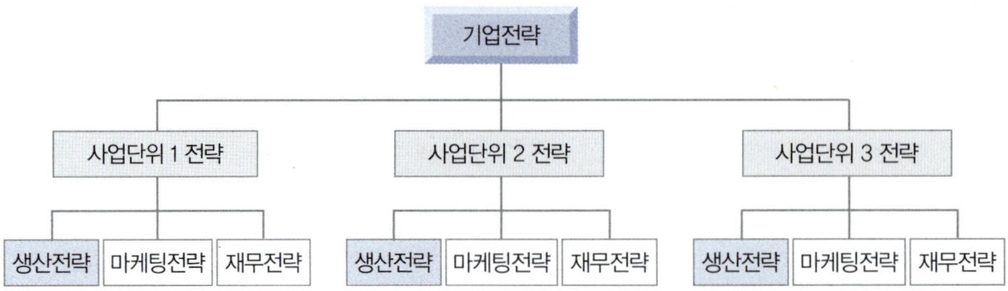

생산전략이란 생산 및 공급사슬에 관한 의사결정의 일관된 패턴을 설정하는 비전 또는 지침이다. 생산전략은 사업전략 및 다른 기능별 전략과 연계되어야 하며 기업의 경쟁우위를 달성할 수 있도록 수립되어야 한다.

따라서 생산전략은 모든 생산 의사결정을 내림에 있어서, 그리고 생산 의사결정과 다른 기능의 의사결정을 연결하는 데 있어서 토대나 지침이 된다.

2 생산전략모형

생산전략모형(operations strategy model)은 [그림 2-2]와 같다. 이 그림에서 점선의 사각형 속에는 생산전략의 네 가지 핵심 구성요소, 즉 생산의 사명, 생산의 목표, 전략적 생산 의사결정, 생산의 차별적 능력이 나와 있다. 나머지 요소들은 생산전략 개발 과정의 투입과 산출이다.[1] 생산전략 개발 과정의 결과는 기업의 다른 기능들과 잘 연계되는 일관된 패턴의 생산 의사결정이다.

(1) 기업전략과 사업전략

[그림 2-2]의 제일 위에는 기업전략과 사업전략이 있다. 기업전략은 기업의 최상위전략으로서 기업이념과 사업내용을 결정한다. 예를 들면, 미국의 월트 디즈니사(The Walt Disney Company)는 "사람을 행복하게 만드는 것(making people happy)"을 기업이념으로 정하고, 디즈니랜드와 같은 테마파크뿐만 아니라, 애니메이션 제작, 영화 제작 및 다양한 오락 관련 사업을 하고 있다.

사업전략은 기업전략의 하위전략으로서 특정 사업이 어떻게 경쟁할 것인가를 정의한다. 대부분의 큰 기업은 다수의 사업을 가지고 있으며, 이들은 각각 전략적 사업

1) [그림 2-2]에서 내부 및 외부 환경 분석에는 SWOT분석을 많이 사용한다. SWOT분석이란 기업의 내부 환경을 분석하여 강점(strength)과 약점(weakness)을 찾아내고, 외부 환경을 분석하여 기회(opportunity)와 위협(threat) 요인을 규정한 다음, 이를 토대로 경영전략을 수립하는 기법이다.

그림 2-2 생산전략모형

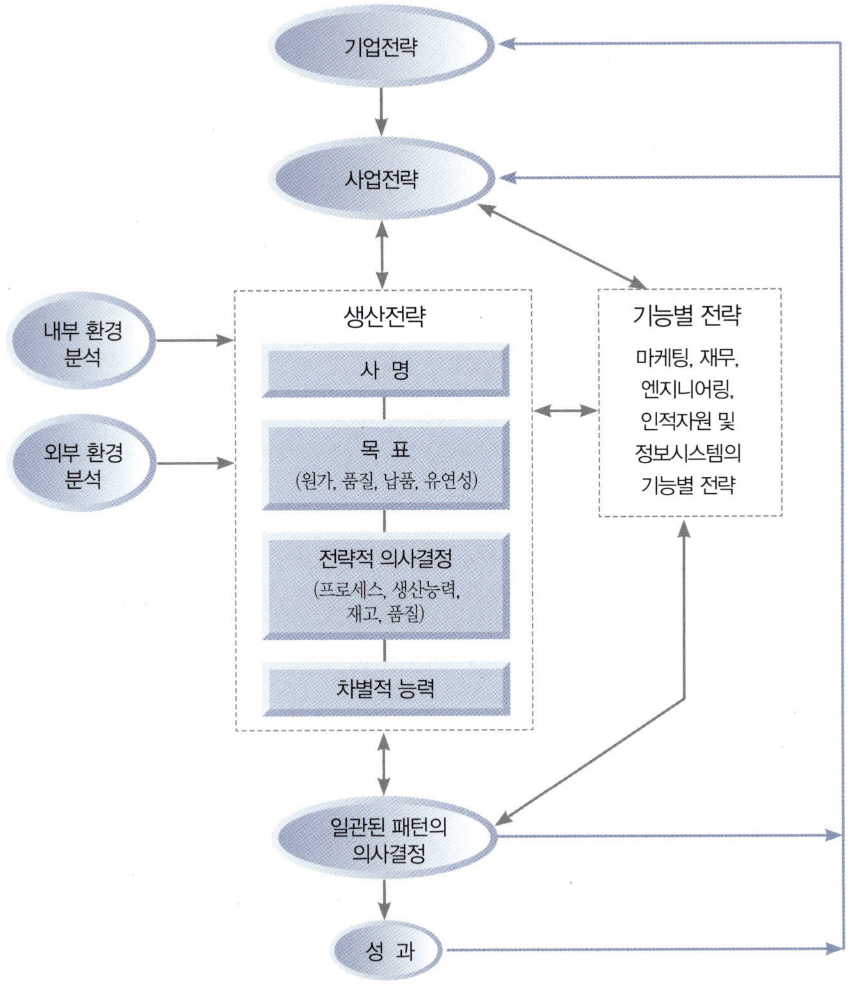

출처: Schroeder, Goldstein, and Rungtusanatham(2013), p. 25.

단위로 파악된다. 각 사업단위는 각각의 목표시장과 제품에 따라 경쟁전략을 수립해야 한다.

사업전략에는 저원가전략(overall cost leadership), 차별화전략(differentiation), 집중화전략(focus)의 세 가지가 있다(Porter 1980). **저원가전략**이란 원가를 낮추기 위한 일련의 기능별 정책을 통하여 해당 산업 내에서 원가상의 우위를 달성하는 것이다.

차별화전략이란 제품이나 서비스를 차별화함으로써 그 기업이 독특하다고 인식될 수 있는 것을 창조하는 것이다. 차별화에는 기술, 디자인, 고객서비스, 상표이미지 등 여러 방법이 있을 수 있다. **집중화전략**이란 특정 시장, 특정 구매자집단, 제품라인의 일부분 또는 특정 지역을 집중적으로 공략하는 것이다. 집중화전략은 광범위하게 경쟁하는 것보다 전략시장을 중점적으로 공략하는 것이 효과적이고 효율적임을 전제로 한다. 생산전략은 이와 같은 세 가지 사업전략에 따라 달라지므로 생산전략을 수립하기에 앞서 사업전략을 먼저 정의하는 것이 매우 중요하다.

20세기 후반 경영전략 이론의 주류를 이뤘던 마이클 포터(Michael Porter)는 기업은 저원가, 차별화, 집중화전략 중 하나만 선택하는 것이 바람직하다고 주장하였다. 왜냐하면 이들 전략의 각각은 서로 다른 자원과 조직문화를 요구하므로 만약 특정 기업이 저원가와 차별화라는 복수의 전략을 택하면 그중 어느 것 하나 제대로 달성하지 못하는 '어중간한 상태'에 빠지기 때문이라는 것이다.

하지만 21세기 초반 지식기반경제가 전 세계로 확산되고 컨버전스(convergence) 현상의 심화로 기존 산업의 경계가 무너지고 글로벌 초경쟁 시대가 도래하면서 마이클 포터가 주장한 것처럼 하나의 전통적인 경쟁우위에만 의존해서는 글로벌 선도기업이 되기 힘들어졌다. 다시 말해 글로벌 선도기업이 되기 위해서는 서로 상충되는 복수의 경쟁우위 원천을 동시에 추구해야 하는 상황으로 변해가고 있다. 예를 들면 도요타와 애플은 전 세계적 차원에서 규모의 경제를 추구하여 효율적인 공급사슬 관리나 아웃소싱 체제 구축 등을 통해 원가를 낮추고, 동시에 혁신을 바탕으로 품질을 높이는 차별화전략을 적극 추진함으로써 저원가와 차별화라는 두 마리 토끼를 잡고 글로벌 일류기업으로 부상하였다. 또한 삼성전자의 메모리반도체 부문은 경쟁자에 비해 원가는 현격히 낮으면서도 동시에 최신, 최고 수준의 제품을 경쟁자보다 먼저 출시하고 고객별로 맞춤화된 솔루션을 제공하는 등 차별화에도 성공하였다. 이와 같이 얼핏 보면 양립이 불가능해 보이는 요소들을 동시에 추구하는 경영을 소위 '패러독스 경영'이라고 한다(송재용 · 이경용 2013, pp. 34-35).

(2) 생산의 사명

생산전략의 첫 번째 구성요소인 생산의 사명(operations mission)에서는 사업전략 및 다른 기능별 전략과 연계하여 생산기능의 목적을 정의한다. 예를 들어, 사업전략이 혁신적인 제품을 통한 차별화라면 생산의 사명에서는 신속한 신제품 도입과 제품을 변화하는 시장의 요구에 맞추는 유연성이 강조된다. 사업전략이 저원가나 신속한 납품이라면 생산의 사명은 달라진다. 따라서 생산의 사명은 사업단위가 선택한 특정 사업전략으로부터 유도된다.

(3) 생산의 목표

생산전략의 두 번째 요소는 생산의 목표(operations objective)이다. 제1장에서 언급한 바와 같이 생산관리의 목표는 일반적으로 원가, 품질, 납품, 유연성의 네 가지이다. 생산의 목표는 생산의 사명으로부터 유도되어야 하며, 생산의 사명을 계량적이고 측정 가능한 용어로 나타낸 것이다. 생산의 목표는 장기적(5~10년)이고 전략적이어야 한다.

원가, 품질, 납품, 유연성의 네 가지 전형적인 생산의 목표를 간략하게 정의하면 다음과 같다.

- **원가**는 생산에 사용된 자원의 측정치로서, 보통 단위당 생산원가나 매출원가로 표시된다.
- **품질**은 제품이나 서비스가 고객의 요구에 일치하는 정도를 말한다.
- **납품**은 제품이나 서비스를 얼마나 신속하게 또 얼마나 정시에 제공하는가를 나타낸다.
- **유연성**은 생산을 신속하게 변화시킬 수 있는 능력을 의미한다.

〈표 2-1〉은 제조기업의 전형적인 생산의 목표를 보여주고 있다.

생산의 목표는 기업이 경쟁우위를 달성하는 역량 내지 수단이기도 하다. 또한 이들은 동시에 동일한 수준으로 달성하기보다는 사업전략에 따라 우선순위를 부여하여 추구해야 하므로 **우선경쟁역량**(competitive priorities)이라고도 한다. 우선경쟁역량은 다음과 같이 9가지로 세분해 볼 수 있다.[2)]

2) Krajewski et al.(2016)은 우선경쟁역량을 원가(낮은 원가), 품질(최고의 품질, 일관된 품질), 시간(납품 속도, 정시 납품, 신제품 개발 속도), 유연성(고객화, 다양성, 수량 유연성)의 4그룹으로 분류하고 있다. 본서에서 유연성의 구성요소로 둔 신제품 개발 속도를 납품 속도 및 정시 납품과 묶어서 시간으로 분류하고 있는 점이 본서와의 차이라고 볼 수 있다.

표 2-1 전형적인 생산의 목표

구 분	항 목	금 년	목표: 5년 뒤	세계적 경쟁자: 현재
원 가	매출액에 대한 제조원가의 비율	55%	52%	50%
	재고회전율	4.1	5.2	5.0
품 질	고객만족도(제품만족률)	85%	99%	95%
	폐기물 및 재작업의 비율	3%	1%	1%
	매출액에 대한 품질보증비용의 비율	1%	0.5%	1%
납 품	재고로부터 충족된 주문의 비율	90%	95%	95%
	재고보충을 위한 리드타임	3주	1주	3주
유연성	신제품 도입기간	10개월	6개월	8개월
	생산능력 ±20% 변경기간	4개월	3개월	3개월

출처: Schroeder, Goldstein, and Rungtusanatham(2013), p. 28.

- 원 가: ① 낮은 원가
- 품 질: ② 최고의 품질
  ③ 일관된 품질
- 납 품: ④ 납품 속도
  ⑤ 정시 납품
- 유연성: ⑥ 고객화
  ⑦ 제품과 서비스의 다양성
  ⑧ 수량 유연성
  ⑨ 신제품 혹은 신서비스의 개발 속도

우선경쟁역량의 또 다른 유용한 구분은 **주문획득요건**(order winner)과 **주문자격요건**(order qualifier)이다. 주문획득요건이란 기업이 목표시장에서 고객으로부터 주문을 획득할 수 있게 하는 우선경쟁역량을 말한다. 고객의 입장에서 보면 주문획득요건은 한 기업의 제품이나 서비스를 다른 기업의 제품이나 서비스와 차별화하는 데 사용하는 기준, 즉 고객이 어느 기업의 제품이나 서비스를 구입할 것인가를 결정할 때 사용하는 기준이라고 할 수 있다.

한편 고객은 구매 시 원가, 품질, 납품, 유연성 등과 같은 우선경쟁역량에서 일정 수준 이상인 제품이나 서비스만을 고려하는 경우가 많다. 이와 같이 기업이 목표시장에서 사업을 하는 데 필요한 최소 요건의 우선경쟁역량을 주문자격요건이라고 한다. 즉, 주문자격요건의 충족은 경쟁에서의 승리를 보증하는 것이 아니라 단지 기업이 시장에서 경쟁할 수 있는 자격만 얻는 것을 의미한다.

생산의 측면에서 볼 때, 어떤 우선경쟁역량이 주문획득요건이고 또 주문자격요건인지를 파악하는 것은 대단히 중요하다. 주문획득요건과 주문자격요건은 제한적 경쟁입찰에서 많이 사용된다. 예를 들면, 발주자가 입찰을 시행할 때, 먼저 응찰자에게 일정 수준 이상의 품질을 제공할 수 있음을 입증하는 서류를 요구한다. 일단 이를 통과한 응찰자 중에서 낮은 가격을 기준으로 낙찰자가 선택된다. 이 경우 주문자격요건은 품질이 되고, 주문획득요건은 가격이 된다.

대형 할인점의 경우, 주문획득요건은 낮은 가격(원가)이다. 따라서 모든 활동은 원가를 낮추도록 이루어져야 한다. 반면에 고급 백화점의 경우, 주문획득요건은 우수한 품질과 고객서비스가 될 것이다. 이와 같이 기업에 따라 주문획득요건은 다르며 또 이에 따라 생산전략도 달라진다. 저가 항공사의 경우, 주문획득요건은 낮은 항공요금(가격)이지만 안전, 서비스, 정시운항 등의 주문자격요건에서도 일정 수준은 갖추어야 한다.

[그림 2-3]은 우선경쟁역량과 매출액과의 관계를 주문획득요건과 주문자격요건으로 나누어 보여주고 있다. 만약 어떤 기업이 주문자격요건에서 최소한의 기준 수준을 충족시키지 못하면 그 기업은 부적격이 되어 고객에 의해 더 이상 고려의 대상

그림 2-3 주문획득요건 및 주문자격요건과 매출액의 관계

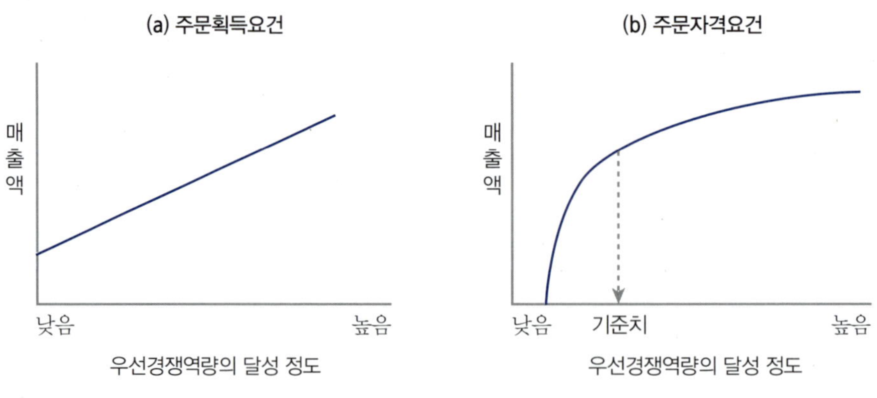

출처: Krajewski, Malhotra, and Ritzman(2016), p. 33.

이 되지 못한다. 예를 들어, 자동차 시장에서 고객이 요구하는 최소한의 품질수준이 있다면 품질이 주문자격요건이 된다. 따라서 어떤 자동차가 아무리 가격이 낮더라도 이 품질수준을 충족시키지 못하면 시장에서 도태된다. 주문자격요건은 일단 요구되는 최소한의 수준을 넘어서면 거기서 더 향상되더라도 매출액의 증가율은 점점 낮아진다. 반면에 주문획득요건은 향상될수록 매출액과 시장점유율이 지속적으로 증가한다. 따라서 기업은 주문자격요건에서는 최소한 기준 수준 이상만 충족시키면 되고, 반면에 주문획득요건에서는 우수한 수준을 추구해야 한다.

(4) 전략적 생산 의사결정

전략적 생산 의사결정은 생산의 목표를 어떻게 달성할 것인가를 나타낸다. 전략적 생산 의사결정은 프로세스, 생산능력, 재고 및 품질의 4대 생산 의사결정 분야의 각각에 대해 일관된 패턴으로 이루어져야 한다. 물론 이들 생산 의사결정은 다른 기능별 의사결정과도 잘 통합되어야 한다.

〈표 2-2〉는 생산의 중요한 전략적 의사결정의 예를 보여주고 있다. 전략적 생산

표 2-2 전략적 생산 의사결정의 예

생산 의사결정 분야	의사결정 유형	전략적 선택
프로세스	프로세스의 범위	자가 제조 또는 외부 구매
	자동화	수작업 또는 기계작업; 유연자동화 또는 전용자동화
	프로세스 흐름	프로젝트, 뱃치, 조립라인, 또는 연속
	직무전문화	높은 또는 낮은 전문화
	감 독	중앙집권화 또는 높은 분권화
생산능력	설비의 크기	단일의 대규모 설비 또는 다수의 소규모 설비
	입 지	시장 근처, 낮은 원가 또는 외국
	투 자	영구적 또는 일시적
재 고	수 량	높은 재고수준 또는 낮은 재고수준
	유 통	중앙집중화된 창고 또는 분산된 창고
	통제시스템	엄격한 통제 또는 덜 엄격한 통제
품 질	접근방법	사전 예방 또는 사후 검사
	훈 련	기술적 훈련 또는 관리적 훈련
	공급자	품질 위주의 선택 또는 가격 위주의 선택

출처: Schroeder, Goldstein, and Rungtusanatham(2013), p. 28.

의사결정에서는 상충관계를 고려하여 선택이 이루어져야 한다. 예를 들면, 생산능력 분야에서는 하나의 큰 공장과 여러 개의 작은 공장 중에서 선택이 이루어져야 한다. 하나의 큰 공장을 두면 규모의 경제로 인해 총투자비용은 줄어들지만, 시장 근처에 여러 개의 작은 공장을 두면 더 나은 고객서비스(신속한 납품)를 제공할 수 있다. 재고 분야에서는 높은 재고수준과 낮은 재고수준 중에서 선택이 이루어져야 한다. 이 경우에도 높은 재고수준을 유지하면 더 많은 재고비용이 발생하지만 대신 신속한 납품이 가능해진다. 따라서 전략적 생산 의사결정은 생산의 목표, 가용 자본, 마케팅의 목표 등에 달려 있다.

(5) 생산의 차별적 능력

생산의 차별적 능력(distinctive competence)이란 생산에 있어서 경쟁자가 쉽게 모방하기 힘든, 경쟁자와 차별화되는 특별한 능력 또는 우월한 능력을 말한다.[3] 생산의 차별적 능력은 생산의 사명에 부합해야 한다. 예를 들어, 생산의 사명에서 신속한 신제품 도입이 강조되면 생산 부문은 이에 맞는 차별적 능력을 개발해야 한다. 또한 생산의 차별적 능력은 기업 전체적으로 경쟁우위를 가져오도록 마케팅, 재무 등 다른 기능과도 잘 조정되어야 한다. 생산의 차별적 능력은 경쟁우위를 가져오기 때문에 생산전략의 핵심이라고 할 수 있다. 대부분의 성공적인 기업들은 차별적 능력을 가지고 있다.

차별적 능력은 다양한 형태를 취할 수 있다. 차별적 능력은 가장 낮은 원가, 최상의 품질, 가장 신속한 납품 또는 최고의 유연성과 같은 생산목표상의 능력으로 나타나기도 하고, 또한 가장 우수한 인력, 원자재의 독점 공급자, 우수한 특허 기술 등과 같은 자원상의 능력으로 나타나기도 한다.

3) 차별적 능력은 경쟁자가 쉽게 모방하기 힘든 그 조직만이 가지고 있는 고유한 자원이나 강점을 의미하는 핵심역량(core competence)과 비슷한 개념으로 볼 수 있다.

3 타 전략과의 연계

생산전략은 사업전략에 부합해야 하며, 또한 마케팅전략이나 재무전략과도 연계되어야 한다. 예를 들면, 〈표 2-3〉은 두 개의 서로 다른 사업전략과 그에 따른 기능별 전략을 보여주고 있다.

첫 번째 사업전략은 저원가전략으로서, 이는 제품이 표준화되어 있는 성숙하고 가격에 민감한 시장에 전형적인 전략이다. 이 경우 생산의 사명 및 목표는 원가를

표 2-3 사업전략에 따른 기능별 전략

기능별 전략 \ 사업전략		전략 A: 저원가전략	전략 B: 제품혁신전략
시장여건		가격에 민감 성숙한 시장 많은 수량 표준화된 제품	제품 특성에 민감 새로 성장하는 시장 적은 수량 고객화된 제품
생산전략	생산의 사명 및 목표	성숙한 제품에 대한 낮은 원가 강조	신제품 도입을 위한 유연성 강조
생산전략	전략적 생산 의사결정	우수한 프로세스 전용자동화 변화에 서서히 반응 규모의 경제 작업자 참여	우수한 제품 유연자동화 변화에 신속히 반응 범위의 경제 신제품개발팀 사용
생산전략	생산의 차별적 능력	우수한 프로세스 기술과 수직적 통합을 통한 낮은 원가	신제품개발팀과 유연자동화를 통한 신속한 신제품 도입
마케팅전략		대량 유통 반복 판매 판매 기회의 최대화 전국적인 판매인력	선택적 유통 신시장 개발 제품설계 대리점을 통한 판매
재무전략		낮은 위험 낮은 이익 마진	높은 위험 높은 이익 마진

출처: Schroeder, Goldstein, and Rungtusanatham(2013), p. 31

우선적인 목표로 강조한다.[4] 따라서 생산 부문은 우수한 프로세스 기술, 낮은 인건비, 낮은 재고수준, 높은 수직적 통합 등의 전략적 생산 의사결정을 통해 원가를 최대한 줄여야 한다. 마케팅전략과 재무전략 또한 〈표 2-3〉에서 보는 바와 같이 이러한 사업전략을 지원하는 것이어야 한다.

두 번째 사업전략은 제품혁신전략이다. 이 전략은 우수한 품질의 제품을 신속히 개발해야만 경쟁우위를 획득할 수 있는 새로 성장하는 시장에서 사용된다. 이러한 시장에서는 가격은 경쟁의 주된 수단이 아니며 높은 가격도 수용되므로 원가가 덜 강조된다. 이 경우 생산의 사명 및 목표에서는 신제품을 신속히 효과적으로 도입할 수 있는 유연성이 강조된다.[5] 따라서 전략적 생산 의사결정에는 신제품개발팀의 사용, 신제품에 쉽게 적응할 수 있는 유연자동화(柔軟自動化: flexible automation), 유연한 기술을 가진 노동력, 유연성 확보를 위한 일부 주요 자재 및 서비스의 외부 구매 등이 포함된다. 마케팅과 재무전략 또한 이러한 사업전략을 지원하는 것이어야 한다.

이상의 논의로부터 사업전략이 달라지면 생산전략은 물론이고 다른 기능별 전략도 달라져야 함을 알 수 있다. 예를 들면, 저원가전략에서 마케팅은 대량 유통, 반복판매, 판매 기회의 최대화, 전국적인 판매인력 등에 초점을 두어야 한다. 반면에 제품혁신전략에서 마케팅은 선택적 유통, 신시장 개발, 제품설계 등에 초점을 두어야 한다. 따라서 사업전략이 유효하기 위해서는 모든 기업기능이 사업전략을 지원해야 한다.

모든 상황에 최상인 생산은 없다. 따라서 생산을 평가하기 위해서는 생산의 사명과 목표뿐만 아니라 사업전략도 함께 고려해야 한다. 〈표 2-3〉에서 예로 든 두 가지 사업전략 외에도 높은 품질, 우수한 서비스 등과 같은 다양한 사업전략이 있을 수 있다. 물론 사업전략이 달라지면 이에 따라 생산전략, 마케팅전략 및 재무전략도 달라져야 한다.

---

4) 저원가전략에서 주문획득요건은 가격(원가)이다. 이는 생산, 마케팅 및 재무에서 낮은 원가를 추구해야 함을 의미한다. 이 경우 다른 세 개의 목표인 품질, 납품 및 유연성은 주문을 얻기 위한 자격획득을 위해 고객이 받아들일 수 있는 최소한의 수준을 갖추어야 한다는 의미에서 주문자격요건이 된다.

5) 제품혁신전략의 경우, 우수한 신제품을 신속히 효과적으로 도입할 수 있는 유연성이 주문획득요건이 되며, 원가, 품질 및 납기는 주문자격요건이 된다.

4 공급사슬전략

생산전략은 **공급사슬전략**(supply chain strategy)으로 확대될 수 있다. 오늘날 많은 기업들은 더 이상 기업끼리 경쟁하는 것이 아니라 전체 공급사슬끼리 경쟁한다. 제1장에서 정의한 바와 같이 공급사슬이란 원자재의 공급자로부터 생산을 거쳐 최종 고객에 이르기까지 제조 및 서비스 활동의 네트워크를 말한다. 따라서 공급사슬전략에서는 기업뿐만 아니라 공급자, 고객 등 공급사슬 파트너들의 전략과 능력까지도 고려해야 한다.

공급사슬전략은 전체 공급사슬의 지속가능한 경쟁우위 달성을 목표로 한다. 공급사슬의 경쟁우위는 본장의 앞에서 살펴본 생산전략모형을 확대 적용함으로써 달성될 수 있다. 예를 들면, 한 기업의 공급사슬은 경쟁자들이 모방하거나 대체하기 어려운 차별적 능력을 가져야 한다. 또한 일관된 공급사슬전략을 갖기 위해서는 기업과 공급사슬 파트너들은 동일한 생산의 사명과 목표를 추구해야 한다. 물론 어느 한 기업이 전체 공급사슬을 통제하는 것은 아니기 때문에 일관된 공급사슬전략을 달성하기란 쉽지 않다. 그렇지만 중요한 점은 각 주체들이 서로 다른 목표를 추구하는 공급사슬은 높은 수준의 협력과 일관성을 가진 공급사슬과는 경쟁할 수 없다는 것이다.

5 글로벌 생산전략

오늘날 시장의 성격은 점차 글로벌화되고 있다. 세계적인 통신시스템과 글로벌 교통 그리고 자유무역협정(FTA)과 같은 무역장벽의 철폐로 소비자 수요는 국제적으로 보다 동질화되고 있다. 코카콜라와 같은 소프트드링크, 패스트푸드, TV, 자동차, 오토바이, 기계도구, 은행서비스, 보험서비스, 컨설팅서비스 등 다양한 제품과 서비스가 글로벌 성격을 띠고 있다. 물론 국가별 성격을 지닌 틈새시장이 여전히 존재하지만, 추세는 글로벌 시장과 글로벌 제품으로 나아가고 있다.

이러한 변화에 따라 비즈니스와 생산도 글로벌화되고 있다. 전통적으로 비즈니스의 국제화는 글로벌 기반이 아니라 국가별 기반에서 이루어져 왔다. 이런 전통적인 국제기업은 보통 그 기업이 활동하는 각 국가별로 독립된 자회사나 현지법인으로 조직되며, 국가별로 의사결정을 한다. 비즈니스는 현지 시장 판매 중심이고, 경쟁도 대부분 현지 경쟁이며, 수출과 수입도 제한되어 있다. 또한 각 국가마다 독자적인 품질, 프로세스 기술 및 비용구조를 가지고 있다. 자재와 인력의 조달도 현지 중심이다. 이런 전통적인 국제기업을 다국적기업(multinational corporation)이라고 한다.[6]

하지만 이런 전통적인 국제기업(즉, 다국적기업)이 글로벌 시장에서 경쟁할 때는 생산의 규모, 제품의 적합성, 생산과 판매조직의 측면에서 불리하다. 그 결과 다음과 같은 특징을 가진 **글로벌기업**(global corporation)이 출현하게 되었다.[7]

공장과 설비의 입지는 국가 차원이 아니라 글로벌 차원에서 선택된다. 제품과 서비스는 국가 간에 이동된다. 구성품, 부품 및 서비스도 글로벌 차원에서 조달되며, 국적에 관계없이 전 세계적으로 최상의 공급자를 찾는다. 이에 따라 공급사슬도 글로벌 성격을 갖는다.

글로벌 제품설계와 프로세스 기술이 사용된다. 기본적인 제품이나 서비스는 글로벌 취향에 맞도록 설계된다. 지역에 따라 변화가 요구되면 별도의 제품을 만들기 보다는 선택사양을 이용한다. 프로세스 기술 또한 글로벌 차원에서 표준화된다.

수요는 국지적이 아니라 전 세계적인 차원에서 고려된다. 따라서 규모의 경제가 크게 확대되어 원가가 낮아질 수 있다.

제품과 구성품 및 부품의 수송을 전 세계적으로 조정할 수 있도록 로지스틱스(logistics)와 재고통제시스템도 글로벌 성격을 갖는다. 서비스 생산의 경우, 설비들은 전 세계적인 통신시스템을 통해 상호 연결된다.

글로벌기업에서 마케팅, 연구개발, 생산기능 등은 여러 개의 국내 및 국제 부서로 조직되지 않고 범세계적으로 그 기능을 책임지도록 조직된다.

서비스업의 경우, 컨설팅, 패스트푸드, 텔레커뮤니케이션, 항공여행, 금융, 소프트웨어 프로그래밍 등과 같은 서비스가 글로벌 차원에서 운영되고 있다. 세계의 많은 지역들이 이런 동일한 서비스를 제공받고 있다. 물론 모든 서비스가 글로벌화될

---

6) 일반적으로 기업의 국제화는 국내(내수)기업(국내 생산, 국내 판매), 수출기업(국내 생산, 해외 판매), 다국적기업(현지 생산, 현지 판매), 글로벌기업(글로벌 생산, 글로벌 판매)의 순으로 진화한다.

7) 글로벌 제조기업의 예를 들어보면, GM(General Motors), 포드(Ford), 3M, 네슬레(Nestlé), 필립스(Philips), 코카콜라(Coca-Cola) 등이다. 우리나라의 삼성전자, LG전자, 현대자동차 등도 글로벌 제조기업이라고 할 수 있다. 글로벌 서비스기업의 예로는 마이크로소프트(Microsoft), 구글(Google), 오라클(Oracle), 맥도날드(McDonald's), 월마트(Walmart) 등을 들 수 있다..

수는 없다. 지역 시장을 상대로 현지 기반에서 제공되는 서비스도 여전히 존재하지만 글로벌화는 부인할 수 없는 추세이다.

글로벌 비즈니스로의 변화에 따라 생산전략도 글로벌 차원에서 수립되어야 한다. 즉, 생산의 사명, 생산의 목표 및 전략적 생산 의사결정과 함께 생산의 차별적 능력도 글로벌 차원에서 개발되어야 한다. 생산의 글로벌화는 제품설계, 프로세스 설계, 설비입지, 노동인력정책 등 사실상 생산과 공급사슬에 관한 모든 의사결정에 영향을 미친다. 따라서 생산의 글로벌화가 생산관리에 미치는 영향은 본서의 전반에 걸쳐 다루어질 것이다.

6 환경과 지속가능한 생산

최근 생산의 지속가능성이 생산관리와 공급사슬에서 점차 중요해지고 있다. **지속가능성**(sustainability)이란 생산이 환경에 미치는 영향을 최소화하거나 제거하는 것을 말한다. 지속가능한 친환경 생산을 하기 위해서는 기업은 모든 생산 활동과 공급사슬이 환경에 미치는 영향을 전체적으로 줄이는 노력을 해야 한다. 즉, 기업은 제품개발, 구매, 제조, 포장, 유통, 수송, 서비스, 제품수명 후 관리 등에서 환경에 미치는 영향을 줄이기 위한 모든 방법을 강구해야 한다. 이를 위해서는 생산뿐만 아니라 기업 내 모든 기능과 공급사슬 파트너들까지 포함하는 총체적인 노력이 필요하다. 환경영향은 전략적인 사항이기 때문에 사업전략의 일부가 되어야 하고, 또 생산전략 및 공급사슬전략에도 반영되어야 한다.

일단 환경에 대한 전략이 수립되면 다음과 같은 환경적 노력을 한다.

1. 대기오염, 수질오염 및 폐기물오염을 제거한다.
2. 에너지 소비를 줄인다.
3. 총탄소배출량을 측정하고 최소화한다.
4. 재활용 및 미생물 분해가 가능한 포장 재료를 사용하도록 공급자들과 공동으로 노력한다.
5. 제품의 재사용, 수명 후 수거 및 재활용이 될 수 있도록 한다.

대부분의 기업이 취하는 첫 번째 조치는 위의 5가지 분야에서 환경영향을 측정 · 평가하는 것이다. 그런 다음 교차기능팀을 조직하여 환경영향을 개선할 수 있도록 실행 전략 및 계획을 수립한다. 공급사슬 전체적으로 환경영향을 줄일 수 있도록 교차기능팀에는 공급사슬 파트너들도 포함될 수 있다. 이런 노력은 환경영향을 최소화하도록 수립된 생산전략 및 공급사슬전략에 따라 이루어져야 한다.

환경의 지속가능성은 공급사슬 파트너들의 협조하에 기업과 생산 부문이 달성해야 할 목표와 전략이다. 이러한 환경적 목표는 반드시 원가를 올리거나 이익을 줄이는 것은 아니다. 왜냐하면 경우에 따라서는 제품의 재설계나 프로세스의 변화를 통해 오히려 원가가 줄어들고 이익이 향상될 수 있기 때문이다.

요약

- 생산전략은 생산 의사결정의 일관된 방향을 설정하는 비전 또는 지침이며, 사업전략 및 다른 기능별 전략과 연계되어야 한다. 생산전략의 결과는 일관된 패턴의 생산 의사결정과 기업의 경쟁우위 달성으로 나타나야 한다.
- 생산전략은 생산의 사명, 생산의 목표, 전략적 생산 의사결정, 생산의 차별적 능력으로 구성된다. 이 네 가지 요소는 상호 간에 그리고 기업 내 다른 기능들과 밀접하게 통합되어야 한다.
- 생산의 사명은 사업전략과 연계되어야 한다. 생산의 사명은 낮은 원가, 최상의 품질, 신속한 납품, 신속한 신제품 도입 등으로 나타난다.
- 생산의 목표는 원가, 품질, 납품 및 유연성이다. 이 네 가지 목표 중 어느 하나가 주문획득요건으로 선택되어야 하고, 나머지는 주문자격요건이 된다.
- 전략적 생산 의사결정은 생산의 목표를 어떻게 달성할 것인가를 나타낸다. 전략적 생산 의사결정은 프로세스, 생산능력, 재고 및 품질의 4대 생산 의사결정 분야의 각각에 대해 개발되어야 한다. 전략적 생산 의사결정은 상충관계를 고려하여 이루어져야 한다.
- 생산의 차별적 능력이란 생산에 있어서 경쟁자가 쉽게 모방하기 힘든, 경쟁자에 비해 특별한 능력 또는 우월한 능력을 말한다. 생산의 차별적 능력은 생산의 사명을 지원하고, 경쟁자와 차별화될 수 있는 것이어야 한다.

- 오늘날 많은 경우에 경쟁의 기반은 기업이 아니라 전체 공급사슬이다. 공급사슬전략은 해당 기업뿐만 아니라 공급사슬 파트너들의 전략과 능력까지도 고려하여 수립되어야 한다.
- 글로벌 사업전략을 취하는 기업의 경우에는 생산전략 및 공급사슬전략도 글로벌 차원으로 확대되어야 한다.
- 오늘날 환경의 지속가능성은 생산과 공급사슬의 중요한 목표와 전략이 되고 있다. 이는 공급자까지 참여하는 교차기능팀을 통해 설계, 제조 및 유통의 모든 단계에서 환경영향을 측정하고 개선함으로써 달성될 수 있다.

토론문제

01 생산전략 및 공급사슬전략의 수립과 실행은 왜 필요한가?

02 기업전략, 사업전략, 기능별 전략의 차이점과 관계를 논하라.

03 사업전략의 세 가지 유형인 저원가전략, 차별화전략, 집중화전략의 특징을 논하라.

04 맥도날드의 생산의 사명을 기술해 보아라.

05 한국대학교는 신본관을 건축함에 있어서 최소한의 기준 품질을 확보하면서도 건축비용을 최소화하고 싶어 한다. 건설 회사들의 입찰과정을 어떻게 설계하면 되겠는가? 또 이때 주문자격요건과 주문획득요건을 각각 무엇으로 하면 되겠는가?

06 왜 생산의 차별적 능력은 기업의 경쟁우위를 가져오는가?

07 삼성전자나 포스코와 같은 우리나라 대표적인 기업들의 생산의 차별적 능력을 들어보아라.

08 우리나라 글로벌기업의 예를 하나 들고, 이 기업의 글로벌화가 생산과 공급사슬에 미친 영향을 논하라.

참고문헌

송재용 · 이경묵, 『SAMSUNG WAY 삼성웨이』, 21세기북스, 2013.

이상범, "생산의 국제화와 국제생산관리의 틀에 관한 연구," 「산경논집」, 제11권, 제1호 (1996년 2월), pp. 173-193, 서울시립대학교 부설 산업경영연구소.

Krajewski, Lee J., Manoj K. Malhotra, and Larry P. Ritzman, *Operations Management*, 11th ed., Pearson, Upper Saddle River, NJ, 2016.

Porter, Michael E., *Competitive Strategy: Techniques for Analyzing Industries and Competitors*, Free Press, New York, 1980.

Schroeder, Roger G., Susan Meyer Goldstein, and M. Johnny Rungtusanatham, *Operations Management in the Supply Chain*, 6th ed., McGraw-Hill, New York, 2013.

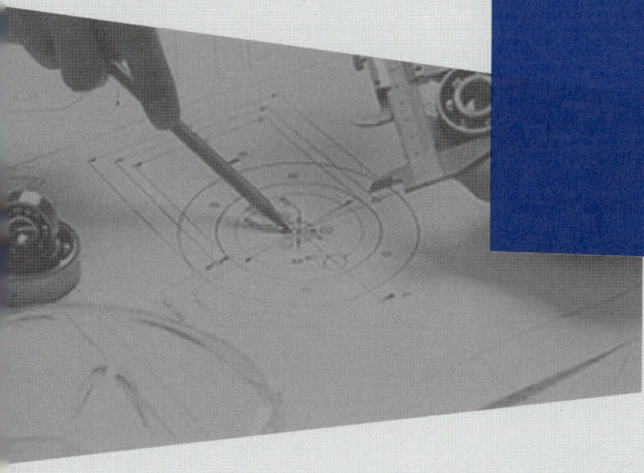

제3장 제품설계

1. 신제품 도입전략
2. 신제품 개발과정
3. 동시공학
4. 공급사슬과의 협력
5. 품질기능전개
6. 제조를 고려한 설계
7. 에코 설계
• 요 약
• 토론문제
• 참고문헌

신제품은 기업에게 성장의 기회와 경쟁우위를 제공한다. 따라서 신제품의 신속한 도입은 기업의 생존과 성장에 필수적이다. 예를 들면, 세계적인 자동차회사들은 예전에는 4년이 걸리던 신형 자동차 도입을 2년 만에 하고 있다. 스마트폰이나 PC의 경우에는 제품의 수명주기가 1년 이내로 매우 짧아지고 있다.

신제품의 도입과 설계는 생산해야 할 제품을 규정하기 때문에 생산에 크게 영향을 미친다. 동시에 기존의 생산 프로세스는 신제품에 사용 가능한 기술을 제약할 수도 있다. 따라서 신제품은 시장뿐만 아니라 사용할 생산 프로세스까지 고려하여 결정되어야 한다.

제품에 관한 의사결정은 생산 의사결정의 4대 분야(프로세스, 생산능력, 재고, 품질)에 영향을 미친다. 따라서 제품 의사결정은 생산 부문과 밀접하게 조정되어야 한다. 또한 제품설계에는 사업전략이 반영되어야 한다.

제품설계에는 제조업의 물리적인 제품뿐만 아니라 서비스업의 서비스 상품도 포함되지만 본장에서는 제조업의 제품설계를 주로 다루며, 서비스의 설계는 제5장에서 따로 살펴본다. 본장에서는 먼저 신제품의 도입전략과 개발과정을 소개한 다음, 제품설계와 관련된 중요한 개념과 기법들을 살펴본다.

1 신제품 도입전략

신제품 도입전략에는 시장지향적 전략(market-pull strategy), 기술지향적 전략(technology-push strategy), 기능 간 협력 전략(interfunctional strategy)의 세 가지가 있다.

(1) 시장지향적 전략

이 전략에서는 기업이 만들어야 하는 제품을 결정하는 주요 근거를 시장이라고 본다. 즉, 신제품은 기존의 기술과는 거의 관계없이 시장에 의해 결정되며, 고객의 요구가 신제품 도입의 주요 또는 유일한 근거가 된다. 요구되는 신제품의 유형은 시장조사나 고객의 피드백을 통해 결정되며, 이에 따라 결정된 제품을 생산한다.

(2) 기술지향적 전략

이 전략에서는 기업이 만들어야 하는 제품의 주요 결정요소를 기술이라고 본다. 즉, 기업은 우수한 기술과 제품을 개발함으로써 기술기반의 우위를 추구해야 한다는 것이다. 제품은 우수한 기술적 특성을 가지고 있기 때문에 시장에서 자연스럽게 우위를 갖게 되고 많은 고객들이 제품을 구매하게 된다. 이 전략은 적극적인 연구개발과 우수한 기술을 통해 시장에서 우위를 차지하는 혁신적인 제품을 만드는 것을 목표로 한다.[1)]

(3) 기능 간 협력 전략

이 전략은 제품은 시장의 요구에 맞아야 할 뿐만 아니라 기술적인 우위도 가져야 한다는 입장을 취한다. 이 목적에 맞는 신제품을 개발하기 위해서는 기업 내 모든 기능(마케팅, 엔지니어링, 생산 등)이 상호 긴밀히 협력해야 한다. 이러한 기능 간 협력은 보통 신제품의 개발을 책임지는 교차기능팀(cross-functional team), 즉 여러 기능이 함께 참여하는 **신제품개발팀**을 통해 이루어진다. 신제품개발팀을 통해 기능 간 협력

1) 스티브 잡스(Steve Jobs)의 애플(Apple)이 내놓은 아이팟(2001년), 아이폰(2007년), 아이패드(2010년) 등이 좋은 예라고 할 수 있다.

이 잘 이루어지면 이 접근법은 최상의 결과를 낳는다. 따라서 본서에서는 기능 간 협력 전략을 강조한다.

2 신제품 개발과정

신제품의 개발과정은 기업마다 조금씩 다르기는 하지만 일반적으로 [그림 3-1]과 같이 개념 개발, 제품설계, 시험생산/테스트의 3단계로 구성된다.

(1) 개념 개발

개념 개발 단계는 신제품에 대한 아이디어를 산출하고 이를 평가하는 단계이다. 즉, 이 단계에서는 여러 가지 제품개념을 산출하고 평가한다. 개념 개발 단계에서는 물리적인 제품의 설계는 이루어지지 않으며, 시장의 요구를 정의하고 이를 충족시키는 여러 제품개념들을 개발하여 검토한 후 최상의 제품개념을 선택한다. 예를 들면, 시리얼(cereal) 신제품의 개념 개발 단계에서는 원재료로 밀, 귀리, 옥수수 중 어느 것을 쓸 것인지 또는 이들의 배합을 쓸 것인지, 모양은 어떻게 할 것인지, 설탕이나 비타민을 첨가할 것인지 등을 결정한다. 여러 가지 제품개념들을 검토하고 평가한 다음, 최고경영자의 동의하에 한 가지 최상의 제품개념을 선택한다.

그림 3-1 신제품 개발과정

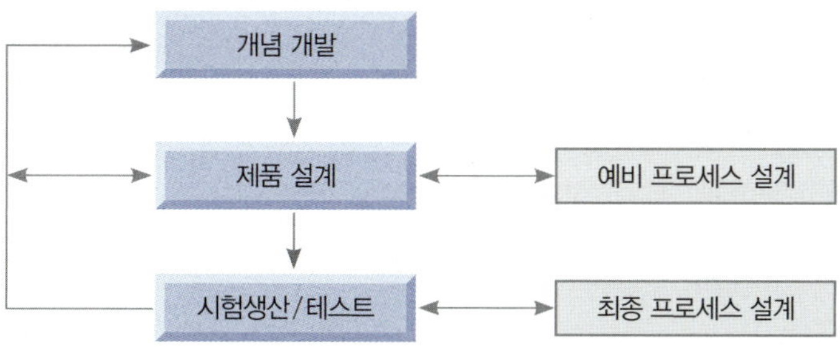

출처: Schroeder, Goldstein, and Rungtusanatham(2013), p. 46.

(2) 제품설계

제품설계 단계에서는 신제품을 물리적으로 설계한다. 이 단계의 처음에는 기업은 신제품에 대해 대략적인 아이디어만 가지고 있다. 하지만 이 단계의 마지막에는 신제품의 시제품 제작과 테스트가 가능하도록 제품의 명세와 엔지니어링 설계도면(혹은 컴퓨터 이미지)이 완성된다.

제품설계 단계에서는 원가, 품질(제품 특성) 및 일정 간의 여러 가지 상충관계를 고려해야 한다. 이 단계에서는 주로 엔지니어링 부서가 제품의 원가, 품질, 향후 생산도입 일정 등에 영향을 미치는 의사결정을 한다. 하지만 기업 전체적으로 가장 이익이 되도록 적절한 상충관계를 고려하기 위해서는 반드시 생산, 마케팅, 재무, 회계 등이 함께 참여해야 한다.

엔지니어링 부서는 제품을 설계하고 사전에 생산을 모의실험하기 위해 보통 컴퓨터 지원 설계(CAD: computer-aided design)라고 불리는 컴퓨터 소프트웨어를 사용한다. CAD는 엔지니어링 설계과업을 신속히 하고 단순화한다. CAD를 이용하면 컴퓨터 화면에서 제품을 설계할 수 있고, 가상의 시제품을 시험할 수 있으며, 설계를 쉽게 변경할 수 있다. 또한 CAD를 이용하면 청사진이나 도면작업을 할 필요가 없으므로 설계 노동량을 크게 줄일 수 있다. 이 단계의 마지막에서는 시험생산을 할 수 있도록 제품의 컴퓨터 이미지와 설계 데이터베이스가 생산부서로 전달된다. 앞에서 예로 든 새로운 시리얼 제품 개발의 경우, 제품설계 단계에서는 모든 성분의 양 및 생산방법(혼합방법, 굽는 온도 등)과 같은 시리얼 생산의 정확한 레시피(recipe)가 규정된다.

프로세스 설계는 제품설계와 동시에 이루어져야 한다. 생산부서는 제품설계가 끝날 때까지 프로세스 설계를 미루어서는 안 된다. 제품설계가 끝난 후에 프로세스 설계가 이루어지면 생산비용이 너무 많이 드는 제품이나 생산이 곤란한 제품이 나올 수 있다. 프로세스 설계가 제품설계와 병행하여 이루어지면 제품설계가 끝나기 전에 프로세스가 용이하도록 제품설계를 변경할 수 있다. 또한 제품설계와 프로세스 설계를 동시에 진행하면 제품설계 후에 프로세스 설계를 하는 것보다 빨리 제품의 생산에 착수할 수 있다. 앞서의 [그림 3-1]은 프로세스 설계가 제품설계와 병행하여 이루어져야 함을 보여주고 있다.

(3) 시험생산/테스트

세 번째 단계에서는 신제품은 생산에 착수하기 전에 시제품(prototype)을 만들어 테스트를 거친다. 시제품의 테스트는 기술적 성능이나 시장에서의 성공 가능성을 확인하기 위한 것이다. 예를 들면, 모든 새로운 항공기나 자동차는 시제품을 사용하여 기술적 성능에 대해 테스트를 받는다. 시제품을 테스트한 결과 요구되는 공학적 변경은 다시 제품설계에 반영된다. 새로운 소비재의 경우에는 시장에서의 성공 가능성을 평가하기 위해 시제품을 충분히 만들어 시험시장에 내놓고 고객의 반응을 보기도 한다. 예를 들면, 새로운 시리얼의 경우에는 샘플을 충분히 만들어 시험시장에서 고객의 반응을 살피게 된다. 이 경우 시험시장의 목적은 고객의 신제품 수용 정도에 대한 계량적 자료를 얻는 데 있다.

이 단계에서는 프로세스도 최종적으로 결정된다. 제품설계가 거의 완료되기 때문에 프로세스를 상세하게 설계할 수 있고 또 설계된 대로 제품을 만들 수 있는지도 시험할 수 있다. 대규모 본생산과 시장 출시에 앞서 프로세스가 최적화되도록 제품과 프로세스의 수정도 검토되어야 한다. 대규모 본생산을 위해서는 제품의 명세서뿐만 아니라 프로세스의 명세서, 종업원의 훈련 절차, 테스트 결과 등 신제품에 관한 모든 정보가 최종적으로 확정되어야 한다. 그래야만 설계에서 생산으로의 전환이 쉽게 이루어질 수 있다.

3 동시공학

신제품의 신속한 도입은 기업의 경쟁우위 달성에 매우 중요하다. 제품 개발과정을 신속하게 하기 위한 방법이 **동시공학**(CE: concurrent engineering)이다. 동시공학에서는 신제품의 개념 개발, 제품과 프로세스의 상세 엔지니어링, 시험생산, 생산 및 시장도입에 이르기까지의 제품 개발 단계를 순차적으로 밟아가는 것보다는 기능 간 통합과 제품 및 프로세스의 동시개발을 강조한다. 동시공학에서는 마케팅, 엔지니어링, 생산 등 사내의 신제품 관련 부서와 경우에 따라서는 외부의 공급자까지 신제품 개발팀에 참여시켜 공동 작업을 통해 제품을 설계하고 프로세스를 선택한다.

동시공학에서는 신제품 도입과 관련된 여러 단계들을 순차적으로 진행하기 보다는 동시에 병행하여 진행함으로써 신제품 도입시간을 상당히 단축할 수 있다. 이러한 시간 단축은 각 단계 간의 중복시간의 제거뿐만 아니라 각 단계에서의 실수를 줄임으로써 비롯된다. 사실상 순차적 접근법에서는 한 단계에서의 실수가 그 이후의 단계나 최종 단계에서 발견되어 다시 앞으로 되돌아옴으로써 신제품 도입에 더 많은 시간이 소요되는 경우가 자주 발생한다.

[그림 3-2]는 신제품 개발의 전통적인 순차적 접근법과 동시공학을 이용한 동시적 접근법을 보여주고 있다. [그림 3-2]의 (a)는 신제품 개발에 있어 마케팅, 엔지니어링 및 생산의 각 기능이 각자의 일을 완료한 후 다음 단계가 시작되는 순차적 접근법을 나타내고 있다. [그림 3-2]의 (b)는 동시개발 과정, 즉 동시공학을 보여주고 있다. 동시공학에서는 신제품개발팀을 만들어 개념 개발 단계에서부터 모든 기능이 함께 참여한다. 물론 모든 기능이 각 단계에 참여하지만 첫 단계인 개념 개발 단계에서는 마케팅이 주도적인 역할을 한다. 제품설계 단계에서는 마케팅의 역할은 줄어들고 대신 엔지니어링이 주도적인 역할을 한다. 최종적으로 신제품이 테스트되고 시장에 진입하면서부터는 생산이 주도적인 역할을 하게 된다.

동시공학은 여러 가지 효과를 가져 온다. 동시공학을 이용하면 제품설계시간을 30%까지 줄일 수 있으며, 제품의 재설계도 절반으로 줄어든다고 한다. 한마디로 동시공학은 한정된 자원으로 더 적은 시간에 더 많은 일을 하게 해준다.

그림 3-2 신제품 개발의 순차적 접근법과 동시적 접근법

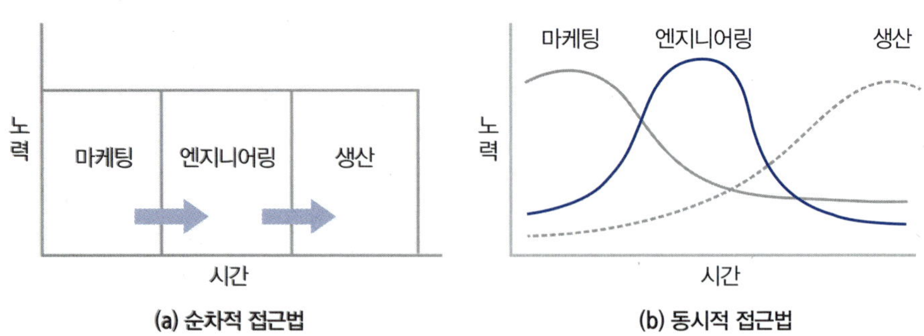

출처: Schroeder, Goldstein, and Rungtusanatham(2013), p. 47.

삼성전자를 통해 동시공학의 활용 사례를 살펴보기로 하자(송재용 · 이경묵 2013, pp. 228-229). 삼성전자는 R&D 프로세스를 고도화하여 동시공학을 적극적으로 발전시켜왔다. 동시공학이 잘 활용된 예가 휴대폰 개발과정이다. 기획 단계에서부터 R&D 부문은 물론 마케팅, 상품기획, 디자인, 생산, 구매 부문이 동시에 참여하여 병행개발을 하고, 이를 통해 신제품 개발 및 양산체제 구축, 출시에 걸리는 시간을 대폭 단축하였다. 전통적인 방식대로 각 부문이 순차적으로 작업을 하면 신제품 기획, 개발 및 출시의 전 과정에 소요되는 시간도 훨씬 오래 걸릴 뿐만 아니라, 고객의 요구가 상품기획 및 개발, 디자인에 정확히 반영되기 어렵다. 그러나 동시공학을 활용하는 경우에는 마케팅 부문이 상품기획 단계에서부터 참여하므로 보다 고객지향적인 제품을 개발할 수 있고, 더 나아가 생산 및 구매 부문과 R&D 부문의 협업을 통해 예상되는 기술적 문제나 특수사항을 각 프로세스에 반영할 수 있다. 그 결과 생산하기 쉬운 제품을 설계할 수 있고 불량률도 낮아짐과 동시에 보다 빠른 시간 내에 양산 및 부품조달체계가 구축될 수 있는 것이다.

동시공학은 D램 사업에서 삼성전자가 경쟁자들을 추격할 때에도 적극 활용되었다. 당시 삼성전자는 신제품 개발과 양산라인 건설을 거의 동시에 추진하였다. D램 반도체 개발 초기부터 개발팀과 생산팀이 긴밀히 공조하여 제품을 개발하는 동안 다른 쪽에서는 양산공장을 건립했기 때문에 제품 개발 이후 본격 생산에 돌입하는 시간이 경쟁사에 비해 1년 이상 빨랐다.

4 공급사슬과의 협력

제품설계에 있어서는 기업 내부의 협력뿐만 아니라 고객 및 공급자와의 외부 협력도 중요하다. 신제품 개발에 있어서 고객 및 공급자와의 협력이란 이들을 신제품의 설계과정에 실제로 참여시키는 것을 말한다.

고객과의 협력이란 제품설계에 고객의 지식과 전문성을 반영하는 것을 의미한다. 고객과의 협력은 다음과 같은 다양한 형태를 취할 수 있다.

- 고객에게 어떤 제품 특성을 원하는지 적절한 질문을 한다.
- 고객이 자신의 지식을 설계팀에게 제공하면 인센티브를 준다. 인센티브에는 상품, 금전적 보상, 신제품의 최초 구입 등이 포함된다.
- 고객과 정보를 공유하기 위한 기술 플랫폼을 만든다. 이는 고객과의 협력을 가능케 하는 컴퓨터 네트워크나 소프트웨어와 같은 다양한 형태를 취할 수 있다.[2)]
- 고객을 설계팀의 고문으로 참여시킨다.

일부 기업들은 고객과의 협력을 위해 '고객 자문 프로그램'을 만들어 운영한다. 고객은 이 프로그램을 통해 신제품을 사용해 보고 제품설계에 대해 신속히 피드백을 제공함으로써 제품 개발에 기여한다. 고객과의 협력을 위해서는 "고객과 파트너십으로 일한다."는 사고가 필요하다. 이런 사고를 가지고 고객과 협력하면 신제품 설계는 향상된다.

삼성전자는 주요 고객과 함께 신제품을 개발함으로써 주요 고객이 판매하는 제품이 경쟁력을 갖도록 돕는다. 스마트폰의 경우, 애플은 통신업체의 요구에 맞게 제품사양을 바꾸지 않지만, 삼성전자는 대규모 통신업체(예를 들면, AT&T, Verizon 등)의 요구에 맞게 제품사양을 바꾸거나 새로운 제품을 생산해 공급해줌으로써 고객만족도를 높이고 있다. 거대 고객인 CompUSA, Best Buy 등과 같은 유통업체들 역시 제품 개발과정부터 참여시키고 있다(송재용 · 이경묵 2013, p. 170).

공급사슬과의 협력의 두 번째 측면은 공급자와의 협력이다. 구매 자재가 제품의 원가에서 차지하는 비중이 50%가 넘는 경우가 많기 때문에 제품설계에 있어서 공급자의 협력과 참여는 대단히 중요하다. 공급자와의 협력은 기업이 전문성을 가지고 있지 않은 기술이 제품에 포함될 때 특히 중요하다.

기업은 공급자를 처음부터 신제품개발팀에 참여시키거나 또는 설계과정 중 중요한 단계에서 공급자의 의견이나 대안을 들을 수 있다. 공급자의 역할은 제품의 설계와 자재의 선택에 대해 자신의 전문기술에 기초하여 의견이나 대안을 제시하는 것이다. 공급자를 제품설계의 협력자로 고려할 때는 다음과 같은 기준들을 참작해야 한다.

---

2) 예를 들면, 중국의 스마트폰 업체 샤오미는 고객의 피드백을 받아 매주 조금씩 제품의 기능을 향상시키고 있다. 이를 위해 샤오미는 고객 참여 혁신 플랫폼을 만들고 고객들로부터 의견과 불만을 접수해 매주 운영체제나 앱 업데이트에 즉각 반영하고 있다. 즉, 샤오미는 연구개발 인력은 물론 고객까지 제품 개발에 참여시키고 있다.

- 기술적 전문지식 : 공급자는 기업이 가지고 있지 못한 기술적 전문지식을 가지고 있는가?
- 역량 : 공급자는 원가, 품질 및 제품 성능에 대한 목표를 달성할 수 있겠는가?
- 생산능력 : 공급자는 제품개발 일정과 본생산으로의 전환 일정을 충족시킬 수 있겠는가?
- 낮은 위험 : 공급자가 기대한 대로 일을 해내지 못할 때 어떤 위험이 있겠는가?

여러 연구결과에 의하면 공급자와의 협력을 통한 총체적인 성과 향상은 원가, 시간, 품질 및 제품 성능에서 10~20%나 된다고 한다. 그러나 모든 공급자를 협력 대상으로 고려할 필요는 없다. 오히려 제품설계에 매우 중요하고 생산 프로세스에 기여할 수 있는 공급자만 협력 대상에 포함시키는 것이 좋다. 결정적으로 중요한 공급자 지원의 한 예는 전기자동차나 하이브리드(hybrid) 자동차에 들어가는 배터리의 설계이다. 세계적인 자동차회사들은 전기자동차나 하이브리드 자동차의 설계에서 배터리 공급자들과의 협력을 강화하고 있다. 삼성전자도 경우에 따라서는 핵심부품을 생산하는 삼성 내 계열사 및 부품공급업체들을 신제품 개발에 참여시키고 있다. 결정적으로 중요한 공급자나 고객과의 협력이 있으면 제품설계 과정은 크게 향상될 수 있다.

5 품질기능전개

품질기능전개(QFD : quality function deployment)는 고객의 요구를 제품이나 서비스의 설계명세에 반영하는 체계적인 방법이다. QFD는 1972년 일본의 미쓰비시 조선소에서 처음 사용되었으며, 그 후 도요타와 미국 기업들에게 전파되었다. 오늘날에는 자동차, 전자, 가정용 전기제품 및 서비스와 같은 산업에서 세계적으로 많은 기업들이 QFD를 사용하고 있다. QFD는 엔지니어링, 마케팅, 생산 등 여러 기능으로 구성되는 신제품개발팀에 의해 주로 사용된다.

QFD는 고객의 요구를 기술적 명세로 바꾸는 데 매우 유용하다. 예를 들어, 고급 자동차의 설계에 있어서 고객의 요구가 부드러운 승차감과 고급 인테리어라고 하자.

부드러운 승차감은 스프링과 같은 현가장치나 시트에 대한 기술적 명세로, 그리고 고급 인테리어는 차의 내부 인테리어 소재에 대한 기술적 명세로 나타난다.

QFD의 설계 도구는 [그림 3-3]과 같은 **품질의 집**(house of quality)이다. 품질의 집을 작성하는 첫 번째 단계는 시장조사를 통해 고객의 요구사항(CA: customer attribute)을 파악하는 것이다. 예를 들면, 자동차 문의 설계에 있어서 CA는 "쉽게 닫을 수 있다.", "언덕에서도 문을 열면 열린 상태가 유지된다.", "쉽게 열 수 있다.", "빗물이 새지 않는다.", "도로의 소음이 들리지 않는다." 등이 될 것이다. CA는 품질의 집 행렬의 맨 왼쪽에 기재한다. 이 행렬에서 CA의 바로 오른쪽에는 고객이 매긴 각 CA의 중요도를, 그리고 가장 오른쪽에는 고객이 각 CA에 대해 자사와 경쟁사를 비교 · 평가한 결과를 기재한다.

다음은 CA를 충족시키기 위한 공학적 설계특성(EC: engineering characteristics)을 개발하여 행렬의 상단에 기입한다. 그런 다음 각 EC와 각 CA와의 관계 및 EC 상호간의 관계를 평가한다. 그리고 각 EC의 중요도와 각 EC에 대해 자사와 경쟁사를 기술적으로 비교 · 평가한 결과를 기재한다.

끝으로 설계팀은 품질의 집에 나와 있는 모든 정보(CA, EC, 각 CA에 대해 고객이 내린 경쟁사와의 비교 · 평가, EC와 CA와의 관계, EC 상호간의 관계, 각 EC에 대한 기술적 평가)에 근거하여 EC의 설계목표치를 결정한다. 이러한 목표치는 [그림 3-3]의 행렬의 하단에 기재된다.

이와 같은 접근법을 사용하면 설계명세와 설계목표치를 설정함에 있어서 기능 간 및 고객과의 의사소통이 보다 원활해진다.

QFD는 제조업은 물론 서비스업에도 적용될 수 있다. 예를 들면, 피자배달 서비스의 CA는 신속한 서비스, 친절한 서비스, 신뢰할 수 있는(약속한 배달시간을 지키는) 서비스, 배달원의 단정한 외모, 주문내용과 일치하는 배달, 따뜻한 피자 등이 된다. 서비스에 대한 EC는 때로는 정의와 측정이 어렵다. 피자배달 서비스의 경우, EC는 배달시간(분), 고객만족도(정기적인 고객 조사에 의한), 정시배달비율, 배달 시 피자의 온도 등이 된다. 서비스에 대한 QFD는 제조와는 다소 다르게 측정될 수도 있지만 기본 원리는 똑같이 적용된다.

그림 3-3 자동차 문의 설계에 대한 품질의 집

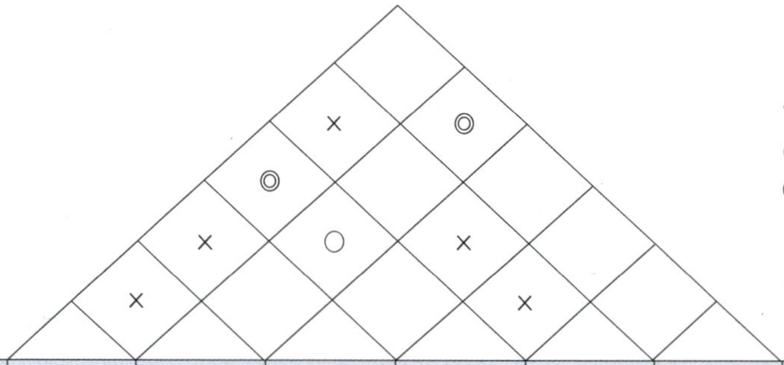

상관관계

◎: 강한 양의 상관관계
○: 양의 상관관계
×: 음의 상관관계
∗: 강한 음의 상관관계

공학적 설계특성 / 고객에 대한 중요도 / 고객 요구		문을 닫는 데 필요한 힘	도어 실(door seal)의 저항	수평에서의 제어력	문을 여는 데 필요한 힘	방음	방수	고객에 의한 경쟁력 평가 X=자사 A=경쟁사 A B=경쟁사 B (5가 최상임) 1 2 3 4 5
쉽게 닫을 수 있다.	7	◎	○					X AB
언덕에서도 문이 열린 상태로 있을 수 있다.	5			◎				X AB
쉽게 열 수 있다.	3		○		◎			XAB
빗물이 새지 않는다.	3		◎				◎	AXB
도로의 소음이 들리지 않는다.	2		○			○		X A B
중요도 (10~1: 10이 가장 강함)		10	6	6	9	2	3	
기술적 평가 (5가 최상임)	5 4 3 2 1	B A X	BA X	B A X	B X A	BXA	BA X	
설계특성의 목표치		힘을 7.5 ft/lb로 낮춘다.	현재의 수준을 유지한다.	제어력을 9 lb로 낮춘다.	힘을 7.5 ft/lb로 낮춘다.	현재의 수준을 유지한다.	현재의 수준을 유지한다.	

출처: Hauser and Clausing(1988).

6 제조를 고려한 설계

제품은 고객의 요구를 충족시켜야할 뿐만 아니라 **제조역량**(manufacturability)도 확보할 수 있도록 설계되어야 한다. 제조역량이란 제품이 최소의 비용과 최대의 품질로 쉽게 제조될 수 있는 정도를 말한다. 이러한 제조역량을 고려한 제품설계를 **제조를 고려한 설계**(DFM: design for manufacturing or manufacturability)라고 한다. 즉, DFM이란 제품이 최소의 비용과 높은 품질로 쉽게 일관되게 생산될 수 있도록 제품을 설계하는 것을 말한다. 본 절에서는 DFM을 위한 접근법으로 가치분석/가치공학, 모듈러 설계 및 로버스트 설계를 살펴보기로 한다.

6.1 가치분석/가치공학

가치분석(VA: value analysis) 또는 **가치공학**(VE: value engineering)이란 제품의 가치를 증대시키기 위한 체계적인 방법이다. 제품의 가치는 다음과 같이 원가 대비 유용성의 비율로 나타낼 수 있다.

$$\text{가치} = \frac{\text{유용성}}{\text{원가}}$$

여기서 원가는 제품의 생산에 사용되는 자원의 양을 화폐단위로 측정하는 절대적인 용어이다. 반면에 유용성은 고객이 평가하는 제품의 기능성을 나타내는 상대적인 개념이다. 유용성은 제품의 특징, 성능, 신뢰성(reliability) 등과 같은 용어로 나타낼 수 있다.

위의 식에서 제품의 가치는 동일한 원가로 제품의 유용성을 높이든지 또는 동일한 유용성을 유지하면서도 원가를 낮춤으로써 증대될 수 있다. 따라서 가치분석은 원가를 올리지 않으면서 제품의 유용성을 향상시키거나 또는 제품의 유용성을 감소시키지 않으면서 원가를 절감하는 기법이라고 할 수 있다. 가치분석은 원가절감, 고객을 위한 더 좋은 제품, 또는 양쪽 모두를 가져올 수 있다. 가치분석 또는 가치공학은 제품이 생산되기 이전에 수행되는 것이 바람직하다.

가치분석에서는 다음과 같은 용어를 이용한 논리적이고 단계적인 접근법이 사용된다.

- 목 적: 제품의 주요 목적
- 기본적 기능: 설정된 목적에 비추어볼 때 제거되면 제품이 쓸모없게 되어버리는 기본적 기능
- 2차적 기능: 기본적 기능을 달성하는 2차적 기능으로서 제품이 설계되는 방식의 결과

예를 들면, 통조림 캔의 개봉장치에 있어서 목적, 기본적 기능 및 2차적 기능은 다음과 같이 정의할 수 있다.

- 목 적: 캔의 내용물을 꺼낸다.
- 기본적 기능: 캔을 연다.
- 2차적 기능: 뚜껑을 잘라낸다.

내용물을 꺼내는 목적을 달성하기 위해서는 캔을 열어야 한다. 따라서 캔을 여는 것이 기본적 기능이다. 그러나 캔을 열기 위한 방법인 2차적 기능에서는 반드시 뚜껑을 잘라내는 방법만 취할 필요는 없다. 캔을 여는 데는 [그림 3-4]와 같이 원터치 개봉장치, 나선 모양의 개봉장치 등 여러 가지 다른 방법들이 가능하기 때문이다.

그림 3-4 통조림 캔을 여는 최선의 방법을 결정하는 데 사용되는 가치분석

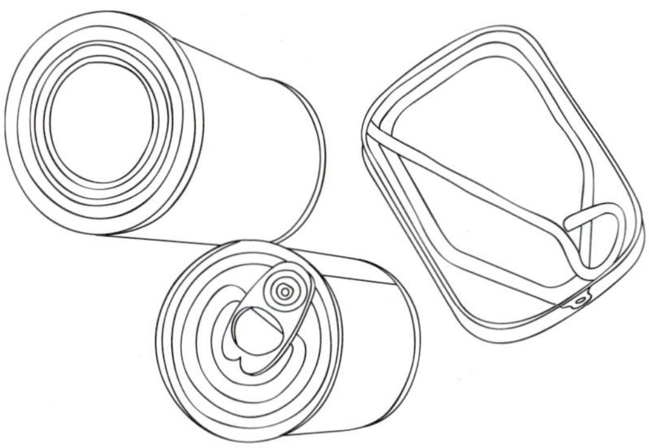

출처: Schroeder, Goldstein, and Rungtusanatham(2013), p. 55.

가치분석은 가치비율을 향상시키는 다른 대안을 찾기 위한 2차적 기능을 검토하는 과정이다. 이를 위해서는 먼저 현재의 2차적 기능의 원가를 파악해야 한다. 그런 다음 2차적 기능의 다른 대안의 원가를 계산한다. 만일 다른 대안이 고객이 캔을 여는 유용성을 희생시키지 않으면서 원가를 낮춘다면 가치는 향상된다. 또는 다른 대안이 동일한 원가로 유용성을 향상시킨다면 이 또한 고객에게 가치를 증대시킨다.

가치분석은 고객의 시각에서 제품의 가치를 향상시키는 방법이다. 결국 고객은 제품의 가치에 관심을 가지고 있으며, 자기가 받는 가치에 근거하여 제품을 구매한다. 가치분석은 원가를 낮추거나 제품의 유용성을 높이거나 또는 둘 다 가능하게 한다.

6.2 모듈러 설계

DFM의 또 다른 측면은 다양한 제품의 설계를 단순화하는 것이다. 일반적으로 고객은 선택이 가능한 다양한 제품을 원하지만 기업의 입장에서는 제품의 다양성이 증가할수록 생산원가가 올라가고 생산의 복잡성이 증대된다. 다양한 제품을 효율적으로 제공할 수 있는 제품설계 방법이 **모듈러 설계**(또는 **모듈화 설계**)(modular design)이다.

모듈러 설계는 제품의 다양성은 높이면서도 동시에 제품 생산에 사용되는 구성품의 다양성은 낮추는 제품설계 방법이다. 여기서 **모듈**(module)이란 다수의 부품으로 구성되어 있는 표준화된 하위 조립품 또는 제품의 기본 구성품을 말한다. 모듈러 설계의 핵심 아이디어는 서로 다른 많은 제품으로 조립될 수 있는 일련의 기본 구성품, 즉 모듈들을 개발하는 것이다. 모듈의 조합으로 제품을 조립하면 고객에게는 다양한 제품을 제공할 수 있고, 생산에는 단지 한정된 수의 기본 구성품과 프로세스만을 사용하게 된다. 생산에 있어 제품에 들어가는 서로 다른 구성품의 수를 통제하는 것은 매우 중요하다. 왜냐하면 생산이 보다 효율적이 되고 프로세스와 장비의 표준화가 가능해지기 때문이다.

자동차 생산에서 모듈러 설계의 예를 살펴보자. 섀시 모듈(chassis module)이 4가지, 프론트 엔드 모듈(front end module)이 2가지, 도어 모듈(door module)이 2가지, 운전석 모듈(cockpit module)이 4가지, 시트 모듈(seat module)이 3가지라면 모듈의 수는 15(=4+2+2+4+3)가지이나 생산 가능한 자동차는 총 192(=4×2×2×4×3)가지가 된다. 물론 이 중에서 어떤 것은 고객이 별로 원하지 않을 것이기 때문에(예를 들면, 고급 섀시에 저급 시트) 192가지의 자동차가 모두 생산되는 것은 아니다. 하지만 이 예에서 보듯 모듈러 설계의 개념을 이용하면 구성품의 수는 한정되지만 상당히 다양한 제품을 생산할 수 있다.

모듈러 설계는 제품설계의 사고에 근본적인 변화를 요구한다. 전통적인 제품설계에서는 각 제품을 개별적으로 설계한다. 하지만 모듈러 설계에서는 각 제품을 개별적으로 설계하지 않고, 표준화된 구성품 모듈과 표준화된 프로세스를 중심으로 제품을 설계한다. 이를 위해서는 제품라인을 세밀하게 분석하여 기본 모듈들로 나누어야 하고, 두 가지 이상의 제품에 들어갈 수 있는 공통의 모듈들이 개발되어야 하며, 불필요한 제품장식들은 제거되어야 한다. 이렇게 하면 제품의 다양성과 생산의 효율성을 동시에 추구할 수 있다.

6.3 로버스트 설계

로버스트 설계(robust design)란 제품의 성능 특성이 제조 환경 및 사용 환경의 변화에 영향을 덜 받도록 제품을 설계하는 것이다. 로버스트 설계를 이용하면 온도, 조명, 먼지 등과 같은 제조 환경상의 변동요인들을 생산 프로세스에서 통제하는 것보다 비용이 훨씬 덜 들게 된다. 또한 로버스트 설계는 제품의 사용품질을 크게 향상시킨다. 로버스트 설계는 이 방법을 개발한 일본의 통계학자인 다구치(Genichi Taguchi)의 이름을 따서 **다구치 설계**(Taguchi design)라고도 불린다. 로버스트 설계에서는 제품 생산 전에 제품의 잠재적 변동을 줄이기 위해 계획된 실험을 통해 제품설계의 여러 파라미터 값이 제품의 성능 특성에 미치는 영향을 분석함으로써 제조 환경 및 사용 환경의 변화에 가장 둔감한 제품설계의 파라미터 값을 구한다.

로버스트 설계의 원리를 이해하기 위해 다음의 사례를 살펴보기로 하자(염봉진 등 1990). 1950년대 초 건축 재료인 타일을 생산하는 일본의 이나 타일회사(Ina Tile Company)는 타일을 구워내는 가마 내의 온도가 일정하지 않아 타일의 크기가 달라지는 어려움을 겪고 있었다. 가마 내의 일정하지 않은 온도는 이상원인이기 때문에 전통적인 프로세스 품질관리 접근법에서는 이 경우 상당한 비용을 들여서라도 가마 내의 온도를 보다 세심하게 통제하는 방법을 고안해 내려고 할 것이다. 하지만 이 회사는 적은 비용으로 품질을 향상시키기를 원했으므로 가마 내의 일정하지 않은 온도에 훨씬 덜 민감하도록 타일의 원료 배합방법을 찾기 시작하였다. 여러 가지 구성 비율에 대한 실험을 수행한 결과, 무엇보다도 석회의 함량을 현행 1%에서 5%로 증가시키면 현재의 가마를 그대로 사용하더라도 타일 크기의 변동이 1/10로 줄어든다는 사실을 발견하였다. 이 발견은 세라믹 타일산업에서 획기적인 사건이었다.

이 사례는 생산 중 제조 환경의 변화에 따른 품질변동을 줄이는 일련의 파라미터 값의 발견을 보여주는 것이다. 하지만 보다 중요한 것은 제품수명 동안 실제 제품을 사용할 때의 환경변화에 따른 성능변동이다. 로버스트 설계는 생산과정에서 뿐만 아니라 실제 제품을 사용할 때의 환경변화에 따른 성능변동을 줄이도록 제품을 설계할 때도 사용될 수 있다.

7 에코 설계

에코 설계(또는 **환경친화적 설계**)(ecodesign)란 제품의 개발 및 설계에 있어서 환경을 고려하는 것이다.[3] 환경에 대한 관심이 높아지면서 제품설계에 있어서 에코 설계는 점점 더 중요해지고 있다. 일반적으로 에코 설계된 제품은 혁신적이고, 환경적 성능이 좋으며, 시장 표준 이상으로 품질이 좋다. 따라서 에코 설계를 채택한 기업은 경쟁우위를 갖는다. 에코 설계는 제품과 환경 간의 관계에 대해 다음과 같은 접근법을 사용한다.

- 제품의 전체 수명주기를 고려한다. 제품이 환경에 미치는 영향은 제품의 전체 수명주기에 걸쳐 일어난다. 이러한 환경영향에는 제품의 제조에 필요한 자원의 채취 및 수송, 제조 프로세스, 유통, 사용 및 유지 · 보수, 재사용, 폐기물 처리 등이 모두 포함된다.
- 제품을 하나의 시스템으로 간주한다. 따라서 제품의 기능을 개발하는 데 필요한 모든 요소들(소모품, 포장, 에너지 등)도 반드시 고려되어야 한다.
- 다기준 접근법(multicriteria approach)을 사용한다. 서로 다른 환경영향 범주(예를 들면, 자원 고갈, 온실 효과, 독성 등) 간의 상충관계를 피할 수 있도록 한 제품시스템이 수명주기 동안 발생시키는 모든 환경영향들을 평가한다.

3) 예를 들면, 오늘날 세계적인 자동차회사들은 탄소 배출량을 줄일 수 있도록 친환경차를 개발 · 설계하는 데 많은 노력을 기울이고 있다.

에코 설계는 기업, 사용자 및 사회 모두에게 이득이 된다. 왜냐하면 에코 설계는 환경적 차원에서 뿐만 아니라 경제적 차원에서도 보다 효율적인 제품을 추구하기 때문이다. 즉, 에코 설계를 이용하면 생산자는 자재와 물과 에너지를 덜 사용하고, 관리해야 할 폐기물을 덜 발생시키는 제품을 제조할 수 있다. 그 결과 제조원가가 줄어든다. 사용자는 에너지나 소모품이 덜 들어가고 또 필요할 때 쉽게 고칠 수 있는 신뢰성과 내구성이 높은 제품을 구입할 수 있다. 사회는 자원의 미래 이용도 증대와 환경 손상의 예방(즉, 예방을 통한 환경 손상의 처리 및 복구비용 절감)에 의해 이득을 얻는다.

더욱이 최근 유럽연합(EU)은 제품이 환경에 미치는 영향을 최소화하도록 생산자의 책임을 강조하는 규정을 두고 있다. 에코 설계는 생산자가 환경적 책임을 관리하고 제품 관련 환경법규를 따르는 데 도움이 될 수 있다.

요약

- 신제품 도입전략에는 시장지향적 전략, 기술지향적 전략, 기능 간 협력 전략의 세 가지가 있다. 이 중에서 신제품 설계에 시장과 기술 양쪽을 모두 고려하는 기능 간 협력 전략이 일반적으로 가장 바람직하다.
- 신제품의 개발과정은 일반적으로 개념 개발, 제품설계, 시험생산/테스트의 3단계로 구성된다.
- 동시공학에서는 신제품 도입과 관련된 여러 단계들을 순차적으로 진행하기 보다는 동시에 병행하여 진행함으로써 신제품 도입시간을 단축한다. 동시공학에서는 기능 간 통합을 위해 기업 내 모든 주요 기능(마케팅, 엔지니어링, 생산 등)과 경우에 따라서는 외부의 공급자까지 신제품개발팀에 참여시켜 공동 작업을 통해 제품을 설계한다.
- 신제품 개발에 있어 공급사슬과의 협력은 필수적이다. 이는 신제품 개발과정에서 고객 및 공급자의 참여와 협력을 통해 이루어진다.
- 품질기능전개란 고객의 요구사항을 제품이나 서비스의 설계명세에 반영하기 위한 체계적인 방법으로서 품질의 집을 도구로 사용한다.
- 제품은 고객의 요구를 충족시켜야할 뿐만 아니라 제조역량도 확보할 수 있도록 설계되어야 한다. 제조역량이란 제품이 최소의 비용과 최대의 품질로 쉽게 제조될 수 있는 정도를 말한다. 제조역량을 고려한 제품설계를 제조를 고려한 설계(DFM)라고 한다. 즉, DFM이란 제품이 최소의 비용과 높은 품질로 쉽게 일관되게 생산될 수 있도록 제품을 설계하는 것을 말한다. DFM을 위한 접근법으로는 가치분석/가치공학, 모듈러 설계, 로버스트 설계 등이 있다.

- 가치분석 또는 가치공학이란 제품의 유용성과 원가를 검토하고 개선함으로써 원가 대비 유용성, 즉 제품의 가치를 향상시키는 체계적인 방법이다.
- 모듈러 설계란 제품의 다양성은 높이면서도 동시에 생산에 사용되는 구성품의 수를 최소화하는 제품설계 방법이다. 이는 서로 다른 많은 제품으로 조립될 수 있는 표준화된 모듈들을 개발하고 시장수요가 많은 선택사양의 조합만 고려함으로써 이루어진다.
- 로버스트 설계란 제품의 성능 특성이 제조 환경 및 사용 환경의 변화에 영향을 덜 받도록 제품을 설계하는 것이다. 로버스트 설계에서는 계획된 실험을 통해 제품설계의 여러 파라미터 값이 제품의 성능 특성에 미치는 영향을 분석함으로써 제조 환경 및 사용 환경의 변화에 가장 둔감한 제품설계의 파라미터 값을 구한다.
- 에코 설계란 제품의 개발 및 설계에 있어서 환경을 고려하는 것이다. 에코 설계는 기업, 사용자 및 사회 모두에게 이득이 된다.

토론 문제

01 왜 신제품 도입에는 기능 간 협력이 중요한가? 또 신제품 도입에 기능 간 협력이 결여되면 어떤 현상이 나타날 수 있겠는가?

02 신제품 도입에서 시장지향적 전략과 기술지향적 전략은 각각 어떤 상황에서 최상의 접근법이 될 수 있겠는가?

03 동시공학은 어떻게 신제품의 도입시간을 단축시키는가?

04 가치분석 또는 가치공학의 기본적인 아이디어를 설명하라.

05 오늘날의 경제에서 왜 제품의 다양성은 날로 증대되는 경향이 있는가?

06 모듈러 설계는 어떻게 제품의 다양성은 높이면서 동시에 생산의 복잡성은 줄이는가?

07 자동차 외에 모듈러 설계에 의한 제품이나 서비스의 예를 들어 보아라.

08 모듈에 의한 생산(모듈러 생산)의 단점을 논하라.

09 본서에서 살펴본 타일 외에 로버스트 설계를 활용한 제품의 예를 찾아보아라.

10 에코 설계를 활용한 제품의 예를 찾아보아라.

참/고 문/헌

송재용 · 이경묵, 『SAMSUNG WAY 삼성웨이』, 21세기북스, 2013.

염봉진 · 고선우 · 김성준, "제품 및 공정설계를 위한 다구치 방법," 「경영과학」, 제7권, 제2호, 1990년 12월, pp. 3-21.

Hauser, John R. and Don Clausing, "The House of Quality," *Harvard Business Review*, May-June 1988, pp. 63-73.

Jacobs, F. Robert and Richard B. Chase, *Operations and Supply Chain Management*, 15th ed., McGraw-Hill, New York, 2017.

Schroeder, Roger G., Susan Meyer Goldstein, and M. Johnny Rungtusanatham, *Operations Management in the Supply Chain*, 6th ed., McGraw-Hill, New York, 2013.

Starr, Martin K., "Modular Production: A New Concept," *Harvard Business Review*, November-December 1965, pp. 131-142.

제 II 부

프로세스

제4장 프로세스 선택

제5장 서비스 프로세스 설계

제6장 프로세스 흐름 분석 및 설비배치

프로세스에 관한 의사결정은 생산관리자가 내려야 할 중요한 의사결정 중의 하나이다. 프로세스에 관한 의사결정에는 프로세스의 선택, 프로세스 흐름의 분석, 설비의 배치 등이 포함된다. 먼저 제4장은 제품을 생산하는 프로세스의 선택을 다룬다. 제5장에서는 서비스 프로세스의 설계를 살펴본다. 제조업과는 달리 서비스업의 경우에는 서비스의 설계와 서비스 프로세스의 설계를 분리하는 것이 어렵다. 이런 이유로 본서에서는 서비스와 서비스 프로세스의 설계를 제 II 부 프로세스에 편제하였다. 제6장에서는 프로세스 흐름의 설계와 개선을 위한 프로세스 흐름 분석과 설비의 배열을 결정하는 설비배치를 살펴본다.

제 I 부
생산 · 운영관리 입문

제 1 장 생산기능
제 2 장 생산전략
제 3 장 제품설계

제 II 부
프로세스

제 4 장 프로세스 선택
제 5 장 서비스 프로세스 설계
제 6 장 프로세스 흐름 분석 및 설비배치

제 III 부
생산능력

제 7 장 수요예측
제 8 장 설비계획
제 9 장 총괄생산계획
제10장 일정계획
제11장 프로젝트의 일정계획

제 IV 부
재 고

제12장 독립수요품목의 재고관리
제13장 자재소요계획과 전사적 자원관리
제14장 린 시스템
제15장 공급사슬관리

제 V 부
품 질

제16장 품질경영
제17장 품질관리 및 개선

제4장
프로세스 선택

1. 프로세스의 유형
2. 프로세스 선택 의사결정
3. 제품-프로세스 전략
4. 집중화 생산
5. 대량고객화
6. 수직적 통합
7. 프로세스 선택의 환경적 문제

• 요 약
• 토론문제
• 참고문헌

프로세스 선택(process selection) 의사결정에서는 제품이나 서비스를 생산하는 데 사용되는 프로세스의 유형을 결정한다. 예를 들면, 자동차는 조립라인 형태의 프로세스를 사용하여 생산되며, 와인은 뱃치(batch) 형태의 프로세스, 그리고 맞춤 양복은 잡숍(job shop) 형태의 프로세스를 사용하여 생산된다. 프로세스 선택에서는 제품의 생산량의 크기와 제품이 표준화되어 있는지 또는 고객화되어 있는지를 고려해야 한다. 일반적으로 표준화된 제품을 대량으로 생산하는 경우에는 연속이나 조립라인 프로세스를 사용하고, 고객화된 제품을 소량으로 생산하는 경우에는 뱃치나 잡숍 프로세스를 사용한다.

프로세스 선택 의사결정은 전략적인 성격을 가지고 있다. 따라서 프로세스 선택 의사결정에는 장기적인 관점이 요구된다. 또한 프로세스 선택 의사결정은 생산, 마케팅, 재무, 인사 등 기업 내 여러 기능에 영향을 미치므로 기능 간 긴밀한 조정을 필요로 한다. 프로세스 선택 의사결정은 자본집약적이며 쉽게 변경될 수 없다. 즉, 기업이 한번 프로세스를 선택하면 오랜 기간 동안 그 결정에 묶이게 된다.

본장에서는 먼저 프로세스의 여러 가지 유형과 어떤 프로세스가 어떤 환경에 적합한지를 살펴본 다음, 프로세스 선택 의사결정을 논의한다. 또한 제품-프로세스 전략을 통해 프로세스 선택 의사결정을 동적인 측면에서 살펴본다. 다음은 집중화 생산과 대량고객화의 개념을 소개하고, 프로세스의 소유범위를 결정하는 수직적 통합을 살펴본다. 끝으로 프로세스 선택이 환경에 미치는 영향을 논의한다.

1 프로세스의 유형

프로세스를 분류하는 기준은 다양하나 여기서는 다음과 같은 두 가지 기준에 따라 프로세스를 분류한다.

1. 프로세스는 제품 흐름의 유형에 따라 연속 프로세스, 조립라인 프로세스, 뱃치 프로세스, 잡숍 프로세스, 프로젝트 프로세스로 분류된다.
2. 프로세스는 주문 충족의 유형에 따라 재고생산 프로세스, 주문생산 프로세스, 주문조립생산 프로세스로 분류된다.

1.1 제품 흐름의 유형에 따른 분류

프로세스를 분류하는 첫 번째 기준은 제품의 흐름이다. 프로세스는 제품 흐름의 유형에 따라 **연속 프로세스**(continuous process), **조립라인 프로세스**(assembly line process), **뱃치 프로세스**(batch process), **잡숍 프로세스**(job shop process), **프로젝트 프로세스**(project process)의 5가지로 분류된다.[1] 제조의 경우에는 자재가 제품으로 전환되기 때문에 제품의 흐름은 자재의 흐름과 같다. 서비스에서는 제품의 흐름은 없지만 대신 고객 또는 정보의 흐름이 있다.

---

1) 또는 제품 흐름의 성격이 비슷한 연속 및 조립라인 프로세스를 라인 프로세스(line process)로 묶고, 뱃치 및 잡숍 프로세스를 단속(斷續) 프로세스(intermittent process)로 묶어, 라인 프로세스, 단속 프로세스, 프로젝트 프로세스의 세 가지로 분류하기도 한다.

(1) 연속 프로세스

연속 프로세스는 **연속생산**(continuous production)에 사용된다. 연속생산이란 설탕, 종이, 석유 및 전력과 같은 이른바 장치산업을 말한다. 이들 제품들은 연속적인 방법으로 만들어지며, 매우 표준화되어 있고, 대량으로 생산된다. 연속 흐름을 취하는 제품들은 액체나 반고체인 경우가 많다. 예를 들면, 정유공장은 원유를 휘발유, 경유, 윤활유 등의 석유제품으로 정제하는 수많은 파이프, 탱크 및 증류탑으로 구성된다.

연속생산은 주로 일용상품(commodity product)을 만든다. 제품의 차별화가 어렵기 때문에 가격에 민감한 시장에서 경쟁하기 위해서는 낮은 원가가 주문획득요건이 된다. 따라서 연속생산에서는 제조원가를 줄이기 위해 프로세스를 고도로 자동화하고, 가동률을 생산능력까지 최대한 높이며, 재고비용 및 유통비용을 최소화한다. 연속 프로세스에서는 제품의 단위당 원가는 낮지만 제품믹스나 제품의 유형을 바꾸는 유연성은 매우 제한된다.

(2) 조립라인 프로세스

조립라인 흐름의 특징은 생산 활동이 직선적인 순서를 취한다는 데 있다. 제품은 시작부터 끝까지 정해진 순서에 따라 한 단계에서 다음 단계로 움직인다. 제품이 액체나 반고체인 연속 프로세스와는 달리, 조립라인은 자동차, 냉장고, 컴퓨터, 프린터 및 대량 생산되는 많은 소비재와 같은 낱개의 제품을 만든다. 제품은 보통 컨베이어 시스템에 의해 한 작업장에서 다음 작업장으로 이동된다.

[그림 4-1]은 조립라인 프로세스가 금속 까치발(선반받이)을 만드는 데 어떻게 사용되는지를 보여주고 있다. 생산의 첫 단계는 금속판을 요구되는 까치발 모양으로 절단하는 것이다. 두 번째 작업장에서는 두 개의 구멍을 뚫는다. 세 번째 작업장에서는 90도 각도로 구부린다. 최종 작업장에서는 도색을 한다. 이 그림에서 보면 작업장들은 제품이 생산라인의 한쪽 끝에서 다른 쪽 끝으로 순차적으로 움직이도록 적절한 순서로 배치되어 있다.

연속 프로세스와 마찬가지로 조립라인 프로세스는 매우 효율적이지만 유연성은 매우 떨어진다. 조립라인 프로세스는 표준화된 제품의 대량생산에 적합하다. 따라서 제품이나 생산수량을 변동하기가 매우 어렵고, 그 결과 유연성은 매우 떨어진다. 예를 들면, 자동차 조립라인을 새로운 모델의 생산에 맞도록 변경하는 데는 여러 주가

그림 4-1 조립라인 흐름

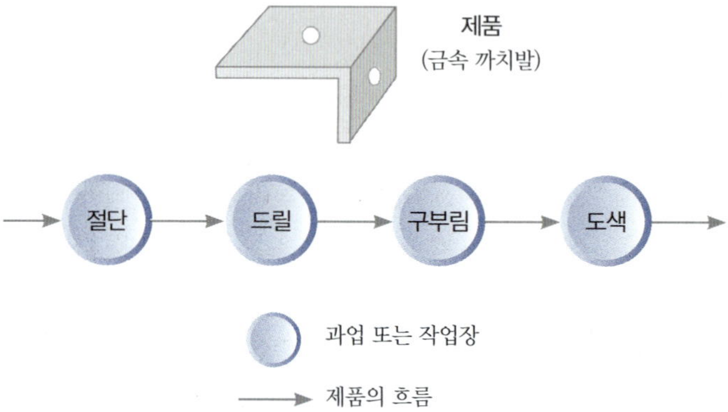

출처: Schroeder, Goldstein, and Rungtusanatham(2013), p. 64.

소요된다. 또한 조립라인은 일정한 속도로 움직이기 때문에 오로지 작업시간의 변동에 의해서만 생산수량을 변경할 수 있다.

일반적으로 조립라인 프로세스는 대규모 자본투자를 요구한다. 따라서 많은 자본투자를 회수하기 위해서는 대량생산을 해야 한다. 대규모 자본투자 때문에 조립라인 프로세스의 선택에는 재무부서와의 긴밀한 협의가 필요하다. 또한 대량생산된 제품을 판매해야 하기 때문에 마케팅부서와도 긴밀한 협의가 필요하다.

(3) 뱃치 프로세스

뱃치 흐름의 특징은 다양한 제품이 소규모의 뱃치(batch) 또는 로트(lot)로 생산된다는 것이다.[2] 제품의 각 뱃치는 한 작업장에서 다음 작업장으로 일괄적으로 움직인다. 각 작업장은 같은 유형의 작업을 수행하는 유사한 기계나 프로세스의 그룹으로 구성된다.

[그림 4-2]는 다양한 까치발을 소규모로 생산하는 뱃치 프로세스를 보여주고 있다. 이 예에서 세 종류의 서로 다른 까치발 A, B, C는 4개의 작업장에서 가공된다. 까치발 A는 4개의 작업장을 모두 거치고, 까치발 B는 절단, 구부림 및 도색의 3개

2) 뱃치란 일괄 처리되는 작업 단위를 말한다. 이에 비해 로트란 생산의 한 세트, 즉 한 번 생산할 때의 수량을 말한다. 때로는 두 용어가 같은 의미로 쓰인다.

그림 4-2 뱃치 흐름

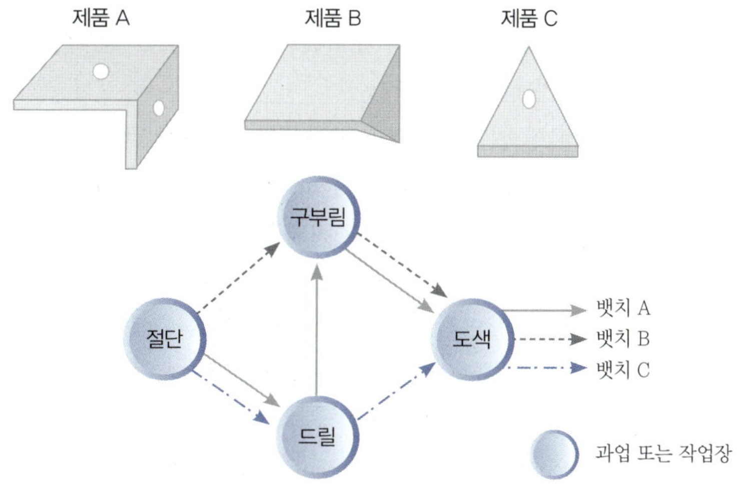

출처: Schroeder, Goldstein, and Rungtusanatham(2013), p. 65

작업장을 거치며, 까치발 C는 절단, 드릴 및 도색의 3개 작업장을 거친다. 뱃치 프로세스는 다양한 종류의 제품을 만드는 데 사용되기 때문에 조립라인보다는 제품의 다양성이 더 크다. 각 제품의 흐름 경로는 서로 다르며, 제품에 따라서는 어떤 작업장은 거치지 않는다. 그 결과 제품의 흐름은 혼잡하며 단속적(斷續的)이다. 이에 비해 연속 프로세스나 조립라인 프로세스에서의 제품 흐름은 규칙적이며 순차적이다.

뱃치 프로세스에서는 보통 특정 제품의 생산에만 국한되지 않는 범용 기계장비를 사용하므로 기계장비의 유연성이 높다.[3] 노동인력 또한 여러 종류의 제품을 만들 수 있도록 숙련도가 높고 유연하다. 그 결과 뱃치 프로세스는 조립라인 프로세스보다 더 유연한 기계장비와 노동인력으로 구성된다. 뱃치나 로트의 크기는 수백 개에서

3) 본서에서는 설비(facility), 장비(equipment), 도구/공구(tool) 등과 같은 용어를 많이 사용하는데 이들을 엄밀히 정의하면 다음과 같다. 일반적으로 설비란 공장 내에 고정적으로 부착 또는 장착되어 물품 제조나 가공에 기여하는 일체의 기계나 기기 등을 칭한다. 이에 비해 장비란 공장 내에 고정되어 장착 또는 부착되어 있는 것이 아니라 자기 스스로 움직이고 이동함으로써 공장 내에서 제품의 제조 또는 가공 등을 지원하는 차량, 건설기계, 기기 등을 말한다. 예를 들면, 플랜트, 덕트, 파이프구조물, 기계 등은 설비에 속하며, 덤프트럭, 불도저, 굴삭기, 크레인, 고가사다리차, 지게차, 구내 운반차 등은 장비에 속한다. 한편 도구/공구란 물건을 만들거나, 고치거나, 일을 할 때 쓰는 연장을 통틀어 이르는 말이다.

한 개에 이르기까지 상당히 가변적이다. 따라서 뱃치 프로세스는 다양한 제품의 중 · 소량생산에 적합하다. 하지만 뱃치 프로세스에서는 다양한 제품이 혼잡한 제품 흐름을 갖기 때문에 작업의 대기시간이 길고, 생산의 효율성이 떨어지며, 일정계획 및 재고관리가 상당히 어렵다.

뱃치 프로세스는 기계와 노동인력이 프로세스의 유형에 의해 작업장으로 조직되는 **공정별 배치**(process layout)를 사용한다. 반면에 조립라인 프로세스는 기계와 노동인력이 제품의 흐름에 따라 조직되는 **제품별 배치**(product layout)를 사용한다.[4)]

뱃치 프로세스는 수량이 많지 않은 다양한 종류의 제품을 생산할 때 사용된다. 이런 경우에는 뱃치 프로세스가 가장 경제적이며 위험을 최소화한다. 뱃치 프로세스에서 만들어지는 제품의 예로는 다양한 제품이 중 · 소량으로 생산되는 가구, 그릇, 보트 등을 들 수 있다. 예를 들면, 가구는 매우 다양한 스타일과 선택사양에 따라 제작된다. 각 소파는 천, 팔걸이, 등받이, 길이 등에서 매우 다양하다. 그 결과 수많은 변형들이 소규모의 뱃치나 혹은 한 번에 하나씩 만들어진다.

(4) 잡숍 프로세스

잡숍(job shop)은 공정별 배치를 이용하여 고객의 주문에 따라 제품을 만든다.[5)] 즉, 잡숍에서는 제품을 고객의 주문에 의해서만 소규모의 뱃치나 로트로 생산한다. 따라서 잡숍은 뱃치 프로세스의 특수한 형태라고 볼 수 있다.

뱃치 프로세스와 마찬가지로 잡숍도 범용 기계장비를 쓰며 제품의 흐름은 혼잡하다. 잡숍은 제품믹스와 생산수량의 변경에 유연성은 높지만, 제품의 생산수량이 적고 표준화가 낮기 때문에 일반적으로 원가는 높다. 잡숍에서 생산되는 전형적인 제품의 예로는 주문에 의해서 만들어지는 플라스틱 부품, 기계 구성품, 전자 부품 등을 들 수 있다. 자동차 정비공장이나 맞춤 양복점도 잡숍의 예에 속한다.

(5) 프로젝트 프로세스

프로젝트(project) 형태의 생산은 유일하거나 독창적인 제품에 사용된다. 프로젝트의 예는 빌딩 · 도로 · 교량 · 댐 등의 건설, 대형 비행기의 제작, 대형 선박의 건조, 영화나 예술품의 제작, 콘서트 등이다.

---

4) 공정별 배치와 제품별 배치의 보다 상세한 내용은 제6장을 참고할 것.

5) 잡숍을 우리말로 하면 '주문생산 공장'이라고 할 수 있다.

프로젝트 형태의 생산에서는 장비, 작업자 및 자재가 프로젝트의 위치로 이동해 올 뿐, 프로젝트(즉, 제품) 그 자체는 비유동적이기 때문에 제품의 흐름이 없다. 그 대신 프로젝트 형태의 생산에는 프로젝트의 완성에 필요한 많은 세부 과업들이 있다. 이러한 세부 과업들은 전체 프로젝트의 완성에 기여할 수 있도록 선행관계에 따라 계획되어야 하며, 또 전체 일정에 맞도록 통제되어야 한다. [그림 4-3]은 프로젝트의 완성에 필요한 세부 과업들이 선행관계에 따라 연결되어 있는 모습을 보여주고 있다.

프로젝트 형태의 생산에서는 동일한 제품을 이전에 만들어 본 적이 없기 때문에 생산계획 및 일정관리가 어렵다. 또한 프로젝트는 자동화가 어려우며, 보통 범용 장비를 사용한다. 노동인력은 제품이나 서비스의 유일성 때문에 숙련도가 높아야 한다.

프로젝트 형태의 생산에서 각 단위는 개별적으로 만들어진다. 프로젝트는 고객이 고객화(맞춤형 생산)와 유일성을 원할 때 사용된다. 일반적으로 프로젝트는 생산원가가 높고 통제가 어렵다. 왜냐하면 프로젝트는 사전에 모든 것을 상세하게 정의하기가 어렵고, 생산 도중에 변화와 혁신이 요구될 수 있기 때문이다.

보잉(Boeing)은 프로젝트 프로세스를 사용하여 대형 비행기를 만든다. 각 비행기는 공장 내의 고정된 장소에서 조립되며, 장비, 작업자 및 자재가 비행기가 만들어지는 장소로 이동해 온다. 서로 다른 모든 비행기에 걸쳐 작업이 균형을 이루도록 복잡한 일정계획이 수립된다. 과업과 자원은 개별 비행기의 납기를 충족시킬 수 있도록 순서와 일정이 계획된다. 건설산업은 빌딩, 도로, 댐 등을 건설하는 데 프로젝트 프로세스를 사용한다. 서비스의 경우에는 영화 제작, 연구개발(R&D), 모금행사, 정치 캠페인, 콘서트, 예술품 전시회 등에 프로젝트 프로세스가 사용된다.

그림 4-3 **프로젝트 프로세스**

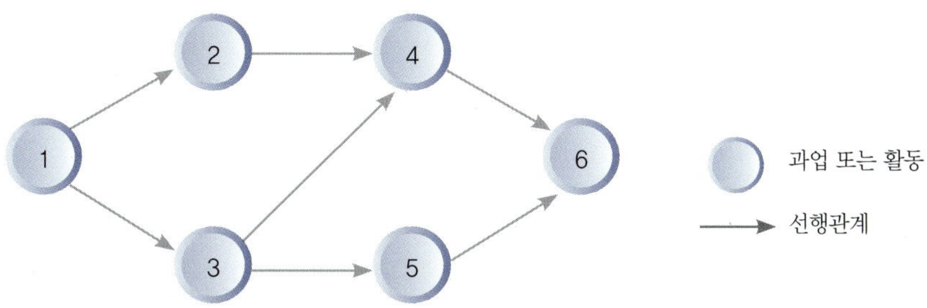

지금까지 살펴본 5가지 프로세스의 일반적인 특징을 요약 · 정리해 보면 〈표 4-1〉과 같다. 이 표에서 보면 연속 및 조립라인 프로세스는 비교적 낮은 숙련도의 노동인력과 높은 자동화를 가진 반면, 뱃치, 잡숍 및 프로젝트 프로세스는 그 반대임을 알 수 있다. 또한 생산의 목표와 제품특성에서도 서로 반대임을 알 수 있다.

프로세스의 효율성을 측정하는 하나의 방법은 다음의 식과 같은 **처리비율**(throughput ratio)이다.

$$\text{처리비율} = \frac{\text{총처리시간}}{\text{총생산시간}} \times 100\%$$

표 4-1 **프로세스의 특징**

특 징 \ 프로세스 유형	연속 및 조립라인	뱃치 및 잡숍	프로젝트
제 품			
주문유형	연속 또는 큰 뱃치	소규모 뱃치	단일 단위
제품흐름	순차적	혼잡	없음
제품의 다양성	낮음	높음	매우 높음
시장형태	대량	고객 주문	유일
수량	많음	중 · 소량	단일 단위
노동인력			
기술	낮음	높음	높음
과업형태	반복적	비반복적	비반복적
보수	중간	높음	높음
자 본			
투자	높음	중간	중간
재고	낮음	높음	거의 없음
장비	전용	범용	범용
생산목표			
원가	낮음	중간	높음
품질	적합품질	적합품질	적합품질
납품	정시	정시	정시
유연성	낮음	중간	높음

출처: Schroeder, Goldstein, and Rungtusanatham(2013), p. 67

위의 식에서 분자는 제품에 투입된 총처리시간, 즉 대기시간은 제외하고 제품이 기계나 노동인력에 의해 실제 작업을 받은 시간을 나타낸다. 분모는 처리시간과 대기시간을 포함하여 제품의 생산에 소요된 총시간을 나타낸다. 따라서 처리비율은 생산에 소요된 총시간 중 실제 작업을 받은 시간의 비율을 의미한다. 또한 처리비율은 생산에 소요된 총시간 중 실제 가치가 부가된 시간의 비율을 의미한다고 볼 수 있다. 대부분의 뱃치 및 잡숍 프로세스의 처리비율은 10~20%이며 40%를 넘는 경우가 드물다. 이는 제품이 실제 처리보다는 처리를 기다리는 데 대부분의 시간을 소비하고 있음을 의미한다. 반면에 연속 및 조립라인 프로세스의 처리비율은 보통 90~100%에 이른다.

1.2 주문 충족의 유형에 따른 분류

프로세스를 분류하는 또 하나의 중요한 기준은 고객의 주문이 어떻게 충족되는가이다. 프로세스는 주문 충족의 유형에 따라 **재고생산 프로세스**(make-to-stock process), **주문생산 프로세스**(make-to-order process), **주문조립생산 프로세스**(assemble-to-order process)로 분류할 수 있다. 이 세 가지 프로세스는 제각기 장 · 단점을 가지고 있다. 재고생산 프로세스는 가용 재고로부터 주문을 충족시키기 때문에 주문생산 프로세스에 비해 고객에게 더 낮은 원가로 더 빠른 서비스를 제공한다. 그러나 주문생산 프로세스는 고객의 주문에 따라 고객화된 제품을 제공하기 때문에 유연성은 더 높다. 주문조립생산 프로세스는 이 두 가지 프로세스의 혼합 형태이다. 주문조립생산 프로세스에서는 미리 하위 조립품들을 생산해 놓고 고객의 주문에 따라 이들을 최종 조립하여 고객에게 제공한다. 따라서 주문조립생산 프로세스는 고객에게 비교적 빠른 서비스를 제공할 수 있고, 고객이 선택사양을 통해 부분적으로 고객화를 요구할 수 있다는 점에서 유연하다고 볼 수 있다.

(1) 재고생산 프로세스

재고생산 프로세스에서는 생산자가 정한 제품규격과 생산수량에 따라 생산이 이루어진다. 재고생산 프로세스는 생산자가 규정한 표준화된 제품라인을 가지고 있다. 생산자는 어떤 만족스러운 서비스수준(예를 들면, 95%의 수요를 재고부족 없이 충족)에서 고객에게 표준화된 제품을 재고로부터 제공한다. 서비스수준을 충족시키기 위해서는 생산자는 수요가 발생하기 전에 제품의 재고를 보충해 두어야 한다. 재고는 수요의 불확실성에 대처하고 소요 생산능력을 평준화하는 데 사용된다. 따라서 재고생산 프로세스에 있어서는 수요예측, 생산계획 및 재고관리가 필수적이다.

재고생산 프로세스의 주기는 제품을 결정하고 생산하는 생산자로부터 시작된다. 고객은 재고로부터 제품을 구매한다. 제품의 재고가 있으면, 바로 고객에게 제품이 인도된다. 만약 재고가 없으면, 추후납품이 이루어지거나 아니면 품절로 주문을 잃게 된다. 여기서 추후납품이란 재고가 없어 고객이 생산자가 약속한 날까지 기다려 납품을 받는 것을 의미한다. 제품이 고객에게 인도되고 고객이 제품 대금을 지불하면 주기가 끝난다. [그림 4-4]의 (a)는 재고생산을 보여주고 있다.

그림 4-4 재고생산, 주문생산 및 주문조립생산의 비교

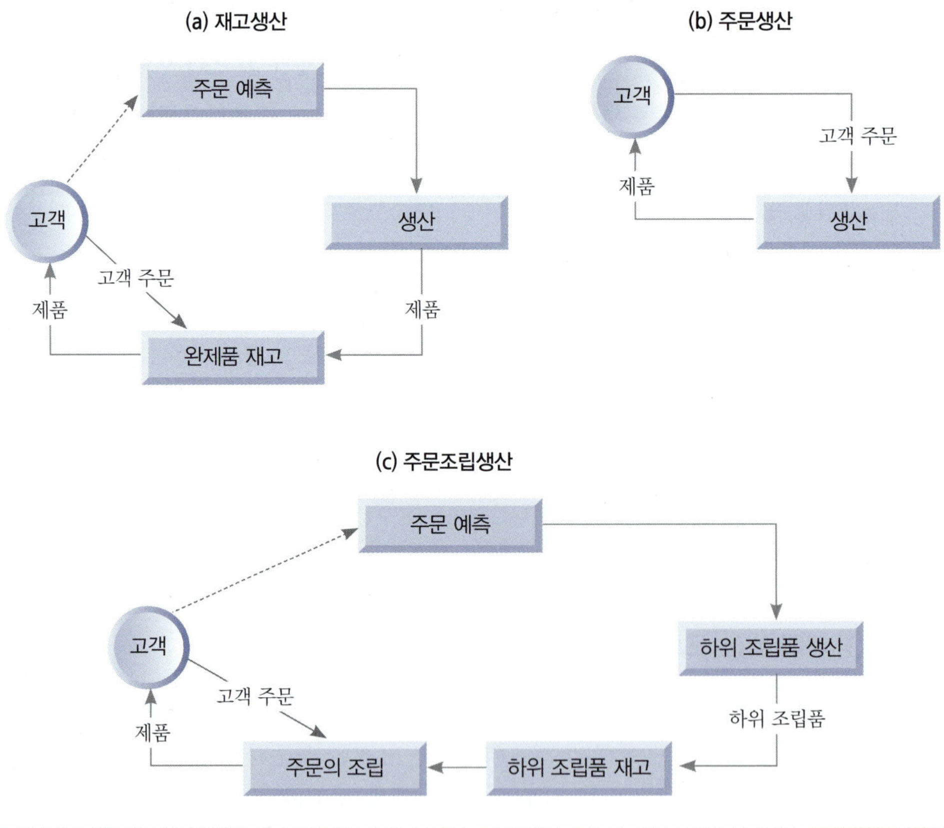

출처: Schroeder, Goldstein, and Rungtusanatham(2013), p. 70.

재고생산 프로세스에서는 생산 중에 고객의 주문은 파악될 수 없다. 생산의 주기는 재고를 보충하기 위해 일어난다. 어떤 시점에서 무엇이 생산되고 있느냐는 무엇이 주문되고 있느냐와 별 상관이 없다. 생산은 미래의 수요와 재고의 보충에 맞추어 이루어진다.

재고생산 프로세스의 주요 성과 척도는 재고로부터 바로 충족되는 주문의 비율, 즉 **서비스수준**(service level)이다. 서비스수준은 보통 90~99%를 목표로 한다. 다른 성과 척도로는 재고보충시간, 재고회전율, 생산능력의 가동률, 추후납품에 걸리는 시간 등을 들 수 있다. 재고생산 프로세스의 목적은 원하는 서비스수준을 최소의 비용으로 충족시키는 데 있다.

(2) 주문생산 프로세스

주문생산 프로세스에서는 생산 중에 개별 주문들이 확인될 수 있다. 각 주문은 고객이 요구하는 명세에 따라 만들어지기 때문에 프로세스에서 각 작업은 특정 고객과 관련되어 있다. 반면에 재고생산 프로세스에서는 재고를 보충하기 위해 생산이 이루어지기 때문에 프로세스에서 각 작업은 특정 고객과는 관계가 없다. 따라서 어떤 프로세스가 주문생산 프로세스인지 또는 재고생산 프로세스인지는 생산 중의 작업을 살펴보면 쉽게 알 수 있다.

주문생산 프로세스에서 생산 및 주문 충족의 주기는 고객의 주문으로부터 시작된다. 주문을 받은 후, 제품을 설계하고(만약 제품설계가 되어 있지 않다면), 보유하고 있지 않은 자재를 주문한다. 자재가 도착하면 주문받은 제품이 완성될 때까지 자재와 노동력을 투입하여 생산 작업을 수행한다. 제품이 완성되면 고객에게 인도하고, 고객이 대금을 지불하면 주기가 완료된다. [그림 4-4]의 (b)는 주문생산을 보여주고 있다.

주문생산 프로세스의 가장 중요한 성과 척도는 제품의 설계, 생산 및 인도에 소요되는 시간, 즉 **리드타임**(lead time)이다. 주문생산 프로세스의 또 다른 성과 척도는 정시납품비율이다. 정시납품비율이란 고객이 요청한 납기나 고객에게 약속한 납기를 지킨 비율을 의미한다.

지금까지 살펴본 재고생산 프로세스와 주문생산 프로세스의 주요 차이점을 요약 · 정리해 보면 〈표 4-2〉와 같다.

표 4-2 재고생산 대 주문생산

특 징	재고생산	주문생산
제 품	생산자가 규정 낮은 다양성 저가품	고객이 규정 높은 다양성 고가품
생산관리의 목표	재고, 생산능력 및 서비스수준의 균형 유지	납품 리드타임 및 생산능력의 관리
주요 생산관리 문제	수요예측 생산계획 재고관리	납품 약속 납기관리

출처: Schroeder, Goldstein, and Rungtusanatham(2013), p. 71.

(3) 주문조립생산 프로세스

주문조립생산 프로세스는 재고생산 프로세스와 주문생산 프로세스의 혼합 형태이다. 주문조립생산 프로세스에서 하위 조립품은 재고생산되지만, 최종 제품(최종 조립품)은 주문생산된다. 주문조립생산 프로세스에서는 수요에 앞서 하위 조립품을 미리 생산한다. 고객의 주문을 받으면, 재고로부터 하위 조립품을 가져다가 고객의 주문에 맞추어 조립한다. 주문조립생산 프로세스에서는 제품을 모듈 방식으로 설계하고 고객에게 선택사양을 제공한다. [그림 4-4]의 (c)는 주문조립생산을 보여주고 있다.

지금까지 설명한 세 가지 유형의 프로세스는 보석상의 다이아몬드 반지 생산에 적용될 수 있다. 재고생산 프로세스는 보석상이 다이아몬드 반지들을 미리 재고로 만들어놓고 고객이 이 중에서 선택하여 사는 경우에 해당한다. 주문조립생산 프로세스는 고객이 다이아몬드와 반지 세팅을 선택사양 중에서 선택하면 보석상은 이에 따라 반지를 조립·제작하는 경우에 해당한다. 주문생산 프로세스는 보석상이 다이아몬드와 반지 세팅을 완전히 고객의 요구에 맞추어 반지를 만들어주는 경우에 해당한다.

재고생산, 주문생산 또는 주문조립생산에 따라 공급사슬에서 제품이 특정 고객의 주문과 연결되는 **주문진입점**(order penetration point)이 결정된다. [그림 4-5]에서 보는 바와 같이 주문진입점의 위치는 4가지가 가능하다. 재고생산의 경우, 주문진입점은 최종 조립(즉, 생산)이 완료된 이후가 되며, 따라서 고객은 오로지 가용 재고에서만 제품을 선택할 수 있다. 주문조립생산의 경우, 주문진입점은 제작 후-최종 조립 전

그림 4-5 주문진입점

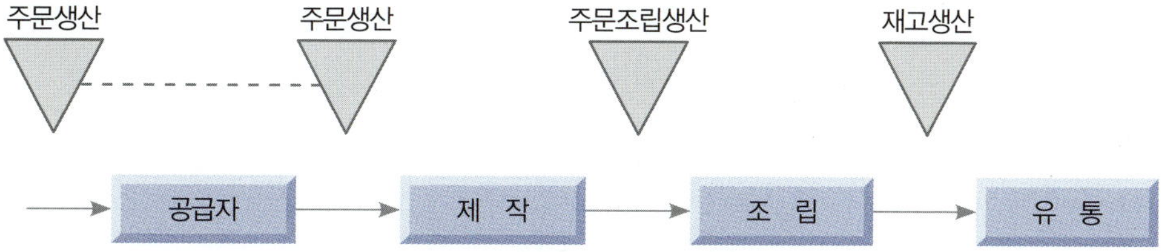

출처: Schroeder, Goldstein, and Rungtusanatham(2013), p. 72.

이 된다. 제품은 주문을 받은 후 조립되기 때문에 고객은 선택사양에 의한 부분 맞춤생산을 요구할 수 있다. 주문생산의 경우, 주문진입점은 제작 전이 될 수도 있고, 또 유일한 자재나 구성품이 필요한 경우에는 공급자에게 자재를 주문하기 전이 될 수도 있다.

2 프로세스 선택 의사결정

앞 절에서는 프로세스를 제품의 흐름과 주문 충족의 유형에 따라 분류하였다. 이 두 가지 기준을 결합해 보면 [그림 4-6]의 **프로세스 특성 행렬**(process characteristics matrix)에서 보는 바와 같이 6가지 조합의 프로세스가 가능하다. 이러한 6가지 조합의 프로세스는 모두 산업 현장에서 볼 수 있다. 조립라인 프로세스는 보통 재고생산의 형태를 취하지만 주문조립생산의 형태를 취할 수도 있다. 예를 들면, 자동차 조립라인은 특정 고객이 요구하는 선택사양에 따라 다양한 자동차를 조립 생산한다. 마찬가지로 프로젝트 프로세스는 보통 주문생산의 형태를 취하지만 재고생산의 형태를 취하는 경우도 있다. 예를 들면, 건설회사가 미리 주택이나 아파트 또는 오피스텔을 지어놓고 파는 경우가 이에 해당한다.

그림 4-6 프로세스 특성 행렬

	재고생산	주문생산/주문조립생산
연속 및 조립라인	Ⅰ 정유, 제분, 제당, 제지 통조림 공장 가전제품 조립 카페테리아	Ⅱ 자동차 조립 전화회사 전력회사
뱃치 및 잡숍	Ⅲ 기계제작소 와인 공장 유리제품 공장 인조 장신구	Ⅳ 기계제작소 식당 병원 맞춤 보석상
프로젝트	Ⅴ 상업적 주택 건설 상업미술품	Ⅵ 빌딩 건설 영화 제작 선박 건조

출처: Schroeder, Goldstein, and Rungtusanatham(2013), p. 73.

프로세스 선택은 일반적으로 다음과 같은 4가지 요인에 의해 영향을 받는다.

1. 시장여건
2. 소요자본
3. 노동력
4. 기술

첫째, 기업은 시장여건을 고려해야 한다. 일반적으로 연속 및 조립라인 프로세스는 저가품 대량시장을 요구하고, 뱃치 및 잡숍 프로세스는 중가품 소량시장을 요구하며, 프로젝트 프로세스는 고가품시장을 요구한다. 시장여건을 고려하는 데에는 마케팅기능과의 협의가 필요하다.

둘째, 기업은 소요자본을 고려해야 한다. 프로세스 선택에서는 설비 및 장비에 소요되는 자본과 투자수익률을 고려해야 한다. 일반적으로 연속 및 조립라인 프로세스는 뱃치, 잡숍 및 프로젝트 프로세스에 비해 훨씬 더 많은 자본을 요구한다. 이러한 자본 의사결정에는 재무기능이 함께 참여해야 한다.

셋째, 노동력의 가용성과 비용을 고려해야 한다. 즉, 적정한 비용으로 충분한 노동력이 있는가를 고려해야 한다. 일반적으로 뱃치, 잡숍 및 프로젝트 프로세스는 값비싼 숙련 노동력을 요구하며, 반면에 연속 및 조립라인 프로세스는 비교적 값싼 미숙련 노동력을 요구한다. 또한 노동조합의 존재 여부도 노동력의 공급과 비용에 영향을 미칠 수 있다. 이러한 노동력에 관한 의사결정에는 종업원의 선발, 훈련 및 보상이 포함되므로 인사기능이 함께 참여해야 한다.

넷째, 기업은 프로세스 및 제품에 관한 기술이 비용을 회수할 수 있는 충분한 기간 동안 안정적일 것인가를 검토해야 한다. 즉, 비용이 회수되기 전에 기술혁신으로 인해 프로세스가 진부화될 염려는 없는지를 평가해 보아야 한다. 일반적으로 기술적 위험의 크기는 연속 및 조립라인 프로세스, 뱃치 및 잡숍 프로세스, 프로젝트 프로세스의 순이다.

3 제품-프로세스 전략

지금까지는 프로세스 선택을 정적(靜的)인 의사결정으로만 다루었다. 그러나 프로세스는 시간이 지남에 따라 진화하므로 프로세스 선택 의사결정은 사실상 동적(動的)인 성격을 가지고 있다. 더욱이 프로세스 의사결정은 제품 의사결정과 밀접하게 관련되어 있다.

제품과 프로세스 선택의 동적인 성격은 [그림 4-7]과 같은 **제품-프로세스 행렬**(product-process matrix)에 의해 설명될 수 있다. 이 행렬의 제품 측면은 유일, 독특한 제품의 생산으로부터 고도로 표준화된 제품의 대량생산에 이르기까지 **제품 수명주기**(product life cycle)를 나타낸다. 일반적으로 제품은 행렬의 왼쪽에서 오른쪽으로 진화한다.

제품-프로세스 행렬의 프로세스 측면은 프로젝트 프로세스로부터 연속 프로세스에 이르기까지 여러 가지 프로세스를 나타낸다. 프로세스 또한 제품 수명주기와 비슷하게 행렬 상단의 프로젝트 프로세스로부터 행렬 하단의 연속 프로세스에 이르기까지 **프로세스 수명주기**(process life cycle)를 가진다. 많은 제품들은 제품 및 프로세스 수명주기를 따른다. 자동차는 포드(Henry Ford)가 이동조립라인을 도입하기 전인

그림 4-7 제품-프로세스 행렬

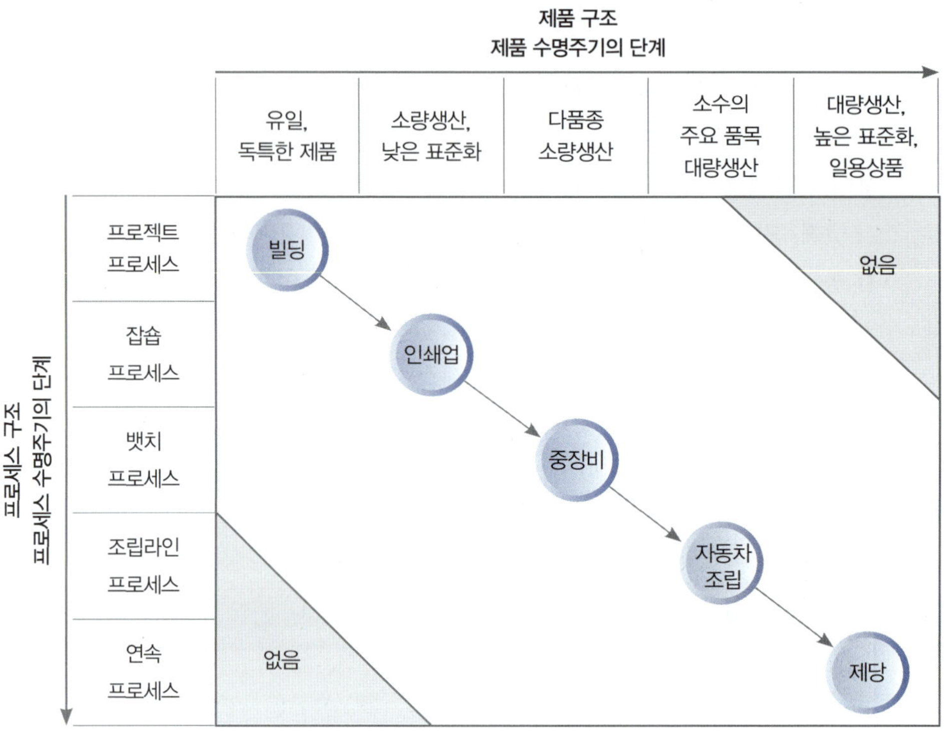

출처: Hayes and Wheelwright(1979), p. 137

1900년대에는 잡숍 형태의 프로세스에서 생산되었다. 전자제품의 경우에도 조립라인을 사용할 수 있을 만큼 수량이 많아지기 전까지는 보통 뱃치 방식으로 생산되었다. 일반적으로 제품이 제품 수명주기에 따라 진화하면 이에 따라 프로세스도 변화한다.

대부분의 기업들은 제품-프로세스 행렬의 대각선상에 위치한다. 이는 다양성이 높고 수량이 적은 제품은 프로젝트나 잡숍 프로세스에 의해 생산되고, 수량이 많은 표준화된 제품은 조립라인이나 연속 프로세스에 의해 생산됨을 의미한다. 즉, 행렬의 대각선은 제품과 프로세스의 논리적인 짝을 나타낸다.

제품-프로세스 행렬은 제품과 프로세스 차원에서 기업이 취할 수 있는 전략적 선택을 나타낸다. 기업전략은 제품 측면뿐만 아니라 프로세스 측면도 함께 고려하여 수립되어야 한다. 그래야만 기업은 프로세스에 있어서도 경쟁우위를 갖게 되고, 프로세스를 경쟁수단으로 쓸 수 있게 된다.

제품과 프로세스의 진화과정에 관한 연구에 의하면, 제품과 프로세스가 동시에 변화하는 경우는 드물며, 보통은 제품-프로세스 행렬에서 대각선을 수직적 또는 수평적으로 번갈아 벗어나면서 변화한다고 한다. 예를 들어 어떤 기업이 제품의 수량과 표준화의 정도를 증가시키기로 결정하였다면, 이 기업은 제품-프로세스 행렬의 대각선을 벗어나 오른쪽으로 이동하게 된다. 하지만 만약 이와 같은 제품의 변화가 그에 상응하는 프로세스의 변화를 수반하지 않으면, 같은 제품구조에서 대각선상에 위치한 경쟁자에 비해 제품의 단위당 원가가 더 높아 경쟁에서 불리하게 된다. 따라서 이 기업은 제품전략을 수정하여 제품을 원래의 대각선상의 위치로 되돌리거나 아니면 변화된 제품구조에 맞도록 프로세스를 변화시켜 더 아래의 대각선상에 새롭게 위치해야 한다.

이상의 논리를 한 단계 더 전개해 보면, 기업은 경쟁자에 앞서 대각선을 따라 아래로 이동하여 경쟁우위를 얻으려고 할 수 있다. 만약 고객이 더 표준화되고 더 수량이 많아진 제품을 받아들이면 이는 좋은 전략이 될 수 있다. 하지만 고객이 더 많은 고객화를 선호하면 기업은 경쟁력을 유지하기 위해 원래의 대각선상의 위치로 되돌아가게 된다.

한편 동일 산업의 모든 기업들이 제품-프로세스 행렬의 대각선에서 반드시 같은 위치에 있지는 않다. 기업에 따라서는 높은 유연성과 최상의 품질의 제품을 강조하기 위해 행렬의 대각선상에서 위쪽에 위치하는 기업도 있고, 낮은 원가의 표준화된 제품을 강조하기 위해 대각선상에서 아래쪽에 위치하는 기업도 있다. 따라서 기업의 제품-프로세스 전략은 그 기업의 차별적 능력이나 경쟁수단에 따라 선택되어야 한다.

4 집중화 생산

기업에 따라서는 표준화의 정도와 수량에서 다양한 여러 종류의 제품을 생산한다. 기업이 동일한 공장에서 이런 모든 제품들을 혼합하여 생산하면 나쁜 결과가 초래될 수 있다. 본 절에서는 이와 관련하여 **집중화 생산**(集中化 生産: focused operation)의 개념을 소개한다. 집중화 생산이란 생산 활동을 일련의 생산목표와 생산정책의 달성에 초점을 맞추어 수행하는 것이다. 집중화 생산전략을 처음으로 개발한 스키너(Skinner 1974)는 이를 **집중화 공장**(focused factory)이라고 하였다.

집중화 생산의 개념을 명확히 이해하기 위해 어떤 컴프레서 제조공장을 대상으로 한 사례연구를 간단히 소개한다(Ruwe and Skinner 1987, 이상범 1987). 이 공장은 원래 상업용 냉장설비(예를 들면, 슈퍼마켓 진열장의 냉장장치)에 들어가는 냉장용 컴프레서를 주문생산방식에 의해 소량으로 생산해 왔다. 그 후 고도로 기계화된 조립라인과 유동작업방식을 통해 에어컨용 컴프레서를 대량생산하면서부터 간접비를 분담시킨다는 의도 하에 두 제품의 생산라인과 기타 공장기능들을 통합하였다. 그러나 두 제품은 품질요건, 납품요건, 시장구조, 생산 프로세스 및 생산기술, 요구되는 작업자의 숙련도 등에서 많은 차이가 있었다. 즉, 냉장용 컴프레서는 고품질, 높은 신뢰도 및 내구성을 요구하고, 고객의 주문에 따라 소량으로 생산되며, 숙련된 작업자를 요구하고, 신속한 납품이 주요 경쟁수단이다. 반면에 에어컨용 컴프레서는 수요예측에 따라 소수의 표준화된 모델을 대량으로 생산하며, 생산 프로세스의 많은 부분이 자동화되어 있고, 숙련된 작업자도 요구하지 않는다. 통합된 생산 프로세스는 그 후 공장이 확장되어 가면서 많은 문제점을 초래하였으며 공장은 부실화되었다. 이 회사는 집중화 공장의 아이디어를 이용하여 기존 공장을 두 제품의 차이점에 입각하여 설비배치, 인력, 경영관리 및 생산제품에서 서로 다른 두 개의 효율적인 공장으로 분리하였다. 이와 같은 **공장 내 공장**(plant within a plant)의 설치로 품질, 납품, 재고, 원가 등이 대폭적으로 개선 · 향상되었다.

이상의 사례연구에서 보듯이 집중화 공장의 핵심 개념은 각 공장이나 설비를 요건이 비슷한 하나 또는 두 개 정도의 특정 제품에 국한시킴으로써 생산 활동을 단순화하는 데 있다. 이렇게 하면 요건이 다른 다수의 제품을 하나의 공장에서 동시에 생산할 때 발생하는 여러 가지 상충하는 문제들을 피할 수 있으며, 생산관리도 제품에 따라 소수의 명확한 목표(예를 들면, 원가, 품질, 납품 등)에 초점을 맞추어 수행할 수 있다.

제조공장에 있어서 초점의 상실은 하나의 동일한 설비에서 서로 다른 많은 목표를 추구하는 데서 비롯된다. 이를 방지하기 위한 집중화 공장의 개념은 '공장 내 공장'이란 방법으로 구체화된다. 즉, 집중화된 공장은 설사 한 건물 내에 있더라도 각각의 제품에 대해 독자적인 하부조직, 설비와 공장정책, 인력관리정책, 생산관리 방식 등을 가진 몇 개의 분리된 공장으로 구성된다. 이렇게 하면 각 '공장 내 공장'은 각자에 맞는 생산목표를 효과적 · 효율적으로 추구할 수 있게 된다.

공장 집중화의 기준은 다음과 같이 다양하다.

1. 제품 특성 및 요건
2. 프로세스 유형
3. 기술 유형
4. 수요의 크기 및 특성
5. 재고생산과 주문생산
6. 신제품과 성숙한 제품

이러한 공장 집중화의 여러 가지 기준은 서로 결합되어 쓰일 수도 있다. 예를 들면, 앞서의 사례연구에서 살펴본 컴프레서 제조공장에서는 대량으로 재고 생산되는 표준화된 에어컨용 컴프레서와 고객의 주문에 따라 소량으로 생산되는 냉장용 컴프레서로 공장을 분리 · 집중화하였다.

집중화 생산전략은 서비스업에도 적용될 수 있다. 병원의 경우에는 특수 질환별 특성에 초점을 맞추어 의료서비스를 효과적 · 효율적으로 제공할 수 있도록 암센터, 재활센터, 건강진단센터 등을 따로 조직할 수 있다. 백화점의 경우에도 제품이나 서비스의 특성, 고객의 유형 등에 따라 주문, 제품배열, 매장 내 흐름 및 판매 전략을 갖도록 매장이나 부서 또는 인력을 조직할 수 있다.

5 대량고객화

고객화(customization)란 고객별로 다른 제품이나 서비스를 만들어주는 것을 의미한다. 현대에 와서는 거의 모든 산업에서 고객이 폭넓게 선택을 할 수 있도록 제품이나 서비스를 다양화하고 개별 고객의 요구에 맞추어 제품이나 서비스를 제공하는 것이 과제가 되고 있다.

대량고객화(mass customization)란 서로 다른 제품을 단일 단위의 로트 크기로, 대량으로 제공하는 전략이다. 언뜻 보면 '대량고객화'라는 용어는 모순으로 보인다. 왜냐하면 대량생산과 고객화는 양립할 수 없는 개념이기 때문이다. 하지만 이제는 유연 생산(flexible manufacturing)의 등장으로 대량고객화가 가능해지고 있다. 즉, 대량생산과 고객화 간의 양분은 컴퓨터, 유연자동화, 로봇공학, 모듈러 설계, 3D 프린팅, 인공지능, 정보통신기술 및 사물인터넷을 포함한 첨단 제조기술을 이용함으로써 극복할 수 있게 되었다.

전통적인 대량생산은 선택사양이 거의 없는 표준화된 제품을 대량으로 생산함으로써 원가를 낮추는 **규모의 경제**(economies of scale)에 기반을 두고 있다. 반면에 대량고객화는 하나의 프로세스로부터 매우 다양한 제품을 효율적으로 생산하는 **범위의 경제**(economies of scope)에 기반하고 있다. 범위의 경제는 동일한 프로세스에 의해 여러 제품을 생산하기 때문에 평균 단위당 원가를 낮춘다. 따라서 대량고객화는 공통의 프로세스라는 경제적 기반으로부터 나오는 것이다.

고객화란 고객별로 다른 제품을 만들어주는 것을 의미하기 때문에 일반적으로 고객화된 제품의 생산원가는 높다. 그러나 대량고객화는 대량생산과 거의 같은 원가로 고객화된 제품을 제공하는 것이다. 물론 어떤 제품들은 원가가 너무 높아지기 때문에 대량고객화를 할 수 없는 경우도 있다.

대량고객화의 전통적인 형태에는 다음과 같은 세 가지가 있다.

1. 모듈러 생산과 주문조립생산
2. 신속한 제품 간 생산전환(주문 간의 제로 준비시간)
3. 선택사양의 지연 전략

모듈러 생산은 주문조립생산 프로세스를 이용하여 다양한 선택사양을 제공할 수 있다. 모듈러 생산에서는 미리 생산해 놓은 표준 모듈이나 구성품으로 고객의 주문에 맞도록 제품을 신속하게 조립하여 고객에게 제공한다. 모듈러 생산이 가능하기 위해서는 제품설계가 앞서 제3장에서 설명한 모듈러 설계 방식으로 이루어져야 한다.

신속한 제품 간 생산전환은 대량고객화의 전형적인 형태이다. 특히 단일 단위의 로트 크기가 가능하도록 제품 간 생산전환을 위한 준비시간을 거의 0에 가깝게 하는 것이 필수적이다. 이에 관한 구체적인 내용은 제14장 린 시스템에서 살펴본다.

선택사양의 지연 전략이란 생산 프로세스의 일부를 제품의 납품시기까지 늦추어 마지막에 고객의 요구에 맞도록 완성하는 것을 말한다. 예를 들면, 전자제품의 경우 국가마다 다른 다양한 전압 및 전원공급 장치를 제품 출하 직전에 고객에 맞추어 부착한다.

이러한 전통적인 방법 외에도 최근에는 독일의 제조혁신전략인 인더스트리 4.0(Industry 4.0) 프로젝트가 추구하는 스마트공장(smart factory)의 등장으로 대량고객화에 맞는 유연한 생산체제가 현실화되고 있다. 제1장에서 소개한 바 있는 스마트공장에서는 고객의 개별화된 요구에 맞추어 한 생산 프로세스에서도 다양한 제품들을 효율적으로 생산할 수 있다.

6 수직적 통합

수직적 통합(vertical integration)이란 기업의 프로세스 소유범위를 현재의 프로세스를 기준으로 투입물의 공급 쪽이나 제품의 시장 쪽으로 확대하는 것을 말한다.[6] 수직적 통합에는 후방통합(backward integration)과 전방통합(forward integration)의 두 가지 유형이 있다.

후방통합이란 기업의 프로세스 소유범위를 투입물의 공급원을 향해 후방으로 확대하는 것이다. 후방통합은 원자재, 노동력 및 자본적 설비와 같은 프로세스의 어떠한 투입물에도 적용될 수 있다. 예를 들면, 자동차회사가 자동차용 강판 생산을 위해 제철공장이나 제강공장을 설립하거나, 신문사가 주요 투입물의 하나인 신문 인쇄용지를 확보하기 위해 제지공장을 인수하거나, 제철회사가 철광석의 안정적 공급을 확보하기 위해 철광산을 사들이거나, 라면제조회사가 스프의 원료를 확보하기 위해 대규모 목장을 사들이는 경우 등이 후방통합에 해당한다.

전방통합이란 기업의 프로세스 소유범위를 시장 쪽을 향해 전방으로 확대하는 것이다. 전방통합은 유통경로를 동일 기업의 지배하에 두게 한다. 전방통합의 예를 들면, 농협이 농산물 가공공장을 설립하거나, 컴퓨터 부품업체가 컴퓨터 조립생산에 뛰어들거나, 제철회사가 철제품의 가공생산에까지 사업영역을 확장하는 경우 등이다.

수직적 통합 의사결정은 생산-유통체인과 관련하여 이루어지므로 기업은 의사결정에 앞서 프로세스의 투입물과 산출물을 파악해야 한다. 그런 다음 후방통합은

6) 수직적 통합은 '수직계열화'와 비슷한 개념이다.

기업의 공급자 쪽으로, 전방통합은 기업의 시장 쪽으로 이 체인을 따라 일어난다. 만약 특정 기업이 생산-유통체인 전체를 소유하게 되면 이를 **완전 수직적 통합**(total vertical integration)이라고 한다.

수직적 통합 의사결정에 고려해야 할 요인들은 후방통합이냐 또는 전방통합이냐에 따라 달라진다. 후방통합의 경우 중요한 의사결정 요인은 비용과 투입물 공급의 신뢰성이다. 만약 어느 기업이 어떤 투입물의 주 사용자라면 이 투입물을 외부의 공급자로부터 구입하는 것보다 자체 생산하는 것이 비용 측면에서 유리할 수 있다. 그러나 이 경우에는 기존의 공급업체를 인수하거나 새로 사업을 시작하는 데 소요되는 자본의 경제성 검토가 반드시 이루어져야 한다. 하지만 비록 자본의 경제성은 좋지 못하더라도 투입물이 공급량과 가격에서 불확실성이 클 때에는 투입물의 안정적 공급을 확보하기 위해 후방통합을 할 수도 있다.

전방통합 의사결정의 경우에는 판매와 유통경로에 초점이 맞추어진다. 전방통합의 경우에는 수요의 신뢰성이 결정적인 요인이 된다. 기업은 전방통합을 통해 유통경로를 지배함으로써 경쟁력을 크게 향상시킬 수 있다. 물론 이 경우에도 소요되는 자본에 대한 경제성 검토가 이루어져야 한다.

수직적 통합 의사결정은 전략적인 성격을 가지고 있다. 수직적 통합 의사결정은 투자수익률만을 우선적으로 고려하는 단순한 투자 의사결정이 아니다. 수직적 통합 의사결정은 재무적인 경제성뿐만 아니라 기업의 마케팅 및 생산목표 그리고 경쟁여건과 위험도 세밀히 고려하여 이루어져야 한다.

오늘날 수직적 통합은 글로벌 차원에서도 일어날 수 있다. 글로벌 경제에서는 부품을 한 국가에서 만들어, 다른 국가에서 완제품으로 조립하고, 이를 제3국에 판매할 수 있다. 이와 같은 현상은 미국과 멕시코 사이에서 볼 수 있다. 즉, 부품은 미국에서 만들고, 이를 임금이 싼 멕시코에서 완제품으로 조립한 다음, 다시 미국을 비롯한 전 세계 시장에 판매한다. 따라서 글로벌 경제하에서 수직적 통합은 기업 간뿐만 아니라 국가 간에 걸쳐 이루어질 수도 있다.

7 프로세스 선택의 환경적 문제

최근 법적 규제와 소비자 감시가 강화되면서 기업은 환경적 요구에 지속적으로 관심과 노력을 기울이지 않으면 안 되게 되었다. 생산기능은 기업의 어떤 다른 기능보다도 자연환경에 영향을 미친다. 프로세스에 관한 의사결정은 투입물의 선택에서부터 산출물과 부산물에 이르기까지 환경에 크게 영향을 미친다. 따라서 기업은 프로세스 선택 의사결정에서 반드시 환경영향을 고려해야 한다. 여기서는 환경에 영향을 미치는 세 가지 의사결정 분야를 살펴본다.

첫째는 **오염방지기술**(pollution prevention technology)에 대한 투자이다. 이는 프로세스로부터 나오는 오염물질을 줄이거나 제거하기 위한 것이다. 예를 들면, 태양광 발전에 의한 전기를 사용할 것인가 아니면 석탄을 사용하는 화력발전에 의한 전기를 사용할 것인가의 프로세스 선택 의사결정은 프로세스가 만들어내는 오염의 양과 유형을 결정한다. 오염방지를 위한 투자에는 원자재를 덜 소비하도록 프로세스를 설계하거나 에너지를 덜 요구하는 최신 설비에 대한 투자도 포함된다.

둘째는 **오염통제기술**(pollution control technology)에 대한 투자이다. 오염통제기술은 오염물질과 해로운 부산물을 처치하거나 처분하는 데 사용된다는 점에서 오염방지기술과는 다르다. 오염통제기술에 대한 투자란 프로세스로부터 나오는 오염물질이나 폐기물의 처리단계를 기존 프로세스에 추가하는 것을 말한다. 이 방법은 환경규제가 덜 엄격할 때 사용된다.

셋째는 프로세스의 사용방법에 영향을 미치는 하부구조시스템과 관행이다. 이러한 시스템과 관행에는 기존 프로세스를 새로운 방법으로 사용하기 위한 작업자의 재훈련, 환경영향을 개선하기 위한 기능 간 조정 노력의 강화, 그리고 프로세스의 가동방법에 대한 감시 및 보고시스템이 포함된다. 하부구조의 개선에는 지속가능한 방법으로(즉, 환경을 고려하여) 자재를 생산하는 공급자를 선택하는 것과 같은 공급사슬에서의 변화도 포함될 수 있다.

최근 많은 프로세스들이 환경에 미치는 영향을 줄이도록 개선되고 있다. 나무 대신에 폐지를 활용하여 새 종이를 만드는 것과 같은 프로세스 투입물의 변화에서부터 수거된 플라스틱 병으로 공원 벤치를 만드는 것과 같은 폐자재의 혁신적인 활용에 이르기까지 생산은 환경문제의 관리에 중요한 역할을 하고 있다.

프로세스 선택과 관련된 기타 환경적 관심사는 다음과 같다.

1. **산출물의 재활용**(recycling output): 프로세스의 부산물의 용도를 찾는 것을 말한다. 예를 들면, 음식물 쓰레기를 돼지 사육 농장으로 보내 사료로 활용하는 것이다.
2. **재생 투입물**(recycled input): 한 프로세스의 부산물을 다른 프로세스의 투입물로 활용하는 것을 말한다. 예를 들면, 목재공장에서 발생하는 부산물인 나무 부스러기를 원자재로 투입하여 합판, 창틀 등 다른 제품을 만드는 것이 이에 속한다.
3. **재제조**(remanufacturing): 사용이 끝난 제품이나 부품을 체계적으로 회수하여 분해, 세척, 검사, 수리, 조립의 다섯 단계를 거쳐 신품과 동일한 성능을 갖도록 다시 상품화하는 것을 말한다. 예를 들면, 자동차의 중고 부품을 재생하여 다시 상품화하는 것이 이에 속한다.

요약

- 프로세스는 제품 흐름의 유형에 따라 연속 프로세스, 조립라인 프로세스, 뱃치 프로세스, 잡숍 프로세스, 프로젝트 프로세스로 분류된다. 연속 및 조립라인 프로세스는 표준화된 제품을 낮은 원가로 대량생산하는 데는 적합하지만 유연성은 떨어진다. 뱃치 및 잡숍 프로세스는 고객화된 제품이나 다양한 제품을 중 · 소량으로 생산하는 데는 적합하지만 제품의 흐름이 혼잡하기 때문에 처리비율과 효율성은 떨어진다. 프로젝트 프로세스는 유일하거나 독창적인 제품을 한 번에 하나씩 만들 때 적합하다.
- 프로세스는 주문 충족의 유형에 따라 재고생산 프로세스, 주문생산 프로세스, 주문조립생산 프로세스로 구분된다. 재고생산 프로세스에서는 생산자가 정한 제품규격과 생산수량에 따라 생산이 이루어지며, 고객의 수요는 재고로부터 충족된다. 재고생산 프로세스는 고객에게 표준화된 제품을 낮은 원가로 신속하게 제공하는 데 적합하다. 재고생산 프로세스의 성과는 서비스수준, 재고회전율, 생산능력의 가동률 등에 의해 측정된다. 주문생산 프로세스는 고객의 주문에 따라 고객화된 제품을 생산하며 유연성이 높다. 주문생산 프로세스의 성과는 리드타임과 정시납품비율에 의해 측정된다. 주문조립생산 프로세스는 재고생산 프로세스와 주문생산 프로세스의 혼합 형태로서 하위 조립품을 미리 재고로 생산해 놓고 고객의 주문에 맞추어 최종 제품으로 조립한다.

- 주문진입점이란 고객의 주문이 프로세스에 들어오는 시점을 말한다. 재고생산에서 주문진입점은 최종 조립이 완료된 이후가 된다. 주문조립생산에서 주문진입점은 제작 후-최종 조립 전이 된다. 주문생산에서 주문진입점은 제작 전이 될 수도 있고, 유일한 자재나 구성품이 필요한 경우에는 공급자에게 자재를 주문하기 전이 될 수도 있다.
- 프로세스의 두 가지 분류 기준, 즉 제품의 흐름과 주문 충족의 유형을 결합시켜 보면 6가지 조합의 프로세스가 가능하다. 이러한 6가지 조합 중 프로세스 선택은 시장여건, 소요자본, 노동력, 기술 등을 고려하여 이루어져야 한다. 프로세스 선택 의사결정은 본질적으로 전략적이고 교차기능적인 성격을 가지고 있다.
- 제품-프로세스 행렬은 제품과 프로세스의 수명주기를 고려함으로써 프로세스 선택 의사결정의 동적인 측면을 보여준다. 이 행렬에서 기업의 위치, 즉 기업의 제품-프로세스 전략은 그 기업의 차별적 능력이나 경쟁수단에 따라 선택되어야 한다. 제품-프로세스 행렬은 제품에 관한 마케팅 의사결정과 프로세스에 관한 생산 의사결정 간의 조정에 유용하다.
- 집중화 생산은 생산 프로세스나 대상 시장의 측면에서 서로 다른 요건을 가진 제품과 프로세스를 분리하는 데 사용된다. 요건이 다른 제품이나 프로세스는 서로 다른 공장 내 공장에 할당되어야 한다.
- 대량고객화란 대량으로 생산되는 제품과 거의 같은 원가로 고객화된 제품을 만드는 능력을 말한다. 오늘날에는 컴퓨터, 유연자동화, 로봇공학, 모듈러 설계, 3D 프린팅, 인공지능, 정보통신기술 및 사물인터넷을 포함한 첨단 제조기술을 이용함으로써 대량고객화가 가능해지고 있다. 대량고객화의 전통적인 형태에는 모듈러 생산/주문조립생산, 제품 간 신속한 생산전환, 선택사양의 지연 전략이 있다. 또한 최근에는 스마트공장의 등장으로 대량고객화에 맞는 유연한 생산체제가 현실화되고 있다.
- 수직적 통합이란 기업의 프로세스 소유범위를 투입물의 공급 쪽이나 제품의 시장 쪽으로 확대하는 프로세스 선택 문제를 말한다. 수직적 통합에는 후방통합과 전방통합의 두 가지 유형이 있다. 후방통합이란 기업의 프로세스 소유범위를 투입물의 공급원을 향해 후방으로 확대하는 것이다. 전방통합이란 기업의 프로세스 소유범위를 시장 쪽을 향해 전방으로 확대하는 것이다. 수직적 통합에는 경제성 검토가 따라야 하지만 후방통합에는 비용과 투입물 공급의 신뢰성이 주 관심사가 되고, 전방통합에는 수요의 신뢰성이 주 관심사가 된다. 수직적 통합은 전략적인 관점에서 이루어져야 한다.
- 환경문제는 프로세스 선택과 관련된 주요 도전 과제이다. 프로세스에 관한 의사결정을 할 때, 기업은 오염을 방지하거나 통제할 수 있는 프로세스의 개발이나 환경문제를 관리할 수 있는 하부구조시스템과 관행을 반드시 고려해야 한다.

토론 문제

01 다음의 생산 프로세스는 연속, 조립라인, 뱃치, 잡숍, 프로젝트 프로세스 중 어디에 속하는가?

① 병원
② 건설회사
③ 대학 교과과정
④ 전력회사
⑤ 자동 세차
⑥ 영화 제작
⑦ 조선소
⑧ 석유화학공장

02 연속, 조립라인, 뱃치, 잡숍, 프로젝트 프로세스를 취하는 우리나라의 대표적인 기업들을 들어 보아라.

03 왜 조립라인 프로세스는 뱃치 프로세스에 비해 더 효율적이지만 유연성은 떨어지는가?

04 고급 레스토랑, 패스트푸드점 및 카페테리아의 프로세스 유형을 논하라.

05 재고생산 프로세스와 주문생산 프로세스의 생산관리상의 주요 차이점을 설명하라.

06 기업이 제품-프로세스 행렬의 대각선에서 크게 이탈하면 어떤 문제가 발생할 수 있겠는가?

07 집중화되지 못한 생산의 대표적인 징후들을 들어보아라.

08 규모의 경제와 범위의 경제의 차이는 무엇인가?

09 대량고객화를 위해서는 어떤 기법이나 접근법이 사용될 수 있는가?

10 어느 회사가 완제품은 제품수명주기의 초기단계(도입기)에 있는데 원자재를 확보하기 위해 급속히 후방통합을 하였다. 이 전략의 긍정적인 측면과 부정적인 측면을 논하라.

11 다음의 예는 전방통합인가 또는 후방통합인가?

① 구두 제조회사가 피혁가공산업에 진출
② 대규모 조선회사가 제철소 건설 추진
③ 원양어업회사가 수산물 가공 공장 인수
④ 정유회사가 해외유전 개발 사업에 참여
⑤ 항공사가 항공기 제작산업에 진출

12 수직적 통합은 소위 말하는 '문어발식 기업 확장'과는 어떻게 다른가? 또 수직적 통합은 어떤 위험을 가지고 있는가?

13 스마트폰 생산에 있어 애플과 삼성전자는 서로 다른 전략을 취하고 있다. 애플은 제품설계와 디자인을 제외한 부품 조달 및 최종 조립 모두 외부업체를 통해 하고 있다. 반면에 삼성전자는 많은 부품을 삼성 그룹 내 여러 회사에서 조달하여 자체적으로 완제품을 최종 조립하고 있다. 즉, 삼성전자는 후방통합이 잘되어 있다. 양 회사 전략의 장점과 단점을 논하라.

14 왜 특히 생산 부문은 환경문제에 관심을 기울여야 하는가?

참/고 문/헌

이상범, "부실공장의 회생사례,"「서강 Harvard Business」, 1987년 10-12월, pp. 195-204.

한석희 · 조형식 · 홍대순, 『인더스트리 4.0』, 페이퍼로드, 2015.

Buzzell, Robert O., "Is Vertical Integration Profitable?" *Harvard Business Review*, January-February 1983, pp. 92-102.

Hayes, Robert H. and Steven C. Wheelwright, "Link Manufacturing Process and Product Life Cycles," *Harvard Business Review*, January-February 1977, pp. 133-140.

Jacobs, F. Robert and Richard B. Chase, *Operations and Supply Chain Management*, 15th ed., McGraw-Hill, New York, 2017.

Ruwe, Dean M. and Wickham Skinner, "Reviving a Rust Belt Factory," *Harvard Business Review*, May-June 1987, pp. 70-76.

Schroeder, Roger G., Susan Meyer Goldstein, and M. Johnny Rungtusanatham, *Operations Management in the Supply Chain*, 6th ed., McGraw-Hill, New York, 2013.

Skinner, Wickham, "The Focused Factory," *Harvard Businee Review*, May-June 1974, pp. 113-121.

제5장 서비스 프로세스 설계

1. 서비스의 정의
2. 서비스의 분석 틀
3. 서비스전략
4. 서비스 상품의 설계
5. 서비스 행렬
6. 고객접촉
7. 서비스 복구 및 서비스 보증
8. 종업원과 서비스
9. 서비스 설계의 세 가지 접근법

• 요　약
• 토론문제
• 참고문헌

현대 경제에서 서비스 부문이 차지하는 비중은 매우 크다. 오늘날 대부분의 선진국에서 서비스 부문이 GDP와 총고용에서 차지하는 비중은 제조 부문보다 크다. 그리고 이 같은 추세는 앞으로도 계속될 전망이다. 또한 서비스와 제조는 상호 연관되어 있다. 금융, 보험, 통신, 운송 등과 같은 서비스는 제조업을 지원하는 데 필수적이다. 마찬가지로 제조업의 생산품은 모든 서비스산업을 지원하고 있다. 서비스산업의 급속한 성장과 제조와 서비스의 상호 연관성 때문에 오늘날 서비스는 제조와 더불어 생산관리의 중요한 주제가 되고 있다.

서비스는 소비자에게 직접 서비스를 판매하는 비즈니스(음식점, 수리점 등)에서부터 컨설팅 및 회계와 같은 비즈니스, 나아가 비영리 서비스(의료, 교육 등)와 정부 서비스에 이르기까지 다양한 조직에 의해 전달된다. 이들 조직의 생산기능은 서로 상당히 다르지만 이들의 서비스 프로세스에는 공통점이 있다. 본서에서는 이런 공통점을 중심으로 서비스 프로세스의 설계를 살펴본다.

1 서비스의 정의

대부분의 서비스의 정의는 **무형성**(intangibility)을 강조한다. 사실 서비스는 무형이다. 즉, 서비스 프로세스는 물리적 실체(제품)가 아닌 무형의 서비스를 만들어냄으로써 고객을 위한 가치를 창조한다. 하지만 서비스는 정의하기가 어렵고 계량화하기도 쉽지 않다. 따라서 서비스의 공식적인 정의보다는 서비스의 특징들과 이 특징들이 경영자와 고객에게 의미하는 바를 살펴보는 것이 중요하다.

서비스의 가장 큰 특징은 **생산과 소비의 동시성**이다. 이는 서비스의 생산 중 고객이 생산시스템 내에 존재함을 의미한다. 따라서 고객은 서비스의 생산 중에 서비스 공급자에게 여러 가지 요구를 함으로써 불확실성을 야기한다. 또한 생산과 소비의 동시성은 대부분의 서비스는 재고로 저장될 수 없음을 의미한다. 이의 예로는 세무 및 회계 서비스, 소매 서비스, 자동차 수리 서비스, 정부 서비스 등을 들 수 있다. 생산과 소비의 동시성은 고객이 서비스를 받기 위해 서비스 공급자에게 가거나 아니면 서비스 공급자가 고객에게 와서 서비스를 제공할 수 있도록 서비스 공급자는 고객 근처에 입지해야 함을 의미한다. 이의 예외는 원거리에서도 제공될 수 있는 커뮤니케이션 서비스와 전력 서비스이다(예를 들면, TV 방송, 텔레커뮤니케이션, 콜센터, 전력 등).

서비스 프로세스에서는 **프런트 오피스**(front office)와 **백 오피스**(back office)를 구별하는 것이 중요하다. 프런트 오피스에서는 고객의 존재나 고객과의 상호작용이 요구된다. 이에 비해 백 오피스에서는 고객의 존재가 요구되지 않는다. 따라서 생산과 소비의 동시성은 고객이 서비스 프로세스에 참여하는 프런트 오피스에 적용된다. 예를 들면, 은행의 창구나 치과병원은 고객과 상호작용을 하면서 프런트 오피스의 서비스를 제공한다. 이러한 서비스 공급자와 고객 간의 상호작용은 서비스 프로세스의 설계에서 대단히 중요하다. 반면에 백 오피스의 서비스는 고객과 유리된 상태에서 수행될 수 있다. 예를 들면, 은행의 수표 처리나 치과병원의 엑스레이 현상은 고객과 유리된 상태에서 수행되는 백 오피스 프로세스이다. 따라서 백 오피스는 고객과의 상호작용을 수용할 필요가 없다.

서비스에 따라 그 특성이 크게 다르고 또한 서비스 공급자와 고객 간의 상호작용의 정도도 크게 다르기 때문에 제조와 서비스의 차이를 일반화하기는 어렵다. 하지만 제조와 서비스의 중요한 차이점을 대비해 보면 〈표 5-1〉과 같다.

표 5-1 제조와 서비스의 차이점

제 조	서 비 스
제품은 유형이다.	서비스는 무형이다.
구매 시 소유권이 이전된다.	일반적으로 소유권은 이전되지 않는다.
제품은 되팔 수 있다.	서비스는 되팔 수 없다.
제품은 구매 전에 보여 줄 수 있다.	서비스는 구매 전에는 존재하지 않는다.
제품은 재고로 저장될 수 있다.	서비스는 재고로 저장될 수 없다.
생산은 소비에 앞서 이루어진다.	생산과 소비가 동시에 일어난다.
제품은 수송될 수 있다.	서비스는 수송될 수 없다(다만 서비스의 생산자는 이동할 수 있다).
판매자가 생산한다.	구매자가 생산의 일부를 수행할 수 있다.

출처: Schroeder, Goldstein, and Rungtusanatham(2013), p. 89.

2 서비스의 분석 틀

서비스 프로세스를 설계하기 위해서는 서비스의 분석 틀이 필요하다. 여기서는 서비스의 분석 틀로서 서비스 삼각형(service triangle)과 서비스 사이클(cycle of service)을 소개한다.

(1) 서비스 삼각형

서비스 삼각형은 [그림 5-1]에서 보는 바와 같이 고객, 종업원, 서비스전략 및 지원시스템의 네 가지 요소로 구성된다. 서비스는 항상 고객 중심이어야 하기 때문에 서비스 삼각형의 중심에는 고객이 위치한다. 종업원은 서비스기업의 구성원을 말한다. 서비스전략은 서비스의 생산과 전달에 지침이 되는 비전 또는 철학을 의미한다. 지원시스템은 서비스의 생산에 사용되는 물리적 시스템과 절차를 의미한다.

[그림 5-1]에서 네 가지 요소를 연결하는 선을 해석해 보면 다음과 같다. 고객과 서비스전략을 잇는 선은 서비스전략은 고객을 최우선시하고 고객의 진정한 요구를 충족시켜야 함을 의미한다. 고객과 지원시스템과의 선은 지원시스템(장비와 절차)은

그림 5-1 서비스 삼각형

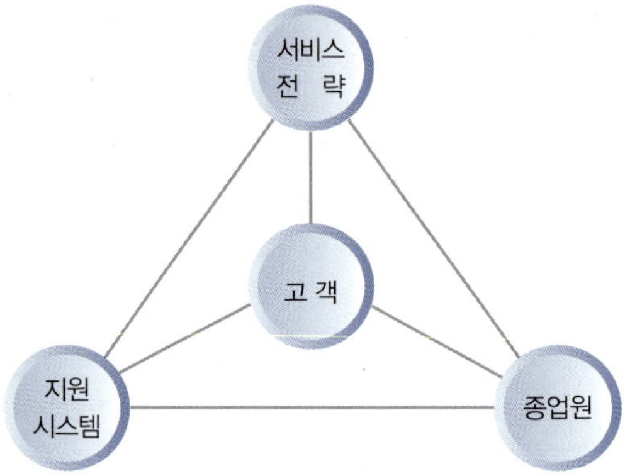

출처: Albrecht and Zemke(1985).

고객을 염두에 두고 설계되어야 함을 의미한다. 고객과 종업원과의 선은 서비스를 직접 전달하는 종업원뿐만 아니라 모든 조직구성원은 고객지향적이어야 함을 의미한다. 종업원과 지원시스템을 연결하는 선은 지원시스템은 종업원이 운영하기에 단순하고, 빠르고, 간편해야 함을 의미한다. 서비스전략과 지원시스템과의 선은 지원시스템은 서비스전략을 반영하고 지원하는 것이어야 함을 나타낸다. 마지막으로 서비스전략과 종업원을 연결하는 선은 모든 조직구성원은 서비스전략을 잘 알고 있어야 함을 의미한다.

서비스 삼각형은 서비스시스템의 설계에 유용하다. 또한 서비스 삼각형은 서비스 문제의 해결에, 즉 서비스 문제를 진단하고 그 원인을 파악하는 데 사용될 수 있다.

(2) 서비스 사이클

또 하나의 서비스 분석 틀은 서비스 사이클이다. 모든 서비스는 서비스 사이클로 전달된다. **서비스 사이클**이란 고객이 처음으로 서비스시스템과 접촉하는 점으로부터 시작하여 계속해서 고객이 서비스시스템과 접촉하는 점으로 이어지는 사이클을 말한다. 예를 들면, 항공사의 서비스 사이클은 [그림 5-2]와 같다. 고객의 첫 접촉은 여러 가지 비행편의 일정(출발 및 도착시간)을 전화나 인터넷으로 문의하는 것이다. 다음에는 예약을 하고 항공권을 구입한다. 그 다음은 공항에 도착하여 출발 수속을 하

그림 5-2 항공사의 서비스 사이클

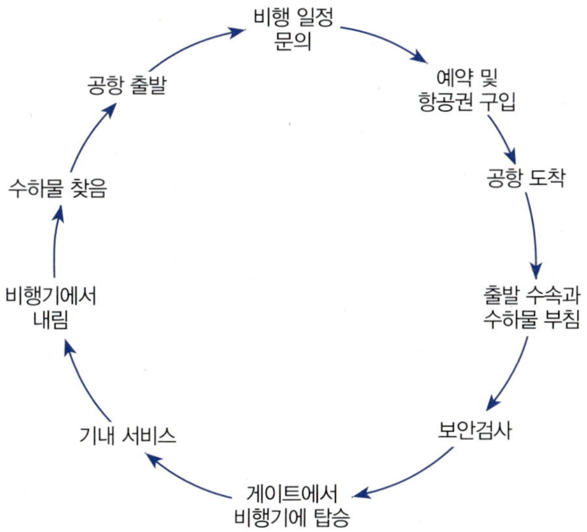

고 수하물을 부친다. 그런 다음 보안검사를 받고 비행기에 탑승하여 비행 중 서비스를 받는다. 목적지에 도착하면 비행기에서 내려 수하물을 찾아 공항을 떠난다. 이러한 각각의 접촉점에서 고객은 항공사가 자신의 요구를 충족시키는지를 판단하게 된다.

고객은 서비스의 전달 사이클 중 서비스시스템과 접촉하는 순간마다 제공받은 서비스의 좋고 나쁨을 느낀다. 여기서 서비스의 전달 사이클 동안 고객이 서비스시스템과 접촉하는 순간을 **진실의 순간**(moment of truth)이라고 한다. 각 접촉점(즉, 진실의 순간)에서 인식된 서비스의 누적된 결과에 의해 전체적인 서비스의 질에 대한 고객의 인지가 결정되고, 이에 따라 고객은 그 서비스기업이 제공하는 서비스를 다음에도 구매할 것인가를 결정한다. 따라서 각 접촉점에서 고객이 좋은 서비스 경험을 갖도록 **고객접점관리**를 잘 하는 것이 서비스관리의 핵심이다.

3 서비스전략

서비스전략(service strategy)에서는 제공할 서비스의 종류와 유형 그리고 경쟁우위의 성취방안이 제시되어야 한다. 예를 들면, 맥도날드의 서비스전략은 "일정한 품질의 패스트푸드를 값싸게, 신속하게 제공한다."이다. 맥도날드는 이와 같은 서비스전략에 맞도록 패스트푸드, 서비스 전달시스템, 서비스 설비 등을 설계하고 있다.

서비스전략에서는 서비스기업이 경쟁우위를 달성하기 위한 우선경쟁역량이 제시되어야 한다. 서비스기업이 채택할 수 있는 우선경쟁역량으로는 다음과 같은 것들이 있다.

1. 고객에 대한 대우(즉, 친절, 정성 등)
2. 서비스 전달의 신속과 편의
3. 서비스의 가격
4. 서비스의 다양성
5. 서비스에 수반되는 핵심적인 재화의 품질(예: 고품질의 햄버거)
6. 서비스를 구성하는 기술의 유일성(즉, 그 서비스기업만이 제공할 수 있는 독특한 기술: 의료기술, 미용기술 등)

〈표 5-2〉는 세계적인 서비스기업들의 우선경쟁역량을 보여주고 있다.

서비스전략은 국제적 관점에서도 고려되어야 한다. 오늘날 컨설팅, 텔레커뮤니케이션, 금융, 운송, 패스트푸드 등은 국제적인 성격을 가지고 있다. 이들 서비스는 전세계적으로 표준화되어 있고, 경쟁의 기반도 국제적이며, 영업 규모도 범세계적인 성격을 가지고 있다. 따라서 제조기업과 마찬가지로 서비스기업도 글로벌 전략을 채택할 수 있다.

4 서비스 상품의 설계

서비스를 생산하고 전달하는 서비스 프로세스의 설계에 앞서 고객에게 제공할 서

표 5-2 세계적인 서비스기업의 우선경쟁역량

서비스기업 \ 우선경쟁역량	고객 대우	속도/편의	가격	다양성	품질	유일한 기술/유형 재화의 품질
Nordstorm Department Store	×				×	
Federal Express Corporation	×	×				
Merril Lynch & Company (Cash Management Account)		×		×		
eBay		×	×	×		×
Wal-Mart Store	×		×	×		
Monster.com		×				×
Disneyland	×				×	×
American Express Company	×	×				
McDonald's Corporation		×	×		×	
Domino's Pizza		×	×			
Marriott Corporation	×					
Club Med Resorts	×		×			
American Airlines		×		×		
Singapore Airlines	×					
Southwest Airlines			×			
Riverside Methodist Hospital (Columbus, Ohio)	×					
H&R Block		×	×			
American Automobile Association		×				

출처: Chase, Aquilano, and Jacobs(2006), p. 269

비스 상품이 먼저 정의되어야 한다. 서비스 상품은 서비스와 재화의 묶음, 즉 **서비스-제품 꾸러미**(service-product bundle)로 이루어진다. [그림 5-3]은 다양한 서비스-제품 꾸러미의 예를 보여주고 있다. 이 그림에서 대부분은 컨설팅, 이 · 미용실, 자동차 수리점, 레스토랑 등과 같은 서비스 조직이지만 전형적인 제조품인 자동차도 포함되어 있다. 그 이유는 새로운 자동차를 구입하는 경우에도 여러 가지 서비스 요소를 포함하고 있기 때문이다. 자동차의 서비스-제품 꾸러미는 물리적인 자동차뿐만 아니라 시승, 할부금융, 품질보증 등과 같은 서비스 요소도 포함하고 있다.

서비스-제품 꾸러미는 다음과 같은 세 가지 요소로 구성된다.

그림 5-3 여러 가지 서비스-제품 꾸러미의 비교

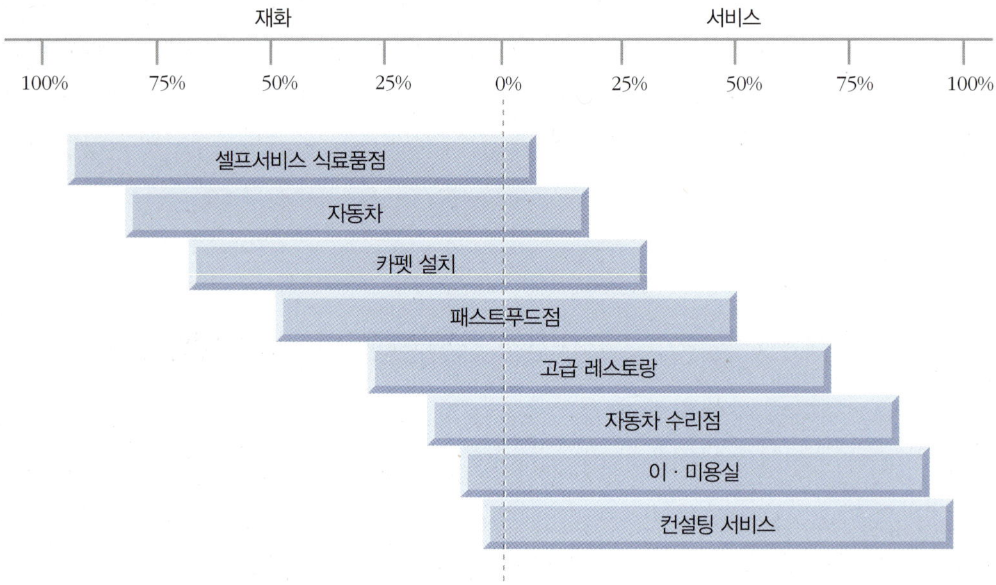

출처: Schroeder, Goldstein, and Rungtusanatham(2013), p. 90.

1. **명시적 서비스**(explicit service): 실재적(實在的) 서비스
2. **내재적 서비스**(implicit service): 서비스의 무형적 또는 심리적 혜택
3. **촉진재화**(facilitating good): 물리적 재화

대부분의 서비스는 명시적 서비스, 내재적 서비스 및 촉진재화의 꾸러미로 제공된다. 예를 들어 고객이 패스트푸드점에 갔을 때, 명시적 서비스는 신속함과 정확함이고, 내재적 서비스는 종업원과의 상호작용에 대한 고객의 느낌과 쾌적한 환경이며, 촉진재화는 음식이다. 택시 서비스의 경우, 명시적 서비스는 목적지로의 승객의 수송이다. 내재적 서비스는 안전과 편안함이다. 그리고 택시(자동차)가 촉진재화가 된다. 배달하는 피자 가게(예를 들면, 도미노피자)의 경우, 명시적 서비스는 배달 서비스와 배달에 소요되는 시간이다. 내재적 서비스는 배달원의 단정한 외모와 예의가 된다. 촉진재화는 피자와 피자배달기구가 된다. 많은 서비스(예를 들면, 의료서비스)는 서비스의 전달 중 사용되기는 하지만 소비되지는 않는 사무실 및 장비와 같은 고정된 촉진재화를 가지고 있다.

서비스 상품은 서비스-제품 꾸러미로 전달되기 때문에 서비스 상품의 설계에 있어서는 어느 한 요소만을 너무 강조해서는 안 되며, 고객의 기대를 잘 파악하여 세 가지 요소의 적절한 믹스(mix)가 제공되어야 한다. 예를 들면, 최고급 레스토랑의 경우 고객은 최상의 요리보다는 오히려 레스토랑의 분위기(즉, 내재적 서비스)에 더 기대를 가질 수도 있다. 따라서 서비스 상품은 고객의 진정한 기대를 충족시킬 수 있도록 세심하게 설계되어야 한다. 촉진재화를 너무 강조하다 보면 명시적 및 내재적 서비스가 소홀해질 수 있고, 반대로 명시적 및 내재적 서비스를 너무 강조하다 보면 촉진재화가 소홀해질 수 있다.

생산관리의 과업은 서비스를 고객에게 전달하기 전에 서비스 프로세스를 설계하는 것이다. 서비스 프로세스의 설계에서는 프로세스에 사용되는 기술, 필요한 종업원의 유형, 종업원과 설비의 외관 등과 같은 세부사항들까지 규정되어야 한다. 일반적으로 명시적 서비스와 촉진재화는 생산관리에서 상당히 엄격하게 통제할 수 있지만 서비스로부터 고객이 얻는 느낌이나 감정인 내재적 서비스는 고객마다 크게 다르기 때문에 통제하기가 어렵다. 따라서 경영자는 의도한 내재적 서비스가 서비스 프로세스에 반영될 수 있도록 가용 수단(예를 들면, 기술이나 종업원)을 최대한 이용해야 한다.

앞서 제3장 제품설계에서 제품과 프로세스는 함께 설계되어야 함을 강조하였다. 이점은 서비스의 경우 더욱 중요하다. 왜냐하면 서비스의 경우에는 서비스의 설계와 서비스 프로세스의 설계가 뒤얽혀 있고 분리할 수 없는 경우가 많기 때문이다. 또한 서비스의 전달은 생산과 마케팅의 동시적 행위이다. 따라서 서비스의 설계와 전달에 있어서 기능 간 협력은 필수적이다.

5 서비스 행렬

서비스의 유형을 분류하는 방법에는 고객의 선택권, 서비스의 전달 또는 수행 방법 등 여러 가지가 있다. 예를 들면, 어떤 서비스는 오로지 하나의 표준화된 방법으로만 제공되며 모든 고객은 거의 같은 서비스를 받는다. 또 어떤 서비스는 고도로 고객화되어 있어서 고객마다 같은 서비스가 반복되지 않는다. 따라서 서비스 프로세스는 고객의 요구에 맞도록 설계되어야 한다.

고객의 요구와 서비스 프로세스의 설계 양쪽을 모두 고려하기 위한 하나의 방법이 [그림 5-4]와 같은 **서비스 행렬**(service matrix)이다. 이 행렬의 수평축은 서비스-제품 꾸러미에서 고객의 요구와 필요, 즉 고객 수요의 성격을 나타낸다. 기본적으로 같은 요구와 필요를 가진 고객에게는 고도로 표준화되고 정형화된 프로세스에 의해 서비스를 제공할 수 있다. 반면에 자신만의 유일한 요구와 필요를 가진 고객에게는 높은 다양성과 고객화가 가능한 프로세스에 의해 서비스를 제공해야 한다.

서비스 행렬의 수직축은 서비스 프로세스의 설계를 나타낸다. 이 축은 고객이 서비스 프로세스에서 취할 수 있는 경로의 수를 보여준다. 즉, 서비스가 얼마나 많은 방법에 의해 전달되는가를 나타낸다. 서비스 전달 방법의 수는 단일 경로 혹은 적은

그림 5-4 서비스 행렬

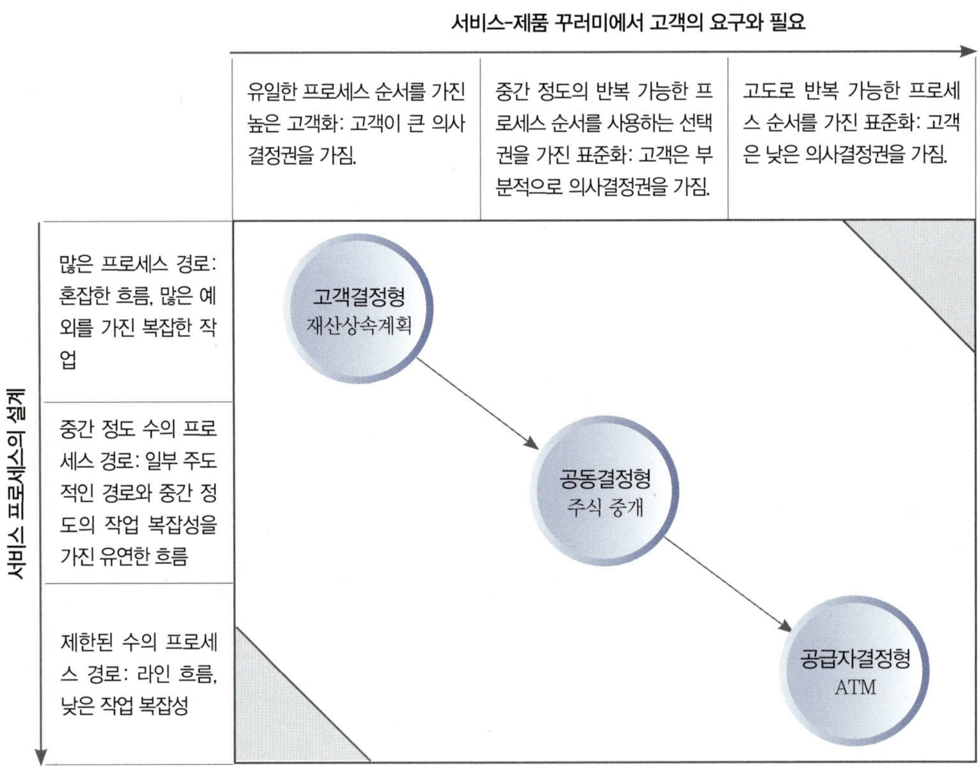

출처: Collier and Meyer(1998).

수의 경로에서부터 실질적으로 무한대에 이르기까지 다양하다. 적은 수의 경로는 서비스의 전달 방법에서 고객의 선택권이 거의 없는 경우에 해당한다. 반면에 무한한 수의 경로는 전달되는 서비스가 매번 달라지는 경우이다.

서비스 행렬의 양 차원을 고려하면 고객결정형, 공동결정형, 공급자결정형의 세 가지 유형의 서비스가 가능하다. **고객결정형 서비스**(customer-routed service)란 고객이 유일하고 높은 고객화를 원하는 서비스를 말한다. 고객은 서비스 전달의 방법, 시간 및 순서(절차)뿐만 아니라 서비스 구성요소의 결정에 있어서도 매우 큰 의사결정권을 갖는다. 고객결정형 서비스의 경우에는 고객마다 다른 서비스를 원하기 때문에 서비스 프로세스는 고객에게 큰 재량권과 많은 상호작용을 허용해야 한다. 이들 서비스는 고도로 유연한 프로세스를 사용하여 수행되며 또 고객의 요구와 필요에 맞는 서비스를 전달하기 위하여 고도로 훈련된 종업원을 쓴다. 고객결정형 서비스의 예는 재산상속계획(estate planning), 개인 트레이너, 미용실, 컨설팅 등이다. 고객결정형 서비스는 고객화의 측면에서 보면 제4장 프로세스 설계에서 살펴본 제조업의 잡숍(job shop)과 비슷하다.

고객의 요구와 필요 그리고 서비스 프로세스의 설계 양축 모두의 중간에 있는 **공동결정형 서비스**(co-routed service)는 중간 정도의 표준화된 프로세스를 이용하여 고객에게 적당한 수의 선택을 제공한다. 의료서비스와 주식중개서비스가 이 범주에 속한다.

끝으로 **공급자결정형 서비스**(provider-routed service)란 고도로 표준화된 서비스를 말한다. 여기서 공급자결정형이란 서비스 공급자가 서비스의 수행 방법을 결정한다는 의미이다. 이들 서비스에 대해서는 서비스의 전달 중 고객에게 선택권을 거의 주지 않으며, 요구와 필요가 거의 비슷한 고객에게 알맞은 프로세스에 의해 서비스가 제공된다. 예를 들면, 은행의 ATM(automatic teller machine: 현금자동입출금기)은 고객이 선택할 수 있는 서비스 경로가 매우 제한된 서비스시스템이다. ATM은 제한된 서비스만을 제공하며 고객에게 재량권을 거의 주지 않는다. ATM에 의해 요구가 충족되지 않는 고객은 전화나 직접 방문과 같은 다른 수단을 통해 은행과 상호작용을 해야 한다. 맥도날드에서의 식사와 기본 혈액검사는 공급자결정형 서비스의 또 다른 예이다. 공급자결정형 서비스는 제4상 프로세스 선택에서 살펴본 제조업의 조립라인과 비슷한 성격을 가지고 있다.

서비스 행렬은 서비스 유형의 분류뿐만 아니라 서비스에 따라 생산관리의 과업이 어떻게 달라지는가도 보여준다. 예를 들면, 공급자결정형 서비스의 생산관리에서는 자동화와 자본투자에 대해 관심을 기울여야 하고, 반면에 고객결정형 서비스에서는 인적자원의 관리와 유연한 기술 문제에 더 관심을 기울여야 한다.

제4장에서 살펴본 제품-프로세스 행렬에서와 마찬가지로 대부분의 서비스기업은 요구되는 서비스와 서비스 프로세스가 서로 부합되는 서비스 행렬의 대각선상에 위치한다. 서비스를 제공할 목표 고객의 선택(수평축)과 서비스 프로세스의 설계에 관한 의사결정(수직축) 양쪽 모두는 전략적인 성격을 가지고 있다. 따라서 기업 내의 마케팅, 생산, 인사 등 여러 기능 간의 긴밀한 협조를 통해 외부의 기회와 내부의 능력을 잘 고려하여 전략적으로 계획을 수립해야 한다.

본절의 서비스 행렬과 제4장에서 살펴본 제품-프로세스 행렬의 주된 차이점은 일반적으로 서비스 프로세스의 설계는 고객의 수에 따라 변하지 않는다는 것이다. 제품-프로세스 행렬에서는 제품의 수량과 고객화가 적합한 프로세스를 결정하는 주요 요인이었다. 반면에 서비스는 소량으로 생산되든 대량으로 생산되든 수량에 관계없이 보통 같은 프로세스를 사용하여 전달된다. 예를 들면, 의료서비스는 1,000병상의 큰 병원이나 200병상의 작은 병원이나 규모에 관계없이 동일한 프로세스를 사용한다. 마찬가지로 패스트푸드점에서는 고객의 수나 주문의 크기와 관계없이 고객을 동일한 방법으로 처리한다. 그리고 서비스의 양을 증가시키기 위해서는 더 많은 곳에 점포를 개설한다. 그렇지만 서비스 프로세스는 동일하다. 이와 같이 서비스의 경우에는 수량보다는 고객화의 정도가 서비스 프로세스의 설계와 서비스의 전달 방법에 영향을 미치는 주요 요인이 된다.

서비스 프로세스의 설계에 있어서 또 하나의 중요한 고려 요인은 고객에 의한 **셀프서비스**(self-service)이다. 고객은 셀프서비스 주유소에서 스스로 주유를 하는 것과 같이 서비스 프로세스의 중요한 단계에서 노동력을 제공할 수 있다. 셀프서비스는 서비스 프로세스에서 고객이 무료로 노동력을 제공하기 때문에 서비스기업에 이득이 된다. 또한 셀프서비스를 도입하면 서비스의 가격을 낮출 수 있기 때문에 고객에게도 이득이 된다. 셀프서비스가 서비스 설계의 성공적인 구성요소가 되려면 서비스 프로세스를 단순성과 고객만족의 측면에서 세심하게 설계해야 한다. 셀프서비스는 표준화된 단순한 서비스에서부터 고도로 고객화된 서비스에 이르기까지 어떤 유형의 서비스에 대해서도 가능하다. 생산관리의 중요한 과제는 고객이 서비스를 수행할 의사와 능력을 갖도록 셀프서비스를 잘 설계하는 것이다.

6 고객접촉

서비스 프로세스의 설계는 **고객접촉**(customer contact)의 정도와 밀접히 관련되어 있다. 여기서는 고객접촉의 개념을 통해 고객과 서비스시스템 간의 상호작용을 살펴보기로 한다. 고객접촉의 정도인 **고객접촉도**(degree of customer contact)란 서비스의 생산시간 중 고객이 서비스시스템 내에 머무는 시간의 비율을 말한다. 따라서 고객접촉도는 다음의 식과 같이 서비스를 생산하는 데 걸리는 총시간 중에서 고객이 서비스시스템 내에 머무는 시간의 비율로 측정된다.

$$\text{고객접촉도(\%)} = \frac{\text{고객이 서비스시스템 내에 머무는 시간}}{\text{서비스 생산에 소요되는 총시간}} \times 100\%$$

일반적으로 고객접촉도가 높을수록 서비스시스템과 고객 간의 상호작용은 더 커지며, 이에 따라 불확실성도 커지게 된다. 불확실성은 서비스 프로세스의 변동성을 가져오며, 변동성은 생산능력계획을 어렵게 하고 대기라인을 초래하여 효율성을 떨어뜨린다. 따라서 다음의 식과 같이 일반적으로 고객접촉도가 높을수록 비효율성은 커지며, 매우 효율적인 시스템은 고객의 주문이 고객과 떨어져서 처리될 수 있는 고객접촉이 없는 시스템이다.

$$\text{비효율성}\uparrow = f(\text{고객접촉도}\uparrow)$$

낮은 접촉의 서비스시스템에서는 서비스 프로세스로부터 고객을 분리하거나 제거할 수 있다. 고객을 서비스 프로세스로부터 분리하면 서비스 프로세스를 더 표준화할 수 있고 따라서 효율성을 더 높일 수 있다. 낮은 접촉 시스템의 예로는 통신판매와 은행의 ATM 거래를 들 수 있다. 앞 절에서 살펴본 대로 이들 서비스는 보통 공급자결정형 접근법을 이용하여 설계된다.

다른 극단인 높은 접촉의 서비스시스템에서는 서비스의 생산 중에 고객이 시스템 내에 존재한다. 높은 접촉 시스템의 예로는 치과병원, 이 · 미용실, 컨설팅 등을 들 수 있다. 이들 시스템에서는 고객이 서비스 프로세스에 불확실성을 가져오고, 그 결과 효율성이 감소한다. 예를 들면, 고객은 서비스 공급자에게 고객화된 서비스(즉, 맞춤형 서비스)를 요구하고, 그 결과 서비스의 처리시간이 더 길어지게 된다. 이 경우 서비스 프로세스의 설계는 일반적으로 고객결정형으로 이루어진다.

중간 정도의 접촉 시스템에서는 고객은 전화나 제한된 대면접촉과 같은 상당히 한정된 방법으로만 서비스시스템과 상호작용을 할 수 있다. 이 경우 서비스 프로세스의 설계는 일반적으로 공동결정형으로 이루어진다.

서비스 생산의 효율성을 높이기 위해서는 높은 접촉의 서비스와 낮은 접촉의 서비스를 분리해야 한다. 이러한 분리는 보통 프런트 오피스와 백 오피스에 의해 이루어진다. 프런트 오피스에서는 고객과의 집중적인 상호작용이 요구되는 높은 접촉의 서비스가 이루어진다. 반면에 백 오피스에서는 전통적인 공장과 같이 낮은 접촉의 서비스가 이루어진다. 맥도날드의 경우 고객접촉도는 70% 정도이다. 대부분의 고객 주문 처리는 프런트 카운터(front counter)에서 이루어진다. 하지만 대부분의 음식은 고객과 떨어진 백 오피스에서 준비된다. 이와 같이 맥도날드는 높은 접촉과 낮은 접촉을 프런트 카운터와 백 오피스로 나누어 배치함으로써 효율성을 높일 뿐만 아니라 고객의 대기시간도 줄이고 있다.

낮은 접촉의 서비스와 높은 접촉의 서비스의 대표적인 특징을 살펴보면 다음과 같다.

- 낮은 접촉의 서비스는 예컨대 선적업무나 은행의 수표처리와 같이 대면접촉이 요구되지 않을 때 사용된다.
- 낮은 접촉의 서비스는 기술적 능력을 갖춘 종업원, 효율적인 처리 과정, 그리고 서비스와 서비스 프로세스의 표준화를 요구한다. 반면에 높은 접촉의 서비스는 대인관계 능력이 좋은 종업원, 즉 인간적이고, 유연하고, 고객지향적인 종업원을 요구한다.
- 낮은 접촉의 서비스 활동은 평균 수요에 근거하여 운영될 수 있으며, 수요를 평준화할 수 있다. 반면에 높은 접촉의 서비스 제공자는 수요가 일어나는 즉시 반응해야 하며, 피크 수요도 수용할 수 있어야 한다.
- 일반적으로 높은 접촉의 서비스는 가격이 높고, 서비스의 가변성 때문에 보다 고객화되어 있다. 반면에 낮은 접촉의 서비스는 가격이 낮고, 보다 표준화되어 있다.

일반적으로 높은 접촉은 효율성을 감소시키기 때문에 원가가 많이 든다. 하지만 높은 접촉이 항상 나쁘기만 한 것은 아니다. 판매 기회의 측면에서 볼 때는 고객접촉도가 높을수록 판매 기회는 증대되어 매출액을 높일 수 있다. 예를 들면, 컨설팅기업은 고객과의 접촉은 높지만 고객과의 상호작용이 추가 컨설팅 기회를 제공하기 때문에 매출액을 높일 수 있다.

생산관리자는 고객접촉에 관심을 가져야 한다. 왜냐하면 높은 고객접촉은 고객에 의한 불확실성을 도입할 수 있으며, 이에 따라 서비스 프로세스에 변동성을 가져올 수 있기 때문이다. 서비스기업은 고객에 의한 불확실성을 가능한 효율적으로 관리해야 한다. 왜냐하면 고객에 의한 불확실성을 수용하면서 서비스를 전달하는 데는 많은 비용이 들기 때문이다. 따라서 서비스기업은 불확실성을 감소시킬 수 있는 수단이나 또는 낮은 비용으로 불확실성을 수용할 수 있는 수단을 찾아야 한다.

고객접촉은 서비스 프로세스 설계의 중요한 요소이다. 하지만 고객접촉도가 높더라도 고객과의 상호접촉이 표준화되어 있고 고객이 야기하는 불확실성을 높이 통제할 수 있는 경우나 또는 고객이 셀프서비스를 제공하는 경우에는 효율성은 여전히 가능하다. 예를 들면, 맥도날드와 같은 패스트푸드점은 고객과의 상호접촉을 표준화하고, 고급 레스토랑과는 달리 고객 요구의 불확실성을 높이 통제하기 때문에 효율성이 높은 것이다. 또한 주유소나 카페테리아에서의 셀프서비스와 같이 고객으로 하여금 서비스 생산의 전부 내지는 일부를 수행하게 함으로써 효율성을 높일 수도 있다. 따라서 높은 고객접촉은 그 자체가 항상 비효율을 가져오는 것이 아니라 고객이 불확실성을 도입하거나 셀프서비스를 제공하지 않을 때 비효율을 가져온다.

7 서비스 복구 및 서비스 보증

서비스 복구(service recovery)는 서비스관리의 또 하나의 중요한 요소이다. 서비스 복구란 서비스 실패(service failure)가 일어났을 때, 즉 서비스의 전달 중에 무언가 잘못되었을 때, 실패에 대해 보상을 하고 고객이 요청한 원래의 서비스로 회복시켜 주는 것을 말한다. 예를 들면, 정전사고로 전기가 들어오지 않을 때 서비스 복구란 전력회사가 전기가 다시 들어오게 복구시켜 주는 것을 말한다. 또 레스토랑의 경우,

웨이터가 고객의 옷에 국물을 엎질렀을 때 얼른 수건으로 닦아내고 정중히 사과하며 세탁비용을 부담해 주는 것을 서비스 복구라고 할 수 있다. 서비스 복구가 신속하고 적절하게 이루어지면, 고객은 서비스 실패와 서비스 복구를 받아들이고 전반적으로는 서비스에 만족하기도 한다. 중요한 점은 고객의 관점에서 서비스 복구가 신속하고 적절해야 한다는 것이다. 서비스 실패는 불가피한 경우가 많기 때문에 서비스기업은 서비스 복구가 일관되게 이루어질 수 있도록 서비스 복구 절차를 반드시 설계해야 한다.

많은 기업들은 제공하는 서비스를 명확히 정의하고, 서비스 복구를 확고히 하기 위해 **서비스 보증**(service guarantee)을 제공한다. 서비스 보증은 어떤 서비스가 제공될 것인가의 약속과 이 약속이 지켜지지 않았을 때 어떤 조치(환불 등)를 해 줄 것인가의 두 가지 요소로 구성된다. 서비스 보증은 고객이 서비스를 좋아하지 않아도 반품할 수 없다는 점만 제외하고는 제품 보증과 같다. 여기서 서비스를 반품할 수 없다는 의미는, 예컨대 이발한 머리 모양이 마음에 들지 않더라도 머리털이 다시 자랄 때까지는 그대로 지낼 수밖에 없는 것과 같다.

페더럴 익스프레스(Federal Express)는 미국 내 배송의 경우 "당신의 소포가 약속한 시간(예를 들면, 다음날 오전 10시)까지 배달되지 않으면 환불을 해준다."고 정확하게 서비스 보증을 제공한다. 이러한 서비스 보증은 배송부서가 배송 시 무엇을 달성해야 하는지와 서비스 실패가 일어났을 때 무슨 일이 벌어지는지를 정확하게 정의한다. 기업에 따라서는 다소 덜 정확한 서비스 보증을 제공하기도 한다. 예를 들면, 호텔은 고객이 만족하지 않으면 하루 무료 숙박권을 제공하기도 하고, 레스토랑은 음식이 만족스럽지 못하면 무료 디저트나 무료 식사를 제공하기도 한다. 이러한 서비스 보증은 페더럴 익스프레스의 보증만큼 정확하지는 않지만 서비스 구매 시 고객의 위험을 감소시키고, 서비스기업에게는 서비스 보증을 받는 고객으로부터의 피드백을 통해 서비스를 향상시킬 수 있는 기회를 제공한다.

서비스 보증은 광고용이나 혹은 단순히 불만족한 고객에게 환불을 해주는 방편이 되어서는 안 된다. 서비스 보증은 서비스 제공자가 약속한 대로 실제 서비스를 제공하겠다는 보증이어야 한다. 그리고 만약 어떤 고객이 제공된 서비스에 만족하지 못해 서비스 보증에 따라 환불을 요청하면, 서비스기업은 이 요청을 고객이 서비스로부터 무엇을 기대하는지와 고객의 기대에 맞추기 위해서는 서비스 프로세스가 어떻게 설계되어야 하는지를 파악하기 위한 피드백으로 활용할 수 있다.

서비스 보증은 고객과 서비스기업 양쪽 모두에게 이득이 된다. 고객의 경우, 서비스 보증은 서비스 구매에서 위험을 줄인다. 고객은 구매하는 서비스의 내용이 무엇인지, 어떤 경우가 서비스 실패에 해당하는지, 서비스 실패는 어떻게 복구되는지, 그리고 어떻게 보상을 받는지를 정확히 알 수 있다. 서비스 보증은 서비스기업에게 서비스에서 무엇을 달성해야 하는지를 명확히 해준다. 이렇게 하면 서비스 프로세스의 설계를 향상시킬 수 있고, 서비스 실패 시 요구되는 서비스 복구의 범위를 명시할 수 있으며, 종업원들에게 서비스 품질을 높이도록 동기부여를 할 수 있다. 서비스 보증은 고객만족을 높인다. 고객만족이 높아지면 고객은 서비스를 재구매하며, 다른 사람들에게 그 서비스를 구매하도록 추천한다.

8 종업원과 서비스

서비스의 수익성은 고객과 종업원에게 달려 있다. 따라서 서비스관리자는 고객만족과 서비스를 전달하는 일선 종업원의 관리에 중점을 두어야 한다. **서비스-이익 사슬**(service-profit chain)에 의하면, 이 두 가지가 개선되면 이익이 향상된다고 한다.

[그림 5-5]의 서비스-이익 사슬은 **고객충성도**가 수익(매출액) 증대와 수익성 제고에 핵심임을 보여주고 있다. 고객충성도는 고객만족으로부터 나온다. 즉, 고객충성도가 높아지려면 고객이 만족해야 한다. 만족한 고객은 비즈니스를 반복하는 것은 물론이고 다른 사람들에게 입소문을 낸다. 여기서 중요한 것은 단순한 고객만족이 아니라 고객이 입소문을 낼 정도로 서비스가 탁월해야 한다는 것이다. 매우 만족한 고객은 높은 충성도를 통해 단순히 만족한 고객보다 훨씬 더 이익 창출에 기여한다.

서비스-이익 사슬에서 보면 고객만족을 이끌어내는 것은 **외부 서비스 가치**이다. 외부 서비스 가치란 고객이 받는 편익에서 서비스를 얻는 데 소요되는 비용을 뺀 것이다. 여기서 서비스를 얻기 위한 비용에는 서비스의 가격뿐만 아니라 서비스를 찾는 데 소요되는 비용, 서비스 입지까지의 교통비, 서비스 대기비용 및 서비스문제의 교정비용까지 포함된다.

서비스-이익 사슬의 종업원 측면을 살펴보자. 외부 서비스 가치는 **종업원 생산성**과

그림 5-5 서비스-이익 사슬

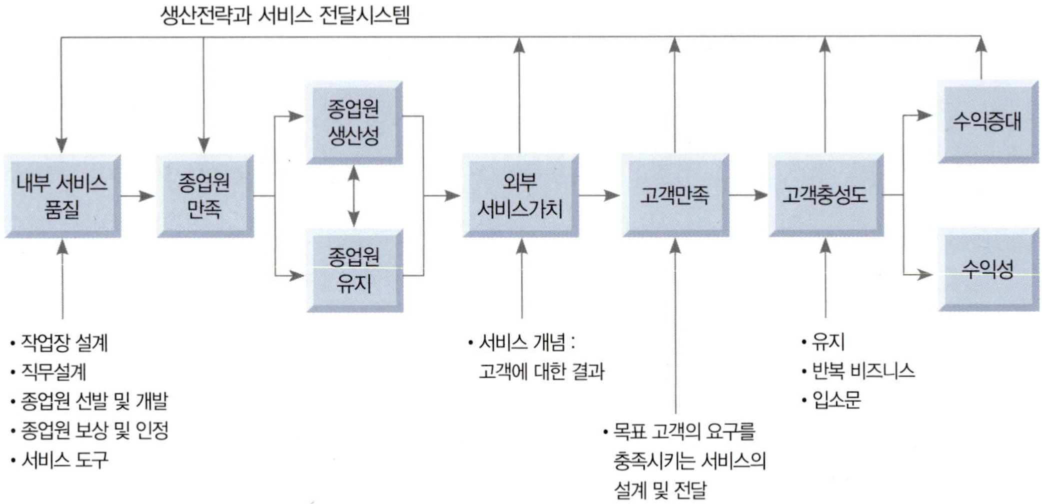

출처: Heskett et al.(1994), p. 166.

종업원 유지(이직 방지)에 달려 있다. 고객에게 가치를 전달하기 위해서는 생산적인 종업원이 필수적이다. 생산적인 종업원은 경영자의 지원과 적절한 기술 및 시스템의 지원을 받으면 생산원가를 낮추고 고객만족을 높인다.[1] 종업원 유지 및 낮은 이직률은 종업원의 생산성과 외부 서비스 가치를 높인다. 전통적으로 종업원의 이직에 따른 비용으로 채용 및 훈련비용만 고려하지만, 현실적으로 종업원의 이직에 따른 가장 큰 비용은 잃어버리는 생산성과 고객만족의 감소로 인한 비용이다.

서비스-이익 사슬에서 종업원 생산성과 종업원 유지는 **종업원 만족**에 달려 있다. 종업원 만족과 이직률에 관한 연구에 의하면 불만족한 종업원은 30%가 이직을 고려하며 만족한 종업원에 비해 이직률이 3배나 높다고 한다. 종업원 만족은 **내부 서비스 품질**의 결과이다. 내부 서비스 품질에는 종업원 선발 및 개발, 작업장 설계, 직무 설계, 보상시스템 및 서비스 종업원을 지원하는 기술이 포함된다.

1) 예를 들면, 미국의 사우스웨스트 항공사(Southwest Airlines)는 항공산업에서 가장 생산적인 종업원을 가지고 있다. 짧은 항공노선, 신속한 재운항 및 생산적인 종업원으로 인해 사우스웨스트 항공사는 경쟁사에 비해 항공기와 조종사의 가동률이 40%나 더 높다. 사우스웨스트 항공사에서는 많은 항공편, 정시 서비스, 친절한 종업원 및 저렴한 요금으로 인해 고객이 느끼는 가치가 매우 높다.

서비스-이익 사슬을 보면 서비스업에서는 종업원이 중심적인 역할을 함을 알 수 있다. 이 점이 서비스업과 제조업의 차이점이다. 제조업의 종업원은 고객과 직접 접촉할 일이 거의 없으며, 제품을 통해 간접적으로 고객만족에 영향을 미친다. 하지만 서비스업의 경우에는 종업원의 사기, 태도, 만족도 등이 고객만족과 고객충성도에 직접적으로 즉시 영향을 미친다.

9 서비스 설계의 세 가지 접근법

본 절에서는 서비스 설계에 대한 세 가지 대조적인 접근법으로서 맥도날드에서 시작된 생산라인 접근법(production-line approach), 은행의 ATM이나 주유소의 자가 주유와 같은 셀프서비스 접근법(self-service approach), 그리고 미국 노드스트롬 백화점(Nordstrom Department Stores)과 리츠칼튼 호텔(Ritz-Carlton Hotel Company)의 개인적 배려 접근법(personal-attention approach)을 소개한다.

(1) 생산라인 접근법

서비스 설계의 **생산라인 접근법**은 서비스를 표준화하고 서비스 프로세스를 제조 프로세스와 같이 생각함으로써 서비스를 보다 효율적으로 신속하게 전달하는 접근법이며 맥도날드에 의해 처음으로 개발되었다. 이 접근법에서는 서비스는 표준화되어야 하며, 서비스 설비는 실수나 표준으로부터의 편차를 최소화하도록 설계되어야 한다. 서비스 전달은 원가를 낮추도록 가능한 자동화된다. 전형적으로 서비스는 낮은 고객화의 공급자결정형이다.

맥도날드는 패스트푸드의 제공을 서비스 프로세스라기보다는 제조 프로세스와 같이 취급하며, 제조와 마찬가지로 효율적인 생산을 지향한다. 맥도날드는 깨끗하고, 잘 정돈되어 있고, 친절한 분위기에서 균일하고 높은 품질의 패스트푸드를 신속하게 전달한다. 기술을 세심하게 계획하여 이용하고, 체계적으로 사람을 장비로 대체함으로써 맥도날드는 패스트푸드 산업에서 경쟁우위를 점하고 있다. 예를 들면, 조리에 타이밍 장치를 사용하고, 프렌치프라이는 한 번에 미리 정해진 최적량만 튀겨

내며, 주문량에 꼭 맞게 정확한 양의 프렌치프라이를 집을 수 있도록 주둥이가 넓은 특수한 부삽을 개발하여 쓰고 있다. 식품재료, 조리 기술 및 서빙 또한 일관성을 유지하도록 세심하게 규정된다. 레스토랑을 청소하는 절차까지도 상세히 규정되어 있다. 이 모든 것은 전 세계에 걸쳐 서비스를 표준화하고 서비스 품질의 일관성을 유지함과 동시에 통제되고 효율적인 방법으로 서비스를 전달하기 위한 것이다.

(2) 셀프서비스 접근법

서비스 설계의 **셀프서비스 접근법**은 서비스의 생산에 고객이 보다 큰 역할을 담당하게 함으로써 서비스 프로세스를 향상시키는 접근법이다. 예를 들면, 기업의 웹사이트, 은행의 ATM, 셀프서비스 주유소, 샐러드 바, e-티켓 등은 고객에게 서비스 생산의 일부 또는 전부를 맡기는 접근법이다. 대다수의 고객은 자기 스스로 서비스를 통제할 수 있기 때문에 셀프서비스를 좋아한다. 또한 셀프서비스는 가격, 속도 및 편리함의 측면에서 고객에게 이롭기 때문에 서비스기업은 셀프서비스 접근법을 판매촉진의 한 수단으로 사용하기도 한다.

(3) 개인적 배려 접근법

서비스 설계의 **개인적 배려 접근법**은 고객에게 최상의 개별적인 서비스를 제공하는 접근법이다. 이 접근법은 미국의 노드스트롬 백화점과 리츠칼튼 호텔에서 사용되고 있다. 노드스트롬 백화점은 판매사원과 고객 간의 관계의 개발에 초점을 둔 개인적 배려 접근법을 쓰고 있다. 리츠칼튼 호텔은 고객의 기호를 수집하여 고객이력정보시스템에 입력하고, 종업원들이 이러한 고객 자료를 서비스에 활용하는 접근법을 쓰고 있다.

미국 시애틀에 본사를 두고 있는 노드스트롬 백화점(주로 의류 판매)은 최고의 고객서비스로 유명하다. 최고의 고객만족 경영으로 노드스트롬의 매장 면적당 매출액은 다른 백화점의 약 두 배나 된다. 그 비결은 고객과 판매사원을 중시하는 노드스트롬의 경영철학과 정책에 있다. 노드스트롬은 고객에 대한 서비스를 제공함에 있어서 일선 판매사원에게 공식적으로 많은 재량권을 부여하고 있다. 노드스트롬은 직원들에게 구체적인 지침을 내리지 않고 직원 스스로 상황에 따라 가장 최선의 선택과 판단을 하도록 하고 있다. 예를 들면, 모든 판매사원은 고객에 대한 많은 정보를 기록하는 개인수첩을 소지하고 있으며, 고객에게 카드나 꽃 그리고 감사의 편지를 보내는 데 비용을 제한 없이 쓸 수 있다. 또한 노드스트롬은 고객에게 절대로 '노(No)'라고 이야기하지 않는 것으로 유명하다. 노드스트롬은 가장 관대한 환불정책을 쓰고 있다. 고객으로부터 어떤 것이든 반품 요청이 들어오면 묻지 않고 환불해준다. 즉, 고객을 믿는 것이다. 노드스트롬은 동종 업종 내에서 가장 높은 임금수준을 유지하고, 직원들에게 고객과의 관계 형성을 위한 충분한 권한을 줌으로써 뛰어난 고객서비스를 만들어내고 있다.

리츠칼튼은 전 세계적으로 많은 호텔과 리조트를 가진 고급 호텔 체인으로서 주 고객은 기업 임원 및 고급 여행자들이다. 리츠칼튼은 우수한 고객서비스와 뛰어난 고객만족으로 미국의 국가품질상인 말콤 볼드리지 상을 두 번씩이나 받은 유일한 호텔기업이다. 리츠칼튼은 고객에게 매우 높은 수준의 개별적 서비스를 제공한다. 그 비결은 고객이력정보시스템(The Ritz-Carlton Repeat Guest History Program)에 있다. 고객이 호텔에 묵을 때마다 종업원은 수집한 고객의 기호나 불만사항을 고객이력정보시스템에 입력한다. 이렇게 해서 이 시스템에는 수많은 단골 고객의 기호에 관한 정보가 담겨 있다. 고객이 다시 호텔을 찾을 때 담당 종업원에게 정보시스템에서 그 고객에 관한 정보를 제공한다. 그러면 그 정보에 따라 종업원은 고객에게 개별적인 맞춤 서비스(예를 들면, 좋아하는 베개 스타일, 생수 등)를 제공한다.[2] 이와 같은 고객에 대한 세심한 배려 때문에 리츠칼튼을 단골 호텔로 삼는 사람들이 많다.

---

2) 미국 출장에 나선 어떤 고객이 샌프란시스코의 리츠칼튼 호텔에 묵게 되었다. 푹신한 베개가 싫어 프런트에 전화를 해 딱딱한 베개를 갖다달라고 요구하였다. 그 고객이 용무를 마치고 다음 목적지인 뉴욕으로 이동해 그곳 리츠칼튼 호텔에 투숙하면, 그 고객의 침대 위에는 딱딱한 베개가 놓여 있을 것이다. 샌프란시스코의 종업원이 그 고객이 좋아하는 베개를 고객이력정보시스템에 입력해 놓았기 때문이다.

요약

- 서비스의 가장 큰 특징은 생산과 소비의 동시성이다. 이 때문에 서비스는 재고로 저장될 수 없으며, 서비스 공급자는 원거리에서도 제공될 수 있는 서비스를 제외하고는 고객 근처에 입지해야 한다. 고객은 서비스의 생산 중 서비스 프로세스의 일부가 되며, 비효율성을 야기하기도 하지만 동시에 판매 기회를 높인다.
- 서비스 삼각형은 고객, 종업원, 서비스전략 및 지원시스템 간의 상호작용을 보여주는 서비스의 분석 틀이다. 이들 네 가지 요소는 서비스 프로세스의 설계에 있어서 생산관리자가 초점을 두어야 하는 중요한 사항이다.
- 서비스 사이클은 서비스의 전달에 있어서 고객과 서비스 제공자 간의 중요한 접촉점들을 나타낸다. 서비스 사이클의 각 접촉점에서 인식된 서비스의 누적된 결과에 의해 전체적인 서비스의 질에 대한 고객의 인지가 결정되므로 각 접촉점에서 고객이 좋은 서비스 경험을 갖도록 하는 것이 서비스관리의 핵심이다.
- 서비스전략에서는 제공할 서비스의 종류와 유형 그리고 경쟁우위의 성취방안이 제시되어야 한다. 또한 서비스전략은 기업의 글로벌화에 따라 국제적인 관점에서도 고려되어야 한다.
- 서비스 상품은 서비스와 재화의 묶음, 즉 서비스-제품 꾸러미로 제공된다. 서비스-제품 꾸러미는 명시적 서비스, 내재적 서비스, 촉진재화의 세 가지 요소로 구성된다. 따라서 서비스 상품은 고객의 요구를 충족시킬 수 있도록 이들 세 가지 요소의 적절한 믹스로 제공되어야 하며, 특히 내재적 서비스를 간과해서는 안 된다.
- 서비스 행렬은 고객의 요구와 필요 그리고 서비스 프로세스 설계의 양 차원을 대비시켜 보는 방법이다. 서비스 행렬의 양 차원을 조합해 보면 서비스는 고객결정형 서비스, 공동결정형 서비스, 공급자결정형 서비스의 세 가지 유형으로 구분될 수 있다. 이러한 서비스의 유형에 따라 서비스 생산관리의 과업이 달라진다.
- 서비스 전달 중 고객과의 접촉은 제공되는 서비스와 서비스 프로세스의 설계에 따라 높을 수도 있고 낮을 수도 있다. 일반적으로 높은 접촉의 서비스는 프런트 오피스에서 수행되고, 낮은 접촉의 서비스는 고객과 떨어진 백 오피스에서 수행된다. 고객에 의해 도입되는 불확실성의 정도는 서비스시스템의 효율성에 영향을 미친다.
- 서비스가 약속한 대로 전달되지 않으면, 기업은 신속하고 적절한 서비스 복구를 제공해야 한다. 고객은 서비스 보증에 의해 기업이 약속한 사항과 서비스 전달에서 잘못된 사항을 확실하게 알 수 있다. 또한 서비스 보증은 서비스 생산부서가 제공해야 할 서비스를 분명하게 규정한다.
- 서비스-이익 사슬은 서비스기업의 종업원으로부터 시작하여 고객만족과 고객충성도에 이르기까지 여러 요인들이 어떻게 매출액 및 이익 증대와 연결되는지를 보여준다. 매

출액과 이익의 증대는 고객충성도에 달려 있으며, 고객충성도는 고객만족으로부터 나온다. 고객만족은 외부 서비스 가치에 달려 있으며, 외부 서비스 가치는 종업원 생산성과 종업원 유지로부터 나온다. 종업원 생산성과 종업원 유지는 종업원 만족에 달려 있다. 종업원 만족은 내부 서비스 품질의 결과이며, 내부 서비스 품질은 종업원 선발 및 개발, 작업장 설계, 직무설계, 보상시스템 및 지원 기술에 달려 있다.

- 서비스 설계의 세 가지 대조적인 접근법은 생산라인 접근법, 셀프서비스 접근법 및 개인적 배려 접근법이다. 생산라인 접근법은 서비스를 표준화하고 서비스 프로세스를 제조 프로세스와 같이 생각함으로써 서비스를 보다 효율적으로 신속하게 전달하는 접근법이다. 셀프서비스 접근법은 서비스의 생산에 고객이 보다 큰 역할을 담당하게 함으로써 서비스 프로세스를 향상시키는 접근법이다. 개인적 배려 접근법은 고객에게 최상의 개별적인 서비스를 제공하는 접근법이다.

토론 문제

01 다음 은행 업무의 고객접촉도는 높음, 중간, 낮음의 어디에 해당하는가? 또한 고객에 의해 도입되는 불확실성은 높음, 중간, 낮음의 어디에 해당하는가?

① 수표 교환 · 청산 업무
② 창구 업무
③ 투자 상담 업무

02 다음 서비스기관의 서비스 삼각형의 네 가지 요소를 정의하고, 이들 요소 간의 연결선을 해석해 보아라.

① 병원
② 지하철공사
③ 대형 할인점
④ 대학

03 우리나라 유명 서비스기업들의 우선경쟁역량을 들어 보아라.

04 〈표 5-2〉에 제시된 세계적인 서비스기업들의 비즈니스 특성을 인터넷에서 검색해 보아라.

05 다음 서비스의 서비스-제품 꾸러미를 정의해 보아라.

① 병원
② 스키장
③ 화물운송회사

06 다음 은행 지점 업무는 일반적으로 서비스 행렬에서 정의되는 고객결정형 서비스, 공동결정형 서비스, 공급자결정형 서비스 중 어디에 해당하는가?

① ATM 서비스

② 창구 업무 서비스

③ 투자 상담 서비스

07 서비스 행렬에서는 서비스의 유형을 공급자결정형 서비스, 공동결정형 서비스, 고객결정형 서비스의 세 가지로 분류한다. 이 세 가지 분류를 이용하면 종합병원이 제공하는 여러 건강진단 프로그램들을 어떤 유형들로 설계할 수 있겠는가?

08 고객접촉모형을 비판해 보아라. 이 모형의 장점과 단점은 무엇인가?

09 병원의 경우 높은 접촉의 서비스와 낮은 접촉의 서비스를 어떻게 분리하는가?

10 일반적으로 고객접촉도가 높으면 서비스 생산의 효율성은 떨어진다고 한다. 고객접촉도가 높은 경우에 서비스 생산의 효율성을 높이려면 어떻게 해야 하겠는가?

11 KTX의 경우 어떻게 서비스 보증을 해야 하겠는가?

12 왜 서비스-이익 사슬은 서비스기업의 생산관리자에게 중요한가?

13 왜 서비스업에서는 종업원관리가 제조업에 비해 더 중요한가?

14 패스트푸드 외에 서비스 설계의 생산라인 접근법의 예를 들어 보아라.

참/고 문/헌

Albrecht, Karl and Ron Zemke, *Service America*, Dow Jones-Irwin, Home-wood, Ill., 1985.

Chase, Richard B. and David A. Tansik, "The Customer Contact Model for Organization Design," *Management Science*, vol. 29, no. 9, September 1983, pp. 1037-1050.

Chase, Richard B., Nicolas J. Aquilano, and F. Robert Jacobs, *Operations Management for Competitive Advantage with Global Cases*, 11th ed., McGraw-Hill/Irwin, New York, 2006.

Collier, David A. and Susan M. Meyer, "A Service Positioning Matrix," *International Journal of Operations and Production Management*, vol. 18, no. 12, 1998, pp. 1223-1244.

Fitzsimmons, J. A. and M. J. Fitzsimmons, *Service Management: Operations, Strategy, Information Technology*, 8th ed., McGraw-Hill, New York, 2013.

Hart, Christopher W. L., "The Power of Unconditional Service Guarantees," *Harvard Business Review*, July-August 1988, pp. 54-62.

Hays, Julie M. and Arthur V. Hill, "Service Guarantee Strength: The Key to Service Quality," *Journal of Operations Management*, vol. 24, no. 6, 2006, pp. 753-764.

Heskett, James L., Thomas O. Jones, Gary W. Loveman, W. Earl Sasser, Jr., and Leonard A. Schlesinger, "Putting the Service-Profit Chain to Work," *Harvard Business Review*, March-April 1994.

Jacobs, F. Robert and Richard B. Chase, *Operations and Supply Chain Management*, 15th ed., McGraw-Hill, New York, 2017.

Levitt, Theodore, "Production Line Approach to Service," *Harvard Business Review*, September-October 1972, pp. 41-52.

Schroeder, Roger G., Susan Meyer Goldstein, and M. Johnny Rungtusanatham, *Operations Management in the Supply Chain*, 6th ed., McGraw-Hill, New York, 2013.

제6장

프로세스 흐름 분석 및 설비배치

1. 프로세스 흐름 분석
2. 설비배치의 유형
3. 서비스시스템의 설비배치
• 요 약
• 토론문제
• 참고문헌
[보론] 설비배치 기법

프로세스 선택을 통해 사용할 프로세스의 유형이 결정되면 이에 알맞도록 프로세스 흐름을 설계하고 설비를 배치해야 한다. 본장은 프로세스 흐름의 설계와 개선을 위한 프로세스 흐름 분석(process-flow analysis)과 설비의 배열을 위한 설비배치(facility layout)를 다룬다.

프로세스 흐름 분석이란 제품이나 서비스의 더 나은 생산방법이나 절차를 발견하기 위해 투입물을 산출물로 변환시키는 변환 프로세스를 연구하고 분석하는 것이다. 프로세스 흐름 분석에서는 먼저 연구 대상이 되는 변환 프로세스를 시각적 그림으로 나타낸 다음, 체계적인 질문을 통해 개선을 꾀한다.

한편 **설비배치**란 프로세스의 유형과 흐름에 맞도록 제조 또는 서비스 시설 내에서 설비의 배열과 부서(또는 작업장)의 위치를 결정하는 것이다. 설비배치에는 전체 가용 공간, 프로세스 유형 및 프로세스 기술, 작업 흐름, 작업 특성, 기계설비의 구조, 작업자의 수, 활동 공간, 저장 장소, 통로 등 여러 가지 요소가 종합적으로 고려되어야 한다. 설비배치가 잘 이루어지면 자재의 흐름이 원활해지고, 재고를 줄일 수 있으며, 일정계획이 좋아지고, 공간 이용의 효율성이 높아지며, 자재취급비용을 줄일 수 있다.

본장에서는 먼저 프로세스 흐름 분석을 간단히 살펴본 다음, 설비배치의 여러 가지 유형을 소개하고, 서비스시스템의 설비배치를 살펴본다. 다만, 설비배치의 구체적인 기법은 보론에 편제하였다.

1 프로세스 흐름 분석

프로세스 흐름 분석에서는 변환 프로세스를 시각적 그림으로 나타낸다. 이런 시각적 그림은 여러 가지 이름으로 불린다. 제조 활동에서는 흐름공정도(flow-process chart) 그리고 서비스 생산에서는 서비스 청사진(service blueprint)이라고 불린다. 이런 시각적 그림은 변환 프로세스 내에서 무엇이 일어나고 있는지를 기술하고 다음과 같은 요소들의 변화를 통해 변환 프로세스를 개선하는 데 매우 유용하다.

1. 원자재
2. 제품 또는 서비스의 설계
3. 직무설계
4. 사용되는 처리 단계나 활동
5. 경영통제정보
6. 장비 또는 도구
7. 공급자

변환 프로세스를 나타내는 시각적 그림을 포괄적인 용어로는 **흐름도**(flowchart)라고 한다. 예를 들어, 공급자를 선택하는 변환 프로세스를 흐름도로 나타내 보면 [그림 6-1]과 같다. 이 예에서 흐름도는 구매부서의 입장에서 작성되었으며, 의사결정점 및 흐름 순서와 함께 공급자 선택에 있어서의 여러 단계들을 보여주고 있다.

그림 6-1 공급자 선택 변환 프로세스의 흐름도

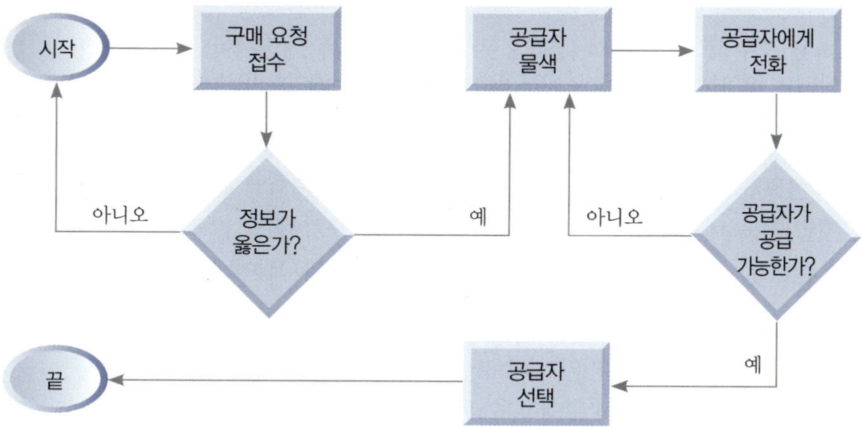

출처: Schroeder, Goldstein, and Rungtusanatham(2013), p. 114.

흐름도를 만들 때는 다음과 같은 몇 가지 원칙을 따라야 한다.

1. 연구 대상이 되는 변환 프로세스(또는 시스템)를 파악하고 선택한다.

연구 대상이 되는 변환 프로세스는 어떤 제품이나 서비스의 전체 공급사슬, 전체 기업 또는 기업의 일부가 될 수 있다. 연구 대상으로 선택된 변환 프로세스는 성과에 영향을 미치는 것이어야 한다.

2. 흐름도의 개발과 이후의 분석을 책임질 개인이나 팀을 결정한다.

흐름도의 개발을 담당할 개인이나 팀은 분석 대상 변환 프로세스를 잘 알고 있어야 할 뿐만 아니라 선택된 변환 프로세스에 대한 변화를 주도하고 실행할 권한도 가지고 있어야 한다. 선택된 변환 프로세스가 여러 기능에 걸쳐 있으면 교차기능 팀이 조직되어야 한다. 또한 선택된 변환 프로세스가 공급사슬에 걸쳐 있으면 기업 간 협력이 대단히 중요하다.

3. 변환 프로세스의 경계를 명시한다.

변환 프로세스의 경계는 선택된 변환 프로세스가 시작되고 끝나는 곳을 나타내고, 누가 변환 프로세스의 고객이고 공급자인가를 파악하며, 얼마나 많은 처리 단계나 활동들이 평가되어야 하는가를 결정한다. 경우에 따라서는 조직 내 다른 기능이나 다른 기업이 변환 프로세스의 고객이나 공급자가 될 수 있다. 예를 들면, 최고급 레스토랑의 경우 변환 프로세스가 식사 서비스라면 요리를 준비하는 주방이나 음료수를 준비하는 바(bar)가 변환 프로세스의 공급자가 될 것이다. 만약 전체 레스토랑이 연구의 대상이 되는 변환 프로세스라면 공급자는 식자재 및 음료를 공급하는 기업과 요리사를 훈련시키는 요리학교가 될 것이다.

4. 고객을 위한 산출물을 완성하는 데 필요한 생산단계나 활동을 파악하고 순서대로 배열한다.
   현재 실제 일어나고 있는 것을 흐름도로 작성한다. 현재 상태에 대한 흐름도가 만들어지면 변환 프로세스를 분석하여 개선된 흐름도를 작성해 본다. 그러면 개선이 실행되었을 때의 변환 프로세스를 알 수 있다.

5. 선택된 변환 프로세스 내의 생산단계와 활동의 성과 척도를 파악한다.
   이러한 척도들은 변환 프로세스의 전체적인 성과와 연계되어야 한다. 예를 들어, 만약 납품이 전체적인 성과라면 각 생산단계나 활동의 처리시간을 추적해 보아야 하고, 품질이 전체적인 성과라면 각 생산단계나 활동의 불량률을 추적해 보아야 한다.

6. 일관된 방법으로 기호를 정의하고 사용하면서 흐름도를 그린다.
   [그림 6-2]는 흐름도에 사용되는 공통의 기호를 보여주고 있다. 이들 기호들은 흐름도의 작성에 관한 국제표준화기구의 ISO 9000 표준에 따른 것이다.

프로세스 흐름 분석의 첫 단계인 변환 프로세스에 대한 흐름도가 작성되면, 개선의 목표를 정하고 변환 프로세스를 얼마나 개선할 수 있는지를 분석한다. 여기서 개선의 목표는 효율성 증대, 흐름시간의 단축, 품질향상 등이 될 수 있다.

흐름도와 연구 대상 변환 프로세스를 분석하기 위해서는 〈표 6-1〉 및 〈표 6-2〉와 같은 체계적인 질문을 한다. 이런 질문을 해보면 연구 대상 변환 프로세스에서 개선되어야 할 점들이 드러난다.

요컨대 프로세스 흐름 분석에서는 투입물을 산출물로 바꾸는 변환 프로세스를 잘 기술해야 한다. 이러한 기술은 자재, 정보 또는 서비스의 흐름을 보여주는 흐름도의 작성에 의해 이루어진다. 일단 흐름도가 작성되면, 절차, 과업, 장비, 원자재, 설비배치, 공급자, 경영통제시스템 등에서 개선해야 할 점들이 드러나도록 적절한 질문을 해야 한다.

그림 6-2 흐름도의 공통 기호

기 호	의 미
 시작과 끝	이 기호는 흐름도의 '시작(start)'과 '끝(end)'을 나타내며, 연구 대상 변환 프로세스의 경계를 명시한다. 기호 안에는 반드시 '시작'과 '끝'을 써야 한다.
 프로세스	이 기호는 수행되는 생산단계나 활동을 나타낸다. 이 기호 안에는 반드시 생산단계나 활동의 간단한 설명을 써야 한다.
 의사결정/평가	이 기호는 의사결정, 평가 또는 다수의 가능한 결과를 갖는 'IF-THEN' 조건을 나타낸다. 기호 안에는 반드시 의사결정, 평가 또는 조건의 내용을 써야 한다. 이 기호에서 나가는 화살표 가지에는 의사결정, 평가 또는 조건의 결과에 대한 의미를 써야 한다.
 흐름	이 기호는 흐름도 내에서 흐름의 방향을 나타낸다. 여기서 흐름이란 자재, 정보 또는 사람(예를 들면, 고객)의 흐름을 말한다.

출처: Schroeder, Goldstein, and Rungtusanatham(2013), p. 117.

표 6-1 프로세스 흐름의 분석 및 개선을 위한 What, Who, When, Where 및 How 질문

질문 범주	예
1. 무엇을 (What)	• 고객이 요구하는 것은 무엇인가? • 어떤 작업들이 실제로 필요한가? • 어떤 작업들이 제거, 결합 또는 단순화될 수 있는가? • 생산이 용이하도록 제품이 재설계되어야 하는가?
2. 누가 (Who)	• 각 작업은 누가 수행하는가? • 작업이 기술을 덜 쓰거나 노동시간을 줄일 수 있도록 재설계될 수 있는가? • 작업은 직무를 충실화해서 생산성이나 작업조건을 향상시키도록 결합될 수 있는가? • 누가 공급자인가? • 다른 공급자를 이용해야 하는가 아니면 현재의 공급자를 더 효과적으로 이용해야 하는가? • 작업의 일부 또는 전부를 공급자에게 아웃소싱해야 하는가?
3. 어디서 (Where)	• 각 작업은 어디에서 수행되는가? • 이동거리를 줄이거나 작업에 더 쉽게 접근할 수 있도록 설비배치를 개선시킬 수 있는가?
4. 언제 (When)	• 각 작업은 언제 수행되는가? • 과도한 지체나 저장이 있는가? • 애로를 만드는 작업이 있는가? • 어떻게 대기시간을 줄일 수 있는가?
5. 어떻게 (How)	• 작업은 어떻게 이루어지는가? • 더 나은 방법, 절차 또는 장비가 사용될 수 있는가? • 더 쉽도록 또는 소요시간을 줄일 수 있도록 작업이 수정되어야 하는가?

출처: Schroeder, Goldstein, and Rungtusanatham(2013), p. 120.

표 6-2 프로세스 흐름의 분석 및 개선을 위한 흐름, 시간, 수량, 품질 및 원가 질문

질문 범주	예
1. 흐름 (Flow)	• 변환 프로세스는 균형이 잡혀 있는가 아니면 불균형 상태인가? • 변환 프로세스에서 애로는 어디에 있는가? • 모든 작업 단계나 활동이 필요한가? • 변환 프로세스 내에서 흐름이 얼마나 혼잡한가?
2. 시간 (Time)	• 산출물 한 단위의 생산/납품에 얼마나 시간이 걸리는가? • 이 시간은 단축될 수 있는가? • 연속적인 산출물 사이의 시간은 얼마인가? • 어디에서 준비시간이 과도한가? • 어디에서 대기시간이 과도한가?
3. 수량 (Quantity)	• 주어진 시간(예: 일주일)에 이론적으로 얼마나 많은 양을 생산/납품할 수 있는가? • 이 수량을 변경하기가 얼마나 쉬운가? • 주어진 시간(예: 일주일)에 실제 얼마나 많은 양이 생산/납품되고 있는가?
4. 품질 (Quality)	• 불량률은 얼마인가? • 어떤 작업 단계나 활동이 불량을 발생시키는가? • 어디에서 실수가 일어나는가?
5. 원가 (Cost)	• 산출물 한 단위를 생산/납품하는 데 원가는 얼마나 드는가? • 산출물 한 단위의 생산/납품 원가를 구성하는 원가요소는 무엇인가? • 어떤 원가요소들을 줄이거나 제거할 수 있는가?

출처: Schroeder, Goldstein, and Rungtusanatham(2013), p. 120.

2 설비배치의 유형

프로세스 흐름이 설계되면 이에 맞도록 설비가 배치되어야 한다. 설비배치의 형태는 작업 흐름의 패턴에 따라 공정별 배치, 제품별 배치, 프로젝트 배치의 세 가지 기본 유형으로 구분할 수 있다. 그리고 혼합형으로서 제조 셀을 이용한 셀룰러 배치가 있다.

앞서 제4장에서는 프로세스를 제품 흐름의 유형에 따라 연속 프로세스, 조립라인 프로세스, 뱃치 프로세스, 잡숍 프로세스, 프로젝트 프로세스로 분류하였다. 이를 설비배치의 3대 기본 유형과 연결시켜 보면, 공정별 배치는 뱃치 및 잡숍 프로세스에,

제품별 배치는 연속 및 조립라인 프로세스에, 그리고 프로젝트 배치는 프로젝트 프로세스에 각각 적합한 설비배치 형태라고 볼 수 있다.

2.1 공정별 배치

공정별 배치(process layout)에서는 유사한 기계설비나 기능을 한 작업장이나 한 부서에 모아서 배치하고(예를 들면, 모든 선반은 선반 작업장에, 그리고 모든 스탬핑 머신(stamping machine)은 스탬핑 작업장에 배치), 각 제품은 가공 요건에 따라 필요한 작업장이나 부서를 거친다.

공정별 배치는 뱃치 프로세스나 잡숍 프로세스와 같이 다양한 제품이 소량으로 생산되고 각 제품의 작업 흐름이 서로 다른 경우에 적합한 설비배치 형태이다. 제품이 표준화되어 있지 않고 제품의 종류가 다양한 경우에는 작업 흐름의 표준화가 어렵다. 따라서 작업 흐름이 다양한 제품들을 소량으로 생산하기 위해서는 같은 기능을 수행하는 기계설비는 같은 작업장에 배치하고, 각 제품은 가공 요건에 따라 필요한 작업장을 거치게 하는 것이 바람직하다. 왜냐하면 다양한 제품을 소량으로 생산하는 경우, 제품별로 필요한 기계설비를 배치하면 설비 투자가 너무 커져 비경제적이 되기 때문이다.

공정별 배치의 대표적인 예로는 기계의 주문제작, 병원, 대학 등을 들 수 있다. [그림 6-3]은 제조업(특히, 잡숍 생산)에 있어서의 공정별 배치를 보여주고 있다.

그림 6-3 제조업에 있어서 공정별 설비배치의 예

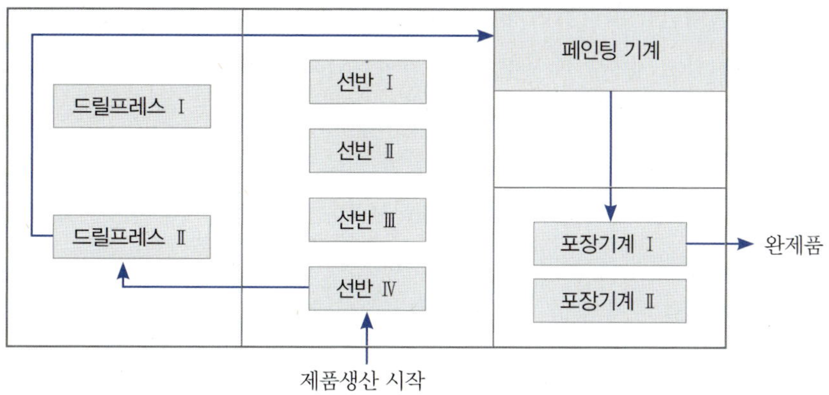

공정별 배치의 장점과 단점은 다음과 같다.

1. 공정별 배치의 장점
- 기계설비와 인력의 유연성이 높다.
- 기계의 공동이용으로 필요한 기계대수가 줄어들고 범용기계의 사용이 가능하므로 기계설비에 대한 투자가 비교적 적다.
- 과업의 다양화로 작업자에게 더 큰 흥미와 만족을 줄 수 있다.
- 전문화된 감독이 가능하다.

2. 공정별 배치의 단점
- 작업 흐름이 길고 복잡하여 자재취급비용이 높다.
- 작업의 대기시간이 많아 생산의 효율성이 떨어지고 재공품 재고가 비교적 많다.
- 일반적으로 단위당 생산시간이 길다.
- 생산계획 및 관리가 복잡하다.
- 다양한 기술을 가진 숙련된 작업자가 요구되므로 노무비가 비교적 높다.
- 각 작업이나 주문은 다양하고 가공 요건도 다르기 때문에 생산성이 떨어진다.

2.2 제품별 배치

제품별 배치(product layout)에서는 각 제품별로 제품이 만들어지는 진행 단계에 따라 기계설비나 작업장이 배치되며, 각 제품단위는 동일한 흐름을 따라 연속적 또는 반복적으로 생산된다. 따라서 제품별 배치의 작업 흐름은 직선적이거나 미리 정해진 패턴을 따라가며, 각 작업장은 고도로 전문화된 하나의 작업만을 수행한다. [그림 6-4]는 제품별 배치의 여러 가지 작업흐름선을 보여주고 있다.

제품별 배치는 하나 또는 소수의 표준화된 제품을 연속적으로 대량생산하는 연속 프로세스나 반복적으로 대량생산하는 조립라인 프로세스에 적합한 설비배치 형태이다. 제품별 배치의 대표적인 예로는 자동차 · 가전제품 등의 조립라인, 카페테리아 라인 등을 들 수 있다.

제품별 배치의 장 · 단점을 살펴보면 다음과 같다.

그림 6-4 제품별 배치의 여러 가지 작업흐름선

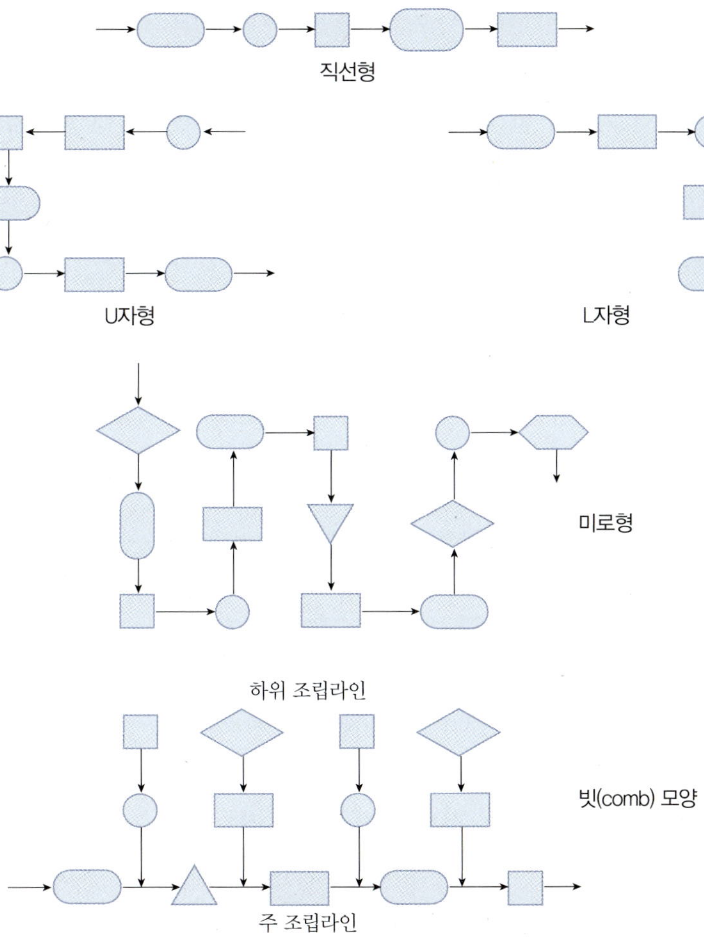

1. 제품별 배치의 장점
    - 생산의 진행 단계별로 기계설비나 작업장이 배치되어 있으므로 작업 흐름이 원활하다.
    - 작업장 간의 거리가 최소가 되도록 기계설비가 배치되어 있으므로 자재취급비용이 낮다.
    - 재공품 재고가 비교적 적다.
    - 단위당 생산시간이 짧다.

- 과업이 단순하여 저임금의 미숙련공을 쓸 수 있다.
- 생산계획 및 관리가 비교적 단순하다.

2. 제품별 배치의 단점

- 한 기계나 한 작업장에서 문제가 발생하여 작업이 중단되면 생산라인 전체가 중단된다.
- 프로세스의 유연성이 없다. 즉, 제품별로 배치가 결정되므로 제품에 변화가 있을 때마다 배치를 변경해야 한다.
- 가장 느린 기계(또는 작업장)에 의해 생산속도가 좌우된다.
- 단순 과업의 반복으로 작업자가 단조로움을 느낀다.
- 전용설비가 사용되고 동일한 기계설비가 생산라인의 여러 곳에 설치되므로 설비투자가 크다.
- 일반적인 감독이 이루어지므로 감독의 전문화가 어렵다.

2.3 프로젝트 배치

프로젝트 배치(project layout)는 제품의 크기, 무게 및 기타 특성 때문에 제품 이동이 곤란한 경우에 생기는 배치 형태이다. 프로젝트 배치에서는 제품은 한 장소에 고정되어 있고, 장비, 작업자 및 자재가 제품이 있는 장소로 이동해 와서 작업을 수행한다. 따라서 프로젝트 배치는 프로젝트 프로세스에 적합한 설비배치 형태라고 할 수 있다. 프로젝트 배치는 조선, 비행기 제작 등 대형 제품의 생산이나 각종 건설공사에서 볼 수 있다.

프로젝트 배치의 장 · 단점은 다음과 같다.

1. 프로젝트 배치의 장점

- 제품 이동이 없으므로 제품에 손상이 가지 않고 이동비용도 발생하지 않는다.
- 제품이 한 작업장에서 다른 작업장으로 이동되지 않으므로 할당된 노동인력의 계속성이 보장되어 새로운 작업을 시작할 때마다 인력을 재계획하고 교육시킬 필요가 없다.

2. 프로젝트 배치의 단점

- 동일한 작업자들이 많은 다양한 작업을 처리해야 하므로 숙련된 다기능 작업자가 요구된다. 따라서 여러 가지 기술을 겸비한 작업자를 구하기가 힘들고 높은 수준의 임금을 지불해야 한다.
- 작업 장소로의 장비, 작업자 및 자재의 이동에 많은 비용이 들 수 있다.
- 어떤 장비가 며칠 후에 또 다시 사용되는 경우, 이 기간 동안 장비를 다른 장소로 보내 사용하지 않고 현재의 장소에서 놀리는 경우가 많기 때문에 일반적으로 장비의 이용률이 낮다.

2.4 셀룰러 배치

제조 셀(manufacturing cell)이란 비슷한 모양과 가공 요건을 가진 제품군(부품군)의 생산에 필요한 서로 다른 기계들을 가공 진행 순서에 따라 모아놓은 것을 말한다. 제조 셀은 상호 연결되어 있지 않은 다수의 기계로 구성되거나 또는 다수의 기계가 컨베이어나 기타 자재이동장치에 의해 상호 연결된 흐름라인 형태를 취할 수도 있다. 그리고 각 제조 셀에서는 한 명 또는 소수의 작업자가 소규모 작업팀을 이루어 생산의 전 과정을 담당한다. 이러한 제조 셀을 이용한 제조를 **셀룰러 제조**(cellular manufacturing)라고 하고, 제조 셀에 의한 설비배치를 **셀룰러 배치**(cellular layout)라고 한다. 셀룰러 배치는 제조 셀들이 일련의 특정한 가공작업들만 수행하도록 설계되어 있다는 점에서는 공정별 배치와 유사하고, 특정 제품군(부품군)의 생산에 전용이라는 점에서는 제품별 배치와 비슷하다.

셀룰러 배치에서는 기계 간 자재의 이동거리와 대기시간이 짧기 때문에 생산소요시간이 단축되고 재공품 재고가 줄어든다. 따라서 셀룰러 배치는 다양한 품목을 중·소량으로 생산하는 뱃치 및 잡숍 형태의 생산에 제품별 배치의 이점을 제공한다. 셀룰러 배치는 오늘날 금속 제작, 컴퓨터 칩 제조, 조립작업 등에 널리 사용되고 있다.

공정별 배치를 셀룰러 배치로 전환하기 위해서는 다음과 같은 세 단계가 필요하다.

1. 부품들을 공통의 가공 순서를 가진 부품군(part family)으로 그룹화한다. 이때 전산화된 부품 분류 및 코딩시스템인 **그룹 테크놀로지**(GT: group technology)를 이용한다.[1)]

2. 기계들의 배치 또는 재배치를 위해 부품군들의 주된 흐름의 패턴을 파악한다.
3. 물리적으로 기계들을 셀들로 그룹화한다.

[그림 6-5]는 네 개의 부품군을 제조셀로 조직하는 과정을 보여주고 있다. 이 그림의 (a)는 같은 유형의 기계들끼리 그룹화되어 있는 원래의 공정별 배치를 보여주고 있으며, 제품의 흐름은 혼잡하다. (b)는 부품들의 흐름에 근거한 경로 행렬을 보여주고 있다. (c)는 최종적으로 전통적인 U자형 제조 셀로 재조직된 배치를 보여주고 있다. 이 예시에서는 각 셀마다 필요한 기계들이 포함될 수 있을 만큼 원래의 공정별 배치에 각 유형의 기계들이 여러 대 있다고 가정한다.

셀룰러 제조나 배치는 주로 다양한 제품을 중 · 소량으로 생산하는 뱃치 및 잡숍 프로세스의 효율성 제고를 위해 도입되었으나, 최근에는 조립라인 프로세스에도 도입되기 시작하였다. 셀 방식은 1990년대 중반 일본의 캐논, 소니 등에서 처음 도입되어 전자업계 전반으로 확산되었다. 우리나라의 경우에도 삼성전자, LG전자 등 여러 기업에서 셀 방식을 부분적으로 활용하고 있다.[2] 전통적인 조립라인 프로세스를 사용해온 전자산업 등에서 셀 방식을 도입하는 궁극적인 이유는 '소품종 대량생산체제'를 '다품종 대량생산체제'로 전환함으로써 소비자들의 다양한 욕구를 충족시키는 동시에 생산성을 높이기 위함이다.

컨베이어 벨트 방식이 분업과 전문화에 의한 단순 작업의 반복을 통한 소품종 대량생산체제에 맞는다면, 셀 방식의 생산은 1~2명의 작업자가 모든 프로세스를 소화하는 '자기 완결형 생산체제'라고 할 수 있다. 다만 셀 방식이 제대로 정착되기 위해서는 무엇보다 다기능 숙련공의 육성이 절대적이다. 예를 들어, 디지털TV를 조립하기 위해서는 셀 방식에서 근무하는 작업자는 제품 조립법은 물론이고, 사운드, 화면

---

1) 제3장에서 설명한 컴퓨터 지원 설계(CAD)는 설계의 자동화뿐만 아니라 부품분류 기능도 갖추고 있다. 부품분류 기능에서는 부품마다 코드번호를 부여하고, 모양과 기능이 유사한 부품들을 부품군으로 분류한다. 이렇게 하면 새로운 부품을 설계할 때 설계자는 기존의 부품 중에서 유사한 부품이나 새로운 기능을 수행할 수 있도록 쉽게 수정될 수 있는 부품을 발견할 수 있다. 또한 한 부품군의 생산에 필요한 기계설비를 모아 제조 셀로 조직할 수도 있다. 이와 같이 비슷한 특성을 가진 부품끼리 모아 부품군으로 분류하고, 이러한 유사성을 부품의 설계나 생산에 이용하는 기법을 그룹 테크놀로지(GT)라고 한다. GT를 이용하여 다양한 부품들을 몇 개의 부품군으로 분류한 다음, 각 부품군의 생산에 필요한 서로 다른 기계장비들을 모아 제조 셀로 구성하는 셀룰러 배치를 GT 배치라고 하며, GT에 의한 제조 셀을 GT 셀이라고 한다.

2) 예를 들면, 삼성전자의 휴대폰 조립의 경우에는 한 사람의 숙련된 작업자가 휴대폰 조립의 전 과정을 담당하는 셀 생산방식이 주로 활용된다.

그림 6-5 제조 셀의 개발 과정

(a) 원래의 공정별 배치

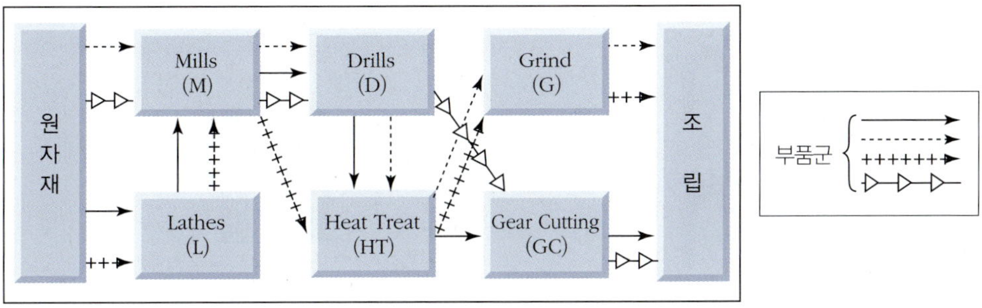

(b) 부품 흐름에 근거한 경로 행렬

원자재	부품군	Lathes	Mills	Drills	Heat Treat	Grinders	Gear Cutting	To	조립
	——→	×	×	×	×		×	——→	
	-----→		×	×	×	×		-----→	
	+++→	×	×		×	×		+++→	
	▷▷		×	×			×	▷▷	

(c) 부품군에 따라 기계들을 제조 셀로 재조직한 셀룰러 배치

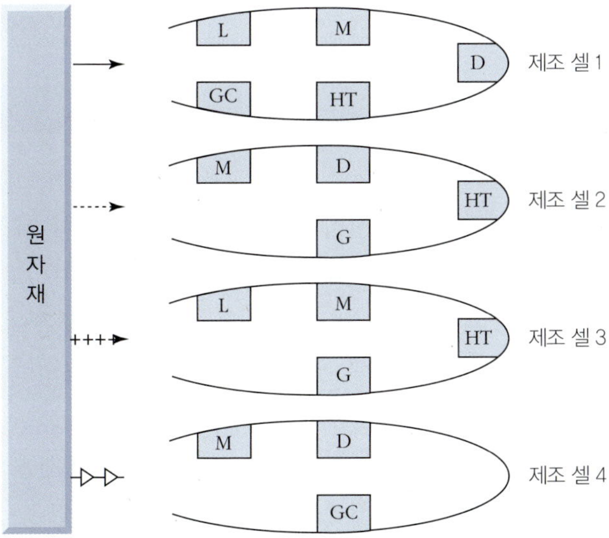

출처: Jacobs and Chase(2017), p. 170.

그림 6-6 컨베이어 방식과 셀 방식 TV 생산 비교

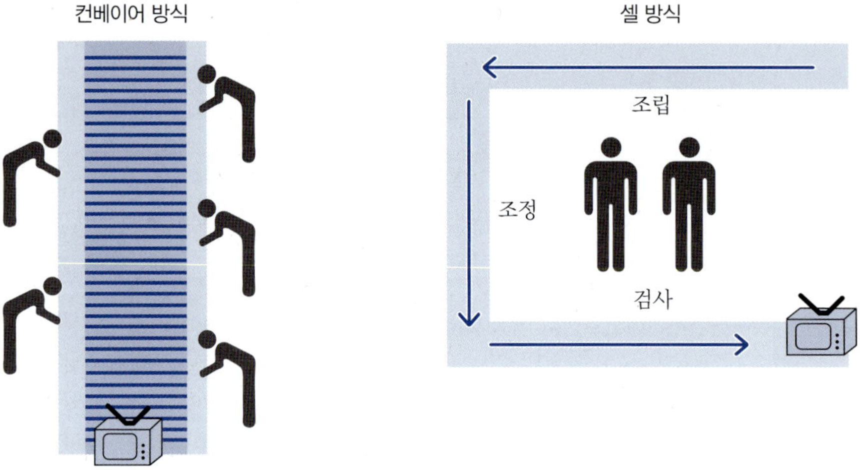

보정(補正), 검사 등의 지식을 완벽히 알아야 한다. [그림 6-6]은 TV 생산에 있어서 전통적인 컨베이어 방식과 셀 방식을 보여주고 있다.

3 서비스시스템의 설비배치

서비스시스템의 설비배치의 목적은 서비스설비로부터의 산출이익을 최대화하거나 또는 조직의 다른 부문들이 이익을 내도록 최대한 지원하는 데 있다. 기본적으로 서비스시스템의 설비배치는 고객이 기대하는 서비스의 속도, 인적 접촉 및 분위기를 충족시킬 수 있도록 이루어져야 한다. 이와 같은 일반적인 목적은 구체적으로 다음과 같은 두 가지 형태로 나타난다.

첫째, 고객이 빠른 서비스를 원하는 서비스시스템에서는 설비배치의 목적을 서비스 산출량의 최대화에 둔다. 즉, 고객이 빨리 서비스를 받고 시스템을 나갈 수 있도록 설비배치를 해야 한다. 예를 들면, 맥도날드와 같은 패스트푸드점, 징병신체검사, 카페테리아 라인 등이 이에 해당한다. 이 경우에는 제품별 배치가 적합하다.

둘째, 어떤 서비스시스템에서는 판매 기회를 최대화하기 위해 고객을 목표시간 동안 시스템 내에 붙잡아 둘 수 있도록 설비배치를 한다. 백화점의 경우가 대표적이며, 이때는 공정별 배치가 적합하다. 예를 들면, 백화점에서는 층별로 또는 구역별로 비슷한 품목의 매장을 모아서 배치함으로써 고객이 편리하게 상품을 구입할 수 있도록 한다.

요약

- 프로세스 흐름 분석이란 제품이나 서비스의 더 나은 생산방법이나 절차를 발견하기 위해 투입물을 산출물로 변환시키는 변환 프로세스를 연구하고 분석하는 것이다. 프로세스 흐름을 분석하고 개선하기 위해서는 먼저 변환 프로세스를 흐름도로 나타낸 다음, what, who, when, where 및 how 질문과 흐름, 시간, 수량, 품질 및 원가에 대한 질문을 한다.
- 설비배치란 프로세스의 유형과 흐름에 맞도록 제조 또는 서비스 시설 내에서 설비의 배열과 부서(또는 작업장)의 위치를 결정하는 것이다. 설비배치의 형태에는 공정별 배치, 제품별 배치, 프로젝트 배치의 세 가지 기본 유형이 있으며, 이 외에 혼합형으로서 제조 셀을 이용한 셀룰러 배치가 있다.
- 공정별 배치에서는 유사한 기계설비나 기능을 한 작업장이나 한 부서에 모아서 배치하고, 각 제품은 가공 요건에 따라 필요한 작업장이나 부서를 거치게 한다. 공정별 배치는 뱃치 프로세스나 잡숍 프로세스와 같이 다양한 제품이 소량으로 생산되고 각 제품의 작업 흐름이 서로 다른 경우에 적합한 설비배치 형태이다.
- 제품별 배치에서는 각 제품별로 제품이 만들어지는 진행 단계에 따라 기계설비나 작업장이 배치된다. 제품별 배치에서 작업 흐름은 직선적이거나 미리 정해진 패턴을 따라가며, 각 작업장은 고도로 전문화된 하나의 작업만을 수행한다. 제품별 배치는 하나 또는 소수의 표준화된 제품을 연속적으로 대량생산하는 연속 프로세스나 반복적으로 대량생산하는 조립라인 프로세스에 적합한 설비배치 형태이다.
- 프로젝트 배치에서는 제품은 한 장소에 고정되어 있고, 장비, 작업자 및 자재가 제품이 있는 장소로 이동해 와서 작업을 수행한다. 프로젝트 배치는 프로젝트 프로세스에 적합한 설비배치 형태이다.
- 셀룰러 배치란 비슷한 모양과 가공 요건을 가진 제품군(부품군)의 생산에 필요한 서로 다른 기계들을 가공 진행 순서에 따라 모아 제조 셀로 구성하는 배치를 말한다.
- 서비스시스템의 경우 고객에게 빠른 서비스를 제공하기 위해서는, 즉 서비스 산출량을 최대화하기 위해서는 제품별 배치가 적합하고, 판매 기회를 최대화하도록 고객을 어떤 목표시간 동안 서비스시스템 내에 붙잡아 두기 위해서는 공정별 배치가 적합하다.

토론 문제

01 각자 소속 대학의 수강신청 프로세스를 흐름도로 나타내고 개선방안을 제시해 보아라.

02 설비배치 의사결정을 위해서는 프로세스 선택 의사결정이 먼저 이루어져야 하는 이유를 설명하라.

03 일반적으로 뱃치나 잡숍 프로세스에는 제품별 배치를 사용하지 않고 공정별 배치를 사용한다. 그 이유를 설명하라.

04 설비배치의 세 가지 기본 유형인 공정별 배치, 제품별 배치, 프로젝트 배치의 장·단점을 논하라.

05 셀룰러 배치의 특징과 이점을 논하라.

06 다음의 경우 설비배치에 있어서 고려해야 할 의사결정 기준은 무엇인가?

① 카페테리아
② 호텔
③ 골프 코스
④ 사무실
⑤ 병원

참/고 문/헌

송재용 · 이경묵, 『SAMSUNG WAY 삼성웨이』, 21세기북스, 2013.
윤석철 · 이상범, 『생산계획 및 재고관리』, 한국방송통신대 출판부, 1992.

Buffa, E. S., G. C. Armour, and T. E. Vollmann, "Allocating Facilities with CRAFT," *Harvard Business Review*, vol. 42, no. 2, 1964, pp. 136-159.

Jacobs, F. Robert and Richard B. Chase, *Operations and Supply Chain Management*, 15th ed., McGraw-Hill, New York, 2017.

Schroeder, Roger G., Susan Meyer Goldstein, and M. Johnny Rungtusanatham, *Operations Management in the Supply Chain*, 6th ed., McGraw-Hill, New York, 2013.

Talbot, F. Brian and William V. Gehrlein, "A Comparative Evaluation of Heuristic Line Balancing Techniques," *Management Science*, vol. 32, no. 4, April 1986, pp. 430-454.

Tomkins, J. A. and J. A. White, *Facilities Planning*, John Wiley & Sons, New York, 2003.

보론 설비배치 기법

1. 공정별 배치 기법
2. 제품별 배치 기법
• 연습문제

1 공정별 배치 기법

공정별 배치를 위한 기법으로는 부서 간의 물량 이동과 관련된 총비용이 최소가 되도록 각 부서의 배치를 결정하는 물량-거리모형과 부서 간의 관계의 긴밀도에 의한 체계적 배치계획이 있다.

1.1 물량-거리모형

공정별 배치에서는 다양한 제품들이 생산되고, 작업 흐름이 매일 달라지며, 비교적 많은 양의 물자가 취급된다. 각 제품은 제각기 가공 요건에 따라 필요한 작업장을 거치며, 이러한 물자의 이동에는 사람과 장비가 필요하므로 물자의 이동은 곧 비용을 발생시킨다.

공정별 배치의 가장 보편적인 계량적 모형은 부서 간의 물량 이동에 따르는 총자재취급비용이 최소가 되도록 각 부서나 작업장의 배치를 결정하는 **물량-거리모형**이다. 이 모형에서 최소화하고자 하는 총비용은 다음과 같이 표현된다.

$$총비용 = \sum_{i=1}^{n}\sum_{j=1}^{n} L_{ij} D_{ij} C_{ij} \quad (S6 \cdot 1)$$

여기서 L_{ij} = 부서 i에서 j로의 이동물량

D_{ij} = 부서 i에서 j까지의 거리

C_{ij} = 부서 i에서 j로의 단위물량당 단위거리당 운반비용

n = 부서의 수

예를 들어 이 모형을 설명해 보기로 하자. 어느 장난감 제조회사는 부서 간의 물량이동비용이 최소가 되도록 8개의 부서를 배치하고자 한다. 모든 부서는 각각 10m×10m=100m²씩의 면적을 필요로 하며, 건물의 폭은 20m 그리고 길이는 40m라고 한다.

물량-거리모형에서는 먼저 단위기간당 부서 간 이동물량(L_{ij})을 추정해야 한다. 이동물량에 대한 추정은 과거의 자료와 작업흐름분석을 통해 얻을 수 있다. 이 장난감 제조회사는 모든 물량 이동을 지게차로 하며, 지게차 한 대당 실을 수 있는 양을 물량단위로 하여 연간 부서 간 이동물량을 〈표 S6-1〉과 같이 추정하였다. 이 표에서 이동물량은 부서 i에서 j로와 부서 j에서 i로의 합으로 나타내었다. 그리고 문제를 단순화하기 위해 단위물량당 운반비용은 인접 부서의 경우에는 1,000원, 비인접 부서의 경우에는 한 부서를 건너뛸 때마다 추가로 1,000원씩 더 소요된다고 가정한다(즉, D_{ij}는 인접 부서의 경우에는 1, 비인접 부서의 경우에는 한 부서를 건너뛸 때마다 1씩 거리가 증가하고, C_{ij}는 1,000원).[1)]

표 S6-1 연간 부서 간 이동물량

부서 활동	부서	1	2	3	4	5	6	7	8
원자재 수납 및 제품 출하	1		175	50	0	30	200	20	25
플라스틱 주형	2			0	100	75	90	80	90
금속 주형	3				17	88	125	99	180
재 봉	4					20	5	0	25
작은 장난감 조립	5						0	180	187
큰 장난감 조립	6							80	70
도색(페인팅)	7								7
기계장치 조립	8								

그림 S6-1 최초의 배치

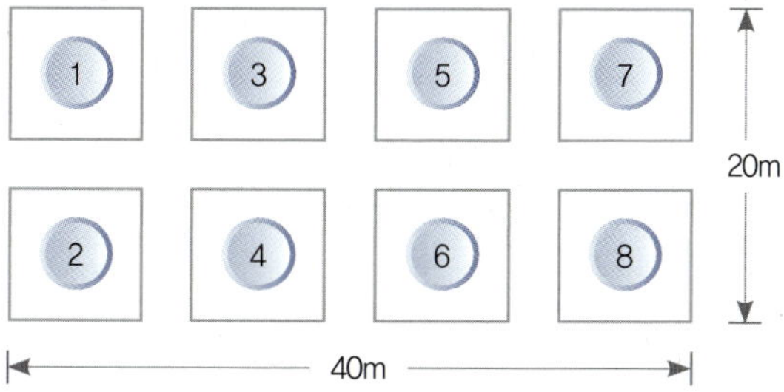

이 문제를 푸는 첫 번째 단계는 부서 간 이동물량을 고려하여 최초의 배치를 구하는 것이다. 예를 들어, 최초의 배치는 [그림 S6-1]과 같다고 하자. 이 그림에서 대각선으로 마주보고 있는 부서들도 서로 인접하고 있는 것으로 간주한다.

두 번째 단계는 부서 간 이동물량에 부서 간 거리가 고려된 단위물량당 운반비용을 곱해 최초의 배치에 대한 총비용을 계산하는 것이다. 〈표 S6-2〉는 최초의 배치에 대한 비용 계산의 결과를 보여주고 있다. 예를 들면, 부서 1과 2 간의 비용은 175,000원(=175×1,000원)이고, 부서 1과 6 간의 비용은 400,000원(=200×2,000원)이 된다. 그리고 총비용은 3,147,000원이 된다.

세 번째 단계는 총비용을 감소시킬 수 있는 개선된 배치를 찾는 것이다. 〈표 S6-2〉에서 보면 부서 1과 6 간의 비용이 400,000원이나 되는데, 현재 두 부서는 인접해 있지 않으므로 부서 4와 6을 맞바꾸어 부서 1과 6을 인접시켜 보자. 부서 4와 6을 맞바꾼 후의 두 번째 배치는 [그림 S6-2]에 나와 있다. 여기서 인접관계가 바뀌어 새로 비용을 계산해야 하는 부서 간의 관계는 선으로 표시되어 있다. 〈표 S6-3〉은 이와 같은 두 번째 배치에 대한 비용계산의 결과를 보여주고 있다. 여기서 새로 비용이 계산된 칸은 원으로 표시되어 있다. 두 번째 배치의 총비용은 3,082,000원으로서 최초의 배치보다 65,000원이 줄어들었다.

이러한 세 번째 단계는 현재의 배치가 더 이상 개선될 수 없을 때까지 계속되어야 한다. 하지만 이를 위해서는 결국 8!(=40,320)이나 되는 배치형태를 전부 평가해야

---

1) 이 예와 같이 L_{ij}를 부서 i와 j간 $(i \rightarrow j, j \rightarrow i)$의 이동물량, $D_{ij}=D_{ji}$, $C_{ij}=C_{ji}$, 그리고 T_{ij}=부서 i와 j 간의 거리가 고려된 단위물량당 운반비용, 즉 $T_{ij}=D_{ij}C_{ij}$로 두면 식 (S6-1)은 다음과 같이 표현된다.
총비용 $=\sum_{i=1}^{n}\sum_{j=i+1}^{n} L_{ij}T_{ij}$

표 S6-2 **최초 배치의 총비용표** (단위: 천 원)

부서	1	2	3	4	5	6	7	8
1		175	50	0	60	400	60	75
2			0	100	150	180	240	270
3				17	88	125	198	360
4					20	5	0	50
5						0	180	187
6							80	70
7								7
8								

총비용 = 3,147,000원

그림 S6-2 **두 번째 배치**

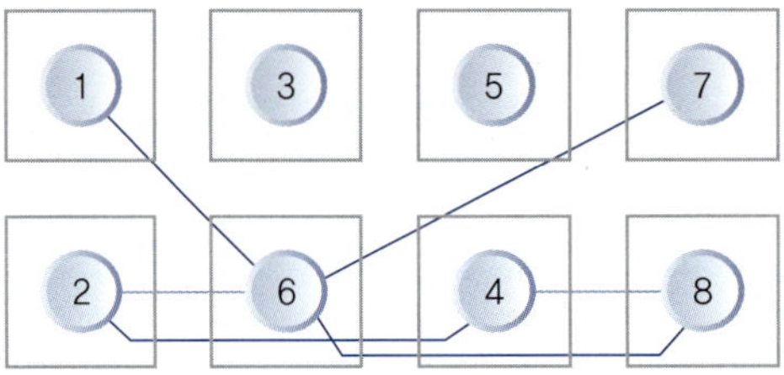

표 S6-3 **두 번째 배치의 총비용표** (단위: 천 원)

부서	1	2	3	4	5	6	7	8	비용증감
1		175	50	0	60	200	60	75	−200
2			0	200	150	90	240	270	+10
3				17	88	125	198	360	
4					20	5	0	25	−25
5						0	180	187	
6							160	140	+150
7								7	
8									
									계 −65

총비용 = 3,147,000 − 65,000 = 3,082,000원

한다. 따라서 부서의 수가 적을 때에는 모든 가능한 배치형태를 평가하여 최적 배치를 구할 수 있지만 부서의 수가 많을 때에는 엄청난 계산량이 요구되므로 최적해를 구하기란 사실상 불가능하다. 따라서 물량-거리모형에서는 부서의 수가 많아지면 컴퓨터에 의해 최적해에 가까운 만족스러운 해를 구한다.[2)]

1.2 체계적 배치계획

설비배치 문제에 있어서는 경우에 따라 부서 간의 물량 흐름과 같은 계량적 자료를 얻기가 힘들거나 계량적 기준보다는 부서 간의 관계의 긴밀도와 같은 질적 기준이 더 중요할 수 있다. 이러한 경우에는 **체계적 배치계획**(SLP: systematic layout planning)이 사용된다.

SLP에서는 먼저 각 부서가 서로 인접해 있어야 할 중요성의 정도를 나타내는 관계도표(relationship chart)를 만든다. 다음은 이 관계도표로부터 활동관계도(activity relationship diagram)를 그린다. 활동관계도는 만족스러운 인접 패턴이 얻어질 때까지 시행착오에 의해 조정된다. 다시 이 인접 패턴은 건물의 공간제약과 각 부서별 필요 면적에 맞도록 수정된다. [그림 S6-3]은 SLP를 어느 백화점의 한 층에 있는 5개 매장의 설비배치에 적용한 예를 보여주고 있다. SLP 또한 부서의 수가 많아지면 수작업에 의해 만족스러운 배치안을 구하기가 어렵기 때문에 컴퓨터 프로그램에 의존한다.[3)]

---

2) 물량-거리모형과 관련된 컴퓨터에 의한 배치계획으로는 CRAFT(computerized relative allocation of facilities)가 있다.

3) 체계적 배치계획의 컴퓨터 프로그램으로는 ALDEP(automated layout design program)이 있다.

그림 S6-3 체계적 배치계획

(1) **관계도표**

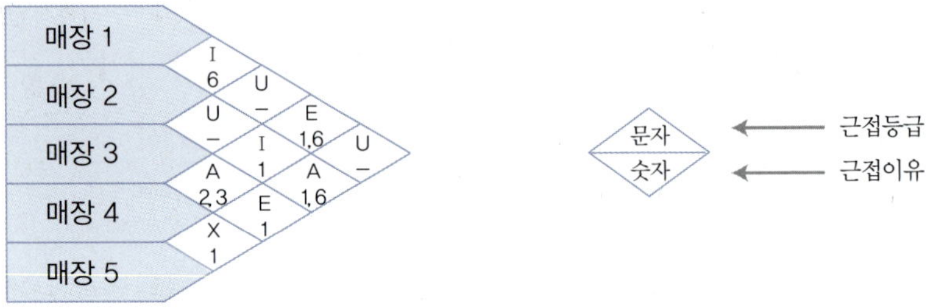

A. 근접이유

코드	이유
1	고객의 유형
2	감독의 용이성
3	종업원 공동 이용
4	접촉 필요
5	같은 공간 사용
6	심리적 이유

B. 근접등급

등급	근접도	라인코드	색코드
A	절대 필요		적색
E	특히 중요		오렌지색
I	중요		녹색
O	보통		청색
U	중요하지 않음		없음
X	바람직하지 않음		갈색

(2) **활동관계도**

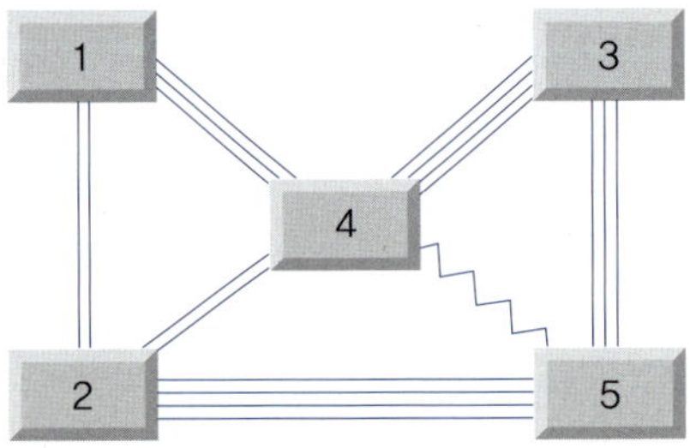

(3) **인접 패턴**

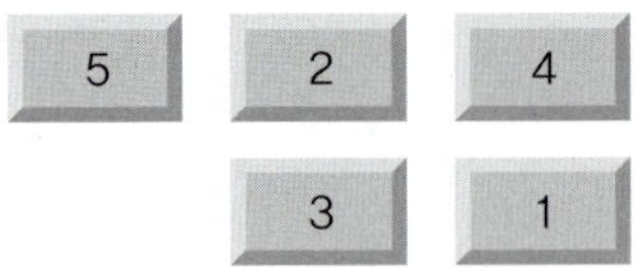

활동관계도에 근거한 최초의 배치

(4) **최종 배치**

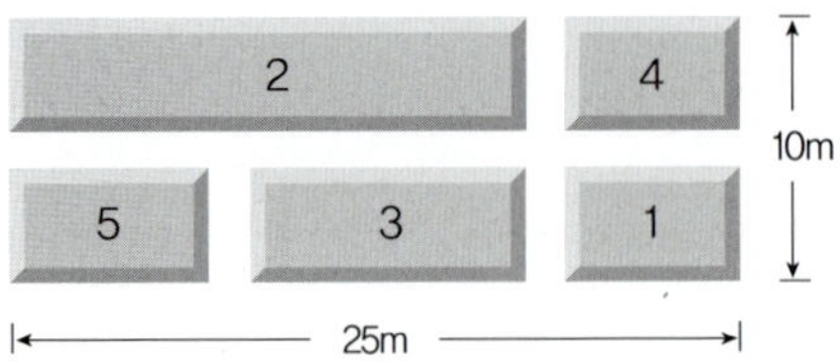

건물 크기와 각 매장의 필요 면적에 의해 조정된 최종 배치

2 제품별 배치 기법

제품별 배치의 가장 전형적인 형태는 조립라인(assembly line)이다. 조립라인의 배치 설계에 있어서 기본적인 문제는 요구되는 제품의 양을 가장 효율적으로 생산하기 위해서는 작업장의 수를 몇 개로 할 것이며, 각 작업장에서 수행되어야 할 작업은 무엇인가를 결정하는 것이다. 따라서 여기서는 먼저 조립라인의 성격을 살펴본 다음, 조립라인의 배치 설계에 있어서 기본적인 문제인 조립라인 균형문제를 설명한다.

2.1 조립라인

조립라인은 제품별 배치의 가장 전형적인 형태이다. 일반적으로 조립라인에서 작업장들은 자재이동장치에 의해 제품의 작업순서에 따라 연결되어 있으며, 자재이동장치는 일정한 시간간격마다 앞으로 움직인다. 그리고 이 일정한 시간간격 동안 각 작업장은 맡은 바 작업을 수행한다.

조립라인의 특징을 결정짓는 요소들은 다음과 같다.

1. 자재이동장치(벨트, 롤러 컨베이어 등)
2. 조립라인의 형태(U자형, 직선형 등)
3. 조립라인의 이동 방법(수동 또는 자동)
4. 제품믹스(단일 제품 또는 복수 제품)
5. 작업장의 특성(작업자가 앉아서 작업하느냐, 서서 작업하느냐 등)
6. 조립라인의 길이(소수의 작업자 또는 많은 작업자)

조립라인에서 완전 또는 부분적으로 조립되는 제품으로는 자동차, 각종 가전제품, 장난감 등이 있다. 사실상 여러 부품으로 구성되어 있고 대량생산되는 제품들은 다소간의 차이는 있지만 모두 조립라인을 이용하고 있다고 보아야 한다. 조립라인을 효율적으로 관리하기 위해서는 어떻게 조립라인의 균형을 잡느냐를 이해해야 한다.

2.2 조립라인 균형문제

가장 보편적인 조립라인은 일정한 시간간격마다 일련의 작업장을 통과하는 이동 컨베이어이다. 이와 같은 일정한 시간간격을 **주기시간**(cycle time)이라고 한다. 각 작업장은 주기시간 내에 맡은 작업을 끝내야 한다. 따라서 주기시간은 조립라인의 끝에서 보면 연속적으로 완성된 제품이 생산되어 나오는 시간간격이라고 할 수 있다.

각 작업장에서 수행되는 작업은 여러 개의 **과업**으로 구성된다. 여기서 과업이란 더 이상 나눌 수 없는 작업의 기본 단위를 말한다. 따라서 한 작업장에서 수행되어야 하는 총작업은 그 작업장에 할당된 과업의 합계와 같다.

조립라인 균형문제(또는 **라인 밸런싱**)(assembly line balancing problem)란 한 제품의 완성에 필요한 모든 과업을 과업 간의 선후관계를 고려하면서 일련의 작업장에 다음과 같은 조건을 만족시키도록 할당하는 문제이다.

1. 각 작업장마다 할당된 과업의 총수행시간은 주기시간을 넘지 않아야 한다.
2. 모든 작업장에 걸친 총유휴시간은 최소가 되어야 한다. 여기서 각 작업장의 유휴시간은 주기시간에서 각 작업장에 할당된 과업의 총수행시간을 뺀 값이다.

만일 각 작업장마다 실제 작업시간이 모두 주기시간과 같다면 유휴시간은 발생하지 않을 것이며, 이때 조립라인은 완전히 균형을 이루었다고 한다. 그러나 현실적으로 조립라인의 완전 균형은 기대하기 어렵다. 그 이유 중의 하나는 제품설계와 프로세스 기술에 의해 결정되는 과업 간의 선후관계가 문제를 복잡하게 만들기 때문이다. 이와 같은 과업 간의 선후관계를 **선행관계**라고 하며, 이는 조립과정에서 과업들이 수행되어야 하는 순서를 나타낸다.

조립라인 균형문제를 푸는 방법을 구체적으로 설명하기에 앞서, 문제 자체를 좀 더 명확하게 이해하기 위해 예를 하나 들어 보자. 조립라인에서 조립 생산되는 어떤 제품의 생산에 필요한 과업은 A, B, C, D의 4개라고 한다. 각 과업의 수행시간은 A과업 10초, B과업 30초, C과업 10초, 그리고 D과업 10초이다. 따라서 총과업시간은 60초이다. 그리고 과업의 순서는 A－B－C－D 순이라고 한다. 과업 간의 선행관계를 그림으로 나타내 보면 [그림 S6-4]의 (a)와 같다.

먼저 주기시간을 생각해 보자. 각 과업의 수행시간을 살펴보면, B과업이 30초로 가장 길고 과업은 더 이상 나눌 수 없는 작업의 기본 단위이므로 주기시간은 최소한

그림 S6-4 조립라인 균형문제의 예

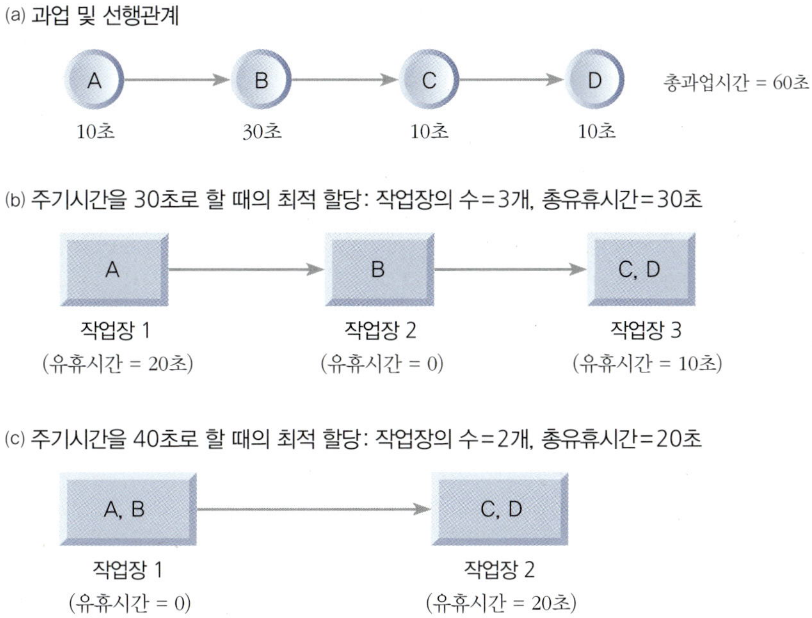

30초 이상은 되어야 한다. 즉, 최대 과업시간이 바로 최소 주기시간이 된다. 한편 주기시간은 총과업시간보다 더 길 수는 없다. 왜냐하면 극단적인 경우 작업장을 하나만 설치하여 모든 과업을 여기서 수행하면 되기 때문이다. 따라서 이 문제의 경우, 최대 주기시간은 총과업시간인 60초가 된다. 현실적으로 조립라인의 흐름 속도, 즉 주기시간은 최소 주기시간 30초와 최대 주기시간 60초 사이에서 결정된다.

예를 들어, 주기시간을 30초로 결정했다고 하고 각 과업을 작업장에 할당해 보자. 먼저 A는 첫 과업이므로 작업장 1에 할당되며, 주기시간 30초에서 A과업의 수행시간 10초를 빼면 작업장 1의 잔여시간은 20초가 된다. 다음 과업은 B이나 과업시간이 30초로 작업장 1의 잔여시간 20초보다 크므로 작업장 1에 할당이 불가능하다. 따라서 작업장 1에는 과업 A만이 할당되며, 주기시간 30초에서 과업 A의 수행시간 10초를 뺀 나머지 20초는 유휴시간이 된다. 다음은 과업 B가 작업장 2에 할당되고, B의 과업시간은 주기시간 30초와 같으므로 작업장 2의 유휴시간은 없다. 다음 과업 C는 작업장 3에 할당된다. 주기시간 30초에서 C의 과업시간 10초를 빼면 잔여시간이 20초이므로 과업시간이 10초인 과업 D도 작업장 3에 할당되어 작업장 3의 유휴시간은

10초가 된다. [그림 S6-4]의 (b)는 이와 같은 할당 결과를 보여주고 있다. 따라서 필요한 작업장의 수는 3개이며, 총유휴시간(한 주기당 전체 작업장에 걸친 총유휴시간)은 30초이다. 즉, 주기시간을 30초로 할 때 작업장의 수는 최소한 3개 필요하며 총유휴시간 30초는 피할 수 없으므로 이 할당은 최적이라고 볼 수 있다.

이 조립라인 균형의 효율성을 계산해 보면, 한 주기 동안 3개의 작업장에 각각 30초씩 총 90초의 작업가능시간이 주어지나 실제 작업시간은 총과업시간 60초(나머지 30초는 유휴시간)이므로 효율성은 다음과 같이 계산된다.

$$
\begin{aligned}
\text{효율성} &= \frac{\text{총과업시간}}{\text{작업장 수} \times \text{주기시간}} \times 100(\%) \\
&= \frac{60}{3 \times 30} \times 100(\%) \\
&= 66.7(\%)
\end{aligned}
$$

한편 하루 동안 3개의 작업장에 걸친 총유휴시간을 구해 보면, 주기시간 30초당 3개의 작업장에 모두 30초의 유휴시간이 발생하고 1일 작업시간인 8시간 동안 모두 960번(= 8×60×60/30)의 주기가 있으므로 1일 유휴시간은 다음과 같이 계산된다.

$$
\begin{aligned}
\text{1일 유휴시간} &= \text{주기당 유휴시간} \times \frac{\text{1일 작업시간}}{\text{주기시간}} \\
&= 30(\text{초}) \times \frac{8 \times 60 \times 60(\text{초})}{30(\text{초})} \\
&= 30(\text{초}) \times 960 \\
&= 28{,}800\text{초} \\
&= 8\text{시간}
\end{aligned}
$$

일반적으로 조립라인에서 각 작업장은 한 사람의 작업자가 맡고 있다. 따라서 3개의 작업장이 요구되는 이 조립라인 균형에서는 3명의 작업자가 각각 하루 8시간, 총 24(=8×3)작업시간 중 실제 일하는 시간은 16시간이고 유휴시간은 8시간이 되는 셈이다. 그리고 이 결과는 앞서 구한 66.7%(=16/24)의 효율성과 일치함을 알 수 있다. 만일 시간당 임금이 만원이라면 매일 8만원씩 낭비되는 셈이다.

이제 주기시간을 40초로 놓고 각 과업을 작업장에 할당해 보자. 주기시간이 40초인 경우에는 [그림 S6-4]의 (c)에서 보는 바와 같이 과업 A와 B가 작업장 1에 할당되어 작업장 1의 유휴시간은 없으며, 과업 C와 D는 작업장 2에 할당되어 작업장 2에만 20초의 유휴시간이 발생한다. 따라서 이 경우 필요한 작업장의 수는 2개가 되고 총 유휴시간은 20초가 된다. 이 조립라인 균형의 효율성을 계산해 보면 다음과 같다.

$$\frac{60}{2 \times 40} \times 100(\%) = 75(\%)$$

그리고 1일 유휴시간은 4시간이 된다(앞서와 같은 방법으로 구하든지 또는 작업장의 수가 2개이므로 두 사람이 각각 8시간 근무하면 하루 총근무시간은 16시간이 되고 이 중 실제 작업시간은 $16 \times 0.75 = 12$시간이므로 유휴시간은 $16 - 12 = 4$시간이 된다).

따라서 이 예제의 경우에는 주기시간이 40초인 경우가 30초인 경우보다 효율성이 더 높다. 그러나 하루 생산량은 주기시간이 30초인 경우에는 960($= 8 \times 60 \times 60 / 30$)개가 되고, 주기시간이 40초인 경우에는 720($= 8 \times 60 \times 60 / 40$)개가 되므로 주기시간이 30초인 경우가 더 많다. 따라서 주기시간은 조립라인의 효율성과 생산량을 동시에 고려하여 결정되어야 한다.

조립라인 균형문제에서 일단 주기시간이 주어지면 작업장 전체에 걸친 총유휴시간은 다음과 같이 표현된다.

$$\text{총유휴시간} = (\text{필요한 작업장의 수} \times \text{주기시간}) - \text{총과업시간}$$

위의 식에서 주기시간은 주어져 있고 총과업시간은 일정하므로 총유휴시간을 최소화하는 것은 곧 필요한 작업장의 수를 최소화하는 것과 마찬가지가 된다. 따라서 주기시간이 주어지는 경우, 앞에서 정의한 조립라인 균형문제는 ① 각 작업장마다 할당된 과업의 총수행시간이 주어진 주기시간을 넘지 않게 하면서, ② 필요한 작업장의 수가 최소가 되도록, ③ 한 제품의 생산에 필요한 모든 과업을 과업 간의 선행관계를 고려하여 일련의 작업장에 할당하는 문제로 재정의될 수 있다.

2.3 조립라인 균형의 절차

조립라인 균형문제는 앞에서 본 바와 같이 과업의 수가 적고 선행관계가 간단한 경우에는 쉽게 최적해를 구할 수 있으나, 과업의 수가 많고 선행관계가 복잡한 경우에는 최적해를 구하기가 힘들기 때문에 일반적으로는 쉽게 최적해에 가까운 해를 구하는 휴리스틱(heuristic) 기법들이 사용된다. 여기서는 휴리스틱 기법을 이용하여 조립라인 균형문제를 푸는 절차를 다음과 같은 문제에 적용시켜 가면서 설명한다.

컨베이어 벨트에서 조립되는 어떤 제품이 있다. 이 제품의 하루 목표생산량은 400개이며, 하루 작업시간은 8시간이다. 이 제품의 조립시간 및 조립단계는 〈표 S6-4〉와 같다. 주기시간을 하루 목표생산량을 달성할 수 있는 시간으로 놓고 선행관계 제약하에서 작업장의 수를 최소화(즉, 총유휴시간을 최소화)하는 조립라인 균형을 구하라.

조립라인 균형의 절차는 다음과 같다.

(1) 단계 1

선행도표(precedence diagram)를 이용하여 과업 간의 연속적인 선행관계를 표시한다. 선행도표는 원(◯)과 화살표(→)로 구성되며, 원은 과업을, 그리고 화살표는 과업의 수행순서를 나타낸다. 〈표 S6-4〉에 나와 있는 과업 간의 선행관계를 선행도표로 나타내면 [그림 S6-5]와 같다.

표 S6-4 조립시간 및 조립단계

과 업	과업시간(초)	직전 선행과업
A	50	–
B	20	A
C	45	B
D	20	B
E	25	C
F	10	D
G	35	E, F
총과업시간	205초	

그림 S6-5 선행도표

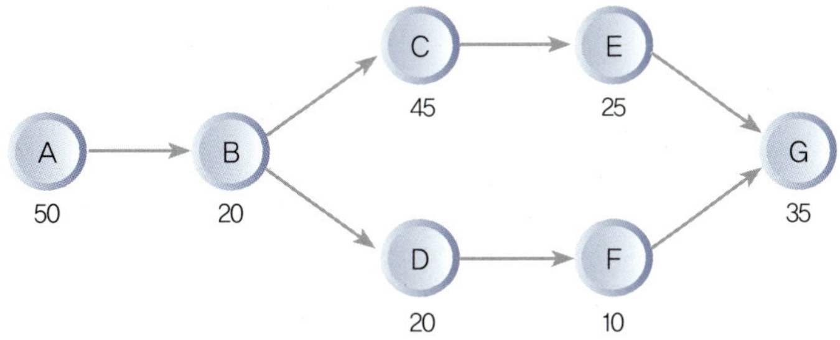

(2) 단계 2

필요한 주기시간(C)을 결정한다. 주어진 문제의 경우 최대 과업시간은 A과업의 50초이므로 최소 주기시간은 50초가 되고, 총과업시간은 205초이므로 최대 주기시간은 205초가 된다. 따라서 현실적으로 주기시간은 50초와 205초 사이에서 생산량과 효율성을 감안하여 결정된다. 그러나 이 예제와 같이 하루 목표생산량이 정해져 있는 경우에는 다음 공식과 같이 하루 작업시간을 하루 목표생산량으로 나누어 필요한 주기시간을 계산한다.

$$\text{주기시간}(C) = \frac{\text{일간 작업시간}}{\text{일간 목표생산량}} = \frac{80 \times 60 \times 60(\text{초})}{400} = 72(\text{초})$$

만약 이렇게 계산된 주기시간이 최소 주기시간과 최대 주기시간 사이에 들어오지 않으면 원하는 생산량을 수정해야 한다. 여기서는 주기시간 72초가 최소 주기시간 50초와 최대 주기시간 205초 사이에 있기 때문에 문제가 없다.

(3) 단계 3

다음 공식을 이용하여 주기시간 제약을 만족시키는 데 필요한 이론적 최소 작업장의 수(N_{min})를 결정한다.

$$N_{min} = \left\lceil \frac{\text{총과업시간}}{\text{주기시간}} \right\rceil$$

여기서 $\lceil x \rceil$는 x와 같거나 바로 큰 정수를 말한다.

이 문제의 경우 이론적 최소 작업장의 수 $N_{\min}$은 다음과 같이 계산된다.

$$N_{\min} = \left\lceil \frac{\text{총과업시간}}{\text{주기시간}} \right\rceil = \left\lceil \frac{205}{72} \right\rceil = \lceil 2.85 \rceil = 3$$

따라서 주기시간을 72초로 했을 때 최소한 3개의 작업장이 필요하다. 그러나 실제로 과업을 작업장에 할당하다 보면 과업의 선행관계에 따라서는 이 최소 작업장의 수보다 더 많은 작업장이 필요할 수도 있다.

(4) 단계 4

과업을 각 작업장에 할당해 나가는 순서를 결정하기 위한 제1규칙과 제1규칙의 적용 시 동일 순위를 깨기 위한 제2규칙을 선정한다. 조립라인 균형문제에 관한 연구결과에 의하면 어떤 규칙이 좋으냐는 문제의 구조에 따라 다르다고 한다. 일반적으로는 후속과업의 수가 많은 과업부터 우선적으로 할당하는 **최대후속과업수규칙**이나 가장 긴 과업시간을 가진 과업부터 우선적으로 할당하는 **최장과업시간규칙**을 많이 쓴다. 여기서는 최대후속과업수규칙을 제1규칙으로, 그리고 최장과업시간규칙을 제2규칙으로 사용하기로 한다.

[그림 S6-5]의 선행도표에서 각 과업의 후속과업 수를 구해 보면 〈표 S6-5〉와 같다. 이 표에서 C^1, D^2 및 E^1, F^2의 위에 붙은 숫자는 후속과업의 수가 같아서 제2규칙을 적용할 때 과업시간의 길이에 의한 할당 우선순위를 나타낸다. 예를 들면, 과업 C와 D는 다 같이 후속과업의 수가 2개이나 C의 과업시간 45초는 D의 과업시간 20초보다 크므로 할당 시 C가 D에 우선한다.

표 S6-5 각 과업의 후속과업 수

과 업	후속과업의 수	과 업	후속과업의 수
A	6	E^1, F^2	1
B	5	G	0
C^1, D^2	2		

(5) 단계 5

과업시간의 합계가 주기시간과 일치할 때까지 또는 시간제약이나 순서제약 때문에 할당 가능한 과업이 없을 때까지 과업들을 한 번에 하나씩 첫 번째 작업장에 할당해 나간다. 모든 과업이 할당될 때까지 이상의 과정을 두 번째, 세 번째 등의 작업장에 반복해서 적용한다.

주어진 문제의 경우 할당규칙에 따라 과업들을 작업장에 할당한 결과는 〈표 S6-6〉과 같으며, 실제 작업장의 수는 3개 그리고 총유휴시간은 11초이다. 이러한 할당 결과를 선행도표에 표시해 보면 [그림 S6-6]과 같다.

표 S6-6 과업의 할당 과정

작업장		과업시간(초)	잔여시간(초)	할당가능과업	후속과업 수가 많은 과업
작업장 1	A	50	22	B	
	B	20	2(유휴시간)	없음	
작업장 2	C	45	27	D, E	D
	D	20	7(유휴시간)	없음	
작업장 3	E	25	47	F	
	F	10	37	G	
	G	35	2(유휴시간)	없음	
총유휴시간			11		

그림 S6-6 과업의 할당 결과

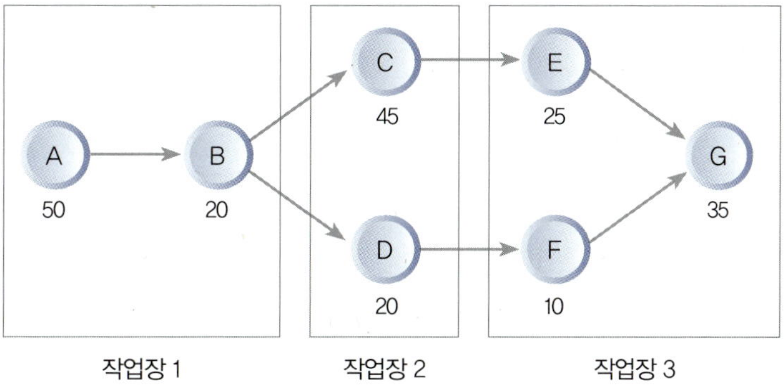

(6) 단계 6

다음 공식을 이용하여 설계된 조립라인 균형의 효율성을 평가한다.

$$\text{효율성} = \frac{\text{총과업시간}}{\text{실제 작업장의 수} \times \text{주기시간}} \times 100(\%)$$

주어진 문제의 경우 할당결과의 효율성을 계산해 보면 다음과 같다.

$$\text{효율성} = \frac{205}{3 \times 72} \times 100(\%) \fallingdotseq 95\%$$

따라서 전체 작업장에 주어진 총시간 중 95%는 실제 작업에 투입되었고 나머지 5%는 유휴시간임을 알 수 있다.

(7) 단계 7

만약 설계된 조립라인 균형의 효율성이 만족스럽지 못하면 단계 4로 돌아가서 다른 할당규칙들을 적용하여 재균형을 취한다.[4] 주어진 문제의 경우 해(解)를 평가해 보자. 실제 작업장의 수가 이론적 최소 작업장의 수 3개와 일치하므로 현재의 할당결과는 최적임을 알 수 있다. 따라서 주기시간을 72초로 했을 때 총유휴시간 11초는 피할 수 없으며, 다른 어떤 규칙을 사용하여 조립라인의 균형을 취하더라도 95%의 효율성은 더 이상 개선될 수 없다.

다만 여기서 한 가지 주의 깊게 살펴볼 점은 〈표 S6-6〉에서 작업장 1에 2초의 유휴시간, 작업장 2에 7초의 유휴시간, 그리고 작업장 3에 2초의 유휴시간이 있으므로 주기시간을 70초로 2초 줄이더라도 실제 작업장의 수는 3개로 변함이 없으나 효율성은 다음 계산과 같이 98%로 향상된다는 점이다.

$$\frac{205}{3 \times 70} \times 100(\%) \fallingdotseq 98\%$$

---

4) 다른 할당규칙으로는 선행과업의 수가 가장 적은 과업부터 우선적으로 할당하는 최소선행과업수법(最小先行課業數法), 각 과업의 과업시간과 그 과업의 모든 후속과업의 과업시간의 합이 가장 큰 과업부터 우선적으로 할당하는 위치가중치순위법(位置加重值順位法: ranked positional weight method) 등이 있다.

물론 주기시간을 70초로 하면 하루 목표생산량 400개를 생산하는 데 7시간 47분밖에 소요되지 않아 나머지 13분은 기계설비의 정비, 품질분임조 활동 등에 활용하거나 아니면 생산을 계속하여 400개 이상을 생산할 수도 있다.

여기서 제시한 휴리스틱 기법은 주어진 문제가 간단하여 최적해를 구했으나 복잡한 현실문제에서는 항상 최적해를 보장해 주는 것은 아니다. 또한 같은 휴리스틱 기법을 적용하더라도 주기시간이 달라지면 효율성이 달라지므로 여러 가지 주기시간에 대해 조립라인의 균형을 검토해 볼 필요가 있다.

2.4 과업의 분할

때로는 가장 긴 과업시간이 조립라인의 가장 짧은 주기시간이 되기도 한다. 만약 이 최장과업시간을 가진 과업을 2개 이상의 작업장으로 분할이 불가능하다면 이 과업시간이 조립라인의 속도를 제약하게 된다.

예를 들어, 어떤 조립라인은 40, 30, 15, 25, 20, 18, 15의 과업시간(초)을 가지고 있다고 하자. 이 조립라인은 하루에 7.5시간 가동되며, 제품의 수요는 하루에 750개라고 한다. 하루에 750개를 생산하는 데 필요한 주기시간은 36초(=7.5시간 × 60분 × 60초/750)가 된다. 문제는 40초가 소요되는 한 과업이 있다는 것이다. 이 문제를 어떻게 해결할 것인가?

40초의 과업을 36초의 주기시간과 조화시키는 방법에는 다음과 같이 여러 가지가 있다.

1. **과업의 분할**: 그 과업을 두 개의 작업장에서 처리될 수 있도록 분할한다.
2. **과업의 공유**: 그 과업을 인접 작업장과 공유하여 인접 작업장이 그 과업의 일부를 처리하도록 한다. 이는 위에서 언급한 과업의 분할과는 다르다. 왜냐하면 인접 작업장이 그 과업의 일부 단위를 맡아서 하는 것이 아니라 단지 도와만 주기 때문이다.
3. **병렬 작업장의 사용**: 그 과업을 두 개의 병렬 작업장에 할당한다.
4. **더 숙련된 작업자 사용**: 그 과업은 주기시간을 단지 4초 초과하므로 더 빠른 작업자가 36초의 주기시간에 수행하도록 한다.
5. **잔업**: 만일 가장 긴 과업시간 40초를 주기시간으로 하면 하루에 675개(=7.5시간 × 60분 × 60초/40)를 생산한다. 따라서 수요 750개에 75개가 모자란다. 추가로 75개를 생산하기 위해서는 50분(=75 × 40초/60초)의 잔업이 필요하다.

6. **재설계:** 그 과업의 과업시간을 줄이도록 제품을 재설계한다.

이 밖에 과업시간을 줄이는 다른 방법으로는 기계장비의 개선, 자재의 변경 등을 생각할 수 있다.

연습문제 01 정사각형 모양의 6개의 부서들을 아래의 그림 속에 다음과 같은 인접 관계를 충족시키도록 배치해 보아라(단, 대각선으로 만나는 것은 인접하고 있는 것으로 보지 않는다).

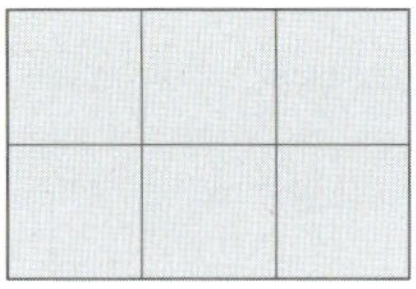

인접부서: A–E, A–D, A–C, B–C, B–D, D–F, E–F

02 다음 그림과 같이 6개의 똑같은 사각형 모양의 방(방Ⅰ~방Ⅵ)이 있다. 여기에 A, B, C, D, E, F의 6개의 부서를 배치하려고 한다. 모든 복도와 통로는 외벽과 평행하며 대각선으로는 갈 수가 없다. 즉, 모든 복도와 통로는 종이나 횡으로만 나 있다. 그리고 부서 간의 물량 이동은 한 부서의 중심에서 다른 부서의 중심으로 이루어진다고 가정한다. 따라서 예를 들면, 방 간의 거리는 다음과 같이 계산된다. Ⅰ과 Ⅱ=8m, Ⅰ과 Ⅲ=6m, Ⅰ과 Ⅳ=8+6=14m, Ⅰ과 Ⅴ=6+6=12m, Ⅰ과 Ⅵ=8+6+6=20m. 부서 간의 단위물량당 단위거리당 운반비용은 모두 같다고 한다. 그리고 부서 간의 주당 평균 이동물량은 다음 표와 같다.

출발지 \ 목적지	A	B	C	D	E	F
A	–	90	50	90	80	20
B	30	–	20	60	30	60
C	50	20	–	90	90	30
D	70	30	80	–	20	60
E	80	30	60	60	–	10
F	50	80	10	60	30	–

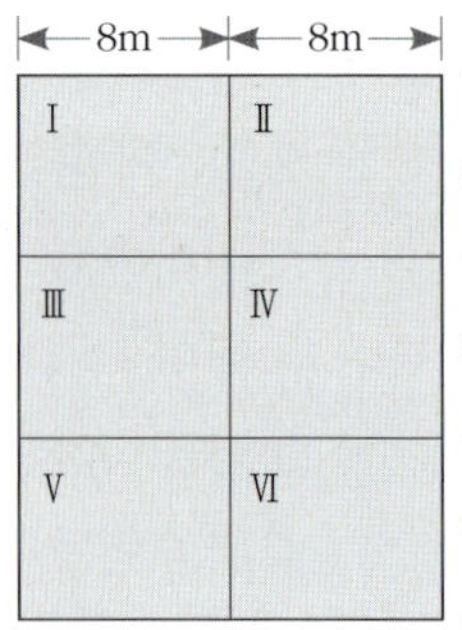

(1) 부서 간의 단위물량당 단위거리당 운반비용이 같고 부서 간의 거리가 서로 대칭이므로 위의 물량이동표를 양 부서 간의 이동물량의 합으로 나타내어라(즉, 이동물량표를 부서 i에서 j와 부서 j에서 i의 이동물량의 합으로 나타내면 대각선 위만 채워진다).

(2) 방 간의 거리를 나타내는 다음 행렬을 완성하라(방 I 에서 다른 방으로의 거리는 문제에서 예를 들어 이미 제시한 숫자임).

(단위: m)

방	I	II	III	IV	V	VI
I		8	6	14	12	20
II			?	?	?	?
III				?	?	?
IV					?	?
V						?
VI						

(3) (1)에서 구한 부서 간 물량이동표를 보면서 물량 이동이 많은 부서를 서로 인접시켜 될 수 있는 대로 총비용을 작게 하는 최선의 배치를 하나 구해 보아라. 그리고 이 배치의 총물량이동비용을 계산하라.

03 가로 40m, 세로 10m인 공장 내에 A, B, C, D 4개의 부서를 배치하고 싶다. 각 부서는 똑같이 10m×10m 모양의 면적을 요구한다. 부서 간의 이동물량(양 부서 간의 합계)은 AB=10, AC=20, AD=30, BC=15, BD=10, CD=20이다. 그리고 단위물량당 운반비용은 인접 부서의 경우에는 1,000원, 비인접 부서의 경우에는 한 부서를 건너뛸 때마다 추가로 1,000원씩이 더 소요된다고 한다. 최초의 배치를 다음과 같이 하였다.

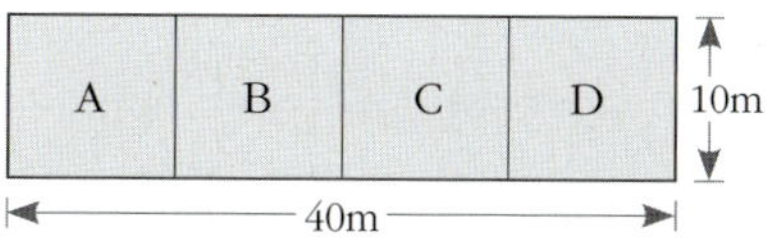

(1) 현재의 배치에 대한 총자재취급비용을 계산하라.

(2) 부서를 바꾸어 총비용을 감소시킬 수 있는 배치안을 하나 제시하고 이 배치안의 총비용을 계산하라.

04 어느 경찰서는 한 층에 5개의 부서를 배치하려고 한다. 부서 간의 관계도표와 현재 고려하고 있는 배치는 다음과 같다(단, 필요 면적은 고려하지 않음).

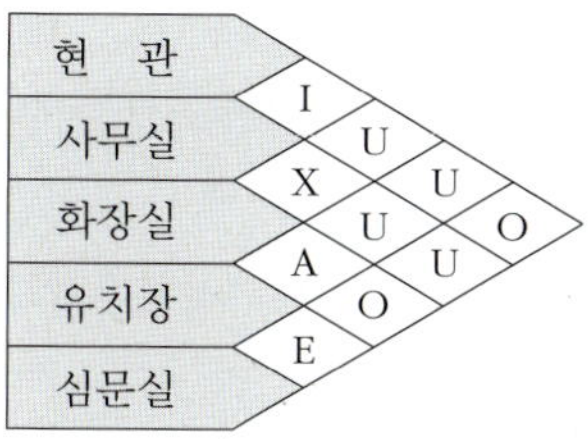

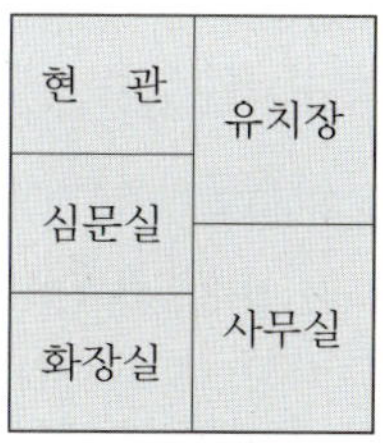

(1) 현재 배치의 총점수를 계산하라(현재의 배치에서 인접 부서 간의 근접등급을 A=5, E=4, I=3, O=2, U=1, X=0로 환산하여 모두 더할 것).

(2) 현관의 위치는 현재의 배치대로 두고, 현관과 가장 근접등급이 높은 부서를 이에 인접시켜라. 그리고 계속해서 선택된 부서들과 높은 근접등급을 가진 부서를 골라 인접시켜 배치안을 하나 구한 다음, 이 배치안의 총점수를 계산하라. 최초의 배치에 비해 얼마나 향상되었는가?

05 어느 병원의 각 부서 간의 관계행렬과 필요 면적은 다음과 같다고 한다.

부 서	2	3	4	5	6	필요 면적(m^2)
1. 진 료 실	A	O	E	U	A	25
2. X-ray실		E	I	U	O	25
3. 수 술 실			I	I	A	100
4. 검 사 실				U	I	100
5. 실 험 실					O	25
6. 간호사실						25

(1) 활동관계도를 그려라.

(2) 병원 전체의 모양이 30m×10m일 때 활동관계도와 각 부서의 필요 면적을 고려하여 6개의 부서를 배치해 보아라.

06 어떤 제품의 조립생산에 필요한 과업, 과업시간 및 과업 간의 선행관계는 다음과 같다고 한다.

과업	과업시간(초)	직전 선행과업	과업	과업시간(초)	직전 선행과업
A	50	–	F	25	D
B	20	–	G	30	E
C	20	A	H	35	B, F, G
D	45	C			
E	20	C	합계	245초	

(1) 선행도표를 그려라.

(2) 최소 주기시간과 최대 주기시간은 각각 얼마인가?

(3) 하루 작업시간이 8시간이고 일간 목표생산량이 400개라면 주기시간과 이론적 최소 작업장의 수는 얼마가 되는가?

(4) 최대후속과업수규칙을 제1규칙으로, 최장과업시간규칙을 제2규칙으로 하여 각 과업을 작업장에 할당하고 효율성을 계산하라.

07 어떤 제품의 조립에 필요한 과업 및 과업시간 그리고 선행도표는 다음과 같다고 한다.

과업	과업시간(분)	과업	과업시간(분)
A	12	F	23
B	23	G	18
C	17	H	13
D	14	I	16
E	15	J	18

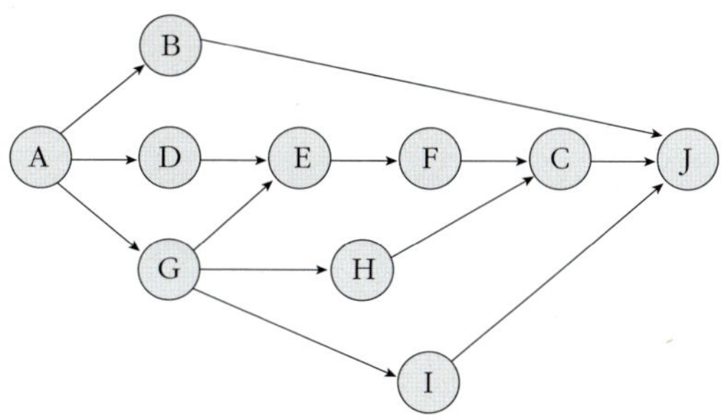

(1) 최소 주기시간과 최대 주기시간은 각각 얼마인가?

(2) 하루 작업시간은 420분, 그리고 하루 목표생산량은 5개라고 할 때 주기시간과 이론적 최소 작업장의 수는 얼마인가?

(3) (2)에서 구한 주기시간하에 최소선행과업수규칙을 제1규칙으로, 최장과업시간규칙을 제2규칙으로 하여 각 과업을 작업장에 할당하고 효율성을 계산하라.

(4) 하루 작업시간은 여전히 420분이지만 하루 목표생산량은 10개로 변했다고 할 때 주기시간과 이론적 최소 작업장의 수는 어떻게 변하는가?

(5) (4)에서 구한 주기시간하에 최소선행과업수규칙을 제1규칙으로, 최장과업시간규칙을 제2규칙으로 하여 각 과업을 작업장에 할당하고 효율성을 계산한 다음 (3)의 결과와 비교해 보아라.

08 어떤 제품의 조립에 필요한 과업, 과업시간 및 과업 간의 선행관계는 다음과 같다. 그리고 하루 작업시간은 8시간이며, 하루 목표생산량은 450개이다.

과업	과업시간(초)	직전 선행과업	과업	과업시간(초)	직전 선행과업
A	55	–	G	12	C
B	42	A	H	8	C
C	20	B	I	9	E
D	10	–	J	30	F, G, H, I
E	12	D	K	20	J
F	15	C	합계	233초	

(1) 선행도표를 그려라.

(2) 하루 목표생산량을 달성하는 주기시간과 이에 따른 최소 작업장의 수는 얼마인가?

(3) 앞에서 구한 주기시간하에 최대후속과업수규칙을 제1규칙으로, 최장과업시간규칙을 제2규칙으로 하여 각 과업을 작업장에 할당하고 실제 작업장의 수를 구하라.

(4) 앞에서 구한 조립라인 균형의 효율성과 총유휴시간을 구하라.

09 다음과 같이 4개의 작업장으로 구성된 조립라인이 있다. 여기서 각 작업장에 표시되어 있는 시간은 제품단위당 각 작업장에서의 작업시간을 의미한다.

작업장 1 (15초)	작업장 2 (20초)	작업장 3 (32초)	작업장 4 (25초)

→ 흐름의 방향

(1) 이 조립라인의 최소 주기시간은 얼마인가?

(2) 이 조립라인에서 현재 하루 8시간 작업하여 800개의 제품을 생산하고 있다면 실제 주기시간은 얼마이며, 조립라인의 효율성은 얼마인가? 또한 각 작업장은 한 사람의 작업자가 맡고 있고 시간당 임금이 5,000원이라면 하루에 얼마씩 낭비가 되는 셈인가?

(3) 현재의 생산량과 하루 작업시간은 그대로 유지하면서 어떻게 하면 효율성을 향상시킬 수 있겠는가?

10 어떤 제품의 생산에 필요한 과업, 과업시간 및 과업 간의 선행관계는 다음과 같다.

과업	과업시간(초)	직전 선행과업
A	70	–
B	80	A
C	40	A
D	20	A
E	40	A
F	30	B, C
G	50	C
H	50	D, E, F, G
합계	380초	

이 회사는 현재 하루 8시간 작업하고 있으며 매일 320단위 이상을 생산하고자 한다. 현재의 설비배치는 다음과 같이 6개의 작업장으로 이루어져 있으며, 현재의 주기시간은 과업 B가 수행되는 작업장 2의 작업시간이 가장 길기 때문에 80초로 두고 있다.

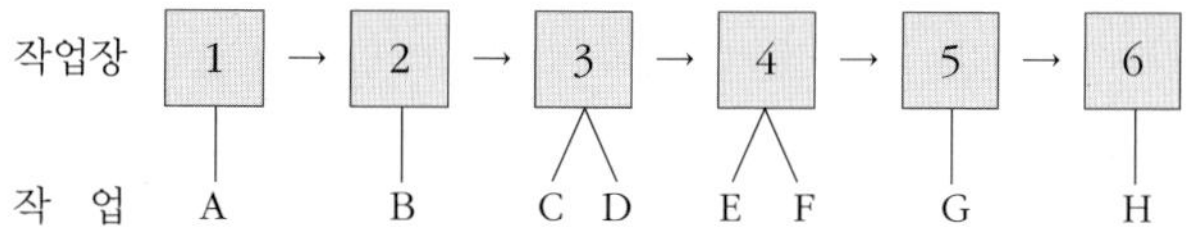

(1) 직전 선행과업에 관한 자료를 이용하여 선행도표를 그려라.

(2) 현재의 설비배치와 주기시간 80초로 조립라인이 운영될 때 하루 생산량, 총유휴시간 및 현재 배치의 효율성을 구하라.

(3) 주기시간을 80초로 그대로 둘 때 이론적 최소 작업장의 수는 얼마인가?

(4) 주기시간을 현행 80초로 그대로 두고, 최대후속과업수규칙을 제1규칙으로, 최장과업시간규칙을 제2규칙으로 하여 각 과업을 작업장에 할당하고 효율성을 구한 다음, 현재의 설비배치에 비해 효율성이 개선되었는지를 검토하라.

(5) 일간 목표생산량 320단위를 정확하게 달성하는 주기시간을 구한 다음, 이 주기시간하의 이론적 최소 작업장의 수를 구하라. 그리고 이 주기시간을 가지고 (4)에서와 같은 할당규칙을 이용하여 각 과업을 작업장에 할당하고 효율성을 구한 다음, (4)의 결과와 비교하여 평가해 보아라.

11 어느 제품의 조립생산에 필요한 과업, 과업시간 및 과업 간의 선행관계는 다음의 선행도표와 같다. 하루 작업시간은 8시간이다.

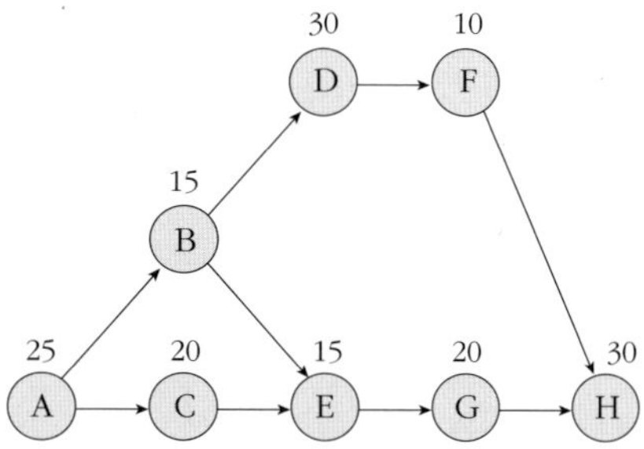

*마디 위의 숫자는 과업시간(초)임

(1) 최소 주기시간과 최대 주기시간을 구하라.

(2) 이론적으로 가능한 하루 생산량의 범위(최소 생산량~최대 생산량)를 구하라.

(3) 주기시간을 50초로 놓고 위치가중치순위법에 의해 각 과업을 작업장에 할당한 다음, 효율성을 계산하라. (여기서 각 과업의 위치 가중치란 그 과업의 과업시간과 그 과업의 모든 후속과업의 과업시간의 합계를 말한다. 위치가중치순위법에서는 선행관계와 주기시간 제약을 고려하면서 위치 가중치가 큰 과업부터 우선적으로 할당해 나간다. 예를 들면, 과업 D의 모든 후속과업은 F와 H이므로 과업 D의 위치 가중치는 30+10+30=70이 된다.)

제 Ⅲ 부

생산능력

제 7 장 수요예측

제 8 장 설비계획

제 9 장 총괄생산계획

제10장 일정계획

제11장 프로젝트의 일정계획

생산관리자는 기업이 필요로 하는 적정한 생산능력을 제공해야 한다. 생산능력에 관한 의사결정은 수요예측에 입각한 장기, 중기 및 단기의 생산능력계획을 통해 이루어진다. 제Ⅲ부에서는 먼저 수요예측을 살펴본 다음, 장기의 설비계획, 중기의 총괄생산계획 및 단기의 일정계획을 다룬다.

제 I 부 생산 · 운영관리 입문

제 1 장 생산기능
제 2 장 생산전략
제 3 장 제품설계

제 II 부 프로세스

제 4 장 프로세스 선택
제 5 장 서비스 프로세스 설계
제 6 장 프로세스 흐름 분석 및 설비배치

제 III 부 생산능력

제 7 장 수요예측
제 8 장 설비계획
제 9 장 총괄생산계획
제10장 일정계획
제11장 프로젝트의 일정계획

제 IV 부 재 고

제12장 독립수요품목의 재고관리
제13장 자재소요계획과 전사적 자원관리
제14장 린 시스템
제15장 공급사슬관리

제 V 부 품 질

제16장 품질경영
제17장 품질관리 및 개선

제7장 수요예측

1. 수요예측기법의 유형
2. 수요예측과 생산관리
3. 정성적 기법
4. 시계열분석기법
5. 예측오차의 측정과 통제
6. 인과형 모형
7. 수요예측기법의 선택
• 요 약
• 토론문제
• 참고문헌

예측(forecasting)은 기술(art)과 과학(science)의 양면성을 가지고 있다. 과거에는 예측은 예측자의 경험이나 판단에 의존하는 기술적인 측면이 강했으나 근래에는 많은 수학적 · 통계적 기법이 개발됨으로써 과학적인 측면도 함께 갖추게 되었다. 즉, 예측에는 여전히 경영적 판단이 요구되기는 하지만 오늘날에는 여러 가지 과학적 방법이 예측에 크게 도움이 되고 있다.

예측은 대상에 따라 경제예측, 기술예측, 수요예측 등 다양하지만 여기서는 특히 생산관리와 관계가 깊은 수요예측에 중점을 둔다. 본장에서는 먼저 여러 가지 수요예측기법과 용도를 소개한 다음, 예측오차의 측정과 통제 방법을 살펴본다. 다만 한 가지 꼭 유의할 점은 예측의 특정 용도와 상황에 따라 어느 한 예측기법이 조심스럽게 선택되어야 한다는 것이다. 왜냐하면 모든 상황에 다 적용될 수 있는 보편적인 예측기법이란 없기 때문이다.

1 수요예측기법의 유형

수요예측(demand forecasting)이란 미래의 일정 기간에 대해 제품이나 서비스에 대한 수요를 예측하는 것이다. 수요예측은 대상 기간에 따라 단기, 중기 및 장기 예측으로 구분할 수 있다. 단기 예측은 6개월 이내의 월별, 주별, 일별 예측을 말한다. 중기 예측은 6개월에서 2년 정도의 기간(보통은 1년)을 대상으로 하는 예측을 말한다. 장기 예측은 2년 이상의 기간을 대상으로 하는 예측을 말한다.

수요예측기법은 정성적 기법과 계량적 기법으로 크게 나누어 볼 수 있으며, 계량적 기법은 다시 시계열분석기법과 인과형 모형으로 구분할 수 있다.

(1) 정성적 기법

정성적 기법(qualitative forecasting method)이란 경영적 판단, 전문가적 지식, 경험 등에 입각하여 수요를 예측하는 방법이다. 정성적 기법은 과거 자료가 없거나 신뢰할 수 없는 경우에 유용하다. 이 유형에 속하는 기법으로는 델파이법, 시장조사법, 패널동의법, 역사적 유추법 등이 있다. 정성적 기법은 주로 중 · 장기 예측에 쓰인다.

(2) 시계열분석기법

시계열분석기법(time series analysis)이란 과거의 역사적 수요에 입각하여 미래의 수요를 예측하는 방법이다. 여기서 **시계열**(時系列: time series)이란 시간에 따라 변화하는 어떤 현상을 일정한 시간 간격으로 관찰할 때 얻어지는 일련의 관측치를 말한다. 예를 들면, 일별, 주별 혹은 월별 매출 자료가 시계열이다. 일반적으로 시계열은 추세, 계절적 요소, 주기 등과 같은 패턴을 가지고 있다. 시계열분석기법에서는 과거의 수요 패턴이 미래에도 계속될 것이라는 가정하에 과거의 수요 패턴을 분석하여 미래에 투영함으로써 미래 수요를 예측한다. 그러나 과거의 수요 패턴은 장기간 계속적으로 유지된다고 보기는 힘들기 때문에 시계열분석기법은 주로 단기 및 중기 예측이 많이 쓰인다. 시계열분석기법으로는 이동평균법, 지수평활법, 추세분석법, 시계열분해법 등이 있다.

(3) 인과형 모형

인과형 모형(causal forecasting method)은 과거의 자료에서 수요와 밀접하게 관련되어 있는 변수들을 찾아낸 다음, 수요와 이들 변수 간의 인과관계를 분석하여 미래 수요를 예측한다. 예를 들면, 빙과류에 대한 수요는 여름철 평균 기온, 여름기간 등과 관계가 있을 것이기 때문에 빙과류 수요와 이들 변수 간의 인과관계를 나타내는 모형을 통해 빙과류 수요를 예측할 수 있다. 인과형 모형에서는 수요를 시간이 아닌 여타 독립변수들과 관련시키기 때문에 수요 패턴에 있어서의 전환점이나 근본적인 변화를 예측할 수 있다. 인과형 모형은 주로 중 · 장기 예측에 사용된다. 인과형 모형에 속하는 기법으로는 회귀분석, 계량경제모형, 투입-산출모형, 시뮬레이션모형 등이 있다.

2 수요예측과 생산관리

수요예측은 각종 생산 의사결정에 기초자료를 제공한다. 특히 재고생산 형태를 취하는 기업의 경우에는 대부분의 생산 활동이 수요예측을 토대로 계획된다. 또한 주문생산의 경우에도 장기적으로 수요예측이 없이는 생산능력, 원자재 확보, 각종 경영전략 등을 사전에 계획하여 추진해 나갈 수 없다. 수요예측은 생산관리에서 특히 프로세스 설계, 생산능력계획 및 재고에 관한 의사결정에 기초자료를 제공한다.

프로세스 설계 의사결정에서는 프로세스의 유형과 자동화의 정도를 결정하는 데 수요예측이 필요하다. 예를 들어, 미래 수요가 낮게 예측되면 자동화가 크게 요구되지 않으며 프로세스는 비교적 단순한 형태로 유지되어야 한다. 반면에 미래 수요가 높게 예측되면 조립라인과 같은 보다 자동화되고 정교한 프로세스가 요구된다. 프로세스 설계 의사결정은 장기적인 성격을 가지고 있으므로 일반적으로 장기 수요예측을 요구하며, 따라서 예측기법으로는 정성적 기법이나 인과형 모형이 적합하다.

생산능력 의사결정에 사용되는 수요예측은 여러 가지 총괄수준과 요구되는 정확도에 따라 다르다. 설비의 총생산능력에 관한 계획, 즉 설비계획에는 장기 수요예측이 요구되며, 이에 따라 예측기법으로는 정성적 기법이나 인과형 모형이 적합하다.

중기의 생산능력에 관한 의사결정, 즉 총괄생산계획에는 중기 수요예측이 요구되며, 고용, 잔업, 하청 및 장비 의사결정에 있어 제품라인별로 보다 상세하고 정확한 예측이 요구된다. 따라서 이 경우에는 인과형 모형과 시계열분석기법이 주로 사용된다. 단기의 생산능력에 관한 의사결정, 즉 일정계획에는 개별 제품별로 아주 상세하고 고도로 정확한 예측이 요구된다. 따라서 이 경우에는 시계열분석기법이 적합하다.

한편 재고 의사결정은 궁극적으로 생산과 구매에 관한 의사결정을 수반하므로 주로 단기적인 성격을 가지며 개별 제품을 다룬다. 이러한 재고 의사결정은 단기의 일정계획과 마찬가지로 개별 제품별로 높은 정확도의 예측을 요구하므로 시계열분석기법이 적합하다. 또한 재고와 일정계획에 관한 의사결정에는 많은 품목에 대한 수요 예측치가 요구되므로 컴퓨터에 의한 예측시스템이 사용되기도 한다.

한편 기업 내 다른 기능들도 수요예측을 필요로 한다. 마케팅의 경우, 수요예측은 판매계획, 신제품 도입, 마케팅 프로그램의 설계, 가격 책정, 광고, 유통계획 등과 같은 여러 목적에 사용된다. 이와 같이 수요예측은 모든 마케팅 의사결정에 영향을 미친다. 수요예측은 재무, 회계 및 인적자원 기능과도 관계가 있다. 일상적인 예산의 수립이나 원가의 추정은 수요의 크기에 기초하여 이루어진다. 재무계획도 매출액의 예측에 기초하여 수립된다. 인적자원 기능은 고용 의사결정과 인건비 예산 수립에 수요예측을 필요로 한다.

지금까지 살펴본 생산, 마케팅, 재무 및 인적자원 기능의 주요 의사결정과 관련된 수요예측의 요건 및 기법을 요약 · 정리해 보면 〈표 7-1〉과 같다.

3 정성적 기법

정성적 기법은 경영적 판단, 전문가적 지식, 경험 등에 입각하여 수요를 예측하며, 주로 중 · 장기 예측에 많이 쓰인다. 이 기법은 과거 자료가 없거나 또는 있다 하더라도 미래의 지표로서 신뢰할 수 없을 때 유용하다. 예를 들면, 과거 자료가 없는 신제품의 수요예측에는 정성적 기법이 사용된다. 여기서는 대표적인 정성적 기법인 델파이법, 시장조사법, 패널동의법 및 역사적 유추법을 살펴본다.

표 7-1 수요예측의 용도와 기법

예측용도	예측기간	요구되는 정확도	예측치의 수	경영 수준	적합한 예측기법
생산 의사결정					
• 프로세스 설계	장기	중간	단일 또는 소수	최고경영층	정성적 기법 또는 인과형 모형
• 설비계획	장기	중간	단일 또는 소수	최고경영층	정성적 기법과 인과형 모형
• 총괄생산계획	중기	높음	소수	중간경영층	인과형 모형과 시계열분석기법
• 일정계획	단기	매우 높음	많음	하위경영층	시계열분석기법
• 재고관리	단기	매우 높음	많음	하위경영층	시계열분석기법
기타 기능의 의사결정					
• 장기 마케팅 프로그램	장기	중간	단일 또는 소수	최고경영층	정성적 기법
• 가격 의사결정	단기	높음	많음	중간경영층	시계열분석기법
• 신제품 도입	중기	중간	단일	최고경영층	정성적 기법과 인과형 모형
• 원가 추정	단기	높음	많음	하위경영층	시계열분석기법
• 자본예산 수립	중기	높음	소수	최고경영층	인과형 모형과 시계열분석기법
• 노동인력계획	중기	중간	소수	하위경영층	정성적 기법과 시계열분석기법

출처: Schroeder, Goldstein, and Rungtusanatham(2013), p. 254.

(1) 델파이법

델파이법(Delphi method)은 그리스의 고대 도시 델포이의 아폴론 신전에서 행해졌던 신탁(神託)에 비유하여 그것에서 이름을 따온 기법이다. 델파이법에서는 예측하고자 하는 대상의 전문가 그룹을 선정한 다음, 이 전문가들에게 여러 차례 설문지를 돌려 그들의 의견을 수렴함으로써 예측치를 얻는다. 먼저 전문가들에게 개별적으로 예측을 위한 설문지를 돌려 익명으로 각자의 예측치와 그 이유 및 설명을 제시하도록 한다. 예측의 주관자는 답변을 모아 정리한 다음, 그 결과를 전문가들에게 알려주면서 주어진 질문에 대해 다시 그들의 의견을 묻는다(필요하다면 적절한 새로운 설문지로). 이때 각 전문가는 다른 전문가들의 의견과 새로운 정보를 보고 자기의 종전 의견을 수정할 수 있다. 두 번째 답변을 정리한 다음, 그 결과의 통보와 함께 주어진 질문에 대해 다시 그들의 의견을 묻는다(필요하다면 적절한 새로운 설문지로). 이와 같은 과정은 전문가들 사이에 충분한 의견일치를 볼 때까지 보통 3~4회까지 계속되며, 최종회에서 나온 결과를 예측치로 사용한다.

일반적으로 델파이법은 시간과 비용이 많이 들지만, 대신 익명성이 보장되어 패널의 어느 한 사람에 의해 예측치가 좌우되지 않는다는 장점을 가지고 있다. 델파이법은 예측에 불확실성이 크거나 과거의 자료가 없는 경우에 유용하며, 특히 설비계획, 신제품 개발, 시장전략 등을 위한 장기 예측이나 기술예측에 적합하다.[1)]

(2) 시장조사법

시장조사법(market research)은 잠재적 고객으로부터 제품을 구매할 의사가 있는지를 조사하는 데 사용된다. 이를 위해 설문지, 직접 인터뷰, 전화, 우편, 이메일 등 여러 가지 방법을 통해 고객의 반응을 조사한다. 또한 시험시장을 통해 고객의 수요를 측정하는 것도 효과적인 방법이다. 왜냐하면 시험시장에서 고객이 실제 구매한 자료에 의한 수요예측이 더 정확하기 때문이다. 시장조사법은 정성적 기법 중 가장 시간과 비용이 많이 들지만 예측은 비교적 정확하다는 장점이 있다.

(3) 패널동의법

패널동의법(panel consensus)이란 어느 한 개인의 의견보다는 여러 사람들의 의견이 더 나은 예측치를 가져온다는 가정에 입각하여 다양한 계층의 조직구성원(경영자, 판매원 등)과 소비자 등으로 패널을 구성하여 자유롭게 의견을 제시하게 함으로써 예측치를 구하는 방법이다. 이 방법의 단점은 자유토론 중 하위 계층의 종업원이 상위 계층의 경영자에 의해 심리적으로 압박을 받는다는 것이다. 예를 들면, 마케팅 담당 부사장이 제시한 예측치에 대해 판매원이 반박하기는 어렵다. 이러한 문제점을 해결하기 위한 방법이 앞에서 살펴본 익명성을 보장하는 델파이법이다.

---

1) 델파이법은 미국의 랜드연구소(Rand Corporation)에 의해 미래 기술예측의 방법으로 1964년에 개발되었다.

(4) 역사적 유추법

역사적 유추법(historical analogy)이란 신제품의 경우와 같이 과거 자료가 없을 때 이와 비슷한 기존 제품(예를 들면, 보완제품, 대체제품 또는 경쟁제품)이 과거에 시장에서 어떻게 도입기, 성장기 및 성숙기의 제품 수명주기를 거치면서 수요가 성장해 갔는가에 입각하여 수요를 유추해 보는 방법이다.

4 시계열분석기법

시계열분석기법은 과거의 수요 자료에 근거하여 미래 수요를 예측한다. 시계열분석기법으로는 이동평균법, 지수평활법, 추세분석법, 시계열분해법 등 여러 가지가 있다. 본절에서는 먼저 시계열의 구성요소를 살펴본 다음 구체적인 기법들을 소개한다.

4.1 시계열의 구성요소

과거의 수요 자료는 평균수준, 추세, 계절적 변동, 주기 및 우연변동의 5가지 요소로 분해할 수 있다. [그림 7-1]은 이들 요소들에 의한 수요 변동의 형태를 보여주고 있다. 이들 5가지 구성요소를 구체적으로 살펴보면 다음과 같다.

1. **평균수준**(average level)이란 과거 수요의 평균을 말한다. 수요가 평균수준을 중심으로 상하로 변동하는 것을 수평적 변동이라고 한다.
2. **추세**(trend)란 수요가 증가 또는 감소하는 경향을 말한다.
3. **계절적 변동**(seasonal variation)이란 수요가 일정한 시기(일, 주, 월 또는 계절)에 따라 증가 또는 감소를 반복하는 패턴을 말한다.
4. **주기적 변동**(cyclical variation)이란 수요가 장기간(수년 또는 수십 년)에 걸쳐 점차적으로 증가 또는 감소하는 것을 말하며 예측이 쉽지 않다.
5. **우연변동**(random variation)이란 수많은 우연한 요인에 의해 발생하므로 예측이나 통제가 불가능한 변동을 말한다.

그림 7-1 수요의 패턴

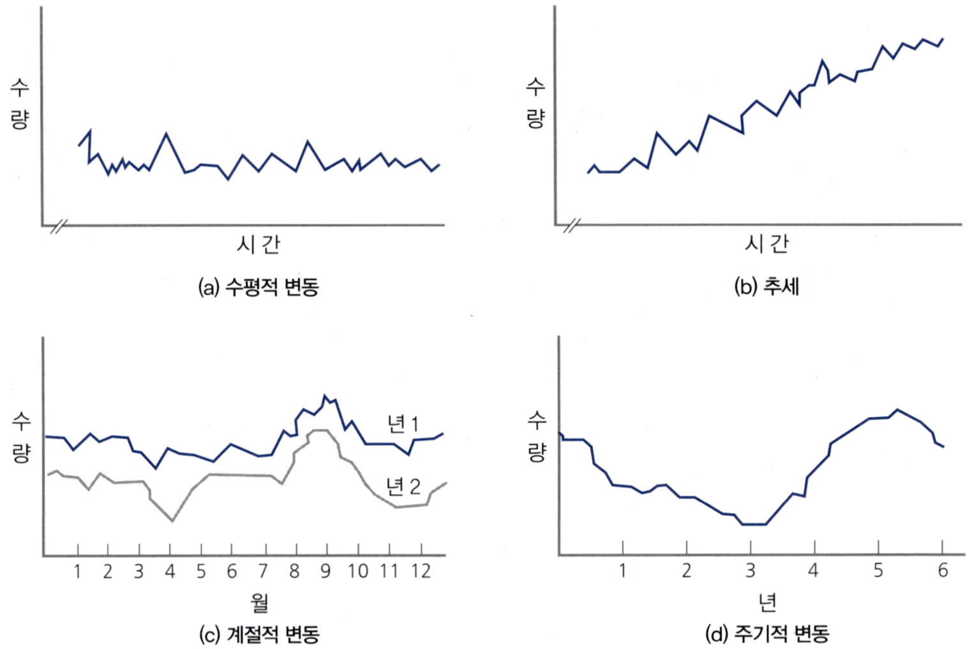

출처: Krajewski, Malhotra, and Ritzman(2016), p. 298.

시계열분석기법에서는 과거의 자료에 근거하여 시계열의 구성요소의 크기와 형태를 파악한 다음, 이를 미래에 투영하여 수요를 예측한다. 다만 우연변동은 예측이나 통제가 불가능하므로 제외된다. 주기적 변동도 장기간에 걸쳐 일어나고 예측이 쉽지 않다. 더구나 시계열분석기법은 주로 단기 및 중기 예측에 사용되므로 일반적으로 주기도 고려하지 않는다. 따라서 시계열분석기법에서 주로 고려되는 구성요소는 평균수준, 추세 및 계절적 변동이다.

시계열분석모형은 구성요소가 상호 어떻게 결합되어 있느냐에 따라 **승법모형**과 **가법모형**으로 구분된다. 승법모형에서는 시계열의 구성요소가 서로 곱하기 형태를 취하며, 가법모형에서는 더하기 형태를 취한다. 일반적으로 승법모형이 가법모형보다 더 많이 사용된다. 시계열분석모형의 유형을 결정하기 위해서는 과거의 자료를 그래프로 나타내 보면 도움이 된다. [그림 7-2]는 몇 가지 가능한 시계열의 패턴을 보여주고 있다.

그림 7-2 시계열의 패턴

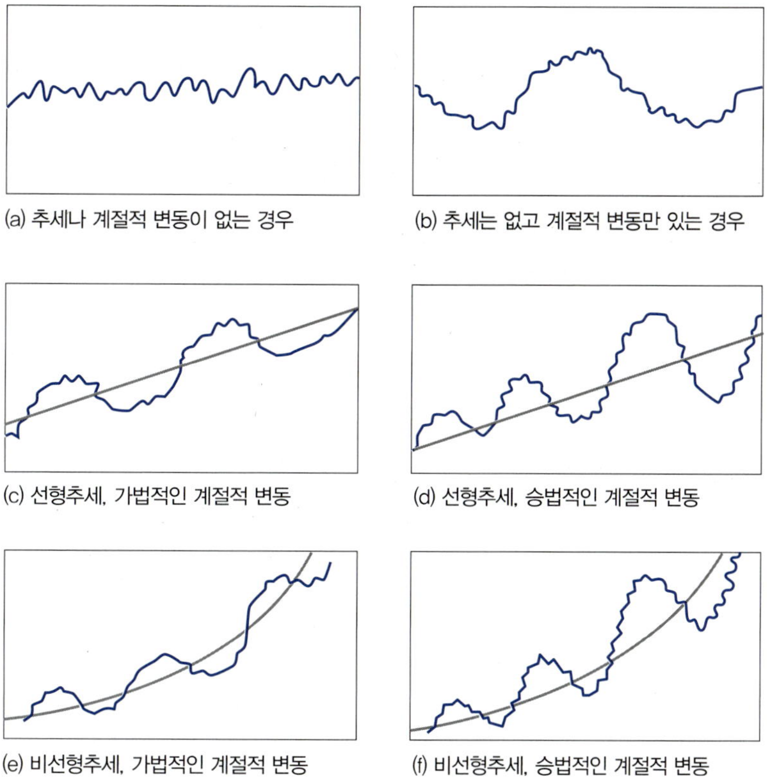

4.2 이동평균법

시계열분석기법 중에서 가장 단순한 방법이 **이동평균법**(moving average)이다. 이동평균법은 시계열에 계절적 변동, 추세 또는 주기적 변동이 없고 단지 평균수준과 우연변동만 있다고 가정한다. 이동평균법에는 과거 일정 기간의 실제 수요를 단순 이동평균하여 미래 수요를 예측해 나가는 단순이동평균법과 과거 일정 기간의 실제 수요를 가중 이동평균하여 미래 수요를 예측해 나가는 가중이동평균법이 있다.

(1) 단순이동평균법

단순이동평균법(simple moving average)은 과거 자료에 계절적 변동이나 추세가 없고 우연변동만이 크게 작용하는 경우의 수요예측에 유용하다. 단순이동평균법에서는 이동평균을 통하여 우연변동을 제거한다.

단순이동평균법에서는 예측하고자 하는 기간의 직전 일정 기간 동안의 실제 수요의 단순 평균치를 예측치로 한다. 즉, 기간 t의 실제 수요를 A_t, 기간 t의 예측치를 F_t, 그리고 이동평균기간을 N이라고 하면, 단순이동평균법에서 F_t는 다음과 같다.

$$F_t = \frac{A_{t-1} + A_{t-2} + \cdots\cdots + A_{t-N}}{N} \tag{7 · 1}$$

예를 들어, 실제 수요가 다음과 같다고 하자.

월(t)	1	2	3	4	5
실제 수요(A_t)	4	3	4	5	?

이동평균기간이 4개월이라면 4개월 단순 이동평균에 의한 5월의 수요 예측치 F_5는 다음과 같이 계산된다.

$$F_5 = \frac{5+4+3+4}{4} = \frac{16}{4} = 4$$

다시 5월이 경과하여 5월의 실제 수요가 5였다면 4개월 단순 이동평균에 의한 6월의 수요 예측치 F_6는 다음과 같다.

$$F_6 = \frac{5+5+4+3}{4} = \frac{17}{4} = 4.25$$

단순이동평균법에서는 **이동평균기간**을 얼마로 할 것인가가 문제가 된다. 이동평균기간을 길게 할수록 우연요인이 더 많이 상쇄되어 예측치가 안정되지만 수요의 실제 변화에는 늦게 반응한다. 〈표 7-2〉와 [그림 7-3]은 이와 같은 현상을 잘 보여주고 있다. 따라서 이동평균기간은 예측의 안정성과 수요 변화에 반응하는 반응도 간의 상충관계를 고려하여 적절히 선택되어야 한다.

표 7-2 3주 및 6주 단순이동평균법에 의한 수요예측

기간(주)	실제 수요	3주 단순이동평균에 의한 예측치	6주 단순이동평균에 의한 예측치
1	10		
2	18		
3	29		
4	15	19.0	
5	30	20.7	
6	12	24.7	
7	16	19.0	19.0
8	8	19.3	20.0
9	22	12.0	18.3
10	14	15.3	17.2
11	15	14.7	17.0
12	27	17.0	14.5
13	30	18.7	17.0
14	23	24.0	19.3
15	15	26.7	21.8

그림 7-3 실제 수요와 3주 및 6주 단순이동평균법에 의한 예측치

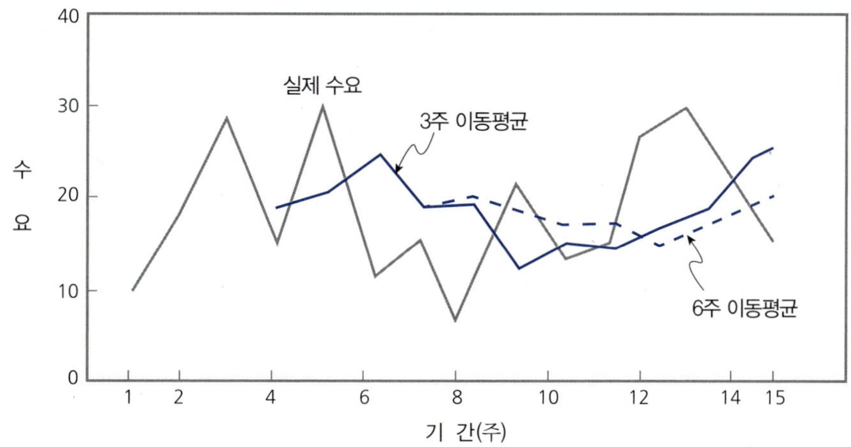

단순이동평균법은 간단하고 쉽게 이해할 수 있다는 장점이 있지만 이동평균기간에 해당하는 과거 자료를 계속적으로 가져가야 한다는 단점이 있다. 이동평균기간이 3~6기간 정도로 짧은 경우에는 별 문제가 없지만 만약 2,000개의 품목 각각에 대해 60일 이동평균을 취한다면 상당히 많은 양의 자료를 계속 가져가야 하는 부담이 있다.

(2) 가중이동평균법

단순이동평균법에서는 이동평균기간 동안의 각 자료에 동일한 가중치를 부여하였다. 즉, 이동평균기간을 N이라 하면 수요예측기간 직전 N기간의 각 실제 수요에 $1/N$의 가중치를 부여하였다. 이에 비해 **가중이동평균법**(weighted moving average)에서는 예측에 사용되는 직전 N기간의 실제 수요에 합이 1이 되는 가중치를 자유롭게 부여한다.

가중이동평균법을 수식으로 나타내면 다음과 같다.

$$F_t = W_{t-1}A_{t-1} + W_{t-2}A_{t-2} + \cdots\cdots + W_{t-N}A_{t-N} \qquad (7 \cdot 2)$$

여기서 F_t = 기간 t의 수요 예측치

A_t = 기간 t의 실제 수요

W_t = 기간 t에 부여된 가중치

$$\sum_{i=t-1}^{t-N} W_i = 1$$

따라서 앞에서 살펴본 단순이동평균법은 식 (7 · 2)에서 모든 가중치가 같을 경우(즉, $W_i=1/N$)의 가중이동평균법이라고 볼 수 있다. 즉, 단순이동평균법은 가중이동평균법의 특수한 형태라고 할 수 있다. 가중이동평균법은 보다 최근의 자료에 보다 큰 가중치를 부여함으로써 예측치가 수요 변동을 빨리 따라가게 할 수 있다는 장점을 가지고 있지만, 단순이동평균법보다 계산량이 다소 많다는 단점이 있다.

예를 들어, 실제 수요가 다음과 같다고 하자.

월(t)	1	2	3	4	5
실제 수요(A_t)	100	90	105	95	?

가중치를 예측하고자 하는 달의 직전 달에 0.4, 2개월 전에 0.3, 3개월 전에 0.2 그리고 4개월 전에 0.1로 둔다고 하자. 이 경우 4개월 가중 이동평균에 의해 5월의 수요를 예측해 보면 다음과 같다.

$$
\begin{aligned}
F_5 &= 0.4(95)+0.3(105)+0.2(90)+0.1(100) \\
&= 38+31.5+18+10 \\
&= 97.5
\end{aligned}
$$

5월의 실제 수요가 110이었다면 다시 6월의 수요 예측치는 다음과 같이 계산된다.

$$
\begin{aligned}
F_6 &= 0.4(110)+0.3(95)+0.2(105)+0.1(90) \\
&= 44+28.5+21+9 \\
&= 102.5
\end{aligned}
$$

가중이동평균법의 예를 하나 더 들어 보자. 어느 백화점은 과거 4주간의 자료를 가중 이동평균하여 매출액을 예측한다고 한다. 만일 가중치를 예측하고자 하는 날과 요일이 같은 과거 4주간의 4일 동안의 매출액의 평균에 0.4를 부여하고, 나머지 24일 동안의 매출액의 평균에 0.6을 부여한다면 기간 t의 매출액은 다음과 같이 예측된다.

$$
F_t = 0.4\frac{(A_{t-7}+A_{t-14}+A_{t-21}+A_{t-28})}{4} + 0.6\frac{\left(\sum_{i=t-1}^{t-6}A_i+\sum_{i=t-8}^{t-13}A_i+\sum_{i=t-15}^{t-20}A_i+\sum_{i=t-22}^{t-27}A_i\right)}{24}
$$

4.3 지수평활법

많은 경우에 보다 최근의 자료가 먼 과거의 자료보다는 미래를 더 잘 반영한다고 볼 수 있다. **지수평활법**(exponential smoothing)은 지수적으로 감소하는 가중치를 이용하여 최근의 자료일수록 더 큰 비중을, 오래된 자료일수록 더 작은 비중을 두어 미래 수요를 예측한다. 지수평활법에는 단순히 가장 가까운 과거의 자료에 더 큰 가중치를 부여하는 단순지수평활법과 추세나 계절적 변동을 보정(補正)해 나가는 고차적인 지수평활법이 있다. 여기서는 단순지수평활법만 소개한다.

단순지수평활법(simple exponential smoothing)은 이동평균법과 마찬가지로 시계열에 계절적 변동, 추세 및 주기가 크게 작용하지 않을 때 유용한 수요예측기법이다. 단순지수평활법은 기간 t의 수요 예측치 F_t를 구하는 데 ① 가장 최근의 예측치 F_{t-1}, ② 가장 최근의 실제 수요 A_{t-1}, ③ 평활상수 $\alpha(0 \le \alpha \le 1)$의 세 가지 자료를 이용한다. 단순지수평활법을 수식으로 나타내 보면 다음과 같다.

$$F_t = \alpha A_{t-1} + (1-\alpha)F_{t-1} \tag{7 · 3}$$

즉, 기간 t의 수요 예측치는 직전 기간의 실제 수요에 α의 가중치를, 그리고 직전 기간의 수요 예측치에 $(1-\alpha)$의 가중치를 부여하여 가중 평균한 값이다.

식 (7 · 3)을 다음과 같이 바꾸어 쓰면 단순지수평활법의 의미를 좀 더 잘 이해할 수 있다.

$$\begin{aligned} F_t &= \alpha A_{t-1} + (1-\alpha)F_{t-1} \\ &= \alpha A_{t-1} + F_{t-1} - \alpha F_{t-1} \\ &= F_{t-1} + \alpha(A_{t-1} - F_{t-1}) \qquad (7 \cdot 4) \\ \text{신예측치} &= \text{구예측치} + \alpha(\text{예측오차}) \end{aligned}$$

따라서 단순지수평활법은 예측치를 ($\alpha \times$예측오차) 만큼 연속적으로 수정해 나가는 과정으로 볼 수 있다. 즉, 실제치가 예측치보다 커서 예측오차가 양(+)이면 신예측치를 구예측치보다 ($\alpha \times$예측오차) 만큼 크게 하고, 실제치가 예측치보다 작아서 예측오차가 음(−)이면 신예측치를 구예측치보다 ($\alpha \times |$예측오차$|$) 만큼 작게 해나가는 것이다.

예를 들어, 지난달의 수요 예측치(F_{t-1})가 100개, 실제 수요(A_{t-1})가 110개, 그리고 평활상수가 α=0.3이라면 이번 달의 수요 예측치(F_t)는 다음과 같이 계산된다.

$$\begin{aligned} F_t &= F_{t-1} + \alpha(A_{t-1} - F_{t-1}) \\ &= 100 + 0.3(110 - 100) \\ &= 103 \end{aligned}$$

단순지수평활법을 처음 도입하는 경우, 최초의 예측치 F_1을 어떻게 구하느냐가 문제가 된다. 일반적으로 지수평활법의 최초 도입 시점에서 과거 자료가 있으면 과거 자료의 단순이동평균치나 가중이동평균치를 최초 예측치로 하고, 과거 자료가 없으면 정성적 기법에 의한 예측치를 최초 예측치로 한다. 초기의 예측은 이러한 최초 예측치에 의해 영향을 받으나 지수평활법은 최근의 자료에 보다 큰 비중을 두기 때문에 시간이 경과함에 따라 최초 예측치의 영향은 점차 줄어든다.

앞에서 지수평활법은 보다 최근의 자료에 더 큰 비중을 두어 미래 수요를 예측하는 방법이라고 했는데, 이제 식 (7 · 3)을 다음과 같이 연속적으로 전개시켜 그 의미를 살펴보기로 하자.

기간 1: A_1, F_1(F_1은 최초 예측치로 주어져 있고, 기간 1의 말에는 A_1 또한 알 수 있다.)

기간 2: $F_2 = \alpha A_1 + (1-\alpha)F_1$ (7 · 5)

기간 3: $F_3 = \alpha A_2 + (1-\alpha)F_2$

$= \alpha A_2 + (1-\alpha)\{\alpha A_1 + (1-\alpha)F_1\}$ (F_2 대신 식 (7 · 5) 대입)

$= \alpha A_2 + \alpha(1-\alpha)A_1 + (1-\alpha)^2 F_1$ (7 · 6)

기간 4: $F_4 = \alpha A_3 + (1-\alpha)F_3$

$= \alpha A_3 + (1-\alpha)\{\alpha A_2 + \alpha(1-\alpha)A_1 + (1-\alpha)^2 F_1\}$ (F_3 대신 식 (7 · 6) 대입)

$= \alpha A_3 + \alpha(1-\alpha)A_2 + \alpha(1-\alpha)^2 A_1 + (1-\alpha)^3 F_1$

따라서 일반적으로 F_t는 다음과 같이 표현된다.

$$F_t = \alpha A_{t-1} + \alpha(1-\alpha)A_{t-2} + \alpha(1-\alpha)^2 A_{t-3} + \cdots\cdots + \alpha(1-\alpha)^{t-2}A_1 + (1-\alpha)^{t-1}F_1 \quad (7 \cdot 7)$$

식 (7 · 7)에서 기간 t의 수요 예측치는 과거 모든 기간의 실제 수요의 지수적 가중평균임을 알 수 있다.[2] 따라서 단순지수평활법은 가중이동평균법의 특수한 형태라고 볼 수 있다. 그리고 식 (7 · 7)에서 각 가중치는 모든 $\alpha\,(0 \leq \alpha \leq 1)$값에 대하여

$$\alpha \geq \alpha(1-\alpha) \geq \alpha(1-\alpha)^2 \geq \cdots\cdots \geq \alpha(1-\alpha)^{t-2}$$

---

2) 식 (7 · 7)에서 모든 가중치의 합을 구하면 1이 된다. 즉,

$$\begin{aligned}
&\alpha + \alpha(1-\alpha) + \alpha(1-\alpha)^2 + \cdots\cdots + \alpha(1-\alpha)^{t-2} + (1-\alpha)^{t-1} \\
&= \alpha\{1 + (1-\alpha) + (1-\alpha)^2 + \cdots\cdots + (1-\alpha)^{t-2}\} + (1-\alpha)^{t-1} \\
&= \alpha\left[\frac{1-(1-\alpha)^{t-1}}{1-(1-\alpha)}\right] + (1-\alpha)^{t-1} \\
&= 1
\end{aligned}$$

이므로 단순지수평활법은 보다 최근의 자료에 더 큰 비중을 두어 수요를 예측함을 알 수 있다. 예를 들어, α가 0.9라면 $\alpha=0.9$, $\alpha(1-\alpha)=0.9\times0.1=0.09$, $\alpha(1-\alpha)^2=0.9\times(0.1)^2=0.009, \cdots$가 되고, α가 0.1이라면 $\alpha=0.1$, $\alpha(1-\alpha)=0.1\times0.9=0.09$, $\alpha(1-\alpha)^2=0.1\times(0.9)^2=0.081, \cdots$이 되어, α값이 클수록 먼 과거의 자료에 대한 가중치는 급격하게 떨어진다. 따라서 α값이 클수록 보다 최근의 자료가 예측치에 더 많이 반영됨을 알 수 있다.

단순지수평활법에서 **평활상수**(smoothing constant) α값의 역할을 살펴보기로 하자. 평활상수 α는 평활의 정도와 예측치와 실제치의 차이에 반응하는 속도를 결정한다. 즉, α값이 클수록 예측치는 수요 변화에 더 많이 반응하며, α값이 작을수록 평활의 효과는 더 커진다. 〈표 7-3〉과 [그림 7-4]는 이와 같은 사실을 잘 보여주고 있다.

평활상수의 값은 제품의 수요특성과 관리자가 좋은 반응률을 나타낸다고 생각하는 값에 의해 결정된다. 만약 식품 수요와 같이 실제 수요가 안정적이면 단기적 혹은 우연적 변동의 효과를 줄이기 위해 작은 α값을 사용하며, 유행품과 같이 실제 수요

표 7-3 $\alpha=0.1$과 $\alpha=0.5$에 의한 지수평활 예측치

기간	실제 수요(A_t)	지수평활법에 의한 예측치(F_t)	
		$\alpha=0.1$	$\alpha=0.5$
1	10	15*	15*
2	18	14.50	12.50
3	29	14.85	15.25
4	15	16.27	22.13
5	30	16.14	18.57
6	12	17.53	24.29
7	16	16.98	18.15
8	8	16.88	17.08
9	22	15.99	12.54
10	14	16.59	17.27
11	15	16.33	15.64
12	27	16.20	15.32
13	30	17.28	21.16
14	23	18.55	25.58
15	15	18.99	24.29

*최초의 예측치 F_1은 15로 하였음.

그림 7-4 실제 수요와 $\alpha=0.1$과 $\alpha=0.5$에 의한 지수평활 예측치

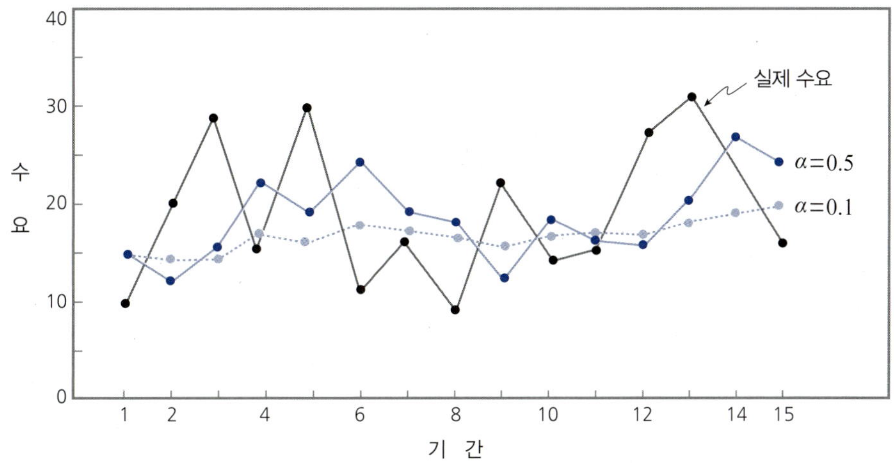

가 급격하게 변하면 그 변화를 빨리 따라갈 수 있도록 α값을 크게 한다. 일반적으로 α의 값은 예측치가 안정성을 유지할 수 있도록 0.1~0.3 사이에서 결정된다. 평활상수 α의 값을 결정하는 또 하나의 방법은 예측오차를 기준으로 하는 것이다. 즉, 여러 개의 α값에 대해 예측치를 구한 다음, 그 중에서 예측오차를 최소로 하는 α의 값을 선택하는 것이다. 이에 대해서는 본장의 뒤에서 설명한다.

4.4 추세분석법

추세분석법(trend analysis)이란 과거 자료에 뚜렷한 증가 또는 감소의 추세가 있는 경우, 과거 자료를 잘 관통하는 추세선을 구한 다음 그 추세선으로 미래 수요를 예측하는 방법이다. 과거 자료를 그래프에 표시해 보면 추세선으로 직선이 적당한지 또는 곡선이 적당한지를 판단할 수 있다. [그림 7-5]는 추세의 여러 가지 형태를 보여주고 있다. 여기서는 수학적으로 비교적 간단한 직선추세선에 의한 추세분석법만 살펴본다.

그림 7-5 추세의 여러 가지 형태

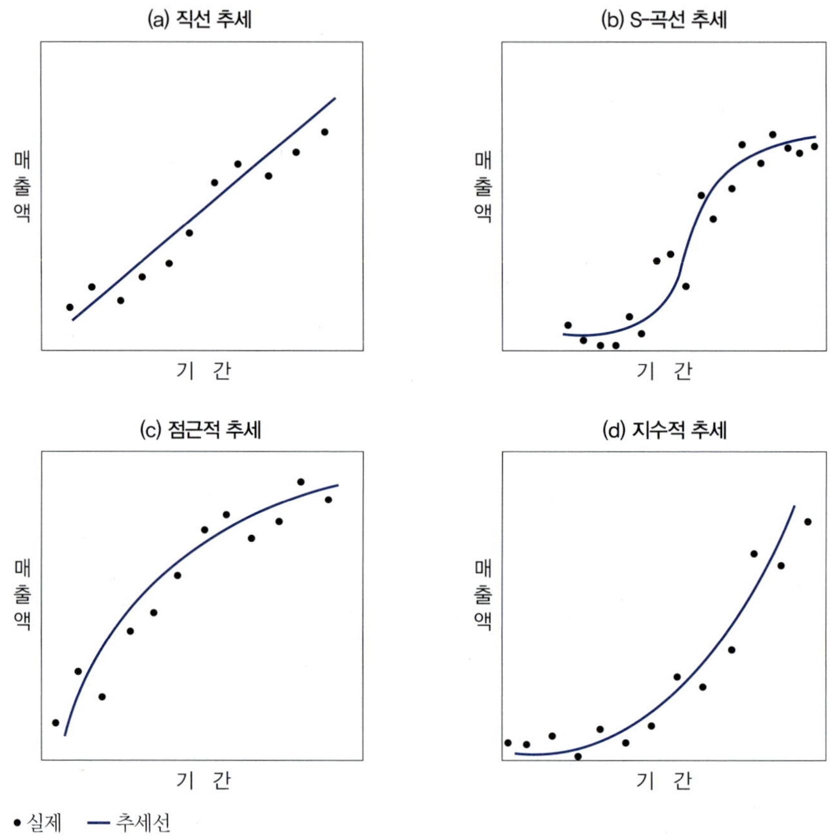

출처: Jacobs and Chase(2017), p. 407.

직선추세선은 다음과 같이 표현된다.

$$F_t = a + bt$$

여기서 F_t= 직선추세선에 의한 기간 t의 예측치
a = t가 0일 때 F_t의 값(즉, F_t축 절편)
b = 직선추세선의 기울기
t = 기간

그림 7-6 과거 자료와 직선추세선

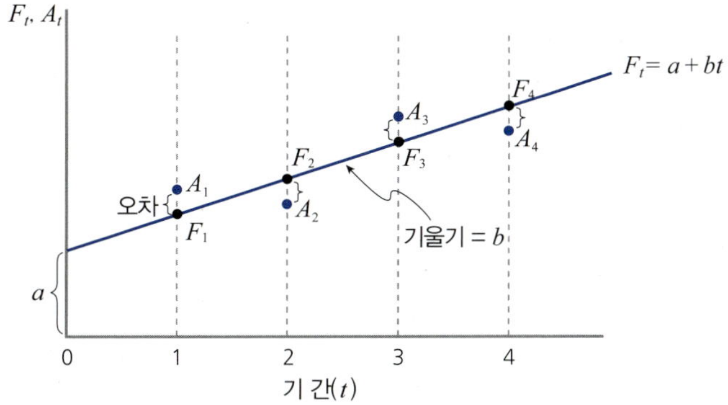

[그림 7-6]은 과거 4기간 동안의 실제 수요와 이들을 관통하는 직선추세선을 보여주고 있다. 여기서 A_t(t=1, 2, 3, 4)는 기간 t의 실제 수요, 그리고 F_t(t=1, 2, 3, 4)는 기간 t의 직선추세선상의 값을 나타낸다.

다음은 직선추세선이 과거 자료를 가장 잘 관통하도록 a와 b의 값을 결정해야 한다. 이를 위해서는 보통 **최소자승법**(least square method)을 사용한다. 최소자승법이란 실제치와 직선추세선상의 예측치와의 오차자승의 합(SSE: sum of the squares of the errors)이 최소가 되도록 a와 b의 값을 결정하는 방법이다. 최소자승법을 이용하여 구한 직선추세선을 최소자승선 또는 회귀선이라고 부르기도 한다.

과거 n기간 동안의 실제 수요 A_t(t=1, 2, …, n)가 주어져 있고 이에 대응하는 직선추세선의 값을 F_t(t=1, 2, …, n)라고 하면 오차자승의 합(SSE)은 다음과 같이 표현된다.

$$\begin{aligned}\text{SSE} &= \sum_{t=1}^{n} (A_t - F_t)^2 \\ &= \sum_{t=1}^{n} (A_t - a - bt)^2 \qquad (F_t \text{ 대신 } a+bt \text{ 대입})\end{aligned}$$

오차자승의 합 SSE는 a와 b 각각에 대해 2차함수이며, 제곱을 전개하면 a^2 및 b^2의 계수가 양(+)이므로 a와 b에 대해 아래로 볼록한 함수(convex function)가 된다. 따라서 SSE를 최소화시키는 a와 b의 값은 SSE를 a와 b에 대해 각각 편미분을 취한 뒤 0으로 놓고 두 식을 연립하여 풀면 다음과 같이 구할 수 있다.

$$b = \frac{n\sum_{t=1}^{n} tA_t - \left(\sum_{t=1}^{n} t\right)\left(\sum_{t=1}^{n} A_t\right)}{n\sum_{t=1}^{n} t^2 - \left(\sum_{t=1}^{n} t\right)^2} \qquad (7 \cdot 8)$$

$$a = \frac{\sum_{t=1}^{n} A_t - b\sum_{t=1}^{n} t}{n} \qquad (7 \cdot 9)$$

추세분석법의 예를 하나 들어보자. 어느 제품의 지난 5년간의 실제 수요는 다음과 같다.

연 도	실제 수요
2014	30
2015	40
2016	60
2017	50
2018	80

최소자승법에 의해 직선추세선을 구한 다음, 이 직선추세선을 이용하여 2019년도의 수요를 예측해 보자. 먼저 식 (7 · 8)과 (7 · 9)를 이용하여 a와 b의 값을 구하기 위해 〈표 7-4〉를 만든다. 이 표에서 계산의 편의상 2014년을 기간 1로 두었다.

〈표 7-4〉의 자료에 의해 a와 b의 값을 계산해 보면 다음과 같다.

$$b = \frac{5(890)-(15)(260)}{5(55)-(15)^2} = 11$$

$$a = \frac{260-(11)(15)}{5} = 19$$

따라서 직선추세선(또는 최소자승선)은 다음과 같다.

$$\begin{aligned} F_t &= a + bt \\ &= 19 + 11t \end{aligned}$$

2019년은 $t=6$이므로 2019년의 수요 예측치 F_6은 다음과 같이 계산된다.

$$F_6 = 19 + 11(6) = 85$$

표 7-4 추세선을 구하기 위한 계산표

연도	기간(t)	실제 수요(A_t)	t^2	tA_t
2014	1	30	1	30
2015	2	40	4	80
2016	3	60	9	180
2017	4	50	16	200
2018	5	80	25	400
합 계	15	260	55	890

4.5 시계열분해법

시계열은 추세, 계절적 변동, 주기 및 우연변동을 포함하고 있다. **시계열분해법**은 시계열 자료를 이와 같은 구성요소들로 분해하여 수요를 예측한다. 현실적으로 추세와 계절적 변동은 쉽게 파악되지만, 오랜 시간에 걸쳐 일어나는 주기적 변동과 우연적 요인에 의해 불규칙적으로 발생하는 우연변동은 파악하기가 힘들다. 따라서 여기서는 추세와 계절적 변동을 분해하여 수요를 예측하는 방법을 살펴본다.

(1) 가법적인 계절적 변동과 승법적인 계절적 변동

수요가 추세와 계절적 변동을 동시에 가지고 있을 때 두 요소가 어떻게 서로 연관되어 있느냐가 문제가 된다. 일반적으로 추세와 계절적 변동의 결합 형태에는 **가법적인 계절적 변동**과 **승법적인 계절적 변동**의 두 가지 유형이 있다.

가법적인 계절적 변동에서는 추세에 관계없이 계절변동폭은 언제나 일정하다고 본다. 따라서 계절적 변동이 가법적이면 추세와 계절적 변동을 포함한 예측치(FITS: forecast including trend and seasonal)는 다음과 같다.

$$\text{FITS} = \text{추세} + \text{계절적 변동}$$

[그림 7-7]은 일정한 계절변동폭을 가진 증가 추세를 보여주고 있다.

한편 계절적 변동이 승법적이면 FITS는 다음과 같이 추세에 **계절지수**(seasonal factor or index)를 곱한 값이 된다.

$$\text{FITS} = \text{추세} \times \text{계절지수}$$

그림 7-7 가법적인 계절적 변동

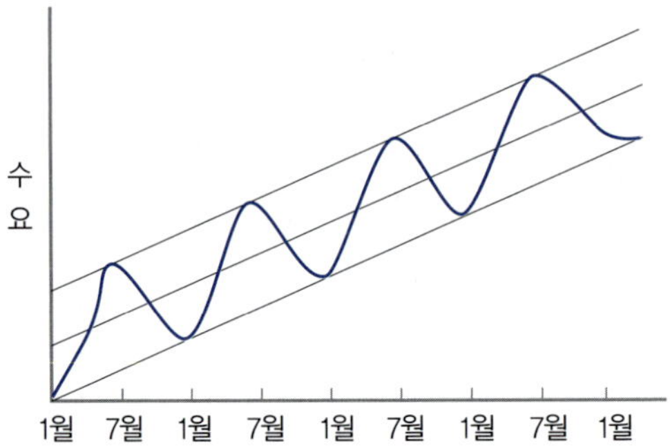

그림 7-8 승법적인 계절적 변동

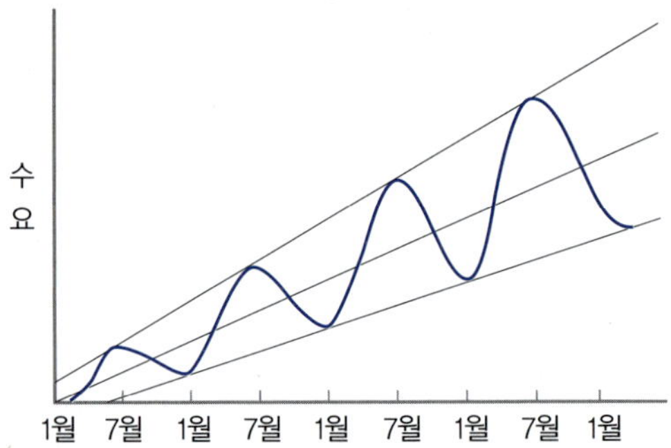

여기서 계절지수란 시계열의 값이 계절적 요인에 의하여 추세로부터 변동하는 정도를 나타낸다. [그림 7-8]은 증가하는 추세에 따라 계절변동폭도 증가하는 경우를 보여주고 있다. 일반적으로 승법적인 계절적 변동이 더 많이 사용된다.

구체적인 예를 가지고 가법적인 계절적 변동과 승법적인 계절적 변동에 의한 수요 예측치를 구해 보기로 하자. 〈표 7-5〉에서 2018년도의 실제 수요는 400이고, 이를 계절별로 보면 봄에 90, 여름에 150, 가을에 110, 그리고 겨울에 50이다. 따라서 2018년도의 평균 계절수요는 100(=400/4)이다. 이 자료로부터 계절변동폭과 계절지수를 구해 보자. 먼저 계절변동폭은 각 계절의 실제 수요에서 평균 계절수요 100을 뺀 값이며, 그 결과는 〈표 7-5〉에 나와 있다. 한편 계절지수는 특정 계절의 수요를 평균 계절수요로 나눈 값으로서 역시 〈표 7-5〉에 그 결과가 나와 있다.

표 7-5 가법적인 계절적 변동과 승법적인 계절적 변동에 의한 수요예측

	2018년			2019년 예측치	
	실제 수요	계절변동폭	계절지수	가법적인 경우	승법적인 경우
봄	90	90−100=−10	90/100=0.9	110−10=100	110×0.9= 99
여름	150	150−100= 50	150/100=1.5	110+50=160	110×1.5=165
가을	110	110−100= 10	110/100=1.1	110+10=120	110×1.1=121
겨울	50	50−100=−50	50/100=0.5	110−50= 60	110×0.5= 55
합계	400		4.0	440	440

평균 계절수요(2018년) = 400/4=100
평균 계절수요 예측치(2019년) = 440/4=110

만약 연간으로 볼 때 2019년도의 수요는 2018년도에 비해 10% 증가할 것으로 예상된다면 2019년도의 각 계절별 수요 예측치는 얼마가 될 것인가? 먼저 가법적인 계절변동에서는 계절변동폭이 그대로 유지되므로 2019년도의 각 계절별 수요 예측치는 2019년도의 평균 계절수요 예측치 110(=400×1.1/4)에 계절변동폭을 더한 값이 된다. 한편 승법적인 계절변동의 경우, 각 계절별 수요 예측치는 평균 계절수요 예측치에 계절지수를 곱한 값이 된다. 이들 예측결과는 〈표 7-5〉의 우측에 나와 있다. 이 결과를 보면 가법적인 계절변동의 경우, 2019년도의 각 계절별 수요 예측치는 2018년도와 똑같은 계절변동폭을 유지하고 있음을 알 수 있다. 그러나 승법적인 경우, 2019년도의 계절변동폭(평균 계절수요 대비 또는 계절 간 차이 모두)은 수요증가율 10% 만큼 확대되었음을 알 수 있다.

(2) 추세선을 이용한 시계열분해법

추세와 계절적 변동이 포함된 과거 수년간의 자료가 있는 경우에는 먼저 시계열을 분해하여 계절지수를 구하고 추세선을 이끌어낸 다음, 예측하고자 하는 기간에 대한 추세선의 값에 계절지수를 곱해 예측치를 구할 수 있다. 이 절차를 정리해 보면 다음과 같다.

1. 시계열을 분해한다.
   ① 계절적 요소(즉, 계절지수)를 구한다.
   ② 과거 자료를 비계절화한다.
   ③ 비계절화된 과거 자료를 가지고 추세선을 구한다.

2. 미래 예측치를 구한다.

① 예측하고자 하는 기간에 대한 추세선의 값을 구한다.

② 앞에서 구한 추세선의 값에 계절지수를 곱한다.

이 경우 어떻게 계절지수와 추세선을 유도해 내어 예측치를 구할 수 있는가를 예를 들어 설명해 보기로 한다. 〈표 7-6〉은 어느 백화점의 장난감 매장의 지난 3년간의 매출액을 분기별로 보여주고 있다. 이 자료에서 보면 수요는 매년 어린이날이 포함된 2/4분기와 크리스마스 시즌이 포함된 4/4분기에 특히 많으며, 또한 연간으로 볼 때 증가하는 추세임을 알 수 있다. 이 자료를 가지고 2019년도의 각 분기별 매출액을 예측해 보기로 하자.

1. 단계 1: 계절지수를 구한다.

각 분기의 계절지수는 각 분기별 평균 매출액을 12개 분기의 평균 분기매출액으로 나누어 구한다. 예를 들어 1/4분기의 계절지수는 1/4분기의 평균 매출액 35(=지난 3년간 1/4분기 매출액의 합÷3)를 전체 12개 분기의 평균 분기매출액 43.25(=지난 3년간 매출액의 합÷12)로 나눈 값인 0.81(=35/43.25)이 된다. 〈표 7-7〉은 이와 같은 과정을 통해 구한 각 분기의 계절지수를 보여주고 있다.[3)]

2. 단계 2: 원래의 자료를 비계절화한다.

과거 자료에서 계절 효과를 제거하기 위하여 원래의 자료를 계절지수로 나눈다. 이를 비계절화라고 하며, 그 결과는 〈표 7-8〉의 (4)열에 나와 있다.

3. 단계 3: 비계절화된 자료에 대해 추세선을 구한다.

비계절화된 직선추세선은 다음의 식으로 표현된다.

$$\hat{F}_t = a + bt$$

비계절화된 자료를 가지고 〈표 7-8〉의 계산을 통해 직선추세선을 구해 보면 다음과 같다.

$$\hat{F}_t = 38.31 + 0.76t$$

3) 1년에 4분기가 있으므로 분기별 계절지수의 합은 4가 되어야 한다.

표 7-6 장난감 매장의 지난 3년간 매출액 (매출액: 천만 원)

연도	분기	매출액	연도	분기	매출액	연도	분기	매출액
2016	1/4	32	2017	1/4	35	2018	1/4	38
	2/4	41		2/4	45		2/4	46
	3/4	35		3/4	40		3/4	42
	4/4	51		4/4	54		4/4	60
합계		159			174			186

표 7-7 계절지수의 계산

분기	분기별 평균 매출액	평균 분기매출액	계절지수
1/4	(32+35+38)/3=35	(159+174+186)/12=43.25	35/43.25=0.81
2/4	(41+45+46)/3=44		44/43.25=1.02
3/4	(35+40+42)/3=39		39/43.25=0.90
4/4	(51+54+60)/3=55		55/43.25=1.27
합계			4.00

표 7-8 비계절화된 매출액 및 추세선 도출을 위한 계산

연도	분기	(1) 기간 (t)	(2) 매출액 (A_t)	(3) 계절지수	(4)=(2)÷(3) 비계절화된 매출액$(\hat{A}_t)$	(5) =(1)² t^2	(6) =(1)×(4) $t\hat{A}_t$
2016	1/4	1	32	0.81	39.51	1	39.51
	2/4	2	41	1.02	40.20	4	80.40
	3/4	3	35	0.90	38.89	9	116.67
	4/4	4	51	1.27	40.16	16	160.64
2017	1/4	5	35	0.81	43.21	25	216.05
	2/4	6	45	1.02	44.12	36	264.72
	3/4	7	40	0.90	44.44	49	311.08
	4/4	8	54	1.27	42.52	64	340.16
2018	1/4	9	38	0.81	46.91	81	422.19
	2/4	10	46	1.02	45.10	100	451.00
	3/4	11	42	0.90	46.67	121	513.37
	4/4	12	60	1.27	47.24	144	566.88
합계		78	519	12.00	518.97	650	3,482.67

$$b=\frac{n\Sigma t\hat{A}_t-(\Sigma t)(\Sigma \hat{A}_t)}{n\Sigma t^2-(\Sigma t)^2}=\frac{12(3,482.67)-(78)(518.97)}{12(650)-(78)^2}=0.76$$

$$a=\frac{\Sigma \hat{A}_t-b(\Sigma t)}{n}=\frac{518.97-(0.76)(78)}{12}=38.31$$

따라서 $\hat{F}_t=38.31+0.76t$

표 7-9 2019년도의 분기별 매출액 예측치

2019년 분기	기간 (t)	직선추세선의 값 ($\hat{F}_t = 38.31+0.76t$)	계절지수	추세와 계절변동을 감안한 최종 예측치
1/4	13	$38.31+0.76\times13=48.19$	0.81	$48.19\times0.81=39.03$
2/4	14	$38.31+0.76\times14=48.95$	1.02	$48.95\times1.02=49.93$
3/4	15	$38.31+0.76\times15=49.71$	0.90	$49.71\times0.90=44.74$
4/4	16	$38.31+0.76\times16=50.47$	1.27	$50.47\times1.27=64.10$

4. 단계 4: 비계절화된 직선추세선을 이용하여 예측하고자 하는 기간에 대한 추세선의 값을 구한다.

   2019년의 각 분기별 비계절화된 직선추세선의 값은 〈표 7-9〉의 제3열에 나와 있다.

5. 단계 5: 추세선의 값에 계절지수를 곱하여 최종 예측치를 구한다.

   비계절화된 직선추세선의 값에 계절지수를 곱하여 추세와 계절변동을 모두 포함한 최종 예측치(FITS)를 구한다. 이 결과는 〈표 7-9〉의 제5열에 나와 있다.

3 예측오차의 측정과 통제

지금까지 여러 가지 시계열분석기법을 소개하였다. 어떤 예측기법을 선택할 것인가? 그리고 특정 예측기법에서 어떤 파라미터 값(예를 들면, 이동평균법에서 이동평균기간 N이나 지수평활법에서 평활상수 α)이 더 좋은가? 또 현재 사용하고 있는 예측기법이 예측을 잘 수행하고 있는지를 어떻게 판단할 수 있는가? 본절에서는 이러한 질문에 답을 하기 위해 예측오차의 측정과 통제 방법을 살펴본다.

5.1 예측오차의 측정

예측오차(forecast error)란 예측치와 실제치의 차이를 말한다. 수요는 모형에 정확히 나타낼 수 없는 여러 요인의 복잡한 상호작용에 의해 결정되기 때문에 모든 예측치는 다소간의 오차를 가질 수밖에 없다. 예측오차에는 두 가지 유형이 있다. 하나는

편의(偏倚: bias)로서 예측치가 실제치에 비해 전반적으로 높거나 낮음을 나타내며, 다른 하나는 **편차**(deviation)로서 예측치가 실제치와 얼마나 차이가 나는가를 나타낸다.

예측오차의 측정 방법으로는 평균오차, 평균자승오차, 평균절대편차 및 평균절대비율오차가 있다. 이러한 예측오차의 측정 방법은 현재 사용하고 있는 예측기법을 평가하는 데뿐만 아니라 여러 예측기법 중 하나를 선택하는 데에도 이용될 수 있다.

(1) 평균오차

평균오차(ME: mean error)란 다음의 식과 같이 매 기간의 오차를 모두 더하여 기간 수로 나눈 값이다.

$$ME = \frac{\sum_{t=1}^{n}(A_t - F_t)}{n}$$

여기서 A_t = 기간 t의 실제 수요

F_t = 기간 t의 수요 예측치

n = 기간 수

실제 수요에는 우연변동이 포함되어 있기 때문에 예측치가 실제치와 일치하는 경우는 드물다. 하지만 여러 기간에 걸친 평균 예측치는 그 기간 동안의 실제치의 평균에 근접해야 한다. 즉, 예측모형이 수요를 일관되게 과대 예측하거나 과소 예측을 하지 않는다면(즉, 편의가 없다면) 양의 오차와 음의 오차가 상쇄되어 ME는 0에 근접해야 한다. 따라서 ME가 0에 가까울수록 편의가 작음을 나타낸다. 하지만 ME는 양의 오차와 음의 오차가 상쇄되기 때문에 설사 ME가 0에 가깝다고 하더라도 절대편차는 클 수가 있다는 한계를 갖고 있다. 따라서 ME는 편의를 측정하는 데 유용하다고 볼 수 있다. 〈표 7-10〉의 자료에서 ME를 계산해 보면 0.25가 된다.

(2) 평균자승오차

평균자승오차(MSE: mean squared error)는 다음의 식과 같이 오차자승의 합을 기간 수로 나눈 값이다.

$$MSE = \frac{\sum_{t=1}^{n}(A_t - F_t)^2}{n}$$

표 7-10 ME, MSE, MAD 및 MAPE의 계산

기간 t	실제 수요 A_t	수요예측치 F_t	예측오차 A_t-F_t	절대편차 $\|A_t-F_t\|$	자승오차 $(A_t-F_t)^2$	절대비율오차 $\frac{\|A_t-F_t\|}{A_t}\times 100\%$
1	53	54	−1	1	1	1.89
2	59	55	4	4	16	6.78
3	64	56	8	8	64	12.50
4	48	58	−10	10	100	20.83
5	55	50	5	5	25	9.09
6	52	55	−3	3	9	5.77
7	55	52	3	3	9	5.45
8	44	48	−4	4	16	9.09
계			2	38	240	71.40

$$\text{ME} = \frac{2}{8} = 0.25 \qquad \text{MSE} = \frac{240}{8} = 30$$

$$\text{MAD} = \frac{38}{8} = 4.75 \qquad \text{MAPE} = \frac{71.4(\%)}{8} = 8.93\%$$

평균자승오차에서는 양의 오차와 음의 오차가 상쇄되지는 않으나 개개의 오차의 제곱을 취하기 때문에 오차가 클수록 부여되는 가중치가 커지는 결과를 초래한다. 〈표 7-10〉의 자료에서 MSE를 계산해 보면 30이 된다.

(3) 평균절대편차

예측오차의 측정 방법으로 가장 많이 쓰이는 것이 **평균절대편차**(MAD: mean absolute deviation)이다. MAD는 다음의 식과 같이 오차의 절대치, 즉 절대편차를 모두 더한 다음 이를 기간 수로 나눈 값이다.

$$\text{MAD} = \frac{\sum_{t=1}^{n} |A_t - F_t|}{n}$$

MAD는 표준편차와 비슷하지만 제곱근을 취하지 않기 때문에 계산이 보다 용이하다. 만약 예측오차가 0을 평균으로 한 정규분포를 한다면 MAD와 예측오차의 표준편차 σ와의 관계는 다음과 같다.

$$1\sigma \fallingdotseq 1.25\text{MAD} \text{ 또는 } 1\text{MAD} \fallingdotseq 0.8\sigma$$

따라서 정규분포를 가정하면 ±1MAD 사이에는 예측오차의 약 58%가, ±2MAD 사이에는 예측오차의 약 89%가, ±3MAD 사이에는 예측오차의 약 98%가 들어온다. 그리고 관리한계로 많이 쓰이는 ±3σ에 해당하는 ±3.75MAD 사이에는 예측오차의 약 99.7%가 들어온다. 따라서 예측오차가 ±3.75MAD를 벗어나면 비정상적인 것으로 간주할 수 있다. 〈표 7-10〉의 자료에서 MAD를 구해 보면 4.75가 된다.

(4) 평균절대비율오차

평균절대비율오차(MAPE: mean absolute percent error)는 기간에 따라 수요의 크기가 크게 달라질 때 유용한 방법이다. 즉, 실제 수요가 50일 때 예측치가 45인 경우와 실제 수요가 10일 때 예측치가 15인 경우는 다 같이 절대편차가 5이지만 예측의 정확성 면에서는 큰 차이가 있다. 즉, 실제 수요에 대한 상대오차를 보면, 전자의 경우는 5/50=10%, 후자의 경우는 5/10=50%의 오차가 발생한 것이다. MAPE는 이와 같은 방식으로 오차를 측정한 후 평균한 값이다. 즉,

$$\text{MAPE} = \frac{\displaystyle\sum_{t=1}^{n} \frac{|A_t - F_t|}{A_t} \times 100\%}{n}$$

〈표 7-10〉의 자료에서 MAPE를 계산해 보면 8.93%가 된다.

지금까지 예측오차의 여러 가지 측정 방법을 살펴보았다. 이러한 예측오차의 측정 방법은 예측기법의 평가와 선택에도 이용될 수 있다. 〈표 7-11〉은 어느 10기간 동안의 시계열에 대해 α=0.1과 α=0.5에 의한 지수평활 예측치의 정확성을 ME와 MAD를 기준으로 비교한 것이다. 먼저 ME를 비교해 보면 α=0.1을 사용했을 때는 ME가 1.33, 그리고 α=0.5를 사용했을 때는 ME가 0.12로서, 다 같이 양의 편의를 가지고 있으나 α=0.5일 때가 α=0.1일 때에 비해 편의가 더 작다. 반면에 MAD를 비교해 보면 α=0.1을 사용했을 때는 MAD가 6.18, 그리고 α=0.5를 사용했을 때는 MAD가 7.91로서, α=0.1일 때가 α=0.5일 때에 비해 MAD가 더 작다. 따라서 이 경우 두 가지 예측 방법 간의 선택은 편의와 편차 중 어느 것을 더 중시하느냐에 달려 있다. 하지만 만일 어느 한 방법이 ME와 MAD 양쪽에서(즉, 편의와 편차의 양쪽에서) 다 좋다면 선택은 분명해진다.

표 7-11 α=0.1과 α=0.5에 의한 지수평활법의 비교

기간 (t)	실제 수요 (A_t)	예측치 (F_t)		예측오차 (A_t-F_t)		절대편차 ($\lvert A_t-F_t \rvert$)	
		α=0.1	α=0.5	α=0.1	α=0.5	α=0.1	α=0.5
1	10	15*	15*	−5.00	−5.00	5.00	5.00
2	18	14.50	12.50	3.50	5.50	3.50	5.50
3	29	14.85	15.25	14.15	13.75	14.15	13.75
4	15	16.27	22.13	−1.27	−7.13	1.27	7.13
5	30	16.14	18.57	13.86	11.43	13.86	11.43
6	12	17.53	24.29	−5.53	−12.29	5.53	12.29
7	16	16.98	18.15	−0.98	−2.15	0.98	2.15
8	8	16.88	17.08	−8.88	−9.08	8.88	9.08
9	22	15.99	12.54	6.01	9.46	6.01	9.46
10	14	16.59	17.27	−2.59	−3.27	2.59	3.27
계				13.27	1.22	61.77	79.06

α=0.1일 때 ME = 13.27/10 = 1.33, MAD = 61.77/10 = 6.18

α=0.5일 때 ME = 1.22/10 = 0.12, MAD = 79.06/10 = 7.91

*최초의 예측치 F_1은 15로 하였음.

5.2 예측오차의 통제

어떤 예측기법에 의한 예측치가 실제치를 잘 따라가고 있는지를 판단하는 하나의 방법은 예측치를 실제치와 시각적으로 비교해 보는 것이다. 또 하나의 방법은 **추적지표**(TS: tracking signal)를 이용하는 것이다. 추적지표(TS)란 다음의 식과 같이 누적 예측오차를 MAD로 나눈 값이다.

$$TS = \frac{\sum_{t=1}^{n}(A_t - F_t)}{MAD}$$

TS는 매 기간마다 재계산된다. TS는 예측치가 실제치를 잘 따라가고 있으면 약간의 양의 오차와 음의 오차가 서로 상쇄되어 0에 가까운 값을 갖는다. 그러나 TS는 예측치가 실제치보다 계속해서 상당히 낮으면 큰 양수 값을 갖고, 반대로 예측치가 실제치보다 계속해서 상당히 높으면 큰 음수 값을 갖는다. 〈표 7-12〉는 6기간에 걸친 MAD와 추적지표의 계산과정을 보여주고 있다.

표 7-12 **MAD와 추적지표의 계산**

기간 (t)	실제 수요 (A_t)	예측치 (F_t)	예측오차 (A_t-F_t)	누 적 예측오차	절대편차	누 적 절대편차	평균절대편차 (MAD)	추적지표 (TS)
1	150	151	−1	−1	1	1	1	−1
2	146	155	−9	−10	9	10	5	−2
3	156	147	9	−1	9	19	6.33	−0.16
4	152	145	7	6	7	26	6.50	0.92
5	145	148	−3	3	3	29	5.80	0.52
6	142	147	−5	−2	5	34	5.67	−0.35

TS가 양수 또는 음수 값을 취하면서 매 기간 변하더라도 어떤 합리적인 관리한계 내에서 정상적으로 움직이면 예측치가 실제치를 잘 따라가고 있다고 판단하지만, 관리한계를 벗어나거나 관리한계 내에서도 비정상적으로 움직이면 그 원인을 면밀히 검토하여 조치를 취해야 한다. 예를 들면, 지수평활법의 경우에는 평활상수 α의 값을 조정해야 한다. 추적지표의 관리한계로는 보통 ±4를 많이 쓴다.[4)]

〈표 7-12〉에서 매 기간 계산된 추적지표를 ±4 관리한계를 가진 관리도에 그려보면 [그림 7-9]와 같다. 이 그림에서 보면 6개의 점들이 관리한계를 벗어나지 않고 관리한계 내에서 위 아래로 정상적으로 움직이므로 현재까지는 큰 문제가 없다고 볼 수 있다.

그림 7-9 **추적지표의 관리도**

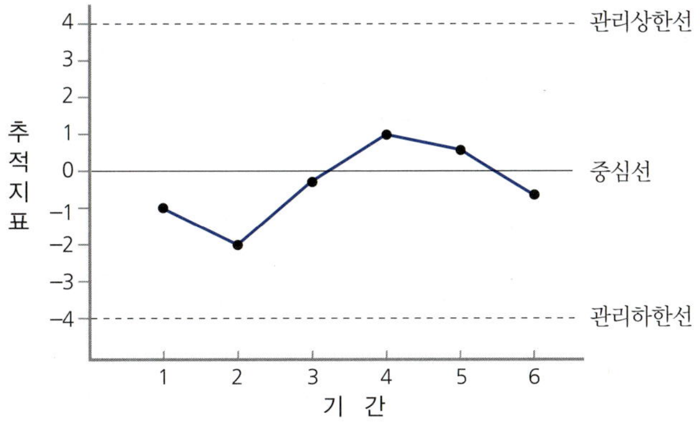

4) 1MAD≒0.8σ이므로 ±4MAD≒±3.2σ가 된다. 따라서 정규분포를 가정할 때 TS가 ±4 관리한계 내에 들어올 확률은 약 99.86%이므로 이 범위를 벗어나면 예외 값(outlier)으로 간주할 수 있다.

6 인과형 모형

인과형 모형에서는 수요를 여러 가지 요인의 함수로 생각한다. 예를 들면, 수요는 가격, 품질, 광고 및 경쟁업체에 의해 영향을 받으므로 인과형 모형에서는 수요를 종속변수로, 그리고 이들 요인들을 독립변수로 놓고 양자의 관계를 여러 가지 모형으로 파악하여 수요를 예측한다. 인과형 모형에도 여러 가지 기법이 있으나 여기서는 회귀분석만 살펴본다.

6.1 회귀분석

회귀분석(regression analysis)이란 수요를 종속변수로, 수요에 영향을 미치는 요인들을 독립변수로 놓고 양자의 관계를 나타내는 회귀방정식을 도출한 다음, 독립변수들의 특정한 값이 주어지면 이를 회귀방정식에 대입하여 종속변수인 수요를 추정하는 방법이다. 종속변수인 수요와 이에 가장 큰 영향을 미치는 하나의 독립변수와의 관계를 규명하는 경우를 단순회귀분석이라고 하고, 둘 이상의 독립변수와의 관계를 규명하는 경우를 다중회귀분석이라고 한다. 그리고 종속변수와 독립변수와의 관계를 선형으로 놓으면 선형회귀분석이라고 하고, 지수함수나 포물선과 같은 비선형의 관계로 파악하면 비선형회귀분석이라고 한다. 여기서는 선형회귀분석만 살펴본다.

(1) 단순선형회귀분석

단순선형회귀분석(simple linear regression analysis)에서는 수요 Y를 종속변수로, 수요에 가장 크게 영향을 미치는 하나의 요인을 독립변수 X로 놓고 양자의 관계를 선형으로 파악한다. 이 경우 회귀방정식은 다음과 같다.

$$\hat{Y} = a + bX \quad (7 \cdot 10)$$

여기서 $\hat{Y}$ = 종속변수(수요) Y의 추정치(즉, 회귀선상의 값)

X = 독립변수(수요에 가장 크게 영향을 미치는 요인)

a = $\hat{Y}$축 절편(X=0일 때 $\hat{Y}$의 값)

b = 직선의 기울기

식 (7 · 10)은 추세분석법에서 설명한 직선추세선과 동일한 형태를 갖고 있다. 다만 추세분석법에서는 독립변수를 시간 t로 놓았을 뿐이다 따라서 최소자승법에 의해 a와 b의 값을 구하는 공식을 유도해 보면 앞서 추세분석법에서 구한 식 (7 · 8) 및 (7 · 9)와 같은 형태가 된다. 즉, 독립변수 X의 값이 X_i일 때 관측된 실제 수요를 Y_i라고 하고 (X_1, Y_1), (X_2, Y_2), …, (X_n, Y_n)의 n개의 자료가 주어지면 a와 b의 값을 구하는 공식은 다음과 같다.

$$b = \frac{n\sum_{i=1}^{n} X_iY_i - \left(\sum_{i=1}^{n} X_i\right)\left(\sum_{i=1}^{n} Y_i\right)}{n\sum_{i=1}^{n} X_i^2 - \left(\sum_{i=1}^{n} X_i\right)^2} \qquad (7 \cdot 11)$$

$$a = \frac{\sum_{i=1}^{n} Y_i - b\sum_{i=1}^{n} X_i}{n} \qquad (7 \cdot 12)$$

단순선형회귀분석에서는 종속변수인 수요 Y와 1개의 독립변수 X와의 관계를 직선적인 관계로 두었는데, 양 변수 간의 직선적인 관계의 정도, 즉 선형상관관계의 정도를 **상관계수**(correlation coefficient) r로 측정한다. 상관계수 r은 -1에서 $+1$까지의 값을 가질 수 있으며, $r=0$은 무(無) 선형상관을 그리고 $r=\pm1$은 완전 선형상관을 의미한다. 따라서 $|r|$이 1에 가까울수록 더욱 강한 선형상관관계를 나타내며, 모형의 신뢰성이 높아진다. 그리고 상관계수의 부호가 양(+)이면 두 변수 X와 Y가 같은 방향으로 변화함을 의미하고, 음(−)이면 X와 Y가 서로 반대 방향으로 변화함을 의미한다. 상관계수의 부호는 회귀선 (7 · 10)의 기울기 b의 부호와 같다. 상관계수 r을 계산하는 공식은 다음과 같다.

$$r = \frac{n\sum_{i=1}^{n} X_iY_i - \left(\sum_{i=1}^{n} X_i\right)\left(\sum_{i=1}^{n} Y_i\right)}{\sqrt{\left[n\sum_{i=1}^{n} X_i^2 - \left(\sum_{i=1}^{n} X_i\right)^2\right]\left[n\sum_{i=1}^{n} Y_i^2 - \left(\sum_{i=1}^{n} Y_i\right)^2\right]}} \qquad (7 \cdot 13)$$

상관계수 r의 제곱, 즉 r^2을 **결정계수**(coefficient of determination)라고 한다. 결정계수 r^2은 종속변수 Y의 총변동 중 독립변수 X에 의해 설명된 변동의 비율을 나타내며, $1-r^2$은 X 외의 다른 요인이나 우연요인에 의한 변동의 비율을 나타낸다. 그러므로 여러 개의 회귀모형이 고려될 때 보통 r^2의 값이 큰 것을 선택한다.

예를 하나 들어 보자. 어느 화물운송회사는 화물차에 소요되는 타이어의 수요가 화물차들의 총운행거리와 밀접하게 관련되어 있다고 보고 있다. 이에 따라 과거 6개월간의 자료를 조사해 보니 〈표 7-13〉과 같았다.

타이어의 수요를 종속변수 Y로, 그리고 총운행거리를 독립변수 X로 놓고 회귀방정식을 구하기 위해 먼저 〈표 7-14〉를 작성한다. 식 (7 · 11)과 (7 · 12), 그리고 〈표 7-14〉로부터 a와 b의 값은 다음과 같이 계산된다.

$$b = \frac{6(2,142)-164(72)}{6(4,902)-(164)^2} = 0.41$$

$$a = \frac{72-0.41(164)}{6} = 0.79$$

그러므로 회귀방정식은 다음과 같다.

$$\hat{Y} = 0.79 + 0.41X$$

표 7-13 총운행거리와 타이어 사용량

월(i)	총운행거리(단위: 만 km)	타이어 사용량
1	24	10
2	32	15
3	27	12
4	18	8
5	20	9
6	43	18

표 7-14 회귀선의 추정을 위한 계산

i	X_i	Y_i	X_iY_i	X_i^2	Y_i^2
1	24	10	240	576	100
2	32	15	480	1,024	225
3	27	12	324	729	144
4	18	8	144	324	64
5	20	9	180	400	81
6	43	18	774	1,849	324
계	164	72	2,142	4,902	938

다음 달의 총운행거리를 35만km로 추정하고 있다면 타이어의 수요는 다음과 같이 예측된다.

$$\begin{aligned}\hat{Y} &= 0.79 + 0.41(35)\\ &= 15.14(\text{약 } 15\text{개})\end{aligned}$$

한편 총운행거리와 타이어 사용량과의 선형상관관계의 정도를 나타내는 상관계수 r은 식 (7 · 13)과 〈표 7-14〉로부터 다음과 같이 계산된다.

$$r = \frac{6(2,142)-164(72)}{\sqrt{[6(4,902)-(164)^2][6(938)-(72)^2]}} = 0.99$$

따라서 총운행거리와 타이어 사용량은 아주 강한 양(+)의 선형상관관계를 가지며, r^2=0.98이므로 타이어 사용량 변동의 98%가 총운행거리에 의해 설명되었다고 볼 수 있다.

(2) 다중선형회귀분석

현실적으로 많은 경우에 수요에 영향을 미치는 요인은 여러 개이며, 이 경우 종속변수인 수요를 설명하기 위해서는 여러 개의 독립변수가 필요하다. k개의 독립변수로 이루어지는 회귀방정식은 다음과 같이 표현된다.

$$\hat{Y} = a + b_1X_1 + b_2X_2 + \cdots\cdots + b_kX_k$$

다중선형회귀분석(multiple linear regression analysis)은 일반적으로 컴퓨터에 의존한다.[5)]

5) 회귀분석 등 다양한 통계적 분석을 위한 컴퓨터 패키지(computer package)로는 SPSS(statistical package for social sciences), SAS(statistical analysis system) 등이 있다. 단순선형회귀분석과 같이 간단한 것은 Microsoft EXCEL을 이용해도 된다.

6.2 기타 인과형 모형

회귀분석 외의 인과형 모형으로는 계량경제모형, 투입-산출모형, 시뮬레이션모형 등이 있다. 계량경제모형은 일련의 상호 관련된 회귀방정식을 이용하여 각종 경제활동을 예측한다. 투입-산출모형은 각 산업부문 간의 제품이나 서비스의 흐름을 분석하여 수요를 예측한다. 시뮬레이션모형은 각종 내생변수와 외생변수에 대해 가정을 설정한 다음, 컴퓨터를 이용한 모의실험을 통해 수요를 예측하는 일종의 동적 모형이다.

7 수요예측기법의 선택

지금까지 여러 가지 수요예측기법을 설명하였는데 실제 수요예측을 할 때 어떤 특정 기법을 사용할 것인가가 문제가 된다. 적합한 예측기법을 선택하기 위해서는 각 기법의 내용이나 장 · 단점에 관한 명확한 이해가 선행되어야 함은 물론, 예측대상의 수준, 예측용도, 예측기간, 요구되는 정확도, 과거 자료의 유무 및 유형, 예측에 소요되는 시간 및 비용 등 여러 가지 요인을 고려해야 한다.

시계열분석기법이나 인과형 모형은 상당한 양의 역사적 자료를 필요로 한다. 따라서 과거 자료가 충분하지 않거나 또는 자료를 수집하는 데 시간과 비용이 너무 많이 소요된다면 이들 기법은 사용할 수 없고 정성적 기법이 사용된다. 또한 신제품의 수요예측과 같이 과거 자료가 전혀 없을 때에도 정성적 기법이 사용된다. 그리고 과거 자료가 충분하여 시계열분석기법이나 인과형 모형을 사용할 수 있는 경우에도 과거 자료가 안정적이냐 아니면 추세, 계절적 변동 또는 주기적 변동을 가지고 있느냐의 여부에 따라 구체적인 기법이 선정된다.

예측의 용도나 예측기간의 장 · 단에 따라서도 적합한 기법이 달라진다. 일반적으로 정성적 기법은 장기 예측에, 인과형 모형은 중기 예측에, 그리고 시계열분석기법은 단기 예측에 많이 쓰인다. 예측의 용도에 따른 적합한 예측기법은 본장의 앞에서 이미 살펴보았다.

그림 7-10 적합한 수요예측기법의 선택 과정

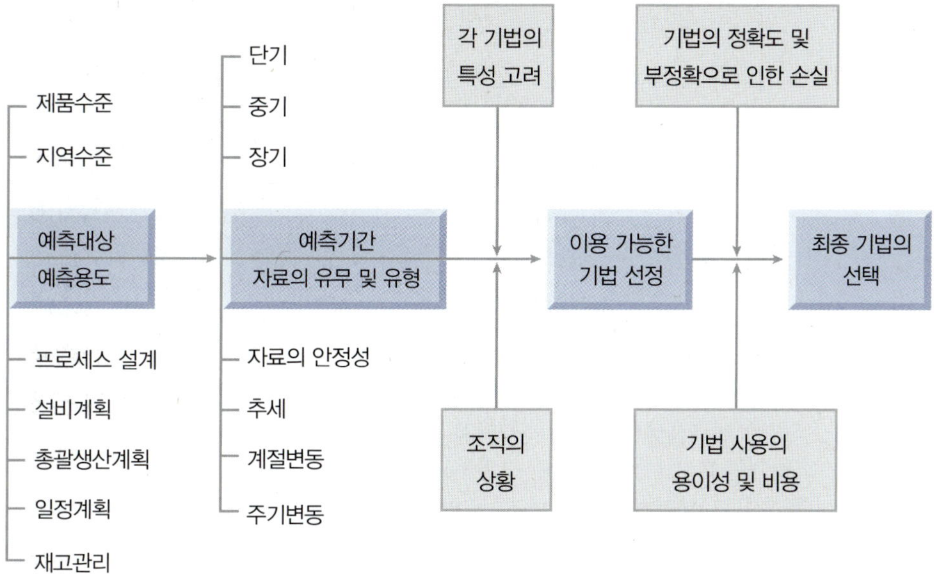

자료의 유무나 유형, 예측용도 및 예측기간이 결정되면 개인이나 조직의 상황에 비추어 실제 사용이 가능한 여러 가지 기법을 찾아낼 수 있다. 그런 다음 요구되는 예측의 정확도, 사용비용, 소요기간, 사용의 용이성 등을 고려한 후에, 예측에 소요되는 비용과 예측의 부정확으로 인해 발생하는 비용의 합계, 즉 예측 관련 총비용을 최소화하는 기법을 최종적으로 선택한다. 그러나 최종적으로 선택된 기법이 꼭 하나일 필요는 없다. 가능하면 여러 기법을 사용하여 여러 예측치를 얻은 후 상호 비교하여 최종 결과를 얻는 것이 좋다. 최종 예측치는 여러 예측치 중 하나를 선택할 수도 있고 각 예측치에 가중치를 두어 종합해도 좋다. [그림 7-10]은 지금까지 설명한 적합한 수요예측기법의 선택 과정을 보여주고 있다.

요약

- 수요예측기법은 정성적 기법, 시계열분석기법, 인과형 모형의 3대 형태로 구분할 수 있다. 적합한 수요예측기법은 프로세스 설계, 설비계획, 총괄생산계획, 일정계획, 재고관리 등 생산 의사결정의 유형에 따라 달라진다. 생산 외의 마케팅, 재무, 인사 등 다른 기능에 있어서도 수요예측이 요구되며, 이 경우에도 의사결정의 유형에 따라 적합한 수요예측기법이 달라진다.
- 정성적 기법은 경영적 판단, 전문가적 지식, 경험 등에 입각하여 수요를 예측한다. 정성적 기법은 과거 자료가 없거나 또는 신뢰할 수 없는 경우에 유용하다. 정성적 기법은 프로세스 설계나 설비계획과 같이 중 · 장기 예측이 요구되는 경우에 주로 사용된다. 대표적인 정성적 기법으로는 델파이법, 시장조사법, 패널동의법, 역사적 유추법 등이 있다.
- 시계열분석기법에서는 과거의 수요 패턴을 분석하여 이를 미래에 투영함으로써 수요를 예측한다. 시계열분석기법은 재고관리나 일정계획에 요구되는 단기 또는 중기 수요 예측에 주로 사용된다. 시계열분석기법으로는 이동평균법, 지수평활법, 추세분석법, 시계열분해법 등이 있다.
- 인과형 모형은 과거의 자료로부터 수요와 밀접하게 관련되어 있는 요인들을 찾아내어 수요를 종속변수로, 이들 요인들을 독립변수로 하여 인과관계를 분석함으로써 미래 수요를 예측하는 방법이다. 인과형 모형은 주로 중 · 장기 예측에 쓰인다. 인과형 모형에 속하는 기법으로는 회귀분석, 계량경제모형, 투입-산출모형, 시뮬레이션모형 등이 있다.
- 예측오차에는 편의와 편차의 두 가지 유형이 있으며, 예측치의 정확성을 통제하기 위해서는 이들을 항상 감시해야 한다. 편의와 편차는 추적지표와 MAD를 이용하여 통제될 수 있다.
- 적합한 예측기법을 선택하기 위해서는 예측대상, 예측용도, 예측기간, 요구되는 정확도, 과거 자료의 유무 및 유형, 예측에 소요되는 시간 및 비용 등 여러 가지 요인을 고려하여야 한다.

토론문제

01 수요예측기법의 3대 유형인 정성적 기법, 시계열분석기법 및 인과형 모형의 특징과 용도를 설명하라.

02 "정성적 예측기법은 단지 최후의 수단으로만 사용되어야 한다."는 말을 논평하라.

03 정성적 기법과 인과형 모형은 재고관리와 일정계획에는 그다지 유용하지 않다고 한다. 왜 그런가?

04 다음의 경우 시계열의 구성요소 중 어느 요소가 크게 작용하겠는가?

① 슈퍼마켓의 월별 우유 판매량
② 꽃가게의 월별 매출액
③ 에어컨의 월별 판매량
④ 편의점의 연도별 도시락 매출액

05 단순이동평균법에서 이동평균기간의 길이가 예측에 미치는 영향을 논하라.

06 지수평활법에서 평활상수 α의 값이 예측에 미치는 영향을 논하라

07 지수평활법은 이동평균법에 비해 어떤 장점이 있는가?

08 수요가 추세와 계절변동을 동시에 가지고 있을 때 가법적인 계절변동과 승법적인 계절변동의 차이를 설명하라.

09 추세분석법과 회귀분석법의 차이를 설명하라.

10 평균오차(ME)를 매 기간 계산해 보니 계속해서 큰 양(+)의 값을 나타내었다. 이는 무엇을 의미하는가?

11 추적지표를 이용한 예측오차의 통제 방법을 설명하라.

연습문제 01

어느 제품의 과거 실제 수요는 다음과 같다고 한다.

기 간	실제 수요	기 간	실제 수요
1	98	6	120
2	125	7	105
3	110	8	110
4	115	9	105
5	130	10	112

(1) 3기간 단순이동평균법에 의해 4~10기간까지의 예측치를 구하라.

(2) 가장 최근 기간으로부터 거슬러 올라가며 0.5, 0.3, 0.2의 가중치를 부여하는 가중이동평균법에 의해 4~10기간까지의 예측치를 구하라.

(3) 어느 예측기법이 더 좋은가를 MAD를 기준으로 평가하라.

02 어떤 제품의 과거 자료가 다음과 같이 주어져 있다.

월	수 요
1	12
2	11
3	15
4	12
5	16
6	15

(1) 가장 최근 달로부터 거슬러 올라가며 0.6, 0.3, 0.1의 가중치를 두는 가중이동평균법에 의해 7월의 수요를 예측하라.

(2) 3개월 단순이동평균법에 의해 7월의 수요를 예측하라.

(3) 평활상수 α=0.2, 그리고 6월의 수요 예측치가 13이라 할 때 단순지수평활법에 의해 7월의 수요 예측치를 구하라.

(4) 최소자승법에 의해 직선추세식을 구하라.

(5) (4)에서 구한 추세식을 이용하여 7월의 수요를 예측하라.

03 서진백화점은 지난주의 매출액을 1.1억 원으로 예측하였으나 실제 매출액은 1.25억 원이었다.

(1) α=0.1인 지수평활법을 사용할 때 이번 주의 예상 매출액은 얼마로 추정되는가?

(2) 금주의 실제 매출액은 1.2억 원으로 집계되었다. 다음 주의 매출액 예측치는 얼마가 되는가?

04 어느 회사는 수요예측기법으로 α=0.5인 단순지수평활법을 사용하고 있다. 1월부터 3월까지의 실제 수요와 1월의 수요 예측치는 다음과 같다. 4월의 수요를 예측하라.

월	실제 수요	예측치
1	100	80
2	94	?
3	90	?

05 어느 아이스크림 제조회사는 단순지수평활법을 이용하여 수요를 예측한다. 지난주의 예측치는 100,000갤런이었으나, 실제 팔린 양은 80,000갤런이었다.

(1) α=0.2와 α=0.4일 때 이번 주의 지수평활 예측치는 각각 얼마인가?

(2) 이번 주의 실제 수요가 95,000갤런으로 판명되었다고 할 때 어느 α값이 보다 정확한 예측을 하였는가?

06 1월부터 6월까지의 실제 수요는 다음과 같다.

월(t)	실제 수요(A_t)
1	100
2	94
3	102
4	90
5	95
6	98

(1) 최초의 예측치를 F_1=95, 그리고 평활상수 α=0.2로 놓고 단순지수평활법에 의해 2월에서 6월까지의 수요 예측치를 구하라.

(2) 이 예측방법에 의한 6개월간의 예측치에 대해 평균오차(ME), 평균자승오차(MSE), 평균절대편차(MAD) 및 평균절대비율오차(MAPE)를 구하라.

(3) α=0.4로 놓고 다시 예측치를 구한 다음, 평균오차(ME)와 평균절대편차(MAD)를 계산하라. ME와 MAD를 기준으로 할 때 α=0.2인 경우와 α=0.4인 경우 중 어느 쪽이 더 좋은 예측을 하는가?

07 어느 피자가게의 지난 6년간의 매출액은 다음과 같이 증가 추세를 보이고 있다.

연도	매출액(백만 원)
2013	62
2014	79
2015	86
2016	94
2017	107
2018	120

(1) 최소자승법에 의해 직선추세선을 구하라.

(2) 이 직선추세선을 이용하여 2019년도의 매출액을 추정하라.

08 어느 제품의 2018년도 계절별 수요는 다음과 같았다

계절	수요
봄	120
여름	200
가을	80
겨울	100
합계	500

(1) 계절변동의 폭과 계절지수를 구하라.

(2) 2019년에는 2018년에 비해 연간 기준으로 20%의 수요 증가가 예상된다고 할 때 가법적인 계절적 변동과 승법적인 계절적 변동의 각 경우에 대해 2019년도의 각 계절별 수요를 예측하라.

09 어느 회사는 작년 1년 동안의 수요를 분석해 보니 봄에 100개, 여름에 200개, 가을에 150개, 그리고 겨울에 120개였다. 이에 따라 이 회사는 올해의 수요를 봄에 150개, 여름에 250개, 가을에 200개, 그리고 겨울에 170개로 예측하였다. 이 회사는 이 제품수요의 계절적 변동을 가법적으로 보고 있는가, 아니면 승법적으로 보고 있는가를 답하고, 그 이유를 설명하라.

10 서진화장품(주)은 선탠용 오일(suntan oil)을 생산 · 판매하고 있다. 이 제품의 수요는 매우 계절적이어서 이 회사는 자재구입, 고용 및 자금계획에 상당히 곤란을 느끼고 있다. 따라서 미리 수요를 예측해 보기로 하고 과거 3개년의 분기별 수요를 조사해 보았더니 다음과 같았다.

(수요 단위: 천 개)

연도	분기	수요	연도	분기	수요	연도	분기	수요
1	1/4	96	2	1/4	110	3	1/4	130
	2/4	200		2/4	210		2/4	235
	3/4	174		3/4	190		3/4	215
	4/4	100		4/4	120		4/4	134
합계		570			630			714

(1) 계절지수를 구하라.

(2) 비계절화된 직선추세선을 구하라.

(3) 위에서 구한 계절지수와 비계절화된 직선추세선을 이용하여 다음 연도의 분기별 수요를 예측하라.

11 어느 도시의 경찰서장은 관내 20개 지역의 연간 범죄 발생건수(종속변수 Y)를 분석해 본 결과 지역의 가구당 연간 평균 소득(단위: 백만 원) X와 연간 범죄 발생건수 Y 간에는 다음과 같은 회귀방정식이 성립함을 알았다.

$$\hat{Y} = 300 - 1.8X$$

(여기서 $\hat{Y}$는 Y의 추정치)

또한 이 경찰서장은 이 회귀분석을 통해 연간 범죄 발생건수의 총 변동 중 가구당 연간 평균 소득에 의해 설명이 안 된 변동의 비율은 19%임을 알았다.

(1) 가구당 연간 평균소득이 1억 원인 어느 지역에 대한 연간 범죄 발생건수의 추정치는 얼마인가?

(2) 결정계수는 얼마인가?

(3) 상관계수를 구하고, 그 의미를 설명하라.

12 다음은 어느 공장의 지난 7년간의 작업 중 사고와 종업원 수를 보여주고 있다.

연도	종업원 수(천 명)	사고건수
2012	15	5
2013	12	20
2014	20	15
2015	26	18
2016	35	17
2017	30	30
2018	37	35
계	175	140

(1) 종업원 수를 독립변수로, 그리고 사고건수를 종속변수로 두고 단순선형회귀분석에 의해 회귀방정식을 구하라.

(2) 만약 2019년도의 종업원 수를 33,000명으로 잡고 있다면 사고건수의 예측치는 얼마가 되는가?

(3) 종업원 수와 사고건수 간의 상관계수는 얼마인가?

(4) 사고건수 변동의 몇 퍼센트가 고용수준에 의해 설명되었는가?

13 지난 6주간의 수요를 예측하기 위해 어떤 기법이 사용되었다. 실제 수요와 그 기법에 의한 예측치는 다음과 같았다.

주	실제 수요	예측치
1	900	800
2	1,000	850
3	1,050	950
4	900	950
5	900	1,000
6	1,100	975

매 기간 추적지표를 구하고 현재의 예측기법이 만족할 만한 것인가를 ±4 관리한계를 이용하여 평가하라.

참고문헌

윤석철 · 이상범, 『생산계획 및 재고관리』, 한국방송통신대 출판부, 1992.

Georgoff, David M. and Robert Murdick, "Manager's Guide to Forecasting," *Harvard Business Review*, January-February 1986, pp. 110-120.

Jacobs, F. Robert and Richard B. Chase, *Operations and Supply Chain Management*, 15th ed., McGraw-Hill, New York, 2017.

Krajewski, Lee J., Manoj K. Malhotra, and Larry P. Ritzman, *Operations Management*, 11th ed., Pearson, Upper Saddle River, NJ, 2016.

Schroeder, Roger G., Susan Meyer Goldstein, and M. Johnny Rungtusanatham, *Operations Management in the Supply Chain*, 6th ed., McGraw-Hill, New York, 2013.

제8장
설비계획

1. 생산능력의 정의와 측정
2. 설비 의사결정
3. 설비전략
4. 설비입지
• 요 약
• 토론문제
• 연습문제
• 참고문헌

기업은 현재와 미래의 수요에 대처할 수 있도록 적정한 수준의 생산능력을 갖추어야 한다. 생산능력에 관한 의사결정은 수요예측에 입각한 장기의 설비계획, 중기의 총괄생산계획 및 단기의 일정계획에 의해 이루어진다. **설비계획**(facility planning)은 장기적인 수요 변화에 대응하여 물리적인 생산능력(공장, 건물, 각종 시설 및 장비)을 획득하기 위한 계획으로서 대상 기간이 1년 이상인 장기계획이다. 총괄생산계획은 설비계획을 통해 획득한 물리적인 생산능력의 범위 내에서 향후 6개월에서 1~2년(보통은 1년)에 걸친 수요에 대응하여 월별로 전반적인 생산수준과 고용수준을 결정하는 중기계획이다. 일정계획은 가용 자원을 시간에 따라 주문, 활동, 작업 또는 고객에 할당하는 6개월 이내의 단기계획이다.

[그림 8-1]은 생산능력에 관한 의사결정의 체계를 보여주고 있다. 이 그림에서 보면 위의 세 가지 계획 간에는 상위계획이 하위계획에 제약을 주는 관계와 동시에 반대로 하위계획이 상위계획을 수정 · 보완해야 함을 알려주는 피드백 관계가 있음을 알 수 있다. 따라서 일정계획을 수립하다 보면 총괄생산계획을 수정해야 할 필요성도

그림 8-1 생산능력 의사결정의 체계

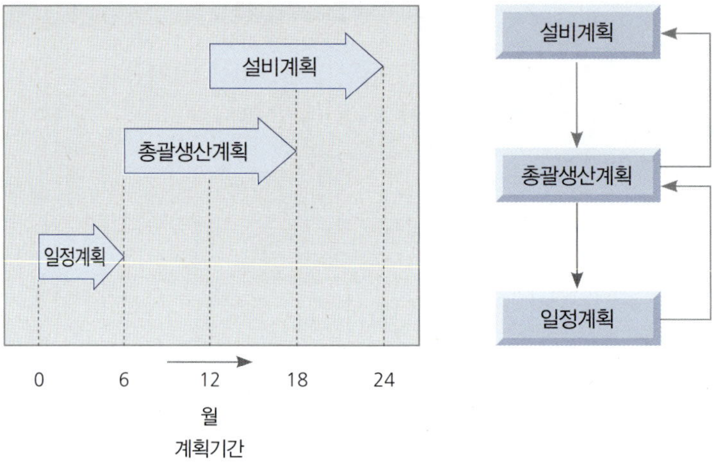

출처: Schroeder, Goldstein, and Rungtusanatham(2013), p. 286.

나타나며, 또한 총괄생산계획의 결과 물리적인 생산능력을 변경해야 할 필요성도 발견될 수 있다.

본장에서는 생산능력에 관한 의사결정 중에서 장기의 설비계획을 다루며, 중기의 총괄생산계획은 제9장에서, 그리고 단기의 일정계획은 제10장에서 다룬다. 본장에서는 먼저 생산능력과 관련된 기본적인 개념을 살펴본 다음, 설비계획에 관한 의사결정과 전략을 논의한다.

1 생산능력의 정의와 측정

생산능력(capacity)은 생산시스템이 일정한 기간(일, 주 또는 년) 동안 생산할 수 있는 최대 산출량으로 정의된다. 생산능력은 일정 기간당 산출물의 단위로 측정될 수 있다. 예를 들면, 제조업의 경우에는 정유공장의 배럴/일, 자동차공장의 대/년, 제철공장의 톤/년, 발전소의 메가와트/년 등이며, 서비스업의 경우에는 일정 기간당 서비스를 받을 수 있는 고객의 수로 측정된다. 또한 생산능력은 호텔의 객실 수, 항공사의 좌석-마일 수와 같은 가용 물리적 자산이나 로펌(law firm)의 변호사 수, 회계법인의 회계사 수, 컨설팅회사의 컨설턴트 수와 같은 가용 노동력으로도 측정될 수 있다.

생산능력을 측정할 때는 설비, 장비 및 노동력의 가동정책을 고려해야 한다. 즉, 주당 또는 연간 가동일수와 1일 교대 수(1일 1교대, 2교대, 3교대)를 고려해야 한다. 예를 들어, 어떤 설비가 주당 5일, 하루 8시간씩 2교대로 가동된다면 주당 생산능력은 80시간(=5×8×2)이 되고, 연간(52주) 생산능력은 4,160시간(=52×80)이 된다. 그러나 만약 이 설비가 하루 1교대로 8시간만 가동된다면 생산능력은 절반으로 줄어든다. 가동정책은 산업마다 다르다. 예를 들면, 장치산업인 정유공장은 1일 3교대 24시간, 1년 365일 내내 가동되며, 자동차공장은 보통 1일 2교대로 가동된다. 따라서 이와 같은 문제점을 해결하기 위하여 **공칭생산능력**(公稱生産能力: nominal capacity)이란 개념이 사용되기도 한다. 공칭생산능력이란 하루 1교대, 2교대, 3교대 어느 것이 정상이든 간에 정상적인 가동정책하의 일정 기간당 최대 산출량을 의미한다. 그러나 공칭생산능력은 잔업이나 하청 등은 포함하지 않는다.

가동률(utilization)은 실제 생산량과 생산능력과의 관계를 나타낸다. 가동률은 다음의 산식과 같이 실제 생산량을 생산능력으로 나눈 값(백분율)이다.

$$\text{가동률} = \frac{\text{실제 생산량}}{\text{생산능력}} \times 100\%$$

생산능력의 가동률은 생산능력의 사용비율을 측정하는 데 유용한 척도이다. 현실적으로 100% 가동률은 어렵다. 왜냐하면 설비의 계획된 정비나 교체 그리고 공급자의 늦은 납품이나 예기치 않은 수요에 대처하기 위해서는 예비 생산능력이 필요하기 때문이다.

가동률은 산업이나 기업에 따라 매우 다양하다. 장치산업과 같은 연속 프로세스의 가동률은 100%에 가깝다. 조립라인 프로세스의 경우에는 예기치 않은 수요에 대처하기 위한 유연성을 확보하기 위해 가동률을 보통 80% 수준에서 계획한다. 뱃치 및 잡숍 프로세스의 가동률은 일반적으로 낮다. 경찰, 소방, 응급의료 등과 같은 응급설비의 경우에는 재난이나 위급상황의 수요에 대처할 수 있도록 상당히 낮은 가동률을 유지한다.

가동률과 관련하여 **피크생산능력**(peak capacity)과 **유효생산능력**(effective capacity)은 구별되어야 한다. 기업은 변화가 매우 심한 수요나 계절적 수요에 대처하기 위해 잔업이나 임시 추가고용 등을 통해 단기간 동안 가동률을 100% 이상으로 유지할 수 있다. 이와 같이 피크 수요에 대처하기 위해 일시적인 방편을 사용하여 하루에 몇 시간 또는 한 달에 며칠간과 같이 단지 짧은 기간 동안만 유지되는 생산능력을 피크생산능력이라고 한다. 피크생산능력은 산출물이 재고로 보관될 수 없는 서비스 산업에서 특히 중요하다. 예를 들면, 택배서비스는 설날이나 추석과 같은 명절의 피크 수요에 대비하여 여러 가지 수단을 강구한다. 하지만 일반적으로 피크생산능력은 장기간 유지될 수는 없다. 왜냐하면 장기간 잔업은 작업자를 지치게 하고, 설비의 정비를 연기하는 데에도 한계가 있으며, 일시적인 방편은 원가를 상승시키기 때문이다.

이에 비해 유효생산능력이란 설비의 정비를 위한 시간, 교대 간 휴식시간, 일정 변경을 위한 시간, 작업자의 결근 및 기타 생산능력을 감소시키는 활동에 소요되는 시간을 차감한 생산능력으로서 오랫동안 계속 유지될 수 있는 생산능력을 말한다. 따라서 유효생산능력은 일정 기간의 실제 산출량을 계획하는 데 사용될 수 있는 생산능력이다.

설비계획에서는 피크생산능력과 유효생산능력 양쪽을 모두 고려해야 한다. 예를 들면, 한국전력의 경우에는 정기적으로 발전설비의 정비가 필요하고 또 전력 소비가 많은 여름철이나 겨울철의 피크 수요에 대처해야 하므로 발전소의 가동정책과 정비 일정 조정을 통해 피크생산능력과 유효생산능력 양쪽을 모두 세심하게 관리한다.

2 설비 의사결정

설비 의사결정은 기업에 대단히 중요하다. 설비 의사결정은 생산량에 대한 물리적 제약을 가져오며 상당한 자본투자를 요구한다. 따라서 설비 의사결정은 조직의 모든 기능과 관련되며 보통 최고경영층과 이사회에 의해 이루어진다.

설비 의사결정에서는 여러 대안 간의 상충관계를 고려해야 한다. 예를 들면, 기업은 기존의 설비를 확장할 것인가 아니면 새로운 설비를 추가로 건설할 것인가를 결정해야 한다. 기존 설비의 확장은 입지 면에서는 편리하겠지만 전력 및 난방과 같은 유틸리티 시스템을 업데이트해야 하는 문제가 있다. 이에 비해 새로운 설비의 추가 건설은 보다 시장 및 노동력 지향적인 입지를 취할 수 있는 장점은 있지만 대신 간접 부서를 중복으로 두어야 하는 단점이 있다.

설비의 건설에는 보통 1~5년의 장기적인 리드타임이 요구된다. 건물이나 장비의 추가에는 보통 1~2년 정도의 기간이 소요되지만 정유공장, 제지공장, 제철소, 발전소 등과 같은 대규모 복잡한 설비의 경우에는 5년 정도가 소요된다.

설비 의사결정에서는 다음과 같은 4가지 중요한 문제가 제기된다.

1. 얼마나 많은 생산능력이 필요한가?
2. 각 설비의 크기는 얼마나 되어야 하는가?
3. 생산능력은 언제 추가(확대)되어야 하는가?
4. 설비는 어디에 입지해야 하는가?

이 문제들은 개념적으로는 분리가 가능하나 현실적으로는 상호 연관되어 있는 경우가 많기 때문에 설비 의사결정은 매우 복잡하고 분석이 어렵다. 다음 절에서는 위의 설비 의사결정들을 자세히 살펴본다. 다만 설비의 입지는 별도의 절에서 다룬다.

3 설비전략

제2장에서 살펴본 바와 같이 설비전략(facilities strategy)은 생산전략의 일부이다. 설비 의사결정은 기업의 경쟁우위에 영향을 미치고 다른 전략적 생산 의사결정에도 영향을 미치기 때문에 단순한 자본예산 의사결정으로서가 아니라 전체 생산전략의 일부로서 고려되어야 한다.

설비전략에서는 앞 절에서 제기한 4가지 문제, 즉 생산능력의 양, 설비의 크기, 생산능력의 추가 시기 및 설비의 입지를 결정한다. 설비전략은 필요한 투자(재무 기능), 필요한 생산능력의 양을 결정하는 시장 크기(마케팅 기능), 새로운 설비와 관련된 인력 충원(인적자원 기능), 새로운 설비에 있어서의 원가 추정(회계 기능) 및 설비투자에 대한 기술적 의사결정(엔지니어링 기능) 때문에 기업 내 다른 기능과 긴밀히 조정되어야 한다.

설비전략은 다음 요인들에 의해 영향을 받는다.

1. **예상 수요:** 설비전략의 수립에는 제7장에서 살펴본 수요예측이 요구된다. 미래 수요의 예측에는 마케팅부서가 참여한다.
2. **설비의 원가:** 원가는 추가되는 생산능력의 크기, 시기 및 입지에 달려 있다. 회계와 재무부서는 설비전략에 따른 미래의 원가와 현금흐름을 추정한다.
3. **경쟁자의 태도:** 경쟁자가 느린 경쟁적 반응을 보이면 경쟁자가 강해지기 전에 시장을 장악할 수 있도록 생산능력을 확대할 수 있다. 반면에 경쟁자가 신속한 경쟁적 반응을 보이면 생산능력을 확대하는 데 보다 신중해야 한다.
4. **사업전략:** 사업전략에 따라 기업은 설비전략에 있어서 원가나 납품 혹은 유연성을 강조할 수 있다. 예를 들면, 사업전략이 신속한 납품 서비스를 추구하면 여유 생산능력을 유지하거나 또는 시장 근처에 여러 개의 설비를 두어야 한다. 만약 사업전략이 원가의 최소화나 유연성의 최대화를 추구하면 설비전략 또한 이에 맞도록 이루어져야 한다.
5. **국제적 고려:** 시장과 공급사슬의 성격이 점차 글로벌화됨에 따라 설비의 입지도 글로벌 차원에서 선택되고 있다. 설비의 글로벌 입지 선택에는 값싼 노동력뿐만 아니라 새로운 시장 개척이나 전문기술을 가진 노동력의 확보와 같은 전략적 이유도 고려된다.

본절에서는 4가지 설비 의사결정 중 별도의 절에서 다룰 설비의 입지를 제외한 나머지 3가지 의사결정을 살펴본다.

3.1 생산능력의 양

필요한 생산능력의 양은 기업이 기대 수요와 관련하여 얼마나 많은 생산능력을 제공할 것인가의 전략적 의사결정에 의해 결정된다. 이와 관련된 개념이 **완충생산능력**(capacity cushion)이다. 완충생산능력이란 수요의 갑작스런 증가나 생산능력의 일시적인 손실에 대처하기 위한 예비 생산능력의 양이다. 완충생산능력은 다음의 식과 같이 생산능력에서 평균 수요를 뺀 값이다.

완충생산능력 = 생산능력 - 평균 수요

따라서 완충생산능력이 양(+)이면 생산능력이 평균 수요보다 큼을 의미하고, 완충생산능력이 0이면 생산능력이 평균 수요와 같음(즉, 가동률 100%)을 의미한다.

완충생산능력을 얼마로 할 것인가는 전략적 의사결정이다. 왜냐하면 완충생산능력은 예기치 않은 상황에 대처하는 기업의 능력뿐만 아니라 서비스수준에도 영향을 미치기 때문이다. 완충생산능력에 대해서는 다음과 같은 세 가지 전략이 있다.

(1) 큰 완충생산능력

이 전략에서는 큰 양(+)의 완충생산능력을 유지한다. 즉, 기업은 의도적으로 여유생산능력을 크게 유지한다. 이 전략은 확대되고 있는 시장이나 또는 생산능력의 건설 및 운영비용이 생산능력의 부족으로 인한 비용보다 더 작을 경우에 적합하다. 일반적으로 전력산업은 대규모 정전사태(blackout)를 피하기 위해 이 접근법을 사용한다. 성장하는 시장에 있는 기업들은 경쟁자보다 시장점유율에서 앞서기 위해 큰 완충생산능력을 채택할 수 있다. 또한 기업은 큰 완충생산능력으로 예측할 수 없는 고객 수요(예를 들면, 급속히 대중화되는 신기술 제품에 대한 수요)에 대처할 수 있다. 일반적으로 주문생산 프로세스를 사용하는 기업들은 큰 완충생산능력을 갖는다.

(2) 알맞은 완충생산능력

이 전략에서는 기업은 생산능력에 대해 보다 보수적인 입장을 취한다. 이 경우 기업은 예측된 평균 수요를 안전하게 충족시키는 수준, 즉 예측치에서 크게 벗어나지 않는 수요 변화 정도는 충족시킬 만큼의 여유 생산능력을 가진 수준으로 생산능력을 유지한다. 이 전략은 생산능력의 부족으로 인한 비용과 생산능력의 과잉으로 인한 비용이 서로 비슷할 때 사용된다.

(3) 작은 완충생산능력

이 전략에서는 가동률을 최대화하기 위해 완충생산능력을 거의 0에 가까운 작은 수준으로 유지한다. 이 전략은 정유, 제철 및 기타 자본집약적인 산업의 경우와 같이 생산능력 건설비용이 생산능력 부족비용보다 매우 큰 경우에 적합하다. 이러한 산업에서 이익을 내기 위해서는 생산능력의 가동률을 90~100%로 매우 높게 유지해야 한다. 이 전략은 단기적 이익은 최대화하지만 만약 경쟁자가 큰 완충생산능력을 채택하여 초과 수요를 흡수하게 되면 시장점유율에서는 불리할 수 있다. 재고생산 프로세스는 보통 이 전략을 사용하여 작은 완충생산능력을 갖는다.

완충생산능력을 계획할 때, 기업은 여러 수준의 수요에 대한 확률을 평가하고 그 추정치를 생산능력의 증가 또는 감소에 관한 의사결정에 사용한다. 예를 들어, 어떤 기업의 생산능력은 1,200단위이고, 수요가 1,000단위일 확률이 50%, 800단위일 확률이 50%라고 하자. 그러면 평균 수요는 900단위(=1,000×0.5+800×0.5)가 되고, 평균 가동률은 75%(=900/1,200)가 된다. 따라서 완충생산능력은 300단위(=1,200−900) 또는 생산능력의 25%(=100%−75%)가 된다.

3.2 설비의 크기

생산능력의 양을 결정한 다음에는 개별 생산능력(즉, 개별 공장)의 크기를 결정해야 한다. 이는 **규모의 경제**(economies of scale)와 관련되어 있다. 규모의 경제란 개별 설비(공장)의 적정 크기와 관련된 개념이다. 규모의 경제란 일반적으로 설비의 규모가 커져 생산량이 증가하면 고정비가 더 많은 생산량에 분담되므로 단위당 생산비용이 감소하는 현상을 말한다. 규모의 경제는 두 가지 이유로 발생한다. 첫째, 생산설비의 건설 및 가동비용은 설비의 크기에 비례하여 증가하지는 않는다. 예를 들면, 일반적으로 생산율이 두 배인 기계의 구입 및 가동비용은 두 배보다 적다. 둘째, 설비의 규모가 커지면 간접비가 더 많은 생산량에 분담될 수 있다. 그 결과 설비의 크기가 커짐에 따라 단위당 생산비용이 감소한다. [그림 8-2]의 왼쪽 부분은 이러한 규모의 경제 현상을 나타내고 있다.

그러나 규모의 경제는 설비의 규모가 커짐에 따라 계속되는 것이 아니다. 설비의 규모가 너무 커져 어느 수준을 넘게 되면 오히려 단위당 생산비용이 증가하는 **규모의 비경제**(diseconomies of scale) 현상이 나타날 수 있다. 규모의 비경제는 여러 가지 이유로 발생한다. 첫째, 설비의 규모가 너무 커지면 수송의 비경제 현상이 나타난다. 제조업의 경우, 단일의 대규모 공장은 시장 근처에 입지한 다수의 소규모 공장보다 제품을 시장으로 보내는 데 수송비용이 더 많이 든다. 서비스업의 경우에도 단

그림 8-2 설비의 최적 크기

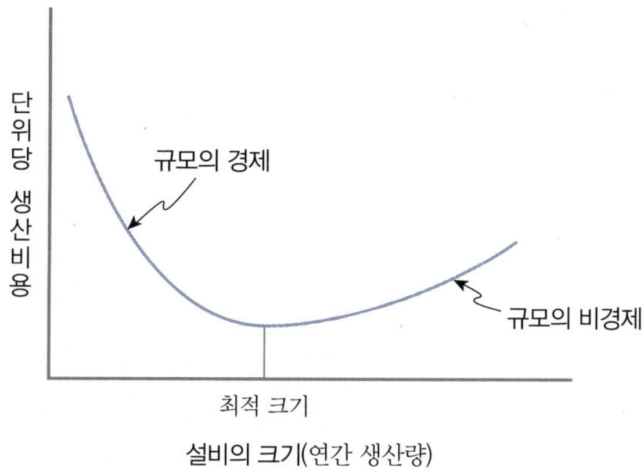

일의 대규모 설비는 고객이나 자재의 더 많은 이동을 요구한다. 예를 들면, 대형 병원에서는 환자가 병원 내에서 더 많이 이동해야 한다. 둘째, 대규모 설비에서는 의사소통, 조정 및 통제 비용이 증가하기 때문에 규모의 비경제가 발생한다. 대규모 설비를 관리하기 위해 관리계층이 늘어나면 생산량보다 원가가 더 빨리 증가한다. 셋째, 더 많은 제품이나 서비스가 추가되어 설비의 규모가 커지면 복잡성과 혼란에 따른 비용이 증가한다. 예를 들면, 자재의 흐름이 복잡해지면 자재취급비용이 대폭 증가한다. 이런 이유들로 인해 [그림 8-2]의 오른쪽 부분과 같은 규모의 비경제 현상이 나타난다.

[그림 8-2]에서 보는 바와 같이 단위당 생산비용이 최소가 되는 설비의 최적 크기가 존재한다. 이러한 설비의 최적 크기는 고정비가 얼마나 큰가와 규모의 비경제가 얼마나 빨리 나타나는가에 달려 있다. 사실상 기업마다 각자의 비용구조와 제품/서비스 믹스 그리고 원가, 납품 및 유연성 중 무엇을 강조하느냐의 생산전략에 따라 설비의 최적 크기는 달라진다. 즉, 원가가 설비의 크기에 영향을 미치는 유일한 요인은 아니라는 것이다.

3.3 생산능력의 추가 시기

생산능력의 추가(확대) 시기를 결정하는 데에는 기본적으로 다음과 같은 두 가지 상반된 전략이 있다.

(1) 선점전략

선점전략은 시장의 필요에 앞서 생산능력을 확대하는 전략이다. 이 전략은 양(+)의 완충생산능력을 가져오며, 시장을 자극하고 동시에 당분간 경쟁자의 진입을 차단한다. 애플(Apple)은 PC 시장의 초기에 이 전략을 사용하였다. 애플은 수요에 앞서 생산능력을 확대하였고 경쟁자들이 진입하기 전에 높은 시장점유율을 누렸다. 맥도날드도 패스트푸드 산업의 초기에 이 전략을 취하였다.

(2) 관망전략

관망전략은 수요가 개발되어 생산능력이 더 필요하다는 것이 분명해질 때까지 기다리는 전략이다. 그 결과 기업은 낮은 위험의 전략을 사용함으로써 시장 수요에는 뒤처지게 된다. 이 전략은 작거나 음(−)의 완충생산능력을 가져오며, 잠재적 시장점유율을 잃게 되는 결과를 초래할 수 있다. 하지만 후발 기업이 우수한 마케팅 채널이나 기술에 의해 시장점유율을 뺏어올 수 있는 경우에는 이 전략은 유효할 수 있다. 예를 들면, IBM은 1980년대에 PC 시장에서 선두주자인 애플의 추격자(follower)였지만 우수한 브랜드 이미지, 기업 규모 및 시장 영향력 때문에 빠른 추격자(fast follower)가 되어 시장점유율을 높일 수 있었다. 반면에 1970년대에 소형차 수요에 대해 관망전략을 취했던 미국의 자동차회사들은 일본의 자동차회사들에게 미국 내 소형차 시장을 빼앗기게 되었다. 또 다른 예로는 스마트폰을 들 수 있다. 휴대폰(피처폰)업계에서 선두주자였던 노키아는 스마트폰 시장에 대해 관망전략을 취함으로써 결국은 몰락하게 되었다. 반면에 애플의 스마트폰에 빠르게 대응했던 삼성전자는 애플의 빠른 추격자로 성공할 수 있었다.

4 설비입지

설비입지(facility location) 의사결정은 제조설비나 서비스설비가 지리적으로 어디에 위치해야 하는가를 다룬다. 제조업과 서비스업의 입지는 제조원가와 영업비용, 나아가 제품이나 서비스의 수요와 가격에까지 영향을 미칠 수 있으므로 입지 의사결정은 매우 중요하며 따라서 신중하게 이루어져야 한다. 기업이 설비의 입지를 신중하게 선택해야 하는 이유는 다음과 같다.

첫째, 설비의 입지는 기업의 경쟁력과 기업 활동의 여러 측면에 영향을 미친다. 제조업의 경우, 설비의 입지는 노무비와 각종 원자재의 가격 그리고 수송비에 영향을 미친다. 서비스업에 있어서는 설비의 입지에 따라 서비스에 대한 수요가 달라진다. 특히 대부분의 서비스에는 고객과의 직접 접촉이 요구되므로 서비스업의 입지는 사업의 성공 여부를 좌우하는 중요한 요인이 된다.

둘째, 입지 의사결정이 잘못되면 이로 인한 비용(기회비용까지 포함)은 엄청나며 그 결과 또한 오래 간다. 공장을 짓는 의사결정은 상당한 투자를 수반하므로 입지 의사결정이 잘못되면 엄청난 비용을 초래할 수 있다.

입지 의사결정에는 수익, 비용 등에 영향을 미칠 수 있는 여러 가지 요인들이 고려되어야 한다. 본절에서는 제조업과 서비스업의 주요 입지결정요인과 국제입지 그리고 입지결정기법을 살펴본다.

4.1 제조업의 주요 입지결정요인

(1) 노동력

섬유, 신발, 가구, 가전 등 노동집약적인 기업의 입지 결정에는 노동력과 관련된 요인이 매우 중요하다. 노동력과 관련된 요인에는 노동력의 양, 임금수준, 노동생산성, 근로의식, 교육훈련의 정도, 노동조합의 힘과 태도 등이 포함된다.

(2) 시장 근접성

최종 제품이 부피가 크거나 무거운 경우 그리고 반출 수송량이 큰 경우에는 보통 시장에 근접한 입지를 선택한다. 또한 생산 제품의 대부분이 특정 지역에서 소비되는 경우나 신속한 납품이 판매의 조건이 되는 경우에도 시장에 근접한 입지를 선택한다.

(3) 공급자 및 자원에 대한 근접성

부피가 크거나, 무겁거나, 상하기 쉬운 원자재를 투입요소로 사용하는 기업의 입지 의사결정에는 공급자나 자원에 대한 근접성이 강조된다. 왜냐하면 이 경우에는 투입요소의 반입을 위한 수송비용이 입지 결정에 주된 요인이 되기 때문이다. 예를 들면, 제지공장은 보통 산림 지역에 위치하는데, 이는 투입요소인 원목을 공장으로 수송해 오는 것보다 제품인 종이를 수요지로 수송하는 것이 더 용이하고 비용도 적게 들기 때문이다. 공급자나 자원 근처에 입지할 때의 또 다른 이점은 원자재의 재고를 낮은 수준으로 유지할 수 있다는 것이다.

(4) 모기업 설비에 대한 근접성

모기업에 부품을 납품하는 기업들은 모기업과의 긴밀한 소통 및 조정을 위해 모기업의 공장 근처에 입지하는 것이 좋다. 특히 모기업이 제14장에서 살펴볼 린(lean) 또는 JIT(just-in-time) 생산방식, 즉 도요타 생산방식을 취하는 경우에는 공급자들은 반드시 모기업의 공장 근처에 입지해야 한다.

(5) 유틸리티 비용, 세금, 토지 및 건축비용

제조업의 입지문제에서는 전력, 용수 등의 유틸리티 비용(utility cost)을 고려해야 한다. 전력이나 천연가스와 같은 에너지 자원을 대량으로 사용하는 제조공장의 입지 의사결정에는 에너지의 가용성과 에너지 비용이 고려되어야 한다. 또한 대량의 용수가 요구되는 경우에는 용수량과 용수비용을 고려하여 입지를 결정해야 한다.

국가나 지방정부가 특정 지역에 기업이나 산업을 유치하기 위한 유인책으로 세금감면 및 기타 재무적 인센티브를 주는 경우, 기업의 입지결정과 투자 규모는 이러한 혜택에 영향을 받는다.

토지 및 건축비용은 설비의 입지와 직접적으로 관련되는 비용이다. 토지비용은 부지에 따라 상당한 차이가 있다. 하지만 토지비용이 싸더라도 토목 및 건축비용이 클 수가 있으므로 토지비용과 토목 및 건축비용 양쪽을 모두 고려해야 한다.

(6) 생활의 질

제조공장의 입지결정에는 생활비, 종업원 자녀들의 교육여건, 생활편의시설, 문화시설, 교통 등과 같은 종업원의 생활여건도 고려되어야 한다.

(7) 기타 요인

제조업의 입지에는 도로, 철도, 항만, 공항, 통신 등과 같은 기반시설(infrastructure)이 고려되어야 한다. 또한 제조업의 입지 선택에 있어서는 미래의 확장잠재력도 고려되어야 한다. 즉, 제조업의 부지는 미래의 확장에 대비한 공간적 여유와 융통성이 있어야 하며, 도로 등 관련 기반시설도 생산량 증가를 수용할 수 있어야 한다.

한편 기업에 따라서는 법적 및 지역적 규제가 입지 선택에 제약이 되는 경우가 있다. 공해 방지나 소음 규제 등과 같은 법적 규제는 입지 선택에 영향을 미친다. 또한 지역적 규제도 어떤 지역에 위치할 수 있는 업종의 유형을 제약한다. 예를 들면, 상수원보호구역에서는 폐수배출업체가 규제된다.

지역사회의 태도도 입지 선택의 한 요인으로 고려되어야 한다. 비록 어떤 지역에 특정 산업의 유입이 법률에 의해 규제되지는 않더라도 지역주민들이 특정 설비(예를 들면, 원자력 발전소, 방사성 폐기물 처리장, 쓰레기 소각장 등)가 지역사회에 들어오는 것을 반대할 수 있다. 따라서 이 경우에는 입지 의사결정 전에 주민들의 의견을 충분히 수렴해 보는 것이 좋다.

4.2 서비스업의 주요 입지결정요인

(1) 고객 근접성

서비스업의 입지 선정에 있어서는 고객 근접성이 대단히 중요한 요인이 된다. 특히 고객과의 접촉이 많이 요구되는 서비스업의 경우에는 서비스설비가 고객과 얼마나 가까이 있느냐가 대단히 중요하다. 가까운 세탁소나 슈퍼마켓을 두고 멀리 있는 세탁소나 슈퍼마켓을 찾아가는 고객은 없을 것이다. 따라서 서비스업의 입지 선정에 있어서는 입지가 수익에 미치는 영향이 주요 고려 요인이 된다.

(2) 수송비용과 시장 근접성

창고업이나 물류업의 경우에는 시장 근접성이 대단히 중요하다. 많은 기업들은 시장에 인접한 창고를 선호한다. 왜냐하면 재고를 보다 고객과 가까운 곳에 둘 수 있고 이에 따라 수송비용과 배송시간을 줄이고 판매를 촉진할 수 있기 때문이다.

(3) 경쟁업체의 입지

서비스업의 경우에는 경쟁업체의 입지에 따라 수익이 영향을 받는다. 일반적으로는 경쟁업체가 이미 확고하게 자리를 잡은 입지는 피하는 것이 좋다. 하지만 때로는 경쟁업체와 함께 입지하는 것이 오히려 유리한 경우도 있다. 예를 들면, 중고차매매센터, 전자제품 · 조명기구 · 공구 등의 전문상가, 식당가 등과 같이 여러 경쟁업체들이 함께 모여 있으면 흩어져 있는 것보다 더 많은 고객을 끌어들일 수 있는 경우에는 경쟁업체와 함께 입지하는 것이 좋다.

(4) 위치 관련 요인

소매업의 경우에는 해당 입지의 상업 활동의 정도, 교통흐름 및 가시도(可視度), 거주밀도도 고려해야 한다. 사람들은 충동적으로 구매하는 경우가 있기 때문에 해당 지역의 상업 활동의 정도는 중요하다. 또한 고객이 자동차를 이용하여 구매하는 경우가 많기 때문에 교통흐름과 가시도도 중요하다. 교통흐름과 관련해서는 교통정체, 교통량, 교통흐름의 방향, 교통신호, 교차로, 교통 중심지 등을 고려해야 한다. 가시도와 관련해서는 도로에서 떨어진 정도, 인근 건물들의 크기와 간판 등을 고려해야 한다. 한편 높은 거주밀도는 야간이나 주말의 수익을 증대시킨다.

4.3 국제입지

기업의 국제화에 따라 해외 생산이 늘어나고 있다. 해외 생산은 처음에는 국내 임금 상승, 과다한 수송비, 수입규제 등 소극적인 동기에서 시작되었으나 현재는 새로운 시장의 개척, 원자재의 안정적 조달, 새로운 생산기술의 습득, 기존 기술의 이전 · 활용, 시장 선점 등 보다 적극적인 동기에서 해외 생산이 이루어지고 있다.

해외 생산이 늘어남에 따라 생산설비의 입지문제도 글로벌 차원에서 고려하게 되었다. **국제설비입지문제**(international facility location)에는 비용과 투자의 측면뿐만 아니라 법적 · 정치적 · 경제적 · 사회적 요인까지 포함한 여러 가지 계량적 및 질적 요인들이 고려되어야 한다. 〈표 8-1〉은 국제입지 선택에 영향을 미치는 계량적 및 질적 요인들을 보여주고 있다.

계량적 입지요인들은 직접적으로 측정될 수 있거나 계량화될 수 있는 것들이다. 이러한 계량적 요인에는 우선 해외 생산에 소요되는 노무비, 재료비, 간접비, 운송비, 특수포장비, 보험료 등이 포함된다. 기업은 이러한 정규 제조비용뿐만 아니라 세금, 관세 및 환율도 고려해야 한다. 사실상 국제입지 의사결정은 이러한 추가비용이나 투자유치를 위한 외국 정부의 각종 인센티브에 의해 상당히 좌우된다.

질적 요인에는 정치적 및 경제적 안정, 정부규제의 정도, 특별한 법규 등이 포함된다. 국제입지에서 가장 중요한 요인 중의 하나는 정치적 및 경제적 안정이다. 투자자산이 외국 정부에 의해 몰수될 염려가 있거나 통화가치가 급속히 떨어지는 국가에 투자할 기업은 없을 것이다. 또한 기업은 비즈니스에 영향을 미치는 외국 정부의 규제나 특별한 법규에 대해서도 고려를 해야 한다. 특히 기업은 과실송금의 허용 여부를 고려해야 한다. 정도의 차이는 있지만 과실송금을 제한하는 국가도 있기 때문이다. 기업은 해외 생산이 국내의 노사관계와 기업의 이미지에 미치는 영향도 간과해서는 안 된다. 끝으로 기업은 언어문제, 문화적 차이, 투자제약, 무역장벽, 현지 노동조합화의 정도 등도 고려해야 한다.

표 8-1 국제입지요인

계량적 요인	질적 요인
노무비	정치적 안정
재료비	경제적 환경
간접비	외국 정부의 규제
운송비	현지의 법규
특수포장비	국내 노동조합의 반응
보험료	언어 문제
세금	문화적 차이
관세	투자제약
환율	무역장벽
외국 정부의 인센티브	노동조합화의 정도

4.4 입지결정기법

설비입지문제의 유형은 다양하지만 다음과 같이 크게 4가지 형태로 구분할 수 있다.

1. **단일 설비의 입지문제**: 이 유형의 입지문제에서는 다른 설비와 상호작용을 하지 않는 단일 설비의 입지문제를 다룬다. 예를 들면, 단일의 공장이나 창고, 정부의 공공설비, 발전소 등의 입지문제가 이에 속한다.
2. **설비 네트워크 내의 입지문제**: 이 유형의 입지문제에서는 기존의 설비 네트워크에 새로운 설비를 추가할 때의 입지문제를 다룬다. 예를 들면, 다수의 공장이나 창고로 구성된 생산-유통 네트워크에 새로운 공장이나 창고를 추가하는 경우가 이에 속한다. 이 경우에는 보통 전체적인 생산-유통비용의 최소화를 기준으로 입지를 결정한다.
3. **소매점의 입지문제**: 이 유형의 입지문제에서는 소매점의 수익이 경쟁업체의 입지에 따라 달라지는 경우를 다룬다. 예를 들면, 백화점, 슈퍼마켓 등의 입지문제와 같이 고객의 이동거리와 경쟁업체의 입지에 따라 수익이 달라지는 경우가 이에 속한다. 이 경우에는 보통 수익 최대화를 기준으로 입지를 결정한다.
4. **응급 서비스설비의 입지문제**: 경찰서, 소방서, 구급차 대기소 등의 입지문제가 이에 속한다. 이 경우에는 신고를 받은 후 출동하여 서비스를 개시할 때까지의 반응시간을 최소화할 수 있도록 입지를 결정한다.

위의 4가지 유형의 입지문제 중에서 설비 네트워크 내의 입지문제와 응급 서비스설비의 입지문제는 경영과학에서 주로 다루며, 소매점의 입지문제는 마케팅에서 주로 다룬다.[1] 따라서 여기서는 비교적 단순한 단일설비의 입지문제만 살펴본다. 단일설비의 입지문제를 위한 기법으로는 요인평가법, 손익분기분석법, 중심법 등이 있다.

(1) 요인평가법

요인평가법(factor rating method)에서는 우선 입지 결정에 고려해야 할 여러 가지 요인들을 파악한 다음, 상대적 중요도에 따라 각 요인에 가중치를 부여한다. 다음은

1) 설비 네트워크 내의 입지문제는 본서의 제4판(2012)이나 제3판(2007), 그리고 소매점의 입지문제는 본서의 제3판(2007)을 참고할 것.

각 요인에 대해 평가를 하고, 각 요인의 평가점수에 가중치를 곱한 다음, 이를 합산하여 각 후보지의 총점을 계산한다. 이렇게 해서 가장 높은 점수를 얻은 후보지가 선택된다. 이상의 과정을 산식으로 나타내면 다음과 같다.

$$S_j = \sum_{i=1}^{m} W_i F_{ij}, \quad j = 1, 2, \cdots\cdots, n \qquad (8 \cdot 1)$$

여기서 S_j = 입지 j의 총점수
W_i = 요인 i의 가중치
F_{ij} = 입지 j의 요인 i에 대한 점수
m = 요인의 수
n = 입지의 수

요인평가법의 적용 예를 하나 들어보자. 어느 회사는 공장의 입지로 입지 1과 입지 2 두 위치를 고려하고 있다. 입지 선정에 고려해야 할 요인들과 이들 요인을 수, 우, 미, 양, 가의 5등급으로 비계량평가를 한 결과는 〈표 8-2〉와 같다. 이와 같은 비계량평가를 수=10점, 우=8점, 미=6점, 양=4점, 가=2점으로 점수화하고, 각 요인의 상대적 중요도를 감안하여 합계 100인 가중치를 부여한 결과는 〈표 8-3〉과 같다(여기서 가중치의 합은 반드시 100일 필요는 없으며 어떤 총점도 가능함).

〈표 8–3〉의 자료와 식 (8 · 1)을 이용하여 각 입지의 총점수를 계산해 보면 다음과 같다.

$$S_1 = 15(8) + 5(6) + 5(10) + 5(2) + 10(8) + 60(6) = 650$$
$$S_2 = 15(10) + 5(4) + 5(8) + 5(6) + 10(6) + 60(10) = 900$$

따라서 입지 2가 입지 1에 비해 유리하다고 할 수 있다.

표 8-2 입지요인과 평가결과

입지요인	입지 1	입지 2
노동력의 공급	우	수
수송의 편의	미	양
지역사회의 태도	수	우
정부의 규제	가	미
생활여건	우	미
연간 투자수익률	9%	15%

표 8-3 입지요인의 가중치와 평가점수

입지요인	가중치	점 수	
		입지 1	입지 2
노동력의 공급	15	8	10
수송의 편의	5	6	4
지역사회의 태도	5	10	8
정부의 규제	5	2	6
생활여건	10	8	6
연간 투자수익률*	60	6	10

*연간 투자수익률의 점수는 15%를 10점 만점으로 환산한 값임.

(2) 손익분기분석법

수요의 크기는 입지 의사결정에 영향을 미치는 중요한 변수 중의 하나이므로 **손익분기분석**(break-even analysis)은 입지 선정에 유용하게 쓰일 수 있다. [그림 8-3]은 두 개의 입지의 비용과 수량과의 관계를 보여주고 있다. 이 그림에서 각 입지마다 고정비와 변동비는 다르나 판가는 어느 입지나 같다고 가정한다. 따라서 두 입지의 총비용선은 다르나 매출액선은 하나밖에 없다. 만약 입지가 수요(판매량)에 영향을 미치지 않는다면, 수요가 V_0보다 크면 $TC_1 < TC_2$이므로 입지 1이 유리하고, 반대로 수요가 V_0보다 작으면 $TC_1 > TC_2$이므로 입지 2가 유리함을 알 수 있다. 즉, 입지에 관계없이 수요와 판가가 동일하다면 비용이 최소가 되는 입지가 최적이 된다.

그러나 수요와 판가가 모든 입지마다 같지 않을 경우에는 최소비용 입지가 항상 최대이익을 가져다주지는 않는다. 왜냐 하면 최소비용 입지가 아닌 다른 입지가 비용 이상으로 수익을 증가시킬 만큼 수요가 더 많을 수 있기 때문이다. [그림 8-4]는 [그림 8-3]과 같은 비용구조를 보여주고 있다. 그러나 입지 2의 수요 V_2는 입지 1의 수요 V_1보다 크다. 이 경우에는 비용이 더 큰 입지라도 이익의 측면에서는 더 유리한 입지가 될 수 있다. 즉, [그림 8-4]에서 $P_2 > P_1$이면 입지 2가 더 유리하게 된다.[2)]

제조업의 경우에는 공장이나 창고의 입지는 수요의 크기에 거의 영향을 미치지 않으므로 [그림 8-3]과 같이 주어진 수요량에 대한 최소비용 입지가 최적 입지가 된다.

2) [그림 8-4]에서 두 입지의 판가는 같은 것으로 가정했으나 판가가 다른 경우에는 매출액선이 두 개가 있게 된다. 따라서 이 경우에도 각 입지의 수요량에 대한 이익(=수익−비용)을 계산하여 유리한 입지를 선택해야 한다.

그림 8-3 두 개의 입지에 대한 손익분기분석

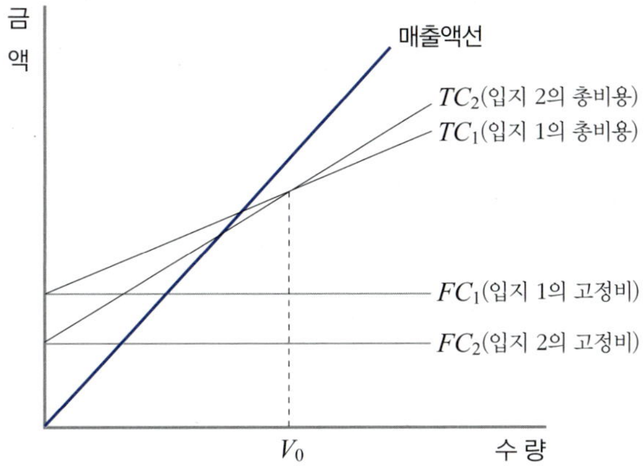

그림 8-4 입지별 수요가 다른 경우의 손익분기분석

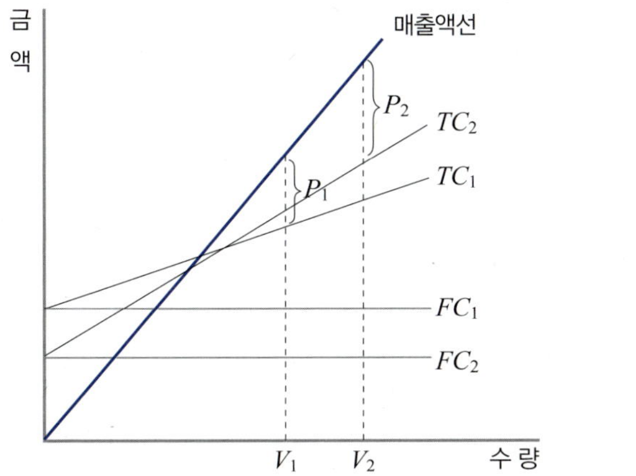

그러나 소매점과 같은 서비스업의 경우에는 입지에 따라 수요가 달라진다. 예를 들면, 세탁소나 슈퍼마켓의 경우, 보다 가깝고 편리한 위치에 고객이 많이 몰리므로 입지가 수요에 크게 영향을 미친다. 이 경우에는 [그림 8-4]와 같이 비용과 수익 양쪽을 모두 고려하여 이익이 보다 큰 입지를 선택해야 한다.

(3) 중심법

중심법(center of gravity method)이란 기존 설비, 운송거리 및 운송량을 고려하여 단일 설비의 입지를 결정하는 기법이다. 이 기법은 중간창고나 물류 또는 유통센터의 입지 결정에 많이 쓰인다.

이 기법을 이용하기 위해서는 먼저 기존 설비의 위치를 x와 y를 두 축으로 하는 지도상에 표시한다. 그러면 수송비용을 최소화하는 중심점은 다음과 같이 계산된다.

$$x^* = \frac{\sum_i x_i V_i}{\sum_i V_i}, \quad y^* = \frac{\sum_i y_i V_i}{\sum_i V_i}$$

여기서 x^* = 중심점의 x축 좌표
y^* = 중심점의 y축 좌표
x_i = 설비 i의 x축 좌표
y_i = 설비 i의 y축 좌표
V_i = 설비 i의 반출입 운송량

예를 들어 어느 회사는 A, B, C, D, E 5개의 판매대리점을 갖고 있으며, 각 판매대리점의 입지와 요구되는 운송량은 [그림 8-5]와 같다고 한다. 이 회사는 판매대리점에 물량을 공급하는 물류센터를 중심점에 설립하려고 한다. 〈표 8-4〉에서 중심점을 구하면 (4.9, 5.0)이므로 여기에 물류센터를 설립하면 된다.

그림 8-5 판매대리점의 입지와 중심점

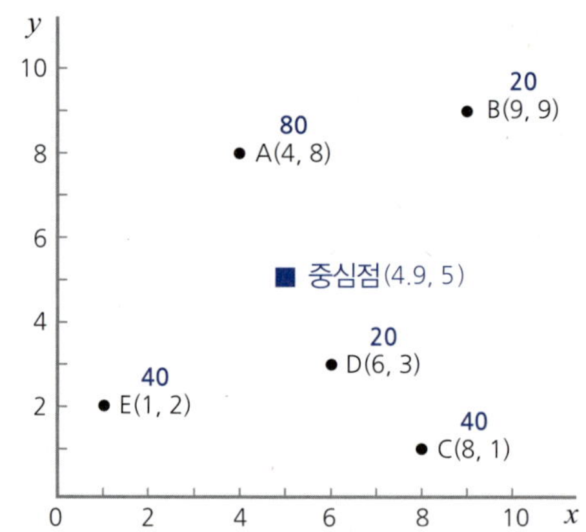

표 8-4 중심점의 계산

판매대리점	(x, y)	운송량(V)	xV	yV
A	(4, 8)	80	320	640
B	(9, 9)	20	180	180
C	(8, 1)	40	320	40
D	(6, 3)	20	120	60
E	(1, 2)	40	40	80
합계		200	980	1,000

$$x^* = \frac{980}{200} = 4.9, \quad y^* = \frac{1,000}{200} = 5.0$$

요약

- 생산능력은 생산시스템이 일정한 기간 동안 생산할 수 있는 최대 산출량으로 정의된다. 생산능력을 측정할 때는 기업의 정상적인 가동정책이 고려되어야 하며, 또한 피크 생산능력과 유효생산능력은 구별되어야 한다.
- 설비 의사결정은 생산능력에 관한 의사결정의 체계에서 장기 의사결정에 속한다. 설비 의사결정은 미래의 산출량을 결정하고 많은 자본투자를 요구하기 때문에 기업에 대단히 중요하다. 설비 의사결정은 전략적인 성격을 가지고 있고 조직의 모든 기능과 관련되기 때문에 보통 최고경영층과 이사회에 의해 이루어진다. 설비 의사결정에서는 생산능력의 양, 설비의 크기, 생산능력의 추가 시기 및 설비의 입지를 결정해야 한다.
- 생산능력의 양은 기업이 기대 수요와 관련하여 얼마나 많은 생산능력을 제공할 것인가의 전략적 의사결정에 의해 결정된다. 완충생산능력이란 생산능력에서 평균 수요를 뺀 값이다. 생산능력의 부족이 없도록 큰 완충생산능력을 선택할 것인가 또는 생산능력의 부족 가능성을 감수하고 작은 완충생산능력을 선택할 것인가는 전략적 의사결정이다.
- 개별 설비의 최적 크기를 결정하는 데는 규모의 경제와 규모의 비경제 양쪽이 모두 고려되어야 한다. 규모의 경제란 설비의 규모가 커져 생산량이 증가하면 고정비가 더 많은 생산량에 분담되어 단위당 생산비용이 감소하는 현상을 말한다. 규모의 비경제란 설비의 규모가 어느 수준을 넘게 되면 수송비의 증가, 의사소통 · 조정 및 통제 비용의 증가, 복잡성과 혼란의 증대 등으로 오히려 단위당 생산비용이 증가하는 현상을 말한다.
- 생산능력의 추가 시기 결정에 있어서 기업은 시장의 필요에 앞서 생산능력을 확대하는 선점전략이나 또는 수요가 개발되어 생산능력이 더 필요하다는 것이 분명해질 때까지 기다리는 관망전략 중 하나를 선택할 수 있다.

- 설비입지 의사결정에는 비용과 수익에 영향을 미칠 수 있는 여러 가지 요인들이 고려되어야 한다. 제조업의 주요 입지결정요인은 노동력, 시장근접성, 공급자 및 자원에 대한 근접성, 모기업 설비에 대한 근접성, 유틸리티 비용, 세금, 토지 및 건축비용, 생활의 질 등이다. 서비스업의 주요 입지결정요인은 고객 근접성, 수송비용과 시장 근접성, 경쟁업체의 입지, 위치 관련 요인 등이다. 국제설비입지문제에는 비용과 투자의 측면뿐만 아니라 해당 국가의 법적 · 정치적 · 경제적 · 사회적 요인까지 고려되어야 한다.

토론문제

01 다음 생산설비의 생산능력은 어떻게 측정될 수 있는가?

① 병원　② 대학
③ 제당공장　④ 전화회사
⑤ 정유공장　⑥ 가전제품 조립라인

02 다음 용어의 의미를 설명하라.

① 공칭생산능력　② 피크생산능력
③ 유효생산능력　④ 규모의 경제와 규모의 비경제

03 왜 설비 의사결정은 보통 최고경영층에 의해 이루어지는가? 설비 의사결정에서 생산, 마케팅, 재무 및 인사 부문은 각각 어떤 역할을 해야 하는가?

04 왜 일반적으로 장치산업과 같은 자본집약적인 산업은 작은 완충 생산능력을, 그리고 전력산업은 큰 완충생산능력을 취하는가?

05 스마트폰 시장의 초기에 삼성전자와 LG전자의 설비전략의 차이는 무엇이었다고 생각하는가? 또 노키아의 전략은 어떠했는가?

06 소매점의 입지문제와 제조공장의 입지문제는 어떻게 다른가?

07 왜 원자력발전소는 주로 해안가나 큰 강가에 입지하는가?

08 입지 의사결정을 위한 요인평가법의 장 · 단점을 논하라.

연습문제 01 서진제철(주)은 연간 철강 수요(단위: 백만 톤)를 다음과 같이 예측하고 있다. 이에 근거하여 이 회사는 연간 생산능력을 16백만 톤으로 결정하였다.

철강 수요(백만 톤)	확 률
10	0.10
12	0.25
14	0.30
16	0.20
18	0.15

(1) 완충생산능력은 얼마인가?

(2) 유휴생산능력이 발생할 확률은 얼마인가?

(3) 연간 생산능력 16백만 톤 공장의 평균 가동률은 얼마인가?

02 수요의 확률분포가 다음과 같을 때 생산능력을 얼마로 해야 할 것인가를 결정하고자 한다. 생산능력의 부족으로 수요를 잃어버리면 단위당 10만 원의 기회손실이 발생하며, 한 단위 생산능력의 건설비용은 4만 원이라고 가정한다.

수 요	확 률
0	0.05
1	0.10
2	0.15
3	0.20
4	0.20
5	0.15
6	0.10
7	0.05

(1) 생산능력의 과잉으로 인한 기회비용과 판매 상실로 인한 기회비용의 합을 최소화하는 생산능력은 얼마인가?

(2) 이 문제에서 최적 생산능력을 구하는 일반적인 규칙을 생각해 보아라? 그리고 이 규칙을 이용하여 최적 생산능력을 구한 다음 (1)의 결과와 비교해 보아라.

03 어느 공장의 가동비용은 다음의 식과 같다고 한다.

$$C(x) = x^2 - 60x + 1{,}500$$

여기서 $C(x)$ = 단위당 원가(원), x = 공장의 크기(생산량: 만 톤)

(1) 비용선을 그리고 설비의 최적 크기를 구하라.

(2) x = 40일 때 규모의 비경제는 단위당 얼마인가?

04 다음 표의 자료에 근거하여 A, B, C, D 4개의 입지를 요인평가법에 의해 평가하라.

입지요인	가중치	점 수			
		A	B	C	D
부지 및 건축비용	0.10	60	80	90	85
운영비용	0.15	80	90	90	80
교통관리	0.25	90	85	60	70
주차관리	0.20	80	90	90	80
주변인구	0.30	90	85	60	70

05 김 씨는 레스토랑을 하나 열기 위해 두 입지를 고려하고 있다. 중요한 고려 요인은 잠재 고객의 수, 건축비 및 운영비용, 주변 환경 및 주차 공간 등이다. 김 씨는 두 입지에 대해 이러한 입지요인들을 아래와 같이 평가하였다. 가중치가 모두 같다고 할 때 두 입지를 요인평가법에 의해 평가하라(수=10점, 우=8점, 미=6점, 양=4점, 가=2점으로 두고, 숫자로 나타나는 평가치에 대해서는 더 좋은 쪽을 10점으로 하여 환산할 것).

입지요인	입지 A	입지 B
잠재 고객의 수/년	10,000명	11,000명
비용(백만 원/년)	48	52
주변 환경	미	우
주차 공간	수	미

06 어느 회사는 다음과 같은 두 개의 입지를 공장 신축지로 검토하고 있다.

(단위: 천 원)

관련 항목	입지 A	입지 B
단위당 변동비	2	1
고정비	15,000	40,000
단위당 판매가격	3	3

(1) 손익분기분석을 통해 어느 입지가 유리한가를 검토하라.

(2) 예상 수요가 다같이 30,000단위라면 어느 입지가 더 유리한가?

(3) 입지 A의 예상 수요는 40,000단위, 입지 B의 예상 수요는 30,000단위라면 어느 입지가 더 유리한가?

07 어느 부품 제조회사는 A, B, C 3개의 공장에 부품을 납품하고 있다. 3개 공장의 위치와 연간 각 공장에 납품하는 부품의 양은 아래의 표와 같다. 중심법을 이용하여 이 부품 제조회사의 입지를 결정하라.

공 장	위치: (x, y)	운송량(천 개/년)
A	(30, 32)	4
B	(37, 47)	6
C	(47, 18)	3

참/고/문/헌

윤석철 · 이상범, 『생산계획 및 재고관리』, 한국방송통신대 출판부, 1992.

이상범 · 류춘호, 『현대 생산 · 운영관리』, 제3판, 명경사, 2007.

이상범 · 류춘호, 『현대 생산 · 운영관리』, 제4판, 명경사, 2012.

Francis, Richard L. and John A. White, *Facility Layout and Location: An Analytical Approach*, Prentice-Hall, Englewood Cliffs, N. J., 1992.

Jacobs, F. Robert and Richard B. Chase, *Operations and Supply Chain Management*, 15th ed., McGraw-Hill, New York, 2017.

Krajewski, Lee J., Manoj K. Malhotra, and Larry P. Ritzman, *Operations Management*, 11th ed., Pearson, Upper Saddle River, NJ, 2016.

Schroeder, Roger G., Susan Meyer Goldstein, and M. Johnny Rungtusanatham, *Operations Management in the Supply Chain*, 6th ed., McGraw-Hill, New York, 2013.

제9장

총괄생산계획

1. 총괄생산계획의 정의
2. 총괄생산계획의 의사결정 대안
3. 총괄생산계획 전략
4. 총괄생산계획 비용
5. 총괄생산계획의 예
• 요 약
• 토론문제
• 연습문제
• 참고문헌
[보론] 총괄생산계획의 선형계획모형

본장은 중기의 총괄생산계획(aggregate production planning)을 다룬다. 총괄생산계획에서는 설비계획에서 결정된 설비의 물리적인 생산능력의 범위 내에서 중기(보통 1년)에 걸쳐 변화하는 수요를 최소의 비용으로 충족시킬 수 있도록 기업의 전반적인 생산계획을 수립한다. 본장에서는 먼저 총괄생산계획을 정의한 다음, 총괄생산계획의 의사결정 대안, 전략 및 비용을 살펴본다. 끝으로 총괄생산계획의 예를 들어본다.

1 총괄생산계획의 정의

총괄생산계획(또는 줄여서 **총괄계획**)이란 중기에 걸친 수요에 대응하여 산출물의 공급을 계획하는 것이다. 총괄생산계획은 대상 기간이 6개월에서 2년, 평균적으로는 1년(12개월)인 중기계획이다.

총괄생산계획은 개별 제품별로 수립되는 것이 아니다. 총괄생산계획은 기업이 생산하는 여러 제품을 총괄할 수 있는 공통의 산출단위, 즉 **총괄생산단위**(aggregate production unit)에 의해 전체 제품을 총괄하여 수립된다. 석유산업의 배럴이나 철강산업의 톤과 같이 여러 제품을 공통의 산출단위에 의해 쉽게 총괄할 수 있는 경우도 있고, 그렇지 못한 경우에는 금액단위, 노동단위, 기계시간 등을 총괄단위로 사용하기도 한다. 이러한 총괄단위는 총괄생산계획에서 수요, 생산수준, 고용수준,[1] 재고수준 등을 나타내는 데 사용된다. 하지만 꼭 전체 제품을 하나로 총괄할 필요는 없다. 경우에 따라서는 비슷한 제품을 한데 묶어 몇 개의 총괄 제품 부문별로 총괄생산계획을 수립할 수도 있다. 예를 들면, 어느 자전거 제조회사가 12가지 모델의 자전거를 생산하고 있다면, 총괄생산계획에서는 이들을 일반자전거, 어린이용 자전거, 산악자전거의 세 제품 부문으로 총괄할 수 있을 것이다. 이와 같이 여러 제품들을 총괄하여 생산계획을 수립하면 수많은 제품을 동시에 고려해야 하는 복잡성을 피할 수 있다. 즉, 중기계획 단계에서 수요를 보다 용이하고 정확하게 예측할 수 있으며 또한 계획수립과정을 보다 단순화할 수 있다.

총괄생산계획의 목적은 중기적으로 변화하는 수요에 대응하여 기업의 전반적인 생산수준을 결정하는 것이다. 총괄생산계획은 수요를 충족시켜야 하며, 중기에는 사실상 고정되어 있는 생산설비의 생산능력 범위 내에서 이루어져야 하고, 사업전략에 부합해야 하며, 관련 비용이 최소가 되도록 수립되어야 한다.

총괄생산계획의 특징을 요약하면 다음과 같다.

---

1) 일정 기간 동안의 작업자 1인당 산출량을 알고 있으면, 고용수준 역시 산출량의 단위로 쉽게 측정할 수 있다. 예를 들어, 작업자 한 사람이 한 달 동안 100개를 생산한다면 10명의 고용수준은 1,000개의 월 산출량으로 표시할 수 있다. 반대로 산출량의 단위로 측정된 고용수준 또한 작업자 1인당 산출량을 알고 있으면 쉽게 인원수로 바꾸어 표시할 수 있다.

1. 계획기간은 약 12개월이며, 계획은 정기적으로(보통 매달) 갱신된다.
2. 하나 또는 소수의 제품 부문에 대해 총괄적으로 수요를 예측한다.
3. 공급과 수요 변수 양쪽의 변경 가능성을 모색한다.
4. 낮은 원가, 낮은 재고, 좋은 노사관계, 우수한 고객서비스 등과 같은 다양한 경영 목적을 추구한다.
5. 설비의 생산능력은 고정되어 있으며 확대나 축소될 수 없다.

총괄생산계획에서는 생산수준과 재고수준뿐만 아니라 고용, 해고, 잔업 및 하청과 같은 노동인력에 관한 정책과 의사결정도 이루어져야 한다. 또한 총괄생산계획에서는 공급뿐만 아니라 수요에 대해서도 어떻게 영향을 미칠 것인가를 계획해야 한다. 기업은 가격정책, 광고, 판매촉진 등을 통해 수요에 영향을 미칠 수 있다.

총괄생산계획은 예산, 인사 및 마케팅과 같은 기업 내 다른 기능과 밀접히 관련되어 있다. 특히 예산은 총괄 생산량, 고용수준, 재고수준, 구매수준 등에 입각하여 수립되므로 총괄생산계획은 최초 예산의 수립이나 예산의 수정에 기초자료가 된다. 총괄생산계획은 고용, 해고 및 잔업에 관한 의사결정을 포함하고 있기 때문에 인력계획 또한 총괄생산계획에 의해 크게 영향을 받는다. 마케팅기능도 총괄생산계획과 밀접한 관계가 있다. 왜냐하면 향후 제품의 공급량, 즉 고객에 대한 서비스수준이 총괄생산계획에 의해 결정되기 때문이다. 따라서 총괄생산계획은 주로 생산기능에 의해 수립되지만 기업 내 모든 기능 간 협조와 조정을 필요로 한다.

2 총괄생산계획의 의사결정 대안

총괄생산계획에서는 중기적으로 수요와 공급을 맞추기 위하여 여러 가지 의사결정 대안들을 고려한다. 이러한 의사결정 대안들은 두 가지 유형으로 구분된다. 하나는 수요를 조절하는 것이고, 다른 하나는 공급을 조절하는 것이다.

2.1 수요관리

수요관리(demand management)에서는 다음과 같은 여러 가지 방법을 통해 수요를 조절하거나 수요에 영향을 미친다. 특히 서비스업은 제조업과는 달리 산출물을 재고로 유지할 수 없으므로 수요관리가 중요하다.

(1) 가격정책

성수기의 수요를 줄이고 비수기의 수요를 늘리기 위해 차별화된 가격정책을 사용할 수 있다. 예를 들면, 영화관의 조조할인(오전 시간대 할인)이나 심야할인, 호텔이나 항공사의 비수기 요금할인, 에어컨의 비수기 할인판매 등을 들 수 있다. 이러한 가격정책은 일, 주, 월 또는 연 단위로 수요를 고르게 하기 위한 것이다.

(2) 광고 및 판매촉진

광고와 판매촉진은 수요를 촉진하거나 고르게 하기 위한 것이다. 광고는 비수기 동안 수요를 촉진하거나 또는 수요를 피크 기간에서 한산한 기간으로 옮기기 위해 실시된다. 예를 들면, 삼계탕용 닭고기 생산업체가 성수기인 여름철을 제외한 기간에 수요를 진작시키기 위해 광고를 하는 것과 스키장이 시즌을 늘리기 위해 광고를 하는 것이 이에 해당한다.

(3) 추후납품 또는 예약

추후납품(backlog or backorder)이나 예약을 통해서도 수요에 영향을 줄 수 있다. 고객에게 기다려서 납품을 받게 하거나 또는 사전에 예약을 하게 함으로써 수요를 조절하거나 분산시킬 수 있다. 특히 예약은 서비스업에서 수요를 조절하는 보편적인 방법으로 사용되고 있다.

(4) 보완상품의 개발

계절적인 수요를 가진 기업은 동일한 설비에서 생산될 수 있는 반대 계절용 보완상품을 개발함으로써 생산능력을 고르게 사용할 수 있다. 예를 들면, 잔디 깎는 기계를 생산하는 기업이 반대 계절(겨울)에 판매되는 분사식 제설기를 보완상품으로 개발하거나, 골프장을 겨울에는 스키장으로 활용하거나, 패스트푸드점이 손님이 없는 아침 시간에 판매할 조식 메뉴를 개발한다면 비수기의 설비 가동률을 높일 수 있다.

2.2 공급관리

공급관리(supply management)에서는 총괄생산계획을 통해 공급을 조절하는 데 다음과 같은 여러 가지 방법을 사용한다.

(1) 종업원의 고용과 해고

고용정책은 기업이나 산업에 따라 다르다. 고용수준의 감축을 최후의 수단으로 생각하는 기업이 있는가 하면, 수요 변화에 따라 신축적으로 고용수준을 늘리고 줄이는 기업도 있다. 이러한 기업의 고용과 해고 관행은 원가뿐만 아니라 노사관계, 생산성 및 종업원의 사기에도 영향을 미치기 때문에 노사협약이나 기업정책에 의해 제약을 받는다. 따라서 수요에 맞추어 고용수준을 변화시킬 것인가의 의사결정에는 노사협약이나 기업정책이 반드시 고려되어야 한다.

(2) 잔업과 근로시간 단축

단기적이나 중기적으로 노동력을 조절하는 데는(특히 수요 변화가 일시적인 경우에는) 고용이나 해고 대신에 잔업이나 근로시간 단축을 사용할 수 있다. 잔업에 대해서는 보통 정규작업시간에 비해 1.5배 이상의 임금을 지불해야 한다. 이런 높은 비용 때문에 잔업의 사용을 꺼리는 기업도 있다. 더욱이 근로자들도 주당 20% 이상의 잔업은 싫어한다. 근로시간 단축이란 해고 대신에 하루 정규작업시간(하루 8시간)이나 주당 정규작업일수(주당 5일)의 단축을 통해 노동력을 계획적으로 과소 이용하는 것을 말한다. 많은 기업들은 불경기에는 휴가의 형태로 근로시간을 단축한다.

(3) 파트타임이나 임시직 노동력의 사용

기업은 피크 수요나 계절적 수요를 충족시키기 위해 파트타임이나 임시직 노동력을 고용할 수 있다. 이 방법은 특히 파트타임 및 임시직 근로자의 임금이나 부가혜택이 상당히 적을 때 매력적이다. 하지만 이런 근로자들은 조합비를 내지 않고 노동조합의 힘을 약화시키기 때문에 노동조합은 파트타임 및 임시직 근로자의 사용을 반대하는 경우가 많다. 따라서 파트타임 및 임시직 노동력의 최대 사용비율은 기업정책이나 노사협약에 의해 제약될 수 있다. 파트타임 및 임시직 노동력은 식당, 병원, 할인점, 백화점 등의 서비스업에서 많이 사용된다.

(4) 재 고

제조기업은 공급과 수요 간의 완충수단으로 재고를 사용할 수 있다. 기업은 비수기에도 생산을 계속하여 재고를 비축해 둠으로써 성수기의 수요에 대비할 수 있다. 따라서 재고는 생산능력의 고른 사용을 통해 생산 활동을 평준화할 수 있게 한다. 하지만 이 방법은 대부분의 서비스업에서는 사용될 수 없다.

(5) 하 청

하청이란 제품의 제조나 서비스의 생산을 외부 기업에게 아웃소싱을 주는 것을 말한다. 이 방법은 공급을 늘리거나 줄이는 데 매우 효과적일 수 있다. 하청의 대상은 최종 제품이나 서비스가 될 수도 있고 일부 부품이나 구성품에 한정될 수도 있다. 서비스업의 경우에는 비서 업무, 콜센터 업무 등을 하청을 통해 공급받을 수 있다.

(6) 협력적 협정

협력적 협정(cooperative arrangement)은 외부 공급원을 사용한다는 점에서는 하청과 비슷하지만 외부 공급원을 경쟁자인 파트너 기업으로 한다는 점이 하청과 다르다. 기업은 경쟁자와 생산능력을 공유함으로써 양 기업 모두 짧은 기간 동안만 사용하기 위해 생산능력을 확대하는 것을 피할 수 있다. 예를 들면, 한 병원이 수요가 피크일 때 또는 특수한 진료가 필요할 때 환자를 다른 협력병원으로 보내는 경우와 호텔이나 항공사가 타 호텔이나 항공사와 협정을 맺어 객실이나 항공편을 공유하는 경우가 이에 해당한다.[2)]

---

2) 항공사의 경우에는 코드쉐어 협정(codeshare agreement), 즉 우리말로 공동운항 협정을 활용한다. 공동운항이란 2개의 항공사가 1대의 항공기를 운항하는 것을 말하며, 주로 항공동맹체 사이에서 이루어진다. 즉, 도시와 도시를 연결할 때, 한 공항의 슬롯(slot: 항공기의 이착륙 시간대)이 부족하거나, 2대 이상의 항공기를 운항하는 것이 비효율적일 경우 공동운항 협정을 하며, 1개의 항공사의 비행기와 서비스를 제공한다. 항공기를 운용하는 1개의 항공사를 운항/판매사라고 하며, 운항사의 항공기에 편명을 공유해 판매하는 항공사를 판매사라고 한다.

3 총괄생산계획 전략

총괄생산계획에서 중기의 총괄 수요의 변화에 대처하는 데는 두 가지 기본전략이 있다. 하나는 수요에 따라 고용수준을 조절하는 **추종전략**(chase strategy)이며, 다른 하나는 고용수준을 일정하게 유지하는 **평준화전략**(level strategy)이다.

1. **추종전략**: 추종전략에서는 공급이 수요를 따라가도록 고용수준을 변화시킨다. 즉, 이 전략에서는 재고나 기타 수요 및 공급관리 수단을 사용하지 않고 모든 수요 변화를 고용수준에 의해 흡수한다. 따라서 추종전략에서는 수요에 맞추어 정규노동력의 채용과 해고가 발생한다.
2. **평준화전략**: 평준화전략에서는 고용수준과 정규시간에 의한 생산율을 일정하게 유지하고, 수요 변화는 재고, 잔업, 임시직 노동력, 하청 및 협력적 협정과 같은 공급관리 수단이나 또는 앞에서 살펴본 수요관리 수단을 통해 흡수한다.

이 두 전략은 대조적이다. 즉, 추종전략에서는 수요 변화에 따라 고용수준이 달라지지만 평준화전략에서는 고용수준에 변화가 없다. 이러한 두 가지 순수전략은 보통 최상의 총괄생산계획을 가져오지는 않는다. 따라서 실제로는 이 두 가지 전략을 혼합한 혼합전략이 더 널리 사용되며, 구체적으로 어떤 수요 및 공급관리 수단들을 혼합하여 사용하느냐는 기업마다 처한 환경과 경영정책에 따라 달라진다.

적합한 총괄생산계획 전략은 생산 활동이나 업무의 특성에 따라 달라질 수 있다. 예를 들면, 전산업무의 경우에는 프로그래머, 시스템분석가, 컴퓨터 운영자 등 전문화된 숙련 노동력이 요구되고, 자본투자가 높으며, 전문 인력의 채용이 어렵고 채용비용도 크기 때문에 전산부서는 데이터 처리 수요의 변화에도 불구하고 평준화전략을 선택할 수 있다. 반면에 출납업무(cashiering)는 이직률이 높고 낮은 기술을 요구하는 노동집약적인 업무이기 때문에 출납부서는 추종전략을 선택하여 거래수준의 변화에 따라 노동인력을 채용하고 해고하거나 또는 파트타임 작업자를 쓸 수 있다. 〈표 9-1〉은 추종전략과 평준화전략의 채택에 영향을 미치는 요인들을 보여주고 있다. 이 표에 의하면 추종전략은 미숙련 노동력이나 일상적인 직무에 적합하고, 반면에 평준화전략은 고도의 숙련 노동력과 복잡한 직무에 적합하다고 볼 수 있다.

표 9-1 추종전략과 평준화전략의 비교

요 인	추종전략	평준화전략
요구되는 노동기술의 수준	낮음	높음
직무 재량권	낮음	높음
보수	낮음	높음
종업원당 요구되는 훈련	낮음	높음
노동력의 이직률	높음	낮음
종업원당 채용-해고비용	낮음	높음
요구되는 감독의 양	높음	낮음
요구되는 예산 수립 및 예측의 유형	단기	장기

출처: Schroeder, Goldstein, and Rungtusanatham(2013), p. 301.

4 총괄생산계획 비용

대부분의 총괄생산계획 모형은 비용 최소화의 형태를 취한다. 이들 모형에서 수요는 기간에 따라 변하지만 예측에 의해 주어져 있는 것으로 가정하기 때문에 수요를 조절하는 전략은 고려하지 않는다. 만약 수요와 공급이 동시에 조절된다면 수요 변화는 수익에 영향을 미치므로 비용 최소화 모형보다는 이익 최대화 모형이 더 적합할 것이다.

수요가 주어져 있을 때 총괄생산계획의 수립에서 고려해야 할 비용들은 다음과 같다.

(1) 채용비용과 해고비용

채용비용은 모집비용, 선발비용, 교육훈련비용 등으로 구성된다. 해고비용은 퇴직수당과 같은 해고와 관련된 제반 비용을 포함한다.

(2) 잔업비용과 근로시간 단축비용

잔업비용이란 정규작업시간을 초과하여 작업할 때 정규임금 이상으로 지불되는 비용을 말한다. 근로시간을 단축하는 경우에는 기업에 따라 단축된 근로시간에 대해

임금을 지불하는 경우도 있고 그렇지 않은 경우도 있다. 일부 기업들은 고도로 숙련된 작업자나 대체가 어려운 작업자에 대해서는 단축된 근로시간에 대해서도 임금을 지불한다. 이와 같이 근로시간 단축비용이란 정규작업시간 이하로 공장을 가동할 때 발생하는 단축된 시간에 대해 지불된 임금을 말한다.

(3) 재고유지비용

재고유지비용이란 재화를 재고로 유지하는 데 관련된 비용을 말한다. 재고유지비용에는 재고에 묶여 있는 자본에 대한 기회비용, 보관비용, 보험료, 보관 중의 손실, 진부화비용 등이 포함된다. 재고유지비용의 대부분을 차지하는 것은 재고에 묶여 있는 자본에 대한 기회비용이기 때문에 재고유지비용은 재고금액에 대한 이자의 형태, 즉 재고금액의 백분율(%)로 표시되는 경우가 많다.

(4) 품절비용 또는 추후납품비용

재고가 없는데 수요가 발생하면 그 수요는 잃어버리든지 또는 제품이 생산되어 나올 때까지 기다려서 충족시키게 된다. 만일 수요를 잃어버리면 품절비용이 발생하고, 생산을 기다려 추후에 수요를 충족시키면 추후납품비용이 발생한다. 품절비용에는 수요를 잃어버림으로써 상실되는 현재의 이익뿐만 아니라 신용상실로 인한 미래의 손실까지도 포함된다. 추후납품비용에는 생산독촉비용, 가격할인, 신용상실비용 등 납품의 지연으로 인한 모든 비용이 포함된다.

(5) 하청비용

하청비용이란 생산능력 부족 등의 이유로 제품의 전부 또는 일부를 자체 내에서 생산하지 못하고 외부에 하청을 주었을 때 하청업체에게 지불하는 비용을 말한다. 하청비용은 자체 생산비용보다 클 수도 있고 작을 수도 있다.

(6) 파트타임이나 임시직 노무비

파트타임이나 임시직 노동력의 경우에는 정규노동력에 비해 시간당 임금이나 부가혜택이 적기 때문에 일반적으로 파트타임이나 임시직의 노무비는 정규노동력의 노무비보다 적다.

5 총괄생산계획의 예

매우 단순한 문제에 대해 어떻게 총괄생산계획 전략(대안)을 개발하고, 각 전략의 총비용을 계산하여 비교하는지를 살펴보자. 어느 회사는 향후 6개월간의 총괄생산계획을 수립하고자 한다.[3] 월별 수요 예측치와 정규작업일수는 〈표 9-2〉와 같다. 1월 초 현재 재고는 없으며, 계획대상기간 말(즉, 6월 말)의 재고도 없게 하고 싶다. 또한 문제를 간단히 하기 위해 수요 예측치의 불확실성에 대비한 안전재고는 유지하지 않는다고 하자. 따라서 매월의 생산소요량은 수요 예측치와 같게 된다. 회사정책상 잔업은 금지되어 있으며, 따라서 1일 작업시간은 언제나 8시간이다. 그리고 1월 초 현재의 고용 인력은 35명이다.

이 회사는 다음과 같은 세 가지 전략을 개발하여 평가하기로 하였다.

- 〈전략 1〉 **추종전략**: 고용수준을 변동시켜 매월 정확하게 생산소요량만큼 생산한다.
- 〈전략 2〉 **평준화전략**(+ 재고와 추후납품): 생산율은 작업일 1일당 평균 생산소요량 수준으로 일정하게 유지하고, 고용수준도 여기에 맞추어 일정하게 유지한다. 그리고 수요 변동은 재고와 추후납품으로 흡수한다.

표 9-2 수요 예측치와 작업일수

월	수요 예측치 (= 생산소요량)	누적 생산소요량	작업일수	누적 작업일수
1	6,100	6,100	22	22
2	5,900	12,000	19	41
3	5,500	17,500	22	63
4	4,800	22,300	20	83
5	5,400	27,700	22	105
6	6,300	34,000	20	125
합계	34,000		125	

3) 일반적으로 총괄생산계획은 1년, 즉 12개월을 대상으로 하지만 여기서는 문제를 단순화하기 위해 대상 기간을 6개월로 하였다.

- 〈전략 3〉 **평준화전략(+ 하청)**: 생산율은 4월의 최저 생산소요량을 만족시키는 수준으로 일정하게 유지하고, 고용수준도 여기에 맞추어 일정하게 유지한다. 그리고 추가 소요량은 하청을 준다.

〈전략 1〉은 추종전략이며, 이 전략에서는 재고는 발생하지 않지만 매월 채용과 해고가 일어날 수 있다. 〈전략 2〉는 재고와 추후납품에 의한 평준화전략이며, 이 전략에서는 채용과 해고는 없지만 재고와 추후납품이 발생한다. 〈전략 3〉은 하청에 의한 평준화전략이며, 이 경우에는 채용, 해고, 재고, 추후납품 어느 것도 발생하지 않지만 하청을 주어야 한다.[4] 세 가지 전략을 누적 작업일수와 누적 수량을 양축으로 한 도표에 표시해 보면 [그림 9-1]과 같다.

각 전략을 평가하는 데 필요한 관련 비용 및 기타 자료는 다음과 같다.

그림 9-1 누적 생산소요량과 각 전략의 누적 도표

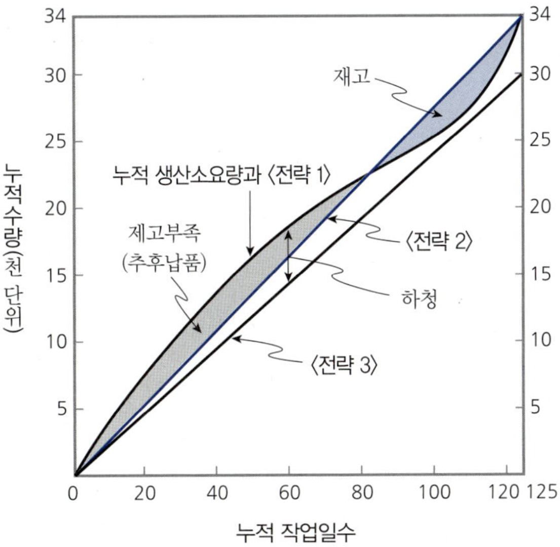

4) 〈전략 2〉와 〈전략 3〉의 경우에는 고용수준이 일정하므로 매월 채용과 해고는 발생하지 않지만 현재의 고용 인력 35명을 요구되는 일정한 고용수준으로 맞추기 위한 채용과 해고는 1월 초에 발생할 수 있다.

제조비용(노무비 제외) = 50,000원/단위
재고유지비용 = 500원/단위 · 월
추후납품비용 = 1,000원/단위 · 월
하청비용 = 15,000원/단위(하청업체에게 지불하는 단위당 65,000원에서
자체 생산 시 소요되는 단위당 제조비용 50,000원을 뺀 차액)
채용비용 = 300,000원/1인
해고비용 = 500,000원/1인
정규임금 = 10,000원/시간
단위당 소요작업시간 = 1시간/단위

위의 자료에서 단위당 하청비용은 하청업체에게 지불하는 단위당 금액에서 자체 생산 시 소요되는 단위당 제조비용(노무비 제외)을 공제한 금액이고, 세 가지 전략 모두 6개월간의 산출량(〈전략 3〉의 경우는 하청량을 포함해서)은 총생산소요량 34,000단위이므로, 세 가지 전략을 비교할 때 노무비를 제외한 제조비용은 계산할 필요가 없다.

먼저 〈전략 1〉을 평가해 보자. 〈전략 1〉에서는 매월 생산소요량에 해당하는 고용수준을 계산하여 채용 및 해고 인원을 파악해야 한다. 매월 필요한 고용수준은 다음과 같이 계산된다.

월간 고용수준 = 월간 소요작업시간 ÷ 종업원 1인당 월간 작업시간
= (월간 생산소요량 × 1시간) ÷ (월간 작업일수 × 8시간)

〈전략 1〉의 총비용은 채용비용, 해고비용 및 정규임금으로 구성되며 그 계산 결과는 〈표 9-3〉에 정리되어 있다.[5)]

〈전략 2〉에서는 고용수준을 작업일당 평균 생산소요량에 해당하는 수준으로 일정하게 유지하므로 〈전략 2〉의 필요한 고용수준을 계산해 보면 다음과 같다.

---

5) 사람의 수는 정수이어야 하므로 월간 필요한 고용수준의 계산에 있어서 소수점 이하는 절상한다. 이와 관련하여 〈표 9-3〉에서 정규임금은 정확히 소요 작업시간에 대해서만 지불되므로 고용 인력의 단축된 근로시간에 대해서는 임금을 지불하지 않는 것으로 가정한다.

표 9-3 〈전략 1〉의 총괄생산계획 비용 (금액단위: 천 원)

항목 \ 월	1	2	3	4	5	6	합계
① 생산량(= 생산소요량)	6,100	5,900	5,500	4,800	5,400	6,300	34,000
② 소요작업시간(①×1시간)	6,100	5,900	5,500	4,800	5,400	6,300	
③ 월간 종업원 1인당 작업시간 (월간 작업일수×8시간)	176	152	176	160	176	160	
④ 필요한 고용수준(②÷③)	35	39	32	30	31	40	
⑤ 채용인원수	0	4	0	0	1	9	
⑥ 해고인원수	0	0	7	2	0	0	
⑦ 채용비용(⑤×300,000원)	0	1,200	0	0	300	2,700	4,200
⑧ 해고비용(⑥×500,000원)	0	0	3,500	1,000	0	0	4,500
⑨ 정규임금(②×10,000원)	61,000	59,000	55,000	48,000	54,000	63,000	340,000
⑩ 총비용(⑦+⑧+⑨)	61,000	60,200	58,500	49,000	54,300	65,700	348,700

〈전략 2〉의 일정한 고용수준 = (총생산소요량×단위당 소요작업시간)
÷(총작업일수×8시간)
= (34,000×1)÷(125×8)
= 34명

따라서 6개월 동안 필요한 고용수준은 34명으로 일정하며, 현재의 고용수준은 35명이므로 1월 초에 1명을 해고해야 한다. 〈전략 2〉의 총비용은 최초의 해고비용, 재고유지비용, 추후납품비용 및 정규임금으로 구성되며 그 계산 결과는 〈표 9-4〉와 같다.

〈전략 3〉에서는 고용수준을 4월의 최저 생산소요량 4,800단위에 맞추어 일정하게 유지하고 추가 소요량은 하청을 준다. 따라서 필요한 고용수준은 다음과 같이 계산된다.

〈전략 3〉의 일정한 고용수준 = (4월의 생산소요량×단위당 소요작업시간)
÷(4월의 작업일수×8시간)
= (4,800×1)÷(20×8)
= 30명

표 9-4 〈전략 2〉의 총괄생산계획 비용 (금액단위: 천 원)

항 목 \ 월	1	2	3	4	5	6	합계
① 누적 생산소요량	6,100	12,000	17,500	22,300	27,700	34,000	
② 고용수준	34	34	34	34	34	34	
③ 월간 종업원 1인당 작업시간 (월간 작업일수×8시간)	176	152	176	160	176	160	
④ 월간 작업시간(②×③)	5,984	5,168	5,984	5,440	5,984	5,440	
⑤ 월간 생산량(④÷1시간)	5,984	5,168	5,984	5,440	5,984	5,440	34,000
⑥ 누적 생산량	5,984	11,152	17,136	22,576	28,560	34,000	
⑦ 재고량(⑥−①)	0	0	0	276	860	0	
⑧ 추후납품량(음의 재고) (①−⑥)	116	848	364	0	0	0	
⑨ 재고유지비용(⑦×500원)	0	0	0	138	430	0	568
⑩ 추후납품비용 (⑧×1,000원)	116	848	364	0	0	0	1,328
⑪ 정규임금(④×10,000원)	59,840	51,680	59,840	54,400	59,840	54,400	340,000
⑫ 해고비용*	500	0	0	0	0	0	500
⑬ 총비용(⑨+⑩+⑪+⑫)	60,456	52,528	60,204	54,538	60,270	54,400	342,396

* 현재의 고용 인력 35명을 34명 수준으로 맞추기 위해서는 1월 초에 1명을 해고해야 하므로 해고비용은 1×500,000원 = 500,000원이다.

〈전략 3〉의 총비용은 최초의 해고비용, 하청비용 및 정규임금으로 구성되며 그 계산 결과는 〈표 9-5〉와 같다.

이상 세 가지 전략의 총비용을 요약해서 비교해 보면 〈표 9-6〉과 같다. 이 표에서 보면 〈전략 2〉의 총비용이 가장 작으므로 〈전략 2〉가 선택되어야 한다.

위의 단순한 예에서는 세 가지 전략에 대해 총비용을 계산·비교하여 최소 비용 전략을 선택하였다. 하지만 이 세 가지 전략 외에도 사용 가능한 전략의 수는 많으며, 더욱이 잔업, 임시직 근로자의 사용 등 다른 공급관리 수단까지 고려하면 전략의 수는 더욱 늘어난다. 보다 많은 전략과 더 복잡한 총괄생산계획 문제를 다루기 위해서는 수학적 모형이 필요하다. 총괄생산계획을 위한 수학적 모형으로는 선형계획모형, 수송모형, 의사결정규칙, 휴리스틱 기법, 시뮬레이션 등이 있다. 본장에서는 선형계획모형만 보론에서 간단히 소개한다.[6]

6) 총괄생산계획을 위한 기타 수학적 모형에 대해서는 본서의 제1판(이상범 1995)을 참고할 것.

표 9-5 〈전략 3〉의 총괄생산계획 비용 (금액단위: 천 원)

항목 \ 월	1	2	3	4	5	6	합계
① 월간 생산소요량	6,100	5,900	5,500	4,800	5,400	6,300	34,000
② 고용수준	30	30	30	30	30	30	
③ 월간 종업원 1인당 작업시간 (월간 작업일수×8시간)	176	152	176	160	176	160	
④ 월간 작업시간(②×③)	5,280	4,560	5,280	4,800	5,280	4,800	
⑤ 월간 생산량(④÷1시간)	5,280	4,560	5,280	4,800	5,280	4,800	30,000
⑥ 하청량(①−⑤)	820	1,340	220	0	120	1,500	4,000
⑦ 하청비용(⑥×15,000원)	12,300	20,100	3,300	0	1,800	22,500	60,000
⑧ 정규임금(④×10,000원)	52,800	45,600	52,800	48,000	52,800	48,000	300,000
⑨ 해고비용*	2,500	0	0	0	0	0	2,500
⑩ 총비용(⑦+⑧+⑨)	67,600	65,700	56,100	48,000	54,600	70,500	362,500

* 현재의 고용 인력 35명을 30명 수준으로 맞추기 위해서는 1월 초에 5명을 해고해야 하므로 해고비용은 5×500,000원 = 2,500,000원이다.

표 9-6 세 가지 전략의 총비용 비교 (금액단위: 천 원)

비용 항목	전략 1	전략 2	전략 3
정규임금	340,000	340,000	300,000
하청비용	–	–	60,000
채용비용	4,200	–	–
해고비용	4,500	500	2,500
재고유지비용	–	568	–
추후납품비용	–	1,328	–
합계	348,700	342,396	362,500

요약

- 총괄생산계획이란 중기에 걸친 수요에 대응하여 산출물의 공급을 계획하는 것이다. 총괄생산계획에서는 전반적인 생산수준뿐만 아니라 이에 따른 고용수준, 채용, 해고, 하청 및 재고수준에 관한 의사결정도 이루어진다. 총괄생산계획은 수요를 충족시켜야 하며, 중기에는 사실상 고정되어 있는 생산설비의 생산능력 범위 내에서 이루어져야 하고, 사업전략에 부합해야 하며, 관련 비용이 최소가 되도록 수립되어야 한다. 총괄생산계획은 예산, 인사 및 마케팅과 같은 기업 내 다른 기능과 밀접히 관련되어 있으므로 기업 내 모든 기능 간 협조와 조정을 필요로 한다.
- 총괄생산계획에서는 중기적으로 수요와 공급을 맞추기 위하여 여러 가지 수요 및 공급의 조절 방법을 고려한다. 수요관리를 위한 방법으로는 가격정책, 광고 및 판매촉진, 추후납품 또는 예약, 보완상품의 개발 등이 있다. 공급관리를 위한 방법으로는 종업원의 고용과 해고, 잔업과 근로시간 단축, 파트타임이나 임시직 노동력의 사용, 재고, 하청, 협력적 협정 등이 있다.
- 총괄생산계획에서 중기의 총괄수요의 변화에 대처하는 데는 수요에 따라 고용수준을 조절하는 추종전략과 고용수준을 일정하게 유지하는 평준화전략의 두 가지 기본전략이 있다. 현실에서는 이 두 가지 기본전략을 혼합한 혼합전략이 더 널리 사용된다.
- 총괄생산계획에서 고려해야 할 비용에는 채용비용과 해고비용, 잔업비용과 근로시간 단축비용, 재고유지비용, 품절비용과 추후납품비용, 하청비용, 파트타임 및 임시직 노무비 등이 포함된다.

토론문제

01 총괄생산계획은 예산 수립, 인력계획 및 마케팅계획과 어떻게 관련되는가?

02 총괄생산계획에서 '총괄'의 의미는 무엇인가?

03 총괄생산계획에서 공급 측면의 통제 가능한 방법으로는 어떤 것들이 있는가?

04 노동인력의 숙련도와 자동화의 정도가 추종전략과 평준화전략의 선택에 미치는 영향을 논하라.

05 총괄생산계획에서 여러 가지 전략(대안)을 평가할 때 어떤 비용요소들을 고려해야 하는가?

06 어떤 계절상품을 제조·판매하고 있는 기업은 회사의 정책상 일정한 고용수준을 유지하고 있으며, 앞으로도 그럴 예정이다. 이 기업이 총괄생산계획을 위해 취할 수 있는 여러 가능한 전략을 논하라.

연습문제 01 어느 회사는 단일 제품을 생산 · 판매하고 있는데 향후 6개월의 월별 수요 예측치는 다음과 같다고 한다. 그리고 1월 초 재고는 없으며, 6월 말 재고도 없게 하고 싶어 한다. 회사의 정책상 잔업은 하지 않는다. 1월 초 현재의 정규 고용수준은 15명이다.

월	1월	2월	3월	4월	5월	6월	계
수요 예측치	700	900	800	600	800	700	4,500

관련 비용 및 기타 자료는 다음과 같다.

재고유지비용 = 200원/단위 · 월
추후납품비용 = 400원/단위 · 월
채용비용 = 10,000원/1인
해고비용 = 20,000원/1인
제조비용(노무비 제외) = 5,000원/단위
정규임금 = 2,000원/시간
단위당 소요작업시간 = 4시간/단위
월간 작업일수 = 25일
일간 작업시간 = 8시간

이 회사는 향후 6개월의 수요를 충족시키는 총괄생산계획 전략을 다음과 같이 개발하였다.

〈전략 1〉: 고용수준을 변동시켜 매월 필요한 양만 정확하게 생산한다.
〈전략 2〉: 매월 평균 소요량을 생산하며 고용수준도 여기에 맞추어 일정하게 유지한다. 그리고 수요 변동은 재고와 추후납품으로 흡수한다.

(1) 두 전략의 총비용을 비교할 때 제조비용(노무비 제외)과 정규임금을 고려할 필요가 없다. 그 이유를 약술하라.
(2) 〈전략 1〉의 관련 총비용(단위: 천 원)을 산출하라.
(3) 〈전략 2〉의 경우 일정한 고용수준은 몇 명인가?
(4) 〈전략 2〉의 관련 총비용(단위: 천 원)을 산출하라.
(5) 어느 전략이 더 유리한가?

02 다음과 같은 생산능력 및 비용구조를 가진 기업이 총괄생산계획을 수립하고자 한다.

월간 정규 생산능력: 500단위
월간 잔업 생산능력: 200단위
단위당 잔업비용: 10만 원
단위당 월간 재고유지비용: 4만 원
수요:

월	1	2	3	4	5	6
수요	300	400	500	600	500	600

월별 수요는 반드시 충족시켜야 하며, 고용수준은 일정하게 유지하고 하청도 주지 않는다. 그리고 정규임금은 정규 생산능력의 가동률에 관계없이 지급된다고 가정한다. 또한 1월 초 재고 및 6월 말 재고는 없는 것으로 한다. 월별 수요와 생산능력을 그림으로 나타내 보면 다음과 같다. 이 그림을 참고하면서 다음의 물음에 답하라.

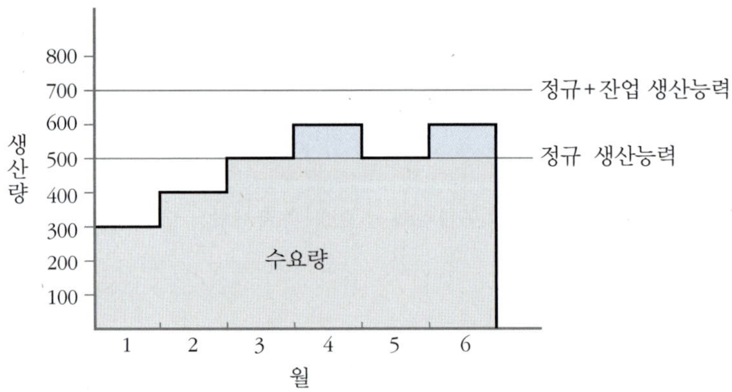

(1) 무재고정책을 채택할 경우(즉, 생산량의 변동을 통해 수요에 대응) 월별 생산량(정규 및 잔업 구분)과 추가비용(잔업비용)을 계산하라.

(2) 무잔업정책을 채택할 경우(즉, 재고를 통해 수요에 대응) 월별 생산량과 추가비용(재고유지비용)을 계산하라.

(3) 추가비용(잔업비용과 재고유지비용)을 최소화하는 총괄생산계획을 수립하고 이때의 총추가비용을 구하라(위의 그림과 비용구조를 보면서 생각할 것).

03 어느 기업은 내년도의 수요를 다음과 같이 예측하고 있다. 여기서 1기간은 두 달이다. 그리고 이 회사는 재고를 유지하지 않는다고 가정한다. 즉, 매 기간 필요한 양만 생산한다.

기간(2달)	수요 예측치
1	400
2	380
3	470
4	530
5	610
6	500

(1) 매 달의 작업일수는 22일이며, 하루 정규작업시간은 8시간이다. 따라서 작업자 한 사람의 한 달 정규작업시간은 176시간이다. 그리고 제품 단위당 표준작업시간은 20시간이다. 잔업을 하지 않는다고 할 때 피크 기간 동안 몇 명의 작업자가 필요하겠는가?

(2) (1)에서 구한 작업자의 수를 매달 유지한다고 할 때 단위당 평균 노무비는 얼마인가? 단, 시간당 정규임금은 5,000원이다.

(3) 단위당 유휴시간비용은 얼마인가? 또 단위당 평균 노무비에서 차지하는 유휴시간비용의 비율(%)은 얼마인가?

(4) 잔업은 정규작업시간의 25%까지 가능하며, 잔업시간당 임금은 7,500원이다. 만약 피크 기간을 기준으로 최대한 잔업을 하여 수요를 충족시킬 수 있는 고용수준을 매달 유지한다면 단위당 평균 노무비는 얼마인가?

참고문헌

윤석철 · 이상범, 『생산계획 및 재고관리』, 한국방송통신대 출판부, 1992.

이상범, 『현대 생산 · 운영관리』, 제1판, 경문사, 1995.

Hanssmann, F. and S. W. Hess, "A Linear Programming Approach to Production and Employment Scheduling," *Management Technology*, vol. 1, January 1960, pp. 46-52.

Jacobs, F. Robert and Richard B. Chase, *Operations and Supply Chain Management*, 15th ed., McGraw-Hill, New York, 2017.

Schroeder, Roger G., Susan Meyer Goldstein, and M. Johnny Rungtusanatham, *Operations Management in the Supply Chain*, 6th ed., McGraw-Hill, New York, 2013.

보 론 총괄생산계획의 선형계획모형

총괄생산계획의 **선형계획모형**(linear programming)은 고용수준, 잔업, 하청, 재고, 채용, 해고 등의 결정변수와 관련 비용 간의 관계를 선형으로 가정하고 총비용을 최소화하는 최적해를 구하는 수학적 기법이다. 이러한 선형계획모형은 총괄생산계획의 여러 가지 제약조건을 모형 속에 쉽게 포함시킬 수 있다는 큰 장점을 가지고 있다. 총괄생산계획에 사용되는 선형계획모형의 구체적인 형태는 문제의 내용에 따라 조금씩 다르다. 여기서는 가장 기본적인 형태만 살펴본다.

먼저 모형에 사용되는 결정변수를 모두 총괄생산단위(즉, 생산량)로 측정하여 다음과 같이 정의한다.[1)]

R_t = 기간 t의 정규 고용수준
O_t = 기간 t의 잔업량
H_t = 기간 t의 채용량
F_t = 기간 t의 해고량
S_t = 기간 t의 하청량
I_t = 기간 t 말 재고량
P_t = 하청량을 포함한 기간 t의 총산출량

비용 및 기타 관련 자료는 다음과 같이 정의한다.

---

1) 총괄생산단위를 이용하여 기간당 생산량으로 표시된 고용수준, 채용수준 및 해고수준은 다음과 같이 쉽게 인원수로 고칠 수 있다.

$$\text{고용수준} = \frac{(\text{기간당 생산량으로 표시된 고용수준}) \times (\text{단위당 소요작업시간})}{(\text{기간당 작업일수}) \times (\text{1인당 1일 작업시간})}$$

C_R = 단위당 정규임금

C_O = 단위당 잔업비용

C_S = 단위당 하청비용(하청업체에게 지불되는 단위당 금액에서 자체 생산 시 소요되는 단위당 제조비용(노무비 제외)을 뺀 차액)

C_H = 단위당 채용비용

C_F = 단위당 해고비용

C_I = 단위당 기간당 재고유지비용

D_t = 기간 t의 수요

a = 정규 고용수준에 대한 최대 잔업가능비율

계획대상기간을 T라 하고 수요는 매 기간 부족 없이 충족시켜야 한다면 총괄생산계획을 위한 선형계획모형은 다음과 같다.

목적함수: 최소화(minimize) 총비용(TC)

$$= \sum_{t=1}^{T} \{C_R R_t + C_O O_t + C_S S_t + C_H H_t + C_F F_t + C_I I_t\}^{2)}$$

제약조건 :

① 정규노동력

$R_{t-1} + H_t - F_t = R_t, \quad t = 1, 2, \cdots\cdots, T$

R_0 = 현재의 정규 고용수준

R_T = 계획기간 말에 요구되는 정규 고용수준

$0 \leq H_t \leq$ 최대 채용가능량, $\quad t = 1, 2, \cdots\cdots, T$

$0 \leq F_t \leq$ 최대 해고가능량, $\quad t = 1, 2, \cdots\cdots, T$

② 산출량

$P_t = R_t + O_t + S_t, \quad t = 1, 2, \cdots\cdots, T$

$0 \leq O_t \leq aR_t, \quad t = 1, 2, \cdots\cdots, T$

$0 \leq S_t \leq$ 최대 하청가능량, $\quad t = 1, 2, \cdots\cdots, T$

---

2) 단위당 하청비용은 하청업체에게 지불되는 단위당 금액에서 자체 생산 시 소요되는 단위당 제조비용(노무비 제외)을 공제한 차액으로 정의되었고 어떤한 가능해에서도 총산출량 $\sum_{t=1}^{T} P_t$는 $\sum_{t=1}^{T} D_t - I_o + I_T$이므로 목적함수에서 노무비를 제외한 제조비용은 고려할 필요가 없다.

③ 재고수준

$I_{t-1} + P_t - I_t = D_t, \quad t = 1, 2, \cdots\cdots, T$

최소 요구재고량 $\leq I_t \leq$ 최대 재고가능량, $t = 1, 2, \cdots\cdots, T$

I_0 = 현재의 재고수준

I_T = 계획기간 말에 요구되는 재고수준

④ 모든 결정변수 ≥ 0

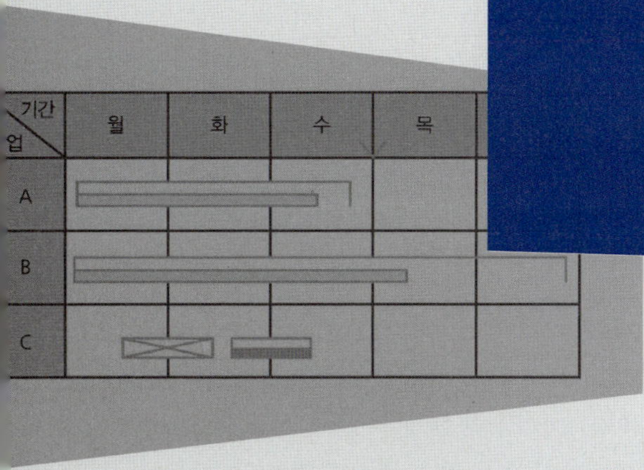

제10장 일정계획

1. 뱃치 프로세스의 일정계획
2. 갠트도표에 의한 일정계획
3. 유한 생산능력 일정계획
4. 작업순서의 결정
5. 생산현장 통제
• 요 약
• 토론문제
• 연습문제
• 참고문헌

일정계획(scheduling)에서는 생산능력이나 자원(기계장비, 노동력 및 공간)을 시간에 따라 작업, 활동, 과업 또는 고객에 할당하는 의사결정이 이루어진다. 즉, 일정계획은 구체적으로 무엇이, 언제, 누구에 의해, 어떤 기계장비를 사용하여 이루어지는가를 나타낸다. 일정계획은 대상 기간이 몇 달, 몇 주, 며칠 또는 몇 시간인 단기계획이다. 일정계획에서는 자원의 할당 의사결정이 이루어지므로 일정계획은 설비계획과 총괄생산계획에 의해 획득한 자원의 사용계획이라고 볼 수 있다. 따라서 일정계획은 생산능력에 관한 의사결정의 체계에서 최종 의사결정이며 가장 제약이 많은 의사결정이다.

일정계획의 구체적인 내용과 기법은 프로세스의 유형에 따라 달라진다. 연속 및 조립라인 프로세스에서는 제품이 한 작업장에서 다음 작업장으로 원활하게 흘러가므로 일정계획 문제는 대부분 프로세스 설계에 의해 해결된다. 따라서 일정계획 문제는 주로 뱃치 및 잡숍 프로세스와 프로젝트 프로세스에서 발생한다. 잡숍은 뱃치 프로세스의 특수한 형태이므로 본장에서는 이들 프로세스의 일정계획을 뱃치 프로세스의 일정계획으로 함께 묶어 살펴보며, 프로젝트 프로세스의 일정계획은 다음 장에서 따로 다룬다.

1 뱃치 프로세스의 일정계획

뱃치 생산의 일정계획에서 사용되는 '작업(job)'과 '작업장(work center)'이란 용어는 전통적인 주문생산 공장(job shop)으로부터 나온 것이다. 하지만 이 개념들은 공장, 병원, 사무실, 학교 등을 포함한 모든 유형의 뱃치 생산에 똑같이 적용될 수 있다. 서비스업의 경우, '작업'은 고객, 환자, 서류작업 또는 프로세스를 통해 흘러가는 어떤 것으로 대체될 수 있다. 또한 '작업장'은 사무실, 수술실, 설비 또는 처리센터로 대체될 수 있다. 따라서 본장에서 다루는 일정계획의 내용과 기법은 뱃치 생산 형태를 취하는 모든 제조업 및 서비스업에 적용될 수 있다.

뱃치 프로세스에서 **뱃치**(batch)란 일괄 처리되는 작업 단위로서 한 개나 여러 개의 품목으로 구성된다. 각 뱃치는 처리에 필요한 기계장비와 노동력에 따라 여러 기계와 작업장에 걸쳐 일정이 계획된다. 예를 들면, 대학에서 학과별 또는 반별로 클래스(class)를 만들어 과목을 듣게 하는 경우에는 학과나 반이 한 뱃치가 되며, 뱃치의 크기는 학과나 반의 학생 수가 된다. 이 경우 뱃치의 일정계획이란 각 뱃치를 교과목, 강사 및 강의실에 할당하는 시간표를 짜는 문제가 된다. 컨설팅기업의 경우에는 각 고객마다 개별적으로 서비스를 해야 하므로 뱃치의 크기는 한 명이다. 하지만 각 고객은 컨설팅기업의 여러 다른 자원(즉, 여러 전문 컨설턴트)을 요구할 수 있다.

뱃치 프로세스의 일정계획은 매우 복잡한 문제이다. 뱃치 프로세스에서는 다양한 제품이 소규모의 뱃치로 생산되며, 각 뱃치마다 투입 자원, 가공의 형태 및 순서, 납기 등이 서로 다르다. 따라서 각 뱃치는 서로 다른 작업 흐름의 패턴을 취하며 작업의 시작과 중단이 자주 발생하기 때문에 뱃치의 흐름은 불규칙적이고 원활하지 못하다. 이런 불규칙한 흐름은 같은 기계 그룹이나 기술로 작업장을 구성하는 공정별 배치에서 비롯된다. 그 결과 각 뱃치가 한 작업장에서 다음 작업장으로 이동할 때 처리를 받기 위해 기다리는 대기시간이 발생한다. 이에 따라 제조업의 경우에는 재공품 재고가 쌓이게 되고, 서비스업의 경우에는 고객의 대기라인이 생기게 되며, 일정계획은 복잡하고 어렵게 된다.

앞서 제4장 프로세스 선택에서 살펴본 바와 같이 뱃치 프로세스의 특징은 작업이나 고객이 대부분의 시간을 기다리는 데 소비한다는 것이다. 대기에 소비하는 시간은 프로세스의 부하(load)에 따라 다르다. 만약 프로세스의 부하가 높으면 작업은 총 생산시간의 95% 정도를 기다리는 데 소비한다. 이런 상황에서는 만약 어떤 주문의 실제 처리시간이 1주일이라면 그 주문이 완료되어 고객에게 인도될 때까지에는 평균 20주가 걸리게 된다. 그러나 만약 프로세스의 부하가 낮다면 모든 작업은 프로세스를 더 빨리 흘러갈 수 있기 때문에 대기시간이 단축될 수 있다. 하지만 프로세스의 부하에 관계없이 작업이나 고객의 흐름을 효과적으로 관리할 수 있도록 뱃치 프로세스의 일정계획 절차를 개발하는 것은 대단히 어렵다.

2 갠트도표에 의한 일정계획

갠트(Henry L. Gantt)에 의해 1917년에 도입된 **갠트도표**(Gantt chart)는 가장 오래된 일정계획 방법이다. 갠트도표에서 가로축은 시간, 그리고 세로축은 작업장, 기계, 작업자 등을 나타낸다. 다음의 예를 가지고 갠트도표에 의한 일정계획을 수립해 보자.

어떤 작은 제작소는 각각 1대의 기계 A, B, C로 구성된 3개의 작업장(A, B, C)에서 5개 작업(1, 2, 3, 4, 5)의 일정계획을 수립하고자 한다. 각 작업의 처리시간과 처리순서는 〈표 10-1〉과 같다. 예를 들면, 작업 2는 작업장 C에서 6시간 가공을 받은 다음, 작업장 A로 가서 4시간 가공을 받으면 끝난다. 각각 기계 1대의 유한 생산능력을 가진 3개의 작업장(A, B, C)에 대해 5개 작업의 일정계획을 수립해 보자. 작업은 임의로 1–4–5–2–3의 순서로 처리된다고 가정한다.

갠트도표에 의해 이 문제의 일정계획을 수립해 보면 [그림 10-1]과 같다. 먼저 첫 순서인 작업 1의 일정을 계획한다. 작업 1은 기계 A에서 2시간 가공을 받은 다음, 기계 B로 가서 3시간(시간 2에서 5까지) 가공을 받고, 끝으로 기계 C에 가서 4시간(시간 5에서 9까지) 가공을 받는다. 따라서 작업 1의 경우에는 대기시간이 없다. 다음은 기계

표 10-1 일정계획을 위한 작업 자료

작 업	작업장/기계시간	납기(일)
1	A/2, B/3, C/4	3
2	C/6, A/4	2
3	B/3, C/2, A/1	4
4	C/4, B/3, A/3	4
5	A/5, B/3	2

그림 10-1 갠트도표에 의한 일정계획

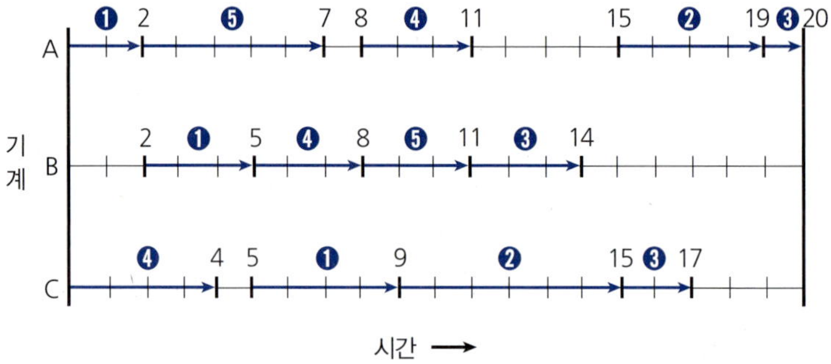

작업장 (기계)	유휴시간 (시간)
A	5
B	8
C	4
계	17
총완료시간 = 20시간	

작업	처리시간 (시간)	대기시간 (시간)	흐름시간 (시간)
1	9	0	9
2	10	9	19
3	6	14	20
4	10	1	11
5	8	3	11
계	43	27	70

C, B, A를 거치는 작업 4의 일정을 계획한다. 작업 4는 기계 C가 시간 5까지 비어 있으므로 기계 C에서 바로 4시간 가공을 받을 수 있다. 다음은 기계 B가 시간 5까지 바쁘기 때문에 1시간을 기다려 기계 B에서 3시간(시간 5부터 8까지) 가공을 받는다. 끝으로 기계 A에서 시간 8부터 11까지 3시간 가공을 받는다. 다음 작업인 작업 5는 먼저 기계 A에서 작업 1이 끝나는 시간 2까지 2시간을 기다려 시간 2부터 7까지 5시간 가공을 받는다. 기계 A에서 가공이 끝난 다음에는 기계 B로 가서 1시간을 기다려 시간 8부터 11까지 3시간 가공을 받는다. 이러한 과정을 나머지 작업 2, 3에 대해 적용하면 모든 작업의 일정계획이 완료된다.

갠트도표를 작성한 다음에는 현재의 작업순서에 대한 작업과 기계(작업장)의 성과를 평가해 보아야 한다. 기계(작업장)에 대한 하나의 성과 척도는 모든 작업이 완료되는 시간인 **총완료시간**(makespan)이다. [그림 10-1]에서 보면 5개의 작업을 모두 완료하는 데는 20시간이 걸리므로 총완료시간은 20시간이 된다.

기계(작업장)의 또 다른 성과 척도는 **기계 가동률**(machine utilization)이다. [그림 10-1]에서 각 기계의 유휴시간을 합한 총유휴시간은 17(= 5+8+4)시간이다. 따라서 세 기계(작업장)에 주어진 총시간인 60(= 20×3)시간 중 유휴시간의 비율은 28.3%(= 17/60)이고, 가동률은 71.7%(= 43/60)가 된다. 가동률은 총완료시간과 밀접히 관련되어 있다. 왜냐하면 총유휴시간은 다음과 같이 표현되기 때문이다.

$$\text{총유휴시간} = (\text{기계의 수}) \times (\text{총완료시간}) - \text{총처리시간}$$

위의 식에서 기계(작업장)의 수는 3으로 일정하고, 〈표 10-1〉에서 5개 작업의 처리시간을 모두 합한 총처리시간도 작업의 순서에 관계없이 43시간으로 일정하므로 총완료시간을 최소화하면 총유휴시간이 최소화되고 따라서 가동률이 최대화된다.[1)]

작업의 성과에 대한 척도는 각 작업의 흐름시간(flow time)의 합인 **총흐름시간**이다. 여기서 각 작업의 흐름시간이란 각 작업의 완료시간, 즉 각 작업이 완료될 때까지 작업장에서 보낸 총시간을 의미한다. 각 작업은 작업장에서 처리를 받거나 또는 기다리는 데 시간을 보내기 때문에 흐름시간은 처리시간과 대기시간을 합한 값이 된다. 예를 들면, [그림 10-1]에서 작업 2의 흐름시간(완료시간)은 처리시간 10에 대기시간 9를 더한 값인 19시간이 된다. 따라서 총흐름시간은 다음과 같이 표현된다.

$$\text{총흐름시간} = \text{총처리시간} + \text{총대기시간}$$

위의 식에서 총처리시간은 작업의 순서와 관계없이 일정하므로 총흐름시간을 최소화하는 것은 총대기시간을 최소화하는 것과 마찬가지임을 알 수 있다. [그림 10-1]에서 현재 작업순서의 총흐름시간은 70(= 43+27)시간이다. 작업순서의 성과는 총흐름시간(또는 총대기시간)이 작을수록 좋다. 물론 흐름시간과 대기시간은 작업의 처리순서에 달려있다. 앞의 예에서 보면 가장 먼저 처리되는 작업 1은 대기시간이 없지만 가장 나중에 처리되는 작업 2와 3은 대기시간이 상당히 많다. 한편 하루 작업시간을 8시간으로 할 때 작업 2만 납기를 지키지 못했음을 알 수 있다(3시간 지연).

---

1) 또는 가동률={총처리시간/(기계의 수×총완료시간)}×100% 이고, 총처리시간과 기계(작업장)의 수는 작업의 순서와 관계없이 일정하므로 총완료시간을 최소화하면 가동률이 최대화된다.

일반적으로 총완료시간, 기계(작업장)의 가동률, 흐름시간 및 대기시간은 작업의 순서에 달려 있다. 앞의 예의 경우 가능한 작업순서의 수는 120(=5!)가지가 된다. 만약 이 120가지의 작업순서 각각에 대해 갠트도표를 작성하여 평가해 보면 총완료시간을 최소화하거나 또는 총흐름시간(또는 총대기시간)을 최소화하는 작업순서를 구할 수 있다. 일반적으로 n개의 작업이 있으면 최적 작업순서를 구하기 위해서는 $n!$만큼의 작업순서를 모두 평가해 보아야 한다. 따라서 작업의 수 n이 커지면 작업순서의 수가 기하급수적으로 증가하기 때문에 컴퓨터에 의하더라도 효율적으로 최적 작업순서를 구하는 것은 현실적으로 불가능하다.

위와 같이 모든 가능한 작업순서를 나열하여 평가하지 않고 최적 작업순서를 결정하는 해법들이 개발되어 왔다. 이들 해법들은 총완료시간과 같은 하나 이상의 성과 척도를 최적화하도록 작업순서를 결정한다. 일반적으로 m개의 기계(또는 작업장)와 n개의 작업이 있는 **$m \times n$ 기계 일정계획 문제**($m \times n$ machine-scheduling problem)는 임의의 수 n에 대해 m이 매우 작은 경우(m = 1, 2, 3)에는 효율적인 최적 해법이 개발되어 있다. 하지만 m이 큰 경우에는 가능한 작업순서의 수가 엄청나게 커지기 때문에 효율적인 최적 해법은 없으며, 대신 최적해에 가까운 좋은 해를 쉽게 구하는 여러 가지 휴리스틱(heuristic) 해법들이 개발되어 있다.

3 유한 생산능력 일정계획

각 작업장의 생산능력(예를 들면, 기계의 수)이 무한하다면 작업의 대기 현상은 없고 이에 따라 일정계획 문제가 발생하지 않는다. 앞 절의 〈표 10-1〉의 예에서도 각 작업장에 1대의 기계밖에 없기 때문에 작업의 대기 현상이 발생하였다. 하지만 현실적으로 각 작업장의 생산능력은 유한하기 때문에 일반적으로 일정계획에서는 유한 생산능력을 가정한다. 오늘날에는 컴퓨터의 발전과 함께 **유한 생산능력 일정계획**(FCS: finite capacity scheduling)을 위한 소프트웨어가 많이 개발되어 있다.

FCS에서는 다수의 작업이 각각 하나 이상의 기계로 구성된 여러 개의 작업장을 거치는 것으로 가정한다. 앞 절에서는 각 작업장이 1대의 기계로 구성되어 있는 경우의 FCS를 살펴보았다. 여기서는 각 작업장이 2대의 기계로 구성되어 있는 경우를 살펴본다. 예를 들어, 앞 절에서 살펴본 〈표 10-1〉과 문제는 같지만 각 작업장마다 같은 기계가 두 대라고 하자. 즉, 작업장 A에는 A 기계가 두 대, 작업장 B에는 B 기계가 두 대, 그리고 작업장 C에는 C 기계가 두 대 있다고 가정한다. 이와 같이 생산능력이 추가되었을 때 일정계획이 어떻게 변하는지를 살펴보자.

이 문제의 갠트도표를 작성해 보자. 먼저 두 대의 A 기계를 A_1, A_2로 표시하고, 마찬가지로 B와 C의 각 두 대의 기계를 B_1, B_2 그리고 C_1, C_2로 표시한다. 작업의 순서는 앞의 예와 마찬가지로 1–4–5–2–3으로 한다. 이러한 자료를 가지고 갠트도표에 의해 일정계획을 수립해 보면 [그림 10-2]와 같다. 작업 1은 첫 순서이므로 앞의 [그림 10-1]에서와 같다. 다음 순서인 작업 4는 기계 C_1에서 4일 가공을 받은 다음, 작업장 B로 간다. 이제는 기계 B가 두 대가 있으므로 앞의 경우와는 달리 작업 1의 가공

그림 10-2 각 작업장에 두 대의 기계가 있는 경우의 갠트도표에 의한 일정계획

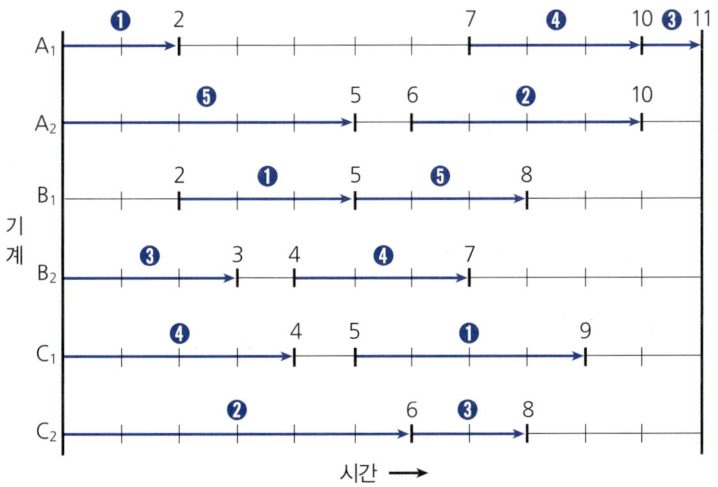

작업장	유휴시간 (시간)
A	7
B	10
C	6
계	23
총완료시간 = 11시간	

작업	처리시간 (시간)	대기시간 (시간)	흐름시간 (시간)
1	9	0	9
2	10	0	10
3	6	5	11
4	10	0	10
5	8	0	8
계	43	5	48

이 끝날 때까지 기다리지 않고 바로 기계 B_2에서 3일(시간 4에서 7까지) 가공을 받는다. 그런 다음 바로 기계 A_1로 가서 3일(시간 7에서 10까지) 가공을 받고 끝난다. 다음 작업인 작업 5는 앞에서는 작업장 A에서 작업 1이 끝날 때까지 기다렸지만 이제는 기계 A_2에서 바로 가공이 시작될 수 있다. 또한 작업장 B로 가서도 기다릴 필요 없이 바로 기계 B_1에서 3일(시간 5부터 8까지) 가공을 받고 끝난다. 그 다음 작업인 작업 2도 앞의 예와는 달리 기계 C가 두 대가 있으므로 C_2에서 바로 6일 가공을 받고 이어서 A_2에서 4일 가공을 받는다. 마지막 순서인 작업 3은 바로 B_2에서 3일 가공을 받고, 3일을 기다린 다음에 C_2에서 2일 가공을 받으며, 다시 2일을 기다려 A_1에서 1일 가공을 받는다.

생산능력(기계)의 추가는 작업의 완료시간과 대기시간을 상당히 줄인다. 각 작업장에 기계가 1대씩 있었던 앞의 예에 비해 총완료시간은 20일에서 11일로 줄어들었고, 총대기시간도 27시간에서 5시간으로 줄어들었다. 또한 모든 작업들이 납기 내에 완료되었다.

여기서 주목할 것은 일정계획에서 **병목**(bottleneck)의 효과이다. **병목작업장**이란 생산능력이 부과된 수요보다 작은 작업장을 말한다. 병목작업장은 전체 공장의 생산능력을 제약하며, 병목작업장에 1시간의 생산능력을 추가하는 것은 전체 공장에 1시간의 생산능력을 추가하는 것과 마찬가지 효과가 있다. 그러나 병목이 아닌 작업장에는 초과 생산능력이 있기 때문에 그 작업장에 생산능력을 추가하는 것은 일정계획에 도움이 되지 않는다.

[그림 10-2]에서 보면 작업장 C가 시간 3부터 6까지 병목작업장이 된다. 왜냐하면 그 시간대에는 작업장 C가 완전 가동되고 있어서 작업 3이 가공을 받기 위해서는 기다려야 하기 때문이다. 즉, 그 시간대에는 작업장 C에 대한 수요가 생산능력을 초과하고 다른 작업장들은 제약이 되지 않기 때문이다. 같은 이유로 시간 8부터 10까지는 작업장 A가 병목작업장이 된다. 이와 같이 병목은 항상 일정한 것이 아니라 시간이 지남에 따라 한 작업장에서 다른 작업장으로 바뀔 수 있다.

병목작업장에 생산능력을 추가하면 일정계획이 향상될 수 있다. [그림 10-2]의 예에서 병목작업장 A에 생산능력이 추가되면 총완료시간은 11시간에서 10시간으로 줄어들 것이다. 하지만 작업 2와 작업 4의 처리시간이 10시간이므로 이 문제의 경우 더 이상 생산능력을 추가하더라도 총완료시간을 10시간 이내로 줄일 수는 없다.[2] 생산

2) 즉, 가장 처리시간이 긴 작업이 총완료시간을 제약한다.

능력은 기계시간의 추가, 준비시간의 단축, 잔업, 하청 등 여러 가지 방법으로 추가될 수 있다. 따라서 일정계획에서는 병목작업장이 어디인지 찾아내고 거기에 생산능력을 추가하여 병목현상을 제거함으로써 작업의 흐름을 개선하는 것이 중요하다.

4 작업순서의 결정

뱃치 및 잡숍 프로세스에서 작업의 처리순서를 결정하는 문제를 **작업순서 결정문제**(job sequencing)라고 한다. 그리고 한 작업장에서 처리를 기다리는 작업 중에서 어떤 작업을 우선해서 처리할 것인가를 결정하는 규칙을 **우선순위규칙**(priority rule) 또는 **배정규칙**(dispatching rule)이라고 한다.

일반적으로 전체 공장 내에서의 작업순서는 하나의 우선순위규칙에 의해 한꺼번에 결정되는 것이 아니다. 작업의 순서는 거치는 작업장마다 선택된 특정 우선순위 규칙에 의해 동적으로 결정된다. 왜냐하면 현실에서는 기계의 고장, 작업자의 결근, 자재의 늦은 도착 등으로 인해 상황이 항상 변하고 이에 따라 사전에 계획된 일정을 유지하기가 쉽지 않기 때문이다. 따라서 어떤 작업을 다음에 처리해야 하는가는 우선순위규칙에 의해 실시간으로 조정되어야 한다.

작업순서 결정문제는 작업의 수, 거쳐야 할 작업장의 수, 각 작업이 작업장을 거치는 순서 등에 따라 복잡성이 달라진다. 본절에서는 여러 가지 우선순위규칙을 소개한 다음, 작업순서의 평가기준을 제시한다. 그런 다음, 작업순서 결정문제를 거치는 작업장의 수에 따라 한 개의 작업장을 거치는 경우, 두 개의 작업장을 거치는 경우, 다수의 작업장을 거치는 일반적인 경우로 나누어 살펴본다.

4.1 우선순위규칙과 작업순서의 평가기준

(1) 우선순위규칙

우선순위규칙 또는 배정규칙이란 어떤 작업을 우선해서 처리할 것인가를 결정하는 규칙이다. 우선순위규칙은 동적인 성격을 가지고 있으며, 따라서 변화하는 상황에 따라 계속적으로 작업의 우선순위가 결정된다. 우선순위규칙은 작업의 도착순서, 처리시간, 납기 등 여러 가지 기준에 따라 다음과 같이 다양하다.

1. **선착순규칙**(first-come, first-served): 작업장에 도착한 순서대로 작업순서를 결정한다.
2. **후착순규칙**(last-come, first-served): 늦게 도착한 작업부터 먼저 처리한다. 이 규칙은 나중에 도착한 주문 작업을 가장 꺼내기 쉽도록 가까이 두는 경우에 사용될 수 있다.
3. **최단처리시간규칙**(shortest processing time): 처리시간이 짧은 순서대로 작업순서를 결정한다.
4. **최소납기규칙**(earliest due date): 납기가 빠른 순서대로 작업순서를 결정한다.
5. **최소여유시간규칙**(slack time remaining): 여유시간이란 현재부터 납기까지 남은 시간에서 잔여 처리시간을 뺀 시간이다. 이 규칙에서는 여유시간이 가장 짧은 작업부터 우선적으로 처리한다.
6. **잔여 작업당 최소여유시간규칙**(slack time remaining per operation): 잔여 작업당 여유시간이란 다음의 식과 같이 여유시간을 앞으로 수행해야 할 잔여 작업의 수로 나눈 값이다.

$$\text{잔여 작업당 여유시간} = \frac{\text{납기까지 남은 시간} - \text{잔여 처리시간}}{\text{잔여 작업의 수}}$$

   이 규칙에서는 잔여 작업당 여유시간이 가장 짧은 작업부터 우선적으로 처리한다.
7. **긴급률규칙**(critical ratio): 긴급률이란 다음의 식과 같이 현재부터 납기까지 남은 시간을 잔여 처리시간으로 나눈 값이다.

$$\text{긴급률} = \frac{\text{납기까지 남은 시간}}{\text{잔여 처리시간}}$$

   이 규칙에서는 긴급률이 가장 작은 작업부터(즉, 납기에 비추어 가장 긴급한 작업부터) 우선적으로 처리한다.
8. **임의순서규칙**(random): 이 규칙에서는 다음에 처리할 작업을 임의로 선택한다.

(2) 작업순서의 평가기준

우선순위규칙을 이용하여 작업순서를 결정한 후에는 이를 평가할 기준이 필요하다. 일정계획에서 일반적으로 많이 사용되는 작업순서의 평가기준은 다음과 같다.

1. **총완료시간**(makespan): 총완료시간이란 모든 작업이 완료되는 시간(즉, 최종 작업이 완료되는 시간)을 말하며 총완료시간은 짧을수록 좋다.
2. **평균 완료시간**(mean flow time): 작업의 평균 완료시간은 짧을수록 좋다. 평균 완료시간을 평균 흐름시간이라고도 한다.
3. **작업장 내 평균 작업 수**: 작업장 내에 머무는 작업의 수가 많을수록 보관 장소가 더 많이 필요하고 작업장 내부가 혼잡해지기 때문에 효율성이 떨어진다. 또한 작업장 내에 머무는 작업이 많을수록 재공품 재고가 많다는 것을 의미한다. 따라서 작업장 내 평균 작업 수는 적을수록 좋다.
4. **평균 납기지연시간**(average tardiness): 평균 납기지연시간은 작을수록 좋다.
5. **유휴시간**(idle time): 작업장, 기계 또는 작업자의 유휴시간은 작을수록 좋다.

4.2 한 개의 작업장을 거치는 경우

여러 개의 작업이 한 개의 작업장을 거치는 경우, 우선순위규칙에 의해 작업순서를 결정하고 또 이를 평가해 보자. 〈표 10-2〉는 어떤 작업장에 대기 중인 5개 작업의 도착순서, 처리시간 및 납기를 나타내고 있다. 이 5개 작업의 총처리시간은 20일이므로 어떠한 작업순서를 사용하더라도 총완료시간은 똑같이 20일이 된다. 또한 계속해서 다음 작업을 처리하므로 작업장의 유휴시간도 없다. 따라서 여러 개의 작업이

표 10-2 **작업의 도착순서, 처리시간 및 납기**

작 업	도착순서	처리시간(일)	납기(일)
A	1	6	10
B	2	3	4
C	3	5	15
D	4	2	5
E	5	4	9
계		20	

한 개의 작업장을 거치는 경우에는 총완료시간과 유휴시간은 평가기준으로서는 의미가 없으며, 작업순서는 평균 완료시간, 작업장 내 평균 작업 수 및 평균 납기지연시간에 의해 평가된다.

여러 가지 우선순위규칙에 의해 작업순서를 결정해 보자. 먼저 선착순규칙에 의한 작업순서는 도착순서인 A－B－C－D－E가 되고, 후착순규칙에 의한 작업순서는 E－D－C－B－A가 된다. 최단처리시간규칙에 의한 작업순서는 D－B－E－C－A가 되고, 최소납기규칙에 의한 작업순서는 B－D－E－A－C가 된다. 한편 각 작업의 여유시간과 긴급률을 계산해 보면 〈표 10-3〉과 같다. 한 개의 작업장만을 거치는 경우에는 각 주문 작업마다 앞으로 수행되어야 할 잔여 작업의 수가 모두 1개이므로 잔여 작업당 여유시간은 각 주문 작업의 여유시간과 같다. 따라서 〈표 10-3〉에서 최소여유시간규칙과 잔여 작업당 최소여유시간규칙에 의한 작업순서는 다같이 B－D－A－E－C가 된다. 그리고 긴급률규칙에 의한 작업순서는 B－A－E－D－C가 된다.

이제 이들 작업순서를 평가해 보자. 먼저 선착순규칙에 의한 작업순서 A－B－C－D－E를 평가해 보면 〈표 10-4〉와 같다. 이 표에서 흐름시간이란 앞서 제2절에서 설명한 바와 같이 각 작업의 완료시간, 즉 각 작업이 완료될 때까지 작업장에서 보낸 총시간을 의미한다. 각 작업이 완료될 때까지 작업장에서 보낸 시간은 대기시간과 처리시간으로 구성되므로 흐름시간은 대기시간과 처리시간을 합한 값이 된다. 예를 들면, 〈표 10-4〉에서 첫 번째 작업 A는 대기시간이 없으므로 처리시간 6일이 바로 흐름시간이 된다. 두 번째 작업 B는 A가 처리되는 6일 동안을 기다리고 그 자신이 처리되는 데 다시 3일이 소요되므로 흐름시간은 9(=6+3)일이 된다. 세 번째 작업 C는 A와 B가 다 처리될 때까지 기다려야 하므로 대기시간은 9일이 되며, 여기에 자신의 처리시간 5일을 합하면 흐름시간은 14일이 된다. 마찬가지 논리로 작업 D와 E의 흐름시간은 각각 16일, 20일이 된다.

표 10-3 여유시간과 긴급률의 계산

작 업	처리시간	납 기	여유시간	긴급률
A	6	10	10－6= 4	10/6=1.67
B	3	4	4－3= 1	4/3=1.33
C	5	15	15－5=10	15/5=3
D	2	5	5－2= 3	5/2=2.5
E	4	9	9－4= 5	9/4=2.25

표 10-4 선착순규칙에 의한 작업순서의 평가

작업순서	처리시간	흐름시간	납 기	납기지연
A	6	6	10	0
B	3	9	4	5
C	5	14	15	0
D	2	16	5	11
E	4	20	9	11
계	20	65		27

평균 완료시간 $= \frac{65}{5} = 13$일

작업장 내 평균 작업 수 $= \frac{6(5) + 3(4) + 5(3) + 2(2) + 4(1)}{20} = \frac{65}{20} = 3.25$

평균 납기지연시간 $= \frac{27}{5} = 5.4$일

평균 완료시간은 다음의 식과 같이 각 작업의 완료시간(즉, 흐름시간)을 전부 더하여 작업의 수로 나눈 값이다.

$$\text{평균 완료시간} = \frac{\text{총흐름시간}}{\text{작업의 수} } \qquad (10 \cdot 1)$$

선착순규칙에 의한 작업순서 A－B－C－D－E의 총흐름시간은 〈표 10-4〉에서 65일이므로 이를 작업의 수 5로 나누면 평균 완료시간은 13일이 된다.

작업장 내 평균 작업 수를 구하는 논리는 다음과 같다. 선착순규칙에 의한 작업순서 A－B－C－D－E에서 보면, 작업 A가 처리되는 첫 6일 동안은 5개의 작업(A는 처리 중이며 나머지 4개의 작업은 대기 중)이, 작업 B가 처리되는 다음 3일 동안은 4개의 작업(B는 처리 중이며 C, D, E는 대기 중)이, 작업 C가 처리되는 그 다음 5일 동안은 3개의 작업(C는 처리 중이며 D, E는 대기 중)이, 작업 D가 처리되는 그 다음 2일 동안에는 2개의 작업(D는 처리 중이며 E는 대기 중)이, 그리고 작업 E가 처리되는 마지막 4일 동안은 1개의 작업이 각각 작업장 내에 있게 된다. 따라서 각 작업의 처리시간과 이 시간 동안 작업장 내에 있는 작업의 수를 곱해서 전부 합한 다음, 이를 총처리시간(즉, 총완료시간) 20일로 나누면 작업장 내 평균 작업 수가 구해진다. 이 과정을 보여주는 계산식이 〈표 10-4〉의 하단에 나와 있다. 이 식에서 분자의 값은 총흐름시간과

같다.[3] 따라서 작업장 내 평균 작업 수를 구하는 공식은 다음과 같다.

$$\text{작업장 내 평균 작업 수} = \frac{\text{총흐름시간}}{\text{총처리시간}} \tag{10 · 2}$$

〈표 10-4〉의 선착순규칙에 의한 작업순서에서 총흐름시간은 65일이고 총처리시간은 20일이므로 작업장 내 평균 작업 수는 3.25(= 65/20)가 된다.

한편 각 작업이 완료되는 시간은 흐름시간과 같으므로 각 작업마다 납기지연시간은 다음과 같다.

$$\text{납기지연시간} = \begin{cases} 0,\ \text{만약 흐름시간} \le \text{납기} \\ \text{흐름시간} - \text{납기},\ \text{만약 흐름시간} > \text{납기} \end{cases}$$

따라서 평균 납기지연시간은 다음과 같이 계산된다.

$$\text{평균 납기지연시간} = \frac{\text{총납기지연시간}}{\text{작업의 수}}$$

〈표 10-4〉의 선착순규칙에 의한 작업순서에서 총납기지연시간은 27일이므로 이를 작업의 수 5로 나눈 값, 5.4일이 평균 납기지연시간이 된다.

이상과 같은 논리에 의해 후착순규칙, 최단처리시간규칙, 최소납기규칙, 최소여유시간규칙 및 긴급률규칙에 의한 작업순서도 쉽게 평가할 수 있다. 〈표 10-5〉는 이상의 6가지 우선순위규칙을 〈표 10-2〉의 예에 적용했을 때의 작업순서를 평가한 결과이다. 이 표에서 보면 최단처리시간규칙은 평균 완료시간과 작업장 내 평균 작업 수에서, 그리고 최소납기규칙은 평균 납기지연시간에서 각각 가장 좋은 결과를 가져왔다.

---

3) 왜냐하면 이 식의 분자를 다시 써보면 다음과 같기 때문이다.

$6(5) + 3(4) + 5(3) + 2(2) + 4(1)$

$= \{6 + 6(4)\} + \{3 + 3(3)\} + \{5 + 5(2)\} + \{2 + 2(1)\} + 4$

$= (6 + 3 + 5 + 2 + 4) + \{6(4) + 3(3) + 5(2) + 2(1)\}$

$= 20 + 45$

= 각 작업의 처리시간의 합 + 각 작업의 대기시간의 합

= 총처리시간 + 총대기시간

= 총흐름시간

표 10-5 6가지 우선순위규칙에 의한 작업순서의 평가 결과

규칙 \ 평가기준	작업순서	평균 완료시간(일)	작업장 내 평균 작업 수	평균 납기 지연시간(일)
선착순규칙	A−B−C−D−E	13	3.25	5.4
후착순규칙	E−D−C−B−A	11	2.75	4.2
최단처리시간규칙	D−B−E−C−A	10	2.5	2.2
최소납기규칙	B−D−E−A−C	10.4	2.6	2
최소여유시간규칙	B−D−A−E−C	10.8	2.7	2.4
긴급률규칙	B−A−E−D−C	12	3	3.8

이 예의 경우 평균 납기지연시간은 최소납기규칙을 적용했을 때 결과가 가장 좋았지만, 이는 항상 그런 것은 아니고 각 작업의 처리시간과 납기에 관한 자료에 따라 그 결과는 달라진다. 그러나 최단처리시간규칙은 어떤 문제에 적용하더라도 평균 완료시간과 작업장 내 평균 작업 수의 두 가지 기준에 있어서는 항상 다른 우선순위규칙보다 더 좋은 결과를 가져온다. 그 이유는 다음과 같다. 최단처리시간규칙은 처리시간이 짧은 순서대로 작업순서를 결정하기 때문에 작업의 총대기시간을 최소화한다. 그리고 총흐름시간은 총처리시간과 총대기시간의 합계이고, 총처리시간은 어떠한 작업순서에도 관계없이 일정하므로 총대기시간의 최소화는 곧 총흐름시간의 최소화를 의미한다. 식 (10 · 1)과 (10 · 2)에서 작업의 수와 총처리시간은 작업순서에 관계없이 일정하므로 총흐름시간이 최소화되면 평균 완료시간과 작업장 내 평균 작업 수가 최소화된다. 따라서 한 개의 작업장을 거치는 문제의 경우, 최단처리시간규칙은 평균 완료시간과 작업장 내 평균 작업 수의 기준에서 볼 때 가장 우수한 규칙이다.

비록 최단처리시간규칙은 평균 완료시간과 작업장 내 평균 작업 수의 측면에서는 (즉, 효율성의 측면에서는) 가장 우수한 규칙이지만 어떤 우선순위규칙을 선택하느냐는 어떤 평가기준을 우선적으로 고려하느냐에 따라 달라진다. 예를 들면, 선착순규칙은 고객에 대한 공정성의 측면에서는 가장 좋은 규칙이기 때문에 서비스시스템에서 널리 이용되는 것이다. 한편 납기 충족의 측면에서는 작업순서의 결정에 납기를 고려하는 최소납기규칙, (잔여 작업당) 최소여유시간규칙, 긴급률규칙이 일반적으로 더 좋다.

4.3 두 개의 작업장을 거치는 경우

앞에서는 한 개의 작업장을 거치는 여러 작업의 작업순서 결정에 대해 살펴보았다. 여기서는 각 작업이 동일한 순서로 두 개의 작업장을 거치는 경우(즉, 작업장 1 → 작업장 2)를 살펴본다. 이 경우에는 존슨의 규칙(Johnson 1954)을 이용하여 최종 작업이 두 번째 작업장에서 완료되는 시간, 즉 총완료시간이 최소가 되도록 작업순서를 결정한다. 이 규칙은 총완료시간뿐만 아니라 두 작업장의 총유휴시간도 최소화시킨다.

존슨의 규칙은 다음과 같다.

단계 1: 각 작업마다 작업장 1과 작업장 2에서의 처리시간을 산정한다.

단계 2: 작업장 1, 2에 관계없이 처리시간이 가장 짧은 작업을 선택한다.[4] 이 가장 짧은 처리시간이 작업장 1에서 발생하면 그 작업을 가능한 앞 순위에 놓고, 작업장 2에서 발생하면 그 작업을 가능한 뒤 순위에 놓는다.

단계 3: 단계 2에서 순위가 결정된 작업은 고려 대상에서 제외한다.

단계 4: 모든 작업의 순서가 결정될 때까지 단계 2와 단계 3을 반복한다.

예를 들어, 이 규칙을 적용해 보자. 〈표 10-6〉은 A, B, C, D, E 5개의 작업이 작업장 1과 작업장 2를 순서대로 거쳐야 할 때의 처리시간을 나타내고 있다. 존슨의 규칙에 의한 작업순서는 다음과 같이 결정된다.

가장 짧은 처리시간은 작업 B의 작업장 1에서의 처리시간 2일이며, 이는 작업장 1에 해당하므로 작업 B를 제일 앞 순위에 둔다(B □□□□).

순위가 결정된 작업 B를 제외한 나머지 작업 A, C, D, E 중 최단처리시간을 찾아보면 작업 D의 작업장 1에서의 처리시간 3일이다. 이는 작업장 1에 해당하므로 작업 D를 가능한 앞 순위, 즉 B 다음에 둔다(B D □□□).

다시 작업 D를 고려 대상에서 제외하고 나머지 작업 A, C, E 중에서 최단처리시간을 찾아보면 작업 A의 작업장 2에서의 처리시간 4일이다. 이는 작업장 2에 해당하므로 작업 A를 맨 뒤에 둔다(B D □□ A).

4) 처리시간이 가장 짧은 작업이 여러 개 있으면 아무 작업이나 선택한다. 이 때는 복수의 최적 작업순서가 존재한다.

표 10-6 두 개의 작업장을 거치는 문제

작 업	처리시간(일)	
	작업장 1	작업장 2
A	5	4
B	2	3
C	6	5
D	3	4
E	6	7

이제 고려 대상 작업은 C, E이며, 여기서 최단처리시간은 작업 C의 작업장 2에서의 처리시간 5일이다. 이는 작업장 2에 해당하므로 작업 C를 가능한 뒤 순위, 즉 A 앞에 둔다([B][D][ ][C][A]).

끝으로 남은 작업은 E 하나밖에 없으므로 작업 E의 순서는 자동적으로 D와 C 사이로 결정된다([B][D][E][C][A]).

이상의 과정을 통해 5개 작업의 작업순서는 B−D−E−C−A로 결정되었다. 이 작업순서의 작업일정은 [그림 10-3]과 같다. 이 그림에서 최종 작업 A가 작업장 2에서 완료되는 시간, 즉 총완료시간은 27일이며, 총유휴시간은 9일이다.

지금까지 살펴본 존슨의 규칙은 모든 작업이 두 개의 작업장을 동일한 순서로 거치는 경우에만 적용이 가능하다는 것을 유의해야 한다.

그림 10-3 존슨의 규칙에 의한 작업일정

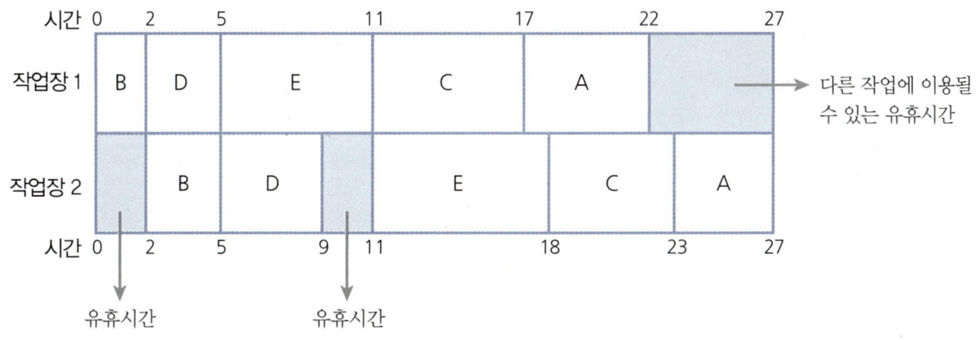

4.4 다수의 작업장을 거치는 일반적인 경우

대부분의 뱃치 및 잡숍 프로세스에서는 많은 작업이 다수의 작업장을 거친다. 더욱이 모든 작업이 동일한 순서로 각 작업장을 거치는 것은 아니며, 또한 작업마다 거치는 작업장의 수와 패턴이 다르다. 이와 같은 일반적인 경우에는 제2절에서 설명한 바와 같이 효율적인 최적 해법은 존재하지 않으며, 또한 모든 가능한 작업순서를 평가하여 최적 작업순서를 구한다는 것도 현실적으로 거의 불가능하다.[5)]

이러한 복잡한 상황에서는 전체 작업일정을 한꺼번에 결정하는 것이 아니라 각 작업장마다 현재 대기 중인 작업 중 어느 작업을 우선적으로 처리해야 할 것인가를 우선순위규칙을 이용하여 동적으로 결정해 나간다. 이 경우에는 여러 우선순위규칙을 상대적으로 평가하기 위해 시뮬레이션을 많이 사용한다. 시뮬레이션을 통해 여러 가지 우선순위규칙을 평가한 연구결과에 의하면, 최단처리시간규칙은 평균 완료시간, 완료된 주문의 수, 공장 내에 대기 중인 평균 주문의 수, 주문당 평균 대기시간, 기계 및 작업자의 가동률 등과 같은 효율성의 측면에서 가장 좋고, 긴급률규칙과 잔여 작업당 최소여유시간규칙은 납기 관련 평가기준에서 가장 좋다고 한다(LeGrande 1963). 일반적으로 뱃치 및 잡숍 프로세스에서는 효율성보다는 납기가 더 중요하므로 긴급률규칙과 잔여 작업당 최소여유시간규칙이 더 많이 쓰인다.

5 생산현장 통제

일정계획이 수립된 뒤에는 각 주문이나 작업이 예정대로 진행되고 있는지, 장애요인은 없는지, 또는 투입과 산출 간에는 문제가 없는지 등의 **생산현장 통제**(shop-floor control)가 이루어져야 한다. 본절에서는 생산현장 통제를 위한 방법으로서 투입-산출 통제와 갠트도표에 의한 일정 통제를 소개한다.

---

5) 만일 n개의 작업이 m개의 작업장을 모두 거치고 작업장마다 작업순서를 결정한다면 전체적으로 가능한 작업순서의 수는 $(n!)^m$개가 된다.

5.1 투입-산출 통제

투입-산출 통제(input-output control)란 투입과 산출 간의 관계를 관리하는 것이다. 이들 관계를 논의하기에 앞서 먼저 다음과 같이 용어를 정의한다.

- **투입**: 투입이란 단위시간당 도착하는 작업의 양을 말한다. 투입은 단위시간당 주문의 수, 단위시간당 표준시간으로 표시된 작업량, 단위시간당 물량 등으로 측정된다.
- **부하**: 부하란 재공품이나 적체된 주문의 수준을 말한다. 즉, 부하는 앞으로 처리되어야 할 일의 총량이다.
- **산출**: 산출이란 완료되는 작업의 양을 의미한다. 산출률은 생산능력과 부하 양자에 의해 결정된다.
- **생산능력**: 생산능력이란 최대 산출률을 의미한다.

이들의 관계는 [그림 10-4]와 같은 물탱크모형을 통해 쉽게 설명될 수 있다. 투입은 탱크로 흘러 들어가는 물의 유입률을 나타내며, 이는 투입밸브에 의해 통제된다. 부하는 탱크 속의 물의 수준이며, 이는 재공품 재고나 적체된 주문에 해당한다. 산출은 탱크 밖으로 흘러 나가는 물의 유출률에 해당한다. 생산능력은 산출파이프의 크기이다. 산출률은 수위(水位)가 산출파이프보다 높으면 생산능력과 같지만, 수위가

그림 10-4 투입-산출 통제

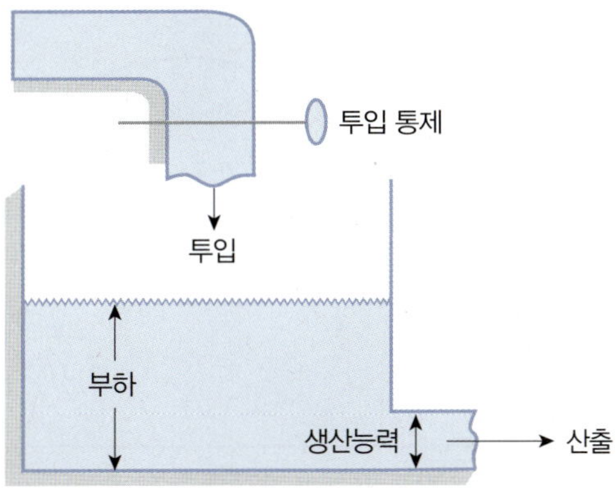

산출파이프보다 낮으면 생산능력보다 작을 수도 있다. 이러한 물탱크시스템을 적절히 통제하는 방법은 산출과 부하가 적정한 수준을 유지하도록 투입밸브를 조정하는 것이다. 단순히 투입밸브를 열어 탱크로 물을 밀어 넣는다고 해서 산출이 증가되는 것은 아니다. 일단 생산능력에 도달하면 산출을 늘리는 유일한 방법은 산출파이프의 크기(즉, 생산능력)를 증대시키는 것이다.

투입이 너무 적으면 기계가동률의 저하, 유휴인력의 증가, 단위당 생산비용의 증가 등을 초래한다. 반대로 투입이 너무 많으면 많은 재공품 재고로 인해 운전자본이 증가하고, 주문의 대기시간이 길어져 주문당 평균 완료시간이 늘어나며, 일반적으로 시스템의 성능이 떨어진다. 따라서 무리하게 시스템에 더 많은 양을 투입하려고 하는 것보다는 추후납품이나 주문의 거절을 통해 투입을 통제하는 편이 일반적으로 더 좋은 방법이다.

가동률과 재공품 재고와의 관계를 살펴보자. 가동률이 낮을 때는 기계나 작업자가 대기상태(유휴상태)에 있기 때문에 재공품 재고가 조금만 올라가도 가동률은 크게 증가한다. 그러나 가동률이 높은 상태(예를 들면, 90% 수준)에서는 재공품 재고가 크게 증가하더라도 가동률은 그다지 증가하지 않는다.

투입-산출 통제에 관한 논의를 요약해 보면 [그림 10-5]와 같다. 산출률은 재공품 재고수준이 증가함에 따라 일정 수준까지는 증가하나 이를 넘어서면 재공품 재고가

그림 10-5 투입-산출의 관계

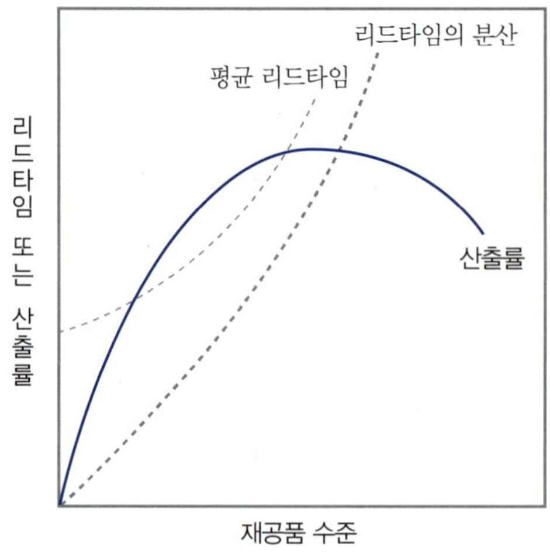

너무 많아 생산에 지장을 초래해 오히려 산출률은 감소한다. 한편 재공품 재고가 증가하면 주문의 대기시간이 길어지므로 평균 리드타임, 즉 평균 완료시간이 커지고 또한 리드타임(완료시간)의 분산도 커진다. 뱃치 및 잡숍 프로세스에서 리드타임, 가동률 및 재고를 통제하기 위해서는 투입의 통제가 매우 중요하다. 즉, 재공품 재고(적체된 주문)가 생산능력을 초과하고 주문당 평균 리드타임이 적정 수준에 도달하면 산출률만큼 투입이 이루어지도록 투입을 통제해야 한다.

5.2 갠트도표에 의한 일정 통제

작은 공장이나 큰 공장의 개별 부서에서는 갠트도표를 이용하여 작업계획과 진척도를 나타내고 각 작업이 예정대로 진행되고 있는지를 통제할 수 있다. 이를 위한 갠트도표의 예를 들어보면 [그림 10-6]과 같다. 이 그림에서 검토일인 수요일 말 현재 작업 A는 계획보다 약간 지연되고 있으며, 작업 B는 계획보다 약간 앞서 있다. 그리고 작업 C는 완료되었으나 기계설비의 정비 때문에 늦게 시작되었음을 알 수 있다. 따라서 갠트도표를 이용하면 작업의 진척 상황을 한 눈에 알 수 있으며, 작업 진척도에 따라 작업 간에 인력 및 장비와 같은 자원을 재할당할 수 있다.

그림 10-6 갠트도표에 의한 일정 통제

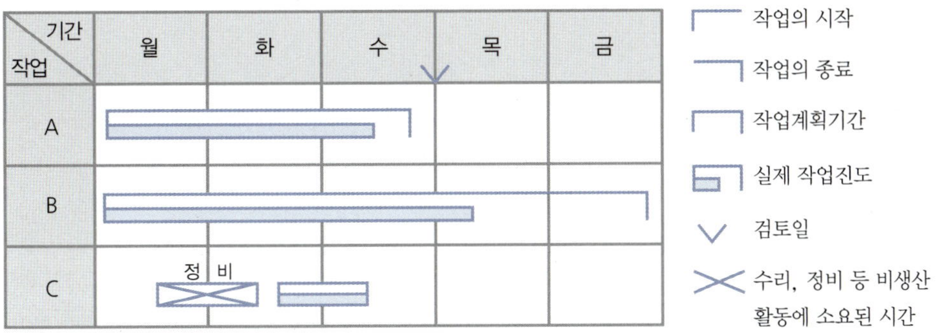

요약

- 일정계획이란 생산능력이나 자원을 시간에 따라 작업, 활동, 과업 또는 고객에 할당하는 단기의 생산능력계획이다. 일정계획은 자원의 사용계획이며, 생산능력에 관한 의사결정의 체계에서 최종 의사결정이다.
- 갠트도표는 가장 단순한 일정계획 방법이다. 갠트도표를 그려보면 각 작업의 완료시간과 대기시간, 작업장이나 기계의 가동률 및 총완료시간을 알 수 있다.
- 유한 생산능력 일정계획은 생산능력이 유한한 여러 개의 작업장을 거치는 다수 작업의 일정을 계획하는 데 사용된다. 유한 생산능력 일정계획에서는 병목작업장이 어디인지 찾아내고 거기에 생산능력을 추가하여 병목현상을 해소함으로써 작업의 흐름을 개선하는 것이 중요하다.
- 우선순위규칙 또는 배정규칙은 공장이나 서비스설비에서 작업의 우선순위를 결정하는 데 사용된다. 각 작업장에서 어떤 작업을 우선해서 처리할 것인가를 결정하는 데는 여러 가지 우선순위규칙들이 사용될 수 있다. 일반적으로 효율성의 측면에서는 최단처리시간규칙이 가장 좋고, 납기 측면에서는 긴급률규칙과 잔여 작업당 최소여유시간규칙이 더 좋다.
- 투입-산출 통제란 투입과 산출 간의 관계를 관리하는 것이다. 투입이 너무 적으면 기계가동률의 저하, 유휴인력의 증가, 단위당 생산비용의 증가 등을 초래하지만 재공품 재고수준은 낮아지고 납품은 신속해진다. 반대로 투입이 너무 많으면 많은 재공품 재고로 인해 운전자본이 증가하고, 주문의 대기시간이 길어져 납품이 늦어진다. 따라서 투입-산출 통제에서는 산출률과 가용 생산능력을 고려하면서 투입을 적절하게 통제해야 한다.

토론 문제

01 다음의 생산시스템에서는 어떤 유형의 일정계획 문제가 발생할 수 있는가?

① 병원　② 대학
③ 주문생산 공장　④ 고급 레스토랑

02 왜 뱃치 및 잡숍 프로세스는 연속 프로세스나 조립라인 프로세스에 비해 일정계획이 복잡하고 어려운가?

03 병원에서 환자의 일정계획은 공장에서 작업의 일정계획과는 어떤 점에서 다른가?

04 병목작업장의 정의는 무엇이며, 또 어떻게 하면 병목현상을 해결할 수 있는가?

05 한 개의 작업장을 거치는 경우의 작업순서 결정에서 최단처리시간규칙은 왜 평균 완료시간과 작업장 내 평균 작업 수를 최소화시키는가?

06 두 개의 작업장을 순서대로 거치는 일정계획 문제에 존슨의 규칙을 적용하여 총완료시간을 최소화하면, 왜 두 작업장의 총유휴시간도 최소화되는지를 수학적 산식을 이용하여 논리적으로 설명해 보아라.

07 투입량이 너무 적거나 또는 너무 많으면 어떤 현상이 발생하는가?

08 재공품 재고수준과 산출률 및 평균 리드타임(완료시간) 간의 관계를 논하라.

09 서비스시스템에서는 어떤 방법으로 투입-산출 통제가 이루어지는가?

연습문제

01 4개의 작업이 다음과 같이 A, B, C 3개의 작업장을 거친다. 작업순서를 1-2-3-4로 결정하였다. 단, 한 작업장에서 다른 작업장으로 이동할 때 6시간이 소요된다고 가정한다.

작 업	작업장/기계시간	납기(일)
1	A/2, B/1, C/4	3
2	C/4, A/2	2
3	B/4, A/2	2
4	B/4, A/2, C/3	3

(1) 갠트도표를 이용하여 일정계획을 수립하라.

(2) 모든 작업이 완료되는 시간, 즉 총완료시간은 얼마인가?

(3) 하루 작업시간을 8시간으로 할 때 어떤 작업이 납기를 지키지 못했는가?

(4) 작업의 순서를 어떻게 하면 모두 납기를 지킬 수 있겠는가?

02 어느 병원은 3개의 진료과 A, B, C를 운영하고 있다. A와 B 진료과에는 각각 1명의 전문의를 두고 있고, 진료과 C만 2명의 전문의를 두고 있다. 현재 4명의 환자가 1-2-3-4의 선착순으로 진료를 받기 위해 기다리고 있으며, 각 환자가 거쳐야 할 진료과와 각 진료과에서 진료를 받는 데 소요되는 시간은 다음의 표와 같다. 갠트도표를 이용하여 일정계획을 수립하라.

환 자	진료과/소요시간(10분)
1	B/2, C/2, A/3
2	A/2, C/3, A/1
3	B/3, C/1, A/2
4	C/2, B/3

(1) 모든 환자의 진료가 끝나는 시간, 즉 총완료시간은 얼마인가?

(2) 앞에서 구한 총완료시간을 제약하는 병목진료과는 어디인가?

(3) 만약 앞에서 구한 병목진료과에 전문의를 1명 더 두면 총완료시간은 어떻게 변하는가?

03 다음과 같은 5개의 작업이 어떤 작업장에서 최종 가공을 기다리고 있다. 선착순규칙, 최단완료시간규칙 및 긴급률규칙에 의해 작업순서를 결정하라.

작 업	처리시간(일)	납기(일)	도착순서
A	5	10	3
B	7	18	1
C	6	29	2
D	2	12	5
E	10	19	4

04 어느 작업장에서 처리될 5개의 작업에 대한 처리시간과 납기는 다음과 같다.

작 업	처리시간(일)	납기(일)
A	3	20
B	2	15
C	2	14
D	5	23
E	4	16

(1) 오늘 현재를 10일이라고 가정하고 긴급률규칙에 의하여 작업순서를 결정하라.

(2) (1)에서 구한 순서로 오늘(10일)부터 작업을 처리할 때 어느 작업들이 납기보다 늦게 완료되는가?

05 어느 작업장에서 처리될 5개의 작업에 대한 처리시간과 납기는 다음과 같다.

작 업	처리시간(일)	납기(일)
A	8	15
B	10	12
C	12	30
D	3	10
E	7	9

(1) 최단처리시간규칙에 의해 작업순서, 평균 완료시간, 작업장 내 평균 작업 수 및 평균 납기지연시간을 구하라.

(2) 최소납기규칙에 의해 작업순서, 평균 완료시간, 작업장 내 평균 작업 수 및 평균 납기 지연시간을 구하라.

06 다음과 같은 5개의 주문이 한 개의 작업장을 거친다고 한다.

주 문	납기까지 남은 시간(일)	잔여 처리시간(일)
A	20	14
B	19	15
C	16	9
D	10	5
E	18	10

(1) 각 주문에 대해 여유시간을 구한 다음, 최소여유시간규칙에 의해 작업순서를 구하라.

(2) 각 주문에 대해 긴급률을 구한 다음, 긴급률규칙에 의해 작업순서를 구하라.

(3) 평균 완료시간의 측면에서 볼 때 두 규칙 중 어느 규칙이 더 좋은 결과를 가져오는가?

07 다음과 같은 A, B, C, D 4개의 작업은 모두 작업장 1을 먼저 거친 다음에 작업장 2를 거친다.

작 업	처리시간(일)	
	작업장 1	작업장 2
A	4	5
B	8	7
C	12	11
D	3	9

(1) 존슨의 규칙을 이용하여 최종 작업이 작업장 2에서 완료되는 시간을 최소화하도록 작업순서를 결정하라.

(2) 최종 작업이 작업장 2에서 완료되는 시간은 언제인가?

(3) 작업장 2의 유휴시간은 얼마인가?

08 다음과 같은 5개 작업은 모두 작업장 1을 먼저 거친 다음에 작업장 2를 거친다.

작 업	처리시간(일)	
	작업장 1	작업장 2
A	4	5
B	16	14
C	8	7
D	12	11
E	3	9

(1) 존슨의 규칙을 이용하여 최종 작업이 작업장 2에서 완료되는 시간이 최소가 되도록 작업순서를 결정하라.

(2) 최종 작업이 작업장 2에서 완료되는 시간은 언제인가?

(3) 총유휴시간은 얼마인가?

참/고 문/헌

윤석철 · 이상범, 『생산계획 및 재고관리』, 한국방송통신대 출판부, 1992.

Jacobs, F. Robert and Richard B. Chase, *Operations and Supply Chain Management*, 15th ed., McGraw-Hill, New York, 2017.

Johnson, S. M., "Optimal Two-Stage and Three-Stage Production Schedules with Setup Times Included," *Naval Research Logistics Quarterly*, vol. 1, no. 1, March 1954, pp. 61-68.

LeGrande, Earl, "The Development of a Factory Simulation System Using Actual Operating Data," *Management Technology*, vol. 3, no. 1, May 1963, pp. 1-18.

Schroeder, Roger G., Susan Meyer Goldstein, and M. Johnny Rungtusanatham, *Operations Management in the Supply Chain*, 6th ed., McGraw-Hill, New York, 2013.

제11장
프로젝트의 일정계획

1. 프로젝트 관리의 목적
2. 프로젝트의 계획 및 통제
3. 프로젝트의 일정계획 방법
4. PERT/CPM의 확정적 모형
5. PERT/CPM의 확률적 모형
6. 시간-비용의 관계
• 요 약
• 토론문제
• 연습문제
• 참고문헌

본장은 크고 작은 프로젝트(project)를 어떻게 관리할 것인가를 다룬다. **프로젝트**란 "유일한 제품이나 서비스 또는 결과를 창출하기 위한 일시적인 노력"으로 정의된다.[1] 제4장에서 정의한 바와 같이 프로젝트 형태의 생산은 유일한 제품을 단일 단위로 생산하는 데 사용된다. 프로젝트는 시작과 끝을 가지고 있기 때문에 프로젝트의 관리는 계속 진행되는 생산 활동의 관리와는 다르다.

프로젝트에는 다양한 제조 및 서비스 활동들이 포함된다. 제조의 경우에는 선박, 항공기, 미사일 발사장치 등과 같은 대형 제품들이 프로젝트 형태로 생산된다. 각 생산단위는 유일한 품목이다. 제조 프로세스는 보통 비유동적이다. 따라서 장비, 작업자 및 자재가 프로젝트 위치로 이동해 온다. 또한 건물, 교량, 댐, 고속도로 등의 건설은 전형적인 프로젝트 형태의 생산이다. 한편 영화 제작, 연구개발, 기금 모금 등의 서비스도 프로젝트 형태를 취한다. 프로젝트의 다양한 예를 들어보면 〈표 11-1〉과 같다.

1) 이는 미국의 Project Management Institute가 내린 프로젝트의 정의이다.

표 11-1 프로젝트의 예

• 빌딩, 교량, 댐, 고속도로 등의 건설공사	• 영화 제작
• 선박 건조, 항공기 · 대형 기계 등의 제작	• 우주선 발사
• 새로운 공장의 건설	• 기금 모금
• 대형 기계설비의 설치	• 광고 캠페인의 설계
• 신제품 도입	• 공장의 첫 가동 또는 폐쇄
• 컴퓨터 시스템의 설계	• 회계감사
• 각종 연구개발(R&D) 사업	• 군사작전계획

본장에서는 프로젝트 관리(project management)에 관한 여러 가지 의사결정을 살펴본다. 본장의 앞부분에서는 프로젝트 관리의 전반적인 내용을 개괄적으로 살펴보고, 뒷부분에서는 프로젝트의 일정계획 방법을 자세히 소개한다.

1 프로젝트 관리의 목적

프로젝트 관리의 목적은 비용, 일정 및 성과의 세 가지이다. 프로젝트 관리의 첫 번째 목적은 비용이다. 프로젝트 비용이란 프로젝트에 소요되는 직접비용과 간접비용의 총액을 말한다. 프로젝트 비용에는 인건비와 자재비는 물론 지원서비스 비용까지 포함된다. 프로젝트에서는 보통 이러한 비용들이 포함된 프로젝트 예산이 수립된다. 프로젝트 관리자와 프로젝트 팀은 계획된 예산의 범위 내에서 프로젝트 비용을 관리해야 한다.

프로젝트 관리의 두 번째 목적은 일정이다. 일반적으로 프로젝트의 완료 시점과 중요한 중간 단계의 시점은 최초에 설정된다. 프로젝트 관리자와 프로젝트 팀은 이런 설정된 날짜들을 지킬 수 있도록 일정을 통제해야 한다. 하지만 예산과 일정은 상충되는 경우가 많다. 예를 들어, 프로젝트가 계획보다 늦어지면 잔업이 필요하다. 그러나 잔업비용을 지출하기에는 예산이 충분하지 않을 수 있다. 따라서 시간과 비용 간의 상충관계를 고려하여 의사결정이 이루어져야 한다. 즉, 프로젝트 관리자는 일정 준수가 비용 증가를 정당화할 수 있을 만큼 중요한지를 판단해야 한다.

프로젝트 관리의 세 번째 목적은 성과이다. 여기서 성과란 프로젝트에 의해 생산되는 제품이나 서비스의 성과 특성을 말한다. 만약 프로젝트가 새로운 기계의 연구개발 사업이라면, 성과는 개발된 새로운 기계의 성능 명세가 된다. 만약 프로젝트가 영화라면, 성과는 제작된 영화의 품질과 흥행수입을 말한다. 일반적으로 영화와 같은 서비스 프로젝트의 성과는 제품 프로젝트의 성과에 비해 구체적으로 명시하기가 훨씬 어렵다.

성과 또한 비용과 일정 양쪽 모두와 상충관계에 있다. 예를 들면, 영화의 경우에는 영상이 기대한 성과에 미치지 못하면 추가 촬영이나 각본의 수정이 요구될 수 있다. 하지만 이는 비용 증가와 일정 변경을 초래한다. 프로젝트가 시작되기 전에 비용, 일정 및 성과를 정확히 예측하는 것은 거의 불가능하기 때문에 프로젝트가 진행되는 동안에 이들 간의 다양한 상충관계를 고려해야 한다.

2 프로젝트의 계획 및 통제

일반적으로 프로젝트의 경영 의사결정은 계획, 일정계획, 통제, 종료의 순서로 이루어진다. 프로젝트의 계획이란 프로젝트의 시작 단계에서 요구되는 프로젝트의 전반적인 특징과 방향을 설정하는 의사결정들을 말한다. 일반적으로 프로젝트의 계획에서는 프로젝트의 주요 목적, 소요 자원, 사용할 조직의 유형, 프로젝트의 관리 및 실행을 위한 중요 인력 등이 결정된다. 프로젝트의 계획 단계에 포함되는 활동 및 의사결정은 〈표 11-2〉의 A에 정리되어 있다.

프로젝트 관리의 일정계획 단계에서는 프로젝트 팀이 프로젝트 계획을 보다 상세하게 규정한다. 이 단계에서는 먼저 프로젝트의 상세한 활동목록을 만든다. 이를 **작업명세구조**(work-breakdown structure)라고 한다. 작업명세구조란 프로젝트의 완료에 필요한 모든 과업의 계통적인 목록을 말하며, 프로젝트에 요구되는 활동들과 하위활동들을 체계적으로 조직화한 것이다. [그림 11-1]은 어떤 연회의 작업명세구조를 보여주고 있다. 이 그림에서 첫 단계는 연회를 완료하는 데 필요한 모든 활동, 즉 계획과 감독, 만찬, 장소와 장비, 손님, 스태프, 연설자 등을 포함하고 있다. 다음은 각 활동을 여러 하위 활동으로 분해한다. 작업명세구조에 기초하여 일정을 준비할 수

표 11-2 프로젝트 관리의 활동과 의사결정

A. 계 획

- 프로젝트의 고객 확인
- 최종 제품 또는 서비스 결정
- 프로젝트의 목적 설정
- 요구되는 총자원 및 총시간 추산
- 프로젝트 조직 결정
- 중요 인력(프로젝트 관리자 등) 임명
- 요구되는 주요 과업 정의
- 프로젝트 예산 수립

B. 일정계획

- 상세한 작업명세구조 개발
- 각 과업에 소요되는 시간 추정
- 과업 간의 선후관계 및 순서 결정
- 각 과업의 시작 및 완료시간 결정
- 각 과업에 대한 상세 예산 수립
- 인력을 과업에 할당

C. 통제

- 실제 시간, 비용 및 성과 감시
- 계획치와 실제치의 비교
- 시정조치의 필요 여부 결정
- 시정조치의 대안 평가
- 적절한 시정조치 실시

D. 종료

- 모든 작업 완료
- 계약 종료
- 모든 매입채무 지불
- 완성된 프로젝트 인도
- 인력과 장비의 재할당

그림 11-1 작업명세구조의 예 – 연회

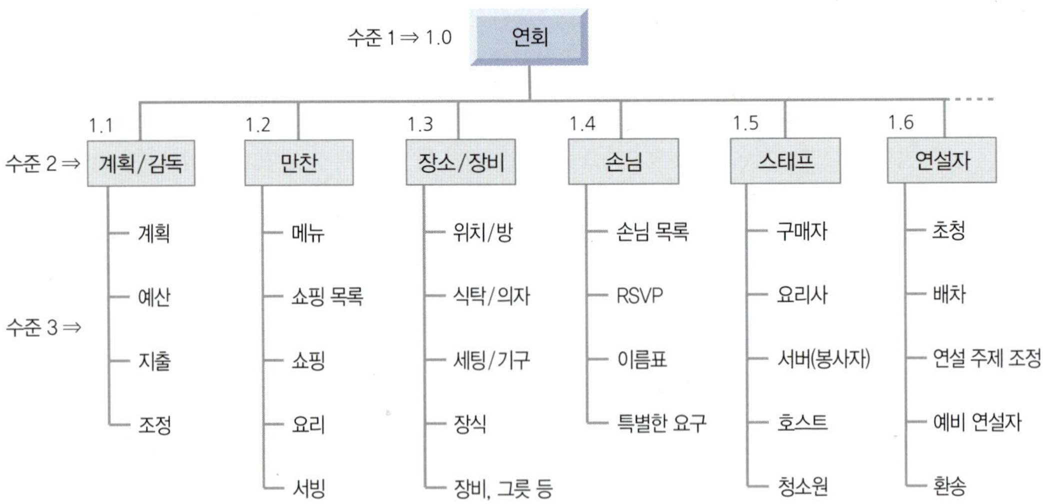

출처: Schroeder, Goldstein, and Rungtusanatham(2013), p. 344.

있고, 예산과 인력을 각 활동에 할당할 수 있으며, 또 필요하다면 일부 활동의 하청(외부용역) 여부도 결정할 수 있다. 작업명세구조가 완성되면, 다음은 작업명세구조의 각 활동에 대한 상세한 시간 일정을 결정한다. 시간 일정을 결정한 후에는 각 활동에 대한 상세한 예산을 수립한다. 끝으로 인력을 각 활동에 할당한다. 프로젝트의 일정계획 단계에 포함되는 활동 및 의사결정은 〈표 11-2〉의 B에 나와 있다.

프로젝트의 통제는 프로젝트 팀에 의해 이루어진다. 프로젝트 팀은 각 활동이 계획대로 진행되도록 프로젝트를 시간, 비용 및 성과의 측면에서 감시하고, 실제 결과와 계획 간의 괴리가 큰 경우에는 시정조치를 취한다. 시정조치에는 계획의 수정, 자금의 재할당, 인력 변경, 기타 자원의 변경 등이 포함된다. 프로젝트의 통제 단계에 포함되는 활동 및 의사결정은 〈표 11-2〉의 C에 나와 있다.

프로젝트의 종료란 공식적으로 프로젝트를 끝내는 것을 말한다. 프로젝트의 종료에는 모든 작업의 완료, 모든 도급계약의 종료, 모든 대금 지급, 완성된 프로젝트 인도, 프로젝트에 사용된 인력과 장비의 재할당 등이 포함된다. 프로젝트의 종료 단계에 포함되는 활동 및 의사결정은 〈표 11-2〉의 D에 나와 있다. 프로젝트의 종료는 공식적으로 정의되어야 한다. 예를 들면, 건축 공사는 준공식에 의해, 그리고 도로 공사는 개통식에 의해 공식적으로 종료된다.

3 프로젝트의 일정계획 방법

프로젝트의 일정계획에서는 다음과 같은 두 가지 기본적인 문제를 다룬다.

1. **프로젝트의 최단 완료시간**은 얼마인가?
2. 프로젝트의 최단 완료시간을 지키기 위해서는 어떤 활동들이 반드시 계획대로 정확히 수행되어야 하는가?

일반적으로 프로젝트는 **선행관계**(precedence relationship) 또는 선후관계로 상호 연관된 수많은 활동으로 구성되기 때문에 각 활동에 소요되는 시간이 주어지더라도 프로젝트의 최단 완료시간은 체계적인 방법에 의하지 않고는 구하기 힘들다.

일단 프로젝트의 최단 완료시간이 결정되면 이를 지키기 위해 반드시 계획대로 수행되어야 하는 일련의 활동, 즉 **주경로**(主經路: critical path)를 찾는다.[2] 주경로에 속하는 활동들이 계획보다 지연되면 프로젝트의 완료시간도 지연되므로 이들 활동들이 중점적으로 통제되어야 한다. 프로젝트의 일정계획을 위한 방법으로는 고전적인 갠트도표와 과학적인 기법인 PERT/CPM이 있다.

3.1 갠트도표에 의한 프로젝트의 일정계획

프로젝트의 일정계획에 사용되는 **갠트도표**(Gantt chart)는 앞서 제10장에서 뱃치 프로세스의 일정계획을 위해 사용한 갠트도표와 기본적으로 마찬가지이다. 갠트도표에서는 활동시간을 막대나 선으로 표시한다. 예를 들어 갠트도표에 의한 프로젝트의 일정계획을 살펴보기로 하자. 〈표 11-3〉은 어떤 신제품의 시험생산 프로젝트를 나타낸 것이다. 이를 갠트도표에 표시해 보면 [그림 11-2]와 같다.

[그림 11-2]의 갠트도표에서 보면 이 프로젝트의 최단 완료시간은 15일이며, 이 최단 완료시간 15일을 지키기 위해 반드시 계획대로 수행되어야 하는 활동, 즉 주경로는 A−C−E−F−G임을 알 수 있다. 또한 검토일인 5일 현재 활동 C는 계획보다 지체되고 있으며, 활동 B는 계획보다 앞서 있음을 알 수 있다. 활동 C는 주경로에 속하는 활동이므로 이 활동의 지연은 곧 전체 프로젝트의 지연을 의미한다. 따라서 계획보다 앞서 있는 활동 B에 투입되어 있는 인력이나 장비 중 일부를 빼내어 활동 C에 추가로 배치할 필요가 있다.

표 11-3 신제품 시험생산 프로젝트의 활동표

활 동	내 용	활동시간(일)	직전 선행활동
A	제품 설계	3	−
B	중간조립품 X 제작	3	A
C	중간조립품 Y 제작	5	A
D	중간조립품 X 시험	3	B
E	중간조립품 Y 시험	2	C
F	최종 조립	4	D, E
G	시험 작동	1	F

2) 주경로에 속하는 활동들이 지연되면 그만큼 프로젝트의 완료시간도 지연되므로 주경로를 애로경로(隘路經路)라고도 한다.

그림 11-2 신제품 시험생산 프로젝트의 갠트도표

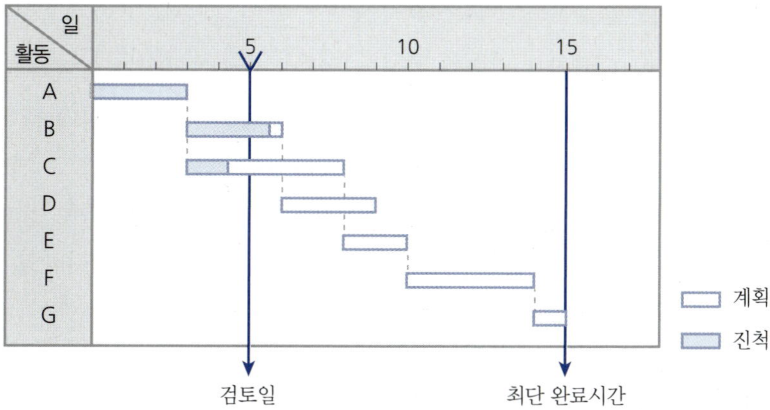

갠트도표는 이해와 사용이 쉽다는 장점을 가지고 있지만 복잡한 프로젝트의 일정계획에는 부적합하다. 〈표 11-3〉의 프로젝트와 같이 활동의 수가 적고 활동 간의 선행관계가 간단한 경우에는 갠트도표에 의해 프로젝트의 최단 완료시간을 쉽게 구할 수 있다. 그러나 갠트도표는 주경로를 찾아내는 체계적인 과정을 제시해 주지 못하기 때문에 〈표 11-3〉과 같은 간단한 프로젝트의 경우에도 주경로를 발견하기 위해서는 세심한 관찰이 필요하다. 더구나 현실의 프로젝트는 수많은 활동으로 구성되어 있고 선행관계도 매우 복잡하기 때문에 갠트도표를 이용하여 활동 간의 상호관계를 나타내고 프로젝트의 최단 완료시간과 주경로를 구하는 데는 한계가 있다. 따라서 PERT/CPM과 같은 보다 체계적이고 과학적인 기법이 요구된다. 다만 PERT/CPM을 이용하여 복잡한 프로젝트의 일정계획을 수립하더라도 그 결과를 보고할 때는 일련의 활동들을 대별하고 요약하여 갠트도표로 나타내는 경우가 많다. 지금도 갠트도표는 실무에서 주로 기록용이나 보고용으로 쓰이고 있다.

3.2 PERT/CPM

프로젝트의 일정계획을 위한 과학적인 기법이 PERT(program evaluation and review technique)와 CPM(critical path method)이다. 두 기법은 1950년대에 각각 독립적으로 개발되었다. **PERT**는 미국 해군에서 폴라리스 미사일(Polaris missile) 개발

프로젝트의 일정계획 및 관리를 위한 기법으로 개발되었다. 한편 **CPM**은 듀폰(Du Pont)사에서 화학공장의 정비를 위한 공장 폐쇄 프로젝트의 일정계획 기법으로 개발되었다.

원래 두 기법은 다음과 같은 두 가지 점에서 차이가 있었다. 첫째, PERT는 활동시간을 세 가지로 추정하여 평균 시간을 계산하는 일종의 확률적 모형이었다. 이는 PERT가 불확실성이 큰 연구개발(R&D) 프로젝트를 대상으로 개발되었기 때문이다. 이에 비해 CPM은 활동시간을 확정적으로 추정하였다. 둘째, PERT는 프로젝트의 시간적 측면만 고려하였으나 CPM은 시간과 비용 둘 다 고려하였다. 이와 같이 PERT와 CPM은 개발 당시에는 차이가 있었으나 후에 비용도 함께 고려하는 PERT/COST가 나오는 등 오늘날에 있어서는 거의 구별 없이 쓰이고 있으므로 여기서도 PERT와 CPM을 구분하지 않고 PERT/CPM으로 쓰기로 한다.

PERT/CPM은 다음과 같은 4단계를 거쳐 전개된다.

제1단계: 프로젝트에서 수행되어야 할 모든 활동을 파악한다.

제2단계: 활동 간의 선행관계를 결정하고 활동 및 활동 간의 선행관계를 네트워크로 나타낸다.

제3단계: 활동에 소요되는 시간을 추정한다. 활동시간은 확정적으로 추정할 수도 있고 확률적으로 추정할 수도 있다. 본장에서는 먼저 확정적 추정치를 가지고 PERT/CPM의 전 과정을 설명한 다음, 확률적 모형을 살펴본다.

제4단계: 프로젝트의 최단 완료시간과 주경로를 구한다.

PERT/CPM은 활동 간의 선행관계를 네트워크에 명시적으로 나타낼 수 있기 때문에 갠트도표보다 이용하기에 편리하다. 복잡한 대형 프로젝트의 경우에는 갠트도표를 이용하여 활동 간의 선행관계를 나타내는 것은 현실적으로 매우 어렵다. 더구나 어떤 활동시간에 변화가 생기면 일정을 수정하여 갠트도표를 새로 그려야 하지만, PERT/CPM은 네트워크 알고리즘을 이용하여 쉽게 조정할 수 있다. 하지만 PERT/CPM은 갠트도표보다 훨씬 더 복잡하고 이해하기도 어려우며 비용도 많이 든다.

4 PERT/CPM의 확정적 모형

본 절에서는 활동시간이 확정적으로 주어지는 PERT/CPM의 확정적 모형을 살펴본다. 이를 위해 먼저 PERT/CPM 네트워크를 작성하는 방법을 설명한 다음, 프로젝트의 최단 완료시간과 주경로를 구하는 두 가지 방법인 열거법과 전진후진계산법을 소개한다.

4.1 PERT/CPM 네트워크

PERT/CPM을 이용하여 프로젝트의 일정계획을 수립하기 위해서는 우선 프로젝트를 구성하는 활동들을 파악하고 활동 간의 선행관계를 결정해야 한다. 그런 다음 활동과 선행관계를 네트워크로 나타내야 한다. 활동과 선행관계를 네트워크로 나타내는 데에는 활동을 마디(node)로 표시하는 **AON 네트워크**(activity on node network)와 활동을 가지(arc)로 표시하는 **AOA 네트워크**(activity on arc network)의 두 가지 방법이 있다.[3] 여기서는 AON 네트워크를 사용한다. 왜냐하면 AON 네트워크가 이해하기에 더 쉽고, 또한 프로젝트의 일정계획을 위한 대부분의 소프트웨어들이 AON 네트워크를 사용하기 때문이다.

AON 네트워크에서는 활동을 원(●)으로 된 마디로 표시하고, 활동 간의 선행관계는 화살표(→)로 표시한다. 단, 바로 시작될 수 있는 활동(즉, 선행활동이 없는 활동)이 여러 개 있으면 편의상 전체 프로젝트의 시작을 나타내는 가상의 시작마디를 둔다. 마찬가지로 최종 활동(즉, 후속활동이 없는 활동)이 여러 개 있으면 전체 프로젝트의 완료를 나타내는 가상의 완료마디를 둔다. 이 경우 가상의 시작마디와 완료마디는 사각형(■)으로 표시한다.

〈표 11-4〉와 같은 프로젝트 X를 AON 네트워크로 나타내 보면 [그림 11-3]과 같다. 이 그림에서 마디 속의 문자는 활동명을 그리고 숫자는 활동시간을 나타낸다. 〈표 11-4〉에서 보면 선행활동이 없어 바로 시작될 수 있는 활동이 A와 B 두 개가 있으므로 가상의 시작마디를 사각형으로 둔다. 이 시작마디로부터 화살표를 그려 A와 B를 원으로 된 마디에 표시한다. C는 A가 완료된 다음에 시작될 수 있으므로 A마디

3) 원래 AON 네트워크는 CPM에서 사용되었고, AOA 네트워크는 PERT에서 사용되었다.

표 11-4 프로젝트 X의 활동표

활 동	직전 선행활동	활동시간(일)
A	–	7
B	–	5
C	A	4
D	B	2
E	B	4
F	C, D	3
G	C, D, E	2
H	F, G	2

그림 11-3 프로젝트 X의 AON 네트워크

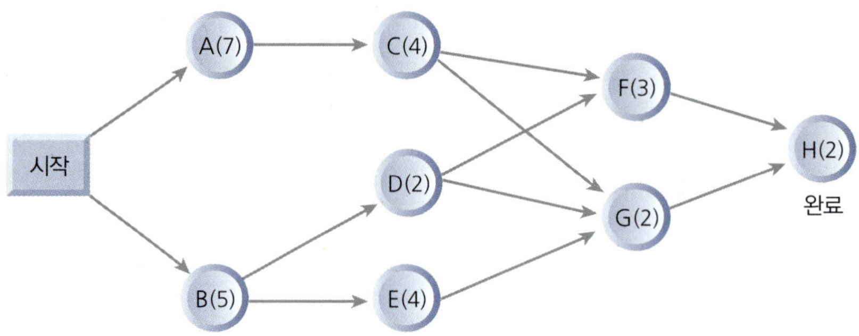

에서 화살표를 그려 C마디를 표시한다. 마찬가지로 D와 E의 직전 선행활동은 B이므로 B마디에서 화살표를 그려 D마디와 E마디를 각각 표시한다. F는 C와 D가 다 완료된 다음에 시작될 수 있으므로 C와 D 마디로부터의 화살표를 모아 F마디를 표시한다. 같은 논리로 G마디를 직전 선행활동인 C, D, E 마디로부터의 화살표를 모아 표시한다. 끝으로 마지막 활동 H를 직전 선행활동인 F와 G 마디로부터의 화살표를 모아 표시한다. 〈표 11-4〉의 프로젝트의 경우에는 후속활동이 없는 최종 활동이 H 하나밖에 없으므로 가상의 완료마디를 둘 필요가 없고, H마디가 바로 전체 프로젝트의 완료마디가 된다.

4.2 열거법

열거법(enumeration method)을 설명하기에 앞서 먼저 PERT/CPM 네트워크에서 발견되는 몇 가지 논리를 정리해 보자. PERT/CPM 네트워크에서 시작마디와 완료마디를 연결하는 일련의 활동을 **경로**(path)라고 한다. 예를 들면, [그림 11-3]의 네트워크에서 시작마디와 완료마디인 활동 H를 연결하는 경로는 가상의 활동인 시작마디를 빼고 표시하면 다음과 같이 5개가 있다.

A − C − F − H
A − C − G − H
B − D − F − H
B − D − G − H
B − E − G − H

프로젝트가 완료되기 위해서는 모든 경로가 완료되어야 하므로 다음과 같은 논리가 성립된다.

프로젝트의 최단 완료시간 = 최장 경로의 소요시간

여기서 최장 경로, 즉 가장 긴 경로의 소요시간은 그 경로에 속하는 활동들의 활동시간의 합계를 의미한다. 따라서 프로젝트의 최단 완료시간을 구하는 것은 PERT/CPM 네트워크에서 최장 경로의 소요시간을 구하는 것과 마찬가지가 된다.

최장 경로를 **주경로**라고 하며, 주경로에 속하는 활동을 **주경로 활동**(critical activity)이라고 한다. 주경로 활동이 지연되면 주경로의 소요시간이 길어지게 되고 따라서 프로젝트의 최단 완료시간도 지연된다. 따라서 프로젝트의 최단 완료시간을 지키기 위해서는 프로젝트 관리자는 주경로 활동을 중점적으로 관리해야 한다. 또한 프로젝트의 완료시간을 단축시키려면 주경로 활동의 활동시간을 단축시켜야 한다. 수백 개의 활동으로 이루어지는 현실의 프로젝트에서는 통상 5～10%의 활동만이 주경로 활동에 속한다고 한다. 따라서 주경로 활동을 발견하여 이를 중점적으로 관리하면 프로젝트의 관리 노력을 현저히 줄일 수 있다.

표 11-5 열거법에 의한 최단 완료시간과 주경로의 결정

경 로	소요시간의 계산	최단 완료시간 및 주경로
A−C−F−H	7+4+3+2=16	← 최단 완료시간 = 16일
A−C−G−H	7+4+2+2=15	주경로: A−C−F−H
B−D−F−H	5+2+3+2=12	
B−D−G−H	5+2+2+2=11	
B−E−G−H	5+4+2+2=13	

이상과 같은 논리를 이용하여 프로젝트의 최단 완료시간과 주경로를 구하는 방법이 열거법이다. 즉, 열거법이란 모든 가능한 경로를 전부 나열하여 각 경로의 소요시간을 계산한 다음, 가장 긴 경로의 소요시간으로 프로젝트의 최단 완료시간을 구하는 방법이다. 그리고 가장 긴 경로가 주경로가 된다. [그림 11-3]에서 5개 경로의 소요시간을 구해 보면 〈표 11-5〉와 같다. 이 표에서 보면 A−C−F−H 경로가 16일로 가장 길다. 따라서 프로젝트 X의 최단 완료시간은 16일이 되고, 주경로는 A−C−F−H가 된다.

열거법은 모든 경로를 나열해야 하므로 작은 규모의 프로젝트가 아니면 현실적으로 사용하기가 곤란하다. 따라서 프로젝트가 크고 복잡하여 이를 네트워크로 나타냈을 때 마디와 가지가 많은 경우에는 전진후진계산법을 이용하여 프로젝트의 최단 완료시간과 주경로를 구한다.

4.3 전진후진계산법

전진후진계산법(forward and backward pass method)에서는 전진계산에 의해 각 활동의 가장 빠른 시작시간과 가장 빠른 완료시간을 구하고, 후진계산에 의해 전체 프로젝트를 지연시키지 않는 범위 내에서 각 활동의 가장 늦은 시작시간과 가장 늦은 완료시간을 구한다. 그리고 이를 통해 프로젝트의 최단 완료시간과 주경로를 구한다.

전진후진계산법을 설명하기 위해 먼저 다음과 같이 기호를 정의한다.

$t(\text{a})$ = 활동 a의 활동시간
$ES(\text{a})$ = 활동 a의 가장 빠른 시작시간(earliest start time)
$EF(\text{a})$ = 활동 a의 가장 빠른 완료시간(earliest finish time)

LS(a) = 전체 프로젝트의 완료시간을 지연시키지 않는 범위 내에서 활동 a의 가장 늦은 시작시간(latest start time)

LF(a) = 전체 프로젝트의 완료시간을 지연시키지 않는 범위 내에서 활동 a의 가장 늦은 완료시간(latest finish time)

따라서 각 활동마다 ES, EF, LS, LF의 네 가지 시간이 정의되며, 이들 시간은 전진 후진계산법에 의해 쉽게 구할 수 있다.

(1) 빠른 시간(*ES*, *EF*)의 산정

각 활동의 ES와 EF는 다음 산식을 이용하여 전진계산에 의해 구한다.

$$ES(\mathrm{a}) = \begin{cases} 0\text{: 만약 활동 a가 시작 활동이면, 즉 직전 선행활동이 없으면} \\ \max\{EF(\text{활동 a의 모든 직전 선행활동}\}\text{: 만약 활동 a가 직전 선행활동을 가지면}^{4)} \end{cases}$$

$$EF(\mathrm{a}) = ES(\mathrm{a}) + t(\mathrm{a})$$

각 활동의 (ES, EF)는 위의 산식을 이용하여 네트워크에서 시작마디부터 완료마디까지 전진계산에 의해 구한다. 앞에서 예로 든 프로젝트 X의 네트워크에서 각 활동의 (ES, EF)를 구해 보면 [그림 11-4]와 같다. 이 그림에서 각 활동의 (ES, EF)는 각 활동의 마디 위에 표시되어 있다.

[그림 11-4]에서 각 활동의 (ES, EF)를 구하는 과정을 자세히 설명하면 다음과 같다. 먼저 시작 활동의 ES(시작)=0이 되고, EF(시작)=ES(시작)+t(시작)=0+0=0이 된다.[5] 다음은 활동 A의 (ES, EF)를 구한다. 활동 A의 직전 선행활동은 시작 활동이므로 ES(A)=EF(시작)=0이 되고, EF(A)=ES(A)+t(A)=0+7=7이 된다. 같은 논리에 의해 활동 B의 (ES, EF)는 (0, 5)가 된다.

---

4) 활동 a가 한 개 이상의 직전 선행활동을 가지면 이들 활동들이 모두 끝나야 활동 a가 시작될 수 있기 때문이다.

5) 시작 활동은 가상의 활동이므로 활동시간, 즉 t(시작)=0이다. 가상의 시작마디나 완료마디가 도입되는 경우에는 이들을 빼고 (ES, EF)와 [LS, LF]를 구해도 되지만, 이들을 포함하는 것이 더 편리할 수가 있다. 특히 최종 활동(즉, 후속활동이 없는 활동)이 여러 개가 있어서 가상의 완료마디를 두는 경우에는 이를 통해 프로젝트의 최단 완료시간을 쉽게 구할 수 있다.

그림 11-4 각 활동에 대한 (*ES, EF*) 및 [*LS, LF*]의 계산

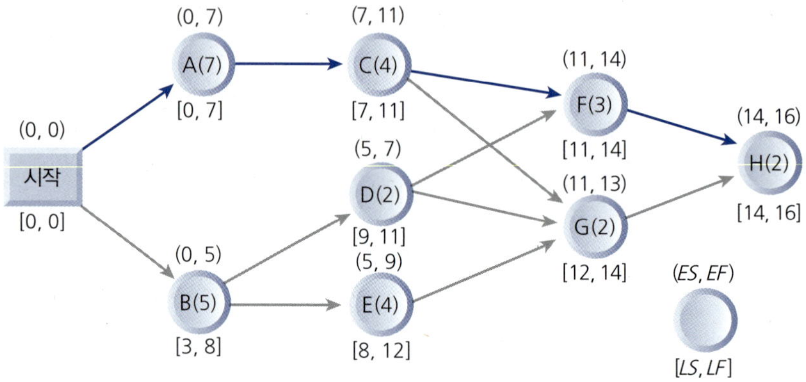

다음은 활동 C의 (*ES*, *EF*)를 구한다. 활동 C의 직전 선행활동은 A이므로 $ES(\mathrm{C}) = EF(\mathrm{A}) = 7$이 되고, $EF(\mathrm{C}) = ES(\mathrm{C}) + t(\mathrm{C}) = 7 + 4 = 11$이 된다. 같은 논리에 의해 활동 D의 (*ES*, *EF*)는 (5, 7)이 되고, 활동 E의 (*ES*, *EF*)는 (5, 9)가 된다.

활동 F는 직전 선행활동이 C와 D 두 개다. 즉, 활동 F는 활동 C와 D가 모두 끝나야만 시작될 수 있다. 따라서 활동 F의 *ES*는 활동 C와 D의 *EF* 중 큰 값이 되어야 한다. 그러므로 활동 F의 (*ES*, *EF*)는 다음과 같이 계산된다.

$$ES(\mathrm{F}) = \max\{EF(\mathrm{C}),\ EF(\mathrm{D})\} = \max\{11,\ 7\} = 11$$
$$EF(\mathrm{F}) = ES(\mathrm{F}) + t(\mathrm{F}) = 11 + 3 = 14$$

활동 G의 직전 선행활동은 C, D, E이므로 위와 같은 논리에서 활동 G의 (*ES*, *EF*)는 다음과 같이 계산된다.

$$ES(\mathrm{G}) = \max\{EF(\mathrm{C}),\ EF(\mathrm{D}),\ EF(\mathrm{E})\} = \max\{11,\ 7,\ 9\} = 11$$
$$EF(\mathrm{G}) = ES(\mathrm{G}) + t(\mathrm{G}) = 11 + 2 = 13$$

마지막 활동 H는 직전 선행활동이 F와 G이므로 활동 H의 (*ES*, *EF*)는 다음과 같이 계산된다.

$$ES(\text{H}) = \max\{EF(\text{F}),\ EF(\text{G})\} = \max\{14,\ 13\} = 14$$
$$EF(\text{H}) = ES(\text{H}) + t(\text{H}) = 14 + 2 = 16$$

활동 H가 전체 프로젝트의 완료 활동이므로 이 프로젝트의 최단 완료시간은 활동 H의 가장 빠른 완료시간인 16일이 된다.

(2) 늦은 시간 [*LS*, *LF*]의 산정

각 활동의 *LS*와 *LF*는 다음 산식을 이용하여 후진계산에 의해 구한다.

$$LF(\text{a}) = \begin{cases} \text{프로젝트의 최단완료시간: 만약 활동 a가 최종 활동이면, 즉 후속활동이 없으면} \\ \min\{LS(\text{활동 a의 모든 직후 후속활동}\}\text{: 만약 활동 a가 직후 후속활동을 가지면}^{6)} \end{cases}$$

$$LS(\text{a}) = LF(\text{a}) - t(\text{a})$$

각 활동의 [*LS*, *LF*]는 위의 산식을 이용하여 네트워크에서 완료마디부터 시작마디까지 거꾸로 내려가면서 후진계산에 의해 구한다. [그림 11-4]의 네트워크에서 각 활동의 [*LS*, *LF*]를 구한 결과는 각 활동의 마디 아래에 표시되어 있다.

먼저 최종 활동 H의 [*LS*, *LF*]를 구해 보면, *LF*(H)는 프로젝트의 최단 완료시간 16과 같고 *LS*(H)는 여기서 H의 활동시간 2를 뺀 14가 된다. 다음은 활동 G의 [*LS*, *LF*]를 구한다. G의 직후 후속활동은 H이므로 $LF(\text{G}) = LS(\text{H}) = 14$가 되고 $LS(\text{G}) = LF(\text{G}) - t(\text{G}) = 14 - 2 = 12$가 된다. 같은 논리로 활동 F의 경우에는 $LF(\text{F}) = LS(\text{H}) = 14$가 되고 $LS(\text{F}) = LF(\text{F}) - t(\text{F}) = 14 - 3 = 11$이 된다. 또한 활동 E의 직후 후속활동은 G이므로 $LF(\text{E}) = LS(\text{G}) = 12$가 되고 $LS(\text{E}) = LF(\text{E}) - t(\text{E}) = 12 - 4 = 8$이 된다.

한편 활동 D의 직후 후속활동은 F와 G 두 개다. 즉, 활동 D의 가장 늦은 완료시간은 활동 F와 G 양쪽 모두의 가장 늦은 시작시간에 지장을 주어서는 안 된다. 따라서 활동 D의 *LF*는 활동 F와 G의 *LS* 중 작은 값이 되어야 한다. 그러므로 활동 D의

---

6) 활동 a가 한 개 이상의 직후 후속활동을 가지면 활동 a의 *LF*는 이들 모든 직후 후속활동의 *LS*에 지장을 주지 않아야 하기 때문이다.

[*LS*, *LF*]는 다음과 같이 계산된다.

$$LF(\text{D}) = \min\{LS(\text{F}),\ LS(\text{G})\} = \min\{11,\ 12\} = 11$$
$$LS(\text{D}) = LF(\text{D}) - t(\text{D}) = 11 - 2 = 9$$

활동 C의 직후 후속활동도 F와 G 두 개이므로 위와 같은 논리에서 활동 C의 [*LS*, *LF*]는 [7, 11]이 된다. 마찬가지로 활동 B의 직후 후속활동도 D, E 두 개이므로 활동 B의 [*LS*, *LF*]는 [3, 8]이 된다.

활동 A의 직후 후속활동은 C이므로 $LF(\text{A}) = LS(\text{C}) = 7$이 되고 $LS(\text{A}) = LF(\text{A}) - t(\text{A}) = 7 - 7 = 0$이 된다. 끝으로 가상의 시작 활동의 직후 후속활동은 A와 B 두 개이므로 [*LS*, *LF*]는 다음과 같이 계산된다.

$$LF(\text{시작}) = \min\{LS(\text{A}),\ LS(\text{B})\} = \min\{0,\ 3\} = 0$$
$$LS(\text{시작}) = LF(\text{시작}) - t(\text{시작}) = 0-0 = 0$$

(3) 여유시간의 산정과 주경로의 발견

전진후진계산에 의해 (*ES*, *EF*)와 [*LS*, *LF*]를 구한 다음에는 각 활동마다 여유시간(slack time) *S*(a)와 자유 여유시간(free slack time) *FS*(a)를 다음 산식에 의해 구한다.

$$S(\text{a}) = LS(\text{a}) - ES(\text{a}) = LF(\text{a}) - EF(\text{a})$$
$$FS(\text{a}) = \min\{ES(\text{활동 a의 모든 직후 후속활동})\} - EF(\text{a})$$

여유시간이란 전체 프로젝트를 지연시키지 않으면서 각 활동이 지체될 수 있는 시간을 의미한다. 따라서 주경로상의 활동들은 여유시간이 0이 된다. 즉, 주경로 활동의 경우에는 $LS = ES$, $LF = EF$가 된다. 〈표 11-6〉은 프로젝트 X의 각 활동에 대한 전진후진계산의 결과와 함께 여유시간과 자유 여유시간을 보여주고 있다. 여기서 가상의 활동인 시작 활동을 제외하고 여유시간이 0인 활동들을 찾아보면 주경로는 A−C−F−H임을 알 수 있다.

한편 **자유 여유시간**이란 전체 프로젝트의 완료시간 뿐만 아니라 바로 다음 활동들의 가장 빠른 시작시간도 지연시키지 않으면서 각 활동이 지체될 수 있는 시간을 의미한다. 프로젝트의 네트워크에서 한 활동이 여유시간만큼 늦어지면 최단 완료시

표 11-6 *ES, EF, LS, LF* 및 여유시간의 계산표

활 동	직 전 선행활동	직 후 후속활동	활동시간	*ES*	*EF*	*LS*	*LF*	여유 시간	자유여유 시 간	주경로
시작	–	A, B	0	0	0	0	0	0	0	
A	시작	C	7	0	7	0	7	0	0	*
B	시작	D, E	5	0	5	3	8	3	0	
C	A	F, G	4	7	11	7	11	0	0	*
D	B	F, G	2	5	7	9	11	4	4	
E	B	G	4	5	9	8	12	3	2	
F	C, D	H	3	11	14	11	14	0	0	*
G	C, D, E	H	2	11	13	12	14	1	1	
H	F, G	–	2	14	16	14	16	0	0	*

간은 영향을 받지 않지만 후속활동의 시작시간은 늦어질 수 있다. 반면에 자유 여유시간은 프로젝트의 최단 완료시간뿐만 아니라 후속활동들의 시작시간에도 전혀 영향을 미치지 않는다. 예를 들어, 〈표 11-6〉에서 활동 E의 여유시간은 3일이나 자유여유시간은 2일이다. 이를 [그림 11-4]를 보면서 해석해 보자. 활동 E가 3일 지연되더라도 프로젝트의 완료시간 16일은 영향을 받지 않지만, 활동 G의 시작시간이 11일에서 12일로 하루 지연된다. 따라서 활동 E가 다음 활동인 G의 시작시간에 영향을 주지 않으면서 지체될 수 있는 시간은 활동 G의 *ES* 11일에서 활동 E의 *EF* 9일을 뺀 2일이 된다.

5 PERT/CPM의 확률적 모형

지금까지는 활동시간이 확정적으로 주어진 경우에 프로젝트의 최단 완료시간과 주경로를 구하는 방법을 살펴보았다. 여기서는 활동시간이 확률적으로 추정되는 경우를 살펴본다.

PERT/CPM의 확률적 모형에서는 활동시간을 다음과 같은 세 가지 값으로 추정한다.

1. 낙관적 시간: 모든 상황이 최상으로 진행될 때 소요되는 최단시간을 의미하며, 기호로는 a로 표시한다. 일반적으로 낙관적 시간은 활동시간의 확률분포에서 실제 활동시간이 이보다 작을 확률이 1% 정도가 되는 시간치에 해당한다.
2. 최빈시간(最頻時間): 정상조건하에서 가장 많이 나타나는 시간치로서 활동시간의 확률분포의 최빈값(mode)에 해당하며, 기호로는 m으로 표시한다. 활동시간을 확정적으로 추정하는 경우에는 보통 이 값을 많이 쓴다.
3. 비관적 시간: 모든 상황이 최악으로 진행될 때 소요되는 최장시간을 의미하며, 기호로는 b로 표시한다. 일반적으로 비관적 시간은 활동시간의 확률분포에서 실제 활동시간이 이보다 클 확률이 1% 정도가 되는 시간치에 해당한다.

확률적 모형에서 활동시간은 베타분포(beta distribution)를 한다고 가정한다. [그림 11-5]에서 보는 바와 같이 베타분포는 매우 다양한 형태를 취할 수 있기 때문에 활동시간의 여러 가지 형태를 잘 나타낼 수 있다. 베타분포에 근거하여 각 활동시간의 기대치(즉, 평균) t_e와 분산 σ^2를 구하는 공식은 다음과 같다.

$$t_e = \frac{a + 4m + b}{6}$$

$$\sigma^2 = \left(\frac{b - a}{6}\right)^2$$

앞 절에서 예제로 사용한 〈표 11-4〉의 프로젝트 X에서 각 활동시간이 낙관적 시간, 최빈시간 및 비관적 시간의 세 가지로 주어지는 경우에 각 활동시간의 기대치(평균)와 분산을 구해 보면 〈표 11-7〉과 같다.

그림 11-5 베타분포의 여러 가지 형태

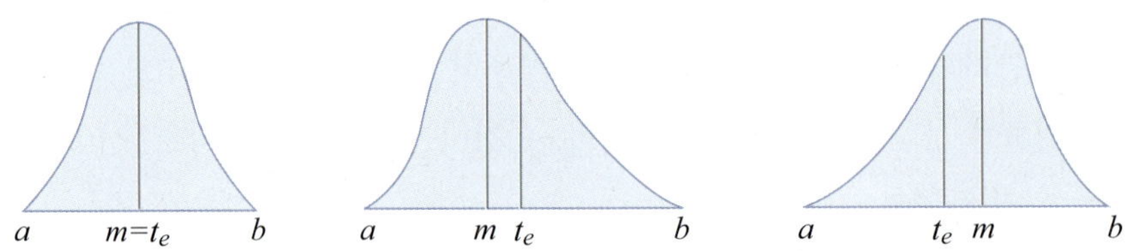

(a) 좌우 대칭형 (b) 우측 경사형 (c) 좌측 경사형

표 11-7 **프로젝트 X의 확률적 시간 추정치**

활동	직전 선행활동	활동시간의 추정치(일)			기대치(t_e) $=\frac{a+4m+b}{6}$	분산(σ^2) $=\left(\frac{b-a}{6}\right)^2$
		a	m	b		
A	–	4	6	14	7	2.78
B	–	3	4	11	5	1.78
C	A	2	4	6	4	0.44
D	B	1	2	3	2	0.11
E	B	1	4	7	4	1.00
F	C, D	2	3	4	3	0.11
G	C, D, E	1	2	3	2	0.11
H	F, G	1	2	3	2	0.11

활동시간을 확률적으로 추정하는 경우에는 프로젝트의 완료시간도 하나의 확률변수가 된다. 따라서 이 경우에는 프로젝트의 최단 완료시간이란 개념은 의미가 없고, 프로젝트의 기대 완료시간(즉, 평균 완료시간)과 프로젝트가 어떤 기간 내에 완료될 확률을 구하는 데 분석의 초점이 주어진다.

먼저 프로젝트의 기대 완료시간을 구해 보자. 프로젝트의 기대 완료시간은 주경로의 기대 완료시간과 같으며, 주경로의 기대 완료시간은 주경로 활동의 기대 시간(즉, 평균 시간)을 합한 값이다. 〈표 11-7〉의 프로젝트 X를 PERT/CPM 네트워크로 나타내고, 이 네트워크에서 활동시간을 기대 시간으로 표시하면 앞 절에서 본 [그림 11-3]과 마찬가지가 된다(다시 네트워크를 그리지 않기 위해 미리 〈표 11-4〉에서 각 활동의 확정적 활동시간을 〈표 11-7〉의 각 활동의 기대 시간과 일치시켜 두었다). 따라서 주경로는 앞에서 열거법이나 전진후진계산법에 의해서 구한 A–C–F–H가 되고, 이 주경로의 평균 완료시간, 즉 프로젝트 X의 기대 완료시간은 16일이 된다.

다음은 프로젝트가 어떤 주어진 기간 내에 완료될 확률을 구해 보자. 이를 위해서는 먼저 프로젝트의 완료시간이 어떤 확률분포를 하는가를 알아야 한다. 각 활동시간이 통계적으로 독립이라고 가정하면 프로젝트의 완료시간(즉, 주경로의 완료시간)은 통계학 이론에 의해 정규분포를 한다. 이 정규분포의 평균은 주경로 활동의 기대 시간을 합한 값이며, 분산은 주경로 활동의 분산을 합한 값이다. 예를 들면, 〈표 11-7〉의 프로젝트 X에서 주경로는 A–C–F–H이므로 이 프로젝트의 완료시간은 평균이 16일(=7+4+3+2), 분산이 3.44(=2.78+0.44+0.11+0.11)인 정규분포를 한다.

프로젝트의 완료시간을 나타내는 확률변수를 T라 하고, 이 완료시간의 평균을 μ_T, 그리고 분산을 σ_T^2이라고 하자. 이 프로젝트가 T_D기간 내에 완료될 확률 $P(T \leq T_D)$는 다음과 같이 평균이 μ_T, 분산이 σ_T^2인 정규분포를 평균이 0, 표준편차가 1인 표준정규분포로 변환시켜 구한다.

$$P(T \leq T_D) = P\left(\frac{T - \mu_T}{\sqrt{\sigma_T^2}} \leq \frac{T_D - \mu_T}{\sqrt{\sigma_T^2}}\right)$$

$$= P\left(Z \leq \frac{T_D - \mu_T}{\sqrt{\sigma_T^2}}\right)$$

여기서 Z는 평균이 0이고 표준편차가 1인 표준정규분포의 확률변수를 나타낸다.

예를 들어, 〈표 11-7〉의 프로젝트 X가 18일 내에 끝날 확률을 다음과 같이 구해 보면 0.8599(즉, 85.99%)가 된다.

$$P(T \leq 18) = P\left(\frac{T - 16}{\sqrt{3.44}} \leq \frac{18 - 16}{\sqrt{3.44}}\right)$$

$$= P(Z \leq 1.08)$$

$$= 0.8599 \text{(부표 I의 표준정규분포표 참조)}$$

이 확률을 그림으로 표시해 보면 [그림 11-6]과 같다.

그림 11-6 프로젝트 X가 18일 내에 끝날 확률의 계산

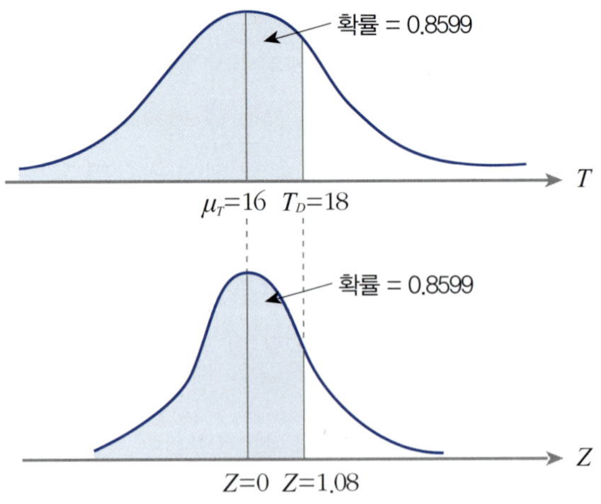

6 시간-비용의 관계

지금까지는 프로젝트의 시간적 측면만을 고려하였다. 그러나 현실적으로 프로젝트 관리자는 프로젝트의 완료시간뿐만 아니라 프로젝트의 완료에 소요되는 비용에도 지대한 관심을 가지고 있다. 따라서 여기서는 프로젝트가 최소의 비용으로 완료될 수 있도록 일정계획을 수립하는 방법을 설명한다.

프로젝트 비용(project cost)은 직접비용과 간접비용으로 구분된다. **프로젝트의 직접비용**이란 각 활동에 소요되는 비용(즉, 활동비용)의 합을 말한다. 각 활동의 활동시간을 단축하기 위해서는 잔업, 작업자의 추가 고용 및 이동 배치, 장비의 추가적 구입이나 임차 등 더 많은 자원을 추가로 투입해야 하므로 직접비용이 증가한다. 프로젝트의 완료시간을 단축하기 위해서는 주경로 활동의 활동시간을 단축해야 하므로 결국 프로젝트의 완료시간을 단축하려면 더 많은 직접비용이 소요된다. 따라서 프로젝트의 직접비용은 프로젝트의 완료시간에 대해 반대 방향으로 움직인다.

프로젝트의 간접비용이란 프로젝트의 완료시간이 길어짐에 따라 증가하는 비용을 말한다. 예를 들면, 이자, 장비 사용료, 보험료와 같은 간접경비, 프로젝트의 완료시간이 지연되었을 때 물어야 하는 벌과금(지체보상금) 등이 이에 속한다.

[그림 11-7]에서 보는 바와 같이 프로젝트의 직접비용과 간접비용은 프로젝트의 완료시간에 대해 서로 반대 방향으로 움직인다. 따라서 **프로젝트의 최소 비용 일정계획**에서는 두 비용의 합을 최소화하는 프로젝트의 완료시간을 구한다.

그림 11-7 프로젝트의 비용과 완료시간 간의 관계

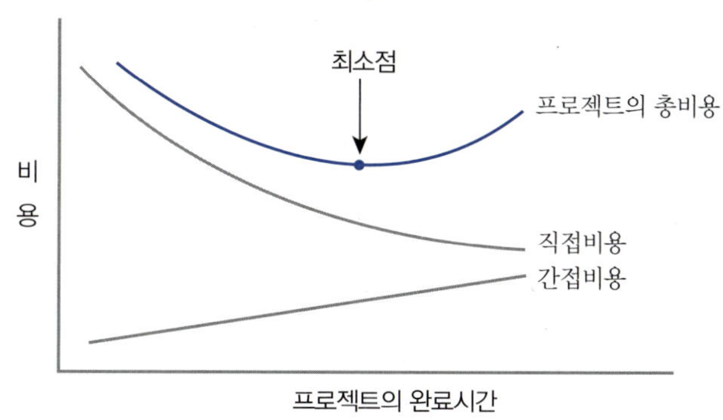

총비용을 최소화하는 프로젝트의 완료시간을 구하는 방법을 설명하기에 앞서 활동시간과 활동비용 간의 관계를 좀 더 구체적으로 살펴보기로 하자. 이를 위해 먼저 각 활동에 대해 다음과 같은 두 가지 유형의 활동시간과 활동비용을 정의한다.

1. **정상시간**(normal time): 정상적인 조건하에서 활동을 수행하는 데 소요되는 시간을 의미하며 *NT*로 표시한다.
2. **정상비용**(normal cost): 활동을 정상시간에 완료하는 데 소요되는 비용을 의미하며 *NC*로 표시한다.
3. **속성시간**(crash time): 자원을 추가로 투입하여 달성할 수 있는 최단 활동시간을 의미하며 *CT*로 표시한다.
4. **속성비용**(crash cost): 활동을 속성시간에 완료하는 데 소요되는 비용으로서 *CC*로 표시한다.

활동시간과 활동비용 간의 관계는 [그림 11-8]에서 보는 바와 같이 정상점과 속성점을 실제 비용구조에 따라 A와 같은 직선, B와 같은 볼록선(convex), 또는 C와 같은 오목선(concave)으로 연결함으로써 나타낼 수 있다. 이 그림에서 보면 정상점과 속성점을 연결하는 선이 어떤 형태를 취하든 활동시간을 단축하려면 활동비용이 증가한다. 활동시간과 활동비용간의 관계가 직선인 경우에는 다음의 공식을 이용하여 단위시간당 단축비용을 쉽게 구할 수 있다.

그림 11-8 활동시간과 활동비용 간의 관계

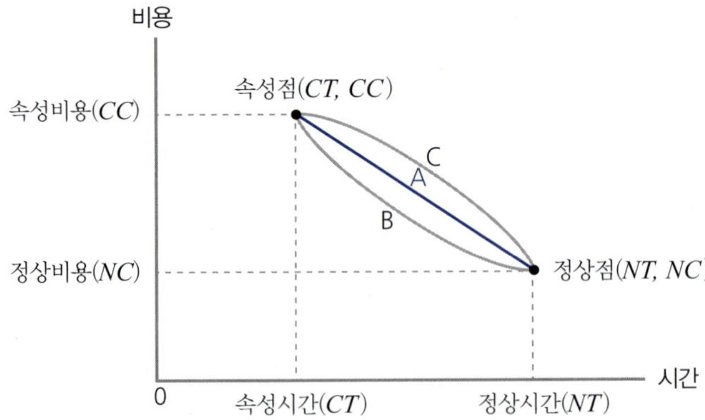

$$\text{단위시간당 단축비용} = \frac{\text{속성비용} - \text{정상비용}}{\text{정상시간} - \text{속성시간}}$$

〈표 11-8〉과 같은 아주 단순한 프로젝트를 예로 들어 총비용을 최소화하는 프로젝트의 완료시간을 구해 보자. 여기서 활동시간과 활동비용간의 관계는 [그림 11-8]의 A와 같은 직선이라고 가정한다. 그리고 이 예에서 프로젝트의 간접비용은 프로젝트의 완료시간 1일당 5,000원으로 가정한다.

먼저 이 프로젝트를 네트워크로 나타내 보면 [그림 11-9]와 같다. 이 그림에서 마디 속의 숫자는 각 활동의 정상시간을 그리고 괄호 안의 숫자는 속성시간을 나타낸다. 모든 활동시간을 정상시간으로 놓고 열거법에 의해 주경로를 구해 보면 A－D가 되고, 프로젝트의 정상적인 완료시간은 7일이 된다. 그리고 이때 프로젝트의 총활동

표 11-8 활동시간 및 활동비용

활 동	직 전 선행활동	활동시간(일)		활동비용(천 원)		단 축 가능일수	일당 단축비용 (천 원)
		정상	속성	정상	속성		
A	–	3	1	4	8	2	2
B	–	2	1	5	9	1	4
C	–	5	4	10	15	1	5
D	A	4	2	8	14	2	3
E	B	2	1	6	10	1	4
합 계				33	56		

그림 11-9 〈표 11-8〉의 프로젝트의 네트워크

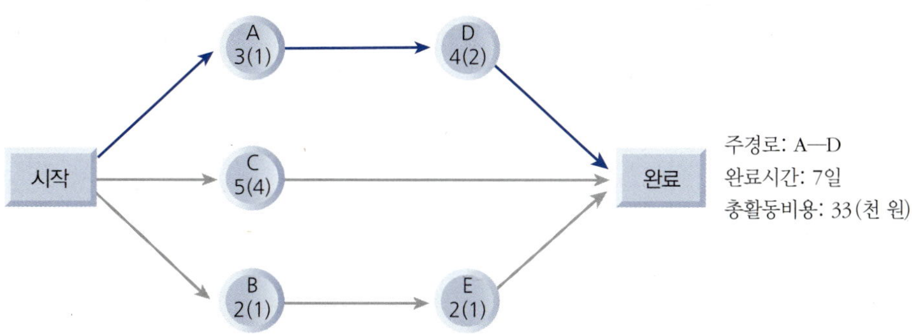

비용(즉, 총직접비용)은 33,000원이 된다. 한편 속성시간에 의한 주경로는 C가 되고, 프로젝트의 속성 완료시간은 4일이 된다. 따라서 각 활동시간을 최대한 단축하더라도 이 프로젝트를 4일보다 빨리 끝낼 수는 없다.

총비용이 최소가 되는 프로젝트의 완료시간을 구하기 위해 정상적인 완료시간 7일을 한 번에 1일씩 단축시켜 보자. 정상시간에 의한 주경로는 [그림 11-9]에서 A−D이므로 최소비용으로 프로젝트의 완료시간을 1일 단축시키기 위해서는 주경로 활동 A, D 중에서 일당 단축비용이 작은 활동의 활동시간을 1일 단축시켜야 한다. 〈표 11-8〉에서 보면 활동 A의 일당 단축비용이 더 작으므로 A의 활동시간을 1일 줄인다. 활동 A가 1일 단축된 후의 네트워크는 [그림 11-10]의 (a)와 같다. 이때 프로젝트의 완료시간은 6일, 그리고 총활동비용은 활동 A의 1일 단축비용인 2,000원만큼 증가한 35,000원이 된다.

[그림 11-10]의 (a)에서 주경로는 여전히 A−D이고, A, D 중 A의 일당 단축비용이 더 작으므로 다시 A를 1일 단축시킨다. 그러면 네트워크는 [그림 11−10]의 (b)와 같고 프로젝트의 완료시간은 5일, 총활동비용은 37,000원이 된다.

[그림 11-10]의 (b)에서 주경로는 A−D와 C의 두 개가 있게 된다. 따라서 프로젝트의 완료시간을 하루 단축하려면 A−D경로에서 하루와 C경로에서 하루를 동시에 줄여야 한다. A−D경로에서 A는 더 이상 줄일 수 없으므로 D를 하루 줄이고, 동시에 C를 하루 줄이면 네트워크는 [그림 11-10]의 (c)와 같고, 프로젝트의 완료시간은 4일 그리고 총활동비용은 45,000원이 된다.

최종 네트워크인 [그림 11-10]의 (c)에서 보면 주경로는 A−D, C, B−E의 세 개가 있다. 여기서 다시 하루를 단축하려면 이 세 개의 경로를 모두 하루씩 단축해야 하나 C는 더 이상 단축할 수 없으므로 프로젝트의 완료시간은 더 이상 단축될 수 없다.

프로젝트의 간접비용은 프로젝트의 완료시간 1일당 5,000원으로 가정하였으므로 각 완료시간에 대한 프로젝트의 총비용을 계산해 보면 〈표 11-9〉와 같다. 이 표에서 총비용이 최소가 되는 프로젝트의 완료시간은 5일이며, 이때의 최소 총비용은 62,000원이다. 그리고 이 결과를 비용선으로 나타내 보면 [그림 11-11]과 같다.

지금까지 설명한 방법은 단순한 프로젝트에만 적용될 수 있으며 복잡한 프로젝트의 경우에는 현실적으로 사용하기가 곤란하다. 일반적으로는 선형계획모형을 이용하여 프로젝트가 최소의 비용으로 완료되도록 일정계획을 수립할 수 있다.[7]

---

7) PERT/CPM의 선형계획모형에 대해서는 여러 가지 경영과학(계량경영학) 교재를 참고할 것.

그림 11-10 프로젝트의 완료시간을 1일씩 단축해 나가는 과정

(a) 활동 A가 1일 단축된 후의 네트워크

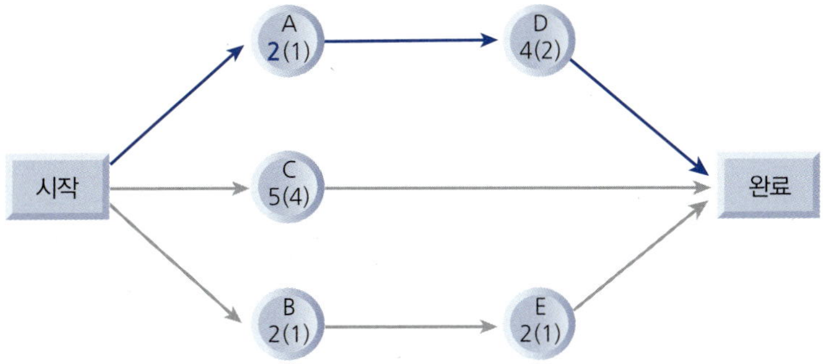

주경로: A—D
완료시간: 6일
총활동비용: 33+2=35(천 원)

(b) 활동 A가 다시 1일 단축된 후의 네트워크

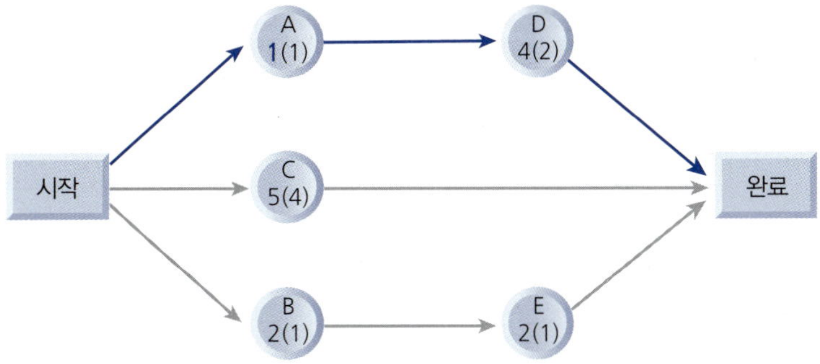

주경로: A−D와 C
완료시간: 5일
총활동비용: 35+2=37(천 원)

(c) 활동 C와 활동 D가 각각 1일씩 단축된 후의 네트워크

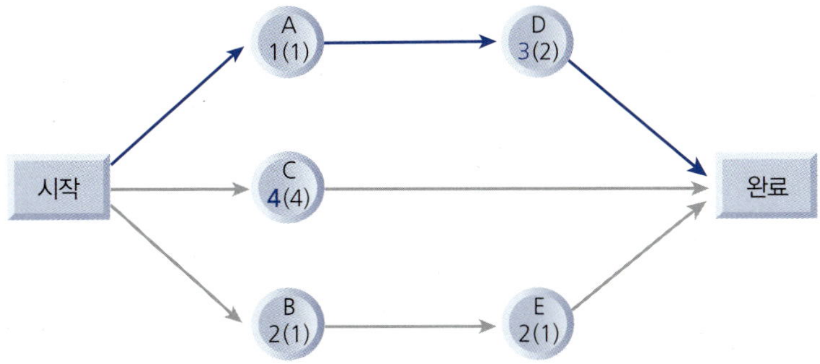

주경로: A−D, C, B−E
완료시간: 4일
총활동비용: 37+5+3=45(천 원)

표 11-9 각 완료시간에 대한 프로젝트의 총비용

완료시간	직접비용	간접비용	총비용(천 원)
7일	33	35	68
6일	35	30	65
5일	37	25	62 ← 최소비용
4일	45	20	65

그림 11-11 프로젝트의 비용선

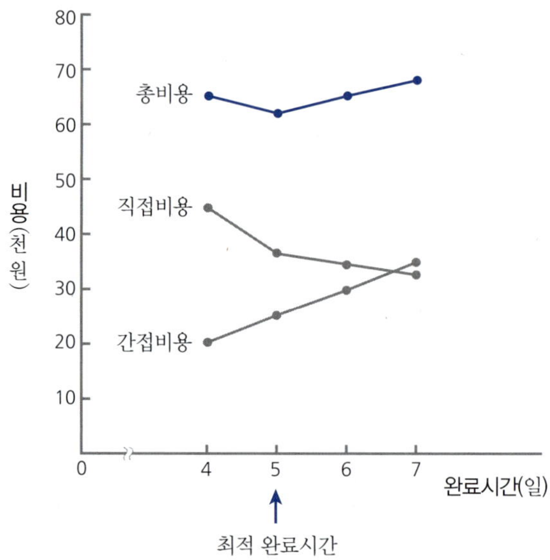

요약

- 프로젝트 관리의 목적은 비용, 일정 및 성과의 세 가지이다. 이 세 가지 목적은 상충하는 경우가 많기 때문에 이들 목적 간의 상충관계를 고려하면서 프로젝트를 관리해야 한다.
- 모든 프로젝트는 계획, 일정계획, 통제, 종료의 네 단계를 거친다. 계획 단계에서는 프로젝트의 목적, 소요 자원, 조직, 중요 인력 등을 결정한다. 일정계획 단계에서는 세부 활동의 결정, 상세한 시간 일정 및 예산 수립, 인력 할당 등이 이루어진다. 통제 단계에서는 시간, 비용 및 성과의 측면에서 프로젝트의 진행상황을 감시하고, 실제 결과와 계획 간의 괴리가 큰 경우에는 시정조치를 취한다. 종료 단계에서는 프로젝트를 끝내고 완성된 프로젝트를 인도한다.
- 프로젝트의 일정계획을 위한 방법으로는 고전적인 갠트도표와 과학적인 기법인 PERT/CPM이 있다. 갠트도표는 프로젝트의 활동들을 막대그림 형태로 나타내어 프로젝트의 일정계획을 수립하는 방법이다. 갠트도표는 작은 프로젝트나 활동 간의 선행관계가 간단한 프로젝트의 일정계획에 유용하다. PERT/CPM은 프로젝트를 네트워크로 나타내어 체계적으로 일정계획을 수립하는 과학적인 기법이다.
- PERT/CPM은 프로젝트를 네트워크로 나타내어 최단 완료시간과 주경로 그리고 각 활동의 여유시간을 구한다. 주경로란 프로젝트의 최단 완료시간을 지키기 위해 반드시 계획대로 수행되어야 하는 일련의 활동을 말한다. 여유시간이란 전체 프로젝트를 지연시키지 않으면서 각 활동이 지체될 수 있는 시간을 의미한다. 따라서 주경로 활동의 여유시간은 0이 된다.
- PERT/CPM 네트워크에서 최단 완료시간과 주경로를 구하는 방법으로는 열거법과 전진후진계산법이 있다. 열거법은 모든 경로를 나열하여 가장 긴 경로를 찾아내는 단순한 방법이다. 하지만 열거법은 아주 작은 규모의 프로젝트가 아니면 현실적으로 사용하기가 곤란하다. 따라서 전진후진계산법이 보다 현실적이고 과학적인 방법이라고 할 수 있다.
- 활동시간을 확률적으로 추정하는 경우에는 프로젝트의 기대 완료시간과 프로젝트가 어떤 기간 내에 완료될 확률을 구할 수 있다.
- 프로젝트 비용은 직접비용과 간접비용으로 구분된다. 직접비용이란 각 활동에 소요되는 비용을 말한다. 프로젝트의 완료시간을 단축하려면 직접비용이 증가한다. 간접비용이란 프로젝트의 완료시간이 길어짐에 따라 증가하는 비용을 말한다. 두 비용은 프로젝트의 완료시간에 대해 서로 반대 방향으로 움직이므로 프로젝트의 최소 비용 일정계획에서는 두 비용의 합이 최소가 되도록 프로젝트의 완료시간을 구한다.

토론문제

01 프로젝트의 일정계획을 위한 고전적인 방법인 갠트도표의 한계를 논하라.

02 PERT와 CPM은 역사적으로 어떤 차이가 있는가?

03 PERT/CPM 네트워크에서 주경로란 무엇이며, 주경로의 발견은 프로젝트 관리에서 어떤 의미가 있는가?

04 프로젝트의 완료시간을 단축하기 위해서는 왜 주경로 활동의 활동시간을 단축해야 하는가?

05 PERT/CPM 네트워크에서 두 개 이상의 주경로가 발생할 수 있는가?

06 각 활동의 여유시간과 자유 여유시간이란 무엇이며, 또 그 차이는 무엇인가?

07 프로젝트의 직접비용과 간접비용의 차이를 설명한 다음, 이들 비용과 프로젝트의 완료시간 간의 관계를 논하라.

연습문제

01 다음과 같은 5개의 활동으로 구성된 프로젝트를 AON 네트워크로 나타내고 가상의 시작마디와 완료마디가 필요한지를 밝혀라.

활 동	직전 선행활동
A	–
B	–
C	–
D	A, B
E	B, C

02 다음과 같은 프로젝트가 있다. 이 프로젝트를 AON 네트워크로 나타내고 각 활동에 대해 *ES, EF, LS, LF, S* 및 *FS*를 구한 다음, 최단 완료시간과 주경로를 구하라.

활 동	직전 선행활동	활동시간(주)
A	–	7
B	A	3
C	A	4
D	B, C	5
E	C, D	2
F	D	4
G	E, F	5

03 다음과 같은 프로젝트가 있다.

활 동	직전 선행활동	활동시간(주)
A	–	5
B	–	2
C	A	3
D	A	6
E	B, C	2
F	B, C	3
G	D, E	3

(1) 이 프로젝트를 AON 네트워크로 나타내어라.

(2) 열거법에 의해 이 프로젝트의 최단 완료시간과 주경로를 구하라.

(3) 전진후진계산법에 의해 *ES, EF, LS, LF, S* 및 *FS*를 구하고 프로젝트의 최단 완료시간과 주경로를 구하라.

04 다음과 같은 프로젝트가 있다.

활 동	직전 선행활동	활동시간(일)
A	–	1
B	A	4
C	A	3
D	A	7
E	B	6
F	C, D	2
G	E, F	7
H	D	9
I	G, H	4

(1) 이 프로젝트의 PERT/CPM 네트워크(AON 네트워크)를 그려라.

(2) 전진후진계산법에 의해 이 프로젝트의 최단 완료시간과 주경로를 구하라.

(3) 활동 F의 활동시간이 2일에서 3일로 지체되면 최단 완료시간과 주경로는 어떻게 변하는가?

05 어느 회계법인은 한 기업의 회계감사를 위한 활동을 다음과 같이 파악하였다.

활 동	직전 선행활동	직후 후속활동	활동시간(일)
A	–	B, E	3
B	A	D, F	2
C	–	D, F	4
D	B, C	G	2
E	A	G	5
F	B, C	–	6
G	D, E	–	5

(1) 갠트도표를 통해 이 프로젝트의 최단 완료시간과 주경로를 구하라.

(2) AON 네트워크를 그려라.

(3) AON 네트워크에서 각 활동의 *ES*, *EF*, *LS*, *LF*, *S* 및 *FS*를 구한 다음, 프로젝트의 최단 완료시간과 주경로를 구하라.

06 다음은 어떤 프로젝트의 활동시간(일)을 확률적으로 추정한 자료이다.

활 동	직전 선행활동	활동시간의 추정치(일)		
		a	m	b
A	–	2	3	4
B	A	1	2	3
C	A	4	5	12
D	A	3	4	11
E	B	1	3	5
F	C	1	2	3
G	D	1	8	9
H	E, F	2	4	6
I	H	2	4	12
J	G	3	4	5
K	I, J	5	7	9

(1) 각 활동시간의 평균과 분산을 구하라.

(2) 이 프로젝트를 AON 네트워크로 나타내고 열거법에 의해 기대 완료시간과 주경로를 구하라.

(3) 이 프로젝트의 완료시간이 30일 이상이 될 확률은 얼마인가?

07 어떤 프로젝트의 활동시간의 확률적 추정치는 다음과 같다고 한다.

활 동	직전 선행활동	활동시간의 추정치(일)		
		a	m	b
A	–	1	2	3
B	A	3	5	13
C	A	5	7	9
D	B	5	8	11
E	C	1	2	3
F	C	7	9	11
G	D, E	2	3	4

(1) 각 활동시간의 평균(t_e)과 분산(σ^2)을 구하라.

(2) 이 프로젝트를 AON 네트워크로 나타내고 열거법에 의해 주경로와 평균 완료시간을 구하라.

(3) 이 프로젝트의 완료시간의 분산(즉, 주경로의 분산)은 얼마인가?

(4) 이 프로젝트가 20일 내에 완료될 확률은 얼마인가?

08 다음과 같은 프로젝트가 있다.

활 동	직전 선행활동	활동시간(일)		활동비용(만 원)	
		정상	속성	정상	속성
A	–	4	2	100	150
B	–	8	2	80	140
C	–	2	1	40	60
D	A	3	2	80	120
E	A	5	3	80	140
F	C	5	1	60	100
G	B, D	6	2	120	180

(1) 이 프로젝트를 AON 네트워크로 표시하라.

(2) 이 프로젝트의 정상적인 완료시간과 총비용은 얼마인가?

(3) 정상시간하의 주경로를 구하라.

(4) 프로젝트의 정상 완료시간을 하루 단축하는 데는 얼마의 추가비용이 필요한가? 이틀 단축하는 데는 얼마나 추가비용이 드는가?

(5) 이 프로젝트의 가능한 최소 완료시간은 얼마인가?

09 다음과 같은 네트워크의 프로젝트가 있다.

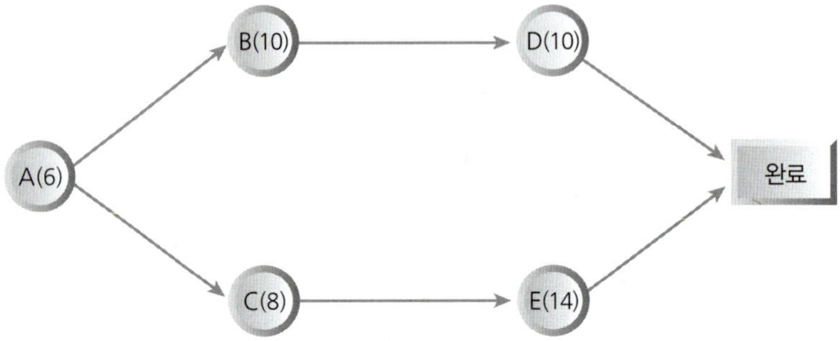

(1) 열거법에 의해 이 프로젝트의 최단 완료시간과 주경로를 구하라.

(2) 정상시간과 정상비용, 속성시간과 속성비용이 다음과 같을 때 어떻게 하면 프로젝트의 정상 완료시간을 최소의 추가비용으로 3주를 줄일 수 있겠는가?

활 동	정상시간(주)	정상비용(백만 원)	속성시간(주)	속성비용(백만 원)
A	6	6	4	12
B	10	10	8	13
C	8	8	7	10
D	10	12	8	14
E	14	10	10	20

참/고 문/헌

윤석철 · 이상범, 『생산계획 및 재고관리』, 한국방송통신대 출판부, 1992.

Jacobs, F. Robert and Richard B. Chase, *Operations and Supply Chain Management*, 15th ed., McGraw-Hill, New York, 2017.

Meredith, Jack R. and Samuel J. Mantel, Jr., *Project Management: A Managerial Approach*, 7th ed., Wiley, New York, 2008.

Schroeder, Roger G., Susan Meyer Goldstein, and M. Johnny Rungtusanatham, *Operations Management in the Supply Chain*, 6th ed., McGraw-Hill, New York, 2013.

제Ⅳ부

재　고

제12장 독립수요품목의 재고관리

제13장 자재소요계획과 전사적 자원관리

제14장 린 시스템

제15장 공급사슬관리

제Ⅳ부에서는 재고에 관한 의사결정을 살펴본다. 재고품목은 완제품이나 예비부품과 같이 수요가 기업 외부의 시장조건에 의해 독립적으로 결정되는 독립수요품목과 원자재, 부품 및 구성품과 같이 수요가 상위 품목에 종속되어 있는 종속수요품목으로 구분된다. 제12장은 독립수요품목의 재고관리를 다룬다. 제13장에서는 MRP시스템에 의한 종속수요품목의 재고관리를 살펴본 다음, 전사적 자원관리(ERP)를 소개한다.

제14장은 린 시스템을 다룬다. 린 시스템은 모든 생산 프로세스에서 체계적으로 낭비를 제거하는 생산방식으로서 일본의 도요타 생산시스템으로부터 진화되었다. 린 시스템은 생산 활동 전반에 영향을 미치지만 특히 재고를 낭비로 보고 최대한 줄이려고 하기 때문에 본서에서는 이를 제Ⅳ부 재고에 편제하였다.

끝으로 제15장은 공급사슬관리를 다룬다. 공급사슬관리란 공급사슬에서 자재, 서비스 및 정보의 흐름을 전체 시스템의 관점에서 관리하는 것이다. 따라서 공급사슬관리는 재고관리보다는 넓은 개념이지만 특히 공급사슬에서 재고를 발생시키는 자재의 흐름을 다루므로 본서에서는 공급사슬관리를 제Ⅳ부 재고에 편제하였다.

제 I 부
생산 · 운영관리 입문

제 1 장 생산기능
제 2 장 생산전략
제 3 장 제품설계

제 II 부
프로세스

제 4 장 프로세스 선택
제 5 장 서비스 프로세스 설계
제 6 장 프로세스 흐름 분석 및 설비배치

제 III 부
생산능력

제 7 장 수요예측
제 8 장 설비계획
제 9 장 총괄생산계획
제10장 일정계획
제11장 프로젝트의 일정계획

제 IV 부
재 고

제12장 독립수요품목의 재고관리
제13장 자재소요계획과 전사적 자원관리
제14장 린 시스템
제15장 공급사슬관리

제 V 부
품 질

제16장 품질경영
제17장 품질관리 및 개선

제12장
독립수요품목의 재고관리

1. 재고의 목적
2. 재고 관련 비용
3. 독립수요와 종속수요
4. 재고시스템
5. 확정적 재고모형
6. 확률적 재고모형
7. ABC 재고 분류
• 요 약
• 토론문제
• 연습문제
• 참고문헌
[보론] 특수 재고모형

재고(inventory)란 기업이 제품의 생산이나 고객 수요의 충족을 위해 보유하고 있는 물품을 말하며, 이에는 완제품, 재공품, 각종 원자재 등이 포함된다. 재고의 유형을 생산 프로세스의 단계별로 살펴보면, 원자재 재고는 생산 프로세스에 투입되기 위해 대기 중인 원재료를 말하고, 재공품 재고는 생산 프로세스에서 처리 중이거나 처리를 기다리고 있는 중간품을 말하며, 완제품 재고는 생산이 완료된 최종 산출물로서 고객에게 인도되기를 기다리는 최종 제품을 말한다.

재고관리(inventory management)는 생산관리의 가장 중요한 책무 중의 하나이다. 왜냐하면 재고는 많은 자본을 요구하고 고객에 대한 제품의 납품에 영향을 미치기 때문이다. 재고관리는 생산, 마케팅, 재무 등 기업의 모든 부문에 영향을 미친다. 재고는 마케팅 부문의 주요 관심사인 고객서비스에 영향을 미친다. 재무 부문은 재고투자액에 관심을 갖는다. 그리고 생산 부문은 원활하고 효율적인 생산을 위해 재고를 필요로 한다. 그러나 기업 내 각 부문의 재고에 대한 견해는 서로 다르다. 재무 부문은 소요 자본을 줄이기 위해 일반적으로 낮은 재고수준을 원한다. 마케팅 부문은 재고부족으로 인해 매출액이 줄어들지 않도록 높은 재고수준을 원한다. 한편 생산 부문은 원활한 생산과 안정적인 고용수준을 유지하기 위해 적정한 재고수준을 원한다. 따라서 재고관리에서는 이러한 상충하는 견해 간의 균형을 취하고 기업 전체적으로 가장 이익이 되도록 재고수준을 관리해야 한다.

오늘날에는 많은 새로운 기술들이 재고관리에 활용되고 있다. 대부분의 조직에서 널리 사용되는 바코딩(bar coding)은 재고자료를 수작업에 의해 계산하고 기록하는 수고를 크게 덜어주고 있다. 또한 기업은 판매 시 바코드의 스캔(scan)을 통해 수집되는 판매시점 자료(point of sale data)를 재고관리에 활용하고 있다. 최근에는 IC칩과 무선을 통해 재화 및 다양한 개체(사람, 동물 등)의 이동을 추적하는 기술인 RFID(무선주파수 인식 기술: radio-frequency identification)도 재고관리에 사용되고 있다.[1)]

제조업과 서비스업에 있어서 재고관리의 기본 목적은 재고품목의 주문시기와 주문량을 결정하는 데 있다. 따라서 재고관리에서는 재고수준을 감시하고, 적정 재고수준, 주문의 시기 및 주문량의 크기를 결정하는 정책 및 관리 수단이 강구되어야 한다. 이를 위해 본장에서는 재고관리의 여러 가지 기본적인 개념과 모형을 소개한다.

---

1) RFID는 생산에서 판매에 이르는 전 과정의 정보를 초소형 칩(IC칩)에 내장시켜 이를 무선주파수로 추적할 수 있도록 한 기술로서 전자 태그, 스마트 태그, 전자 라벨, 무선 식별 등으로 불린다.

1 재고의 목적

기업은 일반적으로 다음과 같은 네 가지 이유 때문에 재고를 보유한다.

(1) 불확실성에 대처하기 위하여

재고시스템에 있어서는 수요, 공급 및 조달기간(lead time: 주문시점부터 납품까지의 시간)에 불확실성이 존재한다. 이와 같은 불확실성에 대처하기 위해 유지하는 재고를 **안전재고**(safety stock)라고 한다. 기업은 고객 수요의 변동이나 불확실성을 흡수하기 위해 완제품의 안전재고를 유지한다. 마찬가지로 기업은 공급자의 납품(수량과 납기)에 대한 불확실성을 흡수하기 위해 원자재의 안전재고를 유지하며, 기계설비의 예기치 않은 고장, 작업자의 실수, 일정 변경 등에 대처하기 위해 재공품에 대해서도 안전재고를 유지한다. 대부분의 안전재고는 공급사슬에서 공급자 및 고객과의 긴밀한 조정을 통해 줄일 수 있다.

(2) 경제적 생산과 구매를 위하여

제품의 생산에는 고정비의 성격을 가진 준비비용 때문에 로트 방식이 경제적일 때가 있다. 이 경우 생산된 양은 다음 로트를 생산할 때까지는 재고로 유지되면서 사용된다. 원자재를 구매하는 경우에도 고정비의 성격을 갖는 주문비용과 수량할인이나 수송비 때문에 큰 로트로 구매하는 것이 경제적일 수가 있다. 이 경우에도 현재 필요로 하는 양 이상은 재고로 유지되면서 사용된다. 로트 방식의 생산이나 구매는 주기적으로 일어나기 때문에 자재를 로트로 생산하거나 구매할 때 발생하는 재고를 **주기재고**(cycle inventory)라고 한다. 하지만 오늘날 대부분의 기업들은 제품이나 프로세스의 개선을 통해 준비시간과 준비비용을 줄임으로써 로트 크기와 재고를 줄여나가고 있다. 이와 같은 개념은 제14장 린 시스템에서 구체적으로 논의한다.

(3) 예상되는 수요나 공급의 변화에 대처하기 위하여

수요나 공급의 변화가 예상되는 경우가 있다. 예를 들면, 원자재의 가격 상승이 예상되거나 파업 등으로 공급이 불확실하다고 판단되면 미리 원자재를 구입하여 재고로 비축해 둘 수 있다. 또한 판매촉진 활동으로 세일을 계획하고 있다면 미리 대규모의 완제품을 재고로 비축해 두어야 한다. 그리고 에어컨과 같은 계절상품을 생산하는 기업은 제9장 총괄생산계획에서 살펴본 바와 같이 고용의 안정과 생산능력의 효율적 활용을 위해 평준화전략을 채택하여 생산율을 일정하게 유지하면서 성수기의 수요에 대비한 재고를 비축해 나갈 수 있다. 이와 같이 예상되는 수요나 공급의 변화에 대처하기 위한 재고를 **예상재고**(anticipation inventory)라고 한다.

(4) 수송을 위하여

공급사슬에서 한 지역에서 다른 지역으로 이동 중인 재고를 **수송재고**(transit inventory) 또는 **파이프라인 재고**(pipeline inventory)라고 한다. 이러한 수송재고는 공장의 입지, 유통망, 수송수단 등에 의해 영향을 받는다. 특히 국제적으로 재화의 이동이 선박에 의해 이루어질 때 수송재고의 양은 매우 크며, 수송기간도 길다.[2] 따라서 기업은 여러 가지 수송수단을 비용과 시간의 측면에서 평가해야 한다.

본장에서는 첫 번째와 두 번째 이유로 유지하는 재고를 중점적으로 살펴본다. 나머지 두 가지 이유로 유지하는 재고에 대해서는 본서의 다른 장(예상재고는 제9상 총괄생산계획, 수송재고는 제15장 공급사슬관리)에서 다룬다.

2 재고 관련 비용

재고 의사결정과 관련된 비용에는 품목비용, 주문비용 또는 준비비용, 재고유지비용 및 재고부족비용이 있다. 재고품목을 외부에서 구매하든 기업 내부에서 생산하든, 최적 주문량 또는 최적 생산량은 이와 같은 재고 관련 총비용을 최소화하는 주문량 또는 생산량을 의미한다. 전통적으로 재고이론에서는 수학적인 모형을 사용하여 재고 관련 총비용을 최소화하는 최적 주문량 또는 최적 생산량을 구한다.

2) 예를 들어 국내 정유사의 경우, 중동 등지에서 선적한 원유가 국내에 도착하는 데 걸리는 시간은 평균 40~50일 가량이 소요되는데, 유가 하락 시에는 재고평가손실이 발생한다. 반대로 유가 상승 시에는 재고평가이익이 발생한다.

(1) 품목비용

품목비용(item cost)이란 재고품목 그 자체의 구매비용 또는 생산비용을 말하며 단가에 구매수량 또는 생산수량을 곱한 값으로 표현된다. 품목비용은 단가가 주문량이나 생산량의 크기와 관계없이 일정한 경우에는 재고 의사결정에 영향을 미치지 않는다. 하지만 대량구매에 따라 구입단가가 할인되거나, 즉 수량할인이 있거나, 또는 생산량의 증가에 따라 단위당 생산비용이 감소하는 경우에는 재고 의사결정에 영향을 미친다.

(2) 주문비용 또는 준비비용

주문비용(ordering cost)이란 재고품목을 외부에 주문할 때 발생하는 여러 가지 경비와 관리비를 말하며 주문량의 크기와 관계없는 고정비의 성격을 갖는다. 한편 재고품목을 기업 내에서 생산하는 경우에는 준비비용(setup cost)이 발생한다. **준비비용**이란 한 번 조업을 위한 생산 설비의 가동 준비에 소요되는 비용을 말하며 고정비로 간주된다. 준비비용이 크면 경제적 생산을 위해 한 번에 큰 로트나 뱃치로 생산해야 한다. 따라서 작은 로트의 생산이 가능하기 위해서는 준비비용을 줄여야 한다. 생산시스템이나 제품의 개선을 통해 준비시간과 준비비용을 줄이는 린 시스템은 제14장에서 살펴본다. 재고관리에서 주문비용과 준비비용은 각각 주문량과 생산량의 크기와 관계없이 발생하는 고정비로 취급된다.

(3) 재고유지비용

재고유지비용(inventory holding cost)에는 여러 가지 비용 요소들이 포함된다. 즉, 재고에 묶인 자본의 기회비용, 저장시설에 대한 비용, 취급비용, 보험료, 도난, 파손, 진부화(obsolescence) 등 재고유지와 관련된 모든 비용을 총괄하여 재고유지비용이라고 한다. 일반적으로 재고유지비용의 가장 많은 부분을 차지하는 요소는 재고에 묶인 자본의 기회비용이다. 재고유지비용은 재고품목 1단위를 일정 기간 동안 유지하는 데 드는 비용으로 표시되거나 또는 재고품목 1단위의 가격에 대한 백분율(%)로 표시된다.

(4) 재고부족비용

어떤 품목의 재고가 소진되면 그 품목에 대한 수요는 재고가 보충될 때까지 기다려서 충족되거나 또는 취소된다. 이 경우 재고부족으로 인해 발생하는 여러 가지 비용을 총괄하여 **재고부족비용**(inventory shortage cost)이라고 한다. 재고부족비용은 재고가 보충될 때까지 기다려서 수요가 충족되는가 아니면 수요가 취소되는가에 따라 다음과 같은 두 가지 비용으로 세분된다. 첫째, 재고가 보충될 때까지 기다려서 수요가 충족되면, 즉 추후납품(backlog or backorder)에 의해 수요가 충족되면, 제품 인도의 지연으로 인한 벌과금, 생산독촉비용, 신용상실 등의 비용이 발생한다. 이러한 모든 비용을 **추후납품비용**(backlogging or backordering cost)이라고 한다. 이 경우, 재고가 보충될 때까지 발생한 수요는 음(−)의 재고로 처리된다. 둘째, 재고가 없어 수요가 취소되면 **품절비용**(stockout cost)이 발생한다. 품절비용은 수요를 충족시킬 때 얻을 수 있는 이익의 상실, 신용의 상실 등으로 인한 모든 기회비용을 포함한다. 재고가 없어서 수요가 취소되는 경우에는 음의 재고는 발생하지 않는다. 일반적으로 재고부족비용은 객관적으로 측정하기가 곤란하기 때문에 주관적인 경험이나 추정에 의해 평가된다.

3 독립수요와 종속수요

재고품목에 대한 수요는 독립수요(independent demand)와 종속수요(dependent demand)로 구분할 수 있다. **독립수요**란 완제품이나 예비부품에 대한 수요와 같이 다른 품목의 수요에 의존하지 않고 기업 외부의 시장조건에 의해 결정되는 수요를 말한다. 따라서 독립수요에는 예측이 필요하다. 반면에 **종속수요**란 제품의 생산에 소요되는 각종 원자재, 부품 및 구성품에 대한 수요와 같이 최종 제품 또는 상위 품목의 수요에 종속되어 있는 수요를 말한다. 따라서 종속수요는 예측에 의해 결정되는 것이 아니라 최종 제품이나 상위 품목의 생산계획에 따라 결정된다. 예를 들면, 자동차 제조회사에서 최종 제품인 자동차에 대한 수요는 시장에서 결정되는 독립수요이며, 자동차의 생산에 소요되는 바퀴, 타이어, 시트 등의 수요는 자동차의 수요에 달려 있으므로 종속수요가 된다. 이들 종속수요품목이 언제 얼마만큼 필요한지는 최종 제품인 자동차의 생산계획에 의해 결정된다.

독립수요와 종속수요의 수요 패턴은 서로 매우 다르다. 독립수요는 시장조건에 의해 결정되며, 우연적인 변동이 있기는 하지만 어떤 패턴을 가지고 계속적으로 발생한다. 반면에 종속수요는 보통 생산이 로트 방식으로 계획되므로 산발적이고 일괄적인 형태를 나타낸다. 즉, 상위 품목의 한 로트가 생산될 때에만 일정한 양의 부품이 요구되고 다음 로트를 생산할 때까지는 그 부품이 요구되지 않는다. [그림 12-1]은 이와 같은 독립수요와 종속수요의 수요 패턴을 보여주고 있다.

독립수요품목과 종속수요품목은 서로 다른 수요 패턴을 갖기 때문에 재고관리에 있어서도 서로 다른 접근법이 필요하다. 독립수요품목의 경우에는 **보충의 원리**(replenishment philosophy)가 사용된다. 즉, 수요의 충족에 따라 재고가 줄어들면 고객이 언제나 재고로부터 제품을 사갈 수 있도록 재고를 보충한다. 따라서 재고가 줄어들면 주문을 하고, 주문량이 들어오면 재고가 보충된다.

종속수요품목의 경우에는 **소요의 원리**(requirement philosophy)가 사용된다. 종속수요품목의 주문은 상위 품목의 소요에 달려 있다. 즉, 종속수요품목은 재고가 줄어들면 주문되는 것이 아니라, 그 종속수요품목이 사용되는 상위 품목 또는 최종 품목의 생산계획에 의해 요구될 때에만 주문된다.

이와 같이 두 가지 유형의 수요는 서로 성격이 다르므로 요구되는 재고관리시스템도 달라진다. 본장에서는 다음과 같은 독립수요품목의 재고관리를 살펴보며, 종속수요품목의 재고관리는 제13장과 제14장에서 다룬다.

그림 12-1 독립수요와 종속수요

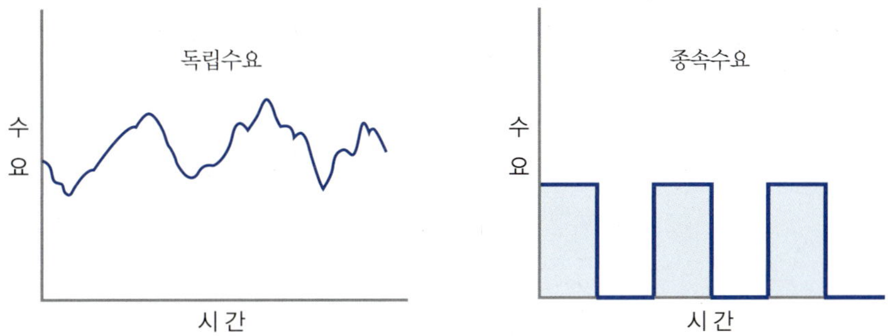

1. 제조업의 완제품과 예비부품
2. 유지, 보수 및 운영을 위한 소모성 자재
3. 소매업과 도매업의 상품
4. 서비스산업(예를 들면, 병원, 학교 등)의 재고

4 재고시스템

재고시스템에서는 재고 관련 총비용을 최소화하도록 재고품목의 주문시기와 주문량을 결정한다. 재고시스템은 수요와 조달기간이 확정적이냐 또는 확률적이냐에 따라 확정적 모형과 확률적 모형으로 구분된다. 또한 재고시스템은 주문시기와 주문량을 어떻게 결정하느냐에 따라 고정주문량모형과 정기주문모형의 두 가지 유형으로 구분된다. 따라서 이 두 가지 구분을 결합시켜 보면 [그림 12-2]와 같이 총 네 가지의 기본 유형이 가능하다. 여기서는 고정주문량모형과 정기주문모형의 일반적인 특성만 살펴보며, 네 가지 기본 모형의 구체적인 형태는 다음 두 절에서 다룬다.

(1) 고정주문량모형

고정주문량모형(fixed-order quantity model)에서는 재고수준이 미리 정해진 **재주문점**(reorder point) R에 도달하면 일정한 양 Q만큼 주문한다. 재주문점에 도달하는 시기는 재고품목의 수요에 따라 달라지므로 주문 간격은 일정하지 않다. 그리고

그림 12-2 재고시스템의 유형

그림 12-3 고정주문량모형

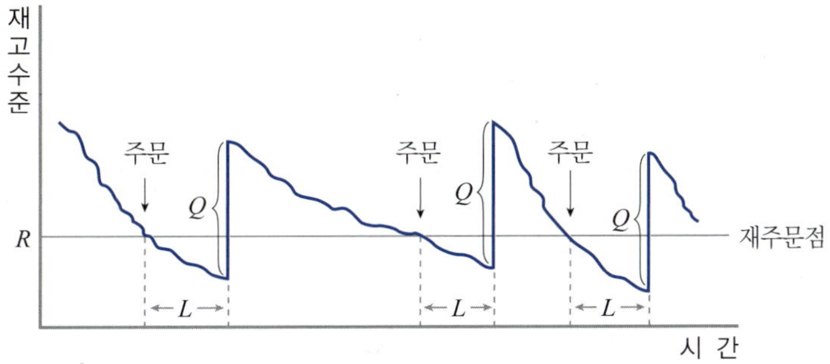

재고수준이 재주문점 R에 도달하였는지를 알기 위해서는 계속적으로 재고수준을 검토해 보아야 하므로 고정주문량모형은 **계속재고검토시스템**(continuous review system)이라고도 불린다. 또한 주문 간격은 일정하지 않지만 주문량은 매번 Q로 일정하기 때문에 고정주문량모형을 **Q시스템**이라고도 한다.

조달기간(lead time), 즉 주문시점부터 주문한 물품이 도착할 때까지 걸리는 시간을 L이라 할 때 고정주문량시스템은 [그림 12-3]과 같다. 이 그림에서 보면 재고수준이 재주문점 R에 도달할 때마다 일정한 양 Q만큼 주문하며, 주문량 Q는 조달기간 L이 지나면 들어온다(여기서 조달기간 L은 일정한 경우도 있고 그렇지 않은 경우도 있다). 그리고 수요 변화에 따라 재고수준이 재주문점 R에 도달하는 시간 간격은 매번 달라지므로 주문 간격은 일정하지 않다. 고정주문량모형에서는 재고와 관련된 총비용이 최소가 되도록 재주문점 R과 1회 주문량 Q의 최적값이 결정되어야 한다.

(2) 정기주문모형

정기주문모형(fixed-order interval model)에서는 미리 정해진 일정한 시간 간격마다 주문을 한다. 예컨대 매 주말마다 또는 매 월말마다 주문하는 재고모형을 정기주문모형이라고 한다. 정기주문모형에서는 주문시점마다 필요한 양을 주문하는데, 보통은 **목표재고수준**(target inventory level) 또는 재고보충수준을 미리 정해 놓고 주문시점의 재고수준과 목표재고수준과의 차이만큼을 주문한다. 따라서 수요 변화에 따라 주문량은 매번 달라진다. 정기주문모형에서는 계속적으로 재고수준을 검토할 필요가 없으며, 다만 주문시점마다 주문량을 결정하기 위하여 정기적으로 재고수준을

그림 12-4 정기주문모형

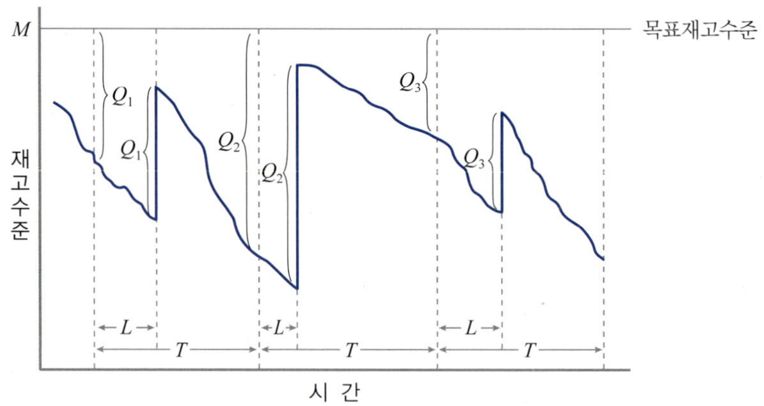

검토한다. 이와 같은 특성 때문에 정기주문모형은 **정기재고검토시스템**(periodic review system)이라고도 불리며, 또한 주문기간 또는 주문 간격이 매번 일정하다고 해서 **P시스템**이라고도 한다.

[그림 12-4]는 정기주문모형을 보여주고 있다. 이 그림에서 M은 목표재고수준을, T는 일정한 주문 간격을, 그리고 Q_1, Q_2, Q_3은 매번의 주문량을 의미한다. 그리고 이 그림에서 실제 재고수준이 목표재고수준에 도달하는 경우는 조달기간 L이 0인 경우뿐이다. 정기주문모형은 주문주기 T와 목표재고수준 M에 의해 완전히 결정되므로 T와 M의 최적값이 결정되어야 한다.

(3) 고정주문량모형과 정기주문모형의 비교

지금까지 살펴본 고정주문량모형과 정기주문모형의 기본적인 차이점을 요약해 보면 〈표 12-1〉과 같다.

현실에서는 Q시스템과 P시스템, 그리고 양 시스템의 여러 변형이 사용되고 있다. 이 두 시스템 중 어느 것을 선택하느냐는 경제적인 측면뿐만 아니라 경영관행에도 달려 있다. 일반적으로 다음과 같은 경우에는 P시스템이 Q시스템보다 선호된다.

1. 주문이나 납품이 특정 기간마다 이루어지는 경우에는 P시스템이 사용된다. 예를 들면, 식료품점이 식품을 매주 주문하여 납품받는 경우가 이에 해당한다.

표 12-1 고정주문량모형과 정기주문모형의 차이점

유 형	주문시기	주문량	주문 간격	재고수준의 검토
고정주문량모형 (Q시스템)	재고수준이 재주문점에 도달할 때	일정	변함	계속 검토
정기주문모형 (P시스템)	미리 정해진 주문주기의 말	변함	일정	주문주기의 말에만 검토

2. 동일한 공급자에게 여러 품목을 함께 주문하여 납품받는 경우에는 P시스템이 사용된다. 이 경우 공급자는 여러 품목을 합하여 단일 주문을 받는 것을 선호한다. 예를 들면, 페인트 공급자에게 여러 가지 색상의 페인트를 함께 주문하여 한꺼번에 납품을 받는 경우가 이에 해당한다.
3. 제조 프로세스에 사용되는 볼트나 너트와 같이 계속적으로 재고기록을 하지 않는 값싼 품목에 대해서는 P시스템이 사용된다.

요컨대 P시스템은 재고의 보충이 사전에 정기적으로 계획되고 재고기록이 덜 요구된다는 이점을 갖고 있다. 하지만 P시스템에서는 재고수준을 계속적으로 검토하지 않고 매 주문주기의 말에만 정기적으로 검토하기 때문에 조달기간뿐만 아니라 주문주기기간에 대해서도 품절의 위험에 대비한 안전재고를 고려해야 한다. 따라서 일반적으로 P시스템은 Q시스템보다 더 많은 안전재고를 요구한다. 이 때문에 고가의 품목에 대해서는 안전재고에 대한 투자를 줄이기 위해 보통 Q시스템이 사용된다. 따라서 Q시스템과 P시스템 중 어느 것을 선택하느냐는 재고보충의 시기, 사용 중인 재고기록시스템의 유형 및 재고품목의 가격에 달려 있다.

현실에서는 P시스템과 Q시스템의 여러 가지 혼합형태가 사용되기도 한다. 이러한 혼합형태 중의 하나가 **(s, S)시스템**이다. (s, S)시스템에서는 정기적으로 재고수준을 검토하되, 만약 검토시점의 재고수준이 s보다 크면 주문을 하지 않고, s 이하이면 재고수준이 S가 되도록(즉, 검토시점의 재고수준과 S와의 차이만큼을) 주문한다. 이 시스템에서 s는 재주문점에 해당하며, S는 목표재고수준이 된다.[3]

3) (s, S)시스템은 투 빈 시스템(two-bin system), 즉 두 개의 상자 시스템으로도 설명될 수 있다. 이 경우 첫 번째 상자의 크기는 s, 두 번째 상자의 크기는 $S-s$가 된다. 수요가 발생하면 두 번째 상자에서 먼저 꺼내 쓴다. 두 번째 상자가 비게 되면, 첫 번째 상자에서 꺼내 쓴다. 정기적으로 재고수준을 검토하되, 검토시점에서 두 번째 상자에 재고가 남아있으면 주문하지 않고, 두 번째 상자가 비어있으면 두 상자를 모두 채우도록 주문한다.

5 확정적 재고모형

본절에서는 수요와 조달기간이 확정적인 재고모형들을 소개한다. 먼저 확정적 고정주문량모형의 대표적인 형태인 경제적 주문량 모형을 소개한 다음, 확정적 정기주문모형을 살펴본다.

5.1 경제적 주문량 모형

흔히 **EOQ모형**(economic order quantity model)이라고 불리는 **경제적 주문량 모형**은 확정적 고정주문량모형의 대표적인 형태로서 재고모형 중 가장 기본적이고도 고전적인 모형이다.

(1) 모형의 기본 가정과 정책의 형태

경제적 주문량 모형은 다음과 같은 기본적인 가정을 한다.

1. 수요는 알려져 있고 일정하다.
2. 조달기간은 알려져 있고 일정하다.
3. 제품의 구입단가(또는 생산단가)는 일정하다.
4. 주문비용(또는 준비비용)은 고정비로서 매 기간 일정하다.
5. 주문량(또는 생산 로트)은 일시에 전량이 들어온다.
6. 모든 수요는 재고부족 없이 충족된다.

이상과 같은 가정하에 경제적 주문량 모형에서는 재고수준이 재주문점 R에 도달할 때마다 일정한 양 Q만큼 주문한다. [그림 12-5]는 이와 같은 경제적 주문량 모형을 보여주고 있다. 이 그림에서 보면 재고수준이 재주문점 R에 도달하면 Q만큼 주문하고, 주문량 Q는 일정한 조달기간 L이 경과하여 재고가 0이 되는 시점에서 전량이 들어온다. 따라서 총비용이 최소가 되도록 R과 Q의 값을 결정해야 한다.

그림 12-5 경제적 주문량 모형

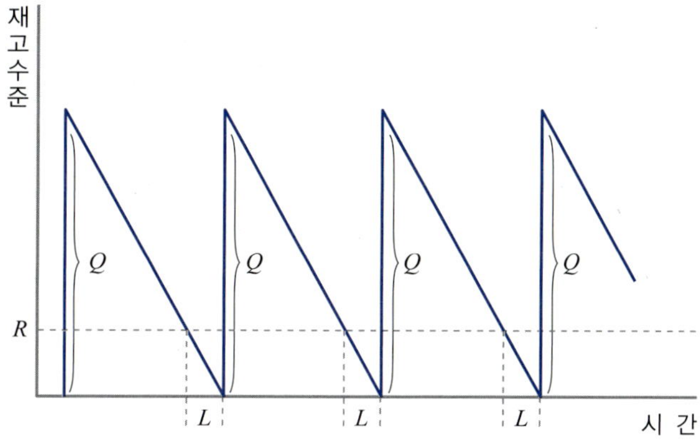

(2) 경제적 주문량의 유도

경제적 주문량 모형에서 재주문점 R의 최적값은 조달기간 동안의 수요량에 해당하는 재고수준이 된다. 왜냐하면 주문한 양이 들어오는 시점에서 재고가 0이 되게 하는 것이 재고유지비용의 측면에서 가장 유리하기 때문이다. 따라서 경제적 주문량 모형에서는 총비용을 최소화하는 Q, 즉 경제적 주문량을 어떻게 결정하느냐가 문제가 된다.

이제 총비용을 최소화하는 Q, 즉 경제적 주문량을 결정해 보자. 경제적 주문량 모형에서는 [그림 12-5]와 같은 재고 패턴이 시간의 흐름에 따라 계속되므로 어떤 임의의 단위기간 당 총비용을 최소화하는 Q를 구하면 이것이 곧 무한대기간에 걸쳐 총비용을 최소화하는 Q가 된다. 단위기간은 주(週), 월(月), 연(年) 어느 것도 무방하나 여기서는 편의상 1년을 단위기간으로 사용한다.[4]

먼저 다음과 같이 기호를 정의한다.

4) 여기서는 연간 기준으로 총비용을 최소화하지만, 수요율과 단위당 재고유지비용의 기간단위만 같으면 어떤 단위기간당 총비용의 최소화도 무방하다. 예를 들어, 만약 수요가 월간으로 표현되면 단위당 재고유지비용도 월간으로 표현되어야 하며, 이 경우에는 월간 총비용을 최소화하게 된다.

TC = 연간 총비용

D = 연간 수요

Q = 1회 주문량(최적 주문량을 경제적 주문량이라고 하며, EOQ 또는 Q^*로 표시한다.)

C = 단위당 구입가격(생산의 경우 단위당 생산비용)

S = 주문비용(생산의 경우 준비비용)

H = 연간 단위당 재고유지비용(1단위를 1년간 재고로 유지하는 데 드는 비용을 말하며, 보통 단위당 구입가격의 몇 %로 표시한다. 즉, 연간 단위당 재고유지비용이 구입단가의 $100i$%라면 $H = iC$가 된다.)

R = 재주문점

L = 조달기간

한 번에 얼마씩 주문하든 연간 수요 D는 반드시 재고부족 없이 충족시켜야 하므로 연간 총주문량은 D가 되고 따라서 연간 구입비용은 DC가 된다. 하지만 이 연간 구입비용 DC는 주문량 Q와 관계없이 일정하므로 경제적 주문량을 구하는 데는 고려할 필요가 없다. 결국 경제적 주문량과 관련되는 연간 총비용은 연간 주문비용과 연간 재고유지비용으로 구성된다.

연간 주문비용은 다음과 같은 논리로 계산된다. 한 번에 Q씩 주문하여 연간 수요 D를 충족시키려면 연간 주문횟수는 D/Q가 된다. 그리고 주문비용은 S이므로 연간 주문비용은 다음의 식과 같이 $(D/Q)S$가 된다.

$$\begin{aligned} \text{연간 주문비용} &= (\text{연간 주문횟수}) \cdot (\text{주문비용}) \\ &= \left(\frac{\text{연간 수요}}{\text{1회 주문량}}\right) \cdot (\text{주문비용}) \\ &= \frac{D}{Q} \cdot S \end{aligned}$$

위의 식에서 1회 주문량 Q가 커지면 연간 주문횟수가 줄어들고, 따라서 연간 주문비용이 감소함을 알 수 있다. 즉, 연간 주문비용은 1회 주문량 Q가 커지면 감소하고, Q가 작아지면 증가한다.

한편 연간 재고유지비용은 연간 재고량에 연간 단위당 재고유지비용을 곱한 값이 된다. 먼저 연간 재고량을 계산해 보자. 연간 재고량은 앞서의 [그림 12-5]에서 연간

그림 12-6 연간 재고량의 계산

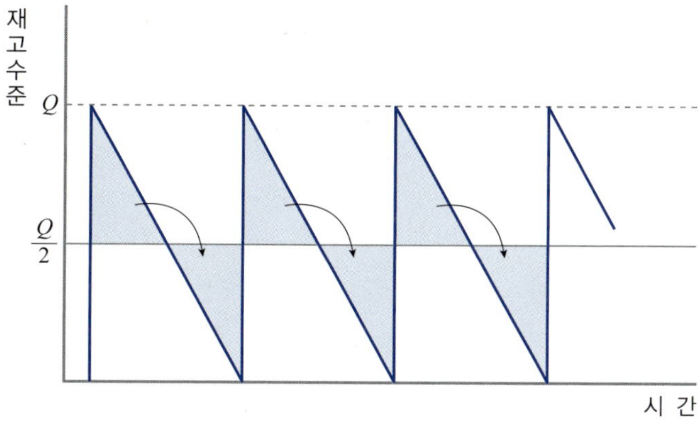

발생하는 삼각형의 면적이 된다. 연간 재고량은 결과적으로 평균 재고수준과 같게 되는데, 이는 [그림 12-6]에서 설명될 수 있다. 이 그림에서 높이가 $Q/2$인 횡선을 그으면 횡선 위의 작은 삼각형은 횡선 아래의 작은 삼각형과 같음을 알 수 있다. 따라서 윗부분의 작은 삼각형을 아래쪽의 작은 삼각형 부분에 채우면 연간 재고량은 밑변이 1(년), 그리고 높이가 $Q/2$인 사각형의 넓이가 되므로 연간 재고량은 평균 재고수준인 $Q/2$가 된다.[5)]

이상과 같은 논리에서 연간 재고량은 평균 재고수준 $Q/2$와 같고 연간 단위당 재고유지비용은 H이므로 연간 재고유지비용은 다음과 같다.

$$
\begin{aligned}
\text{연간 재고유지비용} &= (\text{연간 재고량}) \cdot (\text{연간 단위당 재고유지비용}) \\
&= (\text{평균 재고수준}) \cdot (\text{연간 단위당 재고유지비용}) \\
&= \frac{Q}{2} \cdot H
\end{aligned}
$$

위의 식에서 연간 재고유지비용은 주문량 Q에 비례하여 증가하는 비용임을 알 수 있다.

5) 연간 발생하는 삼각형의 면적을 구해도 마찬가지 결과를 얻을 수 있다. 즉, 삼각형의 높이는 Q이고 밑변은 Q/D이므로 삼각형 1개의 면적은 $Q(Q/D)/2=Q^2/(2D)$가 된다. 이러한 삼각형은 주문할 때마다 발생하므로 연간 삼각형의 총수는 연간 주문횟수 D/Q와 같다. 따라서 연간 재고량은 $(D/Q) \cdot Q^2/(2D)=Q/2$가 된다.

따라서 연간 총비용은 다음과 같이 정리된다.

$$\text{연간 총비용} = \text{연간 주문비용} + \text{연간 재고유지비용}$$

$$TC = \frac{D}{Q} \cdot S + \frac{Q}{2} \cdot H \qquad (12 \cdot 1)$$

주문량 Q와 연간 주문비용, 연간 재고유지비용 및 연간 총비용 간의 관계는 [그림 12-7]과 같다. 이 그림에서 연간 총비용 곡선은 아래로 볼록하며, 연간 총비용은 연간 주문비용과 연간 재고유지비용이 같은 주문량에서 최소가 됨을 알 수 있다.

이제 연간 총비용 TC를 최소화하는 주문량 Q^*, 즉 경제적 주문량을 구해 보자. [그림 12-7]에서 연간 총비용 곡선은 아래로 볼록하고 최소점을 가지므로 식 (12 · 1)에서 TC를 Q에 대해 미분한 뒤 0으로 놓고 Q에 대해 푼다.[6] 즉,

$$\frac{dTC}{dQ} = -\frac{DS}{Q^2} + \frac{H}{2} = 0$$

$$\frac{DS}{Q^2} = \frac{H}{2}$$

$$Q^2 = \frac{2DS}{H}$$

$$\therefore Q^* = \sqrt{\frac{2DS}{H}} \qquad (12 \cdot 2)$$

한편 연간 총비용의 최솟값 TC^*는 Q^*의 값을 바로 식 (12 · 1)에 대입하여 구할 수 있다. 또는 식 (12 · 2)를 식 (12 · 1)에 대입하여 정리해 보면 TC^*는 다음과 같이 D, S, H의 값으로도 표현될 수 있다.

6) 미분을 쓰지 않고도 경제적 주문량을 구할 수 있다. [그림 12-7]에서 보면 연간 총비용 TC는 연간 주문비용과 연간 재고유지비용이 만나는 점에서 최소가 되므로 $DS/Q=QH/2$로 두고 D에 대해 풀면 식 (12 · 2)와 마찬가지 결과를 얻는다.

그림 12-7 주문량과 비용 간의 관계

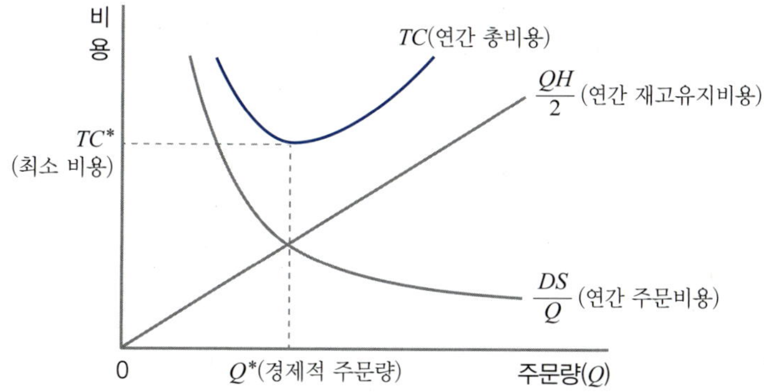

$$
\begin{aligned}
TC^* &= \frac{DS}{Q^*} + \frac{Q^*H}{2} \\
&= \frac{DS}{\sqrt{\frac{2DS}{H}}} + \frac{\sqrt{\frac{2DS}{H}} \cdot H}{2} \\
&= \sqrt{\frac{DSH}{2}} + \sqrt{\frac{DSH}{2}} \\
&= 2\sqrt{\frac{DSH}{2}} \\
&= \sqrt{2DSH}
\end{aligned}
$$

최적 재주문점 R^*는 조달기간 동안의 수요량에 해당하므로 다음과 같다.

$$R^* = d \cdot L$$

여기서 d = 일간 수요

L = 조달기간(일)

한편 연간 최적 주문횟수(N^*)와 최적 주문주기(T^*)는 다음과 같다.

$$N^* = \frac{D}{Q^*} = \sqrt{\frac{DH}{2S}}$$

$$T^* = \frac{1}{N^*} = \frac{Q^*}{D} = \sqrt{\frac{2S}{DH}}$$

예제 12-1

A회사에서는 경제적 주문량 모형을 이용하여 재고정책을 수립하려고 한다. 관련자료는 다음과 같다.

$$\text{연간 수요}(D) = 1{,}000\text{단위/년}$$
$$\text{일간 수요}(d) = \frac{1{,}000}{365}\text{단위/일}$$
$$\text{주문비용}(S) = 1{,}000\text{원/회}$$
$$\text{연간 단위당 재고유지비용}(H) = 200\text{원/단위} \cdot \text{년}$$
$$\text{조달기간}(L) = 5\text{일}$$

이 자료를 가지고 경제적 주문량 Q^*, 연간 최소비용 TC^*, 연간 최적 주문횟수 N^*, 최적 주문주기 T^* 및 최적 재주문점 R^*를 구해 보면 다음과 같다.

$$Q^* = \sqrt{\frac{2DS}{H}} = \sqrt{\frac{2(1{,}000)(1{,}000)}{200}} = 100\text{단위}$$

$$TC^* = \frac{DS}{Q^*} + \frac{Q^*H}{2} = \frac{(1{,}000)(1{,}000)}{100} + \frac{(100)(200)}{2}$$
$$= 10{,}000 + 10{,}000 = 20{,}000\text{원}$$
$$(\text{또는 } TC^* = \sqrt{2DSH} = \sqrt{2(1{,}000)(1{,}000)(200)} = 20{,}000\text{원})$$

$$N^* = \frac{D}{Q^*} = \frac{1{,}000}{100} = 10\text{회}$$

$$T^* = \frac{1}{N^*} = \frac{1}{10}\text{년} = 36.5\text{일}$$

$$R^* = d \cdot L = \left(\frac{1{,}000}{365}\right)(5) \fallingdotseq 14\text{단위}$$

따라서 이 회사는 재고수준이 14단위에 도달할 때마다 100단위씩 주문하면 된다.

(3) 경제적 주문량 모형의 민감도 분석 및 한계

〈표 12-2〉는 [예제 12-1]에서 주문량과 총비용 간의 관계를 나타내고 있다. 이 표에서 보면 총비용곡선은 최소점 부근에서 매우 평탄함을 알 수 있다. 예를 들어, 경제적 주문량 100단위 대신 90 또는 110단위를 주문하더라도 총비용은 약 0.5%밖에 증가하지 않는다. 심지어 80이나 120단위를 주문하더라도 총비용의 증가폭은 2.5%

표 12-2 총비용과 주문량 간의 관계

	Q	TC	
	50	25,000	
	60	22,667	
	70	21,286	
	80	20,500	
	90	20,111	
경제적 주문량 →	100	20,000	← TC^*
	110	20,091	
	120	20,333	
	130	20,692	
	140	21,143	
	150	21,667	

이내임을 알 수 있다. 따라서 관리자는 총비용에 크게 영향을 미치지 않으면서도 필요하다면 주문량을 상당 폭 조정할 수 있다.

또한 주문비용과 재고유지비용 그리고 수요도 반드시 정확히 추정할 필요가 없다. 왜냐하면 경제적 주문량과 총비용은 이들의 값에 상당히 둔감하기 때문이다. 예를 들면, 만약 주문비용을 50% 과대 추정하더라도 경제적 주문량 공식의 제곱근 때문에 경제적 주문량은 단지 22.5%만 증가한다.[7] 따라서 앞서 [예제 12-1]에서 이 경우 경제적 주문량은 122.5단위로 계산되고, 총비용의 증가분은 〈표 12-2〉에서 약 2% 정도임을 알 수 있다. 즉, 주문비용을 50%나 과대 추정하여 경제적 주문량을 구하더라도 총비용은 최적값에 비해 2% 정도밖에 증가하지 않는다는 것이다. 마찬가지로 재고유지비용과 수요의 추정오차에 대한 총비용의 오차도 매우 작다.

이와 같이 경제적 주문량 모형은 주문비용, 재고유지비용 및 수요의 추정오차에 매우 둔감하다. 따라서 총비용에 크게 영향을 주지 않으면서도 현실 상황에 따라 경제적 주문량을 다소간 조정할 수 있고, 또한 주문비용, 재고유지비용 및 수요를 정확히 추정하지 않더라도 총비용은 크게 변하지 않는다. 이 점이 바로 경제적 주문량 모형의 특징이자 장점이다.

---

7) 주문비용을 50%만큼 과대 추정하였을 때의 경제적 주문량을 $\hat{Q}$으로 두면

$$\hat{Q} = \sqrt{\frac{2D(1.5S)}{H}} = \sqrt{1.5}\sqrt{\frac{2DS}{H}} = 1.225Q^*\text{가 된다.}$$

하지만 EOQ모형은 여러 가지 비현실적인 가정에 입각하고 있기 때문에 다음과 같은 한계가 있다.

1. EOQ모형은 수요가 확정적이며 일정하다고 가정하고 있다. 그러나 실제 많은 경우에 수요는 불확실하며 상당히 변한다. 수요가 불확실한 경우의 재고관리모형은 다음 절에서 다룬다.
2. EOQ모형에서는 모든 수요를 재고부족 없이 즉시 충족시켜야 하는 것으로 가정한다. 그러나 현실적으로는 어느 정도의 비용을 감수하더라도 추후납품, 즉 음(−)의 재고를 허용하는 편이 더 경제적일 수가 있다.[8)]
3. EOQ모형에서는 단위당 구입가격은 일정하다고 가정한다. 그러나 현실에서는 대량구매의 경우 통상 수량할인을 해준다. 이 경우에는 기본적인 EOQ모형에 수정이 필요하며, 이러한 수량할인이 있는 경우의 경제적 주문량모형은 본장의 보론에서 소개한다.
4. EOQ모형에서는 주문한 양은 일정한 조달기간이 지나면 일시에 전량이 들어오는 것으로 가정한다. 하지만 어떤 경우에는 주문한 양이 일정 기간 동안 일정한 율로 들어올 수 있다. 특히, 로트 생산방식을 취하는 경우에는 로트 전체가 일시에 전량이 생산되는 것이 아니라 일정한 율로 생산된다. 이러한 경우에 최적 주문량 또는 최적 생산량을 결정하기 위해서는 기본적인 EOQ모형을 약간 변형시킨 경제적 생산량 모형(EPQ모형: economic production quantity model)이 사용된다. EPQ모형은 본장의 보론에서 소개한다.
5. EOQ모형에서는 주문비용이나 준비비용을 고정비로 가정한다. 하지만 생산의 경우, 준비비용은 노력 여하에 따라 감소될 수 있다. 이러한 경우는 제14장 린 시스템에서 살펴본다.

5.2 확정적 정기주문모형

이제 확정적 정기주문모형을 살펴보자. 정기주문모형에서는 T 기간마다 주문을 하며, 주문량은 주문시점의 재고수준과 목표재고수준 M과의 차이가 된다. 따라서

8) 이 경우에는 주문비용, 재고유지비용 및 재고부족비용의 합을 최소화하도록 최적 주문량과 최적 재고부족량을 구해야 한다. 재고부족이 허용되는 경우의 경제적 주문량 모형에 대해서는 본서의 제1판(이상범, 1995)을 참고할 것.

그림 12-8 확정적 정기주문모형

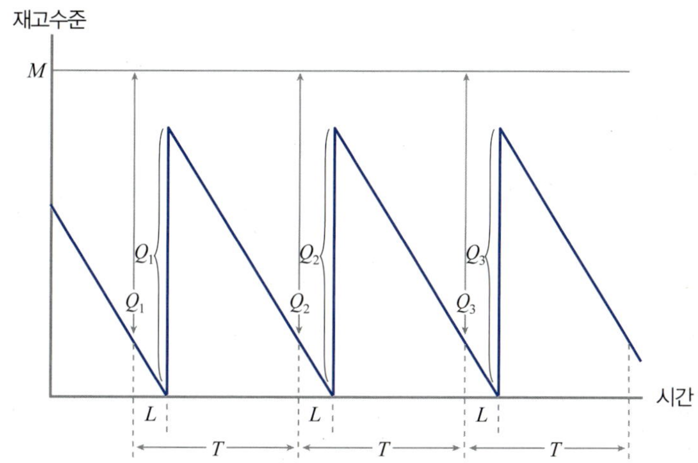

정기주문모형에서는 최적 주문주기 T^*와 최적 목표재고수준 M^*의 값을 구해야 한다.

EOQ모형과 동일한 가정을 하고 재고부족을 허용하지 않으면 한 주문주기당 주문량 Q는 주문주기 T기간 동안의 수요를 충족시켜야 하므로 다음과 같다.

$$Q = DT \tag{12 · 3}$$

더욱이 재고유지비용을 최소화하기 위해서는 주문량이 도착하는 시점에서 재고가 0이 되어야 하므로 확정적 정기주문모형의 재고 패턴은 [그림 12-8]과 같다. 이 그림에서 $Q_i(i = 1, 2, 3, \cdots\cdots)$는 매회의 주문량을 의미하며 D와 T가 일정하므로 식 (12 · 3)으로부터 Q_i는 다음과 같다.

$$Q_i = Q = DT, \ i = 1, 2, 3, \cdots\cdots$$

따라서 주문량은 매회 일정하게 된다. M은 목표재고수준(즉, 재고보충수준)을 나타내며, 실제 재고량이 이 수준에 도달하는 경우는 조달기간 L이 0인 경우뿐이다.

확정적 정기주문모형은 [그림 12–8]에서 보듯이 기본적인 EOQ모형과 재고 패턴이 같다. 하지만 정기주문모형에서는 EOQ모형과는 달리 최적 주문주기 T^*와 최적 목표재고수준 M^*의 값을 구해야 한다. 먼저 연간 주문비용을 구해 보면, 주문주기 T 동안 주문은 한 번 이루어지므로 연간 주문횟수는 $1/T$이 되며, 주문비용은 S이므로 연간 주문비용은 S/T가 된다. 한편 평균 재고수준은 [그림 12-8]에서 $Q/2$이고 식 (12 · 3)에서 $Q = DT$이므로 연간 재고는 $Q/2 = DT/2$가 된다. 따라서 연간 재고유지비용은 $DTH/2$가 된다. 그러므로 연간 총비용 TC는 다음과 같이 표현된다.

$$TC = \frac{S}{T} + \frac{DTH}{2} \qquad (12 \cdot 4)$$

위의 식을 T에 대해 미분한 다음 0으로 놓고 풀면 다음과 같이 최적 주문주기 T^*를 구할 수 있다.[9)]

$$\frac{dTC}{dQ} = -\frac{S}{T^2} + \frac{DH}{2} = 0$$

$$T^2 = \frac{2S}{DH}$$

$$\therefore T^* = \sqrt{\frac{2S}{DH}}$$

이 최적 주문주기 T^*는 EOQ모형의 최적 주문주기와 같음을 알 수 있다. 더욱이 최적 주문량은 다음과 같이 EOQ모형과 정확히 일치한다.

$$Q^* = D \cdot T^* = D \cdot \sqrt{\frac{2S}{DH}} = \sqrt{\frac{2DS}{H}}$$

이는 고정주문량모형과 정기주문모형이 언제나 같음을 의미하는 것은 아니고 단지 수요와 조달기간이 일정하다는 가정하에서 얻어진 결과일 뿐이다. 즉, EOQ모형의 기본적인 가정하에서는 고정주문량모형과 정기주문모형은 서로 일치한다.

한편 [그림 12-8]에서 보면 M^*는 Q^*에 조달기간 L 동안의 수요를 더한 값이므로 다음과 같다.

$$M^* = Q^* + d \cdot L$$

$$= \sqrt{\frac{2DS}{H}} + d \cdot L$$

9) 또는 식 (12 · 4)에서 연간 주문비용=연간 재고유지비용, 즉 $S/T = DTH/2$로 놓고 T에 대해 풀더라도 T^*의 값을 구할 수 있다.

6 확률적 재고모형

확정적 재고모형에서는 수요가 확정적이고 일정하다는 가정을 하였다. 그러나 대부분의 경우 수요는 확정적이 아니며 확률적으로 발생하기 때문에 실제로는 재고부족(품절)을 방지하기 위해 필요한 수준의 안전재고를 유지해야 한다. 본절에서는 EOQ모형의 기본적인 가정 중 수요가 확정적이고 일정하다는 가정과 재고부족을 허용하지 않는다는 가정을 제외한 나머지 가정들은 그대로 두면서 수요가 확률적인 경우의 재고모형을 고정주문량모형과 정기주문모형으로 나누어 살펴본다.

6.1 확률적 고정주문량모형

앞에서 살펴본 바와 같이 고정주문량모형에서는 재고수준을 계속적으로 검토하여 재고수준이 재주문점 R에 도달하면 일정한 양 Q만큼 주문한다. 주문 간격은 수요 변화에 따라 달라진다. 따라서 고정주문량모형은 Q와 R의 값에 의해 완전히 결정된다.

수요가 확률적인 경우의 고정주문량모형에서 Q와 R을 결정하는 방법을 생각해 보자. 먼저 1회 주문량 Q는 EOQ공식에 의해 근사적으로 결정된다. 단, 이 경우에는 연간 수요 D 대신에 연간 평균 수요 $\overline{D}$를 쓴다. 따라서 Q는 다음과 같이 근사적으로 계산된다.

$$Q = \sqrt{\frac{2\overline{D}S}{H}}$$

수요가 매우 불확실한 경우만 아니라면 이와 같이 구한 Q는 최적 주문량에 대한 좋은 근사치가 된다.

재주문점 R의 값은 품절비용이나 품절확률에 근거하여 산출할 수 있으나, 품절비용을 이용하는 모형은 수학적으로 매우 복잡하고 또한 일반적으로 품절비용은 측정하기가 어렵기 때문에 보통은 품절확률에 근거하여 R의 값을 결정한다. 이와 관련하여 재고관리에서 널리 쓰이는 개념이 **서비스수준**(service level)이다. 서비스수준이란 재고로부터 바로 충족되는 고객 수요의 백분율(%)을 의미한다. 예컨대 100% 서비스수준이란 모든 고객 수요가 재고로부터 바로 충족됨을 의미한다. 따라서 품절확률은 100%에서 서비스수준을 뺀 값이 된다.

서비스수준을 나타내는 방법에는 다음과 같이 여러 가지가 있다.

1. 서비스수준이란 조달기간 동안 발생한 수요가 재고로부터 바로 충족되는 확률이다.
2. 서비스수준이란 주어진 기간(예컨대 1년) 동안 발생한 수요 중 재고로부터 바로 충족되는 수요의 백분율(%)을 의미한다.
3. 서비스수준이란 시스템이 재고를 보유하고 있는 기간의 백분율을 의미한다.

이와 같은 서비스수준의 여러 가지 정의 가운데 어느 것을 선택하느냐에 따라 재주문점의 값이 달라진다. 여기서는 분석을 단순하게 하기 위해 첫 번째 정의를 서비스수준으로 사용한다.

고정주문량모형에서는 재고수준이 재주문점 R에 도달하면 주문을 하고 또한 일반적으로 R은 0보다 크므로 품절이 발생할 수 있는 기간은 조달기간뿐이다. 따라서 특정 서비스수준을 만족시키는 R의 값을 결정하기 위해서는 조달기간 동안의 수요의 확률분포를 알아야 한다. 여기서는 조달기간 동안의 수요가 정규분포를 하는 것으로 가정한다.

[그림 12-9]는 전형적인 조달기간 동안의 수요의 확률분포를 보여주고 있다. 이 그림에서 R은 조달기간 동안의 평균 수요 μ에 안전재고 s를 더한 값이다. 그리고 왼쪽 부분은 조달기간 동안의 수요가 R 이하일 확률, 즉 서비스수준을 나타내는 확률이며, 오른쪽 부분은 조달기간 동안의 수요가 R보다 클 확률, 즉 품절확률을 나타낸

그림 12-9 조달기간 동안의 수요의 확률분포

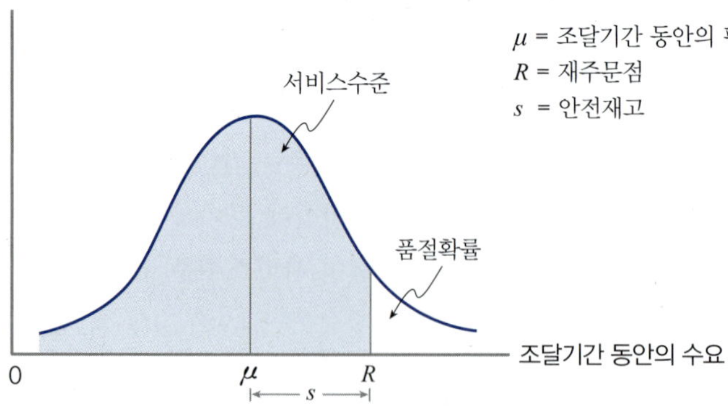

그림 12-10 안전재고를 고려한 고정주문량모형

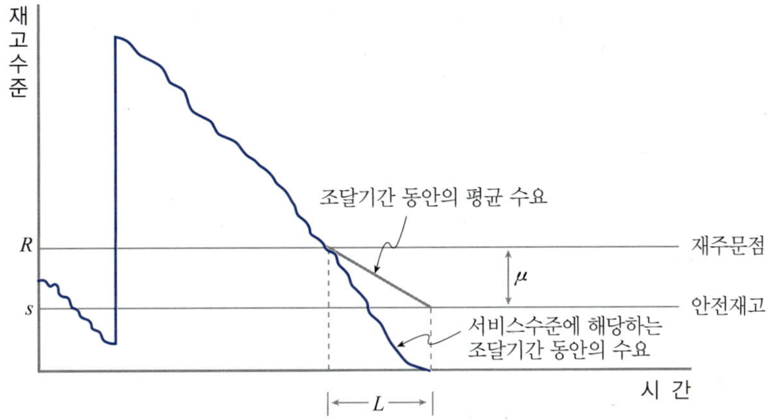

다. 따라서 조달기간 동안의 수요의 확률분포에서는 다음과 같은 관계가 성립된다.

$$\text{서비스수준} = 1 - \text{품절확률}$$

이상의 논리를 고정주문량모형의 재고 패턴에 표시해 보면 [그림 12-10]과 같다.

따라서 어떤 특정 서비스수준을 충족시키기 위한 재주문점은 다음과 같이 표현된다.

$$R = \mu + s \qquad (12 \cdot 5)$$

여기서 R = 재주문점

μ= 조달기간 동안의 평균 수요

s = 안전재고

그리고 조달기간 동안의 수요는 평균이 μ, 표준편차가 σ인 정규분포를 한다고 가정하므로 식 (12 · 5)에서 안전재고 s는 다음과 같이 표현된다.

$$s = z\sigma \qquad (12 \cdot 6)$$

여기서 z = 요구되는 특정 서비스수준을 충족시키는 표준편차의 배수

σ = 조달기간 동안의 수요의 표준편차

표 12-3 표준정규분포의 z값과 서비스수준

z	서비스수준 (%)	품절확률 (%)	z	서비스수준 (%)	품절확률 (%)
0	50.0	50.0	2.0	97.7	2.3
0.5	69.1	30.9	2.1	98.2	1.8
1.0	84.1	15.9	2.2	98.6	1.4
1.1	86.4	13.6	2.3	98.9	1.1
1.2	88.5	11.5	2.4	99.2	0.8
1.3	90.3	9.7	2.5	99.4	0.6
1.4	91.9	8.1	2.6	99.5	0.5
1.5	93.3	6.7	2.7	99.6	0.4
1.6	94.5	5.5	2.8	99.7	0.3
1.7	95.5	4.5	2.9	99.8	0.2
1.8	96.4	3.6	3.0	99.9	0.1
1.9	97.1	2.9			

따라서 식 (12 · 5)와 (12 · 6)을 결합시켜 보면 재주문점 R은 다음과 같다.

$$R = \mu + z\sigma \qquad (12 \cdot 7)$$

재주문점과 서비스수준은 식 (12 · 7)에서 표준편차의 배수 값에 의해 조정되며, z값이 클수록 재주문점과 서비스수준은 높아진다. 〈표 12-3〉은 부표 I의 표준정규분포표로부터 발췌된 것으로서 조달기간 동안의 수요가 ($\mu+z\sigma$) 이하일 확률, 즉 서비스수준을 각 z값에 대해 표시하고 있다. 요구되는 특정 서비스수준이 주어지면 이에 해당하는 z값을 〈표 12-3〉에서 찾은 다음, 식 (12 · 7)을 이용하여 재주문점을 구할 수 있다.

예제 12-2

어느 상점에서 판매되는 제품의 1일 수요는 정규분포를 하며 관련 자료는 다음과 같다.

1일 평균 수요($\bar{d}$) = 200단위/일
1일 수요의 표준편차 = 150단위
조달기간(L) = 4일

요구되는 서비스수준 = 95%
1회 주문비용(S) = 2,000원/회
연간 단위당 재고유지비용(H) = 200원/단위 · 년

그리고 이 상점은 1주일에 5일, 연간 50주, 즉 연간 250일 영업한다고 한다. 고정주문량시스템을 취할 때 최적 재고정책을 구하라.

연간 평균 수요 $\overline{D}$는

$$\overline{D} = 250(200) = 50,000\text{단위/년}$$

이므로, 1회 주문량 Q를 EOQ공식을 이용하여 근사적으로 구해 보면 다음과 같다.

$$Q = \sqrt{\frac{2\overline{D}S}{H}} = \sqrt{\frac{2(50,000)(2,000)}{200}} = 1,000\text{단위}$$

1일 평균 수요는 200단위이고 조달기간은 4일이므로 조달기간 동안의 평균 수요 μ는 다음과 같이 계산된다.

$$\mu = \overline{d} \cdot L = 200(4) = 800\text{단위}$$

1일 수요의 표준편차가 150단위이므로 1일 수요의 분산(즉, 표준편차의 제곱)은 $(150)^2$이고, 매일의 수요는 독립적이라고 볼 수 있으므로 조달기간 4일 동안의 수요의 분산은 $4(150)^2$이 된다. 따라서 조달기간 동안의 수요의 표준편차 σ는 다음과 같이 계산된다.

$$\sigma = \sqrt{4(150)^2} = 300\text{단위}$$

〈표 12-3〉에서 95% 서비스수준에 해당하는 값은 약 1.65이므로 재주문점 R은 다음과 같이 계산된다.

$$\begin{aligned} R &= \mu + z\sigma \\ &= 800 + 1.65(300) \\ &= 800 + 495 \\ &= 1,295\text{단위} \end{aligned}$$

따라서 이 상점은 재고수준이 1,295단위가 될 때마다 1,000단위씩 주문하면 된다. 그리고 이 경우 안전재고는 다음과 같다.

$$s = z\sigma = 1.65(300) = 495\text{단위}$$

6.2 확률적 정기주문모형

앞에서 살펴본 바와 같이 정기주문모형에서는 재고수준을 계속적으로 검토하는 것이 아니라 일정한 주문주기 T마다 정기적으로 재고수준을 검토하여 그 때의 재고수준과 목표재고수준 M과의 차이만큼을 주문한다. 여기서는 수요가 확률적일 때의 정기주문모형을 살펴본다.

정기주문모형은 두 개의 변수 T와 M에 의해 완전히 결정된다. 주문주기 T의 최적값에 대한 근사치는 앞에서 살펴본 확정적 정기주문모형의 최적 주문주기 공식에서 D 대신 연간 평균 수요 $\overline{D}$를 대입하여 다음과 같이 구한다.

$$T = \sqrt{\frac{2S}{\overline{D}H}} \qquad (12 \cdot 8)$$

식 (12 · 8)은 수요가 매우 불확실한 경우만 아니라면 주문주기 T의 최적값에 대한 근사치로 사용될 수 있다.

이제 목표재고수준 M의 값을 구해보자. 앞서 재고시스템에서 제시된 [그림 12-4]를 보면, 정기주문모형에서 목표재고수준 M은 다음 주문주기 T와 조달기간 L 동안의 수요를 충족시키도록 설정되어야 함을 알 수 있다. 왜냐하면 $(T+L)$기간 동안 주문량은 단 한 번만 들어오고, 이 주문량은 T기간 초의 재고수준과 목표재고수준 M과의 차이에 해당되는 양이기 때문이다. 또한 정기주문모형에서는 조달기간 동안만 품절의 위험이 있는 고정주문량모형과는 달리 주문주기 T와 조달기간 L 전체에 걸쳐 품절의 위험이 발생한다. 따라서 목표재고수준 M은 $(T+L)$기간 동안의 특정 서비스수준에 의해 결정된다.

특정 서비스수준을 충족시키기 위한 M의 값은 $(T+L)$기간 동안의 평균 수요에 안전재고를 더한 값으로 표현된다. 즉,

$$M = \mu' + s' \qquad (12 \cdot 9)$$

여기서 M = 목표재고수준
μ' = $(T+L)$기간 동안의 평균 수요
s' = 안전재고

위의 식에서 안전재고 s'는 요구되는 특정 서비스수준을 충족시키도록 다음과 같이 표현된다.

$$s' = z\sigma' \qquad (12 \cdot 10)$$

여기서 z = 요구되는 특정 서비스수준을 충족시키는 표준편차의 배수
σ' = $(T+L)$기간 동안의 수요의 표준편차

따라서 식 (12 · 9)와 (12 · 10)에서

$$M = \mu' + z\sigma' \qquad (12 \cdot 11)$$

가 되고, 목표재고수준과 서비스수준은 z값에 의해 조정된다.

예제 12-3

[예제 12-2]에서 사용된 자료를 가지고 확률적 정기주문모형의 재고정책을 구해 보자. 먼저 식 (12 · 8)를 이용하면 T는 다음과 같이 계산된다.

$$T = \sqrt{\frac{2S}{DH}} = \sqrt{\frac{2(2{,}000)}{(50{,}000)(200)}} = \frac{1}{50}\text{년} = \frac{1}{50} \times 250\text{일} = 5\text{일}$$

목표재고수준 M은 식 (12 · 11)에서 다음과 같다.

$$M = \mu' + z\sigma'$$

여기서 μ'은 $T+L = 5 + 4 = 9$일 동안의 평균 수요이므로

$$\mu' = 9(200) = 1{,}800\text{단위}$$

가 되고, σ'은 $T+L = 9$일 동안의 수요의 표준편차이고 1일 수요의 표준편차는 150단위이므로

$$\sigma' = \sqrt{9(150)^2} = 450\text{단위}$$

가 된다. 그리고 서비스수준 95%에 해당하는 z값은 1.65이므로 목표재고수준 M은 다음과 같이 계산된다.

$$M = 1{,}800 + 1.65(450) \fallingdotseq 2{,}543\text{단위}$$

그러므로 이 상점이 정기주문모형을 사용한다면 재고정책은 매 5일(영업일 기준)마다 재고

수준을 검토하여 그 때의 재고수준과 목표재고수준 2,543단위와의 차이만큼을 주문하는 것이다. 그리고 이 경우 안전재고 s'는 다음과 같다.

$$s' = 1.65(450) \fallingdotseq 743\text{단위}$$

여기서 한 가지 유의할 점은 동일한 자료를 사용했음에도 불구하고 [예제 12-2]의 고정주문량모형에서는 안전재고가 495단위였으나 [예제 12-3]의 정기주문모형에서는 안전재고가 743단위나 된다는 점이다. 사실상 동일한 자료를 사용하는 경우, 정기주문모형은 고정주문량모형에 비해 언제나 더 많은 안전재고를 필요로 한다. 이는 고정주문량모형에서는 조달기간 L 동안만 품절의 위험에 대비하면 되지만 정기주문모형에서는 $(T+L)$기간 전체에 대한 품절의 위험에 대비해야 하기 때문이다.

7 ABC 재고 분류

18세기에 파레토(Vilfredo Pareto)는 이태리 밀라노의 부(富)의 분포에 관한 연구에서 20%의 사람들이 전체 부의 80%를 차지함을 발견하였다. 이와 같이 소수가 전체의 대부분을 차지하고 많은 다수가 전체의 미미한 일부밖에 차지하지 못하는 현상을 **파레토의 법칙**(Pareto principle)이라고 한다. 이러한 현상은 우리의 일상생활에서 흔히 볼 수 있다. 예컨대 우리가 내리는 의사결정 중 소수만이 우리의 미래를 결정하는 중요한 의사결정이며 대다수는 상대적으로 덜 중요하다거나, 기업에서 소수의 주요 제품이 전체 매출액의 대부분을 차지하는 것 등이 이에 속한다.

파레토의 법칙은 재고관리에도 적용될 수 있다. 대부분의 기업에서 재고품목의 수는 매우 많다. 따라서 모든 품목의 재고를 전부 엄격하게 통제하는 것은 현실적으로 거의 불가능할 뿐만 아니라 바람직하지도 않다. 이러한 문제를 해결하기 위하여 **ABC 재고 분류**(ABC classification of inventory)에서는 재고품목을 연간 사용액(=단가×연간 수요 또는 사용량)에 따라 A등급(연간 사용액이 큰 품목), B등급(연간 사용액이 중간 정도인 품목), C등급(연간 사용액이 작은 품목)의 세 가지 유형으로 나누어 재고관리의 엄격도를 달리한다. 즉, A품목에 대해서는 아주 엄격한 재고관리를, B품목에 대해서는 중간 정도의 재고관리를, 그리고 C품목에 대해서는 느슨하게 재고관리를 한다. 이러한 재고 분류를 **ABC 분석**(ABC analysis)이라고 한다. 일반적으로 어느 기업에서나 몇 개의 중요한 품목이 재고투자의 대부분을 차지하고 있고 다수의 품목은 금액의 측면에서 볼 때 미미하므로 ABC 재고분류법은 재고관리에 있어 중요한 품목을 가려내는 데 상당히 유용하다.

총재고품목수에 대한 A, B, C 각 등급에 속하는 품목수의 비율은 기업에 따라 다르나, 재고품목을 연간 사용액 순으로 나열했을 때 대략 전체 품목수의 상위 20% 정도가 A품목, 그 다음 30% 정도가 B품목, 나머지 50%가 C품목으로 분류된다. 물론 꼭 A, B, C 3등급으로만 나눌 필요는 없으며 등급의 수는 더 많게 또는 더 적게 할 수도 있고, 각 등급에 속하는 품목수의 비율도 상황에 따라 달라질 수 있다. 하지만 중요한 것은 두 극단 간의 구분, 즉 중요한 소수의 품목과 중요하지 않은 다수의 품목 간의 구분이다.

예를 들어, 어느 기업에서 각 재고품목의 연간 사용액이 〈표 12-4〉와 같다고 하자. 여기에 ABC 분류법을 적용하면 대략 〈표 12-5〉와 같이 A, B, C의 3등급으로 각 품목을 분류해 볼 수 있다. 이 예에서 A품목은 전체 품목수 10개의 20%인 2개밖에 안 되지만 연간 사용액으로는 72.8%를 차지하고 있으며, B품목은 품목수로는 30%(10개 중 3개), 연간 사용액으로는 22.7%를 차지하고 있다. C품목은 품목수로는

표 12-4 재고품목별 연간 사용액

품목번호	연간 사용액(천 원)	연간 총사용액에 대한 백분율(%)	누적 백분율(%)
#22	95,000	40.7	40.7
#68	75,000	32.1	72.8
#27	25,000	10.7	83.5
#03	15,000	6.4	89.9
#82	13,000	5.6	95.5
#54	7,500	3.2	98.7
#36	1,500	0.6	99.3
#19	800	0.4	99.7
#23	425	0.2	99.9
#41	225	0.1	100.0
합 계	233,450	100.0	

50%(10개 중 5개)이나 연간 사용액으로는 겨우 4.5%밖에 안 된다. 따라서 〈표 12-5〉는 전형적인 ABC 분류를 잘 보여주고 있다. 이 결과를 ABC 재고분류도로 나타내 보면 [그림 12-11]과 같다.

분류가 끝나면 각 유형별로 재고관리 방법을 생각해 보아야 한다. A품목에 대해서는 재고를 철저히 감시해야 한다. 따라서 A품목에 대해서는 재고수준을 계속적으로 검토하고, 안전재고를 줄이며, 기록의 정확성을 기할 수 있는 고정주문량모형(Q시스템)과 같은 엄격한 재고관리시스템이 사용되어야 한다. 반면에 C품목에 대해서는 느슨한 재고관리시스템이 사용된다. 즉, C품목에 대해서는 여러 품목을 함께

표 12-5 ABC 분류 결과

유 형	품목번호	연간 사용액 (천 원)	연간 총사용액에 대한 백분율(%)	전체 품목수에 대한 백분율(%)
A	#22, #68	170,000	72.8	20
B	#27, #03, #82	53,000	22.7	30
C	#54, #36, #19, #23, #41	10,450	4.5	50
합 계		233,450	100.0	100

그림 12-11 ABC 재고분류도

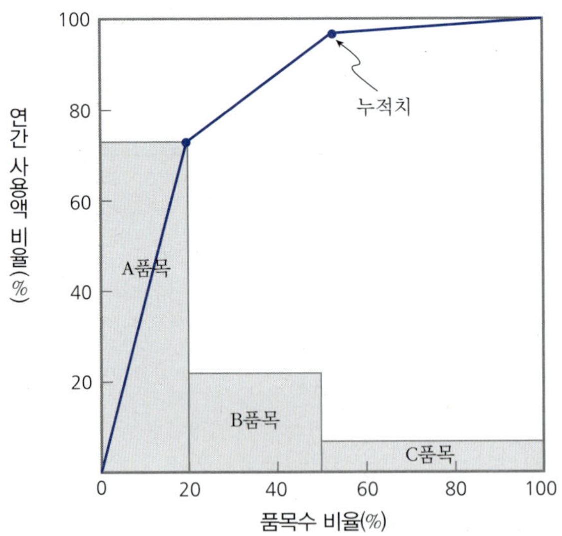

묶어 정기적으로 한 공급자에게 주문하는 정기주문시스템(P시스템)이 사용될 수 있으며 기록의 정확성도 덜 요구된다. 한편 B품목에 대해서는 (s, S)시스템과 같은 중간 정도의 엄격도를 가진 재고관리시스템이 사용된다.

재고와 관련된 비용을 줄이기 위해서는 시간과 노력을 연간 사용액이 큰 품목에 집중시켜야 함은 당연한 일이다. 다만 경우에 따라서는 비록 연간 사용액이 작더라도 어떤 품목의 확보가 전체 시스템의 운영에 크게 영향을 미칠 수 있다. 이 경우에는 그 품목을 A유형에 넣거나 또는 ABC 분류와는 관계없이 그 품목에 집중적인 관심을 기울여야 한다.

요약

- 재고란 기업이 제품의 생산이나 고객 수요의 충족을 위해 보유하고 있는 물품을 말하며, 이에는 완제품, 재공품, 각종 원자재 등이 포함된다. 재고분석의 기본 목적은 재고품목의 주문시기와 주문량을 결정하는 데 있다. 따라서 재고관리에서는 재고수준을 감시하고, 적정 재고수준, 주문의 시기 및 주문량을 결정하는 정책 및 관리 수단이 강구되어야 한다.
- 기업은 일반적으로 불확실성에 대처하기 위하여(안전재고), 경제적 생산과 구매를 위하여(주기재고), 예상되는 수요나 공급의 변화에 대처하기 위하여(예상재고), 그리고 수송을 위하여(수송재고) 재고를 보유한다.
- 재고 관련 비용으로는 품목비용, 주문 또는 준비비용, 재고유지비용 및 재고부족비용이 있다. 재고모형에서는 이들 비용의 합이 최소가 되도록 최적 주문량 또는 최적 생산량을 결정한다.
- 재고품목에 대한 수요는 독립수요와 종속수요로 구분된다. 독립수요란 완제품이나 예비부품에 대한 수요와 같이 다른 품목의 수요에 의존하지 않고 기업 외부의 시장조건에 의해 결정되는 수요를 말한다. 반면에 종속수요란 제품의 생산에 소요되는 각종 원자재, 부품 및 구성품에 대한 수요와 같이 최종 제품 또는 상위 품목의 수요에 종속되어 있는 수요를 말한다. 독립수요품목의 재고관리에는 보충의 원리가 적용되고, 종속수요품목의 재고관리에는 소요의 원리가 적용된다.
- 재고관리모형은 수요와 조달기간이 확정적이냐 또는 확률적이냐에 따라 확정적 모형과 확률적 모형으로 구분되며, 또한 주문의 시기와 주문의 양을 결정하는 방식에 따라 고정주문량모형과 정기주문모형으로 구분된다.

- 고정주문량모형에서는 재고수준을 계속적으로 검토하여 재고수준이 재주문점에 도달할 때마다 일정한 양을 주문하며, 주문 간격은 수요 변화에 따라 달라진다. 반면에 정기주문모형에서는 일정한 주문주기마다 재고수준을 검토하여 그 때의 재고수준과 목표재고수준과의 차이만큼을 주문하며, 수요 변화에 따라 주문시점의 재고수준이 달라지므로 주문량도 매번 달라진다.
- 경제적 주문량 모형(EOQ모형)은 재고모형 중 가장 기본적이고도 고전적인 모형으로서 수요와 각종 관련 비용의 변화에 민감하지 않고 매우 안정적인 특징을 가지고 있다. EOQ모형은 수량할인이 있는 경우, 주문량이 일시에 전량이 들어오지 않는 경우 등에도 쉽게 변형되어 사용될 수 있다.
- 확률적 재고모형에서는 재고부족(품절)을 방지하기 위해 필요한 수준의 안전재고를 유지해야 한다. 확률적 고정주문량모형에서 1회 주문량의 값은 EOQ공식에 의해 근사적으로 결정되며, 재주문점은 주어진 특정 서비스수준을 충족시킬 수 있도록 조달기간 동안의 평균 수요에 안전재고를 더한 값이 된다. 한편 확률적 정기주문모형에서 주문주기는 확정적 정기주문모형의 최적 주문주기 공식을 이용하여 근사적으로 결정되며, 목표재고수준은 주어진 특정 서비스수준을 충족시킬 수 있도록 주문주기와 조달기간 동안의 평균 수요에 안전재고를 더한 값이 된다.
- ABC 재고 분류는 중요한 소수와 중요하지 않은 다수의 개념에 근거하고 있다. ABC 재고 분류에서는 재고품목을 연간 사용액에 따라 A등급, B등급, C등급의 세 가지 유형으로 구분한 다음, A품목에 대해서는 아주 엄격한 재고관리를, B품목에 대해서는 중간 정도의 재고관리를, 그리고 C품목에 대해서는 느슨하게 재고관리를 한다.

토론문제

01 재고관리에서 '보충의 원리'와 '소요의 원리'의 차이를 설명하고, 왜 이런 차이가 재고관리에서 중요한가를 논하라.

02 주문비용(또는 준비비용), 재고유지비용 및 재고부족비용의 크기와 재고수준과의 관계를 논하라.

03 왜 많은 기업들은 준비비용을 줄이기 위해 노력하는가?

04 왜 중요한 품목이나 고가의 품목에 대해서는 정기주문모형보다 고정주문량모형이 사용되어야 하는가?

05 왜 (s, S)시스템은 고정주문량모형(Q시스템)과 정기주문모형(P시스템)의 혼합 형태인가? 즉, 어떤 점이 고정주문량모형과 비슷하고, 또 어떤 점이 정기주문모형과 비슷한가?

06 왜 EOQ모형에서는 품목 구매비용을 고려하지 않는가? 만일 수량할인이 있다면 어떻게 되겠는가?

07 EOQ모형의 가정을 논하라. 또한 여러 가지 비현실적인 가정에도 불구하고 EOQ모형이 현실에서 사용될 수 있는 근거는 무엇인가?

08 같은 서비스수준에 대해 왜 P시스템이 Q시스템보다 안전재고를 더 많이 보유하게 되는가?

09 완제품에 대한 적절한 서비스수준은 어떻게 결정되어야 하겠는가?

10 ABC 재고 분류의 기본 원리를 설명하라.

연습문제

01 어느 24시간 편의점에서는 특정 상표의 인스턴트커피(병)를 팔고 있다. 관련 자료는 다음과 같다.

연간 수요 = 500병/년
주문비용 = 1,000원/주문
연간 단위당 재고유지비용 = 구입단가의 20%
커피 한 병당 구입가 = 2,000원

(1) 한 번에 몇 병을 주문해야 하는가?

(2) 얼마 만에 주문을 해야 하는가(즉, 최적 주문주기)?

(3) 연간 총비용(주문비용과 재고유지비용)의 최솟값은 얼마인가?

02 어느 완구회사에서는 몇 가지 노래를 담은 카세트테이프를 끼울 수 있는 인형을 제조하고 있다. 이 회사는 인형 하나에 테이프를 하나씩 끼워 판매하며, 연간 10,000개의 판매를 예측하고 있다. 1회 주문비용은 5,000원, 연간 단위당 재고유지비용은 30원이라 할 때 카세트테이프의 최적 주문량과 그 때의 연간 총비용을 구하라.

03 어느 회사는 경제적 주문량(EOQ)을 300개로 산정하였다 연간 단위당 재고유지비용은 100원이며, 1회 주문 시 주문비용은 5,000원이다.

(1) 연간 재고유지비용은 얼마인가?

(2) 연간 주문비용은 얼마인가?

(3) 연간 수요는 얼마인가?

04 서진 카펫(주)은 다음과 같은 세 가지 종류의 카펫을 판매하고 있다.

종 류	연간 수요(야드)	야드당 구입가(천 원)
A	300	10
B	200	8
C	100	6

세 종류의 카펫은 같은 공급자에게 주문당 20,000원의 주문비용으로 한꺼번에 주문되고 있다. 연간 재고유지비용의 비율은 20%이며, 연간 영업일수는 300일이다.

(1) 정기주문모형을 사용할 때 공통의 최적 주문주기는 얼마인가? (힌트: 연간 단위당 재고유지비용은 연간 수요를 가중치로 한 가중 평균 단가에 연간 재고유지비용의 비율을 곱해서 구할 것.)

(2) 세 종류를 한꺼번에 주문할 때 각 종류를 몇 야드씩 주문해야 하는가?

05 서진 카센터는 타이어에 관한 다음과 같은 자료를 가지고 있다.

연간 영업일 = 300일
연간 평균 판매량 = 600타이어
주문비용 = 4만원/주문
재고유지비용의 비율 = 25%/년
타이어 구입가 = 4만원/개
조달기간 = 4일
1일 수요의 표준편차 = 1개

이 카센터는 타이어에 대해 고정주문량모형을 사용하고 있다.

(1) 1회 주문량은 얼마가 되어야 하는가?

(2) 99% 서비스수준을 달성하는 재주문점을 구하라.

(3) (2)와 같이 재주문점을 설정할 때 안전재고는 얼마인가?

06 어느 전자제품 대리점의 A형 TV의 1일 평균 수요는 정규분포를 하며 관련 자료는 다음과 같다.

1일 평균 수요 = 5대
1일 수요의 표준편차 = 1.5대
조달기간 = 2일
주문비용 = 20,000원/회

연간 단위당 재고유지비용 = 5,000원/대 · 년
연간 영업일 = 250일/년

(1) 고정주문량모형을 사용할 때 최적 주문량과 95% 서비스수준을 만족시키는 재주문점을 구하라.

(2) 정기주문모형을 사용할 때 최적 주문주기와 95% 서비스수준을 만족시키는 목표재고수준을 구하라.

07 어느 회사 제품의 일간 평균 수요는 120단위이며, 일간 수요의 표준편차는 30단위이다. 수요는 정규분포를 한다. 주문주기는 14일이며, 조달기간은 3일이다. 현재의 주문주기의 말에 130단위의 재고가 있다.

(1) 정기주문모형을 사용할 때 수요의 99%가 재고로부터 바로 충족되기 위해서는 몇 단위를 주문해야 하겠는가?

(2) 이때의 안전재고는 얼마인가?

08 어느 제품의 연간 평균 수요는 13,000단위이다. 주간 평균 수요는 250단위이며, 주간 수요의 표준편차는 40단위이다. 주문비용은 100,000원이며, 조달기간은 4주이다. 연간 단위당 재고유지비용은 500원이다. 고정주문량모형을 사용할 때 다음 물음에 답하라.

(1) 수요가 정규분포를 할 때 1회 주문량과 99% 서비스수준을 달성하는 재주문점을 구하라.

(2) 이 경우 안전재고는 얼마인가?

(3) 안전재고를 100단위로 줄이면 서비스수준은 얼마가 되는가?

09 10개의 재고품목의 연간 사용량과 단가가 다음 표와 같다고 할 때 ABC 재고분류법을 적용해 보아라.

품 목	연간 사용량(개)	단가(천 원)
1	5,000	1.5
2	1,500	8.0
3	10,000	10.5
4	6,000	2.0
5	7,500	0.5
6	6,000	13.6
7	5,000	0.7
8	4,500	1.3
9	7,000	2.5
10	3,000	2.0

참/고 문/헌

윤석철 · 이상범, 『생산계획 및 재고관리』, 한국방송통신대 출판부, 1992.

이상범, 『현대 생산 · 운영관리』, 제1판, 경문사, 1995.

Jacobs, F. Robert and Richard B. Chase, *Operations and Supply Chain Management*, 15th ed., McGraw-Hill, New York, 2017.

Krajewski, Lee J., Manoj K. Malhotra, and Larry P. Ritzman, *Operations Management*, 11th ed., Pearson, Upper Saddle River, NJ, 2016.

Schroeder, Roger G., Susan Meyer Goldstein, and M. Johnny Rungtusanatham, *Operations Management in the Supply Chain*, 6th ed., McGraw-Hill, New York, 2013.

Silver, E. A., D. E. Pyke, and R. Peterson, *Inventory Management, Production Planning, and Scheduling*, 3rd ed., John Wiley & Sons, New York, 1998.

보론 특수 재고모형

1. 경제적 생산량 모형
2. 수량할인이 있는 경우의 경제적 주문량 모형
3. 단일기간 재고모형
• 연습문제

본 보론에서는 경제적 주문량 모형의 가정 중 주문량은 일시에 전량이 들어온다는 가정을 완화한 경제적 생산량 모형과 수량할인이 있는 경우의 경제적 주문량 모형을 먼저 살펴본 다음, 단일기간 재고모형을 소개한다.

1 경제적 생산량 모형

경제적 주문량 모형의 기본적인 가정 중의 하나는 주문량은 일정한 조달기간이 지나면 일시에 전량이 들어온다는 것이다. 그러나 통상 생산의 경우에는(특히, 로트 생산방식을 취하는 경우에는) 조달기간에 해당하는 준비시간(setup time)이 끝나면 1회 생산량 전부가 일시에 생산되는 것이 아니라 어떤 생산기간 동안 일정한 생산율로 생산되어 나온다. 한편 수요는 계속적으로 발생하므로 생산기간 동안은 생산과 수요가 동시에 일어난다. 이와 같은 상황에서 1회 생산량 또는 1회 주문량을 결정하는 모형을 **경제적 생산량 모형**(economic production quantity model) 또는 줄여서 **EPQ 모형**이라고 한다.

EPQ모형에서 경제적 생산량(EPQ)은 기본적인 EOQ모형을 약간 변형시켜 분석해 보면 쉽게 구할 수 있다. 먼저 다음과 같이 기호를 정의한다.

P = 연간 생산율

D = 연간 수요율

Q = 1회 생산량

t_p = 생산기간(년)

EPQ모형에서는 $P>D$라고 가정한다. 따라서 생산기간 t_p 동안에는 재고가 $(P-D)$의 율로 증가하여 생산기간이 끝나는 시점에서 $(P-D)t_p$로 최대가 되고, 비생산기간에는 재고가 D의 율로 줄어든다. [그림 S12-1]은 이와 같은 재고 패턴을 가진 EPQ모형을 보여주고 있다.

EPQ모형에서 연간 총비용은 다음과 같다.

$$\text{연간 총비용} = \text{연간 준비비용} + \text{연간 재고유지비용}$$

연간 준비횟수는 D/Q이고 1회 준비비용은 S이므로 연간 준비비용은 다음과 같다.

$$\text{연간 준비비용} = \frac{D}{Q} \cdot S$$

한편 연간 재고유지비용은 연간 재고로 유지하는 양, 즉 평균 재고에 연간 단위당 재고유지비용을 곱한 값이다. 먼저 평균 재고를 구해 보자. 생산기간 t_p는 1회 생산량 Q를 P의 율로 생산하는 기간이므로 $t_p = Q/P$가 된다. 생산기간 t_p 동안 재고는 $(P-D)$의 율로 증가하므로 최대 재고수준은 다음과 같다.

그림 S12-1 경제적 생산량 모형

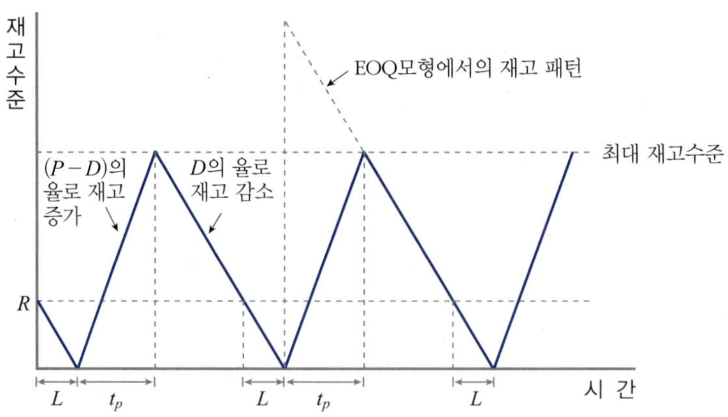

$$\text{최대 재고수준} = (P-D)t_p = (P-D)\frac{Q}{P}$$

평균 재고수준은 최대 재고수준의 1/2이므로 다음과 같다.

$$\text{평균 재고수준} = \frac{(P-D)Q}{2P}$$

따라서 연간 재고유지비용은 다음과 같다.[1)]

$$\text{연간 재고유지비용} = \frac{(P-D)QH}{2P}$$

그러므로 연간 총비용 TC는 다음과 같이 표현된다.

$$TC = \frac{DS}{Q} + \frac{(P-D)QH}{2P} \qquad (S12 \cdot 1)$$

경제적 생산량 Q^*를 구하는 방법은 EOQ모형에서와 같이 TC를 Q에 대해 미분한 다음 0으로 놓고 Q에 대해 푸는 방법과 연간 준비비용과 연간 재고유지비용을 같게 놓고 Q에 대해 푸는 방법의 두 가지가 있다. 첫 번째 방법으로 Q^*를 구해 보면 다음과 같다.[2)]

$$\frac{dTC}{dQ} = -\frac{DS}{Q^2} + \frac{(P-D)H}{2P} = 0$$

$$\frac{DS}{Q^2} = \frac{(P-D)H}{2P}$$

$$Q^2 = \frac{2DSP}{H(P-D)}$$

$$\therefore Q^* = \sqrt{\frac{2DS}{H} \cdot \left(\frac{P}{P-D}\right)} \qquad (S12 \cdot 2)$$

1) EPQ모형의 최대 재고 및 평균 재고는 EOQ모형의 최대 재고 및 평균 재고에 각각 $(P-D)/P$를 곱한 값이다. $(P-D)/P<1$이므로 EPQ모형의 최대 재고 및 평균 재고는 EOQ모형의 최대 재고 및 평균 재고보다 작음을 알 수 있다. 이는 [그림 S12-1]에 나와 있는 EPQ 및 EOQ모형의 재고 패턴을 보면 알 수 있다. 이에 따라 EPQ모형의 연간 재고유지비용은 EOQ모형의 연간 재고유지비용에 $(P-D)/P$를 곱한 값이 되기 때문에 EOQ모형의 연간 재고유지비용보다 작다.

2) 식 (S12 · 2)에서 보면 EPQ = EOQ $\cdot \sqrt{P/(P-D)}$이고 $\sqrt{P/(P-D)}>1$이므로 EPQ>EOQ임을 알 수 있다. 만일 생산율 P가 무한대로 커지면 $\sqrt{P/(P-D)}$가 1에 수렴하기 때문에 EPQ는 EOQ와 같아진다. 이는 EOQ모형에서 주문량은 일시에 전량이 들어온다는 가정은 무한대의 생산율과 같은 의미이기 때문이다.

한편 연간 총비용의 최솟값 TC^*는 식 (S12 · 1)에 Q^*의 값을 대입하여 바로 구하든지 또는 식 (S12 · 2)를 식 (S12 · 1)에 대입하여 구한다. 후자의 방법으로 TC^*를 구해 보면 다음과 같다.[3]

$$TC^* = \sqrt{2DSH \cdot \left(\frac{P-D}{P}\right)}$$

예제 S12-1

EOQ모형의 [예제 12–1]에서 사용된 자료는 다음과 같았다.

$$D = 1{,}000\text{단위/년},\ S = 1{,}000\text{원/회},\ H = 200/\text{단위} \cdot \text{년}$$

만일 생산율이 $P = 2{,}000$단위/년이라면 경제적 생산량 Q^*와 이때의 연간 최소비용 TC^* 그리고 1회 생산기간 t_p는 다음과 같이 계산된다.

$$\begin{aligned} Q^* &= \sqrt{\frac{2DS}{H} \cdot \left(\frac{P}{P-D}\right)} \\ &= \sqrt{\frac{2(1{,}000)(1{,}000)}{200} \cdot \left(\frac{2{,}000}{2{,}000 - 1{,}000}\right)} \\ &= 141\text{단위} \end{aligned}$$

$$\begin{aligned} TC^* &= \sqrt{2DSH \cdot \left(\frac{P-D}{P}\right)} \\ &= \sqrt{2(1{,}000)(1{,}000)(200) \cdot \left(\frac{2{,}000 - 1{,}000}{2{,}000}\right)} \\ &= 14{,}142\text{원} \end{aligned}$$

$$t_p = \frac{Q^*}{P} = \frac{141}{2{,}000} = 0.0705\text{년(약 26일)}$$

---

3) EPQ모형의 TC^*는 EOQ모형의 TC^*에 $\sqrt{(P-D)/P}$를 곱한 값이고 $\sqrt{(P-D)/P}<1$이므로 EPQ모형의 TC^*는 EOQ모형의 TC^*보다 작음을 알 수 있다. 다만, 생산율 P가 무한대로 커지면 $\sqrt{(P-D)/P}$가 1에 수렴하기 때문에(즉, 두 모형이 같아지기 때문에) 두 모형의 TC^*는 같게 된다.

2 수량할인이 있는 경우의 경제적 주문량 모형

일반적으로 구입단가나 생산단가는 주문량이나 생산량의 크기에 따라 달라질 수 있다. 재고품목을 외부에서 구입하는 경우에는 주문량이 일정 수준을 초과하면 **수량할인**(quantity discount)이 있을 수 있고, 생산의 경우에도 생산량이 커지면 단위당 생산비가 줄어드는 경향이 있다.

수량할인이 있는 경우, 구입단가 C는 주문량 Q에 따라 달라지며 일반적으로 다음과 같은 형태를 취한다.

$$C = \begin{cases} C_0, & 0 = q_0 \le Q < q_1 \\ C_1, & q_1 \le Q < q_2 \\ C_2, & q_2 \le Q < q_3 \\ \vdots & \vdots \\ C_m, & q_m \le Q < q_{m+1} = \infty \end{cases}$$

여기서 $q_j(j=1, 2, \cdots\cdots, m)$는 수량할인이 일어나는 주문량을 나타내며 $0 = q_0 < q_1 < q_2 \cdots\cdots < q_m < q_{m+1} = \infty$이다. 그리고 $C_j(j=0, 1, 2, \cdots\cdots, m)$는 주문량 Q가 $q_j \le Q < q_{j+1}$일 때의 구입단가를 나타내며 $C_0 > C_1 > C_2 > \cdots\cdots > C_m$의 관계를 갖는다. 따라서 수량할인이 있는 경우의 총구입비용의 형태는 [그림 S12-2]와 같다. 이 그림에서 각 구입량의 구간에 적용되는 구입단가 C_j는 그 구간의 직선의 기울기와 같다.

그림 S12-2 수량할인이 있는 경우의 총구입비용

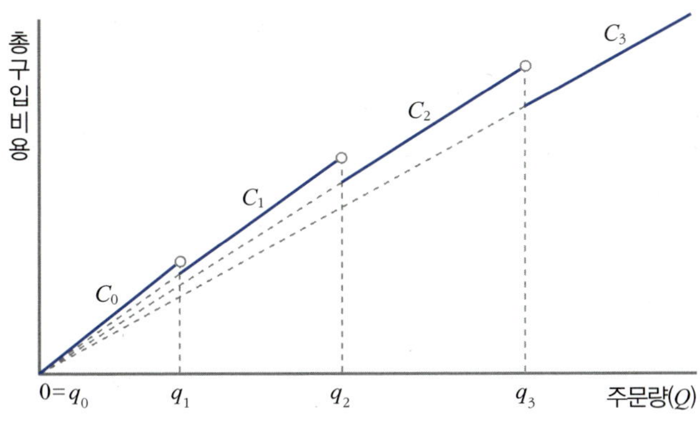

구입단가가 주문량의 크기와 관계없이 항상 일정한 기본적인 EOQ모형과는 달리 수량할인이 있는 경우에는 구입단가가 주문량의 크기에 따라 달라지므로 연간 총비용의 계산에 연간 구입비용이 포함되어야 한다. 그리고 재고유지비용의 많은 부분을 차지하고 있는 것은 재고에 묶인 자본의 기회비용이므로 연간 단위당 재고유지비용도 구입단가에 따라 달라진다. 따라서 수량할인이 있는 경우에는 연간 단위당 재고유지비용은 구입단가의 몇 %로 표시된다.

다음과 같이 기호를 정의하자.

$TC_j(Q)$ = 구입단가가 C_j이고 주문량이 Q일 때의 연간 총비용
Q_j^* = 구입단가가 C_j일 때의 경제적 주문량
i = 구입단가에 대한 연간 단위당 재고유지비용의 비율

그러면 $TC_j(Q)$와 Q_j^*는 다음과 같이 표현된다.

$$TC_j(Q) = DC_j + \frac{D}{Q}S + \frac{Q}{2}iC_j,\ \ j = 0,\ 1,\ 2,\ \cdots\cdots,\ m \qquad (S12 \cdot 3)$$

$$Q_j^* = \sqrt{\frac{2DS}{iC_j}},\ \ j = 0,\ 1,\ 2,\ \cdots\cdots,\ m \qquad (S12 \cdot 4)$$

식 (S12 · 4)에서 Q_j^*는 $q_j \le Q_j^* < q_{j+1}$일 때만 실행 가능하고, 이 범위를 벗어날 때는 구입단가 C_j가 적용되지 않으므로 실행 불가능한 값임을 유의해야 한다. 그리고 $C_0 > C_1 > C_2 > \cdots\cdots > C_m$이므로 식 (S12 · 3)에서 $TC_j(Q)$는 모든 Q값에 대해,

$$TC_0(Q) > TC_1(Q) > TC_2(Q) > \cdots\cdots > TC_m(Q) \qquad (S12 \cdot 5)$$

임을 알 수 있다. [그림 S12-3]은 $TC_j(Q)$의 전형적인 형태를 보여주고 있다.

수량할인이 있는 경우의 최적 주문량 Q^*를 구하는 방법을 생각해 보자. 가장 단순한 방법은 모든 실행 가능한 Q_j^*를 구하여 $TC_j(Q_j^*)$를 계산한 다음, 이들 $TC_j(Q_j^*)$와 모든 가격차별점 q_j에서의 연간 총비용 $TC_j(q_j)$를 비교하여 연간 총비용이 최소가 되는 주문량을 최적 주문량으로 하는 방법이다. 그러나 만약 어떤 구입단가 C_k에서의 경제적 주문량 Q_k^*가 실행 가능하다면, 식 (S12 · 5)와 [그림 S12-3]으로부터 $TC_k(Q_k^*)$는 Q_k^*보다 작은 모든 주문량에서의 연간 총비용보다 작음을 알 수 있다.

그림 S12-3 $TC_j(Q)$의 비용선

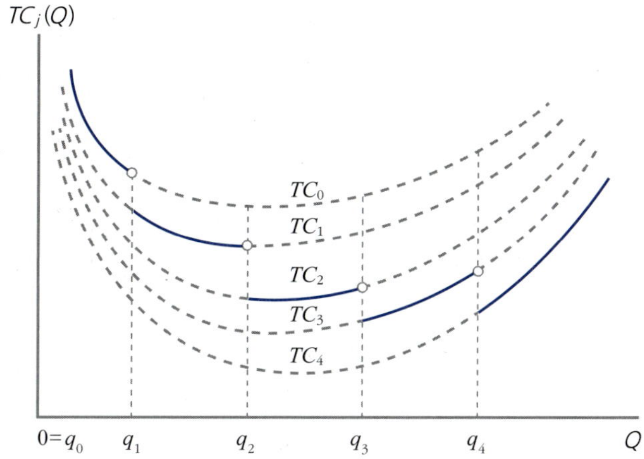

따라서 최적 주문량을 구하기 위해서는 $TC_k(Q_k^*)$를 Q_k^*보다 더 큰 가격차별점 q_{k+1}, q_{k+2}, ……, q_m에서의 연간 총비용 $TC_j(q_j)$, $j=k+1$, $k+2$, ……, m과 비교하면 된다.

이상의 논리로부터 최적 주문량 Q^*를 구하는 과정을 다음과 같이 정리해 볼 수 있다.

단계 1: 가장 낮은 구입단가에 대해서부터 경제적 주문량을 구해 나가다가 실행 가능한 경제적 주문량이 구해지면 단계 2로 간다. 만일 모든 구입단가에 대해 실행 가능한 경제적 주문량이 하나도 없으면 단계 3으로 간다.

단계 2: 단계 1에서 구한 실행 가능한 경제적 주문량에서의 연간 총비용과 이 실행 가능한 경제적 주문량보다 더 큰 모든 가격차별점에서의 연간 총비용을 비교하여 연간 총비용이 최소가 되는 주문량을 최적 주문량으로 결정한다.

단계 3: 모든 가격차별점에서의 연간 총비용을 비교하여 연간 총비용이 최소가 되는 주문량(가격차별점)을 최적 주문량으로 결정한다.

만약 단계 1에서 구입단가가 가장 낮은 C_m에서의 경제적 주문량 Q_m^*가 실행 가능하다면, 즉 $q_m \le Q_m^*$라면 Q_m^*보다 더 큰 가격차별점은 없으므로 Q_m^*가 바로 최적 주문량이 된다.

예제 S12-2

관련 자료가 다음과 같을 때 최적 주문량을 구해 보자.

$$D = 1,000\text{단위/년}$$
$$S = 1,000\text{원/회}$$
$$C = \begin{cases} C_0 = 100\text{원/단위}, & q_0 = 0 \le Q < 300 = q_1 \\ C_1 = 80\text{원/단위}, & q_1 = 300 \le Q < 500 = q_2 \\ C_2 = 60\text{원/단위}, & q_2 = 500 \le Q \end{cases}$$
$$i = 20\%$$

먼저 구입단가가 가장 낮은 $C_2 = 60$원일 때의 경제적 주문량 Q_2^*을 구해 보면 다음과 같다.

$$Q_2^* = \sqrt{\frac{2DS}{iC_2}} = \sqrt{\frac{2(1,000)(1,000)}{(0.2)(60)}} = 408\text{단위}$$

이 Q_2^*는 구입단가 60원이 적용되는 500단위 이상이 아니므로 실행 불가능하다.

따라서 그 다음으로 낮은 구입단가 $C_1 = 80$원일때의 경제적 주문량 Q_1^*를 구해보면 다음과 같다.

$$Q_1^* = \sqrt{\frac{2DS}{iC_1}} = \sqrt{\frac{2(1,000)(1,000)}{(0.2)(80)}} = 354\text{단위}$$

이 Q_1^*는 구입단가 80원이 적용될 수 있는 범위에 들어가므로 이 때의 연간 총비용 $TC_1(Q_1^* = 354)$와 Q_1^*보다 더 큰 가격차별점 $q_2 = 500$단위에서의 연간 총비용 $TC_2(q_2 = 500)$을 비교해야 한다. 이들을 계산해 보면 다음과 같다.

$$\begin{aligned} TC_1(Q_1^* = 354) &= DC_1 + \frac{D}{Q_1^*}S + \frac{Q_1^*}{2}iC_1 \\ &= (1,000)(80) + \frac{1,000(1,000)}{354} + \frac{354(0.2)(80)}{2} \\ &= 85,657\text{원} \end{aligned}$$

$$\begin{aligned} TC_2(q_2 = 500) &= DC_2 + \frac{DS}{q_2} + \frac{q_2}{2}iC_2 \\ &= (1,000)(60) + \frac{1,000(1,000)}{500} + \frac{500(0.2)(60)}{2} \\ &= 65,000\text{원} \end{aligned}$$

위에서 $TC_2(q_2 = 500) < TC_1(Q_1^* = 354)$이므로 최적 주문량 Q^*는 500단위가 된다.

3 단일기간 재고모형

단일기간 재고모형(single-period inventory model)이란 신문, 월간 잡지, 크리스마스트리(Christmas tree) 등과 같이 사용기간이 제한되어 있어서 어떤 특정 기간 내에 판매되지 않으면 가치가 없어지는 품목이나, 채소, 생선 등과 같이 시간이 지남에 따라 신선도가 떨어지거나 부패하는 상품들의 최적 주문량을 결정하는 재고모형을 말한다. 단일기간 재고모형에서 주문은 그 기간 동안 단 1회만 일어나며, 따라서 한 번의 최적 주문량을 어떻게 결정하느냐가 문제가 된다.

일반적으로 단일기간 상품은 어떤 기간 내에 판매되지 못하면 손실을 발생시킨다. 예를 들어, 일간 신문은 그날 팔지 못하면 구입단가보다 싸게 고물상에 넘겨야 될 것이며, 일정 기간이 경과한 생선은 싸게 팔지 않으면 안 될 것이다. 단일기간 상품의 대표적인 예가 신문이기 때문에 단일기간 재고문제는 **신문팔이소년 문제**(newsboy problem)라고 불리기도 한다.

단일기간 재고모형에서 최적 주문량은 한계분석(marginal analysis)을 통해 구할 수 있다. 한계분석에서는 다음 한 단위의 추가 보유가 유리한지 또는 불리한지를 분석하는 데 초점을 둔다. 따라서 한계분석에서는 다음 한 단위의 추가 보유가 불리하다고 판명되면 그 직전 단위까지의 주문량이 최적 주문량이 된다.

먼저 다음과 같이 기호를 정의한다.

MP = 한계이익, 즉 최종 단위가 팔렸을 때 얻을 수 있는 이익
ML = 한계손실, 즉 최종 단위가 팔리지 않았을 때 발생하는 손실

여기서 한계이익 MP와 한계손실 ML은 다음과 같이 계산된다.

$$MP = \text{한계수익} - \text{한계비용}$$
$$ML = \text{한계비용} - \text{잔존가치} + \text{처분비용} \qquad (S12 \cdot 6)$$

수요가 확률적일 때 단일기간 상품의 최적 주문정책은 최종 단위의 기대 한계이익이 기대 한계손실보다 크거나 같을 때까지 주문량을 늘리는 것이다. 이렇게 하면 총기대이익을 최대화시킬 수 있다. 즉,

$$P = \text{최종 단위가 팔릴 확률}$$

로 정의하면 $(1-P)$는 그 최종 단위가 팔리지 않을 확률이므로,

$$\text{기대 한계이익} = P \cdot MP$$
$$\text{기대 한계손실} = (1-P)ML$$

이 된다. 따라서

$$P \cdot MP \geq (1-P)ML \tag{S12 · 7}$$

을 만족시키는 최종 단위까지 주문을 하면 된다.

위의 식 (S12 · 7)을 P에 대해 풀어 보면 다음과 같다.

$$P \cdot MP \geq (1-P)ML$$
$$P(MP + ML) \geq ML$$
$$\therefore P \geq \frac{ML}{MP + ML} \tag{S12 · 8}$$

이 식이 의미하는 바는 최종 단위가 팔릴 확률이 $ML/(MP + ML)$ 이상이면 그 단위는 주문량에 포함되어야 한다는 것이다.

수요의 확률분포가 이산형인 경우와 연속형인 경우에 대해 각각 단일기간 재고문제의 예제를 하나씩 들어본다.

예제 S12-3

어느 대학생은 겨울방학 중의 아르바이트로 크리스마스 시즌에 팔기 위해 크리스마스트리용 전나무를 주문하고자 한다. 이 전나무 한 단위의 구입원가는 5,000원, 판가는 10,000원이다. 그리고 시즌 중에 팔리지 않은 전나무는 땔감으로 단위당 1,000원씩 받고 시장 상인에게 넘긴다고 한다.

이 대학생은 지난 수년간 계속해서 크리스마스트리용 전나무를 팔아왔으므로 과거의 자료로부터 다음과 같은 수요의 확률분포를 얻었다.

수요량(N)	확 률
15	0.1
16	0.1
17	0.2
18	0.3
19	0.2
20	0.1
합 계	1.0

이 수요 자료에서 크리스마스트리용 전나무는 최소한 15개는 팔리며, 21개 이상 팔릴 확률은 없음을 알 수 있다.

먼저 식 (S12 · 6)을 이용하여 한계이익 MP와 한계손실 ML을 구해 보면 다음과 같다.

$$MP = 10{,}000 - 5{,}000 = 5{,}000(\text{원})$$
$$ML = 5{,}000 - 1{,}000 + 0 = 4{,}000(\text{원})$$

따라서 최종 단위가 팔릴 확률 P는 다음의 계산과 같이 0.44 이상이 되어야 한다.

$$P \geq \frac{ML}{MP + ML} = \frac{4{,}000}{5{,}000 + 4{,}000} = 0.44$$

최종 단위가 팔릴 확률을 수요의 확률분포에서 구해 보자. 예를 들어, 15번째 단위가 팔릴 확률은 수요가 15개 이상일 확률이므로 앞의 수요표에서 모든 확률을 더한 값 1.0이 된다. 그리고 16번째 단위가 팔릴 확률은 수요가 16개 이상일 확률과 같으므로 0.1+0.2+0.3+0.2+0.1 = 0.9가 된다. 동일한 논리를 적용하여 각 최종 단위가 팔릴 확률을 구해 보면 다음과 같다.

수요량(N)	확 률	최종 N 번째 단위가 팔릴 확률
15	0.1	1.0
16	0.1	0.9
17	0.2	0.8
18	0.3	0.6
		← 0.44
19	0.2	0.3
20	0.1	0.1
합 계	1.0	

최종 단위가 팔릴 확률이 0.44보다 크거나 같을 때까지 주문해야 하므로 최적 주문량은 18단위가 된다.

예제 S12-4

어떤 단일기간 상품의 수요는 평균이 100단위이고 표준편차가 20단위인 정규분포를 한다고 한다. 이 상품의 단위당 판가는 2,000원이며, 단위당 구입원가는 1,300원이라고 한다. 그리고 그 기간 중에 팔리지 않으면 단위당 1,000원을 받고 다른 곳에 일괄적으로 판다고 한다. 이 상품을 얼마나 주문해야 할 것인가?

먼저 MP와 ML을 구해 보면 다음과 같다.

$$MP = 2,000 - 1,300 = 700\text{원}$$
$$ML = 1,300 - 1,000 = 300\text{원}$$

따라서 최종 단위가 팔릴 확률 P는 다음의 계산과 같이 0.3 이상이어야 한다.

$$P \geq \frac{ML}{MP + ML} = \frac{300}{700 + 300} = 0.3$$

최종 단위가 팔릴 확률이 0.3보다 크거나 같을 때까지 주문해야 하므로 [그림 S12-4]와 같은 수요의 정규분포에서 오른쪽 부분의 확률이 0.3이 되는 양, Q^*만큼 주문하면 된다. Q^*의 값을 표준정규분포의 확률변수의 값으로 고쳐 보면 $(Q^*-100)/20$이 된다. 오른쪽 부분의 확률이 0.3이 되는 표준정규분포의 확률변수 z의 값을 부표 I에서 찾아보면 약 0.524가 되므로 다음과 같이 최적 주문량 Q^*의 값을 구할 수 있다.[4]

$$\frac{Q^*-100}{20} = 0.524$$
$$Q^* = 100 + (0.524)(20) = 110.5\text{단위}$$

그림 S12-4 수요의 정규분포

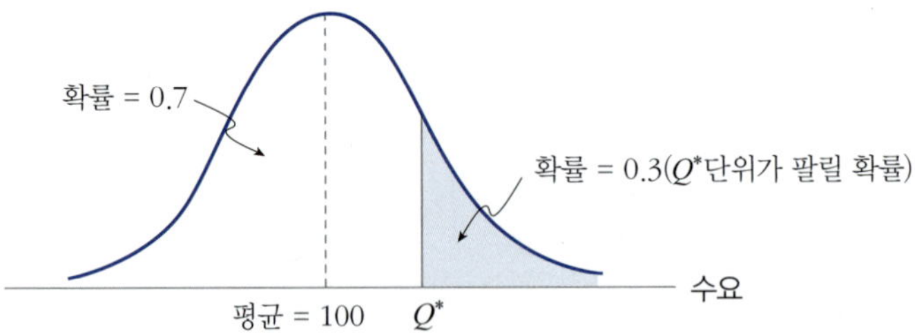

4) 만일 주문량이 정수이어야 한다면, Q^* 이하인 정수를 택해야 한다. Q^*보다 큰 정수를 택하면, 기대 한계손실이 기대 한계이익보다 더 커지기 때문이다.

연습문제

01 어느 전자부품 제조회사는 단가 5만 원 짜리 부품을 생산하고 있다. 생산율은 월간 1,000개이며, 수요율은 월간 200개이다. 연간 단위당 재고유지비용의 비율은 20%이며, 1회 준비비용은 20만원이다. 이 회사는 월간 20일 작업한다.

(1) 경제적 생산량(EPQ)은 얼마인가?
(2) 1회 생산기간은 얼마인가?
(3) 평균 재고수준은 얼마인가?

02 어떤 회사는 경제적 생산량(EPQ)을 100개로 산정하였다. 수요율은 10개/일 그리고 생산율은 20개/일이다.

(1) 경제적 생산량 100개를 얼마 만에 생산할 수 있겠는가?
(2) 최대 재고수준은 얼마인가?
(3) 1개를 1년간 보관하는 데 소요되는 재고유지비용을 10원이라 할 때 연간 재고유지비용은 얼마인가?

03 어떤 품목의 연간 수요는 2,500단위이며, 주문비용은 500원/회, 그리고 연간 단위당 재고유지비용은 구입단가의 20%이다. 구입단가는 다음과 같다.

1에서 99단위까지: 1,000원/단위
100에서 199단위까지: 980원/단위
200단위 이상: 960원/단위

최적 주문량은 얼마인가?

04 어느 회사는 원자재 공급자로부터 다음과 같은 수량할인 제안을 받았다.

100파운드 미만: 20,000원/파운드
100파운드에서 999파운드까지: 19,000원/파운드
1,000파운드 이상: 18,000원/파운드

주문비용은 40,000원, 연간 단위당 재고유지비용의 비율은 25%, 그리고 연간 수요는 3,000파운드이다. 최적 주문량은 얼마인가?

05 서진제과(주)는 매일 아침 신선한 빵을 구워 팔고 있다. 이 회사는 신선도의 명성을 유지하기 위해 당일 팔리지 않은 빵은 판가의 반값에 처분하고 있다. 이 빵의 판가는 2,000원이며, 원가는 1,200원이다. 그리고 1일 수요의 확률분포는 다음과 같다.

수 요	확 률
90	0.05
100	0.10
110	0.20
120	0.30
130	0.20
140	0.10
150	0.05

(1) 한계이익과 한계손실은 각각 얼마인가?

(2) 매일 몇 개의 빵을 구워내야만 기대 이익을 최대화할 수 있겠는가?

06 어느 대학생은 아르바이트로 대학정문 앞에 신문무인판매대를 설치해 놓고 있다. 과거의 경험으로 볼 때 하루에 팔리는 신문의 부수는 평균이 50, 표준편차가 10인 정규분포를 한다고 한다. 1부당 구입가격은 500원이며 판가는 800원이다. 그리고 그날 팔리지 않은 신문은 1부당 100원씩에 고물상에 넘긴다고 한다.

(1) 한계이익과 한계손실은 각각 얼마인가?

(2) 최적 구입량은 얼마인가?

제13장

자재소요계획과 전사적 자원관리

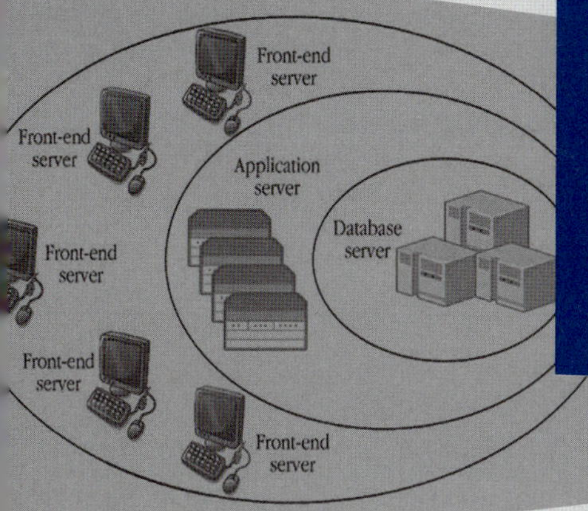

1. MRP의 기본 원리
2. MRP시스템의 기본 구조
3. MRP의 적용 예
4. MRP시스템의 유형
5. MRP 대 주문점시스템
6. MRP시스템의 운영
7. 전사적 자원관리(ERP)
• 요 약
• 토론문제
• 연습문제
• 참고문헌

앞서 제12장에서 살펴본 바와 같이 재고품목은 완제품이나 예비부품과 같이 수요가 다른 품목에 종속되어 있지 않고 시장조건에 의해 독립적으로 결정되는 독립수요품목과 원자재, 부품 및 구성품과 같이 수요가 최종 제품이나 상위 품목에 종속되어 있는 종속수요품목으로 구분된다. 종속수요품목에 대한 재고관리는 본장에서 살펴볼 MRP시스템(material requirements planning system)과 제14장에서 살펴볼 일본 도요타 자동차회사의 적시생산시스템(JIT: just-in-time production system) 또는 린 생산시스템(lean production system)에 의해 이루어진다.

종속수요품목의 재고관리를 위한 기법으로 MRP와 JIT 중 어느 것을 선택해야 할까? 이를 위해서는 생산통제의 **푸시 방식**(push method)과 **풀 방식**(pull method) 간의 차이를 이해해야 한다. 전통적인 시스템에서는 보통 푸시 방식을 사용한다. 푸시 방식에서는 수요를 예측하여 고객의 주문이 발생하기 전에 제품이나 서비스를 생산한다. 이와는 대조적으로 린 시스템을 사용하는 기업은 대부분 풀 방식을 사용한다. 풀 방식에서는 고객의 주문이 발생해야 제품이나 서비스의 생산을 시작한다.

푸시 방식과 풀 방식의 차이를 설명하기 위해 음식점을 예로 들어 보자. 먼저 푸시 방식의 예는 도심의 카페테리아나 뷔페식당이다. 이들 음식점은 점심시간이나 저녁시간이면 손님이 많이 붐빈다. 음식은 조리하는 데 시간이 꽤 걸리기 때문에 푸시 방식을 활용한다. 즉, 손님 수를 예측하고 음식을 미리 준비하여 비치해 놓는다. 물론 예측이 잘못되어 음식이 모자라면 난리가 날 것이고, 음식이 남으면 낭비가 된다. 이런 상황을 초래하지 않으려면 손님 수를 정확하게 예측해야 한다. 풀 방식의 예는 고급 레스토랑이다. 여기서는 수프, 전채요리, 샐러드, 메인 요리, 후식을 코스로 제공한다. 메인 요리와 샐러드는 손님이 여러 가지 중에서 고를 수 있다. 전채요리와 수프나 후식은 미리 준비해 두었다가 손님에게 내오기 직전에 데우지만, 메인 요리와 샐러드는 그렇게 할 수 없다. 메인 요리와 샐러드에 대한 손님의 주문이 주방에 일을 시작하라는 신호 역할을 한다. 이 레스토랑의 메인 요리나 샐러드와 같은 방식이 풀 방식이다.

MRP는 푸시 시스템이고, JIT는 풀 시스템이다.[1] MRP와 같은 푸시 시스템에서는 미래의 수요를 충족시키기 위하여 자재를 주문 또는 생산한다. 즉, 최종 제품에 대한 미래의 수요 예측치나 주문량을 나타내는 주일정계획(主日程計劃)이 수립되면 이에 따라 어떤 구성품과 부품이 언제, 얼마만큼 주문 또는 생산되어야 하는가가 결정된다. 이에 비해 JIT와 같은 풀 시스템에서는 고객의 주문이 들어오면 주일정계획(최종 조립계획)이 수립되고 이에 맞도록 자재를 끌어온다. JIT에서는 다음 작업장의 요구가

---

1) 푸시 시스템은 판매 단계에서 물량을 소화하지 못하면 재고가 쌓일 수밖에 없지만, 풀 시스템에서는 재고가 최소화된다. 다만 풀 시스템이 효과를 발휘하기 위해서는 최종 프로세스(최종 조립라인)에 대한 수요 즉, 판매가 안정되어 있어야 한다. 판매가 들쭉날쭉하면 모든 프로세스 활동은 크게 변동할 수밖에 없다. 이를 '채찍효과(bullwhip effect)'라고 한다. 채찍의 손잡이 부분을 조금만 움직여도 채찍 끝 부분에선 큰 움직임으로 확대되는 현상에 빗댄 것이다(채찍효과에 대한 보다 자세한 설명은 제15장 공급사슬관리를 참조할 것).

있을 때에만 자재가 제공된다. 그리고 이런 방식으로 자재는 각 작업장을 따라 연속적으로 최종 조립라인까지 끌려온다. JIT와 같은 풀 시스템은 수요가 안정적이어서 주일정계획이 매번 거의 동일하고 부하가 일정한 반복적인 대량생산(예: 자동차)에 적합하다. 반면에 MRP는 주일정계획이 항상 변하는 뱃치 및 잡숍 형태의 생산과 비반복적인 대량생산에 사용된다.

본장은 MRP에 의한 종속수요품목의 재고관리를 다룬다. 종속수요품목의 소요량과 주문시기는 최종 제품의 설계와 생산계획 그리고 각 품목의 조달기간이 주어지면 쉽게 결정된다. 그러나 최종 제품이 매우 다양하고 여러 가지 하위 품목으로 구성되어 있는 경우에는 수작업에 의해 수많은 종속수요품목의 소요량과 주문시기를 결정하는 것은 거의 불가능하다. 이를 해결하기 위해 1970년대 중반 컴퓨터에 의한 자재관리가 개발되었는데, 이것이 이른바 **MRP**(material requirements planning)라고 불리는 **자재소요계획**이다.

본장에서는 먼저 간단한 예를 가지고 MRP의 기본 원리를 설명한 다음, MRP시스템의 구조 및 유형 그리고 MRP와 관련된 여러 가지 문제들을 살펴본다. 또한 MRP시스템이 진화·발전된 통합정보시스템으로서 기업의 모든 자원을 계획하고 관리하는 전사적 자원관리(ERP)도 소개한다.

1 MRP의 기본 원리

MRP시스템을 구체적으로 설명하기에 앞서 간단한 예를 가지고 MRP의 기본 원리와 계산 내용을 먼저 살펴보기로 한다. 최종 제품을 T라고 하자. 최종 제품 T 1단위는 2단위의 구성품 U와 3단위의 구성품 V로 만들어진다. 다시 구성품 U 1단위는 부품 W 1단위와 부품 X 2단위로 만들어지며, 구성품 V 1단위는 부품 W 2단위와 부품 Y 2단위로 만들어진다. [그림 13-1]은 이와 같은 최종 제품 T의 제품구조나무를 보여주고 있다. 만약 최종 제품 T의 소요량이 100단위라면 각 구성품 및 부품의 소요량은 다음과 같이 쉽게 계산된다.

그림 13-1 최종 제품 T의 제품구조나무

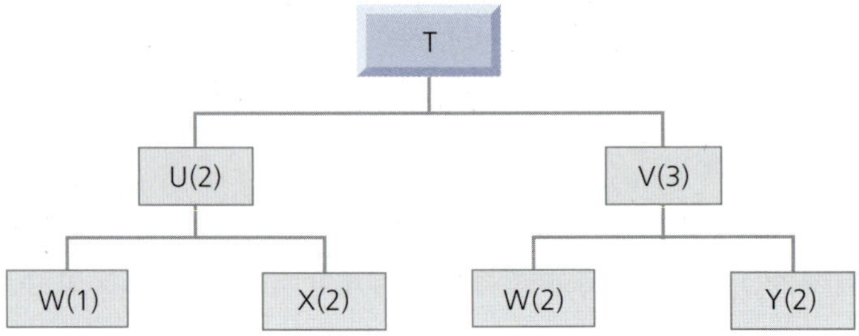

구성품 U : 2×제품 T의 소요량 = 2×100 = 200

구성품 V : 3×제품 T의 소요량 = 3×100 = 300

부　품 W: (1×구성품 U의 소요량)+(2×구성품 V의 소요량)

= (1×200)+(2×300) = 800

부　품 X : 2×구성품 U의 소요량 = 2×200 = 400

부　품 Y : 2×구성품 V의 소요량 = 2×300 = 600

이제 이 품목들의 소요량, 소요시기 및 발주시기가 어떻게 결정되는가를 살펴보자. 이를 위해서는 최종 제품의 소요량과 소요시기 그리고 각 품목의 조달기간(내부에서 생산되는 품목의 경우에는 생산기간)을 알아야 한다. 최종 제품 T의 조달기간은 1주, 구성품 U와 V의 조달기간은 각각 2주, 부품 W의 조달기간은 3주, 그리고 부품 X와 Y의 조달기간은 각각 1주라고 가정하자. 한편 최종 제품 T는 제7주에 100단위가 필요하다고 하자.

최종 제품 T의 조달기간은 1주이므로 제6주에 100단위가 발주되어야 한다. 최종 제품 T 1단위에는 구성품 U가 2단위, 구성품 V가 3단위 소요되므로 제6주에 최종 제품 T 100단위의 생산이 시작되기 위해서는 제6주에 U 200단위, V 300단위가 필요하다. U와 V의 조달기간은 2주이므로 제4주에 U 200단위, V 300단위가 발주되어야 한다. 동일한 논리를 부품 W, X, Y에 계속 적용시켜 나가면 〈표 13-1〉과 같이 각 품목의 소요량, 소요시기 및 발주시기가 결정된다.

위의 간단한 예에서 보듯 수백 또는 수천 품목의 자재소요계획을 수작업에 의해 수립하는 것은 현실적으로 거의 불가능하다. 왜냐 하면 엄청난 계산량이 요구되고,

표 13-1 최종 제품 T 100단위를 기간 7에 충족시키기 위한 자재소요계획

품목	주	1	2	3	4	5	6	7	
T	소요시기							100	T : 조달기간 = 1주
	발주시기						100		
U	소요시기						200		U : 조달기간 = 2주
	발주시기				200				
V	소요시기						300		V : 조달기간 = 2주
	발주시기				300				
W	소요시기				800				W : 조달기간 = 3주
	발주시기	800							
X	소요시기				400				X : 조달기간 = 1주
	발주시기			400					
Y	소요시기				600				Y : 조달기간 = 1주
	발주시기			600					

재고와 제품구조나무에 관한 수많은 자료가 필요하기 때문이다. 따라서 컴퓨터를 이용하지 않을 수 없다. 본장의 내용도 컴퓨터 프로그램에 필요한 각종 자료와 MRP시스템의 일반적인 구조에 중점을 둔다. 그러나 MRP의 기본 원리는 위에서 본 단순한 예와 본질적으로 마찬가지이다.

2 MRP시스템의 기본 구조

MRP의 기본적인 구조는 [그림 13-2]와 같다. [그림 13-2]의 각 단계는 본절에서 항목별로 보다 상세히 설명되겠지만 **MRP시스템**은 기본적으로 다음과 같이 운영된다. 고객의 확정된 주문, 미래 수요의 예측치 및 총괄생산계획에 의해 특정 기간 동안 생산되어야 하는 각 최종 제품의 소요량과 소요시기를 나타내는 주일정계획을 수립한다. 자재명세서는 각 품목의 생산에 소요되는 자재명과 단위당 소요량을 보여 준다. 재고기록철은 현(現) 보유 재고량 및 발주되어 있는 양과 재고에 관한 자료를 제공한다. 주일정계획, 자재명세서 및 재고기록철은 MRP 프로그램의 3대 입력 자료가

그림 13-2 MRP시스템의 기본 구조

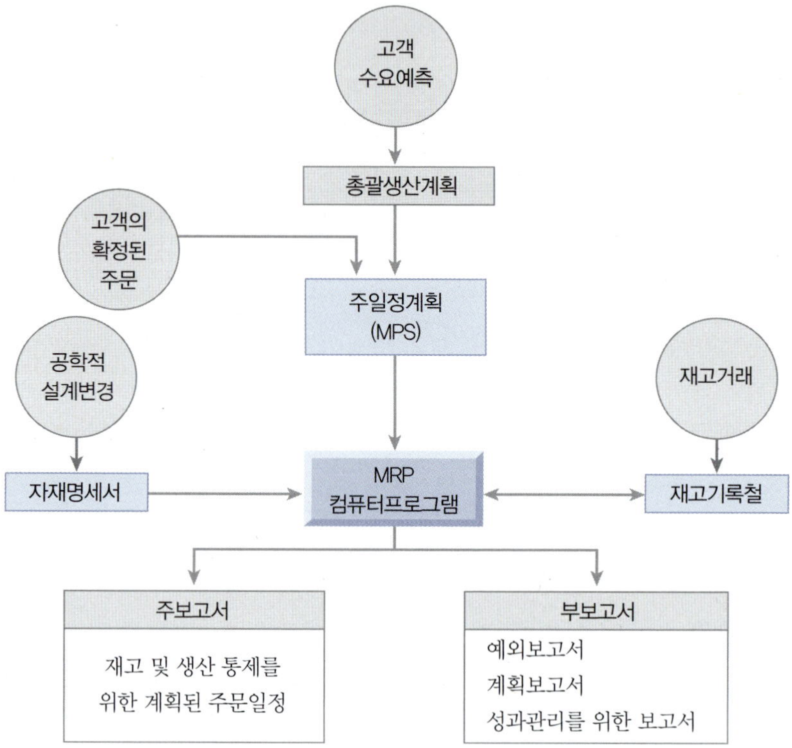

출처: Jacobs and Chase(2017), p. 275.

되며, MRP 프로그램은 이들을 처리하여 상세한 제조주문 및 구매주문의 일정계획을 출력한다.

(1) 제품 수요

최종 제품에 대한 수요는 크게 두 가지로 구분할 수 있다. 첫 번째는 판매부서가 고객으로부터 받아 오는 주문이나 사내 부서 간의 거래와 같은 확정된 수요이다. 이러한 수요는 대개 납기가 정해져 있고, 예측을 필요로 하지 않는다. 두 번째는 앞서 제9장에서 살펴본 총괄생산계획에 의한 것이다. 총괄생산계획은 예측된 미래 수요를 충족시키기 위한 기업의 전략을 반영하고 있다. 이 전략은 상세한 주일정계획을 통해 실행된다. 이와 같은 두 가지 요구량의 합계가 주일정계획의 입력 자료가 된다.

최종 제품에 대한 수요 외에도 고객은 특정 부품이나 구성품을 예비용이나 수리용으로 주문하게 되는데, 이러한 품목에 대한 수요는 보통 주일정계획에 포함되지 않고 바로 그 품목에 해당되는 단계의 MRP 프로그램에 직접 입력된다. 즉, 이러한 수요는 해당 부품이나 구성품의 총소요량에 직접 가산된다.

(2) 주일정계획

제9장에서 살펴본 바와 같이 총괄생산계획은 개별 제품이 아니라 총괄 제품 부문별로 수립된다. 총괄생산계획은 다음 단계에서 세부 제품별, 기간별로 나뉘어져 각 최종 제품이 언제 얼마만큼 소요되는지를 나타내는 **주일정계획**(MPS: master production schedule)으로 분해된다. MPS의 시간단위는 보통 주(週)로 표시된다. 예를 들면, [그림 13-3]에서 보는 바와 같이 가구회사는 총괄생산계획에서는 매트리스의 유형에 관계없이 월별로 매트리스의 총생산량을 결정하며, MPS에서는 이를 분해하여 매트리스의 크기, 질, 스타일에 따른 특정 모델별로 주간 소요량을 결정한다.

(3) 자재명세서

자재명세서(BOM: bill of materials file)는 제품이 어떻게 만들어지는지를 보여주기 때문에 제품구조철(product structure file) 또는 제품구조나무(product structure tree)라고 불리기도 한다. BOM은 최종 제품으로부터 시작하여 각 상위 품목 한 단위를 만드는 데 필요한 자재명과 소요량을 보여준다. 예를 들어, 최종 제품 A의 제품구조

그림 13-3 매트리스의 총괄생산계획 및 MPS

매트리스의 총괄생산계획

월	1	2
매트리스 생산	900	950

매트리스 모델의 MPS

주	1	2	3	4	5	6	7	8
모델 327	200	-	-	400	-	200	100	-
모델 538	-	100	100	-	150	-	100	-
모델 749	-	-	100	-	-	200	-	200

그림 13-4 제품 A의 자재명세(제품구조나무)

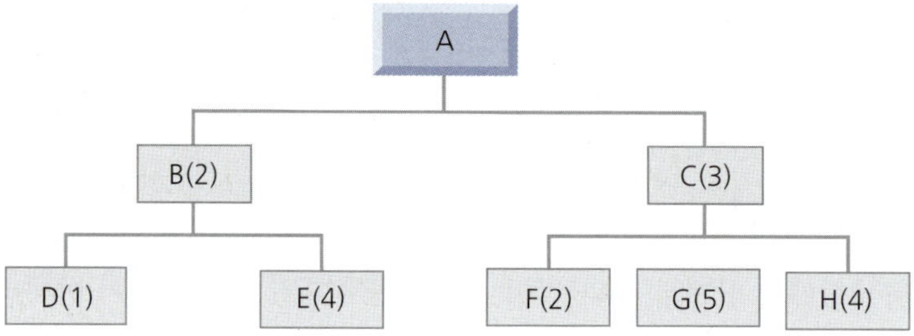

나무가 [그림 13-4]와 같다고 하자. 이 그림에서 제품 A 1단위는 품목 B 2단위와 품목 C 3단위로 만들어진다. 다시 품목 B는 품목 D 1단위와 품목 E 4단위로 만들어지며, 품목 C는 품목 F 2단위, 품목 G 5단위 및 품목 H 4단위로 만들어짐을 알 수 있다.

(4) 재고기록철

재고기록철(inventory records file)은 각 품목의 재고에 관한 모든 정보를 제공하고 기록한다. 〈표 13-2〉는 재고기록철의 전형적인 양식을 보여주고 있다. 이 그림에서 보는 바와 같이 재고기록철에는 품목번호 및 품목명, 조달기간, 현 보유 재고, 주문 중의 양 등 MRP에 필요한 여러 가지 정보가 담겨 있다. 재고기록철은 정확해야 하며, 재고 수납, 재고 인출, 폐기물에 의한 손실, 주문 취소 등과 같은 재고거래가 일어날 때마다 수정되어야 한다.

(5) 자재계획(MRP 컴퓨터 프로그램)

MRP 프로그램은 MPS, BOM 및 재고기록철의 3대 입력 자료를 처리하여 종속수요품목에 대한 상세한 제조주문 및 구매주문의 일정계획을 출력한다. 최종 제품의 기간별 소요량은 MPS에 명시된다. 각 품목 1단위를 만드는 데 필요한 자재 및 부품의 이름과 소요량은 BOM에 나타난다. 각 품목이나 자재의 현 보유 재고와 주문 중에 있는 양(즉, 예정된 수취량), 그리고 조달기간은 재고기록철에 기록되어 있다. MRP 시스템에서 각 품목의 정확한 소요량을 계산하는 과정을 **부품 전개**(parts explosion)라고 한다. MRP 프로그램은 우선 각 품목의 총소요량을 계산한 다음, 여기에서 현재

표 13-2 재고기록철

<table>
<tr><td rowspan="3">품목에 관한 자료</td><td>품목번호</td><td colspan="2">품목명</td><td colspan="3">조달기간</td><td colspan="3">표준원가</td><td>안전재고</td></tr>
<tr><td>주문량(로트 크기)</td><td colspan="2">생산준비</td><td colspan="3">재고검토주기</td><td colspan="3">작년도 사용량</td><td>등급</td></tr>
<tr><td>폐기물 허용량</td><td colspan="9">기타</td></tr>
<tr><td rowspan="6">재고상태에 관한 자료</td><td rowspan="2"></td><td colspan="8">기간</td><td rowspan="2">합계</td></tr>
<tr><td>1</td><td>2</td><td>3</td><td>4</td><td>5</td><td>6</td><td>7</td><td>8</td></tr>
<tr><td>총소요량</td><td></td><td></td><td></td><td></td><td></td><td></td><td></td><td></td><td></td></tr>
<tr><td>예정된 수취량</td><td></td><td></td><td></td><td></td><td></td><td></td><td></td><td></td><td></td></tr>
<tr><td>현 보유 재고</td><td></td><td></td><td></td><td></td><td></td><td></td><td></td><td></td><td></td></tr>
<tr><td>계획된 발주</td><td></td><td></td><td></td><td></td><td></td><td></td><td></td><td></td><td></td></tr>
<tr><td rowspan="3">부 자 료</td><td>주문내역</td><td></td><td></td><td></td><td></td><td></td><td></td><td></td><td></td><td></td></tr>
<tr><td>지체에 대한 조치</td><td></td><td></td><td></td><td></td><td></td><td></td><td></td><td></td><td></td></tr>
<tr><td>주문진전상황</td><td></td><td></td><td></td><td></td><td></td><td></td><td></td><td></td><td></td></tr>
</table>

출처: Jacobs and Chase(2017), p. 278.

보유하고 있는 재고와 예정된 수취량을 차감하여 순소요량을 파악하며, 다시 조달기간을 고려하여 이 순소요량의 발주시기를 결정한다. 이러한 부품 전개 계산은 매주 또는 MPS에 변경이 있을 때마다 이루어진다.

3 MRP의 적용 예

구체적으로 MRP의 적용 예를 하나 들어 보자. 어느 회사는 [그림 13-5]와 같은 탁자를 제조하고 있다. 이 탁자는 1개의 상판과 1개의 다리조립품으로 구성되며, 다시 다리조립품은 4개의 다리, 2개의 짧은 난간 및 2개의 긴 난간으로 이루어져 있다. 이 예에서 다리조립품은 사전에 만들어져 재고로 보관될 수 있다고 가정한다. 이렇게 중간조립품을 미리 만들어 놓으면 개별 부품을 한꺼번에 조립하여 탁자를 만드는 것보다 주문이 들어왔을 때 훨씬 빨리 탁자를 만들 수 있다. 실제 많은 제조기업들은 총생산시간과 준비비용을 줄이기 위해 중간조립품을 미리 만들어 재고로 가져간다.

그림 13-5 탁자의 구성도

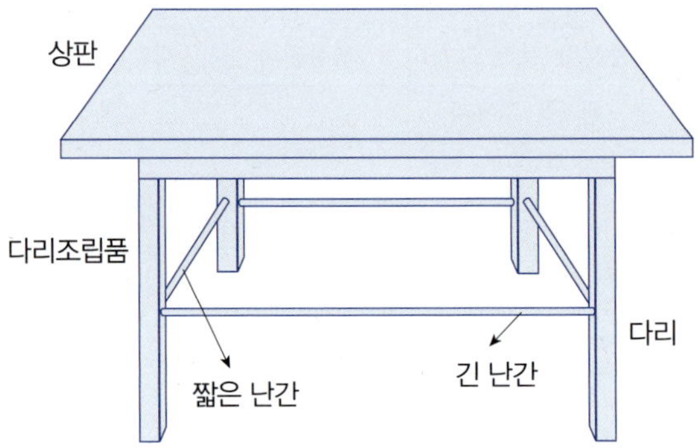

이 탁자의 BOM은 [그림 13-6]과 같다. 이 BOM에서 첫 단계는 최종 제품인 탁자이며, 두 번째 단계에는 탁자로 조립되는 다리조립품과 상판이 나와 있고, 세 번째 단계에는 다리조립품에 들어가는 부품들인 다리, 짧은 난간 및 긴 난간이 나와 있다. 여기서 탁자에 들어가는 모든 부품은 외부로부터 구입한다고 가정한다.[2] 각 품목의 현 보유 재고와 조달기간은 〈표 13-3〉과 같다. 한편 이 탁자는 〈표 13-4〉의 MPS와 같이 제4주에 200개, 제5주에 150개가 요구된다고 한다.

이상의 자료가 MRP 프로그램에 입력되면 〈표 13-5〉와 같은 자재소요계획을 얻을 수 있다. 먼저 최종 제품인 탁자의 MPS에서 탁자의 총소요량은 제4주에 200개, 제5주에 150개가 된다. 탁자의 현 재고는 50개이므로 이를 제4주의 총소요량 200에서 빼면 제4주의 순소요량은 150개가 되고, 제5주에는 재고가 없으므로 총소요량 150개가 그대로 순소요량이 된다. 탁자의 조립에는 1주가 소요되므로 이를 감안하면 제3주와 제4주에 각각 150개의 탁자 조립이 시작되어야 한다.

탁자는 1개의 상판과 1개의 다리조립품으로 이루어지므로 탁자의 발주계획에 따라 상판과 다리조립품의 총소요량은 제3주와 제4주에 각각 150개가 된다. 상판의 현 재고는 50개이므로 이를 총소요량에서 빼면 제3주의 순소요량은 100개가 되고, 제4주에는 재고가 없으므로 순소요량은 150개가 된다. 상판의 조달에는 2주가 소요되므로 상판은 제1주에 100개, 제2주에 150개가 발주되어야 한다. 동일한 논리에서 다리조립품의 순소요량은 현 재고 100개를 감안하면 제3주에 50개, 제4주에 150개가 되며, 다리조립품을 만드는 데는 1주가 소요되므로 다리 조립은 제2주에 50개, 제3

2) 만약 그렇지 않고 내부에서 생산하면 BOM에 각 부품에 소요되는 목재가 표시되어야 한다.

그림 13-6 탁자의 BOM

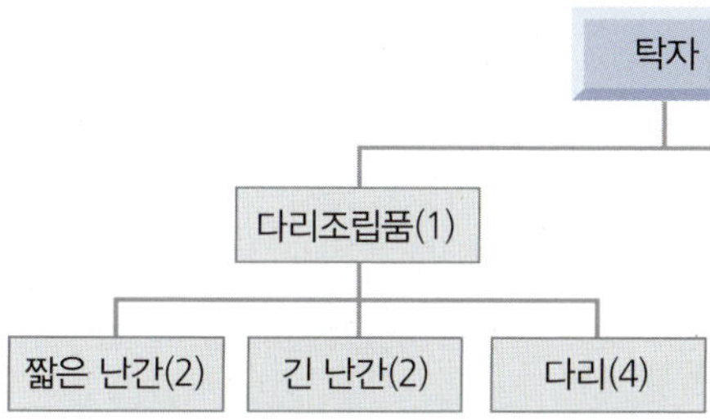

표 13-3 각 품목의 현 보유 재고와 조달기간

현 보유 재고		조달기간(주)	
탁자	50	탁자 조립	1
다리조립품	100	다리조립품 완료	1
다리	150	다리 구입	1
짧은 난간	50	짧은 난간 구입	1
긴 난간	20	긴 난간 구입	1
상판	50	상판 구입	2

표 13-4 탁자의 MPS

품 목 \ 주	1	2	3	4	5
탁 자	–	–	–	200	150

주에 150개가 시작되어야 한다.

다리조립품 1개에는 다리가 4개, 짧은 난간이 2개, 긴 난간이 2개 소요되므로 제2주에 50개, 제3주에 150개의 다리 조립이 시작되기 위해서는 제2주와 제3주에 다리는 200개와 600개, 그리고 짧은 난간과 긴 난간은 각각 100개와 300개가 필요하다. 이 총소요량에서 현 재고를 차감하여 순소요량을 구하고 조달기간을 감안하면 다리는 제1주에 50개, 제2주에 600개, 짧은 난간은 제1주에 50개, 제2주에 300개, 긴 난간은 제1주에 80개, 제2주에 300개가 각각 발주되어야 한다.

여기서 한 가지 유의할 점은 〈표 13-5〉에서 각 품목의 발주량, 즉 로트 크기는 정확하게 매번 필요량(순소요량)에 의해서 결정되었다는 점이다. 이와 같은 발주정책을 lot-for-lot 방식이라고 한다. 많은 MRP시스템에서는 주문비용(또는 준비비용)과 재고

표 13-5 탁자의 자재소요계획

품 목		주 1	2	3	4	5
탁 자 (LT=1)	총소요량	–	–	–	200	150
	현 재고(=50)	50	50	50	50	–
	순소요량	–	–	–	150	150
	계획된 발주	–	–	150	150	
상 판 (LT=2)	총소요량	–	–	150	150	
	현 재고(=50)	50	50	50	–	
	순소요량	–	–	100	150	
	계획된 발주	100	150			
다리조립품 (LT=1)	총소요량	–	–	150	150	
	현 재고(=100)	100	100	100	–	
	순소요량	–	–	50	150	
	계획된 발주	–	50	150	–	
다 리 (LT=1)	총소요량	–	200	600		
	현 재고(=150)	150	150	–		
	순소요량	–	50	600		
	계획된 발주	50	600			
짧은 난간 (LT=1)	총소요량	–	100	300		
	현 재고(=50)	50	50	–		
	순소요량	–	50	300		
	계획된 발주	50	300			
긴 난간 (LT=1)	총소요량	–	100	300		
	현 재고(=20)	20	20	–		
	순소요량	–	80	300		
	계획된 발주	80	300			

유지비용 간의 균형을 취함으로써 재고 관련 비용을 줄일 수 있도록 여러 가지 로트 크기 결정 모형을 포함하고 있다.[3] 따라서 로트 크기를 달리하면 발주량과 재고수준도 달라진다. 예를 들어, 탁자의 로트 크기가 300개로 사전에 결정되어 있다면 〈표 13-5〉에서 제3주에 300개의 탁자가 발주된다. 따라서 제4주에는 300개가 완성되어 들어오고, 기존의 재고가 50개 있으므로 총 350개에서 총소요량 200개를 뺀 나머지

3) MRP에서 로트 크기를 결정하는 기법으로는 lot-for-lot 방식 외에도 least total cost 방식, least unit cost 방식 등 다양한 방법이 있다.

150개가 재고로서 제5주로 넘어간다. 한편 제5주의 총소요량 150개는 전부 재고로 충족되므로 순소요량은 0이 되고, 제4주의 발주는 필요 없게 된다. 그리고 이와 같이 최종 제품인 탁자의 발주계획이 달라지면 하위 품목들의 자재소요계획도 달라진다. 물론 이때 하위 품목들의 발주에 있어서도 lot-for-lot 방식 외의 다른 로트 크기가 고려될 수 있다.

4 MRP시스템의 유형

MRP는 종속수요품목인 각종 부품이나 원자재의 소요량 및 발주시기를 결정하는 단순한 컴퓨터시스템으로부터 출발하여 생산능력, 계획 및 실행결과의 피드백을 고려하는 폐쇄순환 MRP, 그리고 제조기업의 모든 자원을 계획하고 통제하는 MRP Ⅱ로 발전되어 왔다. 따라서 MRP시스템은 발전단계에 따라 다음과 같은 세 가지 유형으로 구분할 수 있다.

(1) 기본적인 MRP시스템

기본적인 MRP시스템은 주일정계획을 충족시키도록 제조주문과 구매주문을 적정한 시기에 발령하는 일종의 재고통제시스템으로서 앞서 살펴본 [그림 13-2]와 같은 구조를 갖고 있다. 이 시스템은 적정한 시기에 주문을 함으로써 재공품과 원자재의 재고를 통제한다. 그러나 기본적인 MRP시스템에는 생산능력소요계획(CRP: capacity requirements planning)은 포함되어 있지 않다.[4]

4) 따라서 기본적인 MRP시스템에서는 반드시 MPS 담당자가 수작업에 의해 생산능력의 균형을 잡아주어야 한다. 이를 위해서는 MPS의 시안을 MRP 프로그램에 입력시켜 출력보고서를 뽑아낸 다음 이 결과의 실행 가능성을 검토한다. 즉, 계획된 발주가 생산능력과 완료시간의 측면에서 합리적인가를 검토한다. 문제가 있으면 MPS를 조정하여 다시 MRP 프로그램에 입력한다. 이와 같은 과정은 출력보고서의 결과가 만족스럽게 될 때까지 계속 반복된다.

(2) 폐쇄순환 MRP시스템

폐쇄순환 MRP시스템(closed-loop MRP system)은 제조기업의 재고와 생산능력을 계획하고 통제하는 정보시스템이다. 여기서 폐쇄순환(closed-loop)이란 출력자료나 문제점이 검증이나 수정을 위해 시스템 내에서 다시 피드백됨을 의미한다. 이 시스템에서는 MPS가 MRP 프로그램에 입력되어 하위 품목에 대한 발주계획이 출력되면, 이 결과가 생산능력과 부합하는지를 CRP 모듈에 의해 검토한다. 만약 생산능력이 충분하지 않다면 생산능력이나 주일정계획을 변경한다. 이러한 피드백 과정을 반복하여 실행 가능한 생산능력계획과 발주계획이 확정되면 이를 실행에 옮기고, 실행과정에서 문제가 발생하면 다시 MRP 모듈이나 CRP 모듈로 피드백된다. 폐쇄순환 MRP시스템의 구조를 그림으로 나타내 보면 [그림 13-7]과 같다.

(3) 제조자원계획(MRPⅡ)

MRP시스템에서의 정보는 생산 외의 다른 기능에도 유용하다. 예를 들면, 재무부서는 MRP의 정보를 이용하여 미래의 총재고수준을 예측할 수 있고, 구매예산을 수립할 수 있으며, 소요 장비와 설비에 대한 예산도 수립할 수 있다. 또한 인사부서는 필요한 인력을 계획할 수 있고, 회계부서는 BOM에 따라 원가계산을 할 수 있다. 이에 따라 MRP는 재고, 생산능력, 현금, 인력, 설비, 각종 자본재 등 기업 내 모든 제조자원을 계획하고 통제하는 시스템으로 진화되었다. 이 경우 제조기업의 모든 하위 자원계획시스템은 MRP 부품전개시스템에 의해 결정된다. 이와 같이 확대 · 진화된 MRP시스템을 **제조자원계획**(manufacturing resource planning) 또는 **MRPⅡ**라고 한다. 이 MRPⅡ가 본장의 뒤에서 소개될 기업의 모든 자원을 계획하고 관리하는 통합 정보시스템인 전사적 자원관리(ERP)로 진화 · 발전하게 되었다.

그림 13-7 폐쇄순환 MRP시스템

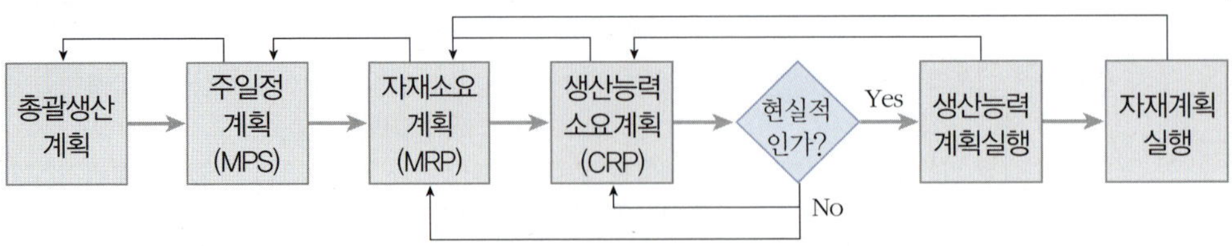

5 MRP 대 주문점시스템

앞서 제12장에서 살펴본 독립수요품목의 재고관리를 위한 **주문점시스템**(order-point system)은 종속수요품목의 재고관리에는 적합하지 않다.[5] 왜냐하면 〈표 13-6〉에서 보는 바와 같이 MRP시스템과 주문점시스템은 여러 면에서 큰 차이가 있기 때문이다.

두 시스템의 근본적인 차이점은 주문점시스템은 **보충의 원리**(replenishment philosophy)를 사용하는 데 비해 MRP시스템은 **소요의 원리**(requirement philosophy)를 사용한다는 것이다. 보충의 원리란 재고수준이 낮아지면 자재를 보충하는 것을 의미한다. 그러나 MRP에서는 그렇게 하지 않는다. MRP에서는 주일정계획에 따라 오로지 자재가 필요할 때에만 주문한다. 특정 부품에 대한 제조상의 요구가 없는 한 설사 재고수준이 낮더라도 보충하지 않는다. 이러한 소요의 원리는 제조에서 특히 중요하다. 왜냐 하면 제조에서 종속수요품목에 대한 수요는 일괄적이기 때문이다. 즉, 상위 품목이 로트로 생산될 때에만 그 로트의 생산에 들어가는 종속수요품목이 일괄적으로 필요하며, 그 상위 품목의 다음 로트를 생산할 때까지는 해당 종속수요품목에 대한 수요는 없다. 만약 이와 같은 일괄적 수요 패턴에 주문점시스템이 사용되면 수요가 없는 기간에도 자재를 불필요하게 재고로 가져가게 된다.

표 13-6 MRP와 주문점시스템의 비교

	MRP	주문점시스템
수　　요	종속수요	독립수요
주문 원리	소　　요	보　　충
예　　측	주일정계획(MPS)에 입각	과거의 수요에 입각
통제 개념	모든 품목을 통제	ABC 방식
재고관리의 목적	제조상의 요구를 충족	고객의 요구를 충족
로트 크기	이산적(discrete)	EOQ
수요 패턴	일괄적이지만 예측 가능	임의적(random)
재고의 유형	재공품과 원자재	완제품과 예비부품

출처: Schroeder, Goldstein, and Rungtusanatham(2013), p. 409.

5) 여기서 주문점이란 주문시점을 말하며, 고정주문량모형에서는 재고수준이 재주문점에 도달할 때, 그리고 정기주문모형에서는 주문주기의 말을 말한다.

두 시스템의 또 다른 차이는 수요예측의 사용에 있다. 주문점시스템에서는 과거의 수요에 입각하여 미래의 수요를 예측하며, 이러한 예측치에 따라 주문을 하고 재고를 보충한다. 그러나 MRP시스템에서 부품이나 구성품에 대한 주문은 과거의 수요와는 무관하며, 주일정계획에 의해 산출되는 소요량에 입각하여 이루어진다. 즉, MRP에서는 최종 제품의 주일정계획으로부터 부품이나 구성품의 미래 수요를 유도해낸다.

주문점시스템에서 재고통제를 위해 사용되는 ABC 분석은 MRP시스템에는 잘 적용되지 않는다. 제품의 제조에는 C품목도 A품목과 마찬가지로 중요하다. 예를 들면, 자동차의 경우 연료 라인이나 라디에이터 캡과 같이 비교적 값싼 C품목이라도 이들이 없이는 자동차의 생산이 불가능하다. 따라서 제조에서는 모든 품목을 똑같이 통제해야 한다.

MRP에서는 로트 크기 결정에 변형된 EOQ공식이 사용되기도 한다.[6] 하지만 기본적으로 EOQ공식은 MRP시스템에는 유용하지 않다. 왜냐하면 구성품의 일괄적 수요패턴은 전통적인 EOQ모형의 가정에 위배되기 때문이다. MRP시스템에서 로트 크기는 이산형 소요량에 입각하여 결정되어야 한다.[7]

양 시스템의 재고관리의 목적도 서로 다르다. 주문점시스템에 의한 독립수요품목의 재고관리의 목적은 낮은 재고 관련 비용으로 높은 고객서비스 수준을 제공하는 것이다. 이 목적은 고객지향적이다. 반면에 MRP에 의한 종속수요품목의 재고관리의 목적은 주일정계획을 지원하는 데 있으며 따라서 제조지향적이다.

이와 같이 MRP시스템은 주문점시스템과는 거의 모든 면에서 다르다. 그렇기 때문에 종속수요품목의 재고관리에는 MRP시스템이 사용되어야 하는 것이다.

---

6) 이 경우에는 EOQ공식에 계획대상기간 동안의 평균 수요를 사용하여 로트 크기를 결정한다.

7) MRP에서와 같이 소요량이 기간별로 다르게 이산형으로 주어지는 경우, 총비용을 최소화하도록 로트 크기를 결정하는 모형을 '동적 로트 크기 결정 모형(dynamic lot sizing model)'이라고 한다.

6 MRP시스템의 운영

MRP시스템이 성공적으로 운영되기 위해서는 정확한 자료가 요구된다. 특히 MRP에서는 컴퓨터가 제공하는 정보를 가지고 의사결정이 이루어지기 때문에 정확한 자료가 입력되어야 한다. 우선 BOM이 정확해야 한다. 이를 위해서는 제품설계 또는 조립과정이 수정되면 즉시 BOM에 반영되어야 한다. 재고기록과 조달기간의 정확성 또한 MRP시스템의 성공적인 운영에 필수적인 요소이다. MRP가 제 기능을 발휘하기 위해서는 매일의 재고거래가 정확하게 파악되어 재고기록철에 기록되어야 하며, 각 품목의 조달기간도 정확해야 한다. 그리고 MPS도 최종 제품의 소요시기와 소요량이 바뀌면 즉시 수정 · 입력되어야 한다.

MRP에서는 수요와 조달기간의 불확실성과 관련하여 **안전재고**(safety stock)를 얼마나 유지해야 할 것인가를 결정해야 한다. 만약 효과적인 리드타임 관리를 통해 조달기간에 대한 불확실성을 줄일 수 있다면 안전재고는 고객 수요의 불확실성에 대비하여 최종 제품에 대해서만 유지하면 되므로 필요한 안전재고의 양은 적어진다. MRP에서 최종 제품에 대한 안전재고는 보통 MPS수준에 가산된다. 이렇게 하면 최종 제품에 대한 고객 수요의 변화에 유연하게 대처할 수 있을 뿐만 아니라 최종 제품의 안전재고에 해당하는 만큼의 부품이나 구성품도 확보할 수 있게 된다.

MRP가 올바로 사용되면 원자재, 부품, 구성품 등과 같은 종속수요품목에 대해서는 안전재고를 유지할 필요가 없다. 그러나 현실적으로는 종속수요품목의 경우에도 조달기간과 사용량에 다소간의 불확실성이 있을 수 있다. 예를 들면, 외부 구매의 경우에는 납품의 지연으로 주문한 부품이나 원자재의 도착이 늦어질 수 있고, 내부 생산의 경우에도 폐기율이 계획보다 높을 수 있으며, 또한 작업자의 결근, 재작업, 기계의 고장 등으로 생산 리드타임이 늘어날 수도 있다. 따라서 이 경우에는 종속수요품목에 대해서도 안전재고를 유지하거나, 계획된 원래의 조달기간에 **안전조달기간**(safety lead time)을 더해 주거나, 또는 필요할 때 필요한 품목만 더 생산할 수 있도록 **안전생산능력**(safety capacity)을 보유할 수 있다. 하지만 안전재고, 안전조달기간, 안전생산능력 어느 것도 MRP에서 바람직한 현상은 아니므로 신뢰할 수 있는 공급자 관계의 개발, 효과적인 생산통제 등을 통해 구매 및 생산 리드타임을 관리함으로써 불확실성을 줄여나가야 한다.

7 전사적 자원관리(ERP)

지금까지는 기업의 생산관리에 활용되는 MRP시스템을 살펴보았다. 오늘날 MRP는 공통의 데이터베이스를 통해 생산, 재무/회계, 마케팅/판매 및 인적자원 정보시스템을 통합하고 나아가 공급자와 고객까지 연결 · 통합함으로써 기업의 모든 자원을 최적으로 관리하는 **전사적 자원관리**(ERP: enterprise resource planning)로 진화 · 발전되었다. MRP는 생산계획 및 통제에 토대가 되지만, 또한 MRP는 ERP시스템을 통해 기업의 모든 다른 기능으로 확대될 수 있다. 예를 들면, 전산화된 MRP거래는 회계 및 재무시스템에 바로 전달될 수 있다. 회계거래는 MRP거래를 화폐 용어로 바꾸어 나타낸 것으로 볼 수 있다. 화폐단위의 회계통제는 생산에 있어서의 물량과 물리적인 흐름의 통제와 밀접하게 관련되어 있다.

마찬가지로 MRP시스템은 마케팅으로 확대될 수 있다. 마케팅 및 판매거래는 주문 입력을 통해 MRP의 입력 자료로 통합되어야 한다. 판매량뿐만 아니라 미래 매출의 예측치도 MRP시스템의 기본적인 입력 자료가 된다. 따라서 마케팅 및 판매시스템은 생산과 통합되도록 개발 · 설계되어야 한다.

끝으로 MRP거래는 기업의 인적자원시스템과도 통합되어야 한다. 이러한 통합에는 급여대장의 기록 처리뿐만 아니라 인력의 모집과 선발 기능까지도 포함되어야 한다. 예를 들어 생산 부문이 더 많은 인력을 고용하여 생산능력을 확대하기로 결정하였다면, 이 결정은 바로 인적자원시스템에 제공되어야 한다. 또한 생산 부문에 의해 고용된 신규 인력은 급여대장 시스템에 반영되어야 한다.

ERP시스템은 생산, 재무/회계, 마케팅/판매 및 인적자원시스템이 공통의 데이터베이스를 통해 통합될 때 완성된다. ERP시스템에서는 고객 주문의 입력에서부터 생산 및 회계를 거쳐 거래가 완료될 때까지 모든 과정이 추적된다. 또한 한 기능의 모든 의사결정은 다른 기능들에게 전달되어 각 기능의 정보시스템에 반영된다. 더 이상 각 기능의 정보시스템이 따로 놀지 않고 공통의 데이터베이스를 통해 통합된다.

ERP 소프트웨어 패키지 중에서 세계적으로 가장 널리 사용되고 있는 것이 독일 기업인 SAP AG가 개발한 SAP ERP시스템이다. SAP시스템의 하나의 이점은 기업별, 산업별로 맞춤이 가능하다는 것이다. 주문 입력, 급여대장, MRP, 재고관리, 외상매입금 및 외상매출금 등과 같은 표준 프로세스가 SAP시스템으로 설계된다. 기업은

표 13-7 **ERP: 데이터 공유를 통한 교차기능적 통합**

SAP의 ERP 패키지에 의해 지원되는 여러 기능 목록			
재무/회계	생산 및 로지스틱스	인적자원	판매 및 마케팅
외상매출금 및 외상매입금	재고관리	인적자원 회계	주문관리
자산회계	자재소요계획(MRP)	급여대장	가격 책정
현금관리 및 예측	자재관리	인사계획	판매관리
원가요소 회계 및 원가중심점 회계	공장관리	여행경비 관리	판매계획
경영자정보시스템	생산계획		
재무 통합	프로젝트 관리		
총계정원장	구매		
제품원가회계	품질관리		
수익성 분석	수송(경로)관리		
이익중심점 회계	선적		
표준 및 기간별 원가계산	공급자 평가		

출처: Schroeder, Goldstein, and Rungtusanatham(2013), p. 421.

자신의 요구에 맞는 프로세스들을 선택하고 이들 프로세스들을 특정 비즈니스에 맞도록 고객화할 수 있다(〈표 13-7〉 참조).

ERP시스템은 전 세계적으로 많은 기업들에 의해 도입되고 있으며, 교차기능적 통합에 기반이 되고 있다. 기업 내의 모든 기능들이 공통의 데이터베이스를 통해 정보를 공유할 때 기능별 사일로는 최소화되고 기능들은 서로 효과적으로 의사소통을 할 수 있게 된다. 일단 ERP시스템이 기업 내부에서 완전히 작동되면 이를 공급자와 고객까지 연결하여 통합할 수 있다. 이렇게 하면 공급사슬을 따라 일어나는 의사결정들을 긴밀히 조정할 수 있도록 다양한 정보들이 교환될 수 있다.

요약

- 종속수요품목이란 원자재, 부품 및 구성품과 같이 수요가 최종 제품이나 상위 품목에 종속되어 있는 재고품목을 말하며, 이와 같은 종속수요품목의 소요량과 주문시기를 결정하는 컴퓨터 시스템을 MRP시스템이라고 한다.
- MRP의 3대 입력 자료는 주일정계획(MPS), 자재명세서(BOM) 및 재고기록철이다. 주일정계획은 고객의 확정된 주문과 총괄생산계획에 입각하여 최종 제품이 언제 얼마만큼 소요되는지를 나타낸다. 자재명세서는 최종 제품이 어떻게 만들어지는가를 보여준다. 재고기록철은 모든 재고거래를 기록하여 각 품목의 재고에 관한 각종 정보를 제공한다. MRP 프로그램은 이들 자료를 처리하여 상세한 제조주문 및 구매주문 계획을 출력한다.
- MRP는 세 가지 유형으로 발전되어 왔다. 첫째는 주일정계획을 충족시키도록 제조주문과 구매주문을 적정한 시기에 발령하는 재고통제시스템이다. 둘째는 재고와 생산능력을 동시에 계획하고 통제하는 폐쇄순환 MRP시스템이다. 셋째는 기업 내 모든 제조자원을 계획하고 통제하는 제조자원계획 또는 MRP Ⅱ이다. 이 MRP Ⅱ가 기업의 모든 자원을 최적으로 관리하는 통합정보시스템인 전사적 자원관리(ERP)로 진화 · 발전하였다.
- MRP는 소요의 원리에 입각하고 있다. 즉, MRP에서 종속수요품목은 재고수준이 낮아지면 보충되는 것이 아니라 주일정계획에 의해 요구될 때에만 일괄적으로 제조 또는 구매 주문된다.
- MRP시스템이 성공적으로 운영되기 위해서는 주일정계획, 자재명세서 및 재고기록철의 자료가 정확해야 한다. MRP에서 수요와 조달기간의 불확실성에 대처하는 방법으로는 안전재고, 안전조달기간, 안전생산능력의 세 가지가 있다. 하지만 어느 것도 MRP에서 바람직한 현상은 아니므로 신뢰할 수 있는 공급자 관계의 개발, 효과적인 생산통제 등을 통해 구매 및 생산 리드타임을 관리함으로써 불확실성을 줄여나가야 한다.
- 전사적 자원관리(ERP)는 정보의 통합을 통해 기업의 모든 자원을 최적으로 관리하자는 개념이다. ERP시스템은 공통의 데이터베이스를 통해 MRP를 재무/회계, 마케팅/판매 및 인적자원 등의 정보시스템과 통합하며, 나아가 공급자와 고객까지 통합한다. ERP시스템은 교차기능적 통합과 공급사슬의 통합을 위한 기반이 된다.

토론 문제

01 독립수요품목과 종속수요품목의 재고관리의 기본 원리는 어떻게 서로 다른가?

02 ABC 재고관리의 원리는 제조품목에도 적용될 수 있는가?

03 MRP시스템에서 주일정계획(MPS)의 중요성을 논하라.

04 왜 MRP에서는 자료의 정확성이 중요한가?

05 MRP시스템에도 안전재고가 필요한가? 또한 MRP시스템에서 안전재고의 역할은 무엇인가?

06 어떤 유형의 산업이 MRP에 적합한가?

07 MRP의 개념이 다음의 서비스산업에 어떻게 사용될 수 있는지를 설명하라.

① 호텔
② 병원
③ 패스트푸드점

연습문제

01 최종 제품 A는 중간조립품 B 1단위와 C 1단위로 만들어진다. 다시 중간조립품 B는 부품 D 2단위와 부품 E 1단위로 구성되고, 중간조립품 C는 부품 D 1단위와 부품 F 2단위로 만들어진다.

(1) 최종 제품 A의 제품구조나무를 그려라.

(2) 최종 제품 A를 200개 만들기 위해서는 각 중간조립품이나 부품이 얼마나 필요한가?

02 최종 제품 A 1단위는 2단위의 구성품 B와 3단위의 구성품 C 및 1단위의 부품 D로 만들어진다. 구성품 B는 자재 E 4단위와 부품 F 3단위로 구성된다. 구성품 C는 부품 D 3단위와 부품 G 2단위로 만들어지며, 부품 G는 자재 E 5단위와 자재 H 2단위로 만들어진다.

(1) 제품구조나무를 그려라.

(2) 최종 제품 A를 100단위 생산하는 데 필요한 각 품목의 소요량을 구하라.

03 제품 X 1단위는 품목 Y 2단위와 품목 Z 3단위로 만들어진다. 품목 Y 1단위는 품목 A 1단위와 품목 B 2단위로 만들어지며, 품목 Z 1단위는 2단위의 품목 A와 4단위의 품목 C로 만들어진다. 조달기간은 제품 X 1주, 품목 Y 2주, 품목 Z 3주, 품목 A 2주, 품목 B 1주, 그리고 품목 C 3주이다. 각 품목의 현재 재고는 없다.

(1) 제품구조나무를 그려라.

(2) 최종 제품 X가 제10주에 100단위 필요하다고 할 때 각 품목의 소요량과 주문시기를 결정하는 자재소요계획을 수립하라. 단, 정확히 필요한 양만 주문한다.

04 다음의 자재소요계획을 완성하라. 조달기간은 2주이다. 단, 정확히 필요한 양만 주문한다.

	주				
	1	2	3	4	5
총소요량			100	300	200
현 재 고	50				
순소요량					
계획된 발주					

05 최종 제품 A는 품목 B 1단위와 품목 C 2단위로 만들어진다. 최종 제품 A는 제4주에 200단위, 제5주에 250단위가 소요되며, 각 품목의 현 보유 재고와 조달기간은 다음과 같다.

품목	현 보유 재고	조달기간(주)
A	100	1
B	150	2
C	80	1

(1) 자재소요계획을 수립하라. 단, 정확히 필요한 양만 주문한다.

(2) 만약 최종 제품 A와 품목 C의 조달기간이 각각 1주씩 늘어난다면 자재소요계획은 어떻게 바뀌겠는가? 또 이 경우 어떤 문제가 발생하겠는가?

06 최종 제품 A는 품목 B 1단위와 품목 C 2단위로 만들어진다. A의 조달기간은 2주, B와 C의 조달기간은 각각 1주이다. 그리고 현 보유 재고는 A 10개, B 20개, C 50개이다. 로트 크기(즉, 1회 발주량의 크기)는 A의 경우 100개, B는 120개, 그리고 C는 200개이다. 최종 제품 A가 제4주에 100개, 제5주에 80개가 소요된다고 할 때 다음 양식을 이용하여 자재소요계획을 수립하라.

품목		주					
		1	2	3	4	5	6
	총소요량						
	현 재고						
	순소요량*						
	계획된 주문수취량**						
	계획된 발주						

*순소요량 = 총소요량 − 현 재고

$$**계획된\ 주문수취량(발주량) = \begin{cases} 로트\ 크기,\ 만일\ 순소요량 > 0 \\ 0\ \ \ \ \ \ \ \ \ \ \ \ ,\ 만일\ 순소요량 = 0 \end{cases}$$

07 어느 가위제조회사는 아래의 그림과 같이 왼쪽 날, 오른쪽 날 및 나사를 조립하여 가위를 만든다. 자재명세서(BOM), 현재의 재고, 주문 중에 있는 양(예정된 수취량) 및 조달기간은 아래와 같다. 주일정계획에 의하면 제4주에 300개, 제5주에 400개의 가위가 납품되어야 한다.

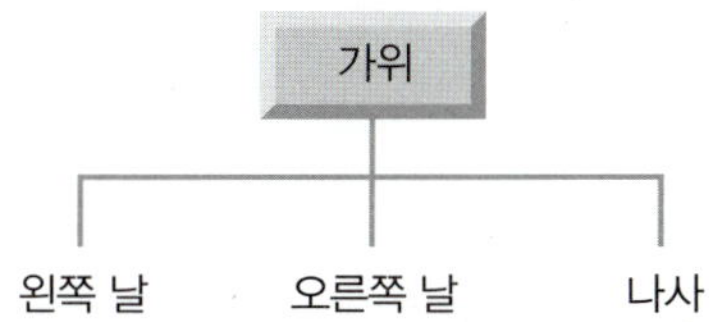

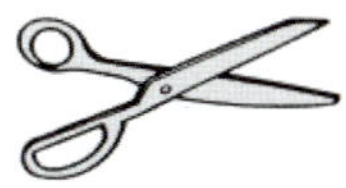

품 목	현 재고	조달기간(주)	예정된 수취량
가위	100	1	–
왼쪽 날	50	2	100(제2주)
오른쪽 날	75	2	200(제2주)
나사	300	1	200(제1주)

(1) 아래의 양식에 따라 자재소요계획을 수립하라. 단 정확히 필요한 양만 주문 또는 생산한다.

품 목		주				
		1	2	3	4	5
	총소요량 현 재고 예정된 수취량 순소요량* 계획된 발주					

*순소요량 = 총소요량 − (현 재고 + 예정된 수취량)

(2) 만약 제2주에 납품예정인 오른쪽 날 200개의 납품이 1주일 늦어진다면 자재계획에 어떤 영향을 미치겠는가?

08 아래의 그림과 같이 램프는 프레임 조립품과 갓으로 구성된다. 프레임 조립품은 지지대, 소켓, 밑받침으로 조립된다. 자재명세서(BOM)와 현재의 재고 및 조달기간은 다음과 같다.

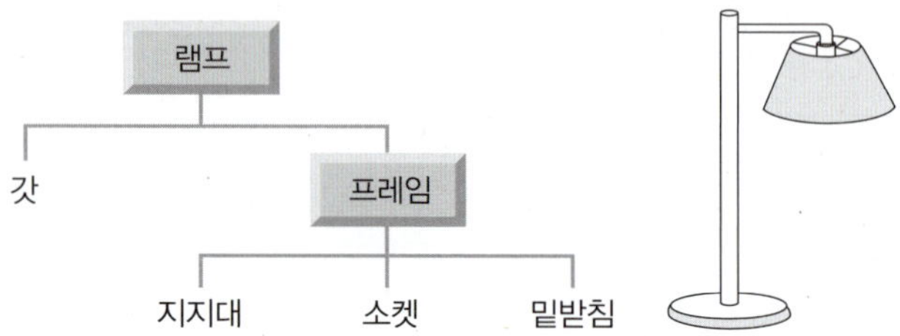

품 목	현 보유 재고	조달기간(주)
램프	200	1
프레임	100	1
지지대	0	3
소켓	300	2
밑받침	200	3
갓	400	3

(1) 램프 완성품이 제7주에 1,000개, 제8주에 1,500개가 소요된다고 가정하고 자재소요계획을 수립하라. 단, 정확히 필요한 양만 주문한다.

(2) 만약 램프의 조립을 위한 조달기간이 1주에서 2주로 늘어난다면 자재계획에 어떤 변화가 일어나며, 또 어떤 조치가 요구되겠는가?

참/고 문/헌

윤석철 · 이상범, 『생산계획 및 재고관리』, 한국방송통신대 출판부, 1992.

Jacobs, F. Robert and F. C. Weston, "Enterprise Resource Planning(ERP)—A Brief History," *Journal of Operations Management*, vol. 25, no. 2, March 2007, pp. 357-363.

Jacobs, F. Robert and Richard B. Chase, *Operations and Supply Chain Management: The Core*, 4th ed., McGraw-Hill, New York, 2017.

Krajewski, Lee J., Manoj K. Malhotra, and Larry P. Ritzman, *Operations Management*, 11th ed., Pearson, Upper Saddle River, NJ, 2016.

Schroeder, Roger G., Susan Meyer Goldstein, and M. Johnny Rungtusanatham, *Operations Management in the Supply Chain*, 6th ed., McGraw-Hill, New York, 2013.

제14장 린 시스템

1. 린의 진화
2. 린 사고의 원리
3. 린 생산시스템
4. 주일정계획의 안정화
5. 칸반시스템
6. 준비시간과 로트 크기의 감축
7. 설비배치와 설비정비
8. 작업자에 대한 영향
9. 품질 문제
10. 공급자와의 관계

- 요 약
- 토론문제
- 연습문제
- 참고문헌

본장에서는 **린**(lean)의 개념, 원리 및 기법을 살펴본다.[1] 린의 개념, 원리 및 기법은 제조시스템뿐만 아니라 서비스시스템과 전체 공급사슬에까지 적용될 수 있다. 본장에서는 먼저 린의 개념과 진화과정 그리고 린 사고의 원리를 살펴본 다음, 린 생산시스템의 구체적인 내용을 소개한다.

1) 영어로 '린(lean)'이란 '낭비가 없는'이란 뜻이다. 따라서 린 시스템이란 낭비가 없는 시스템을 말한다.

1 린의 진화

제2차 세계대전 이후 반복 생산기술에 의해 표준화된 제품을 효율적으로 대량생산하는 미국의 소품종 대량생산시스템은 전 세계의 규범이었다. 1960년대에 일본의 도요타 자동차회사로부터 새로운 생산시스템이 시작되었다. 도요타는 미국의 제조기업들을 돌아본 다음, 미국의 소품종 대량생산시스템은 도요타에게는 맞지 않다는 결론을 내렸다. 왜냐하면 당시 일본은 미국에 비해 자동차 시장 자체가 작고, 그럼에도 다양한 소비자 기호를 맞추려 하다 보니 다품종 소량생산을 숙명으로 받아들일 수밖에 없었으며, 일본 내 자원도 대단히 부족하였기 때문이다. 도요타는 자원 부족 때문에 강력한 낭비 회피 수단을 개발하였다. 도요타는 불량으로 인한 폐기물과 재작업을 낭비로 생각하고 완벽한 품질을 추구하였다. 도요타는 보관공간을 차지하고 유용한 자원을 묶어두는 재고 또한 낭비라고 생각하였다. 한마디로 도요타는 제품의 가치에 공헌하지 않는 것은 모두 낭비라고 보았다. 이에 따라 도요타는 단순하면서도 우수한 생산 프로세스의 사용과 작업자의 최대한 참여를 통해 매우 작은 로트 크기와 낮은 재고로 자동차를 생산하는 새로운 생산시스템을 개발하였다. 이것이 바로 **도요타 생산시스템**(TPS: Toyota production system) 또는 **적시생산시스템**(JIT: just-in-time production system)이다.[2)]

미국에서는 1981년 네브래스카(Nebraska) 주에 소재한 가와사키(Kawasaki) 오토바이 공장에 처음으로 JIT 생산방식이 도입되었다. 이 공장은 도요타 생산시스템의 많은 아이디어를 사용하였지만 대량생산시스템 전체를 바꾸기보다는 주로 재고 감축에 초점을 두었다. 그 결과 많은 미국 기업들이 도요타 생산시스템을 도입하여 실행하였지만 단지 부분적인 개선만을 달성하는 데 그쳤다.

1990년 워맥 등(Womack, Jones, and Roos 1990)은 일본, 미국 및 유럽의 JIT방식의 자동차 제조를 비교 연구하고 『The Machine That Changed the World: The Story of Lean Production』이란 저서를 출간하였다. 그리고 이 저서로부터 **린 생산**(lean production)이란 용어가 일반화되었다.[3)] 그들은 이 연구에서 린 생산을 "정확히 고객이 원하는 것만 제공함으로써 모든 생산 프로세스에서 체계적으로 낭비를

---

2) 또 다른 말로는 무재고(ZI: zero inventory) 시스템이라고도 한다.

3) '린 생산(lean production)'이란 용어는 James P. Womack 등과 함께 미국 MIT대학의 International Motor Vehicle Program에 참여한 John Krafcik이 처음으로 사용하였다.

제거하는 생산방식"으로 정의하였다. 오늘날 린 생산의 개념, 원리 및 기법은 세계적으로 많은 기업들에 의해 사용되고 있다.

2 린 사고의 원리

린 사고(lean thinking)란 프로세스에 대한 사고방식으로서 다음과 같은 5가지 원리에 입각하고 있다. 이러한 5가지 원리는 고객에게 가치를 효율적으로 전달하는 것을 목적으로 한다.

린 사고의 첫 번째 원리는 고객의 관점에서 제품이나 서비스의 가치를 정확하게 규정하는 것이다. 가치는 기업이 아니라 고객에 의해 정의되며, 고객이 원하는 가격, 장소 및 시간에 고객이 필요로 하는 제품이나 서비스를 제공함으로써 창출된다. 따라서 기업은 고객에게 가치가 있는 제품과 서비스의 특성을 설계하고 제공해야 하며, 고객에게 가치가 없는 제품의 특성은 제거해야 하고, 서비스시스템에서는 대기시간을 없애야 한다. 가치는 동적인 성격을 가지고 있으며 시간이 지남에 따라 변한다.

린 사고에서는 제품이나 서비스의 가치에 기여하지 못하는 것은 모두 **낭비**(waste)로 간주한다. 낭비는 가치는 부가하지 못하면서 오히려 비용만 추가한다. 〈표 14-1〉은 7가지 전형적인 낭비의 형태를 보여주고 있다. 이러한 7가지 형태의 낭비 외에 작업자를 충분히 활용하지 못하는 것도 또 다른 낭비(8번 째 낭비)라고 볼 수 있다. 작업자의 과소 활용으로 인한 낭비는 작업자의 정신적, 창조적 및 신체적 능력을 충분히

표 14-1 낭비의 7가지 형태

- **과잉 생산**: 불필요한 재고, 자재취급, 서류작업 및 창고 공간을 초래하는 고객 수요 이상의 생산
- **대기시간**: 공급자나 다른 작업장으로부터의 부품이나 산출물을 기다리는 데 소요되는 작업자와 기계의 대기시간; 고객의 대기시간
- **불필요한 운반**: 잘못된 설비배치, 조정 부족 및 잘못된 작업장 조직으로 인한 자재의 중복 이동
- **과잉 처리**: 잘못된 설계 또는 부적절한 프로세스 정비로 인한 추가 노동시간 또는 기계시간
- **과잉 재고**: 큰 로트 크기, 잘못된 예측, 또는 부적절한 생산계획으로 인한 과잉 재고
- **불필요한 동작**: 작업자의 낭비적인 움직임 또는 자재를 가져오기 위한 추가 걸음
- **불량**: 불량품 생산에 들어간 자재 · 노동 및 생산능력, 불량품 선별작업, 또는 품질보증비용

출처: Ohno(1988).

인식, 개발 및 활용하지 못하는 데서 비롯된다. 이러한 낭비의 요인으로는 잘못된 채용 및 훈련, 높은 이직률, 사람을 존중하지 않는 조직문화 등이 있다.

린 사고의 두 번째 원리는 각 제품이나 서비스에 대해 프로세스의 가치흐름을 파악, 연구 및 개선하는 것이다. 가치흐름이란 제품의 완성이나 서비스의 전달을 위한 모든 처리 단계와 과업을 말한다. 따라서 가치흐름에는 가치를 부가하는 처리 단계와 과업 그리고 가치를 부가하지 않는 처리 단계와 과업이 모두 포함되어 있다. 가치흐름의 연구 목적은 가치를 부가하지 않는 처리 단계와 과업을 제거하는 데 있다.

가치흐름의 분석에는 프로세스의 가치흐름을 가시적으로 보여주는 **가치흐름도**(value stream map)가 사용된다. 가치흐름도는 프로세스의 시작과 종료 시점, 두 시점 사이의 단계와 과업, 그리고 프로세스에 대한 관련 성과정보를 보여준다. 예를 들면, [그림 14-1]은 한 병원에서 환자의 흐름을 단순화하여 보여주는 가치흐름도이다. 가치흐름도를 잘 관찰하고 "왜 이 단계나 과업은 고객에게 가치를 창출하는 데 필요한가?"라는 질문을 하고 답을 해보면 프로세스를 개선할 수 있다. 즉, 불필요하거나 가치를 부가하지 않는 처리 단계와 과업을 제거함으로써 고객에게 제공되는 제품이나 서비스의 가치를 높일 수 있다.

그림 14-1 병원에서의 가치흐름도(현재 상태)

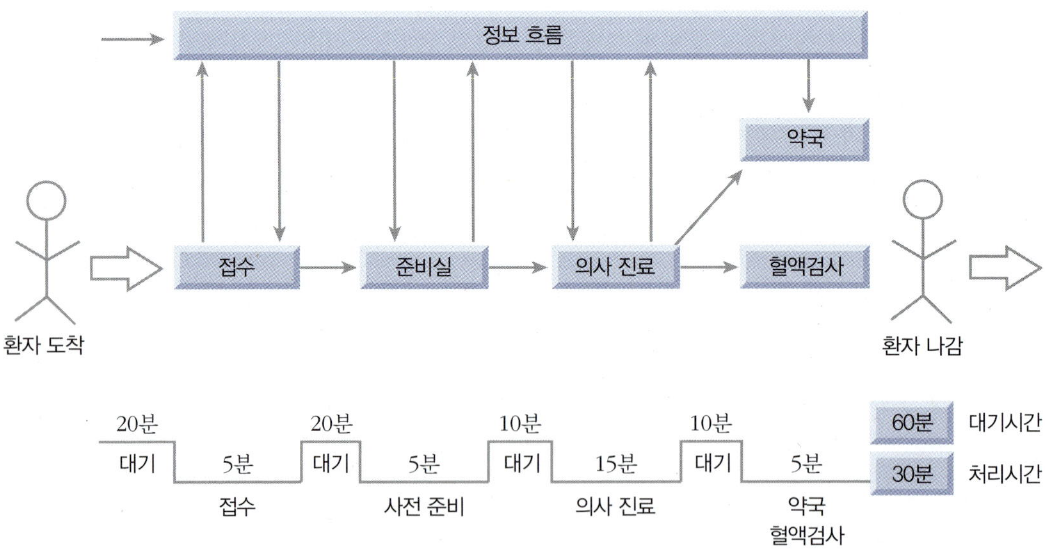

출처: Busell, Mobley, and Shelest(2002)

린 사고의 세 번째 원리는 프로세스 내의 흐름을 단순하고, 원활하며, 실수가 없게 함으로써 낭비를 피하는 것이다. 이는 [그림 14-2]로 설명될 수 있다. 이 그림에서 생산은 개천의 흐름으로 간주되고, 수위(水位)는 원자재, 재공품 및 완제품의 재고로 간주된다. 개천 바닥의 돌들은 품질, 공급자, 납품, 기계 고장 등과 관련된 문제들을 나타낸다. 전통적인 접근법은 돌들을 덮을 수 있을 만큼 충분한 양의 물이 흐르게 하는 것이다. 즉, 여러 가지 문제들을 덮을 수 있도록 충분히 많은 양의 재고를 유지하는 것이다. 린 사고는 이와는 정반대이다. 개천의 수위(재고)를 낮추어 돌들이 드러나게 한다. 드러난 돌들을 분쇄하면(문제 해결) 수위가 더 낮아져 더 많은 돌들이 드러난다. 이 돌들을 또 분쇄하면(문제 해결) 수위는 더욱 낮아진다. 이와 같은 과정은 모든 돌들이 자갈이 되어 낮은 수위에서 흐름이 원활해질 때까지 계속된다. 이 비유에서 재고는 일종의 낭비일 뿐만 아니라 재고 외의 또 다른 낭비를 초래하는 문제들을 감추게 한다.

단순하고, 원활하며, 실수가 없는 흐름이란 생산흐름이 단순하고, 막힘이 없으며, 매번의 생산이나 고객에 따라 변하지 않음을 의미한다. 이렇게 생산흐름이 예측 가능하게 되면 정확하고 적절한 자원(노동력과 장비)을 각 생산단계에 투입할 수 있다. 이런 흐름을 위해서는 작업자는 자신의 작업과 그 다음 작업 및 그 이전 작업과의 관련성을 반드시 이해해야 한다. 이렇게 프로세스에서의 연결이 직접적이고 명확해지면 프로세스 내에서 누가 어떤 작업을 수행해야 하는지가 확실해진다.

그림 14-2 단순하고, 원활하며, 낭비가 없는 흐름: 개천의 비유

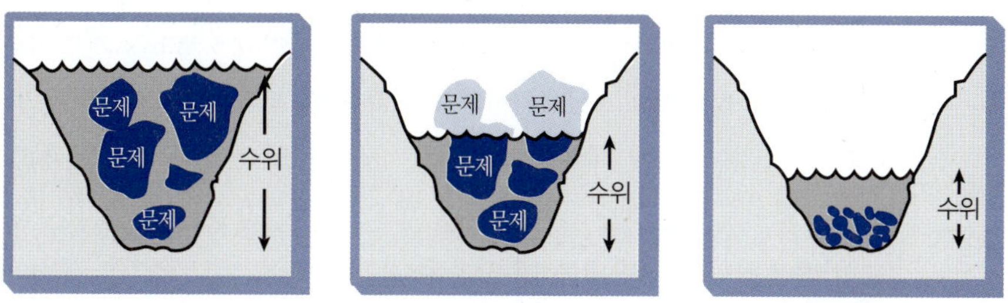

원래의 상태
(재고로 문제를 덮음)

수위를 낮춤
(문제 노출)

원활한 물의 흐름
(문제 해결)

출처: Schroeder, Goldstein, and Rungtusanatham(2013), p. 139.

단순하고, 원활하며, 실수가 없는 흐름의 확보라는 목표는 공급자에게까지 확장될 수 있다. 린 제조에서 작업자와 공급자는 모두 다음 생산 프로세스를 지원하기 위해 좋은 품질의 부품을 적시에 생산해야 한다. 작업자와 공급자는 이러한 생산에서의 책임뿐만 아니라 생산 프로세스를 개선해야 하는 책임도 지고 있다. 왜냐하면 작업을 수행하는 작업자와 부품을 공급하는 공급자가 자신의 작업에 대해 가장 잘 알고 있고, 따라서 어떻게 하면 작업의 수행방법을 개선할 수 있는지도 가장 잘 알고 있기 때문이다. 생산 프로세스는 품질팀, 제안제도 및 기타 형태의 작업자 및 공급자 참여제도를 통해 개선된다. 이와 같이 린 사고는 작업자와 공급자의 능력을 최대한 활용하도록 요구한다.

린 사고의 네 번째 원리는 고객의 주문만큼만 생산한다는 것이다. 이 원리를 따르기 위해서는 전통적인 대량생산의 '푸시(push) 사고'를 린 생산의 '풀(pull) 사고'로 바꾸어야 한다. **푸시 사고**에서는 부정확한 예측에 의한 계획에 따라 수요에 앞서 제품이나 서비스를 생산한다. 이와 반대로 **풀 사고**에서는 최종 고객으로부터 주문이 들어올 때까지는 생산을 하지 않는다. 최종 고객으로부터 주문이 들어오면 무엇을 얼마만큼 생산하고 또 언제 납품해야 하는지를 생산의 각 단계와 공급자에게 시각적으로 알린다. 각 작업장은 다음 작업장의 요구가 있을 때에만 생산을 한다. 따라서 생산시스템 전체적으로 재고가 최소화된다.

린 사고의 다섯 번째 원리는 완벽을 추구하는 것이다. 여기서 **완벽**이란 고객의 요구를 충족시키는 제품이나 서비스를 신속히 또는 정시에 제공하는 것을 의미한다. 완벽 추구는 모든 프로세스의 지속적 개선을 요구한다. 지속적 개선이 이루어지면 고객에게 더 많은 가치를 제공할 수 있다. 고객의 요구가 변하면 가치의 개념도 변하고 이에 따라 완벽의 개념도 변한다. 따라서 개선에는 끝이 없다.

린 사고에 사용되는 단순하면서도 유용한 기법이 **5 Whys** 기법이다. 이 기법은 원래 도요타의 창업자인 도요타 사키치가 주창한 것으로서 관찰된 문제(예를 들면, 제품불량, 납품 지연 등)에 대한 인과관계를 체계적으로 찾아가는 문제해결기법이다. 이 기법은 적어도 5번 '왜?'라는 질문을 함으로써 관찰된 문제가 다시는 발생하지 않도록 그 근본원인을 찾아내는 데 사용된다.

린 사고에 유용한 또 다른 기법이 5S이다. 이는 작업자의 사기, 환경적 안전 및 프로세스 효율을 향상시키도록 작업장을 조직하는 기법이다. 이 기법의 이름인 5S는 5개의 일본 용어를 영어로 발음할 때와 번역할 때 첫 글자가 모두 S이기 때문에 붙여진 것이다. 5S의 내용은 〈표 14-2〉와 같다. 5S 기법에는 작업장이 잘 조직되면 물건

표 14-2 5S

일본 용어 발음	번역	의미
Seiri	정리 (Sort)	물건(도구, 부품, 자재 및 서류철 등)을 필요한 것과 불필요한 것으로 분류하여 불필요한 것은 버린다.
Seiton	정돈 (Straighten)	필수적인 것들을 찾기 쉽게 작업장을 정돈한다.
Seiso	청소 (Shine or Sweep)	작업장을 매일 청소하고 씻고 닦는다.
Seiketsu	청결(표준화) (Standardize)	정리-정돈-청소의 실시 일정과 방법을 확립하여 항상 청결을 유지한다.
Shitsuke	습관화 (Sustain)	정리-정돈-청소-청결을 습관화한다.

출처: Schroeder, Goldstein, and Rungtusanatham(2013), p. 141.

(예를 들면, 도구나 서류철)을 찾는 데 시간을 낭비하지 않고 잘못 놓인 물건도 쉽게 알 수 있다는 믿음이 깔려 있다. 5S 기법은 어떤 물건을 어디에, 어떻게 보관해야 하는지를 작업자 스스로가 결정하게 함으로써 작업자에게 주인의식을 고취시키고, 작업의 표준화를 용이하게 하며, 안전한 작업환경을 만들고, 프로세스가 지나치게 복잡해지지 않도록 한다.

3 린 생산시스템

린 사고를 채택한 시스템을 **린 시스템**(lean system)이라고 한다. 그리고 린 시스템이 제조에 적용될 때 이를 **린 생산시스템**(lean production system)이라고 한다. 린 생산시스템은 로트 크기, 일정계획, 품질, 설비배치, 공급자 관계, 노사관계 등 공장 운영의 모든 측면에 영향을 미친다. 또한 이러한 영향 때문에 린 사고는 엔지니어링, 마케팅, 인사, 재무 등 제조기업의 모든 다른 기능에도 영향을 미친다.

[그림 14-3]은 린 사고가 제조 활동의 여러 측면에 미치는 영향을 보여주고 있다. 여기서 가장 중요한 점은 린 사고의 5가지 원리에 입각한 경영자와 작업자의 문제

그림 14-3 린 생산시스템

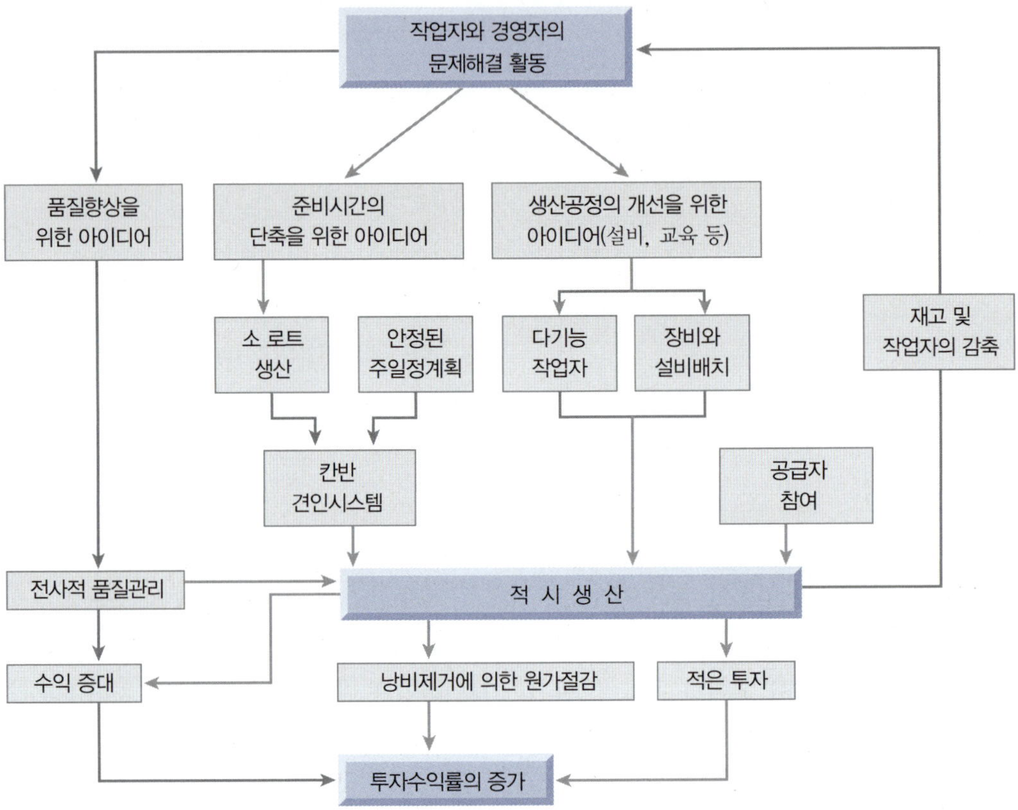

출처: Schonberger(1982), p. 26.

해결 활동이 전체 린 생산시스템을 움직여 간다는 것이다. 그 결과 수익증대, 원가절감 및 적은 투자를 통해 투자수익률이 향상된다. 다음 절부터는 [그림 14-3]에서 제시된 대로 린 사고가 제조 활동의 여러 측면에 미치는 영향을 자세하게 살펴본다.[4]

4) 다음 절부터 시작되는 린 생산시스템의 여러 측면을 살펴본 다음, 다시 [그림 14-3]으로 돌아와서 전체적으로 린 생산시스템을 정리해 볼 것.

4 주일정계획의 안정화

린 생산시스템에서 최종 제품이 어떻게 생산되는지를 살펴보기로 하자. 린 생산시스템에서 주일정계획, 즉 최종 조립계획은 생산부하가 일정하도록(즉, 각 기계나 작업자에게 매일 거의 같은 작업량이 할당되도록), 월간, 주간 및 일간 수준으로 수립된다. 주일정계획은 생산, 구매 및 생산능력의 변경에 소요되는 리드타임을 감안하여 가능하면 1~2개월 전에, 늦어도 1주일 전에는 확정되어야 한다.

예를 들어 도요타의 다음 달 생산계획은 매주 캠리(C) 2,000대, 아발론(A) 1,500대, 라브(R) 1,000대, 총 4,500대를 생산하게 되어 있다고 하자. 주당 작업일수는 5일이며, 매일 2교대로 작업한다고 하자. 일간 생산계획은 각 모델을 주간 생산계획량의 1/5씩 평준화하여 생산하는 것이다. 즉, 하루에 캠리 400대, 아발론 300대, 라브 200대, 총 900대를 생산한다. 하루 2교대로 작업하니, 교대마다 캠리 200대, 아발론 150대, 라브 100대, 총 450대를 생산한다. 480분(8시간)의 1교대에 총 450대를 생산하려면 매 1.067분(=480÷450)마다 한 대씩 생산해야 한다. 이 1.067분, 즉 64초가 **타크트 타임**(takt time)이며, 이는 생산율을 시장의 수요율에 맞추기 위한 생산속도를 나타낸다.[5)]

전통적인 대(大) 로트 생산 방식에서는 모델별로 하루 분 요구량을 한꺼번에 생산한다. 즉, 교대조마다 캠리 200대, 아발론 150대, 라브 100대의 순서로 작업한다. 로트가 크면 평균 재고수준을 증가시킬 뿐만 아니라 조립라인에 부품을 공급하는 하위 작업장에게 수요를 뭉텅뭉텅 발생시킨다. 하지만 린 생산방식에서는 이렇게 하지 않는다.

린 생산방식으로 생산일정을 짜는 방법은 일본어로 **헤이준카**(평준화: heijunka)라는 개념을 토대로 한다. 헤이준카란 제품을 적절히 혼합하고 물량을 조절하여 생산부하를 평준화하는 방법을 가리킨다. 이 접근법에 따르면 고객들의 주문을 그대로 따라 제품을 생산하는 것이 아니라, 일정 기간의 주문량을 취합한 다음 평준화하여 매일 동일한 제품구성과 물량으로 생산한다.

헤이준카에 의해 생산일정을 짜는 데는 두 가지 대안이 있다. 첫 번째 대안은 평준화된 **혼류생산**(混流生産: mixed-model production)이다. 모델별 생산요구량

---

5) Takt는 독일어로서 음악의 박자를 의미한다.

을 최대공약수 50으로 나누어 보면, 생산요구량의 비율은 4 : 3 : 2가 된다. 캠리 4대, 아발론 3대, 라브 2대를 묶어서 9대로 생산주기를 구성하면 /CCCCAAARR/CCCCAAARR/…의 순서로 계속 생산된다. 이 경우 생산주기를 한 번 완료하는 데는 9.6분(=9×1.067분)이 걸리며, 매 교대조는 이런 생산주기를 50번(=480분÷9.6분) 반복하게 된다. 두 번째 대안은 **단일단위생산**(single-unit production)이다. 이 대안은 로트 크기를 1로 하여 C–R–C–A–C–A–C–R–A의 순으로 50회 반복하여 동일한 생산량을 얻는 것이다. 이 방식은 모델 간의 생산전환을 위한 준비시간이 매우 짧을 때에만 실행할 수 있다.

위의 예에서 보는 바와 같이 린 생산시스템에서는 시장의 평균 수요에 맞추어 일정하게 제품을 생산함으로써 재고를 최소화한다. 생산을 이와 같이 평준화하면 최종 조립라인을 지원하는 모든 작업장은 부품이나 구성품을 작은 로트로 생산할 수 있게 되고 생산부하가 일정하게 된다.

일단 주일정계획이 확정되면 이를 모든 사내 작업장과 공급자에게 보내어 이에 맞도록 작업자, 잔업, 하청 및 장비에 관한 생산능력계획을 세우게 한다. 이때 필요한 자원을 획득할 수 있도록 사내 작업장과 공급자에게 충분한 리드타임을 주어야 한다.

린 생산시스템에서는 일단 하루 생산할당량이 확정되면 초과생산이나 부족생산을 허용하지 않는다. 왜냐하면 생산은 수요를 적시에 충족시키도록 계획되어 있기 때문이다. 예를 들어, 하루 생산할당량이 7시간 만에 다 충족되면 생산은 중단되고, 작업자들은 기계를 정비하거나 품질분임조 모임을 갖는다. 반대로 생산량이 목표량에 미달하면 그날 바로 잔업을 하여 부족량을 채운다. 이는 교대 사이에 어느 정도의 여유시간을 둔 교대작업계획에 의해 이루어진다. 예를 들면, 2교대 작업시간을 오전 7시~오후 3시와 오후 5시~다음날 오전 1시로 하고, 교대 사이의 여유시간에 기계의 정비와 잔업이 계획된다. 이와 같이 린 생산시스템에서는 매일 필요한 양을 정확하게 생산한다. 따라서 주일정계획은 일 기준으로 볼 때 고객의 평균 수요와 거의 비슷하다. 이렇게 하면 생산이 수요와 거의 일치하기 때문에 완제품 재고가 최소화된다. 또한 이런 유형의 안정된 주일정계획은 모든 사내 작업장과 외부 공급자에 대한 수요를 일정하게 하므로 재공품과 원자재의 재고도 감소한다. 이는 긴 준비시간 때문에 시장 수요와는 달리 생산 로트를 크게 하고, 그 결과 완제품, 재공품 및 원자재의 재고가 많아지는 전통적인 대량생산과는 대비되는 것이다.

5 칸반시스템

본절에서는 린 생산시스템에서 종속수요품목이 어떻게 생산되고, 어떻게 최종 조립라인까지 견인되는지를 살펴본다. 이는 칸반시스템에 의해 이루어진다. **칸반**(kanban)은 린 생산시스템에서 고객의 주문만큼만 생산한다는 린 사고의 원리를 지원하는 생산 허가와 자재 이동의 방법이다. 일본어로 칸반(看板)은 부품을 담은 컨테이너에 붙어 있는 표지(카드, 사인, 명판, 또는 기타 수단)로서 연속된 프로세스에서 프로세스 간 자재의 생산이나 이동을 지시하기 위해 사용된다. 생산 허가와 자재 이동을 통제하기 위하여 두 가지 유형의 칸반카드가 사용된다. 하나는 **생산칸반**(production kanban)이고, 다른 하나는 **인출칸반**(withdrawal kanban)이다.[6] 이와 같은 칸반카드들은 생산 허가와 자재 이동 그리고 컨테이너에 들어 있는 부품을 확인하는 데 사용된다. 칸반카드는 종이, 금속 또는 플라스틱으로 만들어지며, 일반적으로 [그림 14-4]와 같은 정보를 담고 있다. 칸반카드는 전통적인 반복 대량생산에서 사용되는 서류작업을 대신한다.

그림 14-4 칸반카드

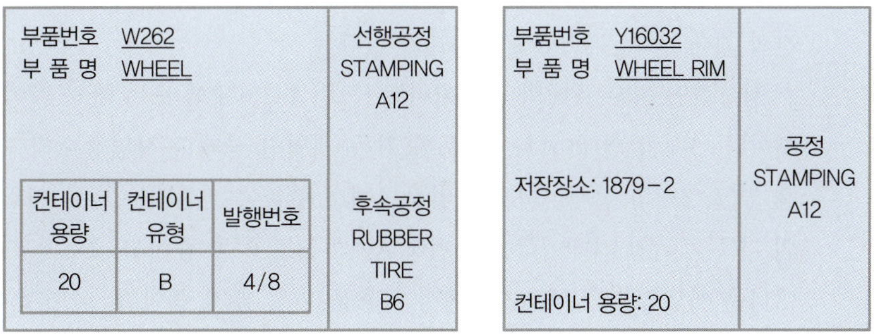

인출칸반 생산칸반

출처: Schroeder, Goldstein, and Rungtusanatham(2013), p. 145.

6) 도요타는 두 가지 칸반을 사용하지만, 단일 칸반시스템을 사용할 수도 있다. 또한 모든 린 생산시스템에서 칸반을 쓰는 것은 아니다. 그러나 린 생산시스템을 채택하고 있는 많은 기업들은 칸반과 같은 역할을 수행하는 여러 가지 형태의 자재통제수단(예를 들면, 공장 바닥에 재공품이 놓이는 자리를 표시한 kanban square)을 사용하고 있다.

칸반시스템(kanban system)은 한 작업장에서 다음 작업장으로 부품을 적시에 끌어가기 위해 사용되는 칸반카드와 컨테이너로 구성된 단순하고 가시적인 부품 인출 시스템이다. 칸반시스템의 목적은 부품이 더 필요하다는 신호를 보내고, 다음 단계의 작업장을 지원하도록 부품이 적시에 생산되도록 하는 데 있다. 부품은 작은 컨테이너에 담겨지며, 단지 일정한 수의 컨테이너만 사용된다. 모든 컨테이너가 채워지면 생산을 중단하고 그 부품을 쓰는 다음 작업장으로부터 빈 컨테이너가 돌아올 때까지 더 이상 부품을 생산하지 않는다. 따라서 재공품 재고는 컨테이너의 수만큼 제한되며, 부품은 단지 필요할 때에만 공급된다.

최종 조립계획에 의해 부품들은 한 작업장에서 다음 작업장으로 생산 요구를 적시에 충족시키도록 견인된다. 최종 조립라인만이 생산계획부서로부터 생산계획을 전달받으며, 이 계획은 매일 거의 비슷하다. 사내의 모든 다른 작업장과 공급자는 후속 작업장으로부터 칸반카드에 의해 생산주문을 받는다. 만약 한 작업장이 기계 고장이나 품질 등의 문제로 생산을 중단하면, 선행 작업장들은 칸반 주문을 받지 못하므로 모든 컨테이너가 채워지면 역시 생산을 중단하게 된다. 칸반시스템은 모기업 공장의 요구에 의해서만 자재를 납품하도록 공급자에게까지 확대 적용된다.

칸반시스템이 어떻게 작동되는지를 보기 위해 작업장 A와 B(A가 B에 공급) 사이에 8대의 컨테이너가 사용되며, 각 컨테이너는 정확하게 20개의 부품을 담을 수 있다고 가정하자. 모든 컨테이너가 채워지면 작업장 A의 생산은 중단되므로 두 작업장 간의 최대 재고는 160(=8×20)개가 된다.

정상적인 경우, 8대의 컨테이너는 [그림 14-5]에서 보는 바와 같이 분포되어 있을 것이다. 3대의 컨테이너는 부품이 가득 채워진 상태로 작업장 A의 산출지역에 위치해 있고, 1대의 컨테이너는 작업장 A에서 부품이 생산되는 대로 채워지고 있다. 1대의 가득 채워진 컨테이너는 작업장 A에서 B로 이동 중이고, 2대의 가득 채워진 컨테이너는 작업장 B의 투입지역에서 사용을 위해 대기 중이며, 나머지 1대의 컨테이너는 작업장 B의 생산을 위해 사용되고 있다.

컨테이너가 한 번에 1대씩 이동된다고 가정할 때 칸반시스템은 다음과 같이 운영된다. 작업장 B에서 컨테이너 1대분의 부품을 다 쓰고 나면 빈 컨테이너와 인출칸반을 작업장 A로 가지고 간다. 부품이 가득 찬 컨테이너에 부착된 생산칸반을 떼어내고 대신 인출칸반을 붙인다. 떼어낸 생산칸반을 작업장 A에 있는 생산칸반걸이에 둠으로써 한 컨테이너분의 부품을 다시 생산하도록 허가한다. 그리고 가져간 빈 컨테이너를

그림 14-5 칸반시스템

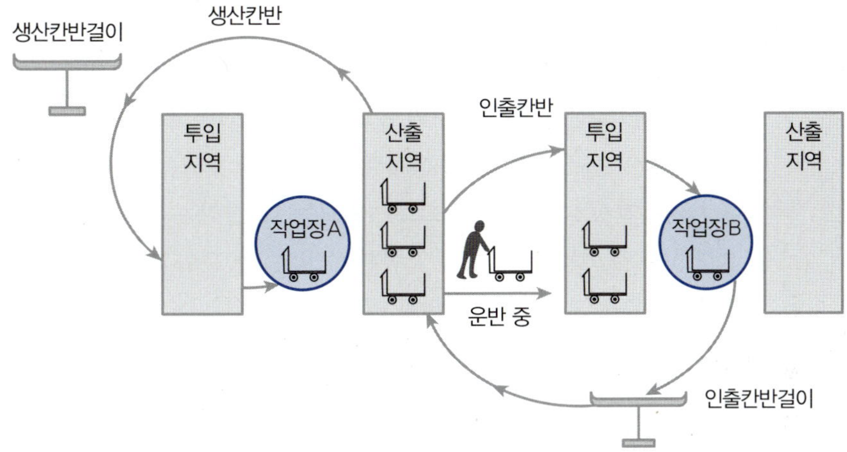

출처: Schroeder, Goldstein, and Rungtusanatham(2013), p. 144.

작업장 A에 두고, 부품이 가득 찬 컨테이너를 작업장 B의 투입지역으로 끌고 온다. 다시 한 컨테이너분의 부품을 다 쓰고 나면 빈 컨테이너와 인출칸반을 작업장 A로 가지고 간다. 이와 같은 주기가 계속 반복된다.

칸반시스템은 가시적인 특성을 가지고 있다. 모든 부품은 일정한 크기의 컨테이너에 담긴다. 빈 컨테이너가 누적되면 생산 작업장의 생산이 늦어지고 있음을 당장 알 수 있다. 반면에 모든 컨테이너가 채워지면 생산은 중단된다. 생산 로트의 크기는 정확하게 컨테이너 1대분의 부품이다.

한 작업장의 운영에 필요한 컨테이너의 수는 후속 작업장의 수요율, 컨테이너의 크기 및 컨테이너의 순환시간의 함수이며 다음 공식에 의해 결정된다.

$$n = \frac{DT}{C}$$

여기서 n = 컨테이너의 총수

D = 생산된 부품을 사용하는 후속 작업장의 수요율

C = 컨테이너의 크기, 즉 컨테이너 1대에 담을 수 있는 부품의 수 (보통 일간 수요의 10% 미만)

T = 컨테이너 1대가 한 번 순환하는 데 걸리는 시간, 즉 부품을 채우고, 기다리고, 이동하여, 사용되고, 다시 돌아올 때까지 걸리는 시간(리드타임이라고 함)

예를 들어, 다음 작업장에서의 부품 수요율은 1분당 2개라고 하고, 컨테이너 1대에 담을 수 있는 부품의 수는 25개라고 하자. 그리고 컨테이너 1대가 작업장 A에서 작업장 B로 가서 다시 작업장 A로 돌아오는 데 걸리는 리드타임(즉, 준비시간, 생산시간, 대기시간 및 이동시간을 모두 포함한 시간)은 100분이라고 가정하자. 그러면 필요한 컨테이너의 수는 다음과 같이 8대가 된다.

$$n = \frac{DT}{C} = \frac{2 \times 100}{25} = 8(\text{대})$$

모든 컨테이너가 채워지면 생산은 자동적으로 중단되므로 최대 재고는 다음과 같다.

$$\begin{aligned} \text{최대 재고} &= (\text{컨테이너의 총수}) \times (\text{컨테이너의 크기}) \\ &= nC \\ &= DT \end{aligned}$$

따라서 위의 예에서 최대 재고는 $nC = 8 \times 25 = 200$(개)가 된다(평균 재고는 최대 재고의 1/2인 100개).

위의 식에서 보는 바와 같이 재고는 컨테이너의 수나 크기를 줄임으로써 감소될 수 있다. 이는 준비시간, 생산시간, 대기시간 및 이동시간으로 구성된 컨테이너의 순환시간, 즉 리드타임을 줄임으로써 달성된다. 컨테이너의 리드타임을 구성하는 준비시간, 생산시간, 대기시간 및 이동시간 중 어느 것이라도 단축되면 칸반카드의 수와 이에 해당되는 만큼의 컨테이너 수를 줄일 수 있다. 린 생산시스템에서는 지속적 개선을 통해 컨테이너의 리드타임을 단축시켜 재고를 감소시킨다.

[그림 14-6]에서 보는 바와 같이 완전한 칸반시스템은 공장 내의 모든 작업장을 연결시킬 수 있고, 더욱이 공장과 공급자도 연결시킬 수 있다. 이러한 완전한 칸반시스템에서는 모든 자재가 최종 조립계획에 의해 최종 조립라인까지 연속적으로 끌려오게 된다.

그림 14-6 완전한 칸반시스템

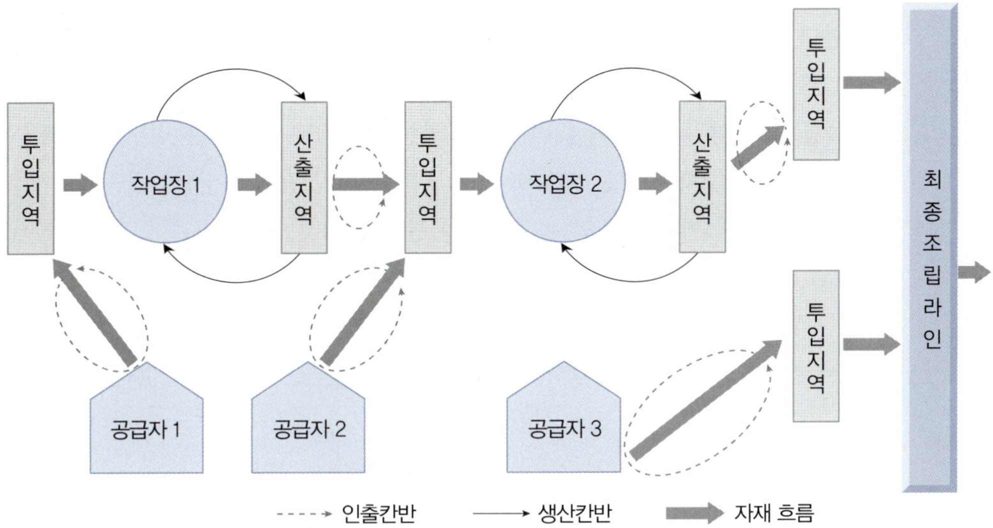

출처: Schroeder, Goldstein, and Rungtusanatham(2013), p. 146.

6 준비시간과 로트 크기의 감축

준비시간(setup time)이란 새로운 로트나 뱃치를 생산하기 전에 기계설비를 이에 맞도록 조정하는 비생산시간을 말한다. 준비시간의 단축은 가용 생산능력을 증가시키고, 일정계획의 변경에 대처하는 유연성을 높이며, 재고를 감소시키기 때문에 린 생산시스템에서 매우 중요하다. 준비시간이 0에 접근하면 이상적인 1단위 로트 크기가 가능해진다.

제12장에서 경제적 로트 크기(EOQ) Q^*는 다음과 같이 결정되었다.

$$Q^* = \sqrt{\frac{2DS}{H}}$$

여기서 D = 연간 수요
S = 준비비용
H = 연간 단위당 재고유지비용

위의 식에서 준비시간이 단축되면 준비비용 S가 줄어들고 따라서 경제적 로트 크기 Q^*가 줄어든다. 한편 평균 재고수준은 $Q^*/2$이므로 Q^*가 줄어들면 재고수준 또한 감소한다. 그러므로 준비시간이 0에 접근하면 이상적인 1단위 로트 크기가 가능해진다.

이상의 논리를 그림으로 나타내 보면 [그림 14-7]과 같다. 전통적인 접근법에서는 [그림 14-7]의 (a)와 같이 준비비용을 일정한 고정비로 보고 준비비용과 재고유지비용의 합을 최소화하도록 로트 크기를 결정한다. 반면에 린 생산 접근법에서는 준비비용을 하나의 변수로 보고 준비시간의 단축을 통해 준비비용을 줄임으로써 [그림 14-7]의 (b)와 같이 로트 크기와 총비용을 줄여나간다.[7]

전통적인 대량생산에서는 단위당 생산시간의 단축에만 관심을 쏟고 준비시간에는 그다지 관심을 기울이지 않았다. 물론 1회 생산기간을 길게 하여 많은 양을 생산해야 하는 경우에는 당연히 생산시간이 준비시간보다 더 중요하다. 그러나 가장 좋은 방법은 준비시간과 생산시간 양쪽을 모두 단축시키는 것이다.

그림 14-7 로트 크기에 대한 전통적 접근법과 린 생산 접근법

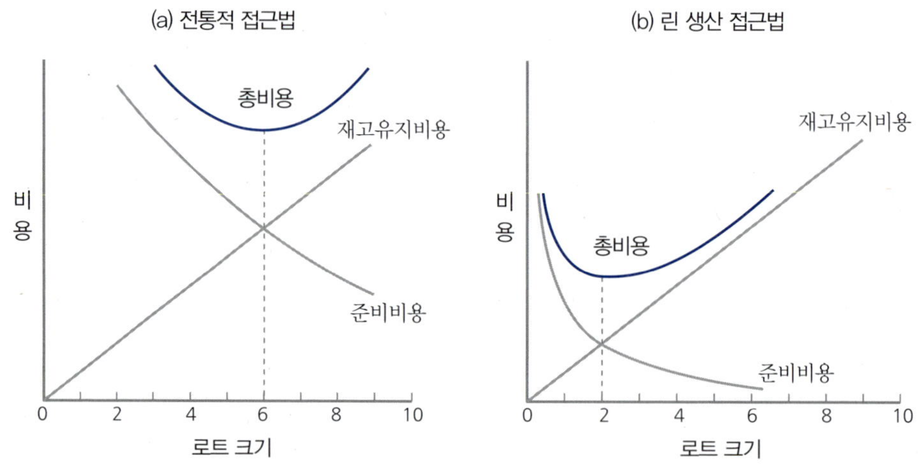

7) Porteus(1985), Zangwill(1987) 및 이상범(1992)은 준비비용의 감소가 어떻게 재고수준과 총비용을 줄이는가를 분석적으로 규명하였다. 나아가 이상범(1992)은 비록 EOQ모형은 둔감하여 준비비용의 감소가 로트 크기, 평균 재고수준 및 총비용을 줄이는 정도는 처음에는 크지 않지만, 준비비용이 감소함에 따라 그 효과는 빠른 속도로 커짐을 증명하였다. 이는 왜 많은 기업들이 준비시간을 대폭 줄이려고 노력하는지에 대한 해답이 된다.

준비시간의 단축은 엄청난 효과를 가져 온다. 예를 들면, 미국의 GM(General Motors)은 대형 펀치 프레스(punch press)에서 형판(型板: die)을 바꾸는 데 소요되는 시간을 6시간에서 18분으로 단축하였더니 재고는 100만 달러에서 10만 달러로 대폭 줄어들었으며, 리드타임이 단축되고, 생산능력의 이용률도 대폭 향상되었다(Schroder et al. 2013, p. 147).

많은 기업들은 준비시간을 10분 이내의 한 자리 숫자(single setups)로 줄이려고 노력하고 있으며, 이것이 달성되면 다시 1분 이내(one-touch setups)로 단축시키려고 한다. 이와 같은 준비시간의 단축은 다음과 같은 2단계 과정을 통해 달성된다. 먼저 준비 활동을 내부 준비(internal setup)와 외부 준비(external setup)로 구분한다. 여기서 **내부 준비**란 기계의 가동 중단을 요구하는 준비 활동을 의미하며, 반면에 **외부 준비**란 기계를 가동하면서도 수행될 수 있는 준비 활동을 말한다.[8] 다음은 가능한 많은 내부 준비를 외부 준비로 전환시킨다. 이는 기계설비의 재설계, 도구 및 공구 개량, 형판 개량, 작업방법의 개선 등을 통해 이루어진다. 예를 들면, 기계 안쪽과 바깥쪽에 각각 하나씩 장착하는 두 세트의 형판, 재빠른 조정, 도구 및 공구의 교묘한 설계 등을 들 수 있다. 이렇게 해서 내부 준비가 최소화되면 기계가 멈추었을 때 새로운 제품으로의 생산전환이 신속하게 이루어진다.[9]

준비시간의 단축은 여러 제품 모델을 같은 생산라인에서 생산할 때 특히 유용하다. 앞의 주일정계획의 안정화에서 시장의 수요율에 맞추기 위해 어떻게 여러 모델의 생산순서를 결정하는지를 살펴보았다. 이러한 린 생산시스템에서의 생산순서는 모델 간 준비시간이 0에 가깝도록 매우 짧다는 것을 전제로 한다.

---

8) 야구에 비유하면, 다음 타자가 타석에 나가기 전에 대기 타석에서 워밍업하는 것이 외부 준비이다.

9) 신속한 전환의 가장 좋은 예는 자동차 경주이다. 경주용 차량은 짧은 정차시간에 잘 훈련된 정비사들이 전문화된 도구와 장비를 이용하여 재빨리 연료를 주유하고, 타이어를 교체하며, 앞 유리를 세척한다.

7 설비배치와 설비정비

린 생산시스템은 설비배치와 설비정비에도 영향을 미친다. 로트 크기가 줄어들고, 재고가 공장 바닥에 바로 놓이며, 자동화가 가능하도록 문제점들이 지속적으로 해결되기 때문에 공장은 보다 유선형의 흐름을 가지며 또한 자동화된다. 더욱이 재고가 몇 시간 또는 며칠분 정도로 낮게 유지되기 때문에 저장 공간이 줄어들고, 이에 따라 공장의 크기가 크게 줄어든다. 린 생산방식의 공장면적은 전통적인 공장면적의 1/3 정도에 불과하다고 한다.

[그림 14-8]은 설비배치에 대한 린 생산시스템의 영향을 잘 보여주고 있다. 이 그림의 (a)는 전형적인 대량생산의 설비배치를 나타내고 있다. 여기서는 공급자가 자재를 창고로 납품하며, 어떤 생산단계가 끝난 후의 부품도 일시적으로 창고에 보관된다. [그림 14-8]의 (b)는 린 생산시스템이 도입된 후의 설비배치를 나타낸다. 여기서는 모든 창고가 제거되고 재고가 현장 바닥에 바로 놓이게 된다. [그림 14-8]의 (c)는 **그룹 테크놀로지**(group technology) 또는 **셀룰러 제조**(cellular manufacturing)를 이용한 린 설비배치이다. 이 경우에는 부품들이 한 작업장에서 다음 작업장으로 원활하게 흘러갈 수 있도록 모든 작업장들이 재정비된다. 또한 부품들이 한 작업장에서 다음 작업장으로 바로 흘러가기 때문에 작업장 간의 재고보관지역들은 대부분 제거된다. 이와 같이 린 생산시스템에서는 셀룰러 제조와 유선형 설비배치를 추구한다.

린 생산시스템에서는 재고수준이 최소화되어 있으므로 고장이나 기능 불량으로 생산 흐름이 중단되지 않도록 기계설비는 언제나 최상으로 정비되어 있어야 한다. 린 생산시스템에서는 기계설비의 신뢰성이 항상 유지될 수 있도록 정기적인 검사와 수리가 실시되는 **예방정비**(preventive maintenance)가 강조된다.[10] 이러한 예방정비의 대부분은 작업자들에 의해 수행되며, 정비시간은 교대시간 사이에 주어진다.

---

10) 기계설비에 대한 정비(또는 보전) 활동은 예방정비(preventive maintenance)와 고장정비(breakdown maintenance)로 구분할 수 있다. 예방정비란 고장이 나기 전에 실시하는 일상적인 검사나 서비스와 같은 정비활동을 말하며, 큰 가동문제를 사전에 방지할 수 있도록 잠재적인 고장요인들을 파악하여 소폭의 조정이나 수리를 하도록 계획된다. 이에 비해 고장정비란 보통 긴급의 성격을 띠며, 기계설비를 고장이 날 때까지 사용하고 고장이 나야만 완전 수리 또는 교체를 하는 정비활동을 말한다.

그림 14-8 린 방식과 그룹 테크놀로지에 의한 설비배치의 개선

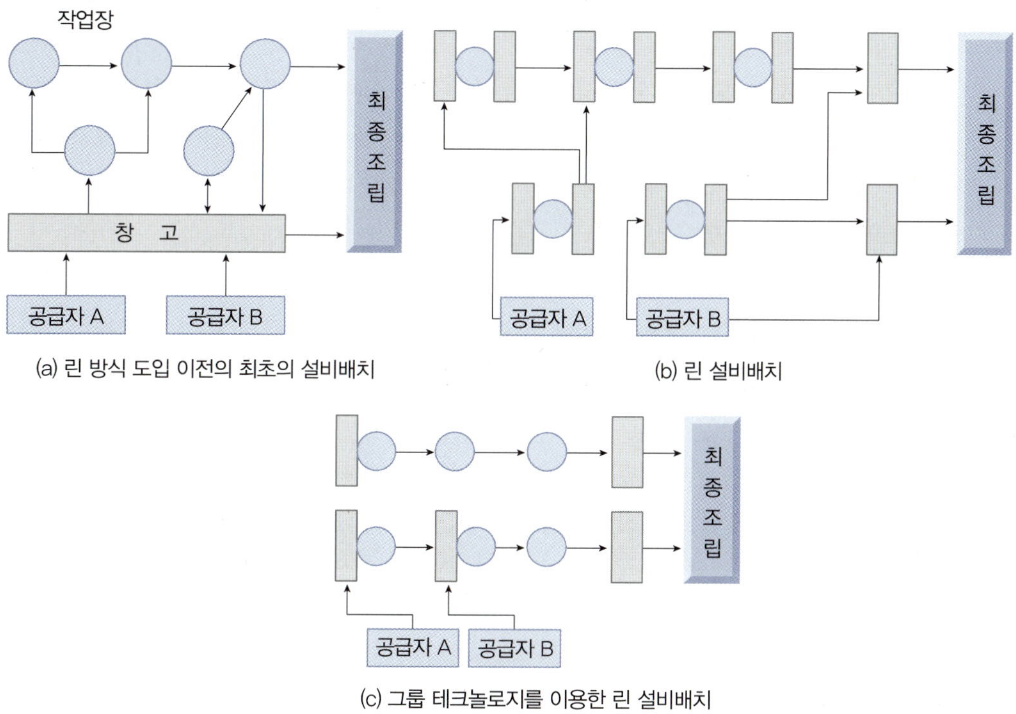

출처: Schroeder, Goldstein, and Rungtusanatham(2013), p. 149.

8 작업자에 대한 영향

린 생산시스템은 전통적인 제조방식에 비해 훨씬 폭 넓은 기술을 가진 **다기능 작업자**(multi-function worker)를 요구한다. 대부분의 경우, 각 작업자는 필요한 부품을 만들기 위해 한 기계에서 다음 기계로 옮겨 다니면서 한 그룹의 여러 기계를 다룰 수 있어야 한다. 부품 생산은 필요하지 않으면 중단되어야 하므로 작업자는 기계의 가동을 멈추고 부품 생산이 필요한 다른 작업장으로 옮겨 작업할 수 있어야 한다. 또한 작업자는 기계의 가동준비, 일상적인 기계정비 및 부품의 품질검사도 할 수 있어야 한다. 따라서 인사부서는 작업자에게 여러 분야에 걸쳐 다양한 기술을 교육시켜야

한다. 즉, 교차 훈련(cross-training)을 시켜야 한다. 교차 훈련된 작업자는 생산시스템에 유연성을 제공한다.

작업인력의 유연성을 확보하기 위해서는 보수시스템과 보상제도가 바뀌어야 한다. 전통적으로 보수는 연공서열과 기술수준에 의해 결정된다. 그러나 린 생산시스템에서는 작업자가 수행할 수 있는 작업의 수에 따라 보수가 결정되는 새로운 보수시스템이 요구된다. 이렇게 하면 작업자가 더 많은 기술을 배우고 보다 유연성을 갖도록 동기부여를 할 수 있다.

노동조합이 결성되어 있는 기업이 린 생산시스템을 구축하려면 특별한 노력이 필요하다. 노동조합은 보통 기술에 따라 조직되며, 작업인력의 유연성을 좋아하지 않는다. 따라서 경영자는 린 시스템에 필요한 작업인력을 개발할 수 있도록 노동조합과 긴밀히 협력해야 한다.

린 생산시스템에서 작업자와 엔지니어는 문제해결 활동에 적극적으로 참여해야 한다. 이를 위해 린 생산시스템에서는 품질팀(또는 품질분임조)과 제안제도가 사용된다. 린 생산시스템에서는 문제를 덮어줄 재고가 없으므로 생산현장에서 발생하는 문제의 해결에 모든 작업자들이 적극적으로 기여할 수 있도록 참여와 협력의 분위기가 조성되어야 한다.

작업자들의 충분한 이해와 협조가 없으면 린 생산시스템은 실행될 수 없다. 따라서 경영자는 작업자들이 새로운 역할을 이해하고 린 방식의 생산을 수용하도록 해야 한다. 지금까지 설명한 바와 같이 린 생산시스템에서는 많은 변화가 요구되므로 린 생산시스템은 모든 관리자와 인사기능 및 작업자의 능동적이고도 전폭적인 지지가 없이는 성공할 수 없다.

9 품질 문제

고객에게 제공되는 제품이나 서비스의 가치는 좋은 품질을 전제로 하고 있으므로 린 생산시스템에서 품질은 매우 중요하다. 불량품은 낭비이고, 고객 불만족을 야기한다. 린 생산시스템에서는 실수를 덮어줄 재고가 없기 때문에 완벽한 품질이 요구된다.

린 생산시스템에서는 **원천적 품질 확보**(quality at the source)를 중요시한다. 원천적 품질 확보란 불량을 발생 장소에서 적발하고 고치자는 철학이다. 이를 위해서는 작업자는 자신의 산출물에 대해 품질을 스스로 검사하여 품질에 책임을 져야 하고, 불량품을 다음 작업장으로 보내지 않아야 한다. 작업자는 품질 등의 문제가 발생하면 버튼을 누르거나 줄을 당겨 시각적 신호를 보내고, 생산라인을 정지시켜야 한다.[11] 문제가 발생했을 때 생산라인을 스스로 정지시키고, 문제를 발생 장소에서 해결하는 제도를 **지도카**(自働化: Jidoka)라고 한다. 생산라인이 정지되면, 품질 문제는 즉시 공장 전체적인 관심을 모으게 되고 작업자들이 모여 함께 문제를 해결하게 된다. 이와 같이 린 생산시스템은 문제를 재고로 덮어두기 보다는 문제를 노출시켜 바로 시정하도록 설계되어 있다. 그 결과 프로세스와 품질의 지속적 개선이 가능해진다.

원천적 품질 확보를 위한 또 다른 방법으로는 포카요케(poka-yoke)가 있다. 일본어로 "실수를 피하는"이란 뜻을 가진 **포카요케**는 인간의 실수를 예방하고 교정함으로써 제품이나 서비스의 불량을 제거하자는 개념이다. 즉, 포카요케란 제품이나 서비스의 생산, 배송 또는 소비 중에 발생하는 실수를 예방하거나 또는 실수를 한눈에 쉽게 알 수 있게 하는 모든 메커니즘을 말한다. 예를 들어 모듈 제품을 생산하는 회사의 경우, 모듈 제품을 구성하는 부품들을 잘못 끼우면 조립이 되지 않게 설계하는 것이다. 자동차 연료 주입구 설계도 포카요케의 한 예이다. 휘발유 자동차는 연료주입구가 경유주유기의 노즐보다 작아서 경유를 주입하는 실수를 할 수 없고, 마개에 연결 줄이 있어서 주유 후에 마개를 잊고 갈 수가 없으며, 마개 안쪽의 톱니 때문에 너무 꽉 닫히지도 않고 적당히 조이게 된다. 또 도요타 공장에서는 조립 중인 모든 차량에 RFID칩을 부착하는데, 이 칩에는 각 작업 단계에서 끼울 볼트와 너트의 수가 모두 기록되어 있다. RFID에 기록된 수만큼 볼트와 너트를 끼우면 녹색 불이 들어오며, 그래야만 다음 단계로 이동할 수 있다.

---

11) 도움을 요청하기 위해 당기는 줄을 도요타 생산시스템에서는 '안돈 코드(andon cord)'라고 한다. 여기서 '안돈(andon)'이란 도요타 공장에 매달아 놓은 정보판을 가리키는데, 각 프로세스와 정상작동 여부를 램프로 표시한 것을 지칭한다.

10 공급자와의 관계

린 생산시스템은 공급자에 대해서도 근본적인 변화를 요구한다. 린 생산시스템에서 공급자는 내부의 작업장과 거의 비슷하게 취급된다. 공급자는 칸반카드와 전용 컨테이너를 받으며, 다음 생산단계에 적시에 자주 부품을 납품해야 한다. 공급자는 외부 공장 내지는 생산팀의 일원으로 간주된다. 이는 공급자를 적대자가 아닌 파트너로 생각하는 현대 공급사슬관리의 사고와 일치한다.

린 생산시스템에서 공급자는 모기업의 공장 근처에 위치하면서 매일 여러 번 부품을 납품해야 한다. 이를 공급자와 모기업의 **공동입지**(co-location)라고 한다. 멀리 위치한 공급자는 모기업의 공장 근처에 창고를 두고 부품을 한꺼번에 대량으로 창고로 보낸 다음, 모기업의 요구에 맞추어 소량으로 자주 납품하는 방식을 취할 수도 있지만 이는 결코 바람직하지 않다. 왜냐하면 공급경로에 너무 많은 재고가 쌓이게 되고 반응시간이 너무 길어지기 때문이다. 따라서 리드타임이 짧은 동일 지역 내의 공급자가 바람직하다.

린 생산시스템에서는 공급자에게 특정 납품시간이 주어진다. 예를 들면, 오전 8시, 오전 10시, 정오 및 오후 2시에 각각 부품을 납품하도록 요구된다. 공급자는 매번 납품할 때마다 빈 컨테이너와 인출칸반을 회수해 간다. 그리고 빈 컨테이너의 숫자에 해당하는 만큼의 부품을 다음번에 납품한다. 납품은 수납이나 품질검사 없이 바로 조립라인으로 이루어진다. 따라서 공급자의 품질은 완전히 신뢰할 수 있어야 한다. 이렇게 하면 서류작업, 리드타임, 재고수준, 수납지역의 수 및 저장 공간이 크게 줄어든다.

수송비가 너무 많이 들어 매일 여러 번 납품하는 것이 어려운 경우에는 여러 공급자들이 돌아가면서 공동으로 납품할 수도 있다. 예를 들면, 한 공급자가 자기의 물량과 다른 3명의 공급자의 물량을 함께 오전 8시에 납품하고, 오전 10시에는 두 번째 공급자가, 정오에는 세 번째 공급자가, 오후 2시에는 네 번째 공급자가 각각 나머지 공급자들의 물량까지 함께 납품하는 방식이다. 이 방식을 이용하면 소(小) 로트 납품에 있어서 수송비를 상당히 절감할 수 있다.[12)]

12) 예를 들면, 삼성전자의 공급자들은 삼성전자의 생산계획이 확정되면 부품 납입을 지시받고, 부품 수요에 따라 부품을 시간대별로 납품하는데, 때로는 공급자들이 공동으로 부품을 배송하기도 한다(송재용 · 이경용 2013, p. 164).

린 생산시스템에서는 일반적으로 소수의 공급자와 장기계약을 맺어 품질향상과 가격안정을 도모한다. 이렇게 함으로써 고객과 공급자는 장기적인 신뢰관계를 구축한다. 이는 과거 대량생산방식에서 다수의 공급자를 두고 서로 경쟁을 시키는 공급자 관계와는 완전히 다른 사고인 것이다.

린 생산시스템에서 공급자 관계의 전형적인 특징을 정리해 보면 다음과 같다.

1. 조기 공급자 선정: 공급자와 함께 제품을 설계할 수 있도록 제품의 최종 설계에 앞서 미리 공급자를 선정한다.
2. 단일 공급자에 의한 동일 부품군 조달: 공급자가 경제적인 수량을 확보할 수 있도록 동일 부품군 전체를 한 공급자에게 맡긴다. 이를 **단일 공급자 전략**(single sourcing strategy)이라고 한다.
3. 장기 전략적 관계: 한 부품에 대해 수명주기 동안 가격조건(단계적 인하 또는 인상 상한선 명시)을 정하고 한 공급자와 장기계약을 체결한다. 경우에 따라서는 공급의 신뢰성을 확보하기 위해 둘 이상의 공급자를 사용할 수도 있지만 이때에도 장기 전략적 관계를 구축한다.
4. 수납 및 검사의 서류작업 감소: 수납 및 품질검사를 생략함으로써 고객과 공급자 모두 비용을 절감한다.

요약

- 린 사고는 프로세스에 대한 사고방식이며 고객 가치의 규정, 가치흐름의 개선, 프로세스 흐름의 개선, 풀 시스템, 완벽 추구의 5가지 원리를 포함하고 있다.
- 5가지 린의 원리는 작업자와 공급자의 능력을 최대한 이용하는 지속적 개선 노력을 통해 낭비의 제거를 추구한다. 린의 도구로는 가치흐름도, 5Whys 및 5S가 있다.
- 린 생산시스템의 목적은 투자수익률의 향상에 있다. 이는 수익증대(품질, 납품 및 유연성의 향상을 통한), 원가절감 및 소요 투자액의 감축에 의해 이루어진다.
- 린 생산시스템에서는 안정되고 평준화된 주일정계획(최종 조립계획)이 요구된다. 이를 위해서는 주일정계획의 대상기간 동안 생산량은 매일 일정해야 하고, 여러 제품모델은 혼류생산되거나 단일단위로 생산되어야 한다. 이렇게 하면 생산이 수요와 거의 일치하기 때문에 완제품 재고가 최소화된다. 또한 이런 유형의 주일정계획은 모든 사내 작업장과 외부 공급자에 대한 수요를 일정하게 하므로 재공품과 원자재의 재고도 감소한다.
- 칸반시스템은 주일정계획(최종 조립계획)을 충족시킬 수 있도록 부품을 연속적으로 끌어오는 데 사용된다. 칸반시스템을 통해 각 작업장은 다음 작업장이 필요로 하는 양만큼만 부품을 생산해 제공하기 때문에 재고가 최소화된다.

- 린 생산시스템에서 준비시간, 로트 크기 및 리드타임의 감축은 재고를 줄이는 데 대단히 중요하다.
- 린 생산시스템에서는 재고수준이 낮기 때문에 저장 공간과 공장면적이 줄어들며, 설비배치는 셀룰러 배치 또는 그룹 테크놀로지 배치를 지향한다. 또한 린 생산시스템에서는 재고수준이 최소화되어 있으므로 기계설비는 언제나 최상으로 정비되어 있어야 하며, 예방정비가 강조된다.
- 린 생산시스템에서는 다수의 과업을 수행할 수 있도록 교차 훈련된 다기능 작업자가 요구된다. 이와 같은 유연한 노동력을 위해서는 작업자의 선발, 훈련, 평가 및 보상방법이 달라져야 한다.
- 린 생산시스템에서는 원천적 품질 확보를 중요시한다. 원천적 품질 확보란 불량을 발생 장소에서 적발하고 고치자는 철학이다.
- 린 생산시스템에서는 새로운 공급자 관계가 확립되어야 한다. 공급자는 신뢰할 수 있는 품질의 부품을 적시에 자주 납품해야 한다. 린 생산시스템에서는 보통 특정 부품에 대해 한 공급자와 장기계약을 맺어 품질향상과 가격안정을 도모한다.

토론문제

01 왜 린의 개념, 원리 및 기법은 서구가 아니고 일본에서 개발 · 발전되었는가?

02 린 사고는 어떻게 원가(재료비, 노무비 및 간접경비)를 줄이는가를 설명하라.

03 다음 서비스업에서 7가지 낭비의 형태를 파악해 보아라.

① 은행　　② 병원

04 왜 린 생산시스템에는 안정된 주일정계획이 요구되는가?

05 린 생산시스템에서는 어떻게 로트 크기와 재고를 줄이는가?

06 린 생산시스템에서는 어떻게 준비시간을 줄이는가?

07 왜 과거의 반복생산에서는 통상 1회 생산기간을 길게 하여 큰 로트로 생산하였는가?

08 린 생산시스템이 작업자에게 미치는 영향을 논하라.

09 린 사고를 채택하기 이전과 이후의 공급자 관계의 차이를 설명하라.

10 국내 기업이 린 생산시스템을 도입할 때 한국적인 기업 환경에서 어떤 어려움이 있겠는가?

연습문제

01 월간 소요생산량이 다음과 같을 때 일간 생산량과 혼류생산 순서를 결정하라. 단, 월간 작업일수는 25일이다.

(1) A제품 5,000개, B제품 2,000개, C제품 3,000개

(2) A제품 2,000개, B제품 4,000개, C제품 6,000개

02 어느 린 작업장의 로트 크기는 50개이다. 부품의 시간당 수요율은 200개이며 준비시간, 생산시간, 이동시간 및 대기시간을 포함한 컨테이너의 리드타임은 3시간이다.

(1) 필요한 컨테이너의 수는 얼마인가?

(2) 최대 재고수준은 얼마인가?

(3) 재고수준을 줄이기 위해서는 어떤 조치를 취해야 하겠는가?

03 어느 린 작업장에서 한 대의 컨테이너 크기는 25개, 부품의 시간당 수요율은 100개, 컨테이너의 리드타임은 3시간이다.

(1) 이 시스템을 운영하는 데 필요한 컨테이너의 총수를 구하라.

(2) 최대 재고수준은 얼마인가?

(3) 칸반카드는 몇 개나 필요한가?

04 어느 작업장은 한 대에 300개의 부품을 담는 칸반 컨테이너를 사용하고 있다. 컨테이너 한 대분의 부품을 생산하는 데는 준비시간과 생산시간을 합하여 90분이 걸린다. 그리고 컨테이너가 다음 작업장으로 이동하여, 대기하고, 사용된 다음, 빈 컨테이너로 다시 돌아올 때까지 걸리는 시간은 140분이다. 다음 작업장의 수요율은 분당 9개이다.

(1) 이 시스템에 필요한 컨테이너의 수를 구하라.

(2) 이 시스템에서 최대 재고수준은 얼마인가?

(3) 품질팀이 연구를 하여 준비시간과 생산시간의 합을 65분 줄였다. 이 경우 컨테이너의 수는 얼마나 줄어드는가?

05 작업장 A는 작업장 B로 가서 다시 가공되는 부품을 생산하고 있다. 각 작업장에서 사용되는 컨테이너 1대의 크기는 부품 100개이다. 작업장 B에서의 분당 부품 수요율은 4.5개이다. 각 작업장에서의 준비시간, 생산시간, 이동시간 및 대기시간은 다음의 표와 같다.

(단위: 분)

	작업장	
	A	B
준비시간	4	3
단위당 생산시간	0.1	0.4
이동시간	2	6
대기시간	10	20

(1) 두 작업장 간에 필요한 컨테이너의 수는 최소한 얼마인가?

(2) 추가비용 없이 2대의 컨테이너가 더 주어진다고 가정하자. 만약 이 2대의 컨테이너를 더 쓴다면 작업장 B의 수요율은 최대 얼마까지 가능하겠는가? 분당 부품의 수요율이 8.5개라면 이 수요율을 감당할 수 있겠는가?

참/고 문/헌

송재용 · 이경묵, 『SAMSUNG WAY 삼성웨이』, 21세기북스, 2013.

윤석철 · 이상범, 『생산계획 및 재고관리』, 한국방송통신대 출판부, 1992.

이상범, "동적 로트크기 결정모형과 EOQ모형에 있어서 가동준비비용의 감소효과," 「한국 경영과학회지」, 제17권, 제3호, 1992년 12월, pp. 13-26.

Bushell, Sylvia, Joyce Mobley, and Becky Shelest, "Discovering Lean Thinking at Progressive Health Care," *The Journal for Quality & Participation*, vol. 25, no. 2, Summer 2002, pp. 20-25.

Jacobs, F. Robert and Richard B. Chase, *Operations and Supply Chain Management*, 15th ed., McGraw-Hill, New York, 2017.

Krajewski, Lee J., Manoj K. Malhotra, and Larry P. Ritzman, *Operations Management*, 11th ed., Pearson, Upper Saddle River, NJ, 2016.

Ohno, Taiichi, *Toyota Production System: Beyond Large Scale Production*, Productivity Press, New York, 1988.

Porteus, E. L., "Investing in Reduced Setups in the EOQ Model," *Management Science*, vol. 31, no. 8, 1985, pp. 998-1010.

Schonberger, Richard J., *Japanese Manufacturing Techniques: Nine Hidden Lessons in Simplicity*, Free Press, New York, 1982.

Schroeder, Roger G., Susan Meyer Goldstein, and M. Johnny Rungtusanatham, *Operations Management in the Supply Chain*, 6th ed., McGraw-Hill, New York, 2013.

Womack, James P. Daniel T. Jones, and Daniel Roos, *The Machine That Changed the World: The Story of Lean Production*, Rawson Associates, New York, 1990.

Zangwill, W. I., "From EOQ Towards ZI," *Management Science*, vol. 33, no. 10, 1987, pp. 1209-1223.

제15장

공급사슬관리

1. 공급사슬관리의 개요
2. 구 매
3. 로지스틱스
4. 공급사슬의 성과 측정
5. 공급사슬의 개선
6. 기술과 공급사슬관리

- 요 약
- 토론문제
- 연습문제
- 참고문헌

본장에서는 최근 산업계와 학계에서 큰 관심을 받고 있는 공급사슬관리를 소개한다. 공급사슬관리가 큰 관심을 받는 이유는 다음과 같다. 첫째, 자재가 전체 공급사슬을 거치는 총시간을 줄이면 재고 감소, 원가절감, 납기 단축, 유연성 증대 등의 효과를 얻을 수 있기 때문이다. 둘째, 그동안 내부적으로 효율성을 제고해 왔던 기업들이 이제는 추가적인 효율성 향상을 위해 공급사슬에서 공급자 및 외부 고객과의 관계에 관심을 기울이기 시작하였기 때문이다. 셋째, 시스템적 사고가 적용되는 공급사슬관리는 기업 내부 부서 간의 프로세스는 물론이고 기업 외부로 연장되는 프로세스까지도 함께 이해할 수 있는 토대를 제공하기 때문이다.

본장에서는 먼저 공급사슬관리의 개요를 살펴본 다음, 기업에서 자재와 서비스의 구입을 담당하는 구매기능과 완제품을 고객에게 전달하는 로지스틱스 기능을 소개한다. 이어서 공급사슬의 성과 측정을 살펴보고, 공급사슬관리와 관련된 기타 여러 주제들을 논의한다.

1 공급사슬관리의 개요

1.1 공급사슬과 공급사슬관리

공급사슬(supply chain)이란 [그림 15-1]에서 보는 바와 같이 자재와 서비스의 공급자로부터 생산자의 변환 프로세스를 거쳐 완성된 산출물을 고객에게 인도하기까지 공급자, 제조공장, 물류센터/창고, 도매점, 소매점 및 고객으로 상호 연결된 사슬을 말한다. 이러한 공급사슬의 주체들은 단일 기업의 통제하에 있는 경우도 있지만 대부분의 경우에는 여러 기업에 의해 통제된다.

공급사슬에서는 상 · 하류 양 방향으로 자재와 정보가 흘러간다. 공급사슬의 하류로는(즉, 공급자로부터 고객 쪽으로) 자재와 필요한 정보(사용량, 재고수준, 송장 등)가 흘러가면서 여러 주체들에 의해 자재가 최종 제품으로 변환되어 고객에게 전달된다. 또한 공급사슬의 상류로는(즉, 고객으로부터 공급자 쪽으로) 반환 자재(불량품, 재활용품, 고객의 반환품 등), 정보(수요, 예측치 등) 및 대금 지급이 흘러간다.

그림 15-1 전형적인 공급사슬

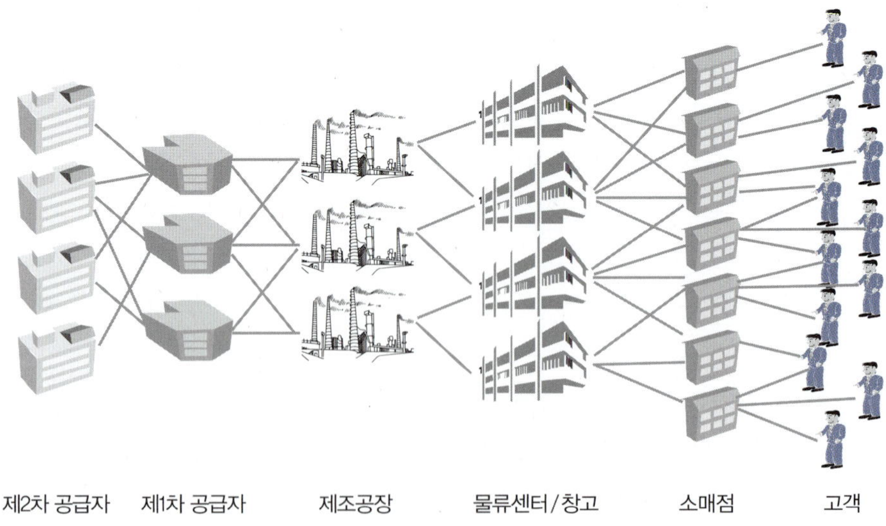

그림 15-2 기업 X의 입장에서 본 전형적인 공급사슬

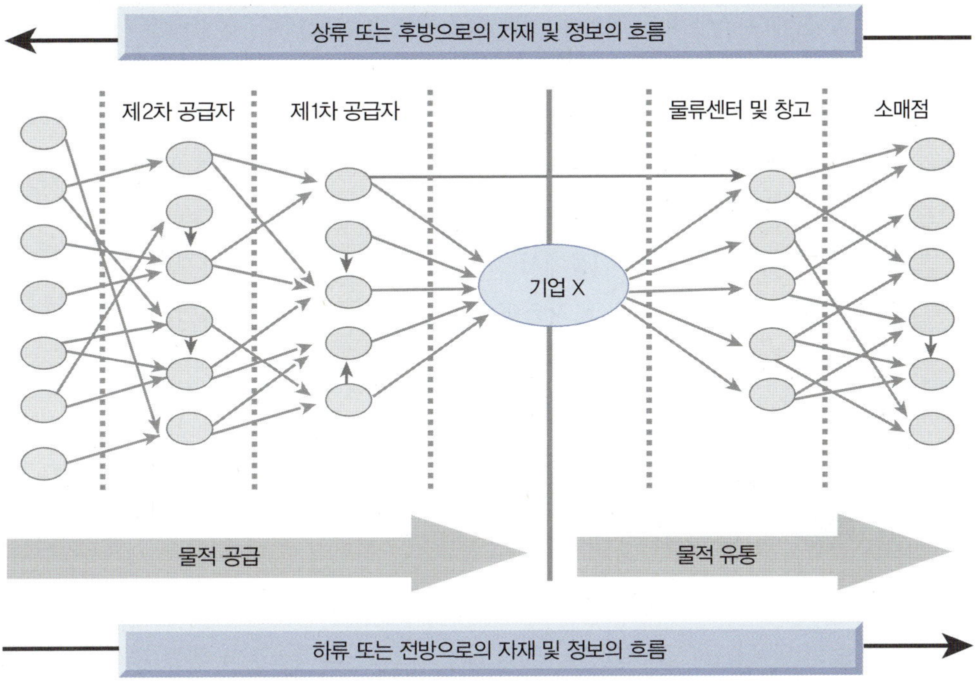

출처: Schroeder, Goldstein, and Rungtusanatham(2013), p. 224.

공급사슬은 한 기업의 입장에서 볼 수도 있다. [그림 15-2]는 기업 X를 기준으로 전체 공급사슬을 나타낸 것이다. 기업 X를 기준으로 할 때, 상류의 마디에서 기업 X로의 자재의 흐름을 **물적 공급**(physical supply)이라고 하고, 기업 X에서 최종 고객 방향인 하류 마디로의 자재의 흐름을 **물적 유통**(physical distribution)이라고 한다.[1] 물적 공급은 기업 X와 바로 연결되는 제1차 공급자, 제1차 공급자와 연결되는 제2차 공급자 등과 같이 여러 단계로 구분될 수 있다. 마찬가지로 물적 유통도 기업 X에서 물류센터 및 창고, 도매점, 소매점 등 하류의 여러 주체들과 단계별로 연결된다. [그림 15-2]에서 각 주체는 서로 관련 정보를 교환하면서 자재를 고객이 원하는 최종 제품으로 변환하여 고객에게 전달하는 데 가치를 부가한다.

1) 물적 유통을 줄여서 흔히 물류(物流)라고 한다.

공급사슬관리(SCM: supply chain management)란 공급자로부터 기업 내 변환 프로세스(공장)와 유통망을 거쳐 최종 고객에 이르기까지 자재, 서비스 및 정보의 흐름을 전체 시스템의 관점에서 설계하고 관리하는 것이다. 공급사슬관리의 목적은 공급사슬에서 자재, 서비스 및 정보의 흐름을 효과적 · 효율적으로 관리하고 불확실성과 위험을 줄임으로써 재고수준, 리드타임 및 고객서비스 수준을 향상시키는 데 있다.

또 다른 측면에서 많은 학자들과 경영자들은 공급사슬관리를 전통적으로 분리되어 있던 구매, 생산, 로지스틱스(logistics)의 세 가지 기능의 통합으로 정의한다. [그림 15-2]의 기업 X의 입장에서 보면, **구매**란 기업 X로의 자재의 흐름인 물적 공급을 다루는 기능을 말하며, **로지스틱스**란 기업 X를 기준으로 들어오고 나가는 자재의 물적 수송을 설계하고 관리하는 기능을 말한다.[2] 본장의 다음 두 절에서는 구매와 로지스틱스를 구체적으로 살펴본다.

1.2 공급사슬의 채찍효과

공급사슬의 주체들은 공급사슬의 위아래로 자재와 정보를 보낸다. 따라서 공급사슬의 주체들은 상호 연관되어 있으며, 그들의 의사결정과 행동은 상호 간에 큰 영향을 미친다. 특히 공급사슬의 상류에 있는 주체들은 하류에 있는 주체들의 주문에 반응해야 한다. **채찍효과**(bullwhip effect)란 최종 소비자의 수요 변동에 따라 공급사슬의 상류에 있는 주체로 갈수록 바로 하류에 있는 주체로부터 주문을 받는 양의 변동성이 더 커지는 현상을 말한다.[3] 이러한 주문량의 변동성은 재고에도 영향을 미쳐 공급사슬의 상류로 갈수록 재고의 변동성도 커진다.

[그림 15-3]은 소매점, 도매점, 제조기업 및 공급자로 구성된 공급사슬에서 채찍효과를 보여주고 있다. 이 그림에서 최종 소비자의 수요 변동에 비해 소매점의 도매점에 대한 주문량의 변동성은 크며, 도매점의 제조기업에 대한 주문량의 진폭은 더

---

2) 로지스틱스란 본래 군사용어로서 군대의 수송과 무기 · 탄약 · 식료 · 피복 등 군수품의 배급 및 보급에 관한 병참시스템을 가리키는 말이다. 비즈니스에서 로지스틱스는 물류와 동의어로 사용되고 있으나, 일반적으로 물류보다 더 광의적으로 해석되고 있다. 즉, 로지스틱스는 물자와 서비스, 그리고 관련된 정보를 소비자의 요구에 맞추기 위해 기점으로부터 소비자에게 효율적으로 이동하고 저장하기 위해 계획하고, 실행하고, 통제하는 과정을 의미한다.

3) 채찍효과란 이름은 채찍을 휘두를 때 채찍의 손잡이보다 채찍의 끝이 더 심하게 움직이는 현상으로부터 나온 것이다. 채찍효과는 다른 말로 가속효과(accelerator effect)라고도 한다.

그림 15-3 채찍효과

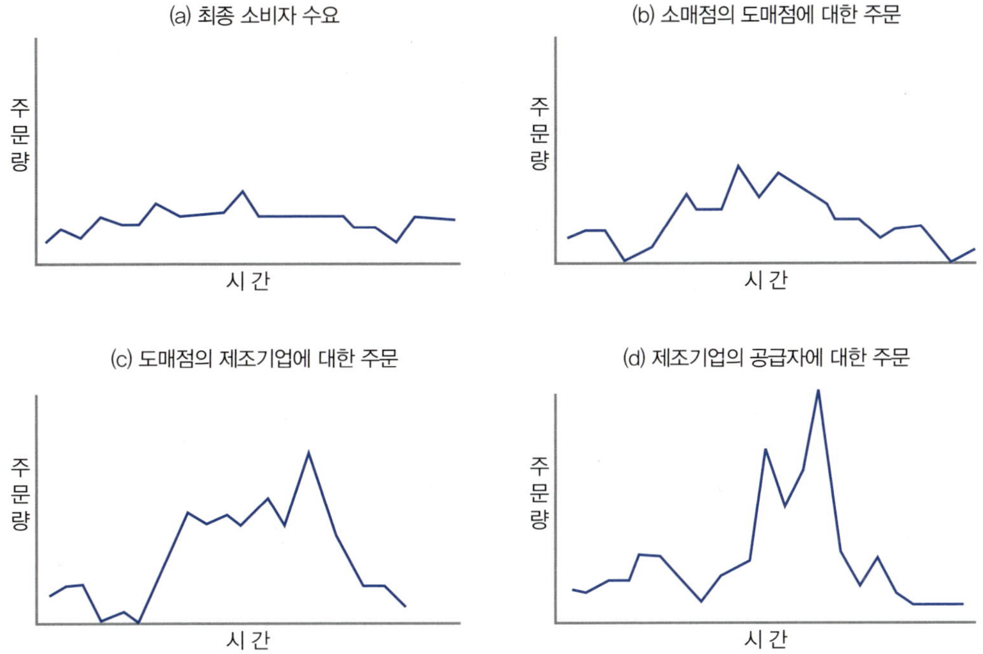

출처: Jacobs and Chase(2017), p. 362.

크고, 제조기업의 공급자에 대한 주문량은 가장 심하게 변동함을 볼 수 있다.

예를 들어 채찍효과를 설명해 보기로 한다. 어떤 공급사슬은 소매점, 도매점 및 제조기업으로 이루어져 있다고 하자. 공급사슬의 각 주체는 수요 변화에 대비하기 위해 리드타임(lead time: 주문을 한 후 납품을 받을 때까지의 시간)의 수요에 해당하는 안전재고를 유지한다고 한다. 만일 리드타임이 2주인 소매점에서 최종 소비자의 주당 수요가 평소 5개에서 갑자기 10개로 증가한다면 공급사슬에는 어떤 변화가 나타날까? 소매점은 도매점에 대한 주문량을 5개에서 10개로 늘릴 것이다. 이 주문량은 2주 뒤에 도매점으로부터 소매점에 도착하므로 그동안은 재고가 모자라게 된다. 따라서 소매점은 모자란 재고와 늘어난 수요를 충족시키기 위하여 일시적으로 주문량을 20개까지 늘렸다가 재고수준이 정상으로 돌아오면 다시 주문량을 10개로 줄이게 된다. 소매점에서의 이런 변화는 도매점에 이르러 더 증폭되고 제조기업 단계에 이르게 되면 한층 더 증폭되는 효과를 낳게 된다. 이것이 바로 채찍효과인 것이다.

왜 많은 산업에서 이런 채찍효과가 발생하는가? 그 이유는 다음과 같다. 첫 번째 이유는 먼 상류에 있는 공급사슬의 주체들은 실제 시장수요에 접근하기가 어렵다는 것이다. 대신 그들은 예측에 의해 최초의 의사결정과 행동을 하며, 실제 받은 주문에 의해 최초의 의사결정과 행동을 수정한다. 예측이 부정확하면 최초의 의사결정과 행동은 실제 시장수요와 맞지 않게 된다. 두 번째 이유는 각 주체의 리드타임 때문이다. 리드타임이 긴 경우에는 공급사슬의 각 주체는 예기치 못한 큰 주문에 대비하여 안전재고를 가져갈 수밖에 없다. 세 번째 이유는 공급사슬 상 · 하류로의 정보 공유의 지연이다. 예를 들어 소매점에서 일시적으로 최종 소비자의 수요가 증가하면 소매점은 증가된 수요와 재고 부족분을 합해 최종 소비자의 수요 증가 이상으로 도매점에 주문을 한다. 실제 최종 소비자의 수요를 알지 못하는 도매점은 소매점으로부터의 큰 주문을 충족시켜야 할 뿐만 아니라 자신의 재고도 보충해야 하기 때문에 제조기업에 더 큰 주문을 하게 된다. 정보 공유의 지연에 따라 이런 방식으로 공급사슬의 상류로 주문량이 증폭되는 것이다.

지금까지 살펴본 공급사슬 역학(supply chain dynamics)은 다음과 같이 요약될 수 있다

1. 공급사슬은 상호작용이 큰 시스템이다. 공급사슬에서 각 주체의 의사결정은 다른 주체에 영향을 미친다.
2. 공급사슬에서 채찍효과는 흔히 발생한다. 공급사슬의 상류 주체들(예: 물류센터와 공장)은 시장에 가까이 있는 하류 주체들로부터의 부풀려진 주문에 대해 상류에 이보다 더 크게 주문을 한다. 이런 부풀려진 주문들이 시장의 올바른 수요 정보(수량 변화, 변화의 시점 등)를 왜곡한다.
3. 설사 공급사슬의 모든 단계에 완전한 정보가 주어지더라도 공급사슬 주체 간의 긴 리드타임과 공급사슬 상 · 하류로의 정보 공유의 긴 지연 때문에 채찍효과가 발생할 수 있다.
4. 공급사슬을 개선하는 최상의 방법은 총리드타임을 단축시키고, 공급사슬의 모든 단계에 실제 수요 정보를 가능한 신속하게 피드백해 주는 것이다.

2 구 매

대부분의 기업은 외부의 공급자로부터 구입한 자재와 서비스로 제품이나 서비스를 생산한다. 많은 기업의 경우, 자재나 서비스의 구매원가가 매출원가에서 차지하는 비중이 높기 때문에 구매원가의 절감은 기업의 이익 증대에 직결된다. 따라서 효과적 · 효율적인 구매는 기업의 경쟁력에 매우 중요하다. 본절에서는 구매와 관련된 몇 가지 중요한 의사결정들을 살펴본다.

2.1 생산/구매 의사결정, 아웃소싱, 오프쇼어링 및 글로벌 소싱

(1) 생산/구매 의사결정

어느 기업에 있어서나 재화나 서비스를 내부에서 생산할 것인가 아니면 외부에서 구매할 것인가의 **생산/구매 의사결정**(make-or-buy decision)은 전략적으로 매우 중요하다. 왜냐하면 이 의사결정에 따라 기업의 성격이 달라지고 생산성과 경쟁력이 크게 영향을 받기 때문이다. 전통적으로 대기업들은 자가 생산을 선호해 왔다. 그 결과 많은 하위 제조 및 조립업체를 소유하는 후방통합이 이루어져 왔다. 하지만 현재는 유연성, 핵심역량에의 집중, 생산성과 경쟁력 등을 강조하는 경영추세에 따라 외부 구매가 선호되고 있다. 한 기업이 제조와 서비스의 모든 측면에서 우수한 경쟁력을 갖추기란 매우 어렵다. 따라서 기업은 핵심역량에만 경영노력을 집중하고 나머지는 외부 구매를 함으로써 경쟁력을 향상시킬 수 있다.

생산/구매 의사결정의 대상은 재화와 서비스를 모두 포함하지만 제조업의 경우 주 대상은 부품, 구성품 등과 같은 재화가 된다. 하지만 서비스업의 경우에는 보통 재화보다는 서비스가 문제가 된다. 예를 들면, 병원은 청소, 세탁, 급식, 경비 · 보안, 유지 · 보수 등의 서비스를 자체적으로 운영할 것인가 아니면 외부에서 구매할 것인가의 의사결정을 해야 한다. 최근의 현상을 보면 전통적으로 내부에서 수행하던 서비스를 외부에서 구매하는 경향이 강하다. 여기에는 청소, 세탁, 급식, 경비 · 보안, 유지 · 보수뿐만 아니라 전산정보처리, 교육훈련, 엔지니어링, 회계, 법률서비스, 연구개발, 인력채용 나아가 계약운송 및 계약구매까지 포함되고 있다. 따라서 오늘날의 구매는 재화뿐만 아니라 서비스까지 포함하는 새로운 유형의 구매로 바뀌고 있으며, 생산/구매 의사결정은 모든 조직의 구매전략에서 중요한 문제가 되고 있다.

(2) 아웃소싱과 오프쇼어링

아웃소싱(outsourcing)은 생산/구매 의사결정의 한 유형으로서 1990년대부터 주목을 받기 시작하였다. **아웃소싱**이란 원래 기업 내부에서 생산하던 재화나 서비스를 기업 외부로부터 조달하는 것을 말한다. 즉, 아웃소싱은 기업 내부에서 재화나 서비스를 생산 · 조달하는 **인소싱**(insourcing)의 반대 개념이다. 예를 들면, 어느 기업이 자체적으로 종업원을 고용하여 건물을 청소하던 것을 외부 용역회사에 청소서비스를 맡기는 것이다. 현재의 추세는 원가절감 압력, 다운사이징, 글로벌 경쟁의 심화, 핵심역량에 대한 집중 등 경영환경 및 경영사고의 변화에 따라 이전에는 내부에서 생산하던 재화나 서비스를 외부의 공급자로부터 구매하는 아웃소싱으로 나아가고 있다. 기업은 아웃소싱을 통해 핵심역량에 초점을 맞추고 원가를 낮춤으로써 경쟁우위를 창출할 수 있다.

1990년대부터 많은 기업들은 경쟁력 제고를 위해 다운사이징을 하고, 간접인력을 줄이고, 핵심역량에 집중하면서 이전에는 내부에서 수행하던 많은 기능들과 활동들을 아웃소싱하기 시작하였다. 청소, 급식, 경비 · 보안 등과 같은 활동들은 일찍부터 아웃소싱의 대상이 되었다. 최근에는 정보시스템과 운송서비스의 아웃소싱 규모가 급속도로 커지고 있다. 또한 기업의 비즈니스 여행, 우편업무 등도 아웃소싱의 대상이 되고 있다.

아웃소싱의 대상은 기능 전체가 될 수도 있고, 기능의 일부 요소만으로 한정될 수도 있다. 예를 들면, 정보기술의 경우에는 보통 전략적이거나 매우 중요한 요소는 내부에서 수행하고 나머지만 아웃소싱을 한다. 일반적으로 아웃소싱의 잠재적 대상이 되는 기능을 파악하고, 그 기능을 세부 요소로 분해한 다음, 전략적이거나 매우 중요한 활동은 내부에 남기고 그렇지 않은 것은 아웃소싱을 하는 것이 바람직하다.

아웃소싱의 단점 중의 하나는 종업원의 해고를 초래할 수 있다는 것이다. 외부 공급자가 종업원을 승계한다 하더라도 임금을 낮추거나 기타 혜택을 축소하는 경우가 많기 때문에 일반적으로 노동조합은 아웃소싱을 반대한다.

아웃소싱과 자주 혼동하는 개념이 오프쇼어링(offshoring)이다. **오프쇼어링**이란 기업이 국내 설비에서 생산하던 재화나 서비스를 동일 기업의 국외 설비에 맡기는 것을 말한다. 즉, 오프쇼어링이란 기업이 생산 및 서비스 분야 업무의 일부 또는 전부를 인건비가 싼 해외로 이전하는 것을 말한다. 예를 들면, 미국 기업들이 미국 내의 콜센터(call center)를 인건비가 싸고 영어 구사 능력을 갖춘 인도나 필리핀으로 이전하는 경우가 이에 속한다. 제조의 경우, 삼성전자가 휴대폰 생산을 국내의 구미 공장에서 점차 인건비가 싼 베트남 공장으로 이전하는 것도 오프쇼어링의 한 예라고 할 수 있다. 이에 비해 아웃소싱은 원래 기업 내부에서 수행하던 일을 국내외를 불문하고 제3의 다른 기업에 맡기는 것을 말한다. 오늘날에는 많은 기업들이 원가절감, 해외시장 개척 등을 위해 오프쇼어링을 하고 있다.[4]

(3) 글로벌 소싱

오늘날 기업의 구매 활동 범위는 범세계적으로 확대되고 있다. 이와 같이 재화와 서비스를 범세계적인 차원에서 조달하는 것을 **글로벌 소싱**(global sourcing)이라고 한다. 글로벌 소싱을 이용하면 기업은 범세계적으로 잠재적 공급자들을 이용할 수 있으며 또한 원가와 기술에서 혜택을 볼 수 있다. 원래 글로벌 소싱은 해외의 낮은 인건비를 이용한 원가절감 목적으로 시작되었다. 하지만 현재의 글로벌 소싱은 원가절감뿐만 아니라 국내에서는 조달할 수 없는 재화나 서비스의 획득, 해외 공급자의 우수한 기술 이용, 신속한 납품, 높은 품질, 해외시장 개척 등과 같은 전략적인 동기에서도 이루어지고 있다.

하지만 글로벌 소싱에는 국내 구매보다 고려해야 할 비용요소가 많고(예: 국제수송비용, 보험료, 관세, 환율 등) 또 일반적으로 국내 공급자보다는 외국 공급자의 평가가 더 어렵다. 또한 글로벌 소싱은 여러 가지 위험요소도 안고 있다. 예를 들면, 제품의 품질이나 안전에서 문제가 발생할 수 있고 또 급격한 환율변동에 따른 위험도 있다. 따라서 글로벌 소싱은 혜택과 위험 양쪽을 모두 고려하여 이루어져야 한다.

---

4) 오프쇼어링과 반대의 개념이 리쇼어링(reshoring)이다. 리쇼어링이란 해외에 나가 있는 자국 기업들을 각종 세제 혜택과 규제 완화 등을 통해 자국으로 다시 불러들이는 정책을 말한다.

2.2 구매 과정

구매 과정은 기본적으로 다음과 같은 5단계로 구분할 수 있다.

(1) 구매 요구 파악

구매 과정은 구매부서가 자재나 서비스의 구매 요청을 받음으로써 시작된다. 구매 요청에는 품목 설명, 수량, 요구되는 품질수준 및 납기가 포함된다. 제조기업에서는 보통 구매부서가 구매를 전담한다. 소매업에서는 구매할 상품과 판매할 상품이 동일하므로 구매 의사결정은 마케팅 의사결정과 직결되어 있다. 서비스기업의 경우에는 서비스의 생산에 소요되는 재화와 서비스를 조달하기 위해 구매 의사결정이 이루어진다.

(2) 공급자 선택

이 단계에는 해당 품목의 공급 가능한 공급자 파악, 동일 공급자에 의해 공급될 수 있는 품목 그룹의 결정, 필요 품목에 대한 입찰 요청, 입찰 평가, 공급자 선택 등이 포함된다. 만약 어떤 품목에 대해 특정 공급자와 장기계약이 체결되어 있으면 이 단계는 불필요하다.

(3) 발 주

주문 절차는 금액이 큰 일회성 구매와 같이 복잡하고 많은 시간이 소요되는 경우도 있고, 일상적으로 표준품목을 동일한 공급자에게 전화로 주문하는 경우와 같이 단순할 수도 있다. 제14장에서 살펴본 린 생산시스템의 경우에는 일일이 구매주문 없이 공급자가 매일 정해진 일정에 따라 납품을 한다. 오늘날 많은 기업들은 전자구매를 통해 주문 과정을 보다 단순화하고 있다.

(4) 주문의 추적

발주 후에는 납품의 지연이나 주문수량에 대한 차질을 피하기 위해 주문의 사후관리가 이루어져야 한다. 이를 위해 구매부서는 우편, 팩스, 전화 또는 이메일을 통해 공급자와 접촉한다. 특히 납품이 지연되면 생산일정에 차질이 생기거나 신용 및 미래 판매기회가 상실되는 대량구매의 경우에는 주문의 사후관리가 매우 중요하다.

(5) 주문의 수납

주문한 물품이 들어오면 수량과 품질을 확인한 다음, 이를 구매요청부서, 재고관리부서 및 회계부서에 통보한다. 만약 납품된 물품이 만족스럽지 못하면 구매부서는 반품 여부를 결정해야 한다. 공급자 평가를 위해 납기준수 여부, 품질수준, 수량 편차 및 가격에 관한 기록도 갱신되어야 한다. 구매부서는 공급자가 제때 정확하게 대금을 받을 수 있도록 회계부서와 긴밀하게 협조해야 한다.

2.3 공급자 선택 및 인증

(1) 공급자 선택

공급자 선택 기준으로는 가격, 품질, 납품의 세 가지를 많이 사용한다. 기업은 총매출원가 중 많은 부분을 구매에 쓰기 때문에 공급자 선택에 있어서 가격은 매우 중요하다. 하지만 다른 기준들도 중요할 수 있다. 나쁜 품질은 품질비용을 발생시키기 때문에 공급자가 제공하는 자재의 품질은 매우 중요하다. 마찬가지로 구매 기업이 적은 재고로 적정한 고객서비스 수준을 유지하기 위해서는 공급자의 신속한 납품과 정시납품이 매우 중요하다. 따라서 기업은 시장의 성격에 따라 전략적으로 공급자 선택 기준을 결정해야 한다. 즉, 기업은 우선경쟁역량과 주문획득요건을 고려하여 공급자 선택 기준을 결정해야 한다.

최근 들어 환경영향이 공급자 선택에 있어서 중요한 요인이 되고 있다. 이에 따라 많은 기업들이 **그린 구매**(green purchasing)를 하고 있다. 그린 구매란 공급자에게 제품이나 서비스의 설계와 생산에 있어서 환경영향을 줄이도록 요구하고, 또 이런 기준에서 공급자를 평가하고 선택하는 것이다.

공급자 선택에 있어서 여러 가지 기준을 함께 고려하는 경우에는 공급자들을 각 기준에 대해 평가를 하고, 이 평가점수에 각 기준의 가중치를 곱한 다음, 이를 합한 총점수를 비교하여 가장 높은 점수를 얻은 공급자를 선택할 수 있다. 예를 들어 A, B, C 3명의 공급자가 있고, 선택 기준은 가격, 품질, 납품 및 환경영향의 네 가지라고 하자. 그리고 공급자들을 10점 만점으로 각 기준에 대해 평가한 결과와 가중치의 합을 100으로 했을 때 각 기준의 가중치는 [표 15-1]과 같다고 하자. 그러면 각 공급자의 총점수는 다음과 같이 계산된다.

표 15-1 공급자 선택 기준의 가중치와 평가점수

선택기준	가중치	점수		
		공급자 A	공급자 B	공급자 C
가 격	30	6	9	7
품 질	30	9	7	6
납 품	25	8	6	9
환경영향	15	6	9	8

$$\text{공급자 A의 총점수} = 30(6) + 30(9) + 25(8) + 15(6) = 740$$
$$\text{공급자 B의 총점수} = 30(9) + 30(7) + 25(6) + 15(9) = 765$$
$$\text{공급자 C의 총점수} = 30(7) + 30(6) + 25(9) + 15(8) = 735$$

따라서 총점수가 가장 높은 공급자 B가 선택된다.

(2) 공급자 인증 및 평가

공급자 인증(supplier certification)이란 구매 기업이 요구하는 자재나 서비스를 제공할 수 있는 능력을 공급자가 갖추고 있는가를 검증하는 것이다. 인증 여부는 통상 구매 기업의 평가팀이 공급자를 현장 방문하여 공급자가 생산 프로세스와 정보시스템의 관점에서 원가, 품질, 납품 및 유연성 목표를 충족시킬 수 있는지를 심층 평가하여 결정된다. 일단 인증을 받으면, 그 공급자는 특별한 검토 없이 구매부서에 의해 이용된다. 인증을 받은 공급자에 대해서는 납품 성과를 감시하고 기록해 나간다. 그리고 일정 기간이 경과한 후 또는 그 기간 내라도 성과가 좋지 못하면 공급자에 대해 재인증을 실시한다. 다만, 공급자가 제16장 품질경영에서 살펴볼 ISO 9000 품질인증을 제3의 인증기관에 의해 받은 경우에는 구매 기업은 자체적으로 공급자 인증 프로그램을 실시하지 않고 이런 인증을 받은 공급자들 중에서 공급자를 선택할 수도 있다.

2.4 공급자 관계

공급자와의 관계 설정은 기업이 생산하는 제품이나 서비스의 원가, 품질 및 납품에 영향을 미친다. 또한 공급자 관계에 대한 기업의 정책은 공급자와의 협상과 제품

설계에서의 협력에 영향을 미친다. **공급자 관계**(supplier relationship)는 경쟁적 관계와 협력적 관계로 구분해 볼 수 있다.

(1) 경쟁적 관계

경쟁적 관계(competitive relationship)에서는 구매자와 공급자 간의 협상을 한 쪽이 얻는 만큼 다른 한 쪽이 잃는 제로섬 게임으로 보며, 단기적 이득을 장기적 관계보다 우선시한다. 구매자는 공급자의 가격을 최대한 깎으려 하며, 경기(景氣)에 따라 주문량을 조정한다. 반면에 공급자는 가능한 높은 가격을 요구한다. 협상의 결과는 누가 더 시장에서 영향력을 가지고 있느냐에 달려 있다.

구매력이란 구매협상에서 구매 기업의 지배력을 말한다. 구매 기업의 구매량이 공급자의 매출액에서 차지하는 비중이 큰 경우나 구매 품목과 서비스가 표준화되어 있어서 많은 대체품이 가능한 경우에는 구매 기업이 큰 구매력을 갖는다. 반면에 특정 자재나 기술이 하나 또는 소수의 공급자에 의해 독점되어 있는 경우에는 오히려 공급자가 더 큰 힘을 가질 수도 있다.

(2) 협력적 관계

협력적 관계(cooperative relationship)에서는 구매자와 공급자가 파트너로서 서로를 최대한 돕는다. 즉, 협력적 관계란 장기계약, 품질향상 및 제품설계에 대한 공동노력, 공급자의 경영 · 기술 및 생산에 대한 구매자의 지원 등을 의미한다. 협력적 관계에서는 한 품목이나 서비스에 대해 소수의 공급자(이상적으로는 한두 명의 공급자)를 선호한다. 계약물량이 크고 장기적인 관계가 확립되면 공급자는 낮은 원가로 대량생산하는 설비를 갖출 수 있고, 구매자의 공장 근처로 입지를 옮길 수 있다. 이렇게 되면 공급자는 거의 구매 기업의 연장으로 간주된다. 이와 같은 협력적 관계의 대표적인 예가 제14장에서 살펴본 린 생산시스템에서의 공급자 관계이다.

협력적 관계에서는 구매자가 미래의 구매에 대한 정보를 공급자와 공유한다.[5] 이에 따라 공급자는 미래 수요를 보다 정확하게 예측할 수 있게 된다. 구매자는 공급자와

---

5) 예를 들면, 삼성전자는 SCM시스템과 연계한 구매정보시스템을 구축하여, 삼성전자가 생산할 제품의 내역, 시기, 수량에 대한 정보를 제품 제조 3개월 전부터 공급자가 알 수 있도록 함으로써 자재의 적시조달과 부품재고 감소 효과를 얻고 있다(송재용 · 이경용 2013, p. 164).

협력적인 분위기를 조성하고 나아가 공급자의 생산 활동에 대해 개선방안까지 제시한다. 이렇게 공급자와 긴밀하게 협력하게 되면 구매자는 납품 자재를 검사할 필요가 없게 되고, 제품의 설계나 원가절감 활동에 공급자를 적극 참여시킬 수 있게 된다.

협력적 관계의 장점 중의 하나는 공급사슬에서 공급자의 수를 줄일 수 있고, 이에 따라 공급사슬관리에서 복잡성을 줄일 수 있다는 것이다. 하지만 어떤 품목이나 서비스에 대해 공급자의 수를 줄이게 되면 공급 중단의 위험이 증가한다. 린 생산시스템에서와 같이 특정 품목이나 서비스를 단일 공급자에게 의존하는 **단일 공급자 전략**(single sourcing strategy)은 공급자에게서 발생하는 문제를 증폭시킬 수 있다.[6]

경쟁적 관계와 협력적 관계는 양쪽 모두 장 · 단점을 가지고 있으므로 기업의 우선경쟁역량에 가장 기여할 수 있는 접근법을 선택하는 것이 중요하다. 예를 들면, 부품 구매에 있어서 애플은 경쟁적 관계를, 그리고 삼성전자는 협력적 관계를 주로 사용하고 있다. 애플은 1차 공급자는 물론 2차, 3차 공급자까지 지정하여 수량과 가격을 직접 협상하는 방식을 취한다. 즉, 애플은 공급자들을 통제하기 위해 납품업체들을 바꿔가며 의도적으로 공급초과 상황을 만들어 공급자들을 경쟁시키면서 납품단가를 낮추는 전략을 취하고 있다. 이에 비해 삼성전자는 관련 계열사 및 핵심 공급자들과 정보를 공유하고 긴밀하게 협력함으로써 생산성 제고와 원가절감을 추구하고, 이를 통해 공급사슬 전체의 경쟁력을 높이려고 한다(송재용 · 이경용 2013, pp. 164-165).

기업에 따라서는 혼합전략을 사용하기도 한다. 예를 들면, 보편화된 일상적인 품목에 대해서는 가격 인하를 위해 경쟁적 공급자 관계를 적용하고, 복잡하고 가치가 높고 수량이 많은 품목에 대해서는 협력적 공급자 관계를 적용하는 것이다.

---

6) 오늘날에는 단일 공급자 전략이 상당히 선호되고 있지만 다수 공급자 전략(multiple sourcing strategy)이 유리한 경우도 있음을 간과해서는 안 된다. 다수 공급자 전략을 사용하면 공급자 간 경쟁을 통해 공급가격을 인하시킬 수 있을 뿐만 아니라 공급자의 노사분규 또는 대형 재난 등으로 인한 공급 중단의 위험을 줄일 수 있다. 예를 들면, 미 국방부는 유사시 적군에 의해 공급자가 파괴되어 공급이 중단되는 위험을 줄이기 위해 군수품이나 중요한 공급품은 반드시 다수의 공급자로부터 구매하도록 하고 있다.

2.5 집중구매와 분산구매

조직이 여러 개의 설비(예: 공장, 상점, 병원)를 가지고 있을 때는 본사에서 통합해서 **집중구매**(centralized buying)를 할 것인지 아니면 각 설비별로 **분산구매**(localized buying)를 할 것인지를 결정해야 한다.

집중구매를 하면 구매량이 커지기 때문에 구매력이 증가하는 장점이 있다. 구매력이 증가하면 구매원가를 상당히 절감할 수 있고, 더 나은 서비스를 받을 수 있으며, 장기공급을 보장받을 수 있고, 새로운 공급자를 쉽게 개발할 수 있다. 해외 구매의 경우, 기업들은 집중구매를 선호한다. 왜냐하면 해외 공급자로부터의 구매에는 외국 언어 및 문화의 이해와 같은 특별한 능력이 필요하고 국제상거래 및 계약법을 이해할 필요가 있는데, 보통 본사의 구매 그룹이 이러한 전문적인 기능을 가지고 있기 때문이다. 집중구매를 촉진하는 또 다른 요인은 컴퓨터 정보시스템과 인터넷의 급속한 발전이다. 왜냐하면 이로 인해 과거에는 현지에서만 접근이 가능했던 자료에 대해 본사의 전문가도 쉽게 접근할 수 있기 때문이다.

하지만 집중구매는 개별 설비의 자율권을 침해하고 리드타임이 길다는 단점을 가지고 있다. 따라서 특정 설비에 고유한 품목이나 생산일정과 밀접하게 맞물려 있는 품목에 대해서는 집중구매가 바람직하지 않다. 이러한 품목들은 가능하면 개별 설비에서 구매되어야 한다. 또한 기업이 주요 설비를 외국에 두고 있는 경우에는 현지 구매가 장점을 갖는다. 왜냐하면 현지의 경영자가 본사의 스태프보다 현지의 사정이나 문화를 더 잘 이해하고 있기 때문이다.

3 로지스틱스

로지스틱스(logistics) 기능의 세 가지 전형적인 의사결정은 수송방식의 선택, 포장 및 자재 취급, 저장설비의 입지 및 관리이다.

첫째, 수송방식의 선택에서는 공급사슬에서 재화를 물리적으로 어떻게 수송할 것인가를 결정하는 것이다. 즉, 재화의 수송방식을 트럭, 철도, 선박, 항공 중 어느 것으로 할 것인지, 또는 이들의 조합으로 할 것인지를 결정하는 것이다.

둘째, 포장 및 자재 취급에서는 수송 중이거나 일시적으로 저장할 필요가 있는 재화를 보호하는 방법에 초점을 둔다. 잘못된 포장과 부적절한 자재 취급은 수송 중 제품에 손상을 입힐 수 있다. 예를 들면, 상하기 쉬운 재화(예: 고기, 과일, 채소 등)의 장거리 수송에는 냉장시설이 요구된다. 또한 포장은 제품의 이미지를 제고하고 소비자 행동을 변화시키기 위한 중요한 마케팅 수단이 될 수 있다.

셋째, 저장설비의 입지 및 관리에서는 공급사슬에서 얼마나 많은 저장설비가 필요한지, 그리고 공급사슬에서 저장설비는 어디에 입지해야 하는지에 초점을 둔다. 저장설비의 수, 크기 및 입지는 공급사슬이 고객 수요에 얼마나 신속하게 반응하는지에 영향을 미친다. 이러한 저장설비는 공급사슬에서 하류로 재화를 수송하는 주체에 속하거나, 상류로부터 재화를 받는 주체에 속하거나, 또는 현재 점점 늘어나는 경우인 독립적인 제3자 물류업체에 속할 수 있다.

이러한 의사결정들은 로지스틱스 관리 또는 물류관리에서 전문적 · 구체적으로 다룬다. 또한 저장설비의 입지문제는 제8장 설비계획에서 이미 다루었다. 따라서 여기서는 공급사슬에서 완제품 재고의 배치와 수송관리만 간략히 살펴본다.

3.1 완제품 재고의 배치

공급사슬에서 완제품 재고를 어디에 둘 것인가에 대해서는 중앙집중적 배치(centralized placement)와 전방배치(forward placement)의 두 가지 방법이 있다.

중앙집중적 배치란 모든 완제품 재고를 기업의 제조공장이나 중앙 창고와 같은 한 장소에 중앙집중적으로 두고 이로부터 직접 각 고객에게 제품을 수송하는 것을 의미한다. 중앙집중적 배치는 고객(또는 지역)에 따라 수요의 불확실성이나 변동성이 클 때 적합하다. 왜냐하면 이 경우에 만약 전방배치를 사용하여 여러 지역의 물류센터에 완제품 재고를 분산하여 두게 되면 물류센터에 따라 재고 부족과 재고 과잉이 발생하여 물류센터 간의 재수송을 위한 비용이 발생하고, 시스템 전체적으로 재고수준이 높아지기 때문이다. 중앙집중적 배치의 장점은 고객 수요의 불확실성이나 변동성이 합쳐지기 때문에 전체적으로 재고수준(특히 안전재고)이 낮아진다는 것이다. 이를 **재고공유효과**(inventory pooling)라고 한다. 즉, 한 고객(또는 지역)의 기대치보다 높은 수요와 다른 고객(또는 지역)의 기대치보다 낮은 수요가 서로 상쇄되어 총수요는 상당히 안정된다. 중앙집중적 배치의 단점은 각 고객에게 직접 소량의 비경제적인 양을 보내야 하기 때문에 수송비용이 증가한다는 것이다.

전방배치란 완제품 재고를 고객에게 보다 근접하도록 지역별 창고나 물류센터 또는 도매점이나 소매점에 두는 것을 의미한다. 전방배치는 신속한 납품과 수송비용의 절감이라는 두 가지 장점을 갖는다. 완제품 재고를 보다 고객에 근접해서 두면 주문을 받아서 제품을 납품할 때까지의 시간을 단축할 수 있다. 또한 전방배치는 수송비용을 절감한다. 예를 들면, 생산제품이 다른 각 공장마다 고객의 요구에 따라 제품을 개별적으로 수송하는 것보다는 각 공장에서 일단 몇 개의 물류센터로 제품을 대량으로 수송한 다음, 물류센터에서 고객의 요구에 따라 여러 제품을 함께 묶어 수송하면 수송비용이 절감된다. 하지만 전방배치에서는 각 물류센터마다 수요의 불확실성에 대처하기 위해 안전재고를 유지해야 하므로 전체적으로 재고수준은 높아진다. 즉, 재고공유효과가 없다. 재고생산을 하는 기업들은 신속한 납품을 위해 보통 전방배치를 사용한다.

3.2 수송관리

(1) 수송방식의 선택

공급사슬에서 물리적 재화의 수송은 동일 기업의 설비들 간에 일어날 수도 있고(예: 같은 기업의 공장에서 창고나 물류센터로의 수송), 다른 기업의 설비들 간에 일어날 수도 있다(예: 공급자의 물류센터에서 구매자의 창고로의 수송). 또한 공급사슬에서 어느 한 기업을 기준으로 볼 때, 수송은 아웃바운드(outbound) 수송과 인바운드(inbound) 수송으로 구분할 수 있다. 아웃바운드 수송은 그 기업으로부터 고객 쪽으로 그리고 인바운드 수송은 공급자로부터 그 기업으로 이루어진다.

수송방식에는 트럭, 철도, 선박, 파이프라인, 항공의 5가지 기본 유형이 있다. 이 5가지 기본 유형은 제각기 장 · 단점을 가지고 있으므로 수송방식의 선택에 있어서는 수송비용, 수송속도 및 유연성 간의 상충관계를 고려해야 한다. [그림 15-4]는 5가지 수송방식을 수송비용, 수송속도 및 수송량의 측면에서 나타내고 있다.

수송방식의 5가지 기본 유형의 특징을 살펴보면 다음과 같다.

1. 트 럭: 트럭(도로) 수송은 도로가 연결되는 모든 지역으로 수송이 가능하기 때문에 유연성이 가장 높다. 또한 트럭은 제품의 크기, 무게 및 액체/벌크 상태에 관계없이 수송이 가능하다. 트럭 수송은 수송시간이 괜찮은 편이고, 수송량이 소량이고 수송거리가 짧은 경우에는 수송비용도 철도에 비해 싸다.

그림 15-4 로지스틱스 시스템의 설계 행렬

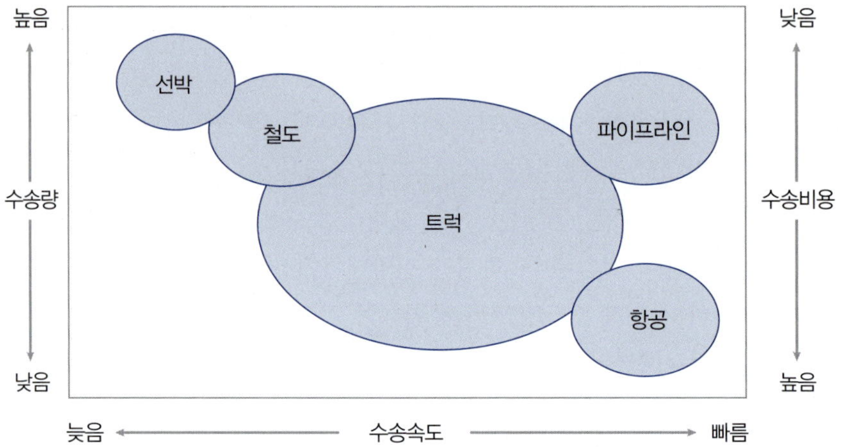

출처: Jacobs and Chase(2017), p. 346.

2. **철 도**: 철도 수송은 값싸게 대량으로 수송할 수 있는 장점을 가지고 있지만 수송 시간이 길고 일정치 않다는 단점이 있다. 철도 수송은 철도 기반시설이 얼마나 잘 되어 있느냐에 달려 있다. 유럽이나 일본의 경우와 같이 철도망이 잘 되어 있는 경우에는 철도가 트럭에 비해 선호되지만 철도망이 좋지 않은 나라의 경우에는 철도 수송이 제한된다.
3. **선 박**: 선박(해상) 수송은 대규모 수송이 가능하고 수송비용이 저렴하다는 장점이 있다. 반면에 선박 수송은 수송시간이 길고, 인근에 항구가 없으면 이용이 어렵다는 단점이 있다. 특히 선박 수송은 석유, 석탄, 광석, 곡물, 화학제품 등과 같은 벌크 품목에 유용하다.
4. **파이프라인**: 파이프라인(예: 송유관, 가스관 등)은 석유와 같은 액체나 가스 등을 전문적으로 수송하는 데 사용된다. 파이프라인 수송은 포장작업이 필요 없고, 단위당 수송비용이 저렴하다는 장점이 있다. 하지만 파이프라인을 통한 수송은 대상물이 극히 한정되어 있으며 지리적 유연성도 제한되어 있다. 또한 파이프라인의 부설에 소요되는 초기 비용이 매우 크다.
5. **항 공**: 항공 수송은 가장 빠르지만 수송비용은 가장 비싸다. 항공 수송은 작고, 가볍고, 값비싼 품목(예: 반도체, 휴대폰 등)에 적합하며 또한 신속한 납품이 중요할

때 적합하다. 비록 항공 수송은 수송비용이 가장 비싸기는 하지만 수송재고비용과 창고비용을 줄이기 때문에 전체적인 비용은 덜 들 수도 있다.

한 가지 수송방식만을 사용하는 기업은 드물며, 대부분의 기업들은 여러 가지 수송방식들을 혼합하여 사용한다. 따라서 여러 가지 수송수단과 수송일정을 전략적으로 잘 조정해야 한다. 예를 들면, 표준화된 컨테이너는 트럭에서 철도, 선박 및 항공으로(또는 그 반대도 가능) 효율적으로 옮겨 수송될 수 있다. 또한 기업은 수송서비스의 소유와 관리에 있어서 여러 가지 형태를 취할 수 있다. 기업이 수송수단을 직접 소유 · 운영할 수도 있고, 제3자 전문 물류업체와의 계약을 통해 수송서비스를 아웃소싱할 수도 있다.[7)]

(2) 크로스도킹

크로스도킹(cross-docking)은 월마트(Walmart)에 의해 처음으로 도입된 혁신적인 물류시스템으로서 대규모 소매업체와 물류업체에서 사용되고 있다. **크로스도킹**이란 공급자들이 트럭으로 지역별 창고(또는 물류센터)의 여러 입하구로 상품을 수송해 오면, 이들 상품들을 각 소매점포의 필요에 따라 분류 및 재그룹화한 다음, 보관 없이 곧바로 창고의 다른 쪽 여러 출하구에서 트럭에 실어 각 소매점포로 배송하는 물류시스템이다.

크로스도킹은 보관 및 하역작업 등을 제거함으로써 비용절감과 함께 물류의 효율성을 증대시킨다. 크로스도킹은 입고 및 출고를 위한 모든 작업의 긴밀한 동기화(同期化)를 필요로 한다. 예를 들면, 월마트는 자사의 방대한 유통망에 걸쳐 크로스도킹이 효과적으로 작동될 수 있도록 정보시스템, 바 코딩, 전략적 입지의 대규모 창고들, 많은 트럭수송단 등을 사용하고 있다.

크로스도킹 시스템에서 창고는 상품을 보관하는 장소라기보다는 고객(소매점포)으로의 효율적인 배송을 조직하는 단기적인 장소가 된다. 크로스도킹의 이점으로는 재고투자, 보관 공간, 취급비용, 수송비용 및 리드타임의 감소를 들 수 있다.

---

7) 또는 물류 전문 계열사를 설립하여 운영할 수도 있다. 예를 들면, 현대자동차는 자동차 운송을 전담하는 물류 기업인 현대글로비스를, 그리고 삼성전자는 물류 조직을 분사한 삼성전자로지텍을 각각 설립하여 운영하고 있다.

4 공급사슬의 성과 측정

공급사슬의 성과는 생산관리의 목표인 원가, 품질, 납품 및 유연성 모두와 관련되어 있다. 특히 공급사슬관리는 공급사슬에서 재고를 발생시키는 자재의 흐름을 다루므로 재고는 공급사슬의 성과 측정을 위한 중요한 척도가 된다. 본절에서는 먼저 공급사슬의 성과 척도를 원가, 품질, 납품, 유연성 및 시간의 측면에서 개괄적으로 살펴본 다음, 공급사슬의 성과 측정에 사용되는 전형적인 재고 척도를 소개한다.

4.1 공급사슬의 성과 척도

공급사슬에서 각 주체의 성과는 상호 간에 영향을 미친다. 따라서 전체 공급사슬에 적용될 수 있는 성과 척도도 있지만, 공급사슬의 각 구성 주체는 다른 주체에 의해 크게 영향을 받는 각자의 성과를 측정하게 된다. 일반적으로 공급사슬의 성과 척도는 제1, 2장에서 살펴본 생산관리의 목표인 원가, 품질, 납품, 유연성 등과 관련되어 있다.

(1) 원 가

생산의 측면에서 원가는 일반적으로 제품이나 서비스의 단위당 원가를 말한다. 단위당 원가는 재료비, 노무비 및 간접비를 모두 포함한 총제조원가를 생산량으로 나눈 값이다. 이 외에 추가 원가로는 물류비용, 재고유지비용 등이 있다. 공급자는 제품이나 서비스의 단위당 원가에 크게 영향을 미친다. 왜냐하면 총제조원가의 50% 이상이 구매자재에 들어가는 경우가 많기 때문이다.

원가 척도는 공급사슬을 전체적으로 분석하는 데에도 사용될 수 있다. 자재나 완제품이 공급사슬을 따라 움직이는 동안 각 주체는 원가를 추가한다. 공급자는 자재 및 구성품의 원가를 발생시킨다. 생산자는 여기에 제품의 제작 및 조립 원가를 더한다. 공급사슬에서 기업 간 자재의 수송과 고객에 대한 완제품의 수송을 위한 물류비용도 원가에 더해진다. 이러한 모든 원가의 합이 **총공급사슬원가**(total supply chain cost)가 된다. 따라서 기업은 총공급사슬원가를 최소화할 수 있도록 공급사슬을 설계 · 운영해야 한다.

(2) 품 질

품질은 제품이나 서비스의 성능, 규격일치성, 고객만족도 등과 같은 여러 가지 방법으로 측정될 수 있다. 공급사슬에서 품질은 고객의 요구, 좋은 품질의 자재나 서비스를 납품할 수 있는 공급자의 능력, 그리고 생산자의 품질계획, 품질관리 및 품질개선 노력에 의해 영향을 받는다.

(3) 납 품

납품의 성과는 정시납품비율, 재고충족률 및 리드타임에 의해 측정될 수 있다. 주문생산의 경우, 납품의 성과는 **정시납품비율**(on-time delivery)에 의해 측정된다. 정시납품비율이란 고객에게 약속한 시간이나 고객이 요청한 시간에 납품이 완료된 주문의 비율을 말한다. 재고생산의 경우, 납품의 성과는 재고로부터 완전히 충족되는 주문의 비율인 **재고충족률**(fill rate)(즉, 서비스수준)에 의해 측정된다.

공급자는 정시납품비율과 재고충족률에 영향을 미친다. 만약 공급자가 필요한 부품이나 구성품을 정시에 제공하지 않으면 완제품을 제때 생산할 수 없으므로 고객의 주문을 정시에 충족시킬 수 없고 또 완제품의 재고도 충분히 유지할 수 없다. 또한 정시납품은 고객에게 제품을 정시에 수송해 주는 로지스틱스 시스템에도 달려 있다.

납품의 세 번째 척도는 **리드타임**(lead time)이다. 리드타임이란 주문의 접수로부터 고객에게 납품을 하기까지 걸리는 시간을 말한다. 주문생산의 경우, 리드타임은 주문 접수로부터 생산에 착수하기까지의 시간, 생산 착수로부터 완료까지의 시간 및 고객으로의 배송시간을 모두 합한 시간이다. 재고생산의 경우, 리드타임은 생산자나 공급자가 재고를 유지함으로써 단축될 수 있다.

(4) 유연성

유연성은 다양하게 정의되므로 측정하기가 어렵다. 유연성의 두 가지 보편적인 척도는 수량 유연성(volume flexibility)과 믹스 유연성(mix flexibility)이다. **수량 유연성**이란 생산량을 일정한 크기만큼 증가 또는 감소시키는 데 걸리는 시간(예를 들면, 생산량을 현재보다 20% 더 증가시키는 데 걸리는 시간)을 말한다. **믹스 유연성**이란 제품이나 서비스의 혼합비(比)를 바꾸는 데 걸리는 시간을 말한다. 이들 척도들은 생산자와 공급자의 재고, 가용 생산능력 및 리드타임에 의해 영향을 받는다. 즉, 생산자와 공급자의 재고가 많으면, 가용 생산능력이 크면, 리드타임이 짧으면 유연성은 높아진다.

(5) 시 간

시간은 개별 기업에 대해서 뿐만 아니라 전체 공급사슬에 대해서도 측정될 수 있다. **총공급사슬통과시간**(total supply chain throughput time)이란 자재가 전체 공급사슬을 거치는 데 걸리는 총시간을 말하며, 공급사슬에서 각 주체(공급자, 제조기업, 도매상, 소매상 등)의 **통과시간**(throughput time)의 합이다.[8] 예를 들어 만약 공급자의 통과시간이 5주, 제조기업의 통과시간이 10주, 그리고 고객으로의 배송시간이 2주라면 총공급사슬통과시간은 17주가 된다. 공급사슬에서 통과시간은 재고수준을 재고사용률로 나눈 값이 된다. 예를 들면 재고수준이 1억 원이고, 주당 천만 원씩 판매가 된다면 통과시간은 10주가 된다.[9] 공급사슬의 성과를 향상시키기 위해서는 개별 주체들의 통과시간뿐만 아니라 총공급사슬통과시간도 줄여야 한다. 왜냐하면 총공급사슬통과시간을 줄이면 공급사슬 전체적으로 재고 감소, 원가절감, 납기 단축, 유연성 증대 등의 효과를 얻을 수 있기 때문이다.

또한 제품의 판매대금을 회수하는 데 걸리는 시간도 중요하다. 기업이 더 많은 제품을 만들어 판매하기 위해서는 판매대금을 빨리 회수해야 한다. 이와 관련된 개념이 **현금화 주기시간**(cash-to-cash cycle time)이다. 현금화 주기시간은 공급자에 대한 대금 지불 대비 기업이 고객으로부터 판매대금을 얼마나 빨리 회수하는지를 측정하는 데 사용된다. 현금화 주기시간은 아래의 산식과 같이 제품이 재고상태로 있는 기간과 제품 판매 후 대금 회수기간을 합한 값에서 제품 생산에 필요한 구입 자재나 서비스에 대한 대금 지불기간을 뺀 값이다.

$$\text{현금화 주기시간(일)} = \text{(공급)재고일수} + \text{매출채권 회수일수} - \text{매입채무 변제일수}$$

$$\text{여기서 (공급)재고일수} = \text{평균 재고자산} / \text{일(日)당 평균 매출원가}$$

현금화 주기시간이 짧을수록 기업의 현금흐름은 더 좋아지며, 여유자금으로 더 많은 제품을 만들어 판매하거나 다른 프로젝트에 투자할 수 있으므로 기업의 수익성도

8) 통과시간이란 자재가 투입되어 빠져나올 때까지의 시간을 의미한다.
9) 따라서 통과시간은 다음에 설명할 재고척도 중 재고의 공급주수와 마찬가지가 된다.

개선된다.[10] 현금화 주기시간을 단축하려면 기업은 재고를 줄여야 하고 또 공급자에 대한 매입대금 지불 대비 고객으로부터 판매대금 회수가 신속히 이루어지도록 해야 한다.

기업은 자신의 공급사슬의 성과에 대해 위의 각 분야별로 구체적인 목표를 설정해야 한다. 나아가 기업은 공급자 및 고객과 함께 전체적인 공급사슬의 목표도 설정해야 한다. 왜냐하면 공급사슬의 어느 한 부분이 아니라 전체 공급사슬의 향상이 중요하기 때문이다. 또한 공급사슬의 한 부분의 향상이 다른 부분에 해가 되지 않도록 공급사슬의 향상은 전체 시스템의 관점에서 조정되어야 한다. 예를 들어, 기업이 일방적으로 완제품의 재고를 줄이면 그 기업의 비용은 감소하지만 대신 도매점이나 소매점에 대한 공급능력에 영향을 미치게 되어 최종 고객에 대한 품절의 위험이 높아진다.

4.2 재고 척도

공급사슬의 성과를 측정하고 공급사슬 설계의 여러 대안을 평가하는 데 사용되는 재고 척도에는 평균 총재고액(average aggregate inventory value), 공급주수(供給週數: weeks of supply) 및 재고회전율(inventory turnover)의 세 가지가 있다.

(1) 평균 총재고액

평균 총재고액이란 기업이 어떤 기간 동안 재고로 보유하고 있는 모든 품목(원자재, 재공품, 완제품 등)의 총평균가치(원가 기준)를 말한다. 즉, 평균 총재고액은 다음의 식과 같이 표현된다.

$$\text{평균 총재고액} = \sum_i (\text{품목 } i\text{의 평균 재고량}^{11)} \times \text{품목 } i\text{의 단위당 원가})$$

10) 예를 들면, 2005년도에 미국의 델 컴퓨터(Dell Computer)의 현금화 주기시간은 −37일(재고일수=4일, 매출채권 회수일수=32일, 매입채무 변제일수=73)이었다. 즉, 델 컴퓨터는 공급자에게 대금을 지급하기 전에 현금을 얻는다는 의미이다. 이는 델 컴퓨터의 낮은 재고수준, 짧은 매출채권 회수기간 및 상대적으로 긴 매입채무 변제기간에 기인하며, 그만큼 델 컴퓨터는 공급사슬관리를 효율적으로 하고 있다는 것이다(Schroeder et al. 2013, p. 232).

11) 어떤 기간의 평균 재고량은 (기초재고량+기말재고량)/2가 된다.

평균 총재고액은 기업의 얼마나 많은 자산이 재고에 묶여 있는가를 나타낸다. 이 척도는 어떤 기간에 걸친 재고투자액을 나타내므로 평균의 개념을 갖는다. 평균 총재고액이 너무 많은지 또는 너무 적은지는 과거 자료나 동일 산업과의 비교를 통해 또는 경영자적 판단에 의해 결정된다.

(2) 공급주수

공급주수는 아래의 식과 같이 평균 총재고액을 주당 매출원가로 나눈 값이다(재고수준이 낮은 산업의 경우에는 재고를 측정하는 기간 단위가 일(日)이 될 수 있고, 이 경우에는 공급일수로 재고를 측정한다). 따라서 공급주수란 기업이 평균적으로 몇 주 분의 공급량에 해당하는 재고를 보유하고 있는가를 나타낸다. 공급주수가 작을수록 전반적인 재고수준은 낮아진다.

$$\text{공급주수} = \frac{\text{평균 총재고액}}{\text{주당 매출원가}}$$

(3) 재고회전율

재고회전율은 아래의 식과 같이 연간 매출원가를 연간 평균 총재고액으로 나눈 값이다. 재고회전율이 높을수록 재고자산이 효율적으로 운영됨을 의미한다.

$$\text{재고회전율} = \frac{\text{연간 매출원가}}{\text{연간 평균 총재고액}}$$

예를 들어, 어느 기업의 지난해 연간 평균 총재고액은 20억 원, 연간 매출원가는 100억 원이었다면, 1년을 52주라 할 때 공급주수와 재고회전율을 다음과 같이 계산된다.

$$\text{공급주수} = \frac{\text{20억 원}}{\text{100억 원/52주}} = \text{10.4주}$$

$$\text{재고회전율} = \frac{\text{100억 원}}{\text{20억 원}} = \text{5회전/년}$$

5 공급사슬의 개선

채찍효과를 최소화하고 공급사슬의 성과를 향상시키기 위해서는 기업 내의 여러 기능 간 조정과 협력뿐만 아니라 공급사슬 내의 기업 간 조정과 협력도 잘 이루어져야 한다. 일반적으로 기업은 기능별로 조직되며 각 부서는 공급사슬의 다른 측면을 맡고 있다. 예를 들면, 구매부서는 공급자와 원자재 재고를 관리하고, 생산부서는 제조와 재공품 재고를 관리하며, 마케팅부서는 수요와 완제품 재고를 관리한다. 기업 내 이들 부서 간 및 공급사슬 내 여러 기업 간의 조정과 협력이 잘 이루어지지 못하면 공급사슬의 성과가 나빠지고 채찍효과를 효과적으로 줄일 수 없다.

기업 내 및 기업 간 조정과 협력은 공급사슬의 구조나 하부구조의 변화와 개선을 통해 향상될 수 있다. **공급사슬 구조**(supply chain structure)의 변화는 설비의 유형과 입지, 프로세스 기술과 설비배치, 수직적 통합 등과 관련되어 있다. **공급사슬 하부구조**(supply chain infrastructure)의 변화는 공급자관리, 정보시스템, 생산/재고관리, 품질관리시스템 등과 관련되어 있다.

공급사슬의 구조나 하부구조의 변화는 공급사슬에서 불확실성이나 총리드타임 그리고 공급사슬의 총원가를 줄이는 것을 목적으로 한다. 공급사슬에서 수요나 공급시간의 불확실성이 줄어들면 재고의 필요성이 감소한다. 예를 들어, 극단적으로 수요의 불확실성이 전혀 없고 공급의 신뢰성이 완벽하다면 수송 중인 재고 외에는 어떠한 재고도 필요 없게 된다. 따라서 고객이 필요로 하는 때에 제품을 정확히 납품할 수 있도록 자재계획을 수립할 수 있다. 마찬가지로 공급사슬에서 총리드타임이 줄어들면 전체적으로 공급사슬은 실제 수요의 변화에 보다 유연하고 신속하게 반응할 수 있으며, 전체 공급사슬의 재고투자도 줄어든다.

5.1 공급사슬의 구조적 개선

공급사슬의 구조를 변화시키면 공급사슬이 전면적으로 재구성된다. 공급사슬 구조의 변화는 장기적인 성격을 가지고 있고 상당히 많은 자본을 필요로 한다. 공급사슬 구조의 변화와 개선은 다음과 같은 여러 가지 방법으로 이루어질 수 있다.

1. 수직적 통합(전방통합 및 후방통합)
2. 프로세스의 단순화
3. 공급자, 공장, 창고 또는 소매점의 재구성
4. 제품의 재설계
5. 제3자 물류업체와의 전략적 협력

(1) 수직적 통합

공급사슬의 구조적 개선 방법으로는 먼저 제4장에서 살펴본 수직적 통합을 들 수 있다. 수직적 통합은 공급사슬에서 한 기업의 소유범위를 규정한다. 수직적 통합에는 전방통합과 후방통합의 두 가지 유형이 있다. 예를 들어, 어떤 제조기업이 도매업체를 인수하여 모든 자사 제품을 이 도매업체를 통해 유통시키기로 결정하였다면, 이 통합은 공급사슬의 진행방향에서 볼 때 시장 쪽을 향한 전방통합이다. 반대로 이 기업이 공급업체를 인수한다면, 이 통합은 공급사슬의 진행방향에서 볼 때 후방통합이다. 만일 한 기업이 공급사슬 전체를 소유하게 되면 이를 완전 수직적 통합이라고 한다.

기업은 수직적 통합으로 공급의 신뢰성을 확보하거나 시장의 요구에 신속히 반응할 수 있으며, 재무적으로는 공급자나 유통업자의 이익을 취할 수 있다. 하지만 수직적 통합은 수요 및 기술의 변화에 대처하는 유연성의 저하와 같은 단점도 가지고 있다. 그럼에도 불구하고 수직적 통합 의사결정은 공급사슬의 성과를 개선하는 중요한 수단이 될 수 있다.

(2) 프로세스의 단순화

프로세스가 매우 복잡하거나 구식이 되어 대대적인 변화가 필요할 때는 전면적인 프로세스의 단순화를 통해 공급사슬을 개선할 수 있다. 이 경우에는 기존의 프로세스를 전혀 고려하지 않고 처음부터 백지상태에서 프로세스를 새로 설계한다. 이렇게 하면 비즈니스의 수행방법과 정보시스템에 큰 변화를 가져올 수 있다. 예를 들면, 어떤 제조기업이 고객 수요에 의해 작동되는 린 생산시스템과 같은 풀 시스템(pull system)을 도입하여 생산전환을 신속히 하고, 지사에 매일 제품을 보충해 주며, 일간 고객 수요에 근거하여 생산일정계획을 수립하면, 재고로부터 충족되는 고객 수요의 비율을 높이고 재고수준을 크게 낮출 수 있다.

(3) 공급자, 공장, 창고 또는 소매점의 재구성

공급사슬의 구조적 개선을 위한 또 하나의 방법은 공급자, 공장, 창고 또는 소매점의 수나 입지의 변경을 통해 공급사슬을 재구성하는 것이다. 예를 들면, 공급자가 너무 많은 경우에는 공급자를 JIT 납품이 가능하고 품질인증을 받은 최상의 공급자로 한정함으로써 공급자의 수를 절반 이하로 줄일 수 있다. 또 다른 예로 시장이 통합된 유럽의 경우, 기업은 공장과 창고의 수를 줄이고 입지를 변경할 수 있다.

기업 활동의 일부를 아웃소싱이나 오프쇼어링으로 전환함으로써 공급사슬을 재구성할 수도 있다. 오늘날 많은 기업들은 복잡한 제품의 주요 하위 시스템을 자체 생산에서 아웃소싱이나 오프쇼어링으로 전환하고 있다.

(4) 제품의 재설계

제품의 재설계도 공급사슬을 개선하는 계기가 될 수 있다. 제품의 변형 및 유형이 너무 많고 그중 일부는 매출액이 매우 낮은 경우, 기업은 제품라인을 재정비하고 제3장에서 살펴본 모듈러 설계 방식으로 제품을 재설계할 수 있다. 예를 들어 어떤 전자제품을 생산하는 기업의 경우, 전원공급 요건이 나라마다 달라서 제품의 유형이 많아지면 교체 가능한 전원공급 모듈로 제품을 재설계한 다음, 이 모듈을 제외한 몸체만을 미리 만들어 놓았다가 출하 직전에 나라별로 필요한 전원공급 모듈을 부착해서 내보내는 방식을 채택할 수 있다.[12)]

이러한 모듈러 설계는 대량고객화의 수단이 되고, 프로세스 흐름의 단순화, 프로세스 복잡성의 감소, 재고투자의 감소, 단위당 원가 감소 등과 같은 혜택을 가져온다. 나아가 모듈러 설계는 공급사슬에서 공급자 선택, 공급자에 대한 관리방식, 공급자와의 계약, 공급자 입지 등에 영향을 미치게 된다. 위의 예와 같이 일부 구성품을 교체 가능한 모듈로 설계하는 경우, 공통의 구성품 공급자들은 가격과 공급의 신뢰성에 근거하여 선택되고, 장기 구매계약을 맺는 방식으로 관리된다. 반면에 교체 가능한 모듈(구성품)을 공급하는 공급자는 지리적 근접성과 신속한 납품 능력에 근거하여 선택되며, 구매 기업에 의해 철저히 관리 · 통제된다.

12) 이는 제4장 프로세스 선택의 대량고객화에서 살펴본 선택사양의 지연전략에 해당한다.

(5) 제3자 물류업체와의 전략적 협력

기업에 따라서는 전략적으로 재고관리, 유통 및 배송을 제3자 물류업체에 맡길 수 있다. 예를 들어, 어떤 제조기업이 제품을 만들기만 하고 나머지 기능들은 모두 물류업체에 아웃소싱을 하면 재고관리는 물론 주문의 접수와 제품의 배송까지도 물류업체가 대신하게 된다. 이 경우 물류업체는 기업의 공급사슬의 새로운 한 부분이 되어 기존 공급사슬의 구조를 바꾸게 된다.

5.2 공급사슬의 하부구조적 개선

공급사슬 하부구조의 변화는 주어진 공급사슬의 구조 내에서 이루어진다. 이러한 변화는 공급사슬의 소프트웨어 측면에서 일어나며 공급사슬이 작동하는 방식을 변화시킨다. 공급사슬 하부구조의 변화도 구조적 변화와 마찬가지로 공급사슬에서 불확실성, 시간 및 원가를 줄이는 것을 목적으로 한다.

공급사슬의 하부구조를 개선하는 방법은 다양하지만 여기서는 다음과 같은 네 가지 방법을 살펴본다.

1. 교차기능팀
2. 파트너십
3. 준비시간의 단축
4. 정보시스템

(1) 교차기능팀

교차기능팀(cross-functional team)을 이용하면 기업 내의 다양한 부서와 기능 간의 조정과 협력이 원활해진다. 예를 들어, 마케팅, 생산, 인사, 회계 및 재무부서의 대표자로 교차기능팀을 구성하여 제조일정을 전체적으로 계획하고 관리하면 부서 간의 불협화음이나 비협조로 인한 손실을 줄일 수 있다.

(2) 파트너십

공급자와 고객 간의 파트너십(partnership)은 교차기능팀이 기업 내에서 조정과 협력을 높이는 것과 마찬가지로 공급사슬에서 기업 간 조정과 협력을 높인다. 파트너십이란 고객과 공급자가 상호 이익이 되도록 장기적인 비즈니스 관계를 확립하는 것이다. 이를 위해서는 상호 신뢰관계가 구축되어야 하고, 중요한 개선 프로젝트에 대해서는 양쪽 기업이 함께 협력팀을 구성할 수 있어야 한다. 예를 들면, 제조기업이 공급자와 파트너십을 형성하여 양 기업의 직원들로 팀을 이루어 신제품을 공동으로 개발하면 소비자의 요구에 부합하는 신제품을 보다 효과적으로 신속하게 개발할 수 있다. 또한 소매업체, 도매업체 및 제조업체가 파트너십을 형성하면 수요 변동에 따른 채찍효과를 상당히 줄일 수 있다.

(3) 준비시간의 단축

제14장에서 살펴본 린 생산시스템의 원리와 기법을 채택하여 공급사슬의 각 주체에 걸쳐 준비시간을 단축시키면 공급사슬의 성과가 개선될 수 있다. 준비시간을 단축시키면 공급사슬에서 총리드타임이 줄어든다. 또한 준비시간이 단축되면 공급사슬 전체에 걸쳐 자재나 제품의 소(小) 로트 생산이 가능해지며, 이에 따라 재고가 줄어들고 재고회전율이 높아진다. 준비시간은 제14장에서 설명한 것처럼 기계의 가동 중에 다음 생산품목에 대한 생산준비를 미리 해 놓았다가 기계가 멈추었을 때 새로운 제품으로의 생산전환을 신속히 함으로써 단축될 수 있다.

(4) 정보시스템

정보시스템의 변화도 공급사슬의 개선에 매우 중요하다. 오늘날 산업계에서는 최종 고객으로부터 판매 자료를 수집하여 이 정보를 공급사슬을 통해 후방으로 보내고 있다. 이에 따라 공급자는 단순히 고객으로부터 주문만 받는 것이 아니라 고객의 판매 및 재고 현황도 알 수 있다. 또한 공급자는 이 정보에 근거하여 미래의 주문량을 더 잘 예측하고 또 이에 맞도록 생산능력을 계획할 수 있다. 이러한 정보의 공유는 공급사슬에 파트너십이 확립되어 있으면 쉽게 이루어진다. 하지만 전체 공급사슬이 하류의 수요 정보를 획득하고 공유하기 위해서는 이에 맞도록 정보시스템이 개선되어야 한다.

6 기술과 공급사슬관리

앞 절에서 살펴본 공급사슬의 구조 및 하부구조의 개선에는 새로운 정보기술을 이용하는 경우가 많다. 예를 들면, 인터넷과 월드 와이드 웹은 기업 간 또는 기업과 소비자 간의 상거래뿐만 아니라 공급사슬을 보다 효율적으로 바꾸고 있다. 인터넷으로 인해 **전자상거래**(e-commerce)가 번창하고 있다. 전자구매(e-procurement) 및 인터넷 경매(Internet auction)와 같은 B2B(business-to-business) 연결은 기업 간 재화와 서비스의 거래를 촉진하고 있다. 또한 B2C(business-to-consumer) 연결도 기업과 소비자 간 상품과 서비스의 또 다른 판매 및 유통경로를 제공하고 있다.

인터넷은 공급사슬에서 기업과 기업 그리고 기업과 최종 소비자를 신속히 연결시키고 있다. 이러한 인터넷을 통한 상호 연결에 따라 공급사슬에서 정보교환이 보다 신속 · 정확하게 이루어지고 있고, 기업 간 조정도 보다 긴밀히 이루어지고 있다. 또한 공급사슬의 각 주체는 과거에는 쉽게 입수할 수 없었던 정보도 이제는 얻을 수 있게 되었다. 그 결과 인터넷은 공급사슬의 속도를 더 빠르게 하고 동시에 원가를 절감시키고 있다.

모든 공급사슬에서 다음과 같은 두 가지 기본적인 프로세스가 인터넷에 의해 크게 영향을 받고 있다.

1. 주문 신청
2. 주문 충족

주문 신청 프로세스에는 고객으로부터의 주문 접수뿐만 아니라 주문을 위한 제반 정보까지도 포함된다. 예를 들면, 고객은 어떤 품목을 주문하기에 앞서 그 품목의 재고가 얼마나 있는지, 어디에 있는지, 그리고 배송시간은 얼마나 걸리는지를 알고 싶어 한다. 이에 관한 정보가 공급자의 웹사이트에서 제공되면 고객은 이 정보에 신속하게 접근할 수 있다.

인터넷은 주문 신청을 신속하게 하고 주문의 정확성을 높인다. 온라인으로 주문을 받을 때 놓친 정보가 없는지 확인할 수 있고, 고객이 올바른 선택을 할 수 있도록 선택 메뉴를 제공할 수 있다. 주문이 접수된 이후에는 고객에게 제조와 배송 상태에 관한 정보도 제공할 수 있다. 이와 같이 인터넷을 이용함으로써 주문 신청 프로세스가 보다 신속하고 효율적이며 정확하게 이루어질 수 있게 되었다.

인터넷은 주문 충족 프로세스도 향상시킬 수 있다. 생산자는 주문이 접수되면 제13장에서 살펴본 MRP나 ERP시스템을 통해 그 주문에 대한 생산일정이나 재고보충을 계획할 수 있으며, 필요한 부품의 내부 생산과 필요한 자재의 외부 구매도 계획할 수 있다. 생산자는 MRP나 ERP시스템을 통해 공급자에게 즉시 구매주문을 보낼 수 있고, 공급자 또한 고객의 현재뿐만 아니라 미래의 계획된 주문도 알 수 있다. 이런 방식으로 전체 공급사슬이 컴퓨터 정보시스템에 의해 연결된다.

전자구매는 주문 신청과 주문 충족 프로세스의 양쪽에서 중요한 역할을 수행한다. 전자구매는 기업이 B2B 연결을 통해 공급자와 전자적으로 상호작용을 할 수 있게 해준다. 일반적으로 전자구매 서비스에는 다음과 같은 세 가지 유형이 있다.

1. 제품, 가격, 명세, 판매, 납품 조건 등을 보여주는 온라인 카탈로그 방식
2. 구매자와 판매자를 위한 제3자 경매 방식
3. 주요 기업에 의한 독자적인 거래시스템 방식

첫 번째 유형은 고객들이 표준화된 부품과 구성품을 쉽게 구매할 수 있도록 공급자들이 카탈로그를 온라인에 올리는 방식이다. 이렇게 하면 주문 신청이 크게 단순화된다.

두 번째 유형은 구매자와 공급자를 위한 제3자 경매 방식이다. 예를 들어, 자동차용 자재 경매 사이트를 자동차 조립회사들이 공동으로 설립하여 운영하면, 자동차의 부품이나 구성품을 공급하는 공급자들이 이를 쉽게 이용할 수 있다.

세 번째 유형은 기업이 전자구매를 위해 독자적인 거래시스템을 운영하는 방식이다. 예를 들면, IBM은 15,000명의 공급자들을 인터넷으로 연결하여 모든 구매거래를 웹 기반으로 처리하고 있다.

오늘날 전자구매와 B2B 시장은 급속히 성장해 나가고 있으며, 전자구매는 빠르게 산업계의 표준관행이 되고 있다.

요약

- 공급사슬이란 자재와 서비스의 공급자로부터 생산자의 변환 프로세스를 거쳐 완성된 산출물을 고객에게 인도하기까지 여러 주체들(공급자, 제조공장, 물류센터/창고, 도매점, 소매점 및 고객)이 상호 연결된 사슬을 말한다.

- 공급사슬관리란 공급자로부터 기업 내 변환 프로세스와 유통망을 거쳐 최종 고객에 이르기까지 자재, 서비스 및 정보의 흐름을 전체 시스템의 관점에서 설계하고 관리하는 것이다. 공급사슬관리의 목적은 공급사슬에서 자재, 서비스 및 정보의 흐름을 효과적·효율적으로 관리하고 불확실성과 위험을 줄임으로써 재고수준, 리드타임 및 고객 서비스 수준을 향상시키는 데 있다.

- 채찍효과란 최종 소비자의 수요 변동에 따라 공급사슬의 상류에 있는 주체로 갈수록 바로 하류에 있는 주체로부터 주문을 받는 양의 변동성이 더 커지는 현상을 말한다. 채찍효과를 발생시키는 주요 원인은 리드타임과 공급사슬 상·하류로의 정보 공유의 지연이다.

- 아웃소싱이란 원래 기업 내부에서 생산하던 재화나 서비스를 국내외를 불문하고 제3의 다른 기업으로부터 조달하는 것을 말한다. 오프쇼어링이란 기업이 국내 설비에서 생산하던 재화나 서비스를 동일 기업의 국외 설비에 맡기는 것을 말한다. 즉, 오프쇼어링이란 기업이 생산 및 서비스 분야 업무의 일부 또는 전부를 인건비가 싼 해외로 이전하는 것을 말한다. 글로벌 소싱이란 재화와 서비스를 범세계적인 차원에서 조달하는 것을 말한다.

- 공급자 선택 기준으로는 가격, 품질, 납품의 세 가지를 많이 사용한다. 또한 최근에 와서는 환경영향도 공급자 선택에 있어 중요한 요인이 되고 있으며, 이에 따라 많은 기업들이 그린 구매를 하고 있다. 기업은 우선경쟁역량과 주문획득요건을 고려하여 공급자 선택 기준을 결정해야 한다.

- 기업은 공급자와의 관계에 있어서 경쟁적 관계와 협력적 관계의 두 가지 접근법을 사용할 수 있다. 경쟁적 관계에서는 구매자와 공급자 간의 협상을 한 쪽이 얻는 만큼 다른 한 쪽이 잃는 제로섬 게임으로 보며, 단기적 이득을 장기적 관계보다 우선시한다. 협력적 관계에서는 구매자와 공급자가 파트너로서 서로를 최대한 도우며, 구매자와 공급자 상호에게 모두 이익이 되도록 소수의 공급자와 장기계약을 추구한다. 기업은 두 가지 접근법 중 기업의 우선경쟁역량에 가장 기여할 수 있는 접근법을 선택해야 한다.

- 조직이 여러 개의 설비를 가지고 있을 때는 본사에서 통합해서 집중구매를 할 것인지 아니면 각 설비별로 분산구매를 할 것인지를 결정해야 한다. 집중구매는 구매력을 증가시키는 장점을 가지고 있지만, 개별 설비의 자율권을 침해하고 리드타임이 길다는 단점도 가지고 있다. 따라서 특정 설비에 고유한 품목이나 생산일정과 밀접하게 맞물려 있는 품목은 개별 설비에서 구매되어야 한다.

- 로지스틱스 기능의 세 가지 전형적인 의사결정은 수송방식의 선택, 포장 및 자재 취급, 저장설비의 입지 및 관리이다.
- 공급사슬에서 완제품 재고를 어디에 둘 것인가에 대해서는 중앙집중적 배치와 전방배치의 두 가지 방법이 있다. 중앙집중적 배치란 모든 완제품 재고를 기업의 제조공장이나 중앙 창고와 같은 한 장소에 중앙집중적으로 두고 이로부터 각 고객에게 제품을 수송하는 것을 의미한다. 전방배치란 완제품 재고를 고객에게 보다 근접하도록 지역별 창고나 물류센터 또는 도매점이나 소매점에 두는 것을 의미한다.
- 수송방식에는 트럭, 철도, 선박, 파이프라인, 항공의 5가지 기본 유형이 있다. 이 5가지 기본 유형은 제각기 장 · 단점을 가지고 있으므로 수송방식의 선택에 있어서는 수송비용, 수송속도 및 유연성 간의 상충관계를 고려해야 한다.
- 공급사슬의 성과는 생산관리의 목표인 원가, 품질, 납품, 유연성, 시간의 측면에서 측정될 수 있다. 공급사슬의 성과를 측정하고 평가하는 데 사용되는 재고 척도에는 평균 총재고액, 공급주수, 재고회전율의 세 가지 방법이 있다.
- 공급사슬은 구조나 하부구조의 변화를 통해 개선될 수 있다. 공급사슬의 구조는 수직적 통합, 프로세스의 단순화, 공급자 · 공장 · 창고 또는 소매점의 재구성, 제품의 재설계, 제3자 물류업체와의 전략적 협력 등을 통해 개선될 수 있다. 공급사슬의 하부구조는 교차기능팀, 파트너십, 준비시간의 단축, 정보시스템의 변화 등을 통해 개선될 수 있다.
- 인터넷은 기업 간(B2B) 또는 기업과 소비자 간(B2C) 거래를 촉진하는 새로운 유형의 비즈니스를 창출하고 있다. 또한 인터넷은 주문 신청 및 주문 충족 프로세스의 속도를 빠르게 하고 원가를 절감함으로써 공급사슬의 성과를 향상시키고 있다.
- 전자구매 서비스에는 온라인 카탈로그 방식, 제3자 경매 방식, 독자적인 거래시스템 방식의 세 가지 유형이 있다. 이러한 전자구매 서비스는 구매자와 공급자를 연결하는 데 인터넷을 사용한다.

토론 문제

01 다음의 제품에 대해 원재료의 조달에서부터 최종 고객에 이르기까지 공급사슬을 정의해 보아라.

① 치킨점　　② 가솔린　　③ 휴대폰　　④ 교과서

02 공급사슬의 채찍효과란 무엇인가? 그리고 공급사슬에서 채찍효과를 줄이기 위해서는 어떻게 해야 하는가?

03 아웃소싱과 오프쇼어링의 차이점은 무엇인가?

04 단일 공급자 전략과 다수 공급자 전략의 장 · 단점을 비교해 보아라.

05 기업의 우선경쟁역량과 수송방식의 선택 간의 관계를 논하라.

06 리드타임과 수요의 예측오차는 공급사슬의 성과에 어떤 영향을 미치는가?

07 공급주수와 재고회전율 간의 관계를 논하라.

08 준비시간의 단축은 공급사슬을 어떻게 개선할 수 있는가를 설명하라.

09 인터넷은 공급사슬에 어떤 영향을 미치고 있는가?

10 전자구매를 이용하면 전체 공급사슬은 어떤 이익을 얻을 수 있는가?

연습문제

01 서진전자(주)는 어느 한 부품에 대해 A와 B 두 공급자를 고려하고 있다. 선택 기준은 가격, 품질 및 납품의 세 가지이다. 두 공급자를 5점 만점으로 각 기준에 대해 평가한 결과와 가중치의 합을 100으로 했을 때 각 기준의 가중치는 아래의 표와 같다. 서진전자(주)는 어느 공급자를 선택해야 하겠는가?

선택기준	가중치	점수	
		공급자 A	공급자 B
가 격	30	4	5
품 질	40	3	4
납 품	30	5	3

02 어느 기업의 올해 연간 매출원가는 480억 원이었고, 재고회전율은 6회전이었다. 이 기업은 내년에는 매출액(매출원가 기준)을 25% 증대시킬 계획으로 있다.

(1) 만약 내년에도 재고회전율을 올해와 같이 유지한다면 내년도의 평균 총재고액은 얼마나 증가하겠는가?

(2) 효과적인 공급사슬관리를 통하여 내년도의 평균 총재고액을 올해 수준으로 유지한다면 재고회전율은 얼마가 되겠는가?

03 어느 기업의 작년도 매출원가는 3,432백만 원이었고, 연간 52주 영업을 하였다. 이 기업은 3종의 원자재, 2종의 재공품 및 2종의 완제품을 재고로 유지하며, 작년도의 평균 재고량은 다음의 표와 같았다.

재고 구분	품목번호	평균 재고량	단가(천 원)
원자재	1	15,000	3
	2	2,500	5
	3	3,000	1
재공품	1	5,000	14
	2	4,000	18
완제품	1	2,000	48
	2	1,000	62

(1) 작년도의 평균 총재고액은 얼마인가?

(2) 이 기업은 평균 몇 주간의 공급량을 재고로 유지하였는가?

(3) 작년도의 재고회전율은 얼마인가.

04 어떤 공급사슬에 관한 자료는 다음과 같다.

	공급자	공장	도매점	소매점
재고일수(일)*	30	90	40	20
매출채권 회수일수(일)	20	45	30	40
매입채무 변제일수(일)	30	45	60	37
단위당 구입원가(천 원)	5	20	55	70
단위당 부가원가(천 원)	10	25	10	30
단위당 판매가(천 원)	20	55	70	110

* 재고일수(일)는 또한 통과시간(일)을 나타냄.

(1) 총공급사슬통과시간은 얼마인가?

(2) 각 주체의 현금화 주기시간을 계산하라. 어느 주체의 현금화 주기시간이 가장 좋은가?

(3) 이 공급사슬의 단위당 총원가는 얼마인가? 각 주체의 단위당 이익과 공급사슬 전체의 단위당 이익은 얼마인가?

05 서울전자(주)의 자재관리자는 재고를 줄이기 위한 방안을 연구하고 있다. 그는 우선 최근의 회계자료로부터 이 회사가 연간 평균적으로 유지하고 있는 재고투자액은 원자재가 32억 원, 재공품이 62억 원, 그리고 완제품이 27억 원임을 알았다. 올해의 매출액은 원가 기준으로 약 325억 원이 될 것으로 보고 있다. 1년을 52주로 할 때 공급주수와 재고회전율을 구하라.

참/고 문/헌

송재용 · 이경묵, 『SAMSUNG WAY 삼성웨이』, 21세기북스, 2013.

Jacobs, F. Robert and Richard B. Chase, *Operations and Supply Chain Management*, 15th ed., McGraw-Hill, New York, 2017.

Krajewski, Lee J., Manoj K. Malhotra, and Larry P. Ritzman, *Operations Management*, 11th ed., Pearson, Upper Saddle River, NJ, 2016.

Schroeder, Roger G., Susan Meyer Goldstein, and M. Johnny Rungtusanatham, *Operations Management in the Supply Chain*, 6th ed., McGraw-Hill, New York, 2013.

제 V 부

품 질

제16장 품질경영

제17장 품질관리 및 개선

품질은 원가, 납품 및 유연성과 함께 생산관리의 4대 목표 중의 하나이며 동시에 주요 생산 의사결정 분야 중의 하나이다. 품질 목표를 충족시키기 위해서는 품질시스템의 모든 측면을 관리하고 통제해야 한다. 제Ⅴ부에서는 전통적인 통계적 품질관리뿐만 아니라 품질경영, 품질계획, 품질정책 등 품질에 관한 의사결정을 폭넓게 살펴본다. 제16장에서는 품질경영과 관련된 전반적인 개념과 내용을 살펴보며, 제17장은 품질관리 및 개선을 위한 구체적인 기법을 다룬다. 사실상 품질은 주로 경영의 문제이다. 통계적 방법은 먼저 시스템을 안정시키는 데 사용되며, 그런 다음 안정된 시스템의 지속적 개선을 위해 사용된다.

제Ⅰ부 생산 · 운영관리 입문
- 제 1 장 생산기능
- 제 2 장 생산전략
- 제 3 장 제품설계

제Ⅱ부 프로세스
- 제 4 장 프로세스 선택
- 제 5 장 서비스 프로세스 설계
- 제 6 장 프로세스 흐름 분석 및 설비배치

제Ⅲ부 생산능력
- 제 7 장 수요예측
- 제 8 장 설비계획
- 제 9 장 총괄생산계획
- 제10장 일정계획
- 제11장 프로젝트의 일정계획

제Ⅳ부 재 고
- 제12장 독립수요품목의 재고관리
- 제13장 자재소요계획과 전사적 자원관리
- 제14장 린 시스템
- 제15장 공급사슬관리

제Ⅴ부 품 질
- 제16장 품질경영
- 제17장 품질관리 및 개선

제16장

품질경영

1. 품질의 정의
2. 품질관리의 발전
3. 품질의 계획, 관리 및 개선
4. 공급자 품질
5. 품질과 재무성과
6. 국제품질표준
7. 국가품질상 제도
• 요 약
• 토론문제
• 참고문헌

기업의 경쟁력은 그 기업이 제공하는 제품이나 서비스의 품질에 달려 있다고 해도 과언이 아니다. 오늘날 세계 시장은 고객 중심의 시장이며, 품질 우선주의(quality first)는 고객 중심의 시장에서 경쟁하는 기업의 가장 중요한 전략이며 패러다임이다. 따라서 품질은 기업의 경쟁우위를 결정짓는 중요한 경쟁수단이라고 할 수 있다.

품질은 원가, 납품 및 유연성과 함께 생산관리의 4대 목표 중의 하나이다. 품질관리는 기업 내 여러 기능과 관련되어 있으므로 품질향상을 위해서는 조직 전체가 협력해야 하지만, 특히 생산 부문은 고객을 위해 좋은 품질의 제품이나 서비스를 생산해야 하는 특별한 책임을 가지고 있다.

품질관리는 시대에 따라 그 의미가 변화해 왔다. 1900년대 초에는 검사가 품질관리의 주된 수단이었다. 1940년대에는 통계적인 방법이 사용되기 시작하면서 품질관리는 통계적인 의미를 가지게 되었다. 1960년대에는 품질관리의 의미가 단지 생산

부서만이 아니라 기업 전체가 다함께 품질 향상을 위해 노력해야 하는 전사적 품질관리로 확대되었다. 오늘날에는 고객만족을 위해 품질을 경영의 최우선 과제로 하는 품질경영 혹은 총체적 품질경영이 강조되고 있다.

본장에서는 현대적인 의미의 품질관리인 품질경영과 관련된 전반적인 개념과 내용을 살펴보며, 품질관리 및 개선을 위한 구체적인 기법은 다음 장에서 다룬다.

1 품질의 정의

품질(quality)은 사용자의 관점에서는 사용적합성(使用適合性: fitness for use)으로, 그리고 생산자의 관점에서는 규격일치성(conformance to specifications)으로 정의될 수 있다.[1)]

사용적합성이란 제품이나 서비스가 고객의 사용 목적이나 요구를 충족시키는 정도를 말한다. 즉, 사용적합성이란 제품이나 서비스에 대한 고객의 만족 정도라고 할 수 있다. 따라서 생산자가 아니라 오로지 고객만이 사용적합성을 결정한다. 하지만 고객만족은 고객에 따라 달라지는 상대적인 개념이다. 예를 들면, 어느 고객은 현대자동차에 완전히 만족하는 반면, 다른 고객은 만족하지 않을 수 있다. 또한 고객은 현재의 제품이나 서비스에는 만족하지만 미래에는 그렇지 않을 수 있다. 즉, 현대자동차에 만족하는 고객도 소득수준이 높아지면 더 이상 현대자동차에 만족하지 않고 고급 외제차를 선호할 수 있다. 이와 같이 고객은 특정 시점에서 자신의 기대와 관련하여 품질을 정의한다.

생산자의 관점에서는 생산된 제품이나 서비스가 설계명세와 일치해야 하므로 품질은 규격일치성으로 정의된다. 즉, **규격일치성**이란 제품이나 서비스가 설계명세와 일치하는 정도를 말한다. 따라서 제품이나 서비스가 설계명세대로 생산되었다면 생산자의 입장에서는 품질이 좋은 것으로 판단한다.

생산자는 고객의 요구를 반영하여 제품이나 서비스의 품질특성을 가능한 세심하게 규정하고, 이러한 설계명세를 충족시키도록 최선의 노력을 기울여 제품이나 서비스를

1) 이 외에도 품질은 제품의 탁월성, 제품의 등급, 제품의 가치 등 다양하게 정의되고 있다.

생산한다. 하지만 그 결과 비롯되는 제품이나 서비스가 고객의 요구를 충족시키느냐의 여부는 결국 고객에 의해 결정된다. 즉, 품질의 최종 판단 주체는 고객이다.

1.1 제품 품질

제품의 네 가지 **품질차원**(dimensions of quality)은 설계품질, 적합품질, 가용성, 현장 서비스이다(Schroeder et al. 2013).

(1) 설계품질

설계품질(quality of design)은 제품이 생산되기 전에 마케팅, 엔지니어링, 생산 및 기타 기능이 함께 참여하는 제품설계팀에 의해 결정된다. 설계품질은 시장조사, 설계개념 및 설계명세에 의해 결정된다. 시장조사는 고객의 요구를 파악하기 위해 수행된다. 시장조사를 통해 파악된 고객의 요구를 충족시키는 방법에는 여러 가지가 있으므로 특정 설계개념이 개발되어야 한다. 예를 들어, 고객이 값싸고 연비가 좋은 자동차를 원한다면 이러한 요구는 상이한 설계개념을 가진 여러 가지 자동차에 의해 충족될 수 있다. 개발된 설계개념은 설계도 및 자재명세서와 같은 설계명세로 구체화된다.

(2) 적합품질

적합품질(quality of conformance) 또는 **제조품질**이란 실제 생산된 제품이 설계명세에 부합하는 정도를 말한다. 생산된 제품이 설계명세에 일치하면 설계품질에 관계없이 생산의 측면에서는 높은 품질로 간주된다. 예를 들면, 값싼 구두라도 설계명세대로 만들어졌으면 적합품질은 높고, 반면에 값비싼 구두라도 설계명세를 충족시키지 못하면 적합품질은 낮다. 따라서 설계품질과 적합품질은 두 개의 서로 다른 품질개념을 나타낸다.

(3) 가용성

가용성(可用性: availability)은 시간 차원의 품질개념이며 고객에 대한 서비스의 연속성으로 정의된다. 가용성이란 제품이 고장이 나서 수리나 보전 중이 아니라 사용가능한 상태에 있는 비율을 말한다. 즉, 가용성이란 고객이 제품을 구매한 이후 전체

시간에서 제품이 정상적으로 사용될 수 있는 시간이 차지하는 비율을 의미한다. 따라서 가용성은 다음의 산식으로 표현될 수 있다.

$$가용성 = \frac{가동시간}{가동시간 + 비가동시간(또는\ 고장시간)}$$

가용성은 신뢰성(reliability)과 보전성(保全性: maintainability)에 의해 결정된다. **신뢰성**이란 특정 기간 동안 제품이 고장 나지 않을 확률을 의미한다. 예를 들면, 1,000시간 동안 어떤 전구의 신뢰성이 80%라는 것은 많은 전구를 1,000시간 동안 시험해 보면 80%의 전구는 1,000시간 동안 계속 켜져 있고, 20%의 전구는 1,000시간 이내에 고장이 난다는 의미이다. 신뢰성은 보통 평균 고장간격시간으로 측정되며, 평균 고장간격시간이 길수록 신뢰성은 높아진다.

한편 **보전성**이란 제품이 일단 고장이 났을 때 얼마나 빨리 복원될 수 있느냐를 의미한다. 고객은 수리나 보전을 귀찮게 생각한다. 따라서 제품이 고장이 나더라도 신속하게 다시 복원될 수 있도록 보전성이 높아야 한다. 보전성은 보통 평균 수리시간으로 측정되며, 평균 수리시간이 짧을수록 보전성은 높아진다.

가용성은 다음의 산식과 같이 신뢰성과 보전성의 결합으로 나타낼 수 있다. 이 식에서 보면 어떤 제품의 신뢰성과 보전성이 높으면 가용성도 높음을 알 수 있다.

$$가용성 = \frac{평균\ 고장간격시간}{평균\ 고장간격시간 + 평균\ 수리시간}$$

예를 들어 어떤 제품의 평균 고장간격시간이 9시간이고, 평균 수리시간이 1시간이라면 가용성은 90%가 된다.

(4) 현장 서비스

현장 서비스(field service)란 제품판매 후의 보증과 수리 또는 교체를 의미한다. 현장 서비스는 고객서비스, 판매서비스, 애프터서비스 또는 그냥 서비스라고도 한다. 고객은 제품에 문제가 생겼을 때 정직과 친절로 신속하고 만족스럽게 고쳐주기를 기대한다. 따라서 현장 서비스란 신속성, 능숙도 및 완전성과 같은 변수와 관련된 무형의 개념이다.

그림 16-1 품질의 유형

출처: Schroeder, Goldstein, and Rungtusanatham(2013), p. 166.

지금까지 설명한 제품의 네 가지 품질차원은 [그림 16-1]에 요약되어 있다. 이 그림에서 보는 바와 같이 제품의 품질은 설계품질, 적합품질, 제품수명 동안의 품질, 판매 후의 현장 서비스 품질로 구성되며, 이들 품질의 수준에 따라 고객만족이 결정된다.

1.2 서비스 품질

서비스 품질(service quality)의 정의와 측정은 제조업의 제품 품질과는 매우 다르다. 서비스 품질은 제5장에서 살펴본 바와 같이 명시적 서비스, 내재적 서비스 및 촉진재화의 세 가지 차원을 가지고 있다. 이 중에서 촉진재화의 품질은 제품의 품질차원을 사용하여 측정될 수 있다. 반면에 명시적 서비스와 내재적 서비스는 다른 측정 방법을 필요로 한다.

제품의 품질은 객관적으로 측정될 수 있지만 서비스 품질의 측정은 지각적이고 주관적이다. 예를 들면, 제품의 설계품질은 자동차의 가속성능이나 제동거리와 같은 제품의 특성에 의해 측정될 수 있다. 또한 적합품질은 폐기물과 재작업의 비용에 의해 측정될 수 있다. 반면에 서비스 품질의 측정은 대부분 주관적이다.

서비스 품질은 보통 다음과 같은 서비스의 5가지 지각적 척도에 근거한 고객 설문에 의해 측정된다.[2)]

1. **유형성**(tangibles): 물리적 설비, 장비 및 종업원의 외양을 말한다. 예를 들면, 레스토랑이 더럽고, 보기 흉하고, 종업원이 단정하지 못하면 유형의 품질은 낮을 것이다.
2. **신뢰성**(reliability): 약속한 서비스를 실수 없이 정확하게 수행하는 능력을 말한다. 예를 들면, 오후 7시로 예약을 하고 레스토랑에 갔는데 바로 좌석에 앉을 수 없다거나 혹은 웨이터가 음식을 잘못 가져오면 신뢰성은 낮을 것이다. 서비스의 신뢰성이란 더 정확히 말하면 서비스의 일치성이며, 제품의 신뢰성과는 정의가 다르다.
3. **반응성**(responsiveness): 고객을 돕고 신속하게 서비스를 제공하려는 의지를 말한다. 예를 들면, 레스토랑의 경우 식사는 제때에, 메뉴를 이해하는 데 필요한 도움과 함께 제공되어야 한다.
4. **확신성**(assurance): 종업원의 지식, 정중함, 그리고 고객에게 믿음과 확신을 심어주는 능력을 말한다. 레스토랑의 예에서는 종업원이 메뉴를 잘 알고 또 정중하게 서비스를 제공하느냐가 이에 해당한다.
5. **공감성**(empathy): 고객에 대한 보살핌과 개별적인 배려를 말한다. 레스토랑의 경우, 종업원이 고객을 도와주고 고객에게 관심을 보이느냐가 이에 해당한다.

---

2) 고객 설문에 의한 서비스 품질의 대표적인 측정 방법이 SERVQUAL이다(Parasuraman et al. 1988, 1991). SERVQUAL은 5가지 서비스 품질차원을 총체적으로 측정하는 22개의 항목(설문)으로 구성된 설문지를 사용한다. 서비스 품질은 각 서비스 품질차원에 대해 고객이 기대한 것과 실제 제공된 것과의 차이에 근거하여 측정된다. 비록 SERVQUAL의 5가지 품질차원은 전반적인 서비스 품질을 측정하는 데 매우 유용한 것으로 평가되고 있지만, 고객의 기대와 실제 제공된 서비스와의 차이로 서비스 품질을 측정하는 데에는 많은 논란이 있다. 그럼에도 불구하고 SERVQUAL은 은행, 전화서비스, 소매점 및 수리서비스와 같은 소매서비스의 품질을 측정하는 데 널리 사용되고 있다.

이상에서 본 바와 같이 서비스의 품질차원은 제조업과는 매우 다르고 또 서비스 전달에서 종업원과 고객 간의 밀접한 상호작용을 반영하고 있다.

2 품질관리의 발전

본절에서는 품질관리가 시대에 따라 어떻게 발전해 왔으며 또 그동안 어떤 주요 품질향상운동이 있었는지를 살펴보기로 한다.

2.1 품질관리의 역사

품질관리는 역사적으로 다음과 같은 6단계로 발전해 왔다.

1. 작업자 품질관리
2. 직장(職長) 품질관리
3. 검사 품질관리
4. 통계적 품질관리
5. 총체적(또는 전사적) 품질관리
6. 총체적(또는 전사적) 품질경영

(1) 작업자 품질관리

중세에는 길드에 의한 장기간의 훈련에 의해 품질이 상당 부분 관리되었다. 산업혁명 이전까지는 한 명 또는 몇 명의 작업자가 제품 생산의 전 과정을 담당하였고 또 자신이 만드는 제품에 대해 품질까지 책임을 졌으므로 이를 **작업자 품질관리**라고 한다.

(2) 직장 품질관리

산업혁명 이후 분업의 개념이 도입되면서 각 작업자는 하나의 제품을 끝까지 완성하는 것이 아니라 단지 부분만을 담당하게 되었다. 따라서 여러 작업자가 동일한 작업을 반복하여 만드는 제품에 대해 이들을 지휘 · 감독하는 직장(감독자)이 제품의 품질에 책임을 지게 되었다. 이를 **직장 품질관리**라고 한다.

(3) 검사 품질관리

제1차 세계대전을 즈음해서는 제품이 더욱 복잡해지고 직무가 더욱 전문화됨에 따라 한 사람의 직장이 거느리는 작업자의 수가 증가하게 되었다. 따라서 직장이 작업 감독과 품질을 동시에 책임지기가 어렵게 되었다. 이에 따라 제품의 품질검사를 전담하는 전문적인 검사자와 검사부서가 출현하여 품질에 책임을 지게 되었는데 이를 **검사 품질관리**라고 한다.

(4) 통계적 품질관리

1924년 벨 전화연구소의 슈하트(Walter A. Shewhart)는 품질변동을 통제하기 위한 통계적 품질관리도를 개발하였다. 이것이 **통계적 품질관리**(SQC: statistical quality control)의 시초이다. 이보다 조금 뒤에 같은 벨 전화연구소의 닷지(H. F. Dodge)와 로믹(H. G. Romig)은 100% 전수검사를 대체하는 샘플링 검사법을 개발하였다. 그러나 이와 같은 SQC 기법은 제2차 세계대전이 발발한 1940년대에 들어와서야 비로소 산업계에 활용되기 시작하였다. 제2차 세계대전은 오직 통계적 방법에 의한 검사만이 가능한 각종 군수품에 대한 대량수요를 촉발시켰다. 이에 따라 미국 군대와 정부는 정해진 품질표준에 부합하도록 공급자들에게 SQC를 요구하게 되었고, 이에 따라 SQC 기법은 산업계에 널리 퍼지게 되었다. SQC를 위주로 한 미국의 품질관리는 1950년대에 데밍(W. Edwards Deming)과 쥬란(Joseph M. Juran)에 의해 일본으로 전파되었다.

(5) 총체적 품질관리

1960년대에는 제품설계에서부터 원자재 구입, 프로세스 설계, 생산, 출하, 판매, 제품보증 및 애프터서비스에 이르기까지 전 단계에 걸쳐 품질에 영향을 미치는 회사 내 모든 부문의 노력을 모아서 총체적으로 품질관리를 추진해야 한다는 **총체적**(또는 전사적) **품질관리**(TQC: total quality control)가 도입되었다. TQC란 소비자가 만족할 수 있는 품질의 제품을 가장 경제적으로 생산할 수 있도록 사내 각 부문의 품질개발,

품질유지 및 품질개선에 대한 노력을 통합 · 조정하는 효과적인 시스템으로 정의된다. 이러한 TQC에서는 조직 전체가 좋은 품질의 제품을 만드는 데 기여해야 한다.

(6) 총체적 품질경영

현대에 와서는 TQC와는 달리 품질관리 개념을 제품 자체에서 조직시스템과 경영의 차원으로 전환해야 함을 강조하는 **총체적**(또는 전사적) **품질경영**(TQM: total quality management)이 제창되었다. TQM은 최고경영자의 품질방침에 따라 국제적으로 경쟁력 있는 품질을 확보하는 것을 목표로, 모든 조직구성원의 참여하에 제품과 프로세스를 지속적으로 개선함으로써, 고객만족을 극대화시키기 위한 기업의 총체적인 전략이라고 할 수 있다. 요컨대 TQM은 품질관리를 포함한 기업 전반의 경영관리를 품질전략적으로 행하는 것으로서 기존의 TQC와 SQC를 포함하는 넓은 개념이다.

TQM은 고객 초점, 지속적 개선 및 전원 참여의 세 가지 원칙을 강조한다.

1. 고객 초점: 품질은 고객이 평가한다. 따라서 기업은 고객의 요구에 부응하고 고객에게 만족을 주는 제품이나 서비스를 제공해야 한다.
2. 지속적 개선: 품질은 일회성 노력에 의해 비약적으로 개선될 수 있는 것이 아니므로 품질향상은 지속적인 개선을 통해 꾸준히 추진되어야 한다.
3. 전원 참여: 품질개선은 품질관리부서만의 책임이 아니다. 최고경영자에서부터 현장 종업원에 이르기까지 조직의 전 구성원이 품질의 중요성을 인식하고 품질개선에 공헌해야 한다.

2.2 품질향상운동

여기서는 주요 품질향상운동으로 무결점운동, QC서클, 싱글 PPM 품질혁신운동을 소개하며, 가장 최근의 체계적인 품질향상운동인 식스 시그마(six sigma)는 다음 장에서 살펴보기로 한다.

(1) ZD프로그램(무결점운동)

ZD프로그램(zero defects program) 또는 **무결점운동**이란 품질관리에 있어서 예방을 강조하는 접근법으로서 처음부터 결점이 없는 완전한 제품을 생산하자는 품질향상운동이다. ZD프로그램은 1962년 미국의 마틴(Martin)사에서 미사일의 신뢰도 향상 및 원가절감을 목적으로 처음 시행되었다.[3)]

ZD프로그램에서는 품질결함은 작업자의 오류에서 비롯되며, 작업자의 오류는 적절한 동기부여를 통해 제거될 수 있다는 가정을 하고 있다. ZD프로그램에서는 작업자 스스로 오류의 원인을 찾아 제거토록 하기 위해 각 작업자에게 일을 처음부터 올바로 하는 데 장애가 되는 문제들을 찾아 서술토록 한 다음, 각 문제의 해결책을 제시하도록 한다. 이와 같은 오류의 제거를 위한 제안을 ECR제안(error cause removal suggestion)이라고 한다. ZD프로그램에서는 작업자에 대한 동기유발 정책으로 일정기간 동안 무결점의 실적을 올린 작업자를 포상한다.

그러나 품질에 대한 작업자의 책임은 기껏해야 20% 정도이고 80% 이상은 경영자에게 있으며, 작업자에 의해 통제될 수 있는 오류에도 복합적인 요인이 있어 동기부여만으로는 오류를 감소시킬 수 없기 때문에 ZD프로그램에는 한계가 있다는 부정적인 견해도 있다.

(2) QC서클

품질분임조라고 불리기도 하는 **QC서클**(quality control circle)은 품질, 생산성, 원가 등 작업에서 발생하는 여러 문제들을 해결하기 위하여 정기적으로 모이는 작업자 그룹을 말하며, 1962년 일본에서 처음으로 시작되었다. QC서클은 단순히 의사결정에 작업자를 참여시킨다는 차원을 넘어 작업자들에게 문제해결기법을 훈련시키고 능동적으로 자료를 구하게 하여 작업자들이 공동으로 문제를 해결하도록 하는 데 특징이 있다.

QC서클은 같은 부서나 작업장에서 유사한 작업에 종사하는 10명 내외의 작업자로 구성되며, QC서클의 리더는 작업자나 감독자 중 한 사람이 된다. QC서클은 문제를 토의하고 해결책을 강구하기 위해 보통 1주일에 1시간 이상 정기적으로 모인다. 문제는 개별 작업자에 의해 파악되기도 하고 때로는 경영자에 의해 QC서클에 주어지기도 한다.

---

3) 마틴사는 1995년 항공우주산업체인 록히드(Lockheed Corporation)와 합병하여 록히드마틴(Lockheed Martin Corporation)으로 사명이 바뀌었다. 록히드마틴은 군용기, 미사일, 인공위성, 우주선 발사장치 등을 생산하는 미국의 대표적인 항공우주산업체이다.

QC서클은 작업자들이 그들 자신의 문제를 가장 잘 파악하고 해결할 수 있다는 아이디어에 기반을 두고 있다. 작업자들은 자료의 수집과 분석기법 등을 내용으로 하는 교육훈련을 통해 문제해결기법을 습득한다. 이를 위해 작업자들에게는 작업 외의 시간이 주어지며 또한 경영자로부터 필요한 각종 지원을 받는다. QC서클은 작업자로 하여금 스스로 해결책을 강구토록 하기 때문에 조직 내의 변화에 대한 저항을 상당히 줄일 수 있다. 또한 동일한 문제에 대해 여러 사람들이 생각하게 되므로 보다 나은 해결책을 이끌어낼 수도 있다. 하지만 QC서클은 해결책의 강구에 많은 시간을 소비하고 타협책이나 형편없는 해결책을 내놓을 수도 있다. 따라서 QC서클이 문제 해결에 객관적인 접근법을 사용할 수 있도록 작업자들에게 문제해결기법을 교육시키는 것이 매우 중요하다.

QC서클은 품질뿐만 아니라 생산성도 향상시킨다. 많은 문제들은 낮은 품질과 낮은 생산성 양쪽을 모두 가지고 있기 때문에 QC서클은 양쪽을 동시에 향상시키는 해결책을 개발한다. 따라서 QC서클은 품질과 생산성 양쪽 모두에 공헌한다.

(3) 싱글 PPM 품질혁신운동

싱글 PPM 품질혁신운동이란 제품 1백만 개 중에서 불량품을 10개 이내로 줄이자는 품질향상운동이다. 싱글 PPM 품질혁신운동에서는 불량률의 단위를 종전의 백분율(%)에서 제품 1백만 개당 불량품의 수를 표시하는 **PPM**(parts per million)으로 사용하면서 제품의 완벽화를 추구한다.

싱글 PPM 품질혁신운동이 지향하는 바는 궁극적으로 고객의 요구에 맞는 완벽한 품질의 구현이다. 싱글 PPM 품질혁신운동은 불량이 고객에게까지 전달되지 않는 시스템, 처음부터 불량을 배제하는 생산시스템의 구축을 통해 품질을 향상시키고 비용을 절감하자는 총체적인 품질향상운동이다. 싱글 PPM 품질혁신운동은 무결점운동에서와 같은 추상적인 품질목표가 아닌 구체적이고 피부로 느낄 수 있는 품질목표를 제시하고 있는 점이 특징이다.

3 품질의 계획, 관리 및 개선

본절에서는 제품이나 서비스의 품질차원이 어떻게 품질관리 과정에 반영되는지를 살펴보기로 한다. 품질의 계획, 관리 및 개선의 과정은 고객, 생산기능 및 조직 내 타 기능 간의 연속적인 상호작용으로 이루어진다. [그림 16-2]는 이러한 상호작용이 **품질 사이클**(quality cycle)을 통해 어떻게 일어나는지를 보여주고 있다. 고객의 요구는 보통 마케팅기능을 통해 파악된다. 고객의 요구는 고객에 의해 직접 표현되거나 혹은 시장조사를 통해 파악된다. 마케팅 부서는 이렇게 수집된 고객의 요구를 정리 · 해석하여 엔지니어링 부서로 보낸다. 엔지니어링 부서는 타 부서와 협력하면서 고객의 요구를 충족시키도록 제품을 설계한다.

일단 설계개념과 설계명세가 완성되면 설계품질이 결정된다. 그러면 생산부서는 설계명세에 맞도록 제품을 생산한다. 이때 생산부서는 품질관리를 통해 제품이 설계된 대로 생산되도록 적합품질을 계속적으로 확보해 나가야 한다. 이는 보통 적절한 교육훈련, 감독, 기계 정비, 검사 등에 의해 이루어진다. 최종적으로 제품이 고객에게 인도되면, 고객은 제품에 대한 피드백을 주게 된다. 이는 다시 제품의 품질에 반영된다. 이런 방식으로 지속적 개선이 일어난다.

그림 16-2 품질 사이클

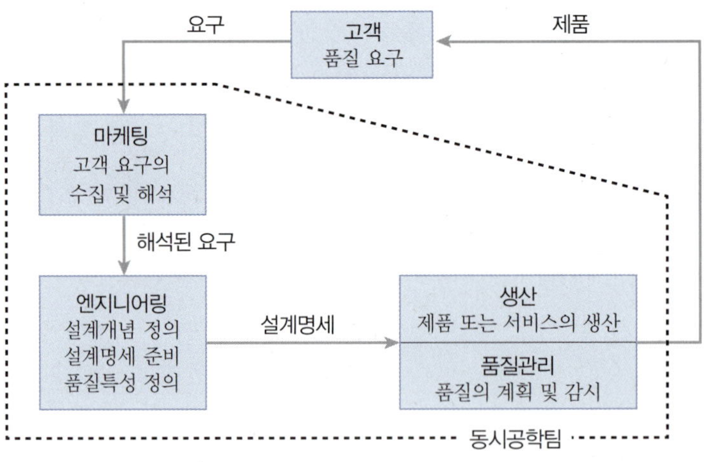

출처: Schroeder, Goldstein, and Rungtusanatham(2013), p. 168.

품질 사이클을 통해 품질을 계획, 관리 및 개선하기 위해서는 다음과 같은 단계가 순차적으로 실행되어야 한다.

1. 고객 요구에 근거한 품질특성의 정의
2. 각 품질특성의 측정 방법 결정
3. 품질표준 설정
4. 각 품질표준에 대한 적절한 시험 및 검사 프로그램 수립
5. 나쁜 품질의 원인 발견 및 시정
6. 지속적 개선

품질계획은 품질특성을 정의하는 것으로부터 시작된다. 품질계획자는 어떤 품질특성이 고객만족에 중요하고, 중요하지 않은지를 결정해야 한다. 다음은 각 품질특성을 검사하고 측정하는 방법을 결정해야 한다. 측정 방법을 결정한 다음에는 각 품질특성에 요구되는 품질표준을 설정해야 한다. 품질표준은 보통 허용오차(±수치), 즉 최소 및 최대 허용한계로 표시되지만 원하는 목표치로도 설정될 수 있다. 품질표준을 설정한 후에는 시험 및 검사 프로그램을 수립해야 한다(시험과 검사계획의 방법은 다음 장에서 다룬다). 다음은 시험 및 검사를 통해 나쁜 품질의 원인을 찾아내어 이를 시정한다. 나쁜 품질의 원인으로는 부적절한 원자재, 교육훈련 부족, 불분명한 절차, 기계 결함 등 여러 가지가 있을 수 있다. 정기적으로 나쁜 품질의 원인을 찾아내어 시정하면 생산시스템은 언제나 관리되고 있는 상태에 있게 되고 지속적으로 개선되게 된다.

나쁜 품질의 원인을 찾아내어 시정하는 것도 중요하지만 이보다 더 좋은 방법은 처음부터 실수가 발생하지 않도록 하는 것이다. 이를 위해서는 실수를 방지하도록 제품과 내부 절차를 설계하고, 실수를 예방하기 위해 공급자와 협력하며, 문제가 발생하기 전에 작업자를 훈련시키고, 기계를 예방정비해야 한다. 그럼에도 불구하고 실수가 발생하면 신속히 시정해야 하고 또 같은 실수가 재발되지 않도록 시스템 자체를 바꾸어야 한다.

실수 방지의 개념은 일본의 시게오 신고에 의해 1960년대에 개발되었다. 이것이 일본어로 "실수를 피하는"이란 뜻을 가진 **포카요케**(poka-yoke)이다. 포카요케의 아이디어는 실수를 저지르는 것이 불가능하도록 또는 실수를 했을 때 실수를 쉽게 발견할 수 있도록 제품과 프로세스를 설계하는 것이다. 예를 들면, 전자레인지의 문이

열려 있으면 작동이 안 되게 한다든지, 자동차의 경우 기어가 주차 위치인 'P'에 놓여 있지 않으면 시동이 걸리지 않게 한다든지, USB 장치의 플러그를 꽂을 때 뒤집어진 상태로는 안 들어가게 한다든지, ATM에서 카드가 먼저 나오고 돈이 나중에 나오게 해서 사람들이 카드를 안 가지고 가는 것을 방지한다든지 하는 것들이 포카요케의 적용 예이다.

4 공급자 품질

많은 제품과 서비스에 있어 생산에 소요되는 자재의 50% 이상이 외부의 공급자로부터 구매되고 있다. 경우에 따라서는 생산품의 100%가 공급자로부터 조달되기도 한다. 예를 들면, 애플의 아이폰은 제품설계와 디자인을 제외한 나머지는 모두 외부로부터 조달되고 있다.

제품의 설계결함을 최대한 방지하기 위해서는 처음부터 공급자를 제품설계에 참여시켜야 한다. 공급자는 품질을 향상시키는 아이디어를 제시하거나 또는 불량을 방지할 수 있는 중요한 자재나 서비스를 추천할 수 있다.

제품이 복잡한 경우, 최종 제품의 품질을 확보하기 위해서는 공급자들의 품질수준이 매우 높아야 한다. 이와 관련된 개념이 **누적 수율**(rolled yield)이다. 여기서 **수율**(收率: yield)이란 투입 수에 대한 완성된 양품의 비율, 즉 양품률을 의미하며, 불량률의 반대어이다.[4] 예를 들어, 어떤 제품은 100개의 구성품이나 부품으로 생산되고, 각 구성품이나 부품의 수율은 99%(즉, 불량률이 1%)라고 하자. 그러면 최종 제품의 전체적인 수율은 모든 개별 생산자(즉, 구성품이나 부품의 생산자)의 수율을 곱한 값이 된다. 즉, 각각 0.99의 수율을 가진 100명의 공급자가 있으므로 누적 수율은 다음과 같이 0.99를 백번 곱한 값인 0.366이 된다.

$$\text{누적 수율} = (0.99)^{100} = 0.366$$

---

4) 수율은 특히 반도체의 생산성 및 수익성에 매우 중요하다. 자동차 등 기계는 일부분에서 문제가 발견되면 그 부분만 교체하거나 교정하면 되지만, 반도체의 수율은 흔히 제조 순서에 따라 웨이퍼 가공 수율, 조립 수율 등 4종의 수율을 합친 누적 수율로 판단한다.

따라서 만약 최종 제품이나 서비스의 누적 수율이 99%가 되게 하려면 공급자의 품질 수준은 훨씬 더 높아야 한다. 이 경우 99% 누적 수율을 달성하려면 100명의 공급자 각각의 품질수준이 99.99%가 되어야 한다.[5)]

공급자관리에서는 공급자를 선택하고 공급자가 품질을 준수하고 있는지를 평가해야 할 뿐만 아니라 공급자 위험도 관리해야 하고 공급자가 프로세스를 잘 통제하고 있는지도 확인해야 한다. 오늘날 자동차, 장난감, 약품 등과 같은 많은 제품들이 품질결함과 안전문제 때문에 리콜되고 있다. 많은 경우에 이는 판매 기업이 아니라 공급자들의 품질 실패에 기인한 것이다. 그럼에도 불구하고 법적으로는 판매 기업이 리콜에 책임이 있다. 따라서 공급자에 대한 품질관리에서는 공급자의 프로세스에 대한 통제가 요구되며, 이는 **공급자 인증**(supplier certification)을 통해 달성된다. 공급자 인증이란 공급자가 자신의 프로세스를 잘 통제하고 있으며, 최소한 본장의 뒤에서 살펴볼 ISO 9000 품질인증 심사를 통과할 수 있음을 의미한다. 즉, 공급자 인증이란 공급자가 불량을 방지하기 위해 문서화된 절차, 교육훈련, 지속적인 통계적 프로세스 관리 등과 같은 적절한 품질시스템을 갖추고 있음을 고객이나 제3자가 인증해주는 것을 말한다. 인증은 고객이나 ISO 9000 심사자에 의해 이루어진다. 따라서 공급자관리에서는 공급자 인증을 통해 적절한 품질시스템을 확보할 수 있도록 공급자 선택이 이루어져야 한다.

공급자 인증은 해외 공급자의 선택에 있어서 특히 중요하다. 해외 공급자는 단순히 제시된 가격과 견본이 좋다고 해서 선택되어서는 안 된다. 왜냐하면 해외 공급자가 바이어에게 제시하는 견본은 신뢰할 수 있는 생산 프로세스에 의해 생산된 것이 아니라 의도적으로 세심하게 선택된 것일 수 있기 때문이다. 즉, 견본이 실제로는 세심한 수작업에 의해 만들어졌거나 또는 수율이 낮은 생산 프로세스에서 생산되어 검사를 통과한 것일 수 있기 때문이다. 따라서 해외 공급자를 선택할 때는 일관되게 좋은 품질의 제품을 생산해 내는 품질시스템을 갖춘 인증된 공급자인지를 반드시 확인할 필요가 있다.

5) 99.99%를 백번 곱하면 99%가 된다.

5 품질과 재무성과

5.1 품질비용

품질비용(cost of quality)이란 100% 완벽하지는 못한 품질의 생산에 기인한 모든 비용을 말한다. 품질비용은 통제비용과 실패비용으로 구분할 수 있다. 그리고 통제비용은 예방비용과 평가비용으로, 실패비용은 내부 실패비용과 외부 실패비용으로 세분할 수 있다. 따라서 총품질비용은 다음과 같이 구성된다.

총품질비용 = 통제비용 + 실패비용
= (예방비용 + 평가비용) + (내부 실패비용 + 외부 실패비용)

통제비용(control cost)이란 생산흐름으로부터 불량을 제거하기 위한 활동에 관련된 비용을 말한다. 불량 제거 활동은 예방과 평가로 이루어지므로 통제비용은 다시 예방비용과 평가비용으로 세분된다.

예방비용(prevention cost)이란 불량이 발생하기 전에 불량을 사전에 예방하기 위한 활동에 소요되는 비용이다. 이에는 품질계획, 신제품 검토, 교육훈련, 프로세스 계획, 품질자료의 수집 및 분석 등에 소요되는 비용이 포함된다.

평가비용(appraisal cost)이란 불량을 가려내기 위한 평가나 검사에 소요되는 비용을 말한다. 이에는 원자재의 수입검사, 프로세스 검사, 완제품검사, 품질연구실의 운영비용 등이 포함된다. 즉, 평가비용은 완제품, 부품, 구입자재 혹은 프로세스 상태가 품질기준에 일치하는가를 측정 · 평가하는 데 드는 비용이다.

실패비용(failure cost)이란 완성된 제품의 품질이 일정한 수준에 미달함으로써 발생하는 비용을 말한다. 실패비용은 생산시스템 내부에서 발생할 수도 있고, 제품이 고객에게 인도된 다음, 즉 외부에서 발생할 수도 있다. 전자를 내부 실패비용이라고 하고, 후자를 외부 실패비용이라고 한다.

내부 실패비용(internal failure cost)은 완성된 제품이 고객에게 인도되기 전에 품질요건을 충족시키지 못해 발생하는 비용이다. 이에는 폐기물(사용 또는 수리가 불가능한 제품에 투입된 재료비, 노무비 및 제조간접비의 순손실), 재작업(품질결함을 고쳐 품질요건을 충족시키는 데 드는 비용), 등급저하(사용할 수는 있으나 품질결함으로 정상가격을 받지 못할 때 정상가격과 떨어진 가격과의 차이), 재검사(재작업 후의 검사 및 시험 비용), 비가동시간(품질실패로 인한 설비 및 작업자의 유휴시간에 대한 비용), 실패분석(실패의 원인을 찾아 분석하는 데 드는 비용) 등에 관련된 비용이 포함된다.

외부 실패비용(external failure cost)은 제품이 고객에게 인도된 후 품질결함으로 만족스럽게 기능하지 못할 때 발생하는 비용이다. 이에는 품질보증, 반품, 클레임, 리콜, 소비자 불평 처리, 가격할인 등에 관련된 비용이 포함된다.

5.2 품질이 재무성과에 미치는 영향

품질비용은 매출액의 약 30%(범위로는 20~40%)로 추정된다고 한다. 이 수치는 많은 기업에 있어 매출액이익률의 2~3배에 해당하기 때문에 품질비용을 절감하면 이익이 크게 향상된다. 따라서 기업은 기술, 교육훈련, 작업자의 태도, 관리 등에서 생산시스템을 지속적으로 개선함으로써 품질비용을 줄여나가야 한다. 또한 전체적으로 품질비용을 줄이기 위해서는 예방 활동을 강화해야 한다. 앞에서 살펴본 네 가지 품질비용 가운데 평가비용, 내부 실패비용 및 외부 실패비용의 세 가지는 **부적합비용**(cost of nonconformance), 즉 나쁜 품질로 인한 비용이다. 예방비용을 증가시키면 이 세 가지 부적합비용을 줄일 수 있다. 즉, 기업이 교육훈련, 프로세스 계획, 신제품 검토 등과 같은 예방 활동에 대한 투자를 강화하면, 생산시스템 내부에서 발생하는 품질비용(평가비용과 내부 실패비용)이나 판매 후에 발생하는 품질비용(외부 실패비용)을 크게 줄일 수 있다.[6)]

또한 품질이 향상되면 좋은 품질을 통해 고객만족이 높아지기 때문에 수익(매출액)이 크게 증대될 수 있다. 고객만족의 향상은 수익과 시장점유율을 높이는 중요한 요인이다.

[그림 16-3]은 품질향상을 통한 원가절감과 수익증대가 재무성과에 어떻게 영향을 미치는가를 보여주고 있다. 품질향상(설계품질과 적합품질의 향상)은 낭비 감소, 생산성 증대 및 가치 증대를 가져온다. 이에 따라 원가가 낮아지고, 시장점유율이 높아져 수익이 증대되며, 궁극적으로는 이익률이 향상된다.

6) 대략적으로 보면, 예방비용에 1불을 쓰면 평가비용과 실패비용을 10불 줄일 수 있다고 한다.

그림 16-3 품질향상이 이익에 미치는 영향

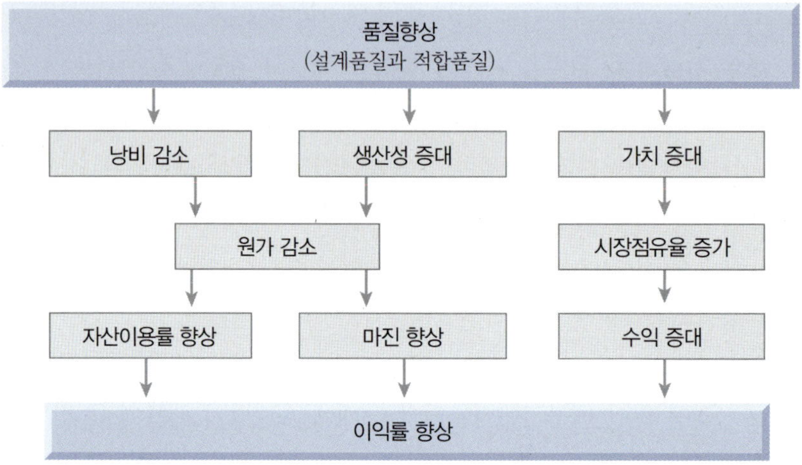

출처: George and Weimerskirch(1998).

6 국제품질표준

만약 나라마다 품질표준이 다르다면 국제거래에 있어서 어려움이 따른다. 이런 문제를 해결하기 위하여 국제표준화기구(ISO: International Organization for Standardization)는 ISO 9000 품질표준을 제정하였다. 또한 국제표준화기구는 기업의 환경경영시스템을 규정하고 평가하기 위해 ISO 14000 환경경영표준도 제정하였다. 본 절에서는 ISO 9000 품질표준과 ISO 14000 환경경영표준을 간략히 소개한다.

6.1 ISO 9000 품질표준

ISO 9000 표준(ISO 9000 standards)은 국제표준화기구가 1987년에 채택한 국제품질표준으로서 현재 전 세계적으로 우리나라를 포함한 많은 국가에서 국제거래의 품질표준 및 품질인증제도로서 도입하고 있다.

국제표준화기구에 따르면 "ISO 9000 표준은 고객의 만족을 제고하고 성과를 지속적으로 개선하는 것을 목표로, 고객의 품질요구와 적용 가능한 규제사항을 충족시키기 위해 기업이 해야 할 일을 명시함으로써 품질경영을 다룬다."고 규정되어 있다. 즉, ISO 9000 표준은 기업이 고객의 요구를 충족시키는 품질을 제공할 수 있도록 절차, 정책, 훈련 등을 포함한 적절한 품질시스템을 갖추어야 함을 상술하고 있다. 또 이를 위해 기업에 품질 매뉴얼 및 세심한 기록시스템을 요구한다. ISO 9000 표준은 제조업뿐만 아니라 서비스업 및 소프트웨어 산업에도 적용된다.

ISO 9000 표준에 규정된 품질인증제도란 해당 기업의 품질경영시스템이 ISO 9000 표준에서 요구하는 규격에 적합한가를 제3자(인증기관)가 심사하여 인증해 주는 제도를 말한다. 기업 외부의 제3자 인증기관은 ISO 9000 표준에 근거하여 기업을 심사하고, 기업이 잘 문서화된 품질시스템을 갖추고 있는지, 훈련은 잘 이루어지고 있는지, 실제 사용하고 있는 시스템이 기술된 공식적인 시스템에 부합하는지 등을 평가한다. 만약 기업이 ISO 9000 표준을 잘 따르고 있으면 그 기업의 공장이나 설비에 대해 인증을 해 준다. 인증은 생산품(제품이나 서비스)이 아니라 생산품을 만드는 프로세스에 대해 이루어진다. ISO 9000 인증은 정기적으로 갱신되어야 한다.

ISO 9000 표준은 전 세계적으로 품질에 크게 영향을 미쳤다. 오늘날 미국, 유럽 등 세계 시장에서 비즈니스를 하기 위해서는 ISO 9000 인증은 거의 필수적으로 요구되고 있다. 또한 ISO 9000 인증은 공급자 선택에 있어서도 요구되는 경우가 많다.

6.2 ISO 14000 환경경영표준

ISO 14000 표준(ISO 14000 standards)이란 ISO에서 제정한 환경경영시스템에 대한 국제표준을 말한다. 국제표준화기구에 따르면 "ISO 14000 표준은 기업 활동으로부터 발생하는 환경유해 영향을 최소화하고 환경성과를 지속적으로 개선하기 위해 기업이 해야 할 일을 명시함으로써 환경경영을 다룬다."고 규정되어 있다. 즉, ISO 14000 표준은 기업 활동으로 인해 발생하는 환경영향을 최소화하고 환경성과를 지속적으로 개선하도록 기업에게 환경경영시스템의 구축을 요구한다.

한편 ISO 14000 인증제도란 기업이 환경보호 및 환경관리 개선을 위해 구축한 환경경영시스템이 ISO 14000 표준의 요구사항을 충족시키고 있는지를 제3자(인증기관)의 심사를 거쳐 인증해 주는 제도로서 1996년부터 시행되고 있다.

7 국가품질상 제도

선진국들은 자국 기업의 품질경영을 촉진하기 위해 국가 차원의 품질 관련 시상 제도를 두고 있다. 미국의 말콤 볼드리지 국가품질상, 일본의 데밍상, 유럽연합의 유럽품질상 등이 그 대표적인 사례들이다.

(1) 말콤 볼드리지 국가품질상

미국의 **말콤 볼드리지 국가품질상**(Malcolm Baldrige National Quality Award)은 미국 기업의 국제경쟁력을 높이기 위해 제품이나 서비스의 품질관리 실적이 탁월한 기업에게 국가가 수여하는 상이다. 이 상은 1981년부터 1987년까지 미국의 상무부 장관으로 재직하면서 무역적자 감축을 위해 품질향상을 강하게 주창하였던 고(故) 말콤 볼드리지(Malcolm Baldrige)의 이름을 따서 1987년에 제정되었다. 말콤 볼드리지상은 매년 제조업, 서비스업, 중소기업, 의료, 교육, 비영리조직의 6개 부문의 각각에 대해 최대 3개 기업(또는 조직)까지 수여된다.

(2) 데밍상

데밍상(Deming Prize)은 제2차 세계대전 후 일본 산업계에 품질관리를 전파한 미국의 통계학자 데밍(W. Edwards Deming)의 공적을 기념하여 일본과학기술자연맹에 의해 1951년에 제정되었다. 데밍상은 품질관리의 이론과 응용 그리고 보급 및 실시에 탁월한 공헌을 한 개인 및 조직에게 매년 수여된다. 하지만 데밍상은 통계적 품질관리에 초점을 두고 있어서 고객 중심의 품질경영에는 미흡한 면이 있었다. 이에 따라 일본은 데밍상을 벤치마킹한 미국의 말콤 볼드리지상을 역으로 벤치마킹하여 고객만족을 위한 품질경영에 초점을 둔 **일본품질경영상**(Japan Quality Award)을 1995년에 따로 제정하였다.

(3) 유럽품질상

미국의 말콤 볼드리지 국가품질상에 영향을 받아 유럽연합(EU)은 **유럽품질상**(European Quality Award)을 제정하여 운영하고 있다. 이 상은 1992년 유럽품질경영재단이 제정해 관리하고 있으며, 총체적 품질경영 활동에서 최고의 성과를 거둔 역

내 기업에게 주어진다. 유럽품질경영재단은 1988년 품질을 향상시키지 않고는 경쟁에서 살아남을 수 없다는 생각을 가진 유럽의 대표적인 14개 다국적기업들이 설립한 단체이다. 유럽품질상의 포상대상은 일반기업, 기업의 사업부, 공공기관 및 중소기업의 4개 부문이다.

(4) 우리나라의 국가품질상

우리나라도 1975년부터 품질향상을 통한 국가경쟁력 강화에 기여한 기업(단체) 및 유공자에 대해 포상을 해오고 있다. 우리나라의 국가품질상은 1975년에 일본의 데밍상을 벤치마킹한 품질관리대상으로부터 시작되었다. 1994년에는 관련법을 바꾸고 심사기준도 데밍상 유형에서 미국의 말콤 볼드리지상 유형으로 변경하였으며, 명칭도 품질관리대상에서 품질경영상으로 변경하였다. 2000년부터는 품질경영상을 다시 **국가품질상**으로 명칭을 변경하였다.

우리나라는 매년 11월을 품질의 달로 정하고 산업통상자원부가 주최하고 한국표준협회가 주관하는 국가품질경영대회에서 국가품질상을 수여하고 있다. 포상은 단체와 개인에 대해 이루어지며, 단체의 경우에도 종합상과 부문상이 있다. 가장 중요한 단체 종합상의 종류로는 국가품질대상(대기업과 중소기업에서 각 1개 최우수업체 포상)과 품질경영상(제조-대기업, 제조-중소기업, 공공, 서비스, 의료, 교육 부문을 구분하여 포상)이 있다.

요약

- 품질은 사용자의 관점에서는 사용적합성으로, 그리고 생산자의 관점에서는 규격일치성으로 정의될 수 있다. 제품의 네 가지 품질차원은 설계품질, 적합품질, 가용성, 현장서비스이다.
- 서비스 품질은 유형성, 신뢰성, 반응성, 확신성, 공감성의 5가지 차원에서 정의되며, 이들은 고객 설문에 의해 측정된다.
- 품질관리는 역사적으로 작업자 품질관리, 직장 품질관리, 검사 품질관리, 통계적 품질관리, 총체적 품질관리, 총체적 품질경영의 6단계로 발전해 왔다. 주요 품질향상운동으로는 무결점운동, QC서클, 싱글 PPM 품질혁신운동, 식스 시그마 등을 들 수 있다.

- 품질 사이클이란 고객의 요구로부터 시작하여 설계, 생산, 고객에 의한 사용으로 이어지는 사이클을 말한다. 품질 사이클을 통해 품질을 계획, 관리 및 개선하기 위해서는 고객 요구에 근거한 품질특성의 정의, 각 품질특성의 측정 방법 결정, 품질표준 설정, 각 품질표준에 대한 적절한 시험 및 검사 프로그램 수립, 나쁜 품질의 원인 발견 및 시정, 지속적 개선의 6단계가 순차적으로 실행되어야 한다.
- 공급자 인증은 공급자가 불량을 예방하는 품질시스템을 갖추고 있는지를 확인하는 방법이다.
- 품질을 향상시키면 수익이 증대되고 원가가 절감되어 궁극적으로는 이익률이 증가한다. 품질비용이란 100% 완벽하지는 못한 품질의 생산에 기인한 모든 비용을 말한다. 품질비용은 통제비용과 실패비용으로 구분된다. 통제비용은 예방비용과 평가비용으로 세분되며, 실패비용은 내부 실패비용과 외부 실패비용으로 세분된다. 전체적으로 품질비용을 줄이기 위해서는 예방 활동을 강화해야 한다.
- ISO 9000 표준은 국제표준화기구가 제정한 국제품질표준 및 품질인증제도이며, ISO 14000 환경경영표준은 국제표준화기구가 제정한 환경경영시스템에 대한 국제표준 및 인증제도이다.
- 선진 각국은 자국 기업의 품질경영을 촉진하기 위해 국가 차원의 품질 관련 시상제도를 두고 있다. 미국의 말콤 볼드리지 국가품질상, 일본의 데밍상, 유럽연합의 유럽품질상 등이 그 대표적인 사례들이다. 우리나라도 품질향상을 통한 국가경쟁력 강화를 위해 국가품질상 제도를 두고 있다.

토론 문제

01 설계품질과 적합품질(제조품질)의 차이를 설명하라.

02 제품의 신뢰성은 평균 고장간격시간으로, 그리고 보전성은 평균 수리시간으로 측정될 수 있다. 제품의 가용성을 평균 고장간격시간과 평균 수리시간의 산식으로 나타내고, 신뢰성이나 보전성이 향상되면 가용성도 향상될 수 있음을 그 산식을 통해 설명하라.

03 제품 A의 평균 고장간격시간은 30시간이며, 평균 수리시간은 5시간이다. 한편 제품 B의 평균 고장간격시간은 60시간이며, 평균 수리시간은 6시간이다.

(1) 신뢰성은 어느 제품이 더 높은가?

(2) 보전성은 어느 제품이 더 높은가?

(3) 가용성은 어느 제품이 더 높은가?

04 SQC, TQC 및 TQM의 차이를 논하라.

05 QC서클은 왜 품질향상에 필요한가?

06 공급자 인증은 왜 해외 공급자의 선정에 있어서 특히 중요한가?

07 포카요케의 예로서 본문에서 제시된 것 외의 다른 예들을 들어보아라.

08 다음은 예방비용, 평가비용, 내부 실패비용 및 외부 실패비용 중 어디에 해당하는가?

① 수입 원자재의 검사
② 종업원 품질교육
③ 품질보증
④ 프로세스 계획
⑤ 폐기물
⑥ 품질연구실 운영
⑦ 재작업
⑧ 등급저하로 인한 가격할인
⑨ 소비자 불평처리

09 품질향상은 어떻게 기업의 이익률을 높일 수 있는가?

10 ISO 9000 또는 ISO 14000 인증을 받은 기업은 국제거래에 있어서 어떤 혜택이 있겠는가?

참고문헌

George, Stephen and Arnold Weimerskirch, *Total Quality Management: Strategies and Techniques Proven at Today's Most Successful Companies*, 2nd ed., John Wiley and Sons, New York, 1998.

Jacobs, F. Robert and Richard B. Chase, *Operations and Supply Chain Management*, 15th ed., McGraw-Hill, New York, 2017.

Krajewski, Lee J., Manoj K. Malhotra, and Larry P. Ritzman, *Operations Management*, 11th ed., Pearson, Upper Saddle River, NJ, 2016.

Morrison Coulthard, L. J., "Measuring Service Quality: A Review and Critique of Research Using SERVQUAL," *International Journal of Market Research*, vol. 46, no. 4, 2004, pp. 479-497.

Parasuraman A., L. Berry, and V. Zeithmal, "Refinement and Reassessment of SERVQUAL Scale," *Journal of Retailing*, vol. 67, no. 4, 1991, pp. 420-450.

Parasuraman A., V. Zeithmal, and L. Berry, "SERVQUAL: A Multiple Item Scale for Measuring Consumer Perceptions of Service Quality," *Journal of Retailing*, vol. 64, no. 1, 1988, pp. 14-40.

Schroeder, Roger G., Susan Meyer Goldstein, and M. Johnny Rungtusanatham, *Operations Management in the Supply Chain*, 6th ed., McGraw-Hill, New York, 2013.

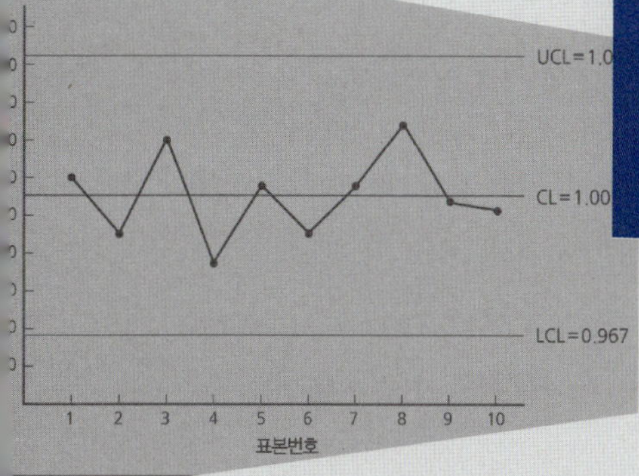

제17장 품질관리 및 개선

1. 품질관리시스템의 설계
2. 프로세스 품질관리
3. 프로세스 능력
4. 지속적 개선
5. 식스 시그마
• 요 약
• 토론문제
• 연습문제
• 참고문헌
[보론] 샘플링 검사

본장에서는 통계적 품질관리와 품질의 지속적 개선을 위한 기법을 살펴보기로 한다. 통계적 품질관리는 통계적 프로세스 관리(statistical process control)와 샘플링 검사(acceptance sampling)로 구분된다. 통계적 프로세스 관리는 일관된 품질의 산출물을 생산하도록 프로세스를 안정시키고 유지하는 데 사용된다. 샘플링 검사는 표본의 검사결과에 따라 전체 로트의 수용 여부를 결정하는 기법으로서 주로 공급자가 납품하는 자재의 검사에 사용된다.

하지만 제14장 린 시스템에서 살펴본 바와 같이 오늘날에는 보통 자재를 품질검사 없이 바로 생산에 투입할 수 있도록 품질을 신뢰할 수 있는 공급자 또는 인증된 공급자(예를 들면, ISO 9000 품질인증을 받은 공급자)를 요구하기 때문에 샘플링 검사의 중요성은 과거에 비해 떨어진다. 이에 비해 통계적 프로세스 관리는 예방지향적이기 때문에 오늘날에도 품질관리를 위한 수단이나 공급자 인증을 받기 위한 수단으로 널리 사용되고 있다. 따라서 본장에서는 통계적 프로세스 관리만을 다루며, 샘플링 검사는 보론에 편제하였다.

프로세스가 통계적으로 관리되고 있는 상태, 즉 안정된 상태가 되면, 다음에는 프로세스가 설계규격에 맞게 생산할 수 있는 능력을 갖추고 있는지를 평가해 보아야 한다. 만약 프로세스 능력이 현재의 설계규격이나 또는 미래의 요구를 충족시키지 못하면 지속적 개선이 이루어져야 한다. 본장에서는 먼저 통계적 프로세스 관리를 살펴본 다음, 프로세스 능력의 평가와 지속적 개선을 위한 여러 가지 기법을 소개한다.

1 품질관리시스템의 설계

모든 품질관리는 각 프로세스에서 시작되어야 한다. 실제로 프로세스는 많은 하위 프로세스로 구성되며, 각 하위 프로세스는 자신의 중간 생산품이나 서비스를 가지고 있다. 프로세스는 단일 기계, 기계 그룹 또는 사무 및 행정 처리 과정이 될 수 있다. 이들 프로세스는 각자 자신의 내부 고객과 산출물(생산품이나 서비스)을 가지고 있다. 내부 고객은 산출물을 받는 다음 프로세스이다. 예를 들면, 설계부서의 고객은 부품을 만드는 기계작업장이 되며, 기계작업장의 고객은 그 부품을 사용하는 조립작업장이 된다. 큰 생산시스템이 여러 작은 시스템이나 프로세스로 세분되면, 각 작은 시스템이나 프로세스에서 품질이 정의되고 관리될 수 있다.

품질관리가 필요한 각 프로세스를 파악한 후에는 검사나 측정이 이루어져야 하는 검사점이 선택되어야 한다. 다음으로는 각 검사점에서 요구되는 검사나 측정치의 유형과 검사의 양이 결정되어야 한다. 끝으로 누가 검사를 해야 할 것인가가 결정되어야 한다. 이러한 의사결정이 이루어지고 나면 완전한 품질관리시스템을 설계할 수 있다. 즉, 품질관리시스템을 설계하기 위해서는 검사점, 측정치의 유형, 검사의 크기, 검사자의 네 가지 사항이 결정되어야 한다.

(1) 검사점

품질관리시스템 설계의 제일 첫 단계는 각 프로세스에서 검사와 측정이 필요한 검사점(inspection point)을 파악하는 것이다. 일반적으로 검사에는 수입검사(受入檢査), 프로세스 검사 및 완제품검사가 있다.

1. 수입검사: **수입검사**란 구입하는 자재나 서비스가 품질기준에 부합하는가를 검사하는 것이다. 수입검사는 공급자 인증을 통해 생략될 수 있다. 즉, 적절한 통계적 프로세스 관리를 통해 일관되게 좋은 품질을 제공하는 것으로 인증된 공급자에 대해서는 수입검사를 생략하고 공급자가 제공하는 자재나 서비스를 바로 사용할 수 있다.
2. 프로세스 검사: **프로세스 검사**란 프로세스 중의 재공품에 대한 검사를 말한다. 일반적으로 프로세스 검사는 주(主) 가공작업이 이루어지기 전에 또는 제품에 많은 가치가 부가되기 전에 이루어져야 한다. 프로세스 중 정확히 어디에서 검사가 이루어져야 하는가는 프로세스 흐름도로부터 결정되어야 한다.
3. 완제품검사: **완제품검사**란 완제품을 생산하여 고객에게 출하하기 전 또는 재고로 두기 전에 하는 검사를 말한다.

일반적으로 불량을 사전에 예방하는 것이 생산 후에 불량을 검사하고 교정하는 것보다 훨씬 바람직하다. 그럼에도 불구하고 프로세스를 지속적으로 안정된 상태로 유지하고 개선하기 위해서는 어느 정도의 표본검사를 통한 측정은 필요하다. 따라서 검사나 측정을 완전히 없앨 수는 없지만 적극적인 예방 활동을 통해 검사나 측정을 줄일 수는 있다.

(2) 측정치의 유형

품질관리시스템 설계의 두 번째 단계는 각 검사점에서 사용되는 측정치의 유형을 결정하는 것이다. 일반적으로 측정치는 계량치(計量值: variables)와 계수치(計數值: attributes)로 구분된다.

1. 계량치: **계량치**란 길이, 무게, 강도 등과 같이 연속적인 값을 갖는 측정치를 말한다. 예를 들면, 부품의 치수, 액체의 점성도, 레스토랑에서 식사를 기다리는 시간 등이 이에 속한다. 계량치는 측정기구로 측정이 가능하며 측정치를 그대로 품질자료값으로 사용한다. 통계적으로 계량치의 분포는 정규분포와 같은 연속형 분포를 따른다.
2. 계수치: **계수치**란 불량품의 개수나 단위당 결점수와 같이 셀 수 있는 측정치로서 통상 정수값을 갖는다. 품질명세가 복잡한 경우에는 보통 계수치를 사용한다. 이 경우에는 불량품이나 결점을 정의하는 데 일련의 복잡한 기준이 사용될 수 있다.

예를 들면, TV 세트는 여러 가지 기능검사 중 어느 하나라도 실패하거나 혹은 케이스의 외관이 만족스럽지 못하면 불량품으로 간주될 수 있다. 직물의 검사에서는 직물의 흠을 결점으로 정의하며, 검사에서는 예컨대 100야드당 결점수를 측정한다. 통계적으로 계수치의 분포는 이항분포나 포아송분포와 같은 이산형 분포를 따른다.

(3) 검사의 크기

검사의 크기(즉, 검사량)는 일반적으로 전수검사(total inspection)와 표본검사(sample inspection)로 구분된다.

1. 전수검사: **전수검사**란 모집단 전체를 검사하는 것으로서 100%검사라고도 한다. 검사비용이 불검사비용(즉, 검사 없이 불량품을 통과시킴으로써 발생하는 비용)보다 작으면 전수검사가 이루어져야 한다. 예를 들어, 불량품 1개가 고객에게 인도되면 재작업, 품질보증 및 미래 이익의 상실로 10,000원의 비용이 발생한다고 하자. 그리고 500개로 이루어진 로트의 평균 불량률이 1%(즉, 로트당 불량품이 평균 5개)라고 하자. 그러면 그 로트를 검사하지 않을 때 발생하는 기대 비용은 50,000원(=5개×10,000원/개)이 된다. 따라서 만일 그 로트 전체를 검사하는 비용이 50,000원보다 작다면(즉, 개당 검사비용이 100원 미만이라면) 그 로트를 전수 검사하여 불량품을 가려내는 것이 유리하다. 이와 같은 경제적인 고려 외에도 각종 약품과 같이 제품이 인간의 생명이나 건강과 관계되는 경우에는 보통 전수검사가 이루어진다.
2. 표본검사: **표본검사**란 모집단 전체를 검사하는 것이 아니라 표본을 추출하여 검사하고 그 결과에 따라 로트의 합격 · 불합격을 판정하는 검사방식이다. 표본검사는 검사비용이 불검사비용보다 클 때 채택된다. 일반적으로 통계적 품질관리에서는 표본검사를 실시한다. 또한 검사 시 제품이 파괴되는 파괴검사의 경우에는 표본검사를 할 수밖에 없다.

(4) 검사자

품질관리시스템 설계의 최종 단계는 누가 검사를 해야 하는지를 결정하는 것이다. **검사자**는 작업자 자신, 기업 내부의 전문 검사자 또는 외부의 검사자가 될 수 있다.

보통은 작업자로 하여금 자신의 산출물을 검사하게 해서 자기 일의 품질에 대해 책임을 지게 하는 것이 최상이다. 이렇게 하면 실수나 불량이 현장에서 바로 발견되어 시정될 수 있으며, 또 작업자가 처음부터 일을 제대로 하게 된다.[1] 높은 접촉의 서비스에 있어서는 고객이 서비스를 받는 동안 즉시 결점을 인식하기 때문에 이 방법 외에는 선택의 여지가 없다.

경우에 따라서는 고객이 검사에 참여하기도 한다. 서비스 고객은 언제나 서비스를 받는 동안 이 역할을 수행한다. 어떤 기업들은 검사자를 공급자의 공장에 주재시켜 공급자가 자재를 자기 기업에 보내기 전에 검사하여 합격 · 불합격을 판정한다. 또한 정부가 공중의 건강과 안전을 위해 여러 산업체에 검사자를 파견하여 품질을 검사하기도 한다.

2 프로세스 품질관리

프로세스 관리(process control)란 프로세스상의 품질을 감시하기 위한 것이다. 프로세스 관리의 주요 목적은 현재 생산되고 있는 제품이 설계명세를 충족시키고 있는지에 대해 적시에 정보를 제공하고, 제품의 품질에 영향을 미치는 프로세스상의 변화를 찾아내는 데 있다. 이를 위해 사용되는 기법이 **통계적 프로세스 관리**(SPC: statistical process control)이다. SPC에서는 프로세스로부터 정기적으로 표본을 추출하여 검사한 다음, 프로세스상의 품질특성이 변했다고 판단되면 프로세스를 중단시키고 이상원인을 찾아 이를 시정한다. 이상원인은 작업자, 기계, 자재 등으로부터 비롯되며, 그 원인에 따라 시정조치를 취한다. 이상원인이 발견되어 시정되면 프로세스를 다시 가동시킨다. SPC에서는 품질변동의 이상원인을 찾아내어 시정함으로써 프로세스를 안정된 상태로 유지하기 위해 관리도란 기법을 사용한다. 본절에서는 품질변동의 원인과 관리도의 기본 원리를 살펴본 다음, 각종 관리도를 구체적으로 소개한다.

---

1) 이와 관련된 개념이 제14장 린 시스템에서 살펴본 원천적 품질 확보(quality at the source)이다.

2.1 품질변동

프로세스상의 품질변동의 원인은 피할 수 없는 **공통원인**(common cause)과 피할 수 있는 **이상원인**(assignable cause)으로 구분된다. 자연적인 품질변동은 어떠한 프로세스에서도 발생하기 마련이다. 아무리 프로세스가 잘 설계되었다 해도 개개의 제품마다 품질특성에 약간의 변화는 발생한다. 예를 들면, 기계로 어떤 과자를 일정한 크기의 봉지에 담을 때 그 기계는 각 봉지마다 정확하게 똑같은 무게를 담을 수는 없으며, 내용물의 중량은 어떤 평균치를 중심으로 변한다. 이와 같이 표준화된 제조조건하에서 생산되었음에도 불구하고 발생하는 자연적인 품질변동을 공통원인에 의한 품질변동 또는 공통변동(또는 우연변동)이라고 하며, 이는 피할 수 없는 품질변동이다. 이러한 공통변동은 수많은 미미한 원인에 의해 발생하기 때문에 변동의 많은 부분이 어느 한 원인에 기인한다고 볼 수 없다. 그리고 공통변동은 통계적 법칙을 따른다. SPC의 목적은 이러한 프로세스의 자연적인 변동의 범위를 찾아내어 생산이 이 범위 내에서 이루어지고 있는가를 확인하는 것이다. 품질변동이 공통원인에 의해서만 발생할 때, 이 프로세스는 **관리되고 있는 상태**(under control)에 있다고 한다.

프로세스상의 품질변동의 또 다른 유형은 이상원인에 의해 발생하는 것이다. 이상원인에 의한 품질변동, 즉 이상변동은 공통변동과는 달리 비교적 변동의 폭이 크며 그 원인을 추적할 수 있다. 예를 들면, 원자재의 품질이 확연히 달라졌다거나, 작업자가 지금까지와는 다르게 기계를 조정하였다거나, 미숙련자가 숙련 작업자를 대신하였을 경우 등과 같은 원인에 의한 품질변동을 말한다. 프로세스에 이상원인이 작용하여 품질변동이 생길 때, 이 프로세스는 **관리되고 있지 않은 상태**(out of control) 또는 이상상태에 있다고 한다. SPC에서는 이와 같은 이상변동의 원인을 찾아내어 제거함으로써 프로세스를 통계적으로 관리되고 있는 상태, 즉 공통변동만 있는 상태로 유지한다.

2.2 관리도와 관리한계

관리도(control chart)는 프로세스로부터 정기적으로 표본을 추출하여 얻은 자료치를 점으로 찍어가면서 이 점들의 위치 또는 움직임의 양상에 따라 프로세스의 이상 유무를 판단하는 SPC기법이다. SPC에서는 관리도를 이용하여 프로세스의 이상 유무를 판단하고, 이상원인이 작용하고 있다고 판단되면 이를 찾아 제거함으로써 프로세스를 관리되고 있는 상태로 유지한다.

그림 17-1 프로세스 관리도

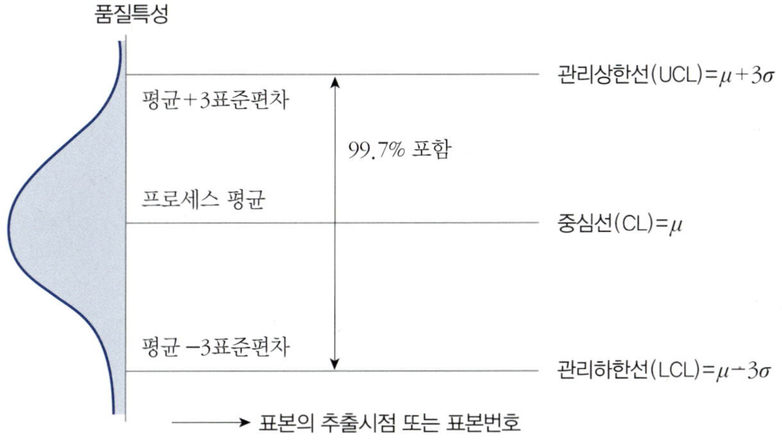

[그림 17-1]의 관리도에서 수평축은 프로세스로부터 추출한 표본의 추출시점 또는 표본번호를 나타내며, 수직축은 관리되어야 하는 품질특성을 나타낸다. 관리도의 **중심선**(CL: center line)은 품질특성의 프로세스 평균을 나타낸다. **관리상한선**(UCL: upper control limit)은 프로세스가 관리되고 있는 상태에 있을 때 공통변동의 최대 허용치를, 그리고 **관리하한선**(LCL: lower control limit)은 공통변동의 최소 허용치를 나타낸다. 일반적으로 관리상한선과 관리하한선은 프로세스 평균(μ)으로부터 ±3표준편차(σ)로 설정된다. 만일 정규분포를 가정하면 관찰된 공통변동의 99.73%가 이러한 관리한계 내에 포함된다.

관리도는 다음과 같이 운영된다. 프로세스가 정상적인 가동상태가 되면 정기적으로 표본을 추출하여 필요한 표본통계량, 예를 들면 표본평균, 표본범위, 표본의 불량률 등을 계산하여 관리도에 점으로 찍는다. 이러한 점들이 모두 관리한계 내에서 무작위로 변동하면 프로세스에는 공통변동만 있고 이상변동은 없으므로 정상으로 판단하여 프로세스를 계속 가동시켜 나간다. 그러나 점들이 관리한계를 벗어나거나 관리한계 내에 있더라도 작위적인 변동을 보이면 이상원인이 작용하고 있는 것으로 판단하여 프로세스를 중단시키고 이상원인을 찾아 제거한다. [그림 17-2]는 이상원인이 작용하고 있다고 판단되는 관리도상의 점들의 움직임을 보여주고 있다. SPC에서는 이와 같은 절차를 통하여 프로세스를 항상 통계적으로 관리되고 있는 상태로 유지한다.

그림 17-2 조사가 요구되는 관리도상의 변화

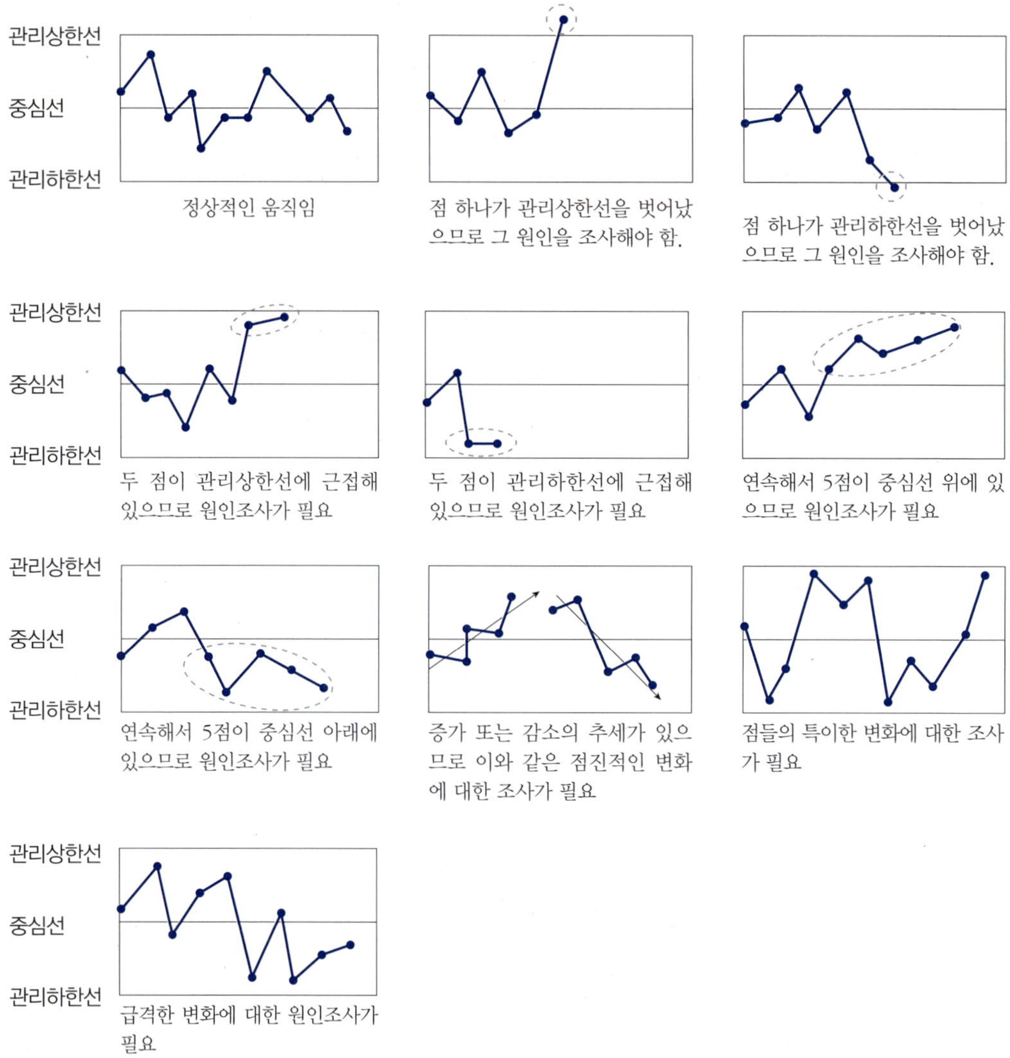

출처: Jacobs and Chase(2017), p. 300

관리도는 품질특성이 계량치인가 또는 계수치인가에 따라 계량형 관리도와 계수형 관리도로 구분된다. 계량형 관리도에 속하는 것으로는 평균치 관리도($\overline{X}$ 관리도), 범위 관리도(R관리도), 평균치 및 범위 관리도($\overline{X}-R$관리도)가 있고, 계수형 관리도에는 불량률 관리도(p관리도)와 단위당 결점수 관리도(c관리도)가 있다.

2.3 계량형 관리도

계량형 관리도는 품질특성이 무게, 길이, 인장강도 등과 같이 연속적인 값을 갖는 계량치로 측정될 때 사용된다. 평균과 분산은 품질특성의 분포를 결정하므로 평균 또는 분산에 중요한 변동이 있다는 것은 곧 프로세스에 중요한 변동이 있다는 것을 의미한다. 프로세스의 평균을 관리하기 위해서는 **평균치 관리도**($\overline{X}$관리도)가 사용되고, 프로세스의 분산, 즉 변동폭을 관리하기 위해서는 **범위 관리도**(R관리도)가 사용된다. 그리고 프로세스의 평균과 분산을 동시에 관리하기 위해서는 **평균치 및 범위 관리도**($\overline{X}-R$관리도)가 사용된다.

[그림 17-3]에서 보는 바와 같이 프로세스 산출물의 품질특성치는 프로세스 평균의 변화나 분산의 증가에 따라 관리 상·하한을 벗어날 수 있다. 이 그림에서 (b)와 같이 프로세스의 분산은 변함이 없고 평균만 이동하여 관리한계를 벗어나는 경우는 $\overline{X}$관리도에 의해 발견되며, (c)와 같이 프로세스 평균은 변함이 없고 분산만 증가하는 경우는 R관리도에 의해 발견된다. (d)와 같이 프로세스의 평균과 분산 양쪽이 모두 변화하는 경우는 $\overline{X}-R$관리도에 의해 발견된다. 이러한 변화에 따라 프로세스가 관리되고 있지 않은 상태에 있는 것이 발견되면 프로세스의 가동을 중지하고 이상원인을 찾아 시정해야 한다.

그림 17-3 품질특성의 평균과 변동폭의 변화

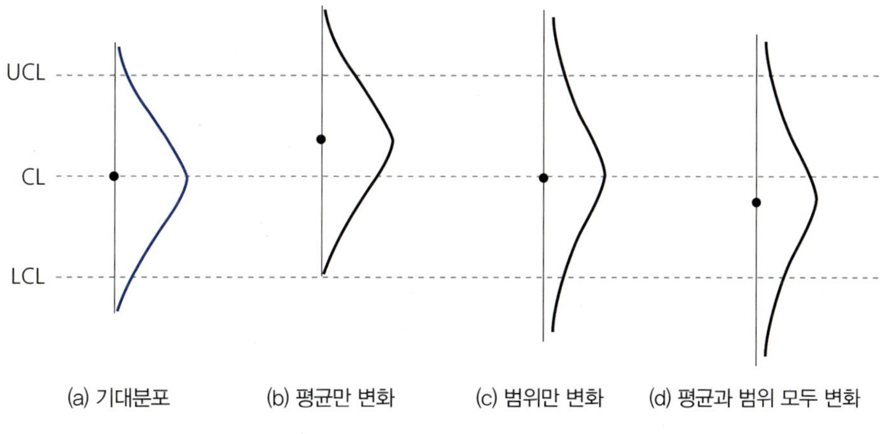

(1) $\overline{X}$관리도

$\overline{X}$관리도에서는 프로세스로부터 추출한 표본의 평균치들을 관리도에 타점하여 품질특성의 프로세스 평균이 변화하여 이상원인이 작용하고 있는지를 판단한다.

매번 표본을 추출할 때마다 표본평균 $\overline{X}$와 표본범위 R을 다음과 같이 계산한다.

$$\overline{X} = \frac{\sum_{i=1}^{n} X_i}{n}$$

$$R = \max_{i=1,\cdots n} X_i - \min_{i=1,\cdots n} X_i$$

여기서 $\overline{X}$ = 표본평균

X_i = 표본 속의 i번째 품목의 품질특성 측정치

n = 표본 크기

R = 표본범위, 즉 표본 속의 가장 큰 측정치와 가장 작은 측정치와의 차이

이와 같이 매번 표본을 추출할 때마다 표본평균 $\overline{X}$와 표본범위 R을 계산하면 표본평균의 평균 $\overline{\overline{X}}$와 표본범위의 평균 $\overline{R}$를 다음과 같이 구할 수 있다.

$$\overline{\overline{X}} = \frac{\sum_{j=1}^{N} \overline{X}_j}{N}$$

$$\overline{R} = \frac{\sum_{j=1}^{N} R_j}{N}$$

여기서 j = 표본번호

$\overline{X}_j$ = j번째 표본의 평균

R_j = j번째 표본의 범위

N = 표본의 수(즉, 표본의 총추출횟수)

그러면 $\overline{X}$ 관리도의 중심선, 관리상한선 및 관리하한선은 다음과 같이 결정된다.

$$\text{CL} = \overline{\overline{X}}$$

$$\text{UCL} = \overline{\overline{X}} + A_2\overline{R}$$

$$\text{LCL} = \overline{\overline{X}} - A_2\overline{R}$$

표 17-1 $\overline{X}$관리도와 R관리도의 ±3표준편차 관리한계를 $\overline{R}$로부터 구하는 계수표

표본 크기 n	$\overline{X}$관리도에서의 계수 A_2	R관리도에서의 계수 D_3	R관리도에서의 계수 D_4
2	1.88	0	3.27
3	1.02	0	2.57
4	0.73	0	2.28
5	0.58	0	2.11
6	0.48	0	2.00
7	0.42	0.08	1.92
8	0.37	0.14	1.86
9	0.34	0.18	1.82
10	0.31	0.22	1.78
11	0.29	0.26	1.74
12	0.27	0.28	1.72
13	0.25	0.31	1.69
14	0.24	0.33	1.67
15	0.22	0.35	1.65
16	0.21	0.36	1.64
17	0.20	0.38	1.62
18	0.19	0.39	1.61
19	0.19	0.40	1.60
20	0.18	0.41	1.59

여기서 A_2는 $\overline{R}$로부터 표본평균의 3표준편차를 구하는 결정계수로서 그 값은 표본 크기에 따라 〈표 17-1〉과 같이 주어진다. 따라서 $A_2\overline{R}$는 3×(표본평균의 표준편차)의 추정치가 된다.

$\overline{X}$관리도를 작성하는 예를 하나 들어 보자. 서진수산(주)은 생산제품인 1파운드짜리 참치통조림의 무게를 관리하기 위해 프로세스로부터 크기 5인 표본을 10회 추출하여 무게를 측정하였다. 〈표 17-2〉는 이 측정 결과를 보여주고 있으며, 이 표에서 마지막 두 열은 표본평균 $\overline{X}$와 표본범위 R을 나타내고 있다.

표본평균의 평균 $\overline{\overline{X}}$와 표본범위의 평균 $\overline{R}$를 구하면 다음과 같다.

$$\overline{\overline{X}} = \frac{\sum_{j=1}^{N} \overline{X}_j}{N} = \frac{10.048}{10} = 1.005$$

$$\overline{R} = \frac{\sum_{j=1}^{N} R_j}{N} = \frac{0.65}{10} = 0.065$$

표 17-2 프로세스로부터 추출한 표본 크기 5인 참치통조림의 무게 측정치

표본	표본측정치(파운드)					계	표본평균($\bar{X}$)	표본범위(R)
1	1.04	1.01	0.98	1.02	1.00	5.05	1.010	0.06
2	1.02	0.97	0.96	1.01	1.02	4.98	0.996	0.06
3	1.01	1.07	0.99	1.03	1.00	5.10	1.020	0.08
4	0.98	0.97	1.02	0.98	0.98	4.93	0.986	0.05
5	0.99	1.03	0.98	1.02	1.02	5.03	1.006	0.04
6	1.02	0.95	1.04	1.02	0.95	4.98	0.996	0.09
7	1.00	0.99	1.01	1.02	1.01	5.03	1.006	0.03
8	0.99	1.02	1.00	1.04	1.09	5.14	1.022	0.10
9	1.03	1.04	0.99	1.02	0.94	5.02	1.004	0.10
10	1.02	0.98	1.00	0.99	1.02	5.01	1.002	0.04
합계							10.048	0.65

따라서 $\bar{X}$관리도의 CL, UCL 및 LCL은 다음과 같이 계산된다.

$$\text{CL} = \bar{\bar{X}} = 1.005$$
$$\text{UCL} = \bar{\bar{X}} + A_2\bar{R} = 1.005 + 0.58(0.065) = 1.043$$
$$\text{LCL} = \bar{\bar{X}} - A_2\bar{R} = 1.005 - 0.58(0.065) = 0.967$$

10개의 표본평균을 $\bar{X}$관리도에 나타내 보면 [그림 17-4]와 같다. 이 그림에서 어느 점도 관리한계를 벗어나지 않고 또 작위적인 변동도 보이지 않으므로 현재의 프로세스는 관리되고 있는 상태에 있다고 볼 수 있다.

(2) *R*관리도

***R*관리도**는 프로세스의 분산, 즉 프로세스의 변동폭을 관리하는 데 사용된다. 앞서 [그림 17-3]의 (c)에서 본 바와 같이 프로세스의 평균은 변함이 없더라도 프로세스의 분산이 증가하면 관리한계를 벗어날 수 있다. 이와 같은 프로세스의 변화는 $\bar{X}$관리도에 의해서는 발견될 수 없고 R관리도에 의해서만 발견될 수 있다.

R관리도의 CL, UCL 및 LCL은 다음과 같다.

$$\text{CL} = \bar{R}$$
$$\text{UCL} = D_4\bar{R}$$
$$\text{LCL} = D_3\bar{R}$$

그림 17-4 $\overline{X}$관리도

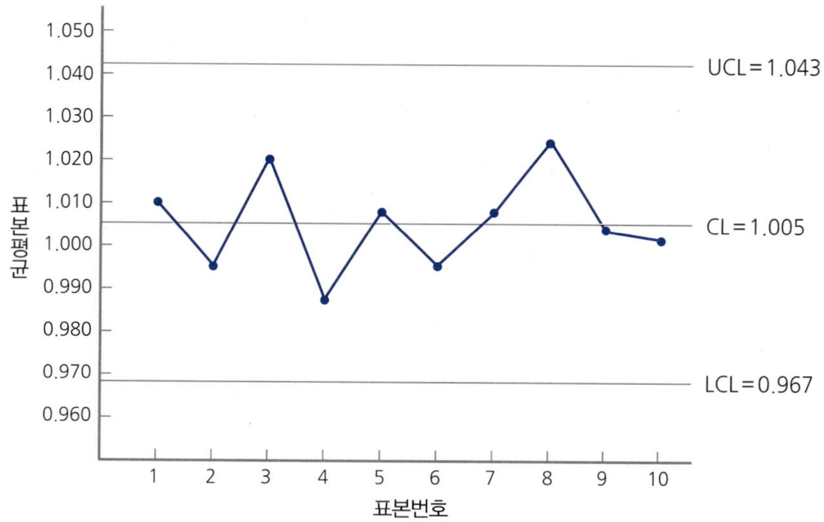

여기서 D_3, D_4의 값은 표본 크기에 따라 앞서의 〈표 17-1〉에서 구한다.

〈표 17-2〉의 서진수산(주)의 참치통조림 무게자료를 가지고 R관리도의 CL, UCL 및 LCL을 구해 보면 다음과 같다.

$$\begin{aligned} \text{CL} &= \overline{R} = 0.065 \\ \text{UCL} &= D_4\overline{R} = 2.11(0.065) = 0.137 \\ \text{LCL} &= D_3\overline{R} = 0(0.065) = 0 \end{aligned}$$

10개 표본의 범위를 R관리도에 나타내 보면 [그림 17-5]와 같다. 이 그림에서 보면 프로세스의 분산 역시 관리되고 있는 상태에 있음을 알 수 있다.

(3) $\overline{X}$-R관리도

$\overline{X}$관리도는 프로세스의 평균을, 그리고 R관리도는 프로세스의 분산을 관리하는 데에만 쓰이므로 $\overline{X}$관리도에서는 프로세스 분산의 이상변동을 알 수 없고, R관리도만 가지고는 프로세스 평균의 이상변동을 알 수 없다. 따라서 프로세스 평균과 프로세스 분산의 이상변동 여부를 다 함께 파악하기 위해서는 한 프로세스에 대하여

그림 17-5 ***R*관리도**

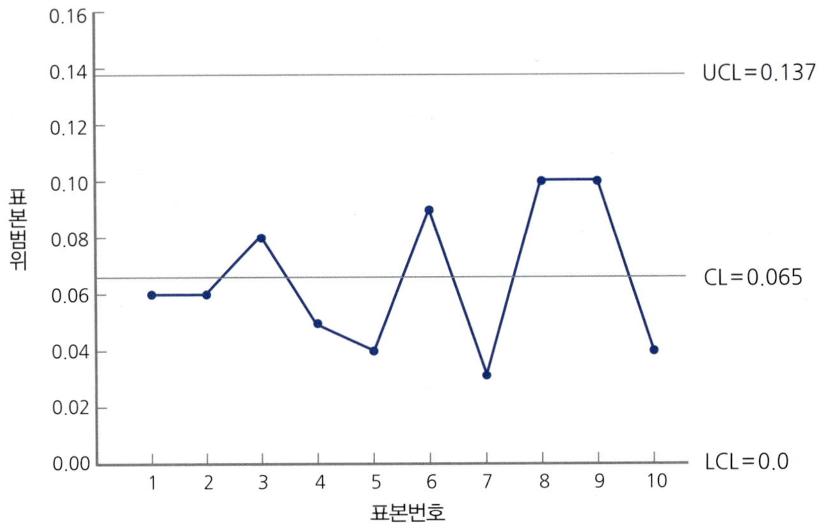

$\overline{X}$관리도와 R관리도를 함께 사용해야 한다. 이와 같이 동일한 표본측정치에 대하여 $\overline{X}$관리도와 R관리도를 단순히 함께 적용할 때 이를 **$\overline{X}$-R관리도**라고 한다.

2.4 계수형 관리도

계수형 관리도에는 **불량률 관리도**(p관리도)와 **단위당 결점수 관리도**(c관리도)가 있다. p관리도는 제품의 개별 단위가 양품 또는 불량품으로 판정될 때 사용된다. c관리도는 전선 1피트당 또는 직물 1야드당과 같이 산출물의 일정 단위당 결점수로 품질이 측정될 때 사용된다. 따라서 p관리도는 불량률의 변동을 보여주며, c관리도는 산출물의 단위당 결점수의 변동을 보여준다.

(1) p관리도

p관리도에서는 일정한 시간 간격마다 프로세스로부터 임의로 크기 n의 표본을 추출하여 표본의 불량률(p)을 계산한 다음, 이를 관리도에 점으로 표시해 나간다.

p관리도의 중심선 CL은 모든 표본의 평균 불량률 $\overline{p}$가 되며, $\overline{p}$는 다음과 같이 계산된다.

$$\bar{p} = \frac{\text{모든 표본에서 발견된 총불량갯수}}{\text{표본의 추출횟수} \times \text{표본크기}}$$

$$\text{또는} \quad \bar{p} = \frac{\sum_{j=1}^{N} p_j}{N}$$

여기서 N = 표본의 추출횟수, p_j = j번째 표본의 불량률

한편 표본불량률의 표준편차 σ_p는 다음과 같이 계산된다.

$$\sigma_p = \sqrt{\frac{\bar{p}(1-\bar{p})}{n}} \quad (\text{여기서 } n = \text{표본의 크기})$$

따라서 관리한계를 평균으로부터 ±3표준편차로 둘 때 CL, UCL 및 LCL은 다음과 같다.

$$\begin{aligned} \text{CL} &= \bar{p} \\ \text{UCL} &= \bar{p} + 3\sigma_p = \bar{p} + 3\sqrt{\frac{\bar{p}(1-\bar{p})}{n}} \\ \text{LCL} &= \bar{p} - 3\sigma_p = \bar{p} - 3\sqrt{\frac{\bar{p}(1-\bar{p})}{n}} \end{aligned}$$

만일 여기서 계산된 LCL이 0보다 작으면 LCL=0으로 둔다. 왜냐하면 음수의 불량률은 존재할 수 없기 때문이다.

p관리도 작성의 예를 하나 들어 보자. 어느 전기회사는 전기제품들에 사용되는 새로운 배선판을 개발하여 생산에 착수하였다. 프로세스가 안정되어 있는지를 검토하기 위해 이 회사는 〈표 17-3〉과 같이 지난 20일 동안 매일 프로세스로부터 임의로 크기 50의 표본을 추출하여 검사하였다. 먼저 이 생산초기단계 동안의 자료에 근거하여 예비관리도를 만든다.

예비 평균 불량률 $\bar{p}$는 다음과 같이 계산된다.

$$\bar{p} = \frac{62}{20 \times 50} = 0.062 = 6.2\%$$

$$\text{또는} \quad \bar{p} = \frac{\sum_{j=1}^{N} p_j}{N} = \frac{124\%}{20} = 6.2\%$$

표 17-3 p관리도 작성을 위한 표본자료

표본추출일자	표본 크기	불량품의 수	불량률(%)
9월 8일	50	4	8
9	50	3	6
10	50	2	4
11	50	6	12
12	50	3	6
13	50	1	2
14	50	3	6
15	50	2	4
16	50	9	18
17	50	5	10
18	50	3	6
19	50	2	4
20	50	5	10
21	50	2	4
22	50	2	4
23	50	1	2
24	50	3	6
25	50	2	4
26	50	1	2
27	50	3	6
계	1,000	62	124

표본불량률의 표준편차 σ_p는 다음과 같이 계산된다.

$$\sigma_p = \sqrt{\frac{\overline{p}(1-\overline{p})}{n}} = \sqrt{\frac{0.062(1-0.062)}{50}} = 0.034 = 3.4\%$$

따라서 관리한계를 평균으로부터 ±3표준편차로 둘 때 예비 UCL 및 LCL은 다음과 같다.

예비 UCL $= \overline{p} + 3\sigma_p = 6.2\% + 3(3.4\%) = 16.4\%$

예비 LCL $= \overline{p} - 3\sigma_p = 6.2\% - 3(3.4\%) = 0$ (왜냐하면 음수의 불량률은 불가능하므로)

수집된 20일 동안의 불량률 자료를 [그림 17-6]과 같이 p관리도에 나타낸 다음, UCL 및 LCL과 비교해 보면 9월 16일의 불량률 18%가 UCL을 벗어남을 알 수 있다. 그 원인을 조사해 보니 두 명의 미숙련공이 생산한 제품이 감독자의 검사 전에 표본에 포함된 것으로 나타나 이를 시정하였다. 따라서 이러한 이상원인을 제거한 후, 즉 9월 16일의 표본을 제외한 나머지 표본으로 다음과 같이 CL, UCL 및 LCL을 재계산한다.

$$\text{CL} = \bar{p} = \frac{62-9}{19\times 50} = 0.056 = 5.6\%$$

$$\text{UCL} = 0.056 + 3\sqrt{\frac{0.056(1-0.056)}{50}} = 0.056 + 3(0.032) = 0.152 = 15.2\%$$

$$\text{LCL} = 0.056 - 3(0.032) = 0$$

예비 및 수정된 관리한계선은 [그림 17-6]에 나와 있다. 이 그림에서 보면 20개의 표본 중 9월 16일을 제외한 나머지 점들은 수정된 관리한계 내에서 무작위로 변동하고 있으므로 현재의 프로세스는 안정된 상태에 있다고 할 수 있다.

그림 17-6 p관리도

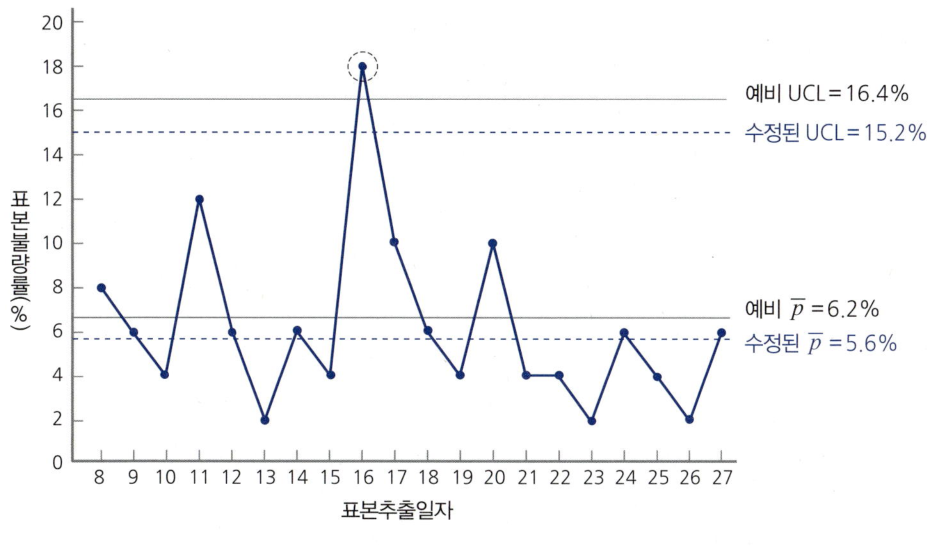

프로세스 관리의 다음 단계는 앞으로도 계속해서 표본불량률이 관리한계 내에 들어오는가를 보는 것이다. 또한 작업자들이 새로운 배선판에 숙련되면 평균 불량률은 감소할 것이고 이에 따라 표본불량률이 더 낮은 $\overline{p}$를 중심으로 변하게 되면 $\overline{p}$(즉, CL)와 UCL의 값을 재계산하여 낮추어야 할 것이다.

(2) *c*관리도

결점이란 제품의 흠을 말한다. 검사의 목적이 산출물의 일정 단위당 결점수를 측정하는 것이라면 ***c*관리도**가 적합하다. 그러나 만일 하나의 결점이 제품을 불합격시킬 만큼 중대하다면 오히려 *p*관리도가 적용되어야 한다.

*c*관리도에서 검사단위는 한 개의 비행기 날개와 같이 개별 단위일 수도 있고, 전선의 일정 길이 또는 직물의 일정 면적과 같이 산출물의 일정 단위일 수도 있다. 이러한 검사단위당 결점수(c)가 *c*관리도에 기록된다.

*c*관리도에서 단위당 결점수는 포아송분포를 따르는 것으로 가정한다. 단위당 평균 결점수를 $\overline{c}$라 하면 단위당 결점수의 표준편차는 포아송분포에서 $\sqrt{\overline{c}}$이므로 CL, UCL 및 LCL은 다음과 같다.

$$\text{CL} = \overline{c}$$

$$\text{UCL} = \overline{c} + 3\sqrt{\overline{c}}$$

$$\text{LCL} = \overline{c} - 3\sqrt{\overline{c}}$$

여기서 $\overline{c} = \dfrac{\sum_{j=1}^{N} c_j}{N}$ (N 표본의 추출횟수, c_j = j번째 표본의 단위당 결점수)

*c*관리도의 작성 예를 하나 들어 보자. 어느 직물공장에서는 직물 10야드당 결점수를 관리하기 위해 〈표 17-4〉와 같이 16개의 표본을 추출하여 결점수를 조사하였다. 이 자료에서 $\overline{c}$를 구해 보면 다음과 같다.

$$\overline{c} = \frac{\sum_{j=1}^{N} c_j}{N} = \frac{528}{16} = 33$$

따라서 *c*관리도의 CL, UCL 및 LCL은 다음과 같이 계산된다.

표 17-4 *c*관리도 작성을 위한 표본자료

표본번호	직물 10야드당 결점수	표본번호	직물 10야드당 결점수
1	36	9	24
2	38	10	31
3	37	11	34
4	41	12	40
5	32	13	31
6	30	14	32
7	35	15	27
8	28	16	32
		계	528

그림 17-7 *c*관리도

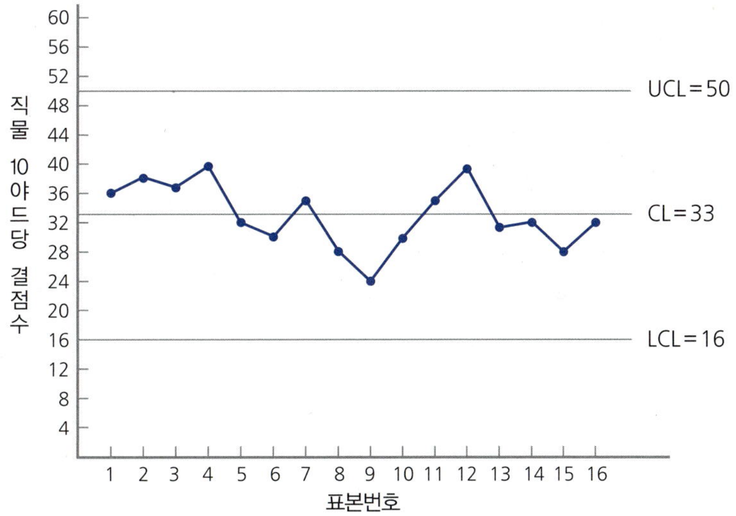

$$\text{CL} = \bar{c} = 33$$

$$\text{UCL} = \bar{c} + 3\sqrt{\bar{c}} = 33 + 3\sqrt{33} \fallingdotseq 50$$

$$\text{LCL} = \bar{c} - 3\sqrt{\bar{c}} = 33 - 3\sqrt{33} \fallingdotseq 16$$

16개 표본의 직물 10야드당 결점수를 c관리도에 나타내 보면 [그림 17-7]과 같다. 이 그림에서 보면 모든 점들이 관리한계 내에서 무작위로 움직이고 있으므로 프로세스는 관리되고 있는 상태에 있음을 알 수 있다.

2.5 관리도 사용 시 유의점

관리도를 사용할 때 제기되는 몇 가지 문제가 있다. 첫째는 표본 크기를 얼마로 해야 할 것이냐이다. 계수형 관리도의 경우, 표본 크기는 50~300 정도로 상당히 커야 한다. 일반적으로 표본은 최소한 1개 이상의 불량품이나 결점이 나올 정도로 커야 한다. 예를 들면, 프로세스가 1% 불량률로 관리되고 있으면, 표본크기는 평균적으로 1개의 불량품을 찾아낼 수 있도록 최소한 100개는 되어야 한다. 이에 비해 계량형 관리도는 보통 3~10개 정도의 훨씬 작은 표본 크기를 요구한다.

둘째는 표본을 얼마나 자주 추출해야 하느냐이다. 이 문제는 생산율과 검사비용 대비 불량품 생산으로 인한 비용에 근거하여 결정된다. 대량생산 프로세스에서는 표본을 자주 추출해야 한다. 왜냐하면 표본추출 사이의 시간 중에 많은 불량품이 생산될 수 있기 때문이다. 또한 불량품 생산으로 인한 비용이 검사비용에 비해 크면 프로세스로부터 표본을 자주 추출해야 한다.

셋째는 생산품의 설계규격과 관리한계 간의 관계이다. 비록 프로세스가 관리되고 있는 상태에 있더라도 많은 생산품이 규격한계를 벗어나면 프로세스는 설계규격을 충족시킬 수 없다. 이 경우에는 설계규격을 완화하거나, 프로세스를 개선하거나, 또는 설계규격의 완화나 프로세스의 개선이 이루어지기 전까지는 일시적으로 전수검사를 실시하여 불량품을 제거해야 한다.

관리도는 제조업과 서비스업 양쪽에서 널리 사용되고 있다. 제조기업의 경우에는 각 기계의 산출물의 품질을 관리하기 위하여 보통 기계마다 관리도를 사용한다. 정기적으로 품질특성치를 추출하여 관리도에 점으로 찍어 나가면서 그 기계가 요구되는 허용오차 내에서 산출물을 만들어내고 있는지 그리고 평균과 범위는 변화가 없는지를 확인한다. 서비스기업에서는 전화를 받을 때까지 걸리는 시간, 고객서비스 시간 등과 같은 시간이나 고객의 불만족률과 같은 불량률을 관리하는 데 관리도가 사용된다.

3 프로세스 능력

프로세스가 통계적으로 관리되고 있는 상태가 되면 프로세스 능력(또는 공정능력)(process capability)을 평가해 보아야 한다. 프로세스 능력이란 프로세스가 제품이나 서비스를 정해진 설계규격에 맞게 생산할 수 있는 능력을 말한다. 예를 들어, 어떤 프로세스에서 30cm 자를 생산할 때 자의 길이에 대한 설계규격이 30cm ±0.05cm(즉, 29.95cm~30.05cm)라면 이 프로세스의 능력이란 길이가 설계규격인 29.95cm~30.05cm 내에 있도록 자를 만들어낼 수 있는 능력을 말한다.

프로세스 능력은 **프로세스 능력비율**(또는 **공정능력비율**)(C_p: process capability ratio)에 의해 측정될 수 있다. 프로세스 능력비율이란 프로세스의 폭에 대한 설계규격의 폭의 비율로서 아래의 식과 같이 정의된다.

$$C_p = \frac{\text{설계규격의 폭}}{\text{프로세스의 폭}}$$

만약 [그림 17-8]과 같이 프로세스가 설계규격의 중앙에 위치할 때, $C_p \geq 1$이면 프로세스의 폭이 설계규격의 폭 내에 있으므로 프로세스 능력이 좋음을 의미한다. 이 경우에도 C_p가 더 큰 (b)의 프로세스 능력이 (a)보다 좋다. 반면에 $C_p < 1$이면 규격을 만족시키지 못하는 제품이 나올 수 있으므로 프로세스 능력에 문제가 있음을 의미한다.

실무적으로 설계규격의 폭은 규격상한(USL: upper specification limit)과 규격하한(LSL: lower specification limit)의 차이로 계산된다. 그리고 프로세스의 폭은 프로세스 측정치의 6×표준편차(즉, 6σ)를 사용하여 계산된다. 여기서 표준편차 σ는 관리도에서 추출한 표본들의 표준편차가 아니라 생산되고 있는 개별 품목들의 표준편차이다. 프로세스의 폭을 6σ로 하는 이유는 프로세스 측정치가 정규분포를 한다고 가정하면 프로세스 측정치 변동의 대부분이 평균으로부터 ±3표준편차 내에 포함되기 때문이다. 따라서 프로세스 능력비율은 다음의 산식으로 다시 정의될 수 있다.

$$C_p = \frac{\text{USL} - \text{LSL}}{6\sigma}$$

그림 17-8 프로세스 능력비율의 예

$$C_p = \frac{\text{설계규격의 폭}}{\text{프로세스의 폭}} = \frac{USL - LSL}{6\sigma}$$

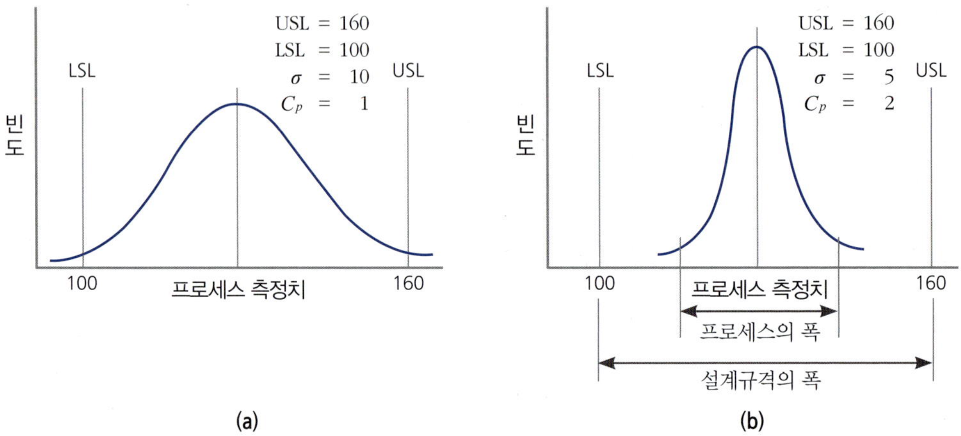

출처: Schroeder, Goldstein, and Rungtusanatham(2013), p. 199.

만약 프로세스가 설계규격의 중앙에 위치하고 있고 C_p=1이면, 이 프로세스는 설계규격을 최소한으로 충족시키고 있는 것으로 간주된다. 그러나 만약 C_p<1이면, 설계규격을 벗어나는 제품이 나올 가능성이 있으므로 프로세스 변동의 표준편차를 줄이거나 또는 설계규격의 폭을 증가(완화)시켜야 한다.

프로세스 측정치가 정규분포를 하는 경우, 프로세스가 설계규격의 중앙에 있고 통계적으로 관리되고 있는 상태에 있으면 C_p=1은 생산되는 제품의 99.73%가 설계규격 내에 들어온다는 것을 의미한다. 이 경우 불량은 백분율로는 0.27%, 제품 백만 개당 불량품의 수인 ppm으로는 2,700ppm이 된다.[2] 만약 C_p=1.33이라면, 생산품의 99.994%가 설계규격 내에 들어오고, 이 경우 불량은 60ppm이 된다.[3] 따라서 C_p가

2) C_p=1인 경우 설계규격의 폭은 6σ가 되고, 따라서 프로세스 측정치가 이 설계규격의 폭 내에 들어올 확률은 평균에서 $\pm 3\sigma$ 내에 들어올 확률이므로 본서의 부표 Ⅰ을 이용하여 계산해 보면 0.9973이 된다. 또한 이 경우 불량률은 0.27%(=(1−0.9973)×100%)가 되고, 이를 제품 백만 개당 불량품의 수인 ppm으로 환산하면 2,700ppm(=0.0027×1,000,000)이 된다.

3) C_p=1.33인 경우 설계규격의 폭은 7.98σ가 되고, 따라서 프로세스 측정치가 이 설계규격의 폭 내에 들어올 확률은 평균에서 $\pm 3.99\sigma$ 내에 들어올 확률이므로 본서의 부표 Ⅰ보다 상세한 정규분포표에서 이를 구해보면 0.99994가 된다.

조금만 증가하더라도 프로세스의 불량률은 크게 감소함을 알 수 있다. 고객들은 C_p의 값으로 보통 1~1.5를 요구하며, 때로는 2.0까지 높게 요구하기도 한다.

하지만 프로세스 능력비율 C_p는 프로세스가 설계규격의 중앙에 있지 않으면 프로세스 능력을 정확히 나타낼 수 없다는 문제점을 가지고 있다. 즉, 프로세스의 평균이 설계규격의 중앙에서 많이 떨어져 있어 프로세스가 설계규격을 크게 벗어나더라도 변동폭이 작은 경우에는 C_p값이 클 수가 있다. 이와 같은 문제점 때문에 다음과 같은 **프로세스 능력지수**(또는 **공정능력지수**)(C_{pk}: process capability index)가 더 널리 사용된다.

$$C_{pk} = \text{Min}\left(\frac{\text{USL} - \mu}{3\sigma}, \frac{\mu - \text{LSL}}{3\sigma}\right)$$

여기서 μ = 프로세스의 평균, σ = 프로세스의 표준편차

프로세스 능력지수에서는 정규분포를 반으로 나누어 양쪽의 각각에 대해 프로세스 능력을 계산한 뒤 둘 중에서 작은 값을 취함으로써 중심문제를 해결한다. 이는 [그림 17-9]를 통해 명확히 알 수 있다. 먼저 [그림 17-9]의 (a)에서는 C_p=1이지만 C_{pk}=0이다. 이 그림에서 보면 프로세스의 중심이 규격하한에 있어 절반이 설계규격을 벗어나지만 C_p는 1이다. 이는 프로세스가 설계규격의 중앙에 있지 않을 때 프로세스 능력비율을 사용하면 잘못된 결론을 얻을 수 있음을 보여주는 것이다. 반면에

그림 17-9 프로세스 능력지수의 계산

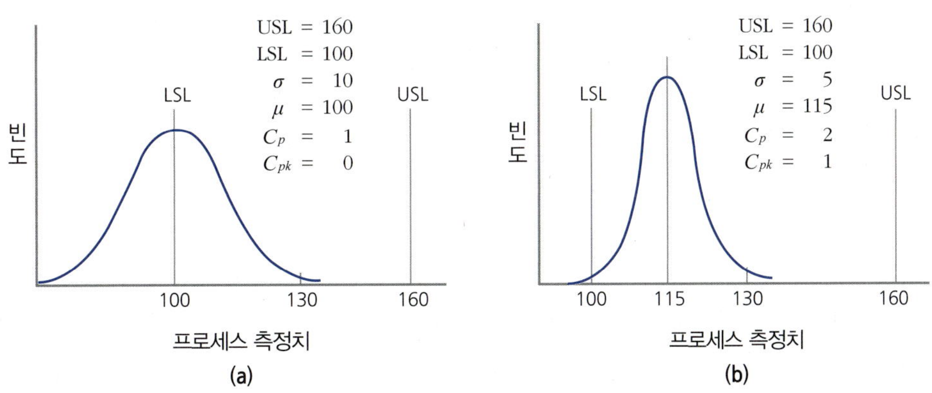

출처: Schroeder, Goldstein, and Rungtusanatham(2013), p. 200.

프로세스 능력지수 C_{pk}는 0이므로 프로세스 능력이 나쁨을 올바로 판단하고 있다. 이제 [그림 17-9]의 (b)를 보자. 이 그림에서는 프로세스의 분포가 설계규격의 중앙에 있지는 않지만 C_{pk}=1이다. 이 경우 프로세스는 설계규격을 가까스로 충족시키고 있지만 프로세스의 평균을 설계규격의 중앙 쪽으로 이동시킴으로써 프로세스를 개선할 수 있을 것이다. 이와 같이 프로세스 능력지수 C_{pk}가 실제 프로세스 능력을 더 정확하게 반영하기 때문에 산업계에서는 일반적으로 프로세스 능력의 측정에 프로세스 능력지수를 사용한다.

4 지속적 개선

만약 프로세스 능력이 현재나 미래의 요구를 충족시키지 못하면 **지속적 개선**(CI: continuous improvement)이 이루어져야 한다. 지속적 개선이란 프로세스를 지속적으로 개선해 나가는 경영철학으로서 일본에서는 이를 **카이젠**(改善)이라고 한다. 모든 프로세스가 개선의 대상이 될 필요는 없으며, 전략적으로 중요하거나 프로세스 능력이 낮은 프로세스들이 우선적으로 개선의 대상이 되어야 한다. 일단 개선이 이루어지고 난 다음에는 새로운 관리도를 이용하여 개선된 새로운 프로세스가 안정되도록 해야 한다. 프로세스 개선 이전의 원래 관리도의 관리한계는 개선으로 인해 좁아지며, 프로세스 능력은 증가된다.

지속적 개선을 위한 도구는 앞에서 살펴본 관리도와 같은 SPC기법에서부터 단순한 제안제도에 이르기까지 다양하다. 본절에서는 지속적 개선과 관련된 중요한 개념적 및 분석적 도구들을 살펴본다.

4.1 지속적 개선을 위한 개념적 도구

(1) PDCA 사이클

지속적 개선을 추구하는 기업들이 문제 해결을 위한 구성원의 교육훈련에 흔히 사용하는 도구가 [그림 17-10]과 같은 PDCA 사이클(plan-do-check-act cycle)이다.

그림 17-10 PDCA 사이클

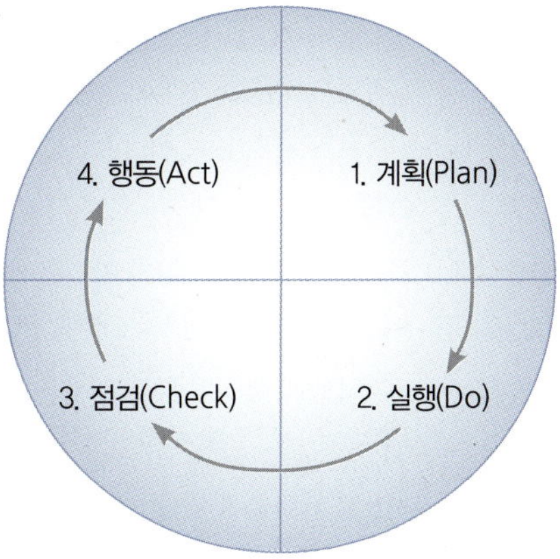

PDCA 사이클은 데밍(W. Edwards Deming)이 처음으로 고안하였으므로 **데밍 휠**(Deming Wheel)이라고도 불린다.

PDCA 사이클에서는 다음과 같은 4단계를 통해 지속적 개선을 추구한다.

1. **계획**(Plan): 계획 단계에서는 우선 개선해야 할 대상(예를 들면, 활동, 작업방법, 기계 또는 정책)이나 특정 문제를 파악한다. 이때 유용한 기법이 〈표 17-5〉와 같은 5W2H(what, why, where, when, who, how, and how much) 방법이다. 다음은 개선 대상을 SPC기법이나 기타 품질향상기법을 통하여 분석한 후, 개선의 목표를 설정하고, 목표 달성을 위한 여러 가지 대안을 개발한다. 끝으로 각 대안의 이득과 원가를 평가한 다음, 계획을 수립한다.
2. **실행**(Do): 이 단계에서는 계획을 실행하고 진행상황을 감시한다. 개선의 정도를 측정하기 위해 계속적으로 자료를 수집한다. 그리고 실행과정에서 변경사항이 발생하면 이를 문서화한다.
3. **점검**(Check): 이 단계에서는 실행 단계에서 수집된 자료를 분석하여 실행의 결과가 계획 단계에서 설정된 목표와 부합하는지를 검토한다. 만약 실행 결과가 설정된 목표에 비해 차이가 크면 계획을 재검토하거나 개선 프로젝트를 중단한다.
4. **행동**(Act): 만약 결과가 성공적이면 개선안을 문서화하고, 이를 새로운 표준절차로 사용하도록 종업원을 교육시킨다.

표 17-5 5W2H 방법

유형	5W2H	설 명	대 책
대상	무엇을? (What?)	무엇이 수행되고 있는가? 그 과업은 제거할 수 있는가?	불필요한 과업의 제거
목적	왜? (Why?)	그 과업은 왜 필요한가? 목적을 분명히 한다	
장소	어디서? (Where?)	그 과업은 어디서 수행되고 있는가? 그 과업은 꼭 거기에서만 수행되어야 하는가?	작업순서의 변경이나 결합
순서	언제? (When?)	그 과업을 수행하는 최상의 시간은 언제인가? 그 과업은 꼭 그 때 수행되어야 하는가?	
사람	누가? (Who?)	누가 그 과업을 수행하고 있는가? 다른 사람이 그 과업을 수행해야 하는가? 왜 나는 그 과업을 수행하는가?	
방법	어떻게? (How?)	그 과업은 어떻게 수행되고 있는가? 현재의 작업방법은 최선인가? 다른 방법은 없는가?	과업의 단순화
원가	얼마나? (How much?)	그 과업의 원가는 얼마인가? 개선 후의 원가는 얼마나 될 것인가?	개선 방법의 선택

출처: Chase, Aquilano, and Jacobs(2006), p. 221.

(2) 벤치마킹

앞서 설명한 PDCA 사이클을 통한 지속적 개선 접근법은 기업 자체의 현행 업무를 상세하게 분석함으로써 개선을 추구한다. 반면에 **벤치마킹**(benchmarking)에서는 동일 산업 내의 경쟁기업 또는 타 산업 분야의 우수한 기업의 사례를 분석·활용함으로써 개선을 꾀한다. 즉, 벤치마킹은 자사의 제품, 서비스, 프로세스, 업무수행과정 등을 다른 우수 기업의 그것과 비교함으로써 개선을 꾀하는 지속적이고도 체계적인 절차라고 할 수 있다. 벤치마킹에서 사용되는 전형적인 비교 척도로는 단위당 원가, 단위당 생산시간, 불량률, 고객에 대한 반응시간(납기 등), 고객만족도, 투자수익률 등을 들 수 있다.

벤치마킹은 다음과 같은 4단계로 구성된다.

1. **계획**(Planning): 벤치마킹을 위한 팀을 구성하고, 벤치마킹의 대상이 되어야 할 제품, 서비스 또는 프로세스를 파악한다. 다음은 비교 기준이 될 벤치마크 기업과의

비교 · 분석을 위한 성과 척도를 결정하고 자료를 수집한다. 또한 벤치마크 기업을 방문하여 그 기업의 경영자와 작업자를 면담한다.

2. 분석(Analysis): 자사의 현행 성과와 벤치마크 기업의 성과를 비교하여 그 차이를 파악하고, 원인을 분석한다.
3. 통합(Integration): 목표를 설정하고, 목표 달성에 필요한 자원의 획득을 위해 경영자의 지원을 얻는다.
4. 실행(Action): 개선을 위한 실행계획을 수립하고, 이를 실행에 옮기며, 진행상황을 감시한다.

벤치마킹에도 여러 가지 유형이 있다. **경쟁적 벤치마킹**(competitive benchmarking)은 동일 산업 내의 경쟁기업과 비교하여 벤치마킹을 하는 것이고, **기능적 벤치마킹**(functional benchmarking)은 관리, 고객서비스, 영업활동 등을 모든 산업 분야에서 우수한 기업과 비교하는 것이다. 또한 기업이 여러 개의 사업단위를 가지고 있는 경우에는 우수한 사업단위를 나머지 사업단위가 벤치마킹할 수도 있는데 이를 **내부 벤치마킹**(internal benchmarking)이라고 한다.

4.2 지속적 개선을 위한 분석적 도구

지속적 개선을 위해 문제를 파악하고 해결하는 데 사용되는 분석적 도구로는 흐름도, 체크 시트, 히스토그램/막대그림, 파레토 분석, 특성요인도, 산포도 및 관리도가 있다. 여기서는 앞에서 이미 살펴본 관리도를 제외한 나머지 도구들을 살펴보기로 한다.

(1) 흐름도

개선과정은 제6장에서 소개한 **흐름도**(flowchart)의 작성으로부터 시작한다. 현재의 프로세스를 흐름도로 표시해 보면 프로세스를 보다 잘 이해할 수 있으며, 제거될 수 있는 불필요한 단계와 낭비가 드러난다. 또한 흐름도를 통해 조사가 필요한 문제들을 파악할 수 있다.

(2) 체크 시트

체크 시트(check sheet)는 품질문제 분석을 위한 자료의 수집에 사용된다. 체크 시트는 제품이나 서비스의 품질특성의 발생 빈도를 기록하는 데 사용되는 일종의 양식이다. 품질특성은 무게, 시간, 길이 등과 같이 연속적인 값을 갖는 계량치로 측정될 수도 있고, 불량품의 수나 결점의 수와 같이 셀 수 있는 계수치로 측정될 수도 있다. 〈표 17-6〉의 체크 시트는 어느 공장에서 생산되는 한 부품의 불량항목별 빈도를 나타낸 것이다.

(3) 히스토그램/막대그림

체크 시트의 자료는 **히스토그램**(histogram)이나 **막대그림**(bar chart)으로 간명하고도 분명하게 나타낼 수 있다. [그림 17-11]과 같은 히스토그램은 연속적인 척도(계량치)로 측정되는 품질특성의 빈도분포를 보여주고 있다. 막대그림은 계수치로 측정되는 품질특성을 일련의 막대로 표시하며, 막대의 높이는 특정 품질특성의 빈도를 나타낸다. [그림 17-12]는 〈표 17-6〉에서 치수 불량의 빈도를 3교대 작업조별로 조사하여 그 결과(1교대조-10, 2교대조-20, 3교대조-5)를 막대그림으로 나타낸 것이다.

(4) 파레토 분석

파레토 분석(Pareto analysis)은 제12장에서 살펴본 ABC 재고 분류의 기본 원리와 마찬가지로 소수의 불량항목이 전체 불량의 대부분을 차지한다는 파레토의 법칙에 근거하고 있다. 파레토 분석에서는 여러 가지 불량항목에 대해 자료를 수집한 다음, 이를 빈도순으로 나열하여 중요한 불량항목을 파악한다. 파레토 분석을 이용하면 중요한 불량항목부터 해결을 시도할 수 있게 된다.

표 17-6 체크 시트

불량항목	빈도 표시	도 수
A. 도색 불량	||||	4
B. 용접 불량	|||	3
C. 치수 불량	𝍸 𝍸 𝍸 𝍸 𝍸 𝍸 𝍸	35
D. 성형 불량	𝍸 |||	8
합 계		50

그림 17-11 히스토그램

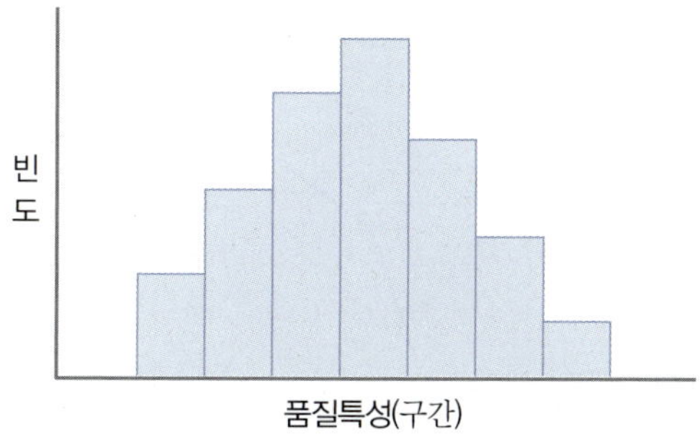

그림 17-12 막대그림

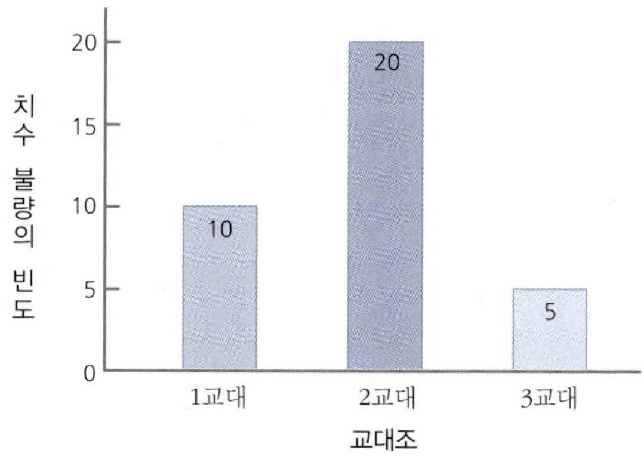

앞에서 본 〈표 17-6〉의 체크 시트를 보면 가장 빈도가 높은 불량항목은 치수 불량이며, 그 다음은 성형 불량, 도색 불량, 용접 불량의 순이다. 이 자료를 가지고 **파레토도**(Pareto diagram)를 그려보면 [그림 17-13]과 같다. 파레토도에서는 불량항목을 빈도순에 따라 막대그림으로 나타내며, 왼쪽 축은 빈도를 그리고 오른쪽 축은 구성비(%)를 나타낸다.

파레토도를 보면 여러 가지 불량항목의 중요도를 쉽게 파악할 수 있기 때문에 어떤 불량을 먼저 해결해야 하는가를 알 수 있다. [그림 17-13]의 파레토도에서는 치수 불량이 전체 불량의 70%를 차지하고 있기 때문에 우선 치수 불량부터 해결해야 함을 알 수 있다.

그림 17-13 파레토도

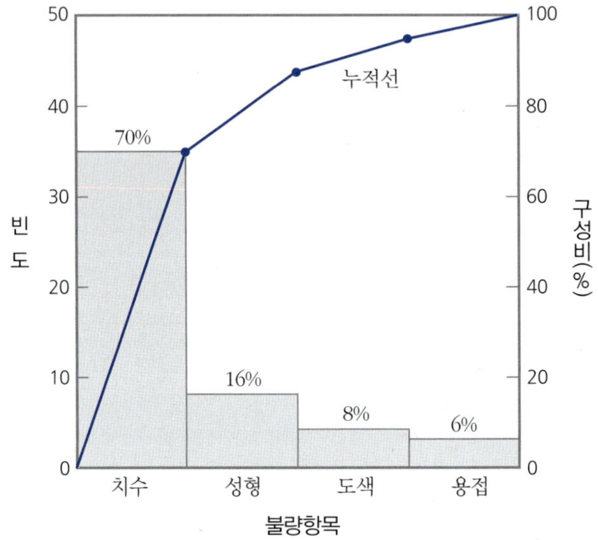

(5) 특성요인도

파레토 분석이 끝나면 여러 가지 불량항목 중 하나(예를 들면, 치수 불량)를 취하여 이의 원인을 분석한다. 이때 유용한 기법이 **특성요인도**(cause-and-effect diagram)이다. 여기서 특성이란 일의 결과(effect)로 나타나는 것을 말하며, 요인(cause)이란 특성에 영향을 미치는 원인을 말한다. 따라서 특성요인도를 인과분석도라고 하기도 한다.

특성요인도는 [그림 17-14]와 같은 형태를 취한다. 우측화살표 끝에는 불량항목(여기서는 치수 불량)이 들어가고, 이 불량의 여러 잠재 원인들이 가지로 표시된다. 불량 원인은 다양하지만 통상 작업자(man), 자재(material), 기계장비(machine) 및 작업방법(method)의 큰 가지를 토대로 계통적으로 세부 가지를 쳐서 나타낸다. 예를 들면, 작업자 원인은 다시 무경험, 피로 및 교육훈련으로 세분될 수 있으며, 교육훈련은 다시 교육내용과 교육시간으로 세분될 수 있다. [그림 17-14]를 보면 그 모양이 생선뼈와 같으므로 특성요인도는 **생선뼈 그림**(또는 어골도: 魚骨圖)(fishbone diagram)이라고도 불린다.

그림 17-14 특성요인도

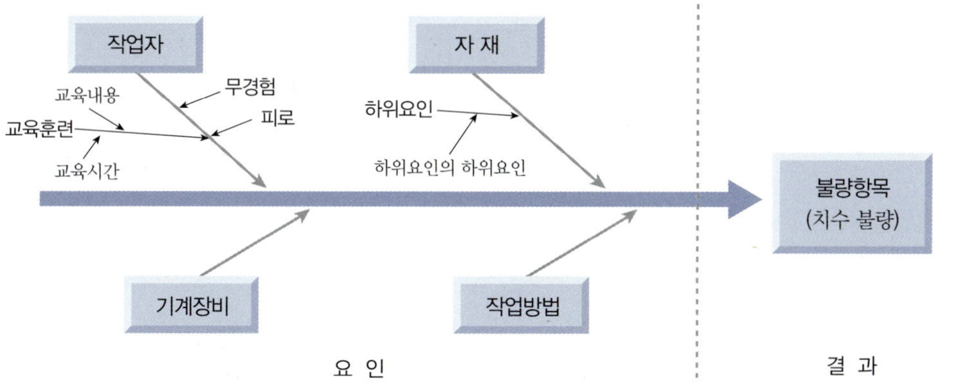

특성요인도를 그려보면 불량의 잠재 원인들이 쉽게 드러난다. 그러면 불량의 진정한 원인을 찾기 위해 이들 잠재 원인들을 하나하나 평가한다. 품질불량의 원인을 파악하기 위해서는 여러 사람들의 의견을 들어보는 것이 중요하다. 품질분임조원 모두가 모여 브레인스토밍을 통해 품질불량의 여러 가지 잠재 원인들을 제시한 다음, 이들 잠재 원인들을 좁혀나가기 위해 자료를 수집하여 분석하고, 이를 통해 진정한 원인이 밝혀지면 시정조치를 취한다.

(6) 산점도

산점도(scatter diagram)는 어떤 요인과 특정 품질문제 간의 관계를 살펴보는 데 사용된다. 산점도에서는 특정 품질문제에 영향을 미칠 것으로 생각되는 요인을 독립변수로 그리고 특정 품질문제를 종속변수로 놓고 두 변수의 대응 값을 점으로 찍어 나간다. 그리고 이 점들의 모양을 보고 두 변수 간에 상관관계가 있는지를 검토한다. 따라서 산점도는 품질문제의 원인을 조사하는 데 유용하다. [그림 17-15]는 산점도의 모양을 보여주고 있다.

지금까지 설명한 품질향상을 위한 도구들은 독립적으로도 사용될 수 있지만, 품질문제의 원인을 파악하고 시정조치를 취하기 위해서는 이들을 함께 사용하면 더욱 유용하다. 예를 들면, 체크 시트를 통해 불량항목과 빈도를 조사한 다음, 파레토 분석을 통해 이들 중 가장 먼저 해결해야 할 불량항목을 찾아내고, 특성요인도를 통해 불량의

그림 17-15 산점도

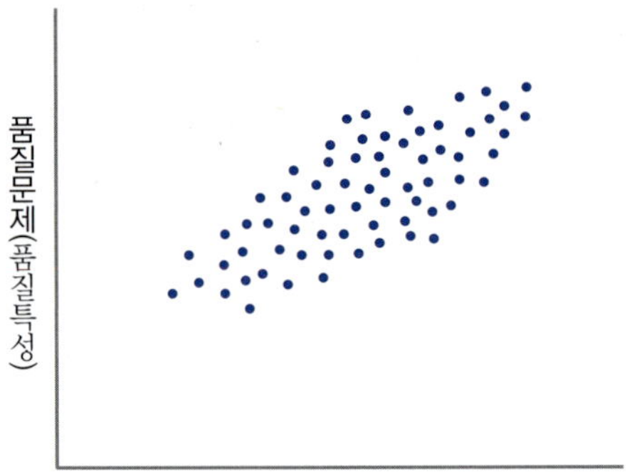

원인을 발견하여 시정조치를 취하는 것이다. 또한 교대로 작업이 수행되는 경우에는 어느 작업교대조에서 특정 불량항목이 많이 발생하였는지를 막대그림을 이용하여 나타낼 수 있다. 예를 들면, 앞서의 〈표 17-6〉에서 치수 불량이 35건으로 가장 많았는데, [그림 17-12]는 이를 다시 작업교대조별로 조사한 결과를 나타낸 것이다. 이 그림에 의하면 2교대조가 20건으로 치수 불량이 가장 많이 발생하였으므로 그 원인을 조사하여 시정하면 치수 불량이 크게 줄어들 것이다.

5 식스 시그마

식스 시그마(six sigma: 6σ)는 기업 내 모든 프로세스에서 일관되게 매우 높은 품질을 얻기 위해 1980년대 중반 미국의 모토로라(Motorola)가 창안한 체계적인 품질향상운동이다. **식스 시그마 품질**이란 제품 백만 개 중 3.4개의 불량품(즉, 3.4 ppm)에 해당하는 높은 품질수준을 의미한다.[4] 식스 시그마는 품질뿐만 아니라 기업 전반의

4) 원래 식스 시그마 품질이란 설계규격의 상·하한이 프로세스 분포의 평균(μ)에서 ±6표준편차(σ)에 있을 때의 품질을 말한다. 이 경우 프로세스 평균이 설계규격의 중앙에 위치한다면 불량 확률, 즉 프

프로세스를 지속적으로 개선하는 체계적인 방법으로서, 생산은 물론 마케팅, 재무, 회계, 인사 등의 전 기능과 모든 서비스까지 그 대상에 포함하고 있다. 따라서 식스 시그마는 단순한 품질향상운동이라기 보다는 기업의 종합적인 품질전략이라고 할 수 있다.

식스 시그마는 프로세스를 체계적으로 개선하는 데 다음과 같은 다섯 단계를 사용한다.

1. **정의**(Define): 개선의 대상이 되는 프로세스를 선택하고, 개선팀을 구성하여 개선 프로젝트를 규정한다.
2. **측정**(Measure): 고객에게 중요한 품질변수를 측정하고 개선의 목표를 설정한다.
3. **분석**(Analyze): 현재 불량수준의 근본 원인을 규명하고 프로세스의 변화를 위한 여러 대안들을 고려한다.
4. **개선**(Improve): 최선의 대안을 실행에 옮겨 프로세스를 변화시키고 개선 여부를 확인한다.
5. **관리**(Control): 개선된 프로세스가 지속적으로 유지될 수 있도록 관리한다.

위의 다섯 단계는 첫 글자들을 따서 **DMAIC 과정**이라고 불린다. 식스 시그마를 성공적으로 수행하기 위해서는 이 다섯 단계를 충실하게 이행해야 한다.

위의 다섯 단계를 좀 더 자세히 살펴보기로 하자. 먼저 개선의 대상이 되는 프로세스는 전략적으로 선택되어야 한다. 경영자는 기업전략을 실행하는 데 필요한 중요한 프로세스를 개선의 대상으로 선택해야 한다. 예를 들면, 최고경영자는 판매 프로

로세스가 설계규격을 벗어날 확률은 프로세스 분포에서 (평균$\pm 6\sigma$)를 벗어날 확률이다. 만약 프로세스가 정규분포를 한다면, 이 확률은 0.000000002가 되고, 따라서 불량률은 0.0000002%, ppm단위로는 0.002ppm이 된다. 하지만 모토로라는 프로세스의 평균이 설계규격의 중심에서 1.5σ 벗어나 있다고 가정하였다. 이 경우에는 프로세스 분포의 평균에서 한쪽은 $+7.5\sigma$에 규격한계가 있고 또 다른 쪽은 -4.5σ에 규격한계가 있다. 따라서 이 경우 프로세스가 규격한계를 벗어날 확률은 한쪽은 거의 0이며 다른 쪽은 -4.5σ를 벗어날 확률이므로 본서의 부표 I 보다 상세한 정규분포표에서 이를 구해보면 0.0000034가 된다. 따라서 이 경우의 식스 시그마 품질은 3.4ppm이 된다. 이 식스 시그마 품질에서는 프로세스 능력지수 C_{pk}는 1.5가 된다. 왜냐하면 프로세스 능력지수를 구하는 공식에서 $(USL-\mu)$와 $(\mu-LSL)$ 중 하나는 7.5σ가 되고 다른 하나는 4.5σ가 되어, 이 중 작은 값인 4.5σ를 3σ로 나누면 1.5가 되기 때문이다. 따라서 모토로라가 주창한 식스 시그마 기준은 설계규격을 겨우 충족시키는 수준이 아니라 훨씬 더 좋은 프로세스 능력을 요구하는 것이다.

세스, 신규사원 채용 프로세스 또는 특정 제조 프로세스를 개선의 대상으로 선택할 수 있다. 일단 어떤 프로세스가 개선의 대상으로 선택되면, 대부분의 프로세스는 조직 내의 여러 기능과 관련되므로 여러 기능이 함께 참여하는 개선팀을 구성하고 팀을 이끌 훈련된 프로세스 개선 전문가를 선정한다.[5] 개선팀은 DMAIC 접근법을 사용하여 개선에 착수한다.

개선팀은 현재의 프로세스를 흐름도로 나타낸 다음, 고객에게 중요한 프로세스의 품질변수를 결정하고 이를 측정한다. 현재 프로세스의 기준선(현 상태)을 파악하고 개선의 목표를 설정하기 위해 이들 품질변수에 대한 자료를 수집한다. 예를 들면, 현재의 프로세스가 1% 불량률을 생산하고 있다면, 목표는 그 10배인 0.1% 불량률로 프로세스를 개선하는 것이다. 식스 시그마에서는 이와 같이 괄목할 만한 변화를 개선의 목표로 한다. 물론 개선의 목표는 임의로 선택되어서는 안 된다. 개선의 목표는 개선의 경제적 효과와 목표 달성을 위해 팀에게 주어진 시간(보통 개선 프로젝트의 시간은 6개월)을 감안하여 설정되어야 한다.

일단 목표가 설정되면 개선팀은 현재 불량수준의 근본 원인을 찾는다. 이는 보통 브레인스토밍과 상황분석에 필요한 자료의 수집에 의해 이루어진다. 이 단계에서는 앞에서 살펴본 파레토도, 특성요인도 및 산점도와 같은 다양한 도구가 사용된다. 근본 원인을 찾고 난 뒤에는 여러 개선 대안들을 고려한다.

최선의 대안을 선택하여 개선을 실행한다. 그런 다음, 자료를 더 수집하여 개선이 이루어졌는지를 확인한다.

끝으로 변화가 계속 유지될 수 있도록 관리계획을 수립하여 시행한다. 이때 새로운 프로세스를 통계적으로 관리되고 있는 상태로 유지하기 위해 관리도가 사용될 수 있다.

식스 시그마 접근법은 제조뿐만 아니라 비제조 프로세스의 개선에도 널리 적용되어 왔다. 많은 기업들이 식스 시그마를 통해서 엄청난 개선 성과를 얻었는데, 이러한 성과는 경영진의 적극적인 리더십과 광범위한 식스 시그마 교육훈련, 그리고 개선 전문가의 고용을 통해 이루어졌다. 식스 시그마는 품질향상뿐만 아니라 기업의 순이익 개선에도 기여한다.[6]

---

5) 이 전문가를 'black-belt'라고 한다.

6) 예를 들면, GE(General Electric)는 1999년에 식스 시그마를 통해 10억 달러의 추가 이익을 얻었다.

요약

- 품질관리시스템을 설계하기 위해서는 검사점, 측정치의 유형, 검사의 크기, 검사자의 네 가지 사항이 결정되어야 한다.
- 통계적 프로세스 관리에서는 프로세스로부터 정기적으로 표본을 추출하여 검사한 다음, 이들 표본측정치들이 관리한계 내에서 정상적으로 움직이면 생산을 계속해 나가고, 관리한계를 벗어나거나 관리한계 내에서도 비정상적인 움직임을 보이면 프로세스를 중단시키고 그 원인을 찾아 시정함으로써 프로세스를 항상 통계적으로 관리되고 있는 상태로 유지한다.
- 통계적 프로세스 관리에서 사용되는 관리도는 품질특성의 유형에 따라 계량형 관리도와 계수형 관리도로 구분된다. 계량형 관리도에는 평균치 관리도($\overline{X}$관리도), 범위 관리도(R관리도), 평균치 및 범위 관리도($\overline{X}$-R관리도)가 있고, 계수형 관리도에는 불량률 관리도(p관리도)와 단위당 결점수 관리도(c관리도)가 있다.
- 프로세스가 통계적으로 관리되고 있는 상태가 되면 프로세스 능력을 평가해 보아야 한다. 프로세스 능력이란 프로세스가 제품이나 서비스를 정해진 설계규격에 맞게 생산할 수 있는 능력을 말한다. 프로세스 능력은 프로세스 능력비율이나 프로세스 능력지수에 의해 평가될 수 있지만, 일반적으로는 중심값과 범위를 동시에 고려하는 프로세스 능력지수가 더 많이 사용된다.
- 프로세스 능력이 현재나 미래의 요구를 충족시키지 못하면 지속적 개선이 이루어져야 한다. 지속적 개선이란 프로세스를 지속적으로 개선해 나가는 경영철학이다. 지속적 개선을 위한 개념적 도구로는 PDCA 사이클과 벤치마킹이 있고, 분석적 도구로는 흐름도, 체크 시트, 히스토그램/막대그림, 파레토 분석, 특성요인도, 산점도 및 관리도가 있다. 일단 개선이 이루어지고 난 다음에는 새로운 관리도를 이용하여 개선된 새로운 프로세스가 안정되도록 해야 한다.
- 식스 시그마는 프로세스의 개선을 위한 체계적인 접근법이다. 식스 시그마를 성공적으로 수행하기 위해서는 정의, 측정, 분석, 개선, 관리의 다섯 단계로 구성된 DMAIC 과정을 충실하게 이행해야 한다.

토론문제

01 일반적으로 프로세스 검사는 언제 이루어져야 하는가?

02 다음의 경우 검사측정치는 계수치인가 아니면 계량치인가?

① 철강재의 강도 실험 ② 직물의 일정 넓이당 결점
③ 제품 표면의 흠의 검사 ④ 과자의 설탕 함유량 검사
⑤ 전구의 양 · 불량 검사

03 "작업자에게 자신의 산출물을 검사하게 해서 자신의 일에 대한 품질에 책임을 지게 해야 한다." 는 말에 대해 찬반을 논하라.

04 관리도의 기본 원리를 설명하라.

05 품질변동의 공통원인과 이상원인의 차이를 설명하라.

06 프로세스가 통계적으로 관리되고 있는 상태에 있다는 것은 어떤 의미인가?

07 관리도는 어떻게 서비스업에도 적용될 수 있는가를 예를 들어 설명해 보아라.

08 왜 프로세스 능력지수가 프로세스 능력비율보다 프로세스 능력을 더 정확하게 측정하는가?

09 파레토도는 품질향상을 위해 어떻게 사용될 수 있는가?

10 다음의 경우 어떤 품질향상기법이 유용한가?

① 해결해야 할 불량항목의 우선순위 파악
② 잠재적 불량 원인의 파악
③ 이상원인의 발견
④ 프로세스의 범위(변동폭)가 관리되고 있는 상태에 있는가?
⑤ 프로세스가 설계규격에 맞게 제품을 생산하고 있는가?

연습문제

01 어느 회사의 품질검사부서에서는 불량률 3%로 생산된 부품 A를 최종 조립라인에 투입하기 전에 검사를 할 것인가의 여부를 결정하고자 한다. 만약 검사를 하지 않고 조립라인에 투입하면 나중에 3%의 불량품을 모두 양품으로 대체하게 된다. 하지만 조립라인에 투입하기 전에 부품 A를 검사하더라도 현 단계에서는 전체 불량품의 1/3만 가려낼 수 있다고 한다. 즉, 검사를 하면 불량률을 2%로 낮출 수 있다.

(1) 검사비용이 단위당 100원, 그리고 최종 조립 후에 불량 부품 한 개를 양품으로 대체하는 비용을 40,000원이라 할 때 검사 여부를 결정하라.

(2) 만약 검사비용이 단위당 500원이라면 어떤가?

(3) 새로운 검사설비를 구입하여 단위당 1,000원의 검사비용으로 불량품을 전부 가려낼 수 있다면 검사를 하는 것이 유리한가?

02 어느 회사는 자재수납부에 검사기능을 두고 있는데, 비용절감을 위해 한 검사직의 폐지 여부를 검토하고 있다. 이 자리는 불량률이 평균 4%인 어떤 반입자재를 한 사람의 검사자가 계속 검사하는 곳이다. 검사자는 전수검사를 통해 모든 불량품을 제거하며, 시간당 50단위를 검사할 수 있다. 이 검사직의 시간당 인건비는 9,000원이다. 만약 이 검사직이 없어지면 불량자재가 바로 조립라인에 투입되게 되며, 최종 제품시험에서 발견되어 단위당 10,000원의 비용으로 대체된다.

(1) 단위당 검사비용은 얼마인가?

(2) 이 검사직은 유지되어야 할 것인가 아니면 폐지되어야 할 것인가?

(3) 이 검사직은 현재 얼마의 이득(또는 손실)을 가져오고 있는가?

03 자동차 엔진에 들어가는 정밀한 부품의 가공 프로세스가 있다. 이 부품의 규격한계(허용오차)는 3.0cm±0.001cm이다. 품질관리를 위해 이 가공 프로세스로부터 크기 4의 표본을 여러 번 추출하여 측정한 결과 $\overline{\overline{X}}=3.0$, $\overline{R}=0.0015$였다.

(1) $\overline{X}$관리도와 R관리도의 CL, UCL 및 LCL을 계산하라.

(2) 다음과 같이 표본을 다시 5번 뽑았다. 이에 근거하여 프로세스가 관리되고 있는가를 검토하라.

표본	1	2	3	4	5
$\overline{X}$	3.0005	2.9904	3.0010	3.0015	3.0012
R	0.0024	0.0031	0.0010	0.0040	0.0036

(3) 프로세스는 규격한계(허용오차)를 지키고 있는가?

04 품질특성치의 평균과 범위를 관리하기 위해 프로세스로부터 크기 7의 표본을 수십 차례 뽑아 계산한 결과 $\overline{\overline{X}}=30$, $\overline{R}=5$였다.

(1) $\overline{X}$관리도의 CL, UCL 및 LCL을 계산하라.

(2) R관리도의 CL, UCL 및 LCL을 계산하라.

(3) 크기 7의 표본을 방금 추출한 결과, 측정치가 38, 35, 27, 30, 33, 28, 32였다. 현재 이 프로세스는 여전히 관리되고 있는 상태에 있는가?

05 전기회로에 들어가는 저항기(resistor)를 자동화된 기계를 이용하여 대량생산하고 있다. 이 기계는 1,000옴(ohm)짜리 저항기를 생산하도록 조정되어 있다. 기계의 정상작동 여부를 판단하고 관리도를 만들기 위해 크기 4의 표본(즉, 한 번에 저항기 4대 추출)을 10회 추출하여 저항계수를 측정해 보니 다음의 표와 같았다.

표본번호	표본측정치(단위: 옴(Ω))			
1	1,010	991	985	986
2	995	996	1,009	994
3	990	1,003	1,015	1,008
4	1,015	1,020	1,009	998
5	1,013	1,019	1,005	993
6	994	1,001	994	1,005
7	989	992	982	1,020
8	1,001	986	996	996
9	1,006	989	1,005	1,007
10	992	1,007	1,006	979

(1) $\overline{X}$관리도와 R관리도의 CL, UCL 및 LCL을 구하라.

(2) 10개의 표본을 $\overline{X}$관리도와 R관리도에 타점하여 프로세스의 이상 유무를 판단하라.

06 프로세스로부터 크기 200개의 표본을 12회 추출하여 불량률을 계산해 본 결과 다음과 같았다.

0.01,	0.02,	0.02,	0.00,	0.01,	0.03,	0.02,	0.01,	0.00,	0.04,	0.03,	0.02

(1) p관리도의 CL, UCL 및 LCL을 구하라.

(2) 방금 크기 200개의 표본을 추출하여 검사한 결과 6개의 불량품이 발견되었다. 프로세스는 여전히 관리되고 있는 상태에 있는가?

07 프로세스로부터 지난 20일간 매일 크기 400의 표본을 1회씩 추출하여 검사한 결과 매번의 불량률(%)은 다음과 같았다(순서는 왼쪽에서 오른쪽으로).

0.25	0.75	0.50	1.50	1.25	0.75	0.50	0.25	1.75	2.00
1.50	0.50	1.50	1.25	0.75	1.50	2.00	1.25	0.75	1.00

(1) p관리도의 CL, UCL 및 LCL을 구하라.

(2) 지난 20일간의 자료를 p관리도에 나타내어라.

(3) 품질관리 목적으로 현재의 관리한계를 그대로 쓸 수 있을 만큼 프로세스가 안정된 상태에 있는가?

08 어느 케이블 생산 공장에서는 케이블 100m당 결점수를 관리하기 위해 안정된 프로세스로부터 총 20회의 표본을 추출하여 매번 100m당 결점수를 조사해 보니 다음과 같았다(순서는 왼쪽에서 오른쪽으로).

4	4	5	3	6	2	2	4	5	3
4	2	3	2	4	5	5	7	5	3

c관리도의 CL, UCL 및 LCL을 구하라.

09 고품질의 통신케이블을 생산하는 프로세스로부터 매번 100피트씩 30회의 표본을 추출하여 케이블 100피트당 결점수를 조사해 보니 다음과 같았다(순서는 왼쪽에서 오른쪽으로).

1	0	2	3	1	0	3	1	2	5	1	0	1	1	0
2	0	1	1	2	0	1	2	0	1	3	6	1	0	1

이 자료는 관리되고 있는 프로세스로부터 추출된 것인가를 c관리도를 이용해 검토해 보아라.

10 어떤 보험회사의 클레임 처리부서의 운영관리자는 클레임 처리 프로세스의 능력을 평가하고자 한다. 클레임은 처리하는 데 최소한 4일 걸린다. 이 회사는 모든 클레임을 10일 내에 처리하도록 약속하고 있다. 클레임을 처리하는 데는 평균 8일이 걸리며, 표준편차는 1일이다.

(1) 이 클레임 처리부서의 프로세스 능력비율 C_p와 프로세스 능력지수 C_{pk}를 구하라. 이 계산결과에 근거할 때, 이 클레임 처리부서는 프로세스를 개선해야 하는가?

(2) 같은 자료를 사용하되 평균 클레임 처리시간을 8시간에서 7시간으로 바꾸어 프로세스 능력지수 C_{pk}를 재계산해 보아라.

(3) 원래의 자료를 사용하되 표준편차를 2/3일로 바꾸어 프로세스 능력지수 C_{pk}를 재계산하라. (2)의 평균 처리시간의 변화와 (3)의 표준편차의 변화 중 어느 것이 더 프로세스를 개선시키는가? 그리고 그 결과를 설명하라.

11 어떤 프로세스는 통계적으로 관리되고 있는 상태에 있으며, 평균 μ=130, 표준편차 σ=8이다. 이 프로세스의 규격은 USL=150, LSL=100이다.

(1) 이 프로세스의 C_p와 C_{pk}를 구하라.

(2) C_p와 C_{pk} 중 어느 것이 더 프로세스 능력을 잘 나타내는가? 그리고 그 이유를 설명하라.

(3) 정규분포를 가정할 때, 제품의 몇 %가 규격한계를 벗어나는가?

참고문헌

Chase, Richard B., Nicholas J. Aquilano, and F. Robert Jacobs, *Operations Management for Competitive Advantage with Global Cases*, 11th ed., McGraw-Hill, New York, 2006.

Jacobs, F. Robert and Richard B. Chase, *Operations and Supply Chain Management*, 15th ed., McGraw-Hill, New York, 2017.

Krajewski, Lee J., Manoj K. Malhotra, and Larry P. Ritzman, *Operations Management*, 11th ed., Pearson, Upper Saddle River, NJ, 2016.

Schroeder, Roger G., Susan Meyer Goldstein, and M. Johnny Rungtusanatham, *Operations Management in the Supply Chain*, 6th ed., McGraw-Hill, New York, 2013.

Schroeder, Roger G., K. Linderman, C. Liedtke, and A Choo, "Six Sigma: Definitions and Underlying Theory," *Journal of Operations Management*, vol. 26, no. 4, July 2008, pp. 536-554.

보론 샘플링 검사

1. 계수형 1회 샘플링 검사법
2. 검사특성곡선
• 연습문제

샘플링 검사(acceptance sampling)란 로트로부터 임의로 표본을 추출하여 검사한 다음, 그 검사 결과에 따라 전체 로트의 수용 여부를 결정하는 통계적 품질관리 기법이다. 샘플링 검사는 고객이 공급자가 품질규격을 충족시키고 있는지를 확인하기 위하여 사용할 수도 있고 또한 생산자가 제품을 출하하기 전에 제품이 품질표준을 충족시키고 있는지를 확인하기 위해 사용하기도 한다. 샘플링검사는 계수치에 의한 계수형 샘플링 검사(acceptance sampling by attributes)와 계량치에 의한 계량형 샘플링 검사(acceptance sampling by variables)로 구분된다. 여기서는 보편적이고 단순한 계수형 1회 샘플링 검사법만 소개한다.

1 계수형 1회 샘플링 검사법

계수형 1회 샘플링 검사법에서는 크기 N의 로트로부터 크기 n의 표본을 1회만 추출하여 검사한 다음, 그 결과에 의하여 로트의 합격 · 불합격을 결정한다. 즉,

n = 표본의 크기($n \le N$)

c = 합격판정개수(acceptance number)

x = 표본에서 발견되는 불량품의 수

로 정의하면 의사결정은 다음과 같이 이루어진다.

만일 $x \le c$면 그 로트는 합격이고
$x > c$면 그 로트는 불합격이다.

예를 들어, 10,000개로 이루어진(즉, N=10,000) 어떤 로트에서 무작위로 100개(n=100)를 샘플로 뽑아 검사하였더니 불량품이 3개(x=3)였다고 하자. 만일 합격판정개수가 c=2개라면 $x=3>c=2$이므로 이 로트는 불합격이 된다.

1회 샘플링 검사법은 n과 c의 값에 의해 완전히 규정되므로 n과 c의 값을 어떻게 결정하느냐가 문제가 된다. n과 c의 값은 제품의 생산자와 소비자의 목표를 계량적으로 나타내는 4개 요인의 상호작용에 의해 결정된다.

생산자의 목표는 좋은 품질의 로트가 불합격되는 확률이 낮도록 샘플링 검사계획을 수립하는 것이다. 여기서 로트는 불량률이 미리 정해진 **합격품질수준**(AQL: acceptable quality level) 이하이면 좋은 것으로 정의된다. 그러나 전수검사가 아닌 샘플링 검사에서는 로트의 불량률이 AQL 이하일 때도 불합격될 수가 있다. 이와 같이 좋은 품질의 로트가 불합격될 확률을 α라고 하며, 이는 좋은 로트가 불합격될 위험이므로 **생산자위험**(producer's risk) 또는 **제1종의 오류**(type I error)라고 한다. 즉, α는 다음과 같이 정의된다.

α = 불량률이 AQL일 때 로트가 불합격될 확률

한편 소비자의 목표는 품질이 나쁜 로트가 합격될 확률이 낮도록 샘플링 검사계획을 수립하는 것이다. 로트는 불량률이 미리 정해진 **로트허용불량률**(LTPD: lot tolerance percent defective) 이상이면 나쁜 것으로 정의된다. 따라서 로트의 불량률이 LTPD 이상이면 불합격되어야 한다. 그러나 전수검사가 아닌 샘플링 검사에서는 로트의 불량률이 LTPD 이상이더라도 합격될 가능성이 있다. 이와 같이 나쁜 품질의 로트가 합격될 확률을 β라고 하며, 이는 다음과 같이 정의된다.

β = 불량률이 LTPD일 때 로트가 합격될 확률

β는 나쁜 로트가 합격될 확률이므로 **소비자위험**(consumer's risk) 또는 **제2종의 오류**(type Ⅱ error)라고 한다.

AQL, α, LTPD 및 β의 값은 경제적 고려에 의하여 결정된다. 즉, 좋은 로트를 불합격시키는 비용이 크면 제1종의 오류를 통제하기 위해 α값을 작게 해야 하며, 반면에 나쁜 로트를 합격시키는 비용이 크면 제2종의 오류를 통제하기 위해 β값을 작게 해야 한다.

AQL, α, LTPD 및 β의 값이 주어지면 통계적 이론을 이용해 표본 크기 n과 합격판정개수 c의 값을 구할 수 있다. 현실적으로는 통계적 방법을 적용하여 미리 만들어 놓은 표를 이용하여 n과 c의 값을 구한다. 예를 들면, 〈표 S17-1〉은 일반적으로 많이 사용되는 $\alpha=0.05$, $\beta=0.1$일 때 n과 c의 값을 찾는 표이다.

〈표 S17-1〉을 이용하여 n과 c의 값을 구하는 예를 하나 들어 보자. 서진전자(주)는 자사의 생산제품에 들어가는 인쇄회로기판(PCB: printed circuit board)을 한 업체로부터 납품을 받고 있다. 이 업체는 AQL=2%로 PCB를 생산하고 있으며, 생산자위험 $\alpha=0.05$를 감수하고 있다. 서진전자(주)는 PCB를 납품받을 때 1회 샘플링 검사법에서 LTPD=8%, $\beta=0.1$을 규정하고 있다. 이 납품업체로부터 PCB가 대규모의 로트로 납품이 되었을 때 1회 샘플링 검사법의 n과 c의 값을 구하라.

이 문제의 경우 $\alpha=0.05$, $\beta=0.1$이므로 〈표 S17-1〉에서 AQL=2%가 속하는 행과 LTPD=8%가 속하는 열이 만나는 값을 읽으면 $n=100$, $c=4$가 된다. 따라서 서진전자(주)는 납품업체로부터 들어오는 PCB의 로트에서 100개를 샘플로 추출하여 검사한 후 불량품의 수가 4개 이하이면 그 로트를 합격시키고 그렇지 않으면 불합격시키면 된다.

표 S17-1 1회 샘플링 검사법에서 $\alpha=0.05$, $\beta=0.1$일 때 n과 c의 값

LTPD(%) / AQL(%)	4.51~5.60		5.61~7.10		7.11~9.00		9.01~11.2		11.3~14.0		14.1~18.0		18.1~22.4	
	n	c	n	c	n	c	n	c	n	c	n	c	n	c
0.451~0.560	80	1	60	1	60	1	50	1	15	0	15	0	10	0
0.561~0.710	100	2	80	1	50	1	50	1	40	1	10	0	10	0
0.711~0.900	100	2	80	2	50	1	40	1	40	1	30	1	7	0
0.901~1.12	120	3	80	2	60	2	40	1	30	1	30	1	25	1
1.13 ~1.40	150	4	100	3	60	2	50	2	30	1	25	1	25	1
1.41 ~1.80	200	6	120	4	80	3	50	2	40	1	25	1	20	1
1.81 ~2.24	300	10	150	6	100	4	60	3	40	2	30	2	20	1
2.25 ~2.80			250	10	120	6	70	4	50	3	30	2	25	2
2.81 ~3.55					200	10	100	6	60	4	40	3	25	2
3.56 ~4.50							150	10	80	6	50	4	30	3
4.51 ~5.60									120	10	60	6	40	4

2 검사특성곡선

샘플링 검사법의 판별력은 수입(受入) 로트의 품질에 달려 있다. 즉, 수입 로트의 불량률이 아주 낮으면 합격확률은 높을 것이고, 수입 로트의 불량률이 아주 높으면 합격확률은 낮을 것이다. 이와 같이 샘플링 검사법은 극단적으로 좋은 품질과 나쁜 품질의 경우에는 판별력이 좋지만 중간 정도의 품질에 대해서는 그 판별력을 쉽게 알 수 없다. 이 때문에 샘플링 검사법의 판별력은 일반적으로 **검사특성곡선**(OC곡선: operating characteristic curve)으로 나타낸다. OC곡선은 수입 로트의 품질수준과 로트의 합격확률 간의 관계를 나타낸다. 따라서 OC곡선은 주어진 샘플링 검사법이 로트의 양 · 불량을 얼마나 잘 가려내는가의 판별력을 나타낸다고 볼 수 있다.

OC곡선을 계수형 1회 샘플링 검사법에 대해 구체적으로 살펴보기로 하자. [그림 S17-1]은 OC곡선의 전형적인 형태를 보여주고 있다. 이 그림에서 수평축은 수입 로트의 불량률을 나타내고 수직축은 수입 로트의 합격확률을 나타낸다. OC곡선은 표본 크기 n과 합격판정개수 c의 각 조합에 유일하다. 계수형 1회 샘플링 검사법에서는 n과 c의 값을 결정하기 위해 AQL, α, LTPD, β의 네 가지 값이 주어진다. 따라서

그림 S17-1 OC곡선

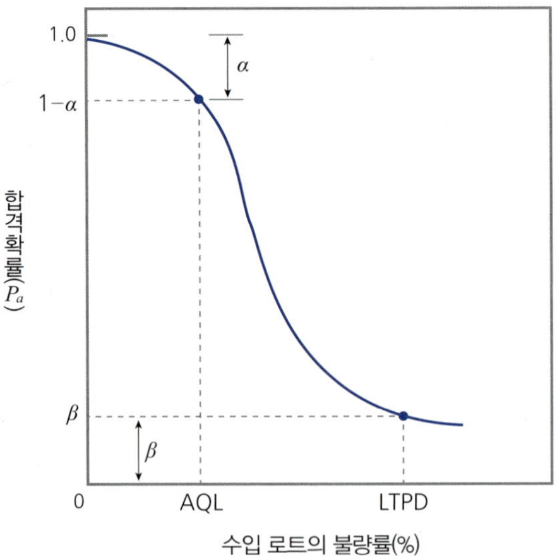

계수형 1회 샘플링 검사법은 [그림 S17-1]의 OC곡선에서 AQL과 $(1-\alpha)$에 의해 정의되는 점과 LTPD와 β에 의해 정의되는 점을 규정한다. 그러므로 [그림 S17-1]에서 수입 로트의 불량률이 AQL일 때 합격확률은 $(1-\alpha)$가 되고, 수입 로트의 불량률이 LTPD일 때 합격확률은 β가 된다.

OC곡선의 값은 로트 크기가 큰 경우에는 이항분포를 이용하여 구할 수 있다. 이항분포는 개별 단위가 양품 또는 불량품으로 판정되는 계수형 샘플링 검사와 같이 둘 중 하나의 선택에 적용된다. 이항분포의 식은 다음과 같다.

$$P(k) = \frac{n!}{k!(n-k)!} p^k (1-p)^{n-k}$$

여기서 p = 한 번의 시행에서 특정 사상(보통 '성공'이라고 부름)이 발생할 확률

$P(k)$ = n번의 시행에서 특정 사상이 정확히 k번 발생할 확률

따라서 1회 샘플링 검사에서

p = 수입 로트의 불량률

n = 표본의 크기

c = 합격판정개수

k = 표본에서 발견되는 불량품의 수

$P(k)$ = 크기 n의 표본을 검사하여 불량품이 k개 나올 확률

로 정의하면, 로트의 합격확률 P_a는 다음과 같다.

$$\begin{aligned} P_a &= \sum_{k=0}^{c} P(k) \\ &= \sum_{k=0}^{c} \frac{n!}{k!(n-k)!} p^k (1-p)^{n-k} \end{aligned}$$

그러나 만약 n이 크고 p가 작으면 이항분포는 다음과 같이 포아송분포에 근사하게 된다.

$$P(k) = \frac{n!}{k!(n-k)!} p^k (1-p)^{n-k} \approx \frac{e^{-np}(np)^k}{k!}$$

이 식에서 오른쪽은 포아송분포의 식을 나타낸다. 따라서 로트의 합격확률 P_a를 포아송분포에 의해 근사적으로 구해 보면 다음과 같다.

$$P_a = \sum_{k=0}^{c} \frac{e^{-np}(np)^k}{k!}$$

이 값은 부표 Ⅱ에 나와 있는 포아송분포의 누적확률표에서 np의 값에 해당하는 행과 c의 값에 해당하는 열이 만나는 값이 된다.

포아송분포를 이용하여 OC곡선의 값을 구하는 예를 하나 들어 보자. 앞서 계수형 1회 샘플링 검사법에서 예로 든 서진전자(주)의 경우 AQL = 2%, α = 0.05, LTPD = 8%, β=0.10일 때 n = 100, c = 4였다. 이 1회 샘플링 검사법에서 로트의 합격확률 P_a는 n = 100으로 고정시키고 수입 로트의 불량률 p를 변화시키면서 부표 Ⅱ의 누적 포아송분포표에서 c = 4인 열과 np행이 만나는 값을 읽으면 된다. 이 결과는 〈표 S17-2〉에 나와 있다. 그리고 이 1회 샘플링 검사법을 이용할 때 수입 로트의 불량률에 대한 로트의 합격확률 P_a의 값을 OC곡선으로 나타내 보면 [그림 S17-2]와 같다.

이상적인 OC곡선이란 좋은 로트와 나쁜 로트를 완전히 구분하는 OC곡선이다. 예를 들어, 불량률이 2% 이하인 로트는 모두 합격시키고 2%보다 큰 로트는 모두 불합격시키고자 한다면 이때의 이상적인 OC곡선은 [그림 S17-3]과 같다. 하지만 이와 같은

표 S17-2 로트의 합격확률 P_a의 계산

n	×	p	=	np	P_a(포아송표의 c=4에서)
100	×	0.01	=	1.0	0.996
100	×	0.02	=	2.0	0.947
100	×	0.03	=	3.0	0.815
100	×	0.04	=	4.0	0.629
100	×	0.05	=	5.0	0.440
100	×	0.06	=	6.0	0.285
100	×	0.07	=	7.0	0.173
100	×	0.08	=	8.0	0.100
100	×	0.09	=	9.0	0.055
100	×	0.10	=	10.0	0.029
100	×	0.11	=	11.0	0.015
100	×	0.12	=	12.0	0.008

그림 S17-2 AQL=0.02, α=0.05, LTPD=0.08, β=0.10인 1회 샘플링 검사법의 OC곡선

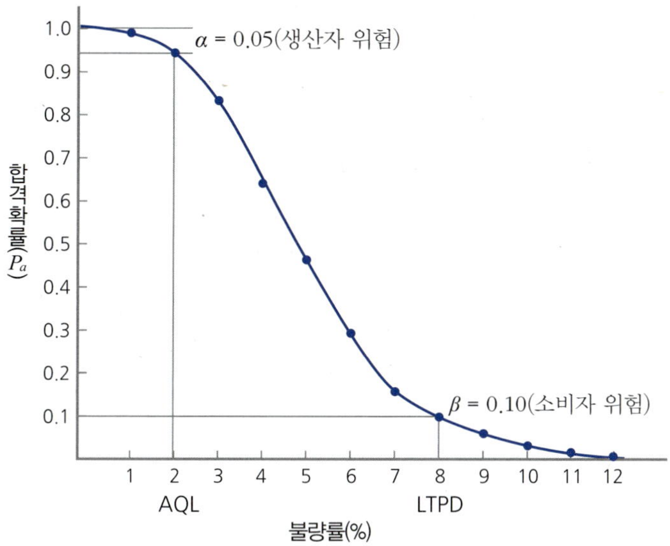

그림 S17-3 이상적인 OC곡선

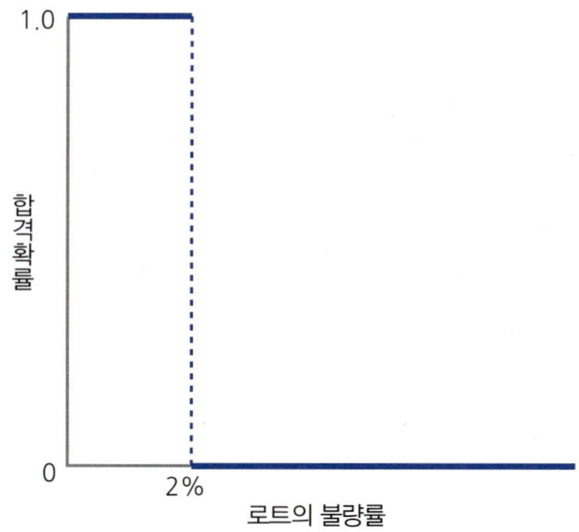

이상적인 OC곡선은 전수검사에서만, 그것도 검사가 완전하게 이루어진다고 가정할 때만 가능하다.

연습문제 01 서진자동차(주)는 한 협력업체로부터 자동차 부품을 납품받고 있다. 이 협력업체는 AQL=1%로 부품을 생산하고 있으며, 생산자위험 $\alpha=0.05$를 감수하고 있다. 서진자동차(주)는 이 부품을 납품받을 때 1회 샘플링 검사법에서 LTPD=6%, $\beta=0.10$으로 규정하고 있다.

(1) 이 협력업체로부터 대규모의 로트로 부품이 납품되었을 때 1회 샘플링 검사의 n과 c의 값을 구하라.

(2) 불량률 4%인 로트가 (1)에서 구한 샘플링 검사법을 통과할 확률은 얼마인가(포아송표를 이용할 것)?

02 어느 구매 관리자는 한 공급자로부터 납품되는 부품에 대해 1회 샘플링 검사법을 쓰고 있다. 이 관리자는 불량률 2%의 좋은 로트를 불합격시킬 확률을 5%로 하고, 불량률 7%의 나쁜 로트를 합격시킬 확률을 10%로 결정하였다.

(1) 표본 크기 n과 합격판정개수 c를 구하라.

(2) 공급자가 불량률 6%인 로트를 납품했을 때 (1)에서 구한 샘플링 검사법에서 이 로트가 불합격될 확률은 얼마인가(포아송표를 이용할 것)?

03 어느 대기업은 한 중소기업으로부터 납품을 받을 때 $n=100$, $c=3$인 1회 샘플링 검사법을 사용하고 있다. 포아송분포를 이용하여 다음 물음에 답하라.

(1) 불량률이 8%인 로트가 이 샘플링 검사에서 합격할 확률은 얼마인가?

(2) 불량률 $p=0.01$, 0.02, ……, 0.10에 대해 OC곡선을 그려라.

04 표본 크기 $n=50$, 합격판정개수 $c=4$인 1회 샘플링 검사법이 있다. 포아송분포를 이용해 다음 물음에 답하라.

(1) AQL=0.04에서 α값은 얼마인가?

(2) LTPD=0.16에서 β값은 얼마인가?

(3) 이 샘플링 검사법의 OC곡선을 그려라.

05 서진제지(주)는 전국적인 판매망을 가진 어느 24시간 편의점에 표준형 티슈를 납품하기로 하였다. 양측은 0.5% 불량률의 좋은 로트가 불합격될 위험을 2% 이하로 하고, 4% 불량률의 나쁜 로트가 합격될 위험을 5% 이하로 하기로 합의하였다. 이에 따라 $n=200$, $c=3$인 1회 샘플링 검사법을 채택하기로 하였다. 이 샘플링 검사법은 합의한 대로 서진제지와 편의점의 위험한계를 각각 충족시키는가?

06 생산자와 소비자는 불량률 $p=0.003$에서 $\alpha \leq 0.10$, 그리고 $p=0.006$에서 $\beta \leq 0.30$에 합의하였다. 생산자 측의 품질관리전문가는 $n=300$, $c=2$인 1회 샘플링 검사법이 이 조건에 부합한다고 주장하였다.

(1) AQL은 얼마인가?

(2) LTPD는 얼마인가?

(3) 이 샘플링 검사법을 따를 때 실제 생산자위험은 얼마인가?

(4) 이 샘플링 검사법을 따를 때 실제 소비자위험은 얼마인가?

(5) 이 샘플링 검사법은 생산자와 소비자 모두가 받아들일 수 있는가?

부 표

부표 Ⅰ. 표준정규분포표
부표 Ⅱ. 누적포아송분포표

[부표 Ⅰ] 표준정규분포표

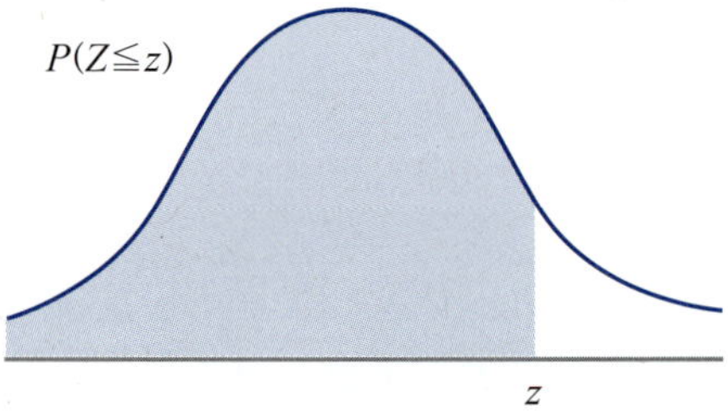

z	0.09	0.08	0.07	0.06	0.05	0.04	0.03	0.02	0.01	0.00
−3.5	0.00017	0.00017	0.00018	0.00019	0.00019	0.00020	0.00021	0.00022	0.00022	0.00023
−3.4	0.00024	0.00025	0.00026	0.00027	0.00028	0.00029	0.00030	0.00031	0.00033	0.00034
−3.3	0.00035	0.00036	0.00038	0.00039	0.00040	0.00042	0.00043	0.00045	0.00047	0.00048
−3.2	0.00050	0.00052	0.00054	0.00056	0.00058	0.00060	0.00062	0.00064	0.00066	0.00069
−3.1	0.00071	0.00074	0.00076	0.00079	0.00082	0.00085	0.00087	0.00090	0.00094	0.00097
−3.0	0.00100	0.00104	0.00107	0.00111	0.00114	0.00118	0.00122	0.00126	0.00131	0.00135
−2.9	0.0014	0.0014	0.0015	0.0015	0.0016	0.0016	0.0017	0.0017	0.0018	0.0019
−2.8	0.0019	0.0020	0.0021	0.0021	0.0022	0.0023	0.0023	0.0024	0.0025	0.0026
−2.7	0.0026	0.0027	0.0028	0.0029	0.0030	0.0031	0.0032	0.0033	0.0034	0.0035
−2.6	0.0036	0.0037	0.0038	0.0039	0.0040	0.0041	0.0043	0.0044	0.0045	0.0047
−2.5	0.0048	0.0049	0.0051	0.0052	0.0054	0.0055	0.0057	0.0059	0.0060	0.0062
−2.4	0.0064	0.0066	0.0068	0.0069	0.0071	0.0073	0.0075	0.0078	0.0080	0.0082
−2.3	0.0084	0.0087	0.0089	0.0091	0.0094	0.0096	0.0099	0.0102	0.0104	0.0107
−2.2	0.0110	0.0113	0.0116	0.0119	0.0122	0.0125	0.0129	0.0132	0.0136	0.0139
−2.1	0.0143	0.0146	0.0150	0.0154	0.0158	0.0162	0.0166	0.0170	0.0174	0.0179
−2.0	0.0183	0.0188	0.0192	0.0197	0.0202	0.0207	0.0212	0.0217	0.0222	0.0228
−1.9	0.0233	0.0239	0.0244	0.0250	0.0256	0.0262	0.0268	0.0274	0.0281	0.0287
−1.8	0.0294	0.0301	0.0307	0.0314	0.0322	0.0329	0.0336	0.0344	0.0351	0.0359
−1.7	0.0367	0.0375	0.0384	0.0392	0.0401	0.0409	0.0418	0.0427	0.0436	0.0446
−1.6	0.0455	0.0465	0.0475	0.0485	0.0495	0.0505	0.0516	0.0526	0.0537	0.0548
−1.5	0.0559	0.0571	0.0582	0.0594	0.0606	0.0618	0.0630	0.0643	0.0655	0.0668
−1.4	0.0681	0.0694	0.0708	0.0721	0.0735	0.0749	0.0764	0.0778	0.0793	0.0808
−1.3	0.0823	0.0838	0.0853	0.0869	0.0885	0.0901	0.0918	0.0934	0.0951	0.0968
−1.2	0.0985	0.1003	0.1020	0.1038	0.1057	0.1075	0.1093	0.1112	0.1131	0.1151
−1.1	0.1170	0.1190	0.1210	0.1230	0.1251	0.1271	0.1292	0.1314	0.1335	0.1357
−1.0	0.1379	0.1401	0.1423	0.1446	0.1469	0.1492	0.1515	0.1539	0.1562	0.1587
−0.9	0.1611	0.1635	0.1660	0.1685	0.1711	0.1736	0.1762	0.1788	0.1814	0.1841
−0.8	0.1867	0.1894	0.1992	0.1949	0.1977	0.2005	0.2033	0.2061	0.2090	0.2119
−0.7	0.2148	0.2177	0.2207	0.2236	0.2266	0.2297	0.2327	0.2358	0.2389	0.2420
−0.6	0.2451	0.2483	0.2514	0.2546	0.2578	0.2611	0.2643	0.2676	0.2709	0.2743
−0.5	0.2776	0.2810	0.2843	0.2877	0.2912	0.2946	0.2981	0.3015	0.3050	0.3085
−0.4	0.3121	0.3156	0.3192	0.3228	0.3264	0.3300	0.3336	0.3372	0.3409	0.3446
−0.3	0.3483	0.3520	0.3557	0.3594	0.3632	0.3669	0.3707	0.3745	0.3783	0.3821
−0.2	0.3859	0.3897	0.3936	0.3974	0.4013	0.4052	0.4090	0.4129	0.4168	0.4207
−0.1	0.4247	0.4286	0.4325	0.4364	0.4404	0.4443	0.4483	0.4522	0.4562	0.4602
−0.0	0.4641	0.4681	0.4721	0.4761	0.4801	0.4840	0.4880	0.4920	0.4960	0.5000

z	0.00	0.01	0.02	0.03	0.04	0.05	0.06	0.07	0.08	0.09
+0.0	0.5000	0.5040	0.5080	0.5120	0.5160	0.5199	0.5239	0.5279	0.5319	0.5359
+0.1	0.5398	0.5438	0.5478	0.5517	0.5557	0.5596	0.5636	0.5675	0.5714	0.5753
+0.2	0.5793	0.5832	0.5871	0.5910	0.5948	0.5987	0.6026	0.6064	0.6103	0.6141
+0.3	0.6179	0.6217	0.6255	0.6293	0.6331	0.6368	0.6406	0.6443	0.6480	0.6517
+0.4	0.6554	0.6591	0.6628	0.6664	0.6700	0.6736	0.6772	0.6808	0.6844	0.6879
+0.5	0.6915	0.6950	0.6985	0.7019	0.7054	0.7088	0.7123	0.7157	0.7190	0.7224
+0.6	0.7257	0.7291	0.7324	0.7357	0.7389	0.7422	0.7454	0.7486	0.7517	0.7549
+0.7	0.7580	0.7611	0.7642	0.7673	0.7704	0.7734	0.7764	0.7794	0.7823	0.7852
+0.8	0.7881	0.7910	0.7939	0.7967	0.7995	0.8023	0.8051	0.8079	0.8106	0.8133
+0.9	0.8159	0.8186	0.8212	0.8238	0.8264	0.8289	0.8315	0.8340	0.8365	0.8389
+1.0	0.8413	0.8438	0.8461	0.8485	0.8508	0.8531	0.8554	0.8577	0.8599	0.8621
+1.1	0.8643	0.8665	0.8686	0.8708	0.8729	0.8749	0.8770	0.8790	0.8810	0.8830
+1.2	0.8849	0.8869	0.8888	0.8907	0.8925	0.8944	0.8962	0.8980	0.8997	0.9015
+1.3	0.9032	0.9049	0.9066	0.9082	0.9099	0.9115	0.9131	0.9147	0.9162	0.9177
+1.4	0.9192	0.9207	0.9222	0.9236	0.9251	0.9265	0.9279	0.9292	0.9306	0.9319
+1.5	0.9332	0.9345	0.9357	0.9370	0.9382	0.9394	0.9406	0.9418	0.9429	0.9441
+1.6	0.9452	0.9463	0.9474	0.9484	0.9495	0.9505	0.9515	0.9525	0.9535	0.9545
+1.7	0.9554	0.9564	0.9573	0.9582	0.9591	0.9599	0.9608	0.9616	0.9625	0.9633
+1.8	0.9641	0.9649	0.9656	0.9664	0.9671	0.9678	0.9686	0.9693	0.9699	0.9706
+1.9	0.9713	0.9719	0.9726	0.9732	0.9738	0.9744	0.9750	0.9756	0.9761	0.9767
+2.0	0.9773	0.9778	0.9783	0.9788	0.9793	0.9798	0.9803	0.9808	0.9812	0.9817
+2.1	0.9821	0.9826	0.9830	0.9834	0.9838	0.9842	0.9846	0.9850	0.9854	0.9857
+2.2	0.9861	0.9864	0.9868	0.9871	0.9875	0.9878	0.9881	0.9884	0.9887	0.9890
+2.3	0.9893	0.9896	0.9898	0.9901	0.9904	0.9906	0.9909	0.9911	0.9913	0.9916
+2.4	0.9918	0.9920	0.9922	0.9925	0.9927	0.9929	0.9931	0.9932	0.9934	0.9936
+2.5	0.9938	0.9940	0.9941	0.9943	0.9945	0.9946	0.9948	0.9949	0.9951	0.9952
+2.6	0.9953	0.9955	0.9956	0.9957	0.9959	0.9960	0.9961	0.9962	0.9963	0.9964
+2.7	0.9965	0.9966	0.9967	0.9968	0.9969	0.9970	0.9971	0.9972	0.9973	0.9974
+2.8	0.9974	0.9975	0.9976	0.9977	0.9977	0.9978	0.9979	0.9979	0.9980	0.9981
+2.9	0.9981	0.9982	0.9983	0.9983	0.9984	0.9984	0.9985	0.9985	0.9986	0.9986
+3.0	0.99865	0.99869	0.99874	0.99878	0.99882	0.99886	0.99889	0.99893	0.99896	0.99900
+3.1	0.99903	0.99906	0.99910	0.99913	0.99915	0.99918	0.99921	0.99924	0.99926	0.99929
+3.2	0.99931	0.99934	0.99936	0.99938	0.99940	0.99942	0.99944	0.99946	0.99948	0.99950
+3.3	0.99952	0.99953	0.99955	0.99957	0.99958	0.99960	0.99961	0.99962	0.99964	0.99965
+3.4	0.99966	0.99967	0.99969	0.99970	0.99971	0.99972	0.99973	0.99974	0.99975	0.99976
+3.5	0.99977	0.99978	0.99978	0.99979	0.99980	0.99981	0.99981	0.99982	0.99983	0.99983

[부표 Ⅱ] 누적 포아송분포표

$$P(X \le c) = \sum_{k=0}^{c} \frac{e^{-\lambda}\lambda^k}{k!} = \sum_{k=0}^{c} \frac{e^{-np}(np)^k}{k!}$$

λ 또는 np \ c	0	1	2	3	4	5	6	7	8
0.02	.980	1.000							
0.04	.961	.999	1.000						
0.06	.942	.998	1.000						
0.08	.923	.997	1.000						
0.10	.905	.995	1.000						
0.15	.861	.990	.999	1.000					
0.20	.819	.982	.999	1.000					
0.25	.779	.974	.998	1.000					
0.30	.741	.963	.996	1.000					
0.35	.705	.951	.994	1.000					
0.40	.670	.938	.992	.999	1.000				
0.45	.638	.925	.989	.999	1.000				
0.50	.607	.910	.986	.998	1.000				
0.55	.577	.894	.982	.998	1.000				
0.60	.549	.878	.977	.997	1.000				
0.65	.522	.861	.972	.996	.999	1.000			
0.70	.497	.844	.966	.994	.999	1.000			
0.75	.472	.827	.959	.993	.999	1.000			
0.80	.449	.809	.953	.991	.999	1.000			
0.85	.427	.791	.945	.989	.998	1.000			
0.90	.407	.772	.937	.987	.998	1.000			
0.95	.387	.754	.929	.984	.997	1.000			
1.00	.368	.736	.920	.981	.996	.999	1.000		
1.1	.333	.699	.900	.974	.995	.999	1.000		
1.2	.301	.663	.879	.966	.992	.998	1.000		
1.3	.273	.627	.857	.957	.989	.998	1.000		
1.4	.247	.592	.833	.946	.986	.997	.999	1.000	
1.5	.223	.558	.809	.934	.981	.996	.999	1.000	
1.6	.202	.525	.783	.921	.976	.994	.999	1.000	
1.7	.183	.493	.757	.907	.970	.992	.998	1.000	
1.8	.165	.463	.731	.891	.964	.990	.997	.999	1.000
1.9	.150	.434	.704	.875	.956	.987	.997	.999	1.000
2.0	.135	.406	.677	.857	.947	.983	.995	.999	1.000

λ 또는 np \ c	0	1	2	3	4	5	6	7	8	9	10	11
2.2	.111	.355	.623	.819	.928	.975	.993	.998	1.000			
2.4	.091	.308	.570	.779	.904	.964	.988	.997	.999	1.000		
2.6	.074	.267	.518	.736	.877	.951	.983	.995	.999	1.000		
2.8	.061	.231	.469	.692	.848	.935	.976	.992	.998	.999	1.000	
3.0	.050	.199	.423	.647	.815	.916	.966	.988	.996	.999	1.000	
3.2	.041	.171	.380	.603	.781	.895	.955	.983	.994	.998	1.000	
3.4	.033	.147	.340	.558	.744	.871	.942	.977	.992	.997	.999	1.000
3.6	.027	.126	.303	.515	.706	.844	.927	.969	.988	.996	.999	1.000
3.8	.022	.107	.269	.473	.668	.816	.909	.960	.984	.994	.998	.999
4.0	.018	.092	.238	.433	.629	.785	.889	.949	.979	.992	.997	.999
4.2	.015	.078	.210	.395	.590	.753	.867	.936	.972	.989	.996	.999
4.4	.012	.066	.185	.359	.551	.720	.844	.921	.964	.985	.994	.998
4.6	.010	.056	.163	.326	.513	.686	.818	.905	.955	.980	.992	.997
4.8	.008	.048	.143	.294	.476	.651	.791	.887	.944	.975	.990	.996
5.0	.007	.040	.125	.265	.440	.616	.762	.867	.932	.968	.986	.995
5.2	.006	.034	.109	.238	.406	.581	.732	.845	.918	.960	.982	.993
5.4	.005	.029	.095	.213	.373	.546	.702	.822	.903	.951	.977	.990
5.6	.004	.024	.082	.191	.342	.512	.670	.797	.886	.941	.972	.988
5.8	.003	.021	.072	.170	.313	.478	.638	.771	.867	.929	.965	.984
6.0	.002	.017	.062	.151	.285	.446	.606	.744	.847	.916	.957	.980

	12	13	14	15	16
3.8	1.000				
4.0	1.000				
4.2	1.000				
4.4	.999	1.000			
4.6	.999	1.000			
4.8	.999	1.000			
5.0	.998	.999	1.000		
5.2	.997	.999	1.000		
5.4	.996	.999	1.000		
5.6	.995	.998	.999	1.000	
5.8	.993	.997	.999	1.000	
6.0	.991	.996	.999	.999	1.000

λ 또는 np \ c	0	1	2	3	4	5	6	7	8	9	10	11
6.2	.002	.015	.054	.134	.259	.414	.574	.716	.826	.902	.949	.975
6.4	.002	.012	.046	.119	.235	.384	.542	.687	.803	.886	.939	.969
6.6	.001	.010	.040	.105	.213	.355	.511	.658	.780	.869	.927	.963
6.8	.001	.009	.034	.093	.192	.327	.480	.628	.755	.850	.915	.955
7.0	.001	.007	.030	.082	.173	.301	.450	.599	.729	.830	.901	.947
7.2	.001	.006	.025	.072	.156	.276	.420	.569	.703	.810	.887	.937
7.4	.001	.005	.022	.063	.140	.253	.392	.539	.676	.788	.871	.929
7.6	.001	.004	.019	.055	.125	.231	.365	.510	.648	.765	.854	.915
7.8	.000	.004	.016	.048	.112	.210	.338	.481	.620	.741	.835	.902
8.0	.000	.003	.014	.042	.100	.191	.313	.453	.593	.717	.816	.888
8.5	.000	.002	.009	.030	.074	.150	.256	.386	.523	.653	.763	.849
9.0	.000	.001	.006	.021	.055	.116	.207	.324	.456	.587	.706	.803
9.5	.000	.001	.004	.015	.040	.089	.165	.269	.392	.522	.645	.752
10.0	.000	.000	.003	.010	.029	.067	.130	.220	.333	.458	.583	.697

	12	13	14	15	16	17	18	19	20	21	22
6.2	.989	.995	.998	.999	1.000						
6.4	.986	.994	.997	.999	1.000						
6.6	.982	.992	.997	.999	.999	1.000					
6.8	.987	.990	.996	.998	.999	1.000					
7.0	.973	.987	.994	.998	.999	1.000					
7.2	.967	.984	.993	.997	.999	.999	1.000				
7.4	.961	.980	.991	.996	.998	.999	1.000				
7.6	.954	.976	.989	.995	.998	.999	1.000				
7.8	.945	.971	.986	.993	.997	.999	1.000				
8.0	.936	.966	.983	.992	.996	.998	.999	1.000			
8.5	.909	.949	.973	.986	.993	.997	.999	.999	1.000		
9.0	.876	.926	.959	.978	.989	.995	.998	.999	1.000		
9.5	.836	.898	.940	.967	.982	.991	.996	.998	.999	1.000	
10.0	.792	.864	.917	.951	.973	.986	.993	.997	.998	.999	1.000

λ 또는 np \ c	0	1	2	3	4	5	6	7	8	9	10	11
10.5	.000	.000	.002	.007	.021	.050	.102	.179	.297	.397	.521	.639
11.0	.000	.000	.001	.005	.015	.038	.079	.143	.232	.341	.460	.579
11.5	.000	.000	.001	.003	.011	.028	.060	.114	.191	.289	.402	.520
12.0	.000	.000	.001	.002	.008	.020	.046	.090	.155	.242	.347	.462
12.5	.000	.000	.000	.002	.005	.015	.035	.070	.125	.201	.297	.406
13.0	.000	.000	.000	.001	.004	.011	.026	.054	.100	.166	.252	.353
13.5	.000	.000	.000	.001	.003	.008	.019	.041	.079	.135	.211	.304
14.0	.000	.000	.000	.000	.002	.006	.014	.032	.062	.109	.176	.260
14.5	.000	.000	.000	.000	.001	.004	.010	.024	.048	.088	.145	.220
15.0	.000	.000	.000	.000	.001	.003	.008	.018	.037	.070	.118	.185

	12	13	14	15	16	17	18	19	20	21	22	23
10.5	.742	.825	.888	.932	.960	.978	.988	.994	.997	.999	.999	1.000
11.0	.689	.781	.854	.907	.944	.968	.982	.991	.995	.998	.999	1.000
11.5	.633	.733	.815	.878	.924	.954	.974	.986	.992	.996	.998	.999
12.0	.576	.682	.772	.844	.899	.937	.963	.979	.988	.994	.997	.999
12.5	.519	.628	.725	.806	.869	.916	.948	.969	.983	.991	.995	.998
13.0	.463	.573	.675	.764	.835	.890	.930	.957	.975	.986	.992	.996
13.5	.409	.518	.623	.718	.798	.861	.908	.942	.965	.980	.989	.994
14.0	.358	.464	.570	.669	.756	.827	.883	.923	.952	.971	.983	.991
14.5	.311	.413	.518	.619	.711	.790	.853	.901	.936	.960	.976	.986
15.0	.268	.363	.466	.568	.664	.749	.819	.875	.917	.947	.967	.981

	24	25	26	27	28	29
11.5	1.000					
12.0	.999	1.000				
12.5	.999	.999	1.000			
13.0	.998	.999	1.000			
13.5	.997	.998	.999	1.000		
14.0	.995	.997	.999	.999	1.000	
14.5	.992	.996	.998	.999	.999	1.000
15.0	.989	.994	.997	.998	.999	1.000

c / λ 또는 np	5	6	7	8	9	10	11	12	13	14	15
16	.001	.004	.010	.022	.043	.077	.127	.193	.275	.368	.467
17	.001	.002	.005	.013	.026	.049	.085	.135	.201	.281	.371
18	.000	.001	.003	.007	.015	.030	.055	.092	.143	.208	.287
19	.000	.001	.002	.004	.009	.018	.035	.061	.098	.150	.215
20	.000	.000	.001	.002	.005	.011	.021	.039	.066	.105	.157
21	.000	.000	.000	.001	.003	.006	.013	.025	.043	.072	.111
22	.000	.000	.000	.001	.002	.004	.008	.015	.028	.048	.077
23	.000	.000	.000	.000	.001	.002	.004	.009	.017	.031	.052
24	.000	.000	.000	.000	.000	.001	.003	.005	.011	.020	.034
25	.000	.000	.000	.000	.000	.001	.001	.003	.006	.012	.022

	16	17	18	19	20	21	.085	23	24	25	26
16	.556	.659	.742	.812	.868	.911	.942	.963	.978	.987	.993
17	.468	.564	.655	.736	.805	.861	.905	.937	.959	.975	.985
18	.375	.469	.562	.651	.731	.799	.855	.899	.932	.955	.972
19	.292	.378	.469	.561	.647	.725	.793	.849	.893	.927	.951
20	.221	.297	.381	.470	.559	.644	.721	.787	.843	.888	.922
21	.163	.227	.302	.384	.471	.558	.640	.716	.782	.838	.883
22	.117	.169	.232	.306	.387	.472	.556	.637	.712	.777	.832
23	.082	.123	.175	.238	.310	.389	.472	.555	.635	.708	.772
24	.056	.187	.128	.180	.243	.314	.392	.473	.554	.632	.704
25	.038	.060	.092	.134	.185	.247	.318	.394	.473	.553	.629

	27	28	29	30	31	32	33	34	35	36	37
16	.996	.998	.999	.999	1.000						
17	.991	.995	.997	.999	.999	1.000					
18	.983	.990	.994	.997	.998	.999	1.000				
19	.969	.980	.988	.993	.996	.998	.999	.999	1.000		
20	.948	.966	.978	.987	.992	.995	.997	.999	.999	1.000	
21	.917	.944	.963	.976	.985	.991	.994	.997	.998	.999	.999
22	.877	.913	.940	.959	.973	.983	.989	.994	.996	.998	.999
23	.827	.873	.908	.936	.956	.971	.981	.988	.993	.996	.997
24	.768	.823	.868	.904	.932	.953	.969	.979	.987	.992	.995
25	.700	.763	.818	.863	.900	.929	.950	.966	.978	.985	.991

	38	39	40	41	42	43
21	1.000					
22	.999	1.000				
23	.999	.999	1.000			
24	.997	.998	.999	.999	1.000	
25	.994	.997	.998	.999	.999	1.000

연습문제 해답(홀수번)

제 6 장 [보론] 설비배치 기법

01

E	A	C
F	D	B

03 (1)

(단위: 천 원)

부 서	A	B	C	D
A		10	40	90
B			15	20
C				20
D				

총비용 = 195,000원

(2)

B	D	A	C

개선된 배치

(단위: 천 원)

부 서	A	B	C	D
A		20	20	30
B			45	10
C				40
D				

총비용 = 165,000원

05 (1)

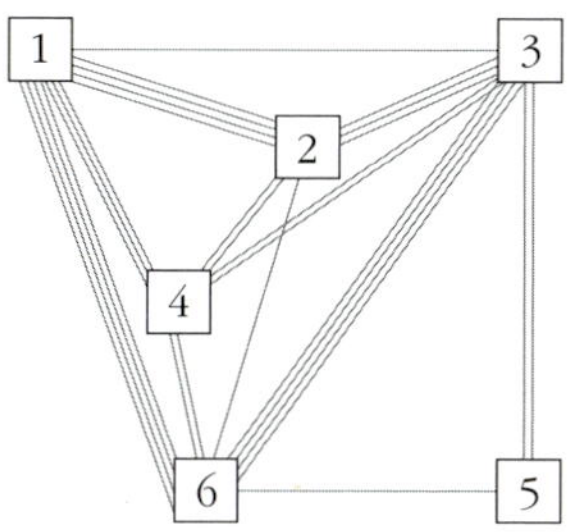

(2) 인접 패턴

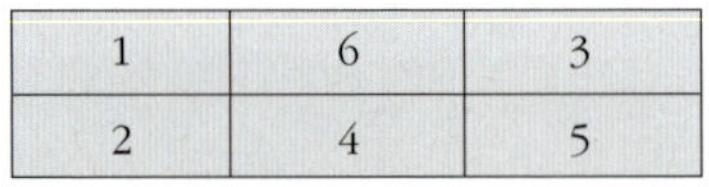

최종 배치

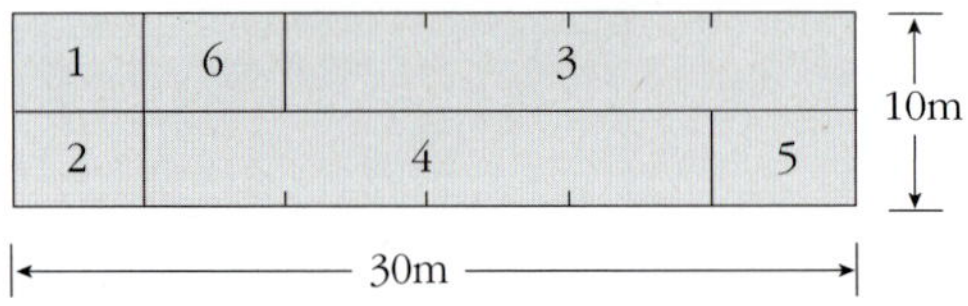

07 (1) 최소 주기시간 = 23분(최대 과업시간인 B와 F의 과업시간)

최대 주기시간 = 169분(총과업시간)

(2) 주기시간 = $\frac{420}{5}$ = 84분

이론적 최소 작업장의 수 = $\left\lceil \frac{169}{84} \right\rceil$ = ⌈2.01⌉ = 3개

(3) • 각 과업의 선행과업 수

과업	선행과업의 수	과업	선행과업의 수
A	0	F	4
B^1, G^2, D^3	1	C	6
I^1, H^2	2	J	9
E	3		

*문자 위의 숫자는 과업시간이 긴 순서임.

• 과업의 할당

작업장	과업	과업시간	잔여시간	할당가능 과업	선행과업 수가 적은 과업	과업시간이 긴 과업
1	A	12	72	B, D, G		B
	B	23	49	D, G		G
	G	18	31	D, H, I	D	
	D	14	17	E, H, I	H, I	I
	I	16	1			
2	H	13	71	E		
	E	15	56	F		
	F	23	33	C		
	C	17	16			
3	J	18	66			

• 효율성 = $\frac{169}{3 \times 84} \times 100(\%)$ = 67.06%

(4) • 주기시간 = $\frac{420}{10}$ = 42분

• 이론적 최소 작업장의 수 = $\left\lceil \frac{169}{42} \right\rceil$ = ⌈4.02⌉ = 3개

(5)

작업장	과업	과업시간	잔여시간	할당가능 과업	선행과업 수가 적은 과업	과업시간이 긴 과업
1	A B	12 23	30 7	B, D, G		B
2	G D	18 14	24 10	D, H, I	D	
3	I H	16 13	26 13	E, H	H	
4	E F	15 23	27 4	F		
5	C J	17 18	25 7	J		

효율성 $= \dfrac{169}{5 \times 42} \times 100(\%) = 80.48\%$

따라서 (3)의 결과에 비해 효율성은 13.42%(= 80.48 − 67.06)만큼 향상되었다.

09 (1) 주기시간은 작업장 3의 작업시간 32초 이상이 되어야 하므로 최소 주기시간은 32초가 된다.

(2) • 실제 주기시간 $= \dfrac{8 \times 60 \times 60}{800} = 36$초

• 라인의 효율성 $= \dfrac{15+20+32+25}{4 \times 36} = \dfrac{92}{144} = 0.639(63.9\%)$

• 하루에 낭비되는 인건비 = 8×(작업자의 수)×(라인의 비효율)×5,000원

$= 8 \times 4 \times (1-0.639) \times 5,000$원

$= 57,760$원

또는 (주기당 유휴시간)×(주기의 수)×5,000원/시간

$= 52$초$\times\left(\dfrac{8 \times 60 \times 60}{36}\right) \times 5,000$원/시간

$= 41,600$초$\times 5,000$원/시간

$= \dfrac{41,600}{3,600} \times 5,000$

$= 57,788$원 (앞서와 십원 단위 이하에서의 차이는 소수점 이하 계산에서 비롯된 것임)

(3) 작업장 1과 작업장 2를 한데 묶어 하나의 작업장으로 하더라도 작업시간이 35초로 현재의 주기시간 36초보다 작으므로 무방하다. 따라서 작업장의 수를 3개로 줄일 수 있다. 이렇게 하면 효율성은 다음과 같다.

$$\frac{92}{3 \times 36} \times 100(\%) = 85.2\%$$

따라서 효율성은 21.3%(= 85.2−63.9)만큼 향상된다.

11 (1) 최소 주기시간 = 30초(최대 과업시간)

최대 주기시간 = 총과업시간 = 25 + 15 + 20 + 30 + 15 + 10 + 20 + 30

=165초

(2) 최대 생산량 = $\frac{\text{하루 작업시간}}{\text{최소 주기시간}} = \frac{8 \times 60 \times 60}{30}$ = 960개

최소 생산량 = $\frac{\text{하루 작업시간}}{\text{최대 주기시간}} = \frac{8 \times 60 \times 60}{165}$ = 174.5개

(3) • 위치 가중치의 계산

과업	후속과업	위치 가중치	위치 가중치의 순위
A	B, C, D, E, F, G, H	165	1
B	D, E, F, G, H	120	2
C	E, G, H	85	3
D	F, H	70	4
E	G, H	65	5
F	H	40	7
G	H	50	6
H	–	30	8

• 과업의 할당

작업장	과업	과업시간	잔여시간	할당가능 과업	위치가중치가 큰 과업
1	A	25	25	B, C	B
	B	15	10	–	
2	C	20	30	D, E	D
	D	30	–		
3	E	15	35	F, G	G
	G	20	15	F	
	F	10	5	–	
4	H	30	20		

• 효율성 = $\frac{165}{4 \times 50} \times 100(\%)$ = 82.5%

제 7 장 수요예측

01

기간 (t)	실제 수요 (A_t)	단순이동평균법		가중이동평균법	
		예측치 (F_t)	절대오차 ($\lvert A_t - F_t \rvert$)	예측치 (F_t)	절대오차 ($\lvert A_t - F_t \rvert$)
1	98				
2	125				
3	110				
4	115	111.0	4.0	112.1	2.9
5	130	116.7	13.3	115.5	14.5
6	120	118.3	1.7	121.5	1.5
7	105	121.7	16.7	122.0	17.0
8	110	118.3	8.3	114.5	4.5
9	105	111.7	6.7	110.5	5.5
10	112	106.7	5.3	106.5	5.5
계			56.0		51.4

$$\text{MAD(단순이동평균법)} = \frac{56.0}{7} = 8.0$$

$$\text{MAD(가중이동평균법)} = \frac{51.4}{7} = 7.3$$

따라서 MAD를 기준으로 할 때 가중이동평균법이 더 좋다고 볼 수 있다.

03 (1) F(금주) = α×(지난 주의 실제 매출액) + (1−α)(지난 주의 예측치)

= 0.1×1.25+0.9×1.1

= 1.115억 원

(2) F(다음 주) = α×(금주의 실제 매출액) + (1−α)(금주의 예측치)

= 0.1×1.2+0.9×1.115

= 1.1235억 원

05 (1) 이번 주의 예측치(α = 0.2일 때) = 0.2(80,000) + 0.8(100,000)

= 96,000갤런

이번 주의 예측치(α = 0.4일 때) = 0.4(80,000) + 0.6(100,000)

= 92,000갤런

(2) α = 0.2일 때는 절대예측오차가 1,000갤런, 그리고 α = 0.4일 때는 절대예측오차가 3,000갤런이므로 σ = 0.2일 때가 보다 정확한 예측을 하였다고 볼 수 있다.

07 (1)

연도	기간(t)	매출액(A_t)	t^2	tA_t
2013	1	62	1	62
2014	2	79	4	158
2015	3	86	9	258
2016	4	94	16	376
2017	5	107	25	535
2018	6	120	36	720
계	21	548	91	2,109

$$b = \frac{6(2,109)-(21)(548)}{6(91)-(21)^2} = 10.91$$

$$a = \frac{548-(10.91)(21)}{6} = 53.15$$

$\therefore F_t = 53.15+10.91t$

(2) 2019년은 $t = 7$이므로 $F_7 = 53.15+10.91(7) = 129.52$(백만 원)

09 • 작년도의 평균 계절수요 $= \frac{100+200+150+120}{4} = 142.5$

• 작년도의 계절변동폭: 봄: $100-142.5 = -42.5$
여름: $200-142.5 = 57.5$
가을: $150-142.5 = 7.5$
겨울: $120-142.5 = -22.5$

• 올해의 평균 계절수요 예측치 $= \frac{150+250+100+170}{4} = 192.5$

• 올해의 계절변동폭: 봄: $150-192.5 = -42.5$
여름: $250-192.5 = 57.5$
가을: $200-192.5 = 7.5$
겨울: $170-192.5 = -22.5$

계절변동의 폭이 같으므로 가법적인 계절적 변동이다.

11 (1) $\hat{Y} = 300-1.8(100) = 120$(건)

(2) $r^2 = 1-0.19 = 0.81$

(3) 회귀방정식의 기울기가 음이므로 $r = -0.9$

가구당 연간 평균 소득과 연간 범죄 발생건수 간에는 음의 직선적인 관계가 있다.

13

주(t)	A_t	F_t	A_t-F_t	누적 예측오차	누적 절대편차	MAD	TS
1	900	800	100	100	100	100	1
2	1,000	850	150	250	250	125	2
3	1,050	950	100	350	350	117	3
4	900	950	−50	300	400	100	3
5	900	1,000	−100	200	500	100	2
6	1,100	975	125	325	625	104	3.1

다음과 같은 추적지표의 관리도에서 보면 모든 점들이 관리한계 내에서 움직이나 모두 중심선 위에 있으므로 현재의 예측방법은 실제보다 계속적으로 낮게 예측하고 있는 것으로 판단할 수 있다.

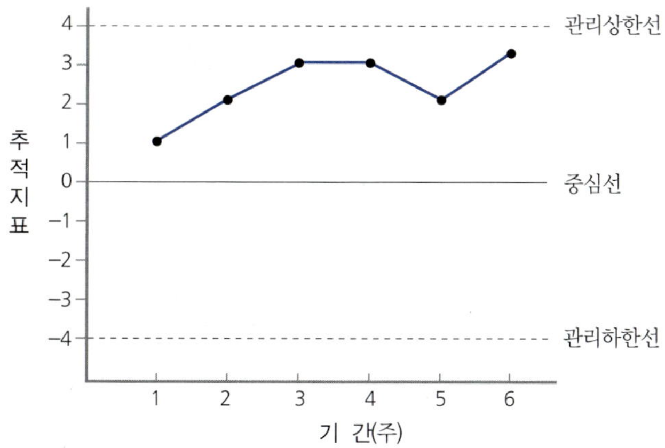

제 8 장 설비계획

01 (1) 평균 수요 = 10×0.1+12×0.25+14×0.3+16×0.2+18×0.15 = 14.1백만 톤

완충생산능력 = 16−14.1 = 1.9백만 톤

(2) 유휴생산능력이 발생할 확률은 수요가 16백만 톤 미만일 때이므로

0.1+0.25+0.3 = 0.65

(3) $0.1\left(\frac{10}{16}\times 100\%\right)+0.25\left(\frac{12}{16}\times 100\%\right)+0.3\left(\frac{14}{16}\times 100\%\right)+(0.2+0.15)(100\%) = 86.25\%$

03 (1) $C'(x) = 2x-60 = 0$

$x^* = 30$만 톤(설비의 최적 크기)

$C(x^*) = (30)^2-60(30)+1,500 = 600$원/단위

(2) $C(x = 40) = 40^2 - 60(40) + 1,500 = 700$

∴ 규모의 비경제 = 700 − 600 = 100원/단위

05

	입지 A	입지 B
잠재 고객의 수	9.1	10
비　용	10	9.2
주변환경	6	8
주차공간	10	6
계	35.1	33.2

따라서 입지 A가 더 유리하다.

07

공장	(x, y)	운송량(V)	xV	yV
A	(30, 32)	4	120	128
B	(37, 47)	6	222	282
C	(47, 18)	3	141	54
합 계		13	483	464

$$x^* = \frac{483}{13} = 37.2 \qquad y^* = \frac{464}{13} = 35.7$$

따라서 부품 제조회사는 (37.2, 35.7) 근처에 입지하면 된다.

제 9 장 총괄생산계획

01 (1) 두 전략 모두 6개월간 총 4,500단위를 생산해야 하기 때문이다. 즉, 두 전략 모두 총생산량은 같기 때문이다.

(2) 〈전략 1〉의 관련 총비용 = 80 + 180 = 260천 원

(금액 단위: 천 원)

월	월 생산량	소요 작업시간	필요한 작업자 수	채용	해고	채용비용	해고비용
1	700	2,800	14	−	1	−	20
2	900	3,600	18	4	−	40	−
3	800	3,200	16	−	2	−	40
4	600	2,400	12	−	4	−	80
5	800	3,200	16	4	−	40	−
6	700	2,800	14	−	2	−	40
계	4,500	18,000		8	9	80	180

(3) 월 평균 소요량 = $\frac{4,500}{6}$ = 750단위

일정한 고용수준 = $\frac{750 \times 4}{25 \times 8}$ = 15명

(4) 〈전략 2〉의 관련 총비용 = 10 + 120 = 130천 원

(금액 단위: 천 원)

월	월 생산량	누적 생산량	월 소요량	누적 소요량	재고	추후 납품	재고 유지비용	추후 납품비용
1	750	750	700	700	50	–	10	–
2	750	1,500	900	1,600	–	100	–	40
3	750	2,250	800	2,400	–	150	–	60
4	750	3,000	600	3,000	–	–	–	–
5	750	3,750	800	3,800	–	50	–	20
6	750	4,500	700	4,500	–	–	–	–
계	4,500		4,500		50	300	10	120

(5) 〈전략 2〉의 관련 총비용이 〈전략 1〉에 비해 적으므로 〈전략 2〉가 더 유리하다.

03 (1) $\frac{610 \times 20}{176 \times 2}$ = 약 35명

(2) 연간 노무비 = $35 \times 176 \times 5,000 \times 12$ = 369,600,000원

연간 생산량 = 400 + 380 + 470 + 530 + 610 + 500 = 2,890

단위당 평균 노무비 = $\frac{369,600,000}{2,890}$ = 127,889원

(3) 총유휴시간비용 = 연간 노무비 − (연간 생산량) × (단위당 표준시간) × (시간당 정규임금)

= 369,600,000 − 2,890(20)(5,000)

= 80,600,000원

단위당 유휴시간비용 = $\frac{80,600,000}{2,890}$ = 27,889원

유휴시간비용의 비율 = $\frac{27,889}{127,889} \times 100\%$ = 21.8%

(4) 피크 기간 5의 고용수준 = x명

$1.25(176 \times 2)x = 610 \times 20$

x = 약 28명

기간	생산량	총표준작업시간	정규작업시간	정규임금	잔업시간	잔업에 대한 임금
1	400	8,000	28×176×2=9,856	49,280,000	−	−
2	380	7,600	9,856	49,280,000	−	−
3	470	9,400	9,856	49,280,000	−	−
4	530	10,600	9,856	49,280,000	744	5,580,000
5	610	12,200	9,856	49,280,000	2,344	17,580,000
6	500	10,000	9,856	49,280,000	144	1,080,000
합계	2,890			295,680,000		24,240,000

연간 총노무비 = 295,680,000 + 24,240,000 = 319,920,000원

단위당 평균 노무비 = $\frac{319,920,000}{2,890}$ = 110,699원

제10장 일정계획

01 (1) 갠트도표는 다음과 같다.

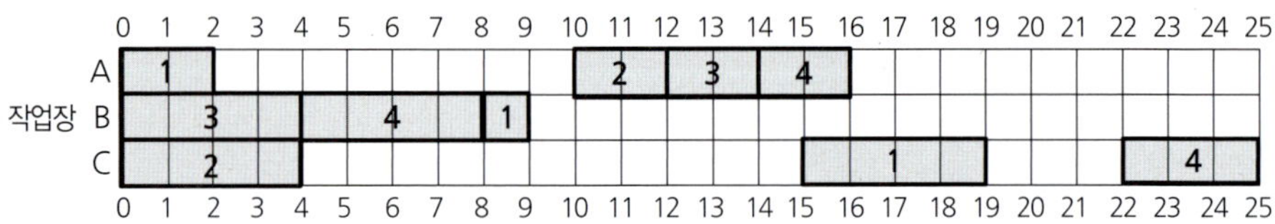

(2) 총완료시간 = 25시간(즉 3일 1시간)

(3) 작업 4가 납기 3일에서 1시간 초과하였다.

(4) 작업 3과 4를 바꿔 작업순서를 1−2−4−3으로 하면 작업 4가 끝나는 시간이 23시간이 되어 납기보다 1시간 빨리 끝난다. 또 이것이 총완료시간이 된다. 작업 3은 16시간에 완료되어 정확하게 납기를 지킨다.

03 긴급률의 계산

작 업	처리시간(일)	납기(일)	긴급률
A	5	10	10/5 = 2
B	7	18	18/7 = 2.57
C	6	29	29/6 = 4.83
D	2	12	12/2 = 6
E	10	19	19/10 = 1.9

- 선착순규칙에 의한 작업순서: B－C－A－E－D
- 최단완료시간규칙에 의한 작업순서: D－A－C－B－E
- 긴급률규칙에 의한 작업순서: E－A－B－C－D

05 (1)

작업순서	처리시간	흐름시간	납기	납기지연
D	3	3	10	－
E	7	10	9	1
A	8	18	15	3
B	10	28	12	16
C	12	40	30	10
계	40	99		30

평균 완료시간 = 99/5 = 19.8일

작업장 내 평균 작업 수 = 99/40 = 2.475작업

평균 납기지연시간 = 30/5 = 6일

(2)

작업순서	처리시간	흐름시간	납기	납기지연
E	7	7	9	－
D	3	10	10	－
B	10	20	12	8
A	8	28	15	13
C	12	40	30	10
계	40	105		31

평균 완료시간 = 105/5 = 21일

작업장 내 평균 작업 수 = 105/40 = 2.625작업

평균 납기지연시간 = 31/5 = 6.2일

07 (1) D－A－C－B

(2) 37일

(3) 5일

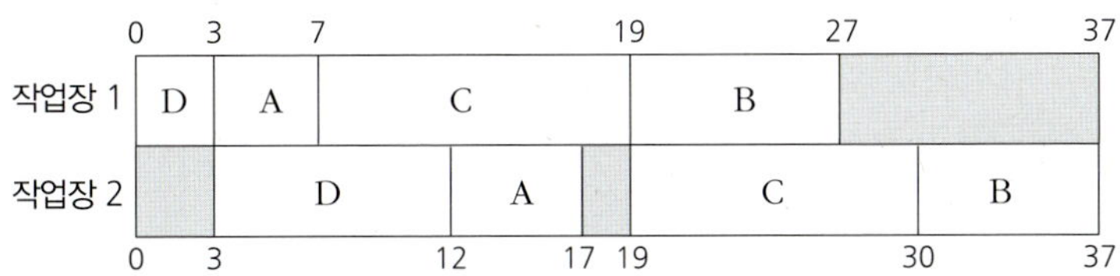

제11장 프로젝트의 일정계획

01

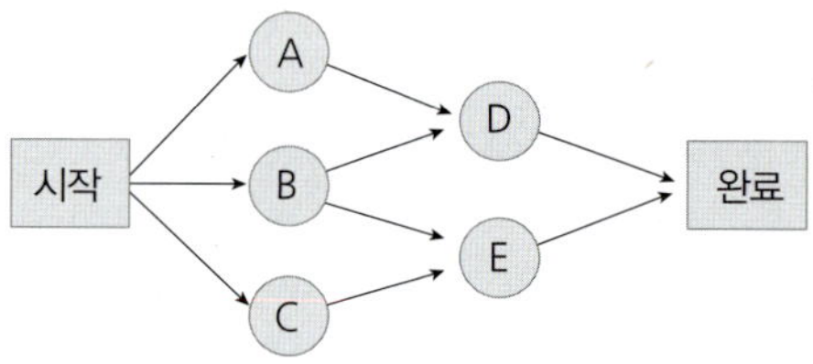

선행활동이 없어 바로 시작될 수 있는 활동이 A, B, C 3개가 있으므로 가상의 시작마디가 필요하며, 또 최종 활동(즉, 후속활동이 없는 활동)이 D와 E 2개가 있으므로 가상의 완료마디가 필요하다.

03 (1)

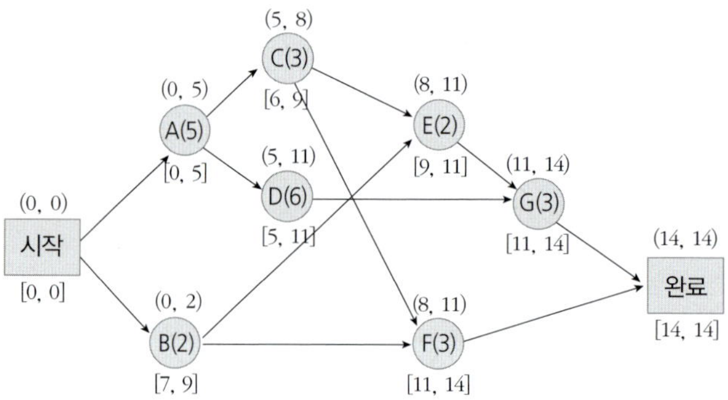

(2)

경 로	소요시간의 계산	최단 완료시간 및 주경로
A−C−E−G	5+3+2+3 = 13	
A−C−F	5+3+3 = 11	
A−D−G	5+6+3 = 14	← 최단 완료시간 = 14주
B−E−G	2+2+3 = 7	주경로: A−D−G
B−F	2+3 = 5	

(3)

활동	*ES*	*EF*	*LS*	*LF*	*S*	*FS*	주경로
시작	0	0	0	0	0	0	
A	0	5	0	5	0	0	*
B	0	2	7	9	7	6	
C	5	8	6	9	1	0	
D	5	11	5	11	0	0	*
E	8	10	9	11	1	1	
F	8	11	11	14	3	3	
G	11	14	11	14	0	0	*
완료	14	14	14	14	0	0	

- 프로젝트의 최단 완료시간 = 14주
- 주경로: A－D－G

05 (1)

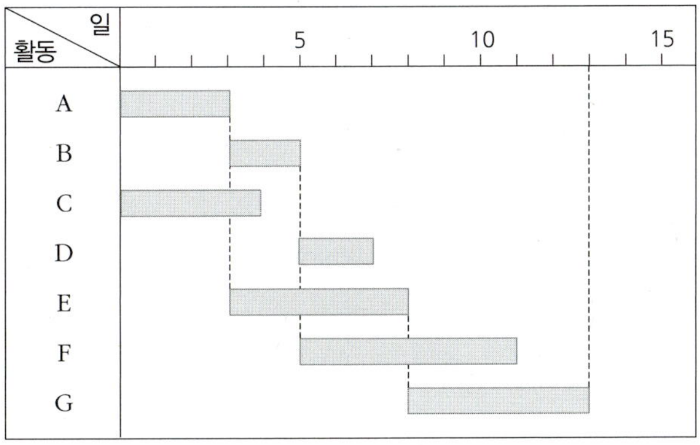

- 프로젝트의 최단 완료시간 = 13일
- 주경로 : A－E－G

(2), (3)

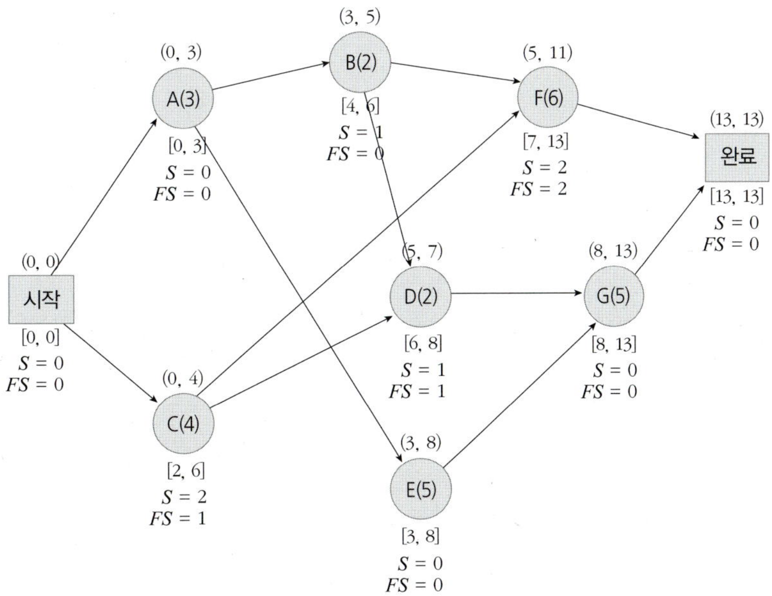

- 프로젝트의 최단 완료시간 = 13일
- 주경로 : A－E－G

07 (1)

활동	직전 선행활동	활동시간의 추정치			평균(t_e)	분산(σ^2)
		a	m	b		
A	−	1	2	3	2	0.11
B	A	3	5	13	6	2.78
C	A	5	7	9	7	0.44
D	B	5	8	11	8	1.00
E	C	1	2	3	2	0.11
F	C	7	9	11	9	0.44
G	D, E	2	3	4	3	0.11

(2)

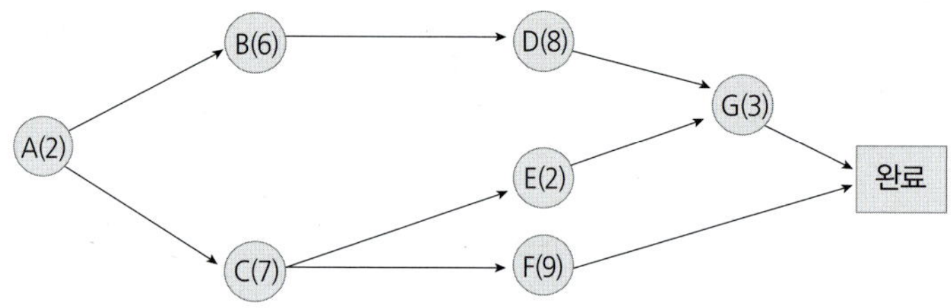

A−B−D−G 경로의 길이 = 2+6+8+3 = 19일

A−C−E−G 경로의 길이 = 2+7+2+3 = 14일

A−C−F 경로의 길이 = 2+7+9 = 18일

따라서 이 프로젝트의 평균 완료시간은 19일이며, 주경로는 A−B−D−G이다.

(3) 주경로의 분산 = 0.11+2.78+1+0.11 = 4

(4) 이 프로젝트의 완료시간 T는 평균이 19일, 표준편차가 2일인 정규분포를 하므로 이 프로젝트가 20일 내에 완료될 확률은 다음과 같다.

$$P(T \le 20) = P\left(\frac{T-19}{2} \le \frac{20-19}{2}\right) = P(Z \le 0.5) = 0.6915$$

09 (1) 경로: A−B−D는 26주

A−C−E는 28주

따라서 프로젝트의 최단 완료시간은 28주이며 주경로는 A−C−E이다.

(2)

활 동	활동시간(주)		활동비용(백만 원)		단축가능기간(주)	주당 단축비용(백만 원)
	정상	속성	정상	속성		
A	6	4	6	12	2	3
B	10	8	10	13	2	1.5
C	8	7	8	10	1	2
D	10	8	12	14	2	1
E	14	10	10	20	4	2.5

① 현재의 주경로 A－C－E에서 주당 단축비용이 제일 작은 C를 1주 줄인다.

② C가 1주 단축된 후에도 주경로는 여전히 A－C－E이다. C는 더 이상 줄일 수 없으므로 A, E 중 주당 단축비용이 작은 E를 1주 줄인다.

③ 이제 주경로는 A－B－D와 A－C－E이다. 따라서 두 경로 모두 1주씩 줄여야 하며, 이를 위해서는 다음의 두 가지 방법을 비교해 보아야 한다.

- 공통 활동 A를 1주 단축: 추가비용 3백만 원
- D를 1주 단축, E를 1주 단축: 3.5백만 원

따라서 A를 1주 단축하는 것이 유리하다.

①, ②, ③으로부터 C, E, A를 각각 1주씩 단축하면 최소의 추가비용 7.5백만 원으로 정상 완료시간을 3주 줄일 수 있다.

제12장 독립수요품목의 재고관리

01 (1) $D = 500$병/년, $S = 1{,}000$원, $H = 2{,}000 \times 0.2 = 400$원

$$Q^* = \sqrt{\frac{2DS}{H}} = \sqrt{\frac{2(500)(1{,}000)}{400}} = 50\text{병}$$

(2) $T^* = \dfrac{Q^*}{D} = \dfrac{50}{500} = \dfrac{1}{10}$년

(3) $TC^* = \sqrt{2DSH} = \sqrt{2(500)(1{,}000)(400)} = 20{,}000$원/년

03 (1) $\dfrac{300}{2} \times 100 = 15{,}000$원

(2) EOQ에서는 연간 주문비용과 연간 재고유지비용이 같으므로 연간 주문비용은 15,000원이다.

(3) $\dfrac{D}{Q^*} \cdot S = 15{,}000$

$$\frac{D}{300}(5{,}000) = 15{,}000$$

$\therefore D = 900$개

05 (1) $Q = \sqrt{\dfrac{2DS}{H}} = \sqrt{\dfrac{2(600)(4)}{4 \times 0.25}} \fallingdotseq 69$개

(2) 조달기간 동안의 평균 수요$(\mu) = 4\left(\dfrac{600}{300}\right) = 8$개

조달기간 동안의 수요의 표준편차(σ) $= \sqrt{4(1)^2} = 2$개

재주문점(R) $= \mu + z\sigma = 8 + 2.33(2) \fallingdotseq 13$개

(3) 안전재고(s) $= z\sigma = 2.33(2) \fallingdotseq 5$개

07 (1) $T = 14$일, $L = 3$일

$\mu' = (14 + 3)(120) = 2,040$

$\sigma' = \sqrt{17(30)^2} \fallingdotseq 124$

$z = 2.33$(표준정규분포표에서)

$M = \mu' + z\sigma' = 2,040 + 2.33(124) = 2,040 + 289 = 2,329$

주문량 $= 2,329 - 130 = 2,199$단위

(2) 안전재고 $= z\sigma = 2.33(124) = 289$단위

09 • 재고품목별 연간 사용액

품목번호	연간 사용량 (개)	단가 (천 원)	연간 사용액 (천 원)	연간 총사용액에 대한 백분율(%)	누적 백분율 (%)
3	10,000	10.5	105,000	41.2	41.2
6	6,000	13.6	81,600	32.0	73.2
9	7,000	2.5	17,500	6.9	80.1
2	1,500	8.0	12,000	4.7	84.8
4	6,000	2.0	12,000	4.7	89.5
1	5,000	1.5	7,500	2.9	92.4
10	3,000	2.0	6,000	2.4	94.8
8	4,500	1.3	5,850	2.3	97.1
5	7,500	0.5	3,750	1.5	98.6
7	5,000	0.7	3,500	1.4	100.0
합 계			254,700		

• ABC 분류 결과

등 급	품목번호	연간 사용액 (천 원)	연간 총사용액에 대한 백분율(%)	전체 품목수에 대한 백분율(%)
A	3, 6	186,600	73.2	20
B	2, 4, 9	41,500	16.3	30
C	1, 5, 7, 8, 10	26,600	10.5	50
합 계		254,700	100.0	100

제12장 [보론] 특수 재고모형

01 (1) $EPQ = \sqrt{\frac{2DS}{H} \cdot \left(\frac{P}{P-D}\right)} = \sqrt{\frac{2(2,400)(20)}{5 \times 0.2}\left(\frac{12,000}{12,000 - 2,400}\right)} = 346$개

(2) 1회 생산기간 $= \frac{Q^*}{P} = \frac{346}{1,000} \times 20$일 $= 7$일

(3) 평균 재고수준 $= \frac{(P-D)Q^*}{2} = \frac{(1,000-200)346}{2(1,000)} = 138$개

03 $D = 2,500$단위/년, $S = 500$원/회, $i = 20\%$/년

$Q_2^* = \sqrt{\frac{2DS}{iC_2}} = \sqrt{\frac{2(2,500)(500)}{(0.2)(960)}} \fallingdotseq 114$단위(실행 불가능)

$Q_1^* = \sqrt{\frac{2DS}{iC_1}} = \sqrt{\frac{2(2,500)(500)}{(0.2)(980)}} \fallingdotseq 113$단위(실행 가능)

$$TC_1(Q_1^* = 113) = DC_1 + \frac{D}{Q_1^*} + \frac{Q_1^*}{2} iC_1$$
$$= (2,500)(980) + \frac{2,500(500)}{113} + \frac{113(0.2)(980)}{2}$$
$$\fallingdotseq 2,472,136\text{원}$$

$$TC_2(q_2 = 200) = DC_2 + \frac{DS}{q_2} + \frac{q_2}{2} iC_2$$
$$= (2,500)(960) + \frac{2,500(500)}{200} + \frac{200(0.2)(960)}{2}$$
$$= 2,425,450\text{원}$$

$TC_1(Q_1^* = 113) > TC_2(q_2 = 200)$이므로 최적 주문량 Q^*는 200단위가 된다.

05 (1) $MP = 2,000 - 1,200 = 800$원

$ML = 1,200 - 1,000 = 200$원

(2)

수요(N)	확률	P(수요≥N)
90	0.05	1.00
100	0.10	0.95
110	0.20	0.85
120	0.30	0.65
130	0.20	0.35
140	0.10	0.15
150	0.05	0.05

(0.35와 0.15 사이: ← 0.2)

$P \geq \frac{ML}{MP + ML} = \frac{200}{800 + 200} = 0.2$

따라서 매일 130개의 빵을 구워야 한다.

제13장 자재소요계획과 전사적 자원관리

01 (1)

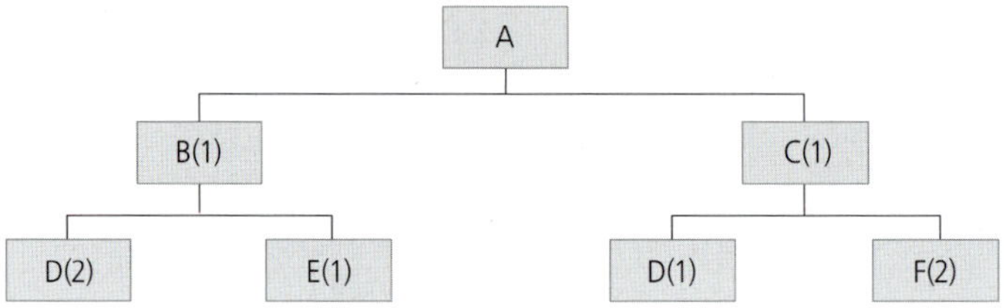

(2) B = 200×1 = 200

C = 200×1 = 200

D = 200×2 + 200×1 = 600

E = 200×1 = 200

F = 200×2 = 400

03 (1)

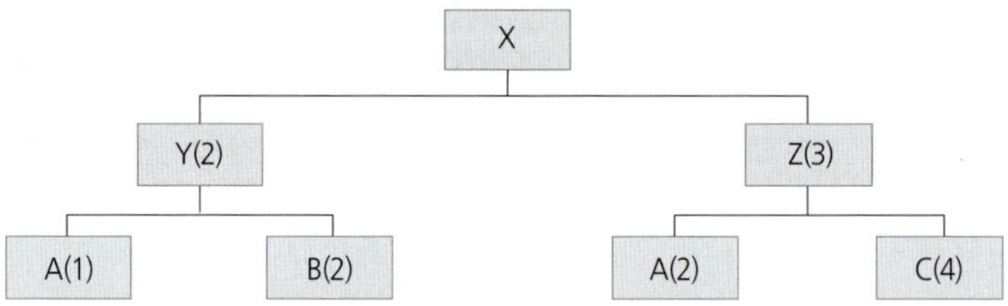

(2)

품목		주									
		1	2	3	4	5	6	7	8	9	10
X (LT = 1)	소요량										100
	계획된 발주량									100	
Y (LT = 2)	소요량									200	
	계획된 발주량							200			
Z (LT = 3)	소요량									300	
	계획된 발주량						300				
A (LT = 2)	소요량						600	200			
	계획된 발주량				600	200					
B (LT = 1)	소요량							400			
	계획된 발주량						400				
C (LT = 3)	소요량						1,200				
	계획된 발주량			1,200							

05 (1)

품목		주				
		1	2	3	4	5
A (LT = 1)	총소요량				200	250
	현 재고	100	100	100	100	–
	순소요량				100	250
	계획된 발주			100	250	
B (LT = 2)	총소요량			100	250	
	현 재고	150	150	150	50	
	순소요량			–	200	
	계획된 발주		200			
C (LT = 1)	총소요량			200	500	
	현 재고	80	80	80	–	
	순소요량			120	500	
	계획된 발주		120	500		

(2)

품목		주				
		1	2	3	4	5
A (LT = 2)	총소요량				200	250
	현 재고	100	100	100	100	–
	순소요량				100	250
	계획된 발주		100	250		
B (LT = 2)	총소요량		100	250		
	현 재고	150	150	50		
	순소요량		–	200		
	계획된 발주	200				
C (LT = 2)	총소요량		200	500		
	현 재고	80	80	–		
	순소요량		120	500		
	계획된 발주	500				

이 경우에는 품목 C의 제2주의 순소요량 120의 납품이 늦어지는 문제가 발생한다. 따라서 이 수량에 대해서는 조달기간을 1주로 앞당기는 노력을 하든지 아니면 MPS를 조정해야 한다.

07 (1)

품목		주				
		1	2	3	4	5
가 위 (LT = 1)	총소요량				300	400
	현 재고(=100)	100	100	100	100	–
	예정된 수취량					
	순소요량				200	400
	계획된 발주			200	400	
왼쪽 날 (LT = 2)	총소요량			200	400	
	현 재고(=50)	50	50	150		
	예정된 수취량		100			
	순소요량			50	400	
	계획된 발주	50	400			
오른쪽 날 (LT = 2)	총소요량			200	400	
	현 재고(=75)	75	75	275	75	
	예정된 수취량		200			
	순소요량			–	325	
	계획된 발주		325			
나 사 (LT = 1)	총소요량			200	400	
	현 재고(=300)	300	500	500	300	
	예정된 수취량	200				
	순소요량			–	100	
	계획된 발주			100		

(2) 자재계획(발주계획)에 영향을 미치지 않는다.

제14장 린 시스템

01 (1) 각 제품의 일간 생산량

A제품: 5,000/25 = 200개/일

B제품: 2,000/25 = 80개/일

C제품: 3,000/25 = 120개/일

생산순서: /AAAAABBCCC/AAAAABBCCC/……

(2) 각 제품의 일간 생산량

A제품: 2,000/25 = 80개/일

B제품: 4,000/25 = 160개/일

C제품: 6,000/25 = 240개/일

생산순서: /ABBCCC/ABBCCC/……

03 D = 100단위/시간, C = 25개/대, T = 3시간

(1) 컨테이너의 총수(n) $= \frac{DT}{C} = \frac{100(3)}{25} = 12$대

(2) 최대 재고수준 = $nC = 12(25) = 300$개

(3) 생산칸반 = 12장, 인출칸반 = 12장

05 (1) 컨테이너의 리드타임(T) = 준비시간 + 생산시간 + 이동시간 + 대기시간

$= (4+3)+100(0.1+0.4)+(2+6)+(10+20)$

$= 7+50+8+30$

= 95분

$$n = \frac{DT}{C} = \frac{4.5(95)}{100} = 4.275$$

따라서 5대의 컨테이너가 필요하다.

(2) $5+2 = \frac{D(95)}{100}$

$D = \frac{7\times 100}{95} = 7.37$개/분

작업장 B의 부품 수요율은 분당 최대 7.37개까지 가능하다. 따라서 분당 부품의 수요율이 8.5개라면 이는 감당할 수 없다.

제15장 공급사슬관리

01 두 공급자의 가중 합계 점수는 다음과 같이 계산된다.

공급자 A의 총점수 = 30(4) + 40(3) + 30(5) = 390

공급자 B의 총점수 = 30(5) + 40(4) + 30(3) = 400

따라서 총점수가 더 높은 공급자 B를 선택해야 한다.

03 (1)

재고 구분	품목번호	평균 재고량	단가(천 원)	평균 재고액(천 원)
원자재	1	15,000	3	45,000
	2	2,500	5	12,500
	3	3,000	1	3,000
	소계			60,500
재공품	1	5,000	14	70,000
	2	4,000	18	72,000
	소계			142,000
완제품	1	2,000	48	96,000
	2	1,000	62	62,000
	소계			158,000
평균 총재고액				360,500

(2) 주당 매출원가 $= \dfrac{3,432,000,000}{52} = 66,000,000$원

공급주수 $= \dfrac{\text{평균 총재고액}}{\text{주당 매출원가}} = \dfrac{360,500,000}{66,000,000} =$ 약 5.5주

(3) 작년도의 재고회전율 $= \dfrac{3,432,000,000}{360,500,000} =$ 약 9.5회

05 공급주수 $= \dfrac{32+62+27}{325/52} = \dfrac{121}{6.25} = 19.36$주

재고회전율 $= \dfrac{325}{121} \fallingdotseq 2.69$회

제17장 품질관리 및 개선

01 (1) 검사를 할 때의 단위당 비용 $= 100 + 40,000 \times 0.02 = 900$원

검사를 하지 않을 때의 단위당 비용 $= 40,000 \times 0.03 = 1,200$원

따라서 검사를 하는 것이 좋다.

(2) 검사를 할 때의 단위당 비용은 1,300원이 되므로 검사를 하지 않는 것이 유리하다.

(3) 검사를 할 때의 단위당 비용은 1,000원으로 검사를 하지 않을 때의 단위당 비용 1,200원보다 작으므로 검사를 하는 것이 유리하다.

03 (1) $\overline{X}$ 관리도: CL $= \overline{\overline{X}} = 3.0$

$$\text{UCL} = \overline{\overline{X}} + A_2\overline{R} = 3.0+0.73(0.0015) = 3.0011$$

$$\text{LCL} = \overline{\overline{X}} - A_2\overline{R} = 3.0-0.73(0.0015) = 2.9989$$

R관리도: CL $= \overline{R} = 0.0015$

$$\text{UCL} = D_4\overline{R} = 2.28(0.0015) = 0.0034$$

$$\text{LCL} = D_3\overline{R} = 0$$

(2) $\overline{X}$ 관리도에서 표본 2는 LCL을 벗어나며, 표본 4와 5는 UCL을 초과하므로 현재의 프로세스는 관리되고 있지 않다. 또한 R관리도에서도 표본 4와 5는 UCL을 벗어나므로 프로세스의 변동성에 문제가 있다고 판단된다.

(3) 표본 2, 4 및 5가 규격한계를 벗어나고 있다.

05 (1)

표본번호	표본측정치(Ω)				계	표본평균($\overline{X}$)	표본범위(R)
1	1,010	991	985	986	3,972	993	25
2	995	996	1,009	994	3,994	998.5	15
3	990	1,003	1,015	1,008	4,016	1,004	25
4	1,015	1,020	1,009	998	4,042	1,010.5	22
5	1,013	1,019	1,005	993	4,030	1,007.5	26
6	994	1,001	994	1,005	3,994	998.5	11
7	989	992	982	1,020	3,983	995.75	38
8	1,001	986	996	996	3,979	994.75	15
9	1,006	989	1,005	1,007	4,007	1,001.75	18
10	992	1,007	1,006	979	3,984	996	28
합계						10,000.25	223

$$\overline{\overline{X}} = \frac{10{,}000.25}{10} = 1{,}000$$

$$\overline{R} = \frac{223}{10} = 22.3$$

$\overline{X}$ 관리도: CL $= 1{,}000$

$$\text{UCL} = 1{,}000+0.73(22.3) = 1{,}016.3$$

$$\text{LCL} = 1{,}000-0.73(22.3) = 983.7$$

R관리도: CL $= 223$

$$\text{UCL} = 2.28(22.3) = 50.8$$

$$\text{LCL} = 0(22.3) = 0$$

(2)

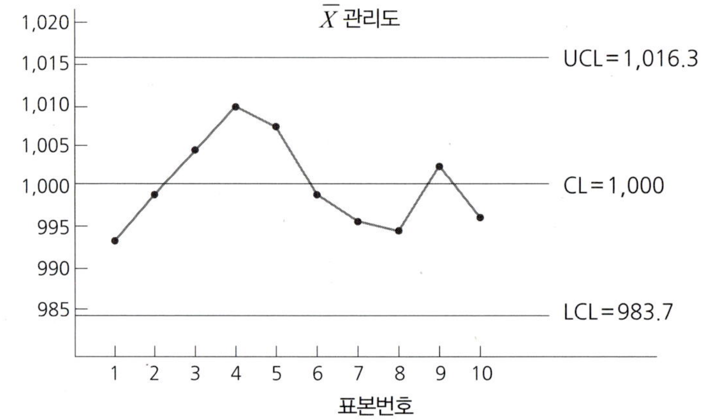

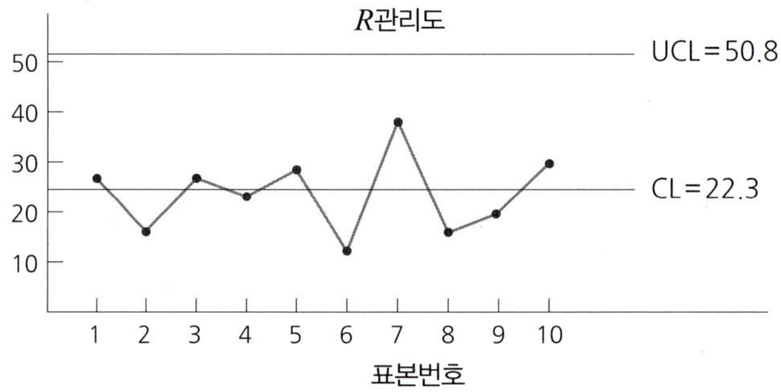

$\overline{X}$ 관리도와 R관리도 모두 관리한계 내에서 정상적으로 움직이므로 프로세스는 안정되어 있다고 볼 수 있다.

07 (1) $\bar{p} = \dfrac{21.5\%}{20} = 1.08\%$

$$\sigma_p = \sqrt{\frac{0.0108(1-0.0108)}{400}} = 0.0052 = 0.52\%$$

$$\text{CL} = \bar{p} = 1.08\%$$

$$\text{UCL} = \bar{p} + 3\sigma_p = 1.08\% + 3(0.52\%) = 2.64\%$$

$$\text{LCL} = \bar{p} - 3\sigma_p = 1.08\% - 3(0.52\%) = 0$$

(2)

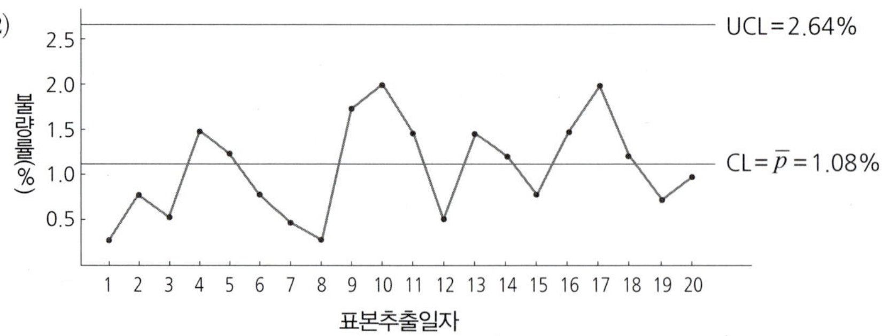

(3) p관리도에서 점들의 움직임이 관리한계 내에서 정상이므로 현재의 관리도를 프로세스 관리 목적으로 계속 쓸 수 있다.

09 $\overline{c} = \dfrac{40}{30} = 1.4$

UCL $= 1.4 + 3\sqrt{1.4} = 4.9$

LCL $= 1.4 - 3\sqrt{1.4} = 0$

10번째 표본과 27번째 표본이 관리한계를 벗어나므로 이 자료가 추출된 프로세스는 안정되어 있다고 볼 수 없다.

11 (1) $C_p = \dfrac{150-100}{6(8)} = 1.04$

$$C_{pk} = \text{Min}\left\{\frac{150-130}{3(8)},\ \frac{130-100}{3(8)}\right\} = \text{Min}\{0.83,\ 1.25\} = 0.83$$

(2) 프로세스 능력비율 C_p는 1보다 크지만, 프로세스 능력지수 C_{pk}가 1보다 작다. 이 경우에는 프로세스 평균이 규격범위의 중앙에 있지 않고 규격범위의 중앙인 125보다 크기 때문에 C_{pk}가 프로세스 능력을 더 잘 나타낸다고 볼 수 있다.

(3) 제품이 규격한계를 벗어날 확률

$$= 1-P\left(\frac{100-130}{8} \le \frac{\text{프로세스 측정치}-130}{8} \le \frac{150-130}{8}\right)$$

$= 1-P(-3.75 \le Z \le 2.5)$

$= 1-(0.9938-0)$

$= 1-0.9938$

$= 0.0062$

따라서 제품의 0.62%가 규격한계를 벗어난다.

제17장 [보론] 샘플링 검사

01 (1) $n = 80,\ c = 2$

(2) $np = 80 \times 0.04 = 3.2$

$P_a = 0.380$

03 (1) 부표 Ⅱ의 누적 포아송분포표에서 $np = (100)(0.08) = 8$과 $c = 3$이 만나는 값을 읽으면 0.042가 된다.

(2)

n	×	p	=	np	$P_a(c=3$일 때)
100	×	0.01	=	1.0	0.981
100	×	0.02	=	2.0	0.857
100	×	0.03	=	3.0	0.647
100	×	0.04	=	4.0	0.433
100	×	0.05	=	5.0	0.265
100	×	0.06	=	6.0	0.151
100	×	0.07	=	7.0	0.082
100	×	0.08	=	8.0	0.042
100	×	0.09	=	9.0	0.021
100	×	0.10	=	10.0	0.010

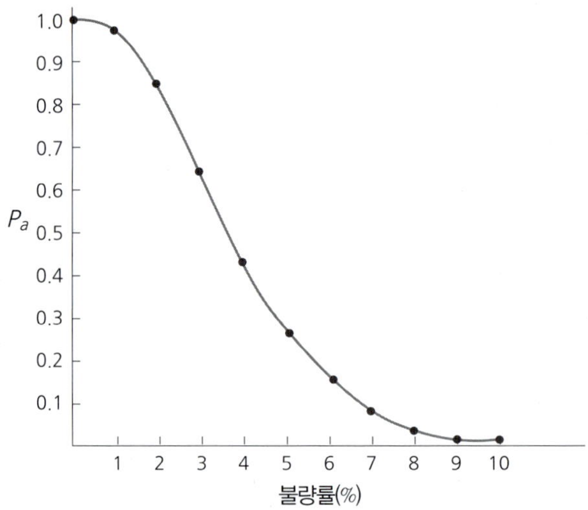

05 • $p = 0.005$에서 $np = 200\times0.005 = 1$이므로 $P_a = 0.981$

$\alpha = 1-P_a = 1-0.981 = 0.019 \le 0.02$

따라서 서진제지의 위험한계를 충족시킨다.

• $p = 0.04$에서 $np = 200\times0.04 = 8$이므로 $P_a = 0.042 = \beta \le 0.05$

따라서 편의점의 위험한계를 충족시킨다.

찾아보기

국 문

ㄱ

가동률 205
가법적인 계절적 변동 179
가용성 453
가중이동평균법 170
가치공학 52
가치분석 52
가치흐름도 390
개인적 배려 접근법 110
갠트도표 253, 271, 282
검사자 478
검사점 476
검사특성곡선 518
검사 품질관리 458
결정계수 191
경로 287
경쟁적 관계 425
경쟁적 벤치마킹 501
경제적 생산량 모형 349
경제적 주문량 모형 322
경제적 주문량 모형의 민감도 분석 328
계량치 477
계량형 관리도 483
계속재고검토시스템 319
계수치 477
계수형 1회 샘플링 검사법 515
계수형 관리도 488
계절적 변동 165
계절지수 179
고객결정형 서비스 101
고객접점관리 95
고객접촉 103
고객접촉도 103
고객화 81
고정주문량모형 318
공급관리 233
공급사슬 414
공급사슬관리 416
공급사슬 구조 437
공급사슬 역학 418
공급사슬의 성과 측정 432
공급사슬전략 35
공급사슬 하부구조 437
공급자결정형 서비스 101
공급자 관계 425
공급자 선택 423
공급자 인증 424, 465
공급주수 436

공동결정형 서비스 101
공동입지 408
공장 내 공장 80
공정능력 495
공정능력비율 495
공정능력지수 497
공정별 배치 68, 123
공칭생산능력 205
공통변동 480
공통원인 480
과업의 분할 149
과학적 관리법 6
관리상한선 481
관리하한선 481
관망전략 212
교차기능적 의사결정 13
교차기능팀 440
구매 416, 419
구매 과정 422
국가품질상 471
국제설비입지문제 217
국제표준화기구 468
규격상한 495
규격일치성 452
규격하한 495
규모의 경제 82, 210
규모의 비경제 210
그룹 테크놀로지 127, 404
그린 구매 423
글로벌기업 36
글로벌 생산전략 35
글로벌 소싱 421
기계 가동률 255
기능 간 협력 전략 42
기능별 전략 24
기능적 벤치마킹 501
기술지향적 전략 42
기업전략 24
긴급률규칙 260

ㄴ

납품 16
낭비 389
내부 벤치마킹 501
내부 실패비용 466
내부 준비 403
내재적 서비스 98
누적 수율 464

ㄷ

다국적기업 36
다기능 작업자 405
다수 공급자 전략 426
단순선형회귀분석 190
단순이동평균법 168
단순지수평활법 171
단위당 결점수 관리도 488
단일 공급자 전략 409, 426
단일기간 재고모형 357
단일단위생산 396
대량고객화 81
데밍상 470
데밍 휠 499
델파이법 163

도요타 생산시스템 388
독립수요 316
동시공학 45
DMAIC 과정 507

ㄹ

라인 밸런싱 140
로버스트 설계 55
로지스틱스 416, 427
로트 66
로트허용불량률 516
리드타임 73, 433
리쇼어링 421
린 사고 389
린 생산 388
린 생산시스템 393
린 시스템 393

ㅁ

막대그림 502
말콤 볼드리지 국가품질상 470
명시적 서비스 98
모듈 54
모듈러 설계 54
목표재고수준 319
무결점운동 459
무선주파수 인식 기술 312
물량-거리모형 133
물적 공급 415
물적 유통 415
믹스 유연성 433

ㅂ

배정규칙 259
백 오피스 92
뱃치 66, 252
뱃치 프로세스 66
뱃치 프로세스의 일정계획 252
범위 관리도 483
범위의 경제 82
베타분포 294
벤치마킹 500
변환시스템 11
변환 프로세스 5, 118
병목 258
병목작업장 258
보전성 454
보충의 원리 317, 377
부적합비용 467
부품 전개 370
분산구매 427
불량률 관리도 488
비즈니스 프로세스 리엔지니어링 9

ㅅ

사업전략 24
사용적합성 452
산점도 505
산출물의 재활용 86
상관계수 191
샘플링 검사 515
생산과 소비의 동시성 92
생산관리 4
생산/구매 의사결정 419

생산기능 5
생산능력 204
생산능력소요계획 375
생산라인 접근법 109
생산시스템 11
생산 · 운영관리 4
생산의 목표 16, 28
생산의 사명 27
생산자위험 516
생산전략 24
생산전략모형 25
생산칸반 397
생산현장 통제 268
생선뼈 그림 504
서비스과학 10
서비스 보증 106
서비스 복구 105
서비스 사이클 94
서비스 삼각형 93
서비스 상품 97
서비스수준 73, 333
서비스시스템의 설비배치 130
서비스 실패 105
서비스-이익 사슬 107
서비스전략 96
서비스-제품 꾸러미 97
서비스 품질 455
서비스 프로세스 92
서비스 행렬 100
선박(해상) 수송 430
선점전략 212
선착순규칙 260
선행관계 281
설계품질 453
설비계획 203
설비배치 117, 122
설비 의사결정 206
설비입지 213
설비전략 207
셀룰러 배치 127
셀룰러 제조 127, 404
셀프서비스 102
셀프서비스 접근법 110
소비자위험 516
소요의 원리 317, 377
손익분기분석 220
수량 유연성 433
수량할인 353
수량할인이 있는 경우의 경제적 주문량 모형 353
수송방식 429
수송재고 314
수요관리 232
수요예측 160
수율 464
수입검사 477
수직적 통합 83, 438
스마트공장 11, 83
승법적인 계절적 변동 179
시계열 160
시계열분석기법 160, 165
시계열분해법 179
시계열의 구성요소 165
c관리도 492
시장조사법 164

시장지향적 전략 42
식스 시그마 506
식스 시그마 품질 506
신뢰성 454
신문팔이소년 문제 357
신제품 개발과정 43
신제품개발팀 42
신제품 도입전략 42
실패비용 466
싱글 PPM 품질혁신운동 461

ㅇ

아웃소싱 420
ISO 9000 표준 468
ISO 14000 표준 469
안전생산능력 379
안전재고 313, 379
안전조달기간 379
*R*관리도 486
어골도 504
(s, S)시스템 321
ABC 분석 341
ABC 재고 분류 340
AOA 네트워크 285
AON 네트워크 285
에코 설계 56
$\bar{X}$관리도 484
$\bar{X}$-*R*관리도 488
$m \times n$ 기계 일정계획 문제 256
MRP시스템 367
MRP시스템의 유형 375
여유시간 292
역사적 유추법 165
연속생산 65
연속 프로세스 65
열거법 287
예방비용 466
예방정비 404
예상재고 314
예측 159
예측오차 184
OC곡선 518
오염방지기술 85
오염통제기술 85
오프쇼어링 420
완벽 392
완전 수직적 통합 84
완제품검사 477
완제품 재고의 배치 428
완충생산능력 208
외부 실패비용 467
외부 준비 403
요인평가법 218
우선경쟁역량 28
우선순위규칙 259
우연변동 165
운영관리 4
원가 16
원천적 품질 확보 407
유럽품질상 470
유연성 17
유한 생산능력 일정계획 256
유효생산능력 206
유휴시간 261

이동평균기간 168
이동평균법 167
이상변동 480
이상원인 480
EOQ모형 322
EPQ모형 349
인간관계론 6
인과형 모형 161, 190
인더스트리 4.0 11, 83
인소싱 420
인출칸반 397
인터넷 경매 442
일본품질경영상 470
일정계획 251
임의순서규칙 260
입지결정기법 218

ㅈ

자유 여유시간 292
자재명세서 369
자재소요계획 365
작업명세구조 279
작업순서 결정문제 259
작업자 품질관리 457
작업장 내 평균 작업 수 261
잔여 작업당 최소여유시간규칙 260
잡숍 68
잡숍 프로세스 68
재고 311
재고공유효과 428
재고 관련 비용 314
재고관리 312
재고기록철 370
재고부족비용 316
재고생산 프로세스 71
재고시스템 318
재고유지비용 315
재고의 목적 313
재고충족률 433
재고회전율 436
재생 투입물 86
재제조 86
재주문점 318
저원가전략 26
적시생산시스템 388
적합품질 453
전략적 생산 의사결정 31
전방배치 428
전방통합 83
전사적 자원관리 380
전수검사 478
전자구매 442, 443
전자상거래 442
전진후진계산법 288
정기재고검토시스템 320
정기주문모형 319
정성적 기법 160, 162
정시납품비율 433
제1종의 오류 516
제2종의 오류 516
제4차 산업혁명 11
제조를 고려한 설계 52
제조 셀 127
제조역량 52

제조자원계획 376
제조품질 453
제품구조나무 369
제품구조철 369
제품별 배치 68, 124
제품설계 41
제품 수명주기 77
제품-프로세스 전략 79
제품-프로세스 행렬 77
조달기간 319
조립라인 139
조립라인 균형문제 140
조립라인 프로세스 65
존슨의 규칙 266
종속수요 316
주경로 282, 287
주경로 활동 287
주기시간 140
주기재고 313
주기적 변동 165
주문비용 315
주문생산 프로세스 73
주문자격요건 29
주문점시스템 377
주문조립생산 프로세스 74
주문진입점 74
주문획득요건 29
주일정계획 369
준비비용 315
준비시간 401
중심법 222
중심선 481
중앙집중적 배치 428
지도카 407
ZD프로그램 459
지속가능성 37
지속적 개선 498
지수평활법 171
직장 품질관리 458
집중구매 427
집중화 공장 80
집중화 생산 79
집중화전략 27

ㅊ

차별적 능력 32
차별화전략 27
채찍효과 416
처리비율 70
철도 수송 430
체계적 배치계획 137
체크 시트 502
촉진재화 98
총공급사슬원가 432
총공급사슬통과시간 434
총괄생산계획 230
총괄생산계획 비용 236
총괄생산계획의 선형계획모형 248
총괄생산단위 230
총완료시간 254, 261
총체적 품질경영 459
총체적 품질관리 458
최고운영책임자 3
최단처리시간규칙 260

최소납기규칙 260
최소여유시간규칙 260
최소자승법 177
추세 165
추세분석법 175
추적지표 188
추종전략 235
추후납품 232, 316
추후납품비용 316

ㅋ

카이젠 498
칸반 397
칸반시스템 398
컴퓨터 지원 설계 44
QC서클 460
Q시스템 319
크로스도킹 431

ㅌ

타크트 타임 395
통계적 품질관리 458
통계적 프로세스 관리 479
통과시간 434
통제비용 466
투 빈 시스템 321
투입-산출 통제 269
트럭(도로) 수송 429
특성요인도 504

ㅍ

파레토도 503
파레토 분석 502
파레토의 법칙 340
파이프라인 수송 430
파이프라인 재고 314
파트너십 440
패널동의법 164
편의 185
편차 185
평가비용 466
평균 납기지연시간 261
평균오차 185
평균 완료시간 261
평균자승오차 185
평균절대비율오차 187
평균절대편차 186
평균 총재고액 435
평균치 관리도 483
평균치 및 범위 관리도 483
평준화전략 235
평활상수 174
폐쇄순환 MRP시스템 376
포카요케 407, 463
표본검사 478
푸시 방식 364
푸시 사고 392
풀 방식 364
풀 사고 392
품목비용 315
품절비용 316
품질 16, 452

품질관리 451
품질관리의 역사 457
품질기능전개 49
품질분임조 460
품질비용 466
품질 사이클 462
품질의 집 50
품질차원 453
품질향상운동 459
프런트 오피스 92
프로세스 검사 477
프로세스 관리 479
프로세스 능력 495
프로세스 능력비율 495
프로세스 능력지수 497
프로세스 선택 63
프로세스 수명주기 77
프로세스 특성 행렬 75
프로세스 흐름 분석 117
프로젝트 68, 277
프로젝트 관리 278
프로젝트 배치 126
프로젝트 비용 297
프로젝트의 간접비용 297
프로젝트의 기대 완료시간 295
프로젝트의 일정계획 281
프로젝트의 직접비용 297
프로젝트의 최단 완료시간 281
프로젝트의 최소 비용 일정계획 297
프로젝트 프로세스 68
*p*관리도 488
P시스템 320
PDCA 사이클 498
PERT/CPM 네트워크 285
PERT/CPM의 확률적 모형 293
PERT/CPM의 확정적 모형 285
피크생산능력 206

ㅎ

한계분석 357
합격품질수준 516
항공 수송 430
헤이준카 395
현금화 주기시간 434
현장 서비스 454
협력적 관계 425
혼류생산 395
확률적 고정주문량모형 333
확률적 재고모형 333
확률적 정기주문모형 338
확정적 재고모형 322
확정적 정기주문모형 330
회귀분석 190
후방통합 83
후착순규칙 260
흐름도 118, 501
흐름시간 255
히스토그램 502

영 문

A

ABC analysis 341
ABC classification of inventory 340
acceptable quality level(AQL) 516
acceptance sampling 515
activity on arc network 285
activity on node network 285
aggregate production planning 229
aggregate production unit 230
anticipation inventory 314
appraisal cost 466
assemble-to-order process 71
assembly line 139
assembly line balancing problem 140
assembly line process 64
assignable cause 480
attributes 477
availability 453
average aggregate inventory value 435

B

backlog 232, 316
backlogging or backordering cost 316
back office 92
backorder 232, 316
backward integration 83
bar chart 502
batch 66, 252
batch process 64
benchmarking 500
beta distribution 294
bias 185
bill of materials file(BOM) 369
bottleneck 258
break-even analysis 220
business process reengineering(BPR) 9
bullwhip effect 416
business strategy 24

C

capacity 13, 204
capacity cushion 208
capacity requirements planning(CRP) 375
cash-to-cash cycle time 434
causal forecasting method 161
cause-and-effect diagram 504
cellular layout 127
cellular manufacturing 127, 404
center line(CL) 481
center of gravity method 222
centralized buying 427
centralized placement 428
chase strategy 235
check sheet 502
chief operating officer(COO) 3
closed-loop MRP system 376
coefficient of determination 191
co-location 408
common cause 480
competitive benchmarking 501

competitive priorities 28
competitive relationship 425
computer-aided design(CAD) 44
concurrent engineering(CE) 45
conformance to specifications 452
consumer's risk 516
continuous improvement(CI) 498
continuous process 64
continuous production 65
continuous review system 319
control chart 480
control cost 466
cooperative relationship 425
co-routed service 101
corporate strategy 24
correlation coefficient 191
cost 16
cost of nonconformance 467
cost of quality 466
critical activity 287
critical path 282
critical path method(CPM) 283
cross-docking 431
cross-functional decision making 13
cross-functional team 440
customer contact 103
customer-routed service 101
customization 81
cycle inventory 313
cycle of service 93
cycle time 140
cyclical variation 165

D

degree of customer contact 103
delivery 16
Delphi method 163
demand forecasting 160
demand management 232
Deming Prize 470
Deming Wheel 499
dependent demand 316
design for manufacturing or manufacturability (DFM) 52
deviation 185
differentiation 26
dimensions of quality 453
diseconomies of scale 210
dispatching rule 259
distinctive competence 32

E

ecodesign 56
e-commerce 442
economic order quantity model 322
economic production quantity model 349
economies of scale 82, 210
economies of scope 82
effective capacity 206
enterprise resource planning(ERP) 380
enumeration method 287
EPQ 349
e-procurement 442
European Quality Award 470
explicit service 98

exponential smoothing 171
external failure cost 467
external setup 403

F

facilitating good 98
facilities strategy 207
facility layout 117
facility location 213
facility planning 203
factor rating method 218
failure cost 466
field service 454
fill rate 433
finite capacity scheduling 256
fishbone diagram 504
fitness for use 452
fixed-order interval model 319
fixed-order quantity model 318
flexibility 16
flowchart 118, 501
flow time 255
focus 26
focused factory 80
focused operation 79
forecast error 184
forecasting 159
forward and backward pass method 288
forward integration 83
forward placement 428
free slack time 292
front office 92
functional benchmarking 501
functional strategy 24

G

Gantt chart 253, 282
global corporation 36
global sourcing 421
green purchasing 423
group technology(GT) 127, 404

H

heijunka 395
histogram 502
historical analogy 165
house of quality 50
human relations 6

I

implicit service 98
independent demand 316
Industry 4.0 11, 83
input-output control 269
insourcing 420
inspection point 476
interfunctional strategy 42
internal benchmarking 501
internal failure cost 466
internal setup 403
international facility location 217
International Organization for Standardization (ISO) 468
Internet auction 442

inventory 13, 311
inventory holding cost 315
inventory management 312
inventory pooling 428
inventory records file 370
inventory shortage cost 316
inventory turnover 435
ISO 9000 standards 468
ISO 14000 standards 469
item cost 315

J

Japan Quality Award 470
Jidoka 407
job sequencing 259
job shop 68
job shop process 64
just-in-time production system(JIT) 388

K

kanban 397
kanban system 398

L

lead time 73, 319, 433
lean production 388
lean production system 393
lean system 393
lean thinking 389
least square method 177
level strategy 235
localized buying 427
logistics 416, 427
lot 66
lot tolerance percent defective(LTPD) 516
lower control limit(LCL) 481
lower specification limit(LSL) 495

M

machine utilization 255
maintainability 454
make-or-buy decision 419
makespan 254
make-to-order process 71
make-to-stock process 71
Malcolm Baldrige National Quality Award 470
manufacturability 52
manufacturing cell 127
manufacturing resource planning 376
marginal analysis 357
market-pull strategy 42
market research 164
mass customization 81
master production schedule(MPS) 369
material requirements planning(MRP) 365
mean absolute deviation(MAD) 186
mean absolute percent error 187
mean error 185
mean squared error 185
mix flexibility 433
mixed-model production 395
$m \times n$ machine-scheduling problem 256
modular design 54
module 54

moving average 167
MRP II 376
multi-function worker 405
multinational corporation 36
multiple sourcing strategy 426

N

newsboy problem 357
nominal capacity 205

O

offshoring 420
on-time delivery 433
one-touch setups 403
operating characteristic curve 518
operations management 4
operations mission 27
operations objective 16, 28
operations strategy 23
operations strategy model 25
ordering cost 315
order penetration point 74
order-point system 377
order qualifier 29
order winner 29
outsourcing 420
overall cost leadership 26

P

panel consensus 164
Pareto analysis 502
Pareto diagram 503
Pareto principle 340
partnership 440
parts explosion 370
parts per million(PPM) 461
path 287
peak capacity 206
periodic review system 320
personal—attention approach 109
physical distribution 415
physical supply 415
pipeline inventory 314
plan-do-check-act cycle 498
plant within a plant 80
poka-yoke 407, 463
pollution control technology 85
pollution prevention technology 85
precedence relationship 281
prevention cost 466
preventive maintenance 404
priority rule 259
process 13
process capability 495
process capability index 497
process capability ratio 495
process characteristics matrix 75
process control 479
process-flow analysis 117
process layout 68, 123
process life cycle 77
process selection 63
producer's risk 516
product layout 68, 124

product life cycle 77
product-process matrix 77
product structure file 369
product structure tree 369
production and operations management 4
production kanban 397
production-line approach 109
production management 4
productive system 11
program evaluation and review technique(PERT) 283
project 68, 277
project cost 297
project layout 126
project management 278
project process 64
provider-routed service 101
pull method 364
push method 364

Q

qualitative forecasting method 160
quality 13, 16, 452
quality at the source 407
quality control circle 460
quality cycle 462
quality function deployment(QFD) 49
quality of conformance 453
quality of design 453
quantity discount 353

R

radio-frequency identification(RFID) 312
random variation 165
recycled input 86
recycling output 86
regression analysis 190
reliability 454
remanufacturing 86
reorder point 318
replenishment philosophy 317, 377
requirement philosophy 317, 377
reshoring 421
robust design 55
rolled yield 464

R

safety capacity 379
safety lead time 379
safety stock 313, 379
sample inspection 478
scatter diagram 505
scheduling 251
scientific management 6
seasonal factor 179
seasonal variation 165
self-service 102
self-service approach 109
service failure 105
service guarantee 106
service level 73, 333
service matrix 100
service-product bundle 97

service-profit chain 107
service quality 455
service recovery 105
service science 10
service strategy 96
service triangle 93
setup cost 315
setup time 401
shop-floor control 268
simple exponential smoothing 171
simple linear regression analysis 190
simple moving average 168
single-period inventory model 357
single setups 403
single sourcing strategy 409, 426
single-unit production 396
six sigma 506
slack time 292
smart factory 11, 83
smoothing constant 174
statistical process control(SPC) 479
statistical quality control(SQC) 458
stockout cost 316
supplier certification 424, 465
supplier relationship 425
supply chain 414
supply chain dynamics 418
supply chain infrastructure 437
supply chain management(SCM) 416
supply chain strategy 35
supply chain structure 437
supply management 233
sustainability 37
systematic layout planning(SLP) 137

T

takt time 395
target inventory level 319
technology-push strategy 42
throughput ratio 70
throughput time 434
time series 160
time series analysis 160
total inspection 478
total quality control(TQC) 458
total quality management(TQM) 459
total supply chain cost 432
total supply chain throughput time 434
total vertical integration 84
Toyota production system(TPS) 388
tracking signal 188
transformation process 4
transformation system 11
transit inventory 314
trend 165
trend analysis 175
two-bin system 321
type I error 516
type Ⅱ error 516

U

upper control limit(UCL) 481
upper specification limit(USL) 495
utilization 205

V

value analysis(VA) 52
value engineering(VE) 52
value stream map 390
variables 477
vertical integration 83
volume flexibility 433

W

waste 389
weeks of supply 435
weighted moving average 170
withdrawal kanban 397
work-breakdown structure 279

Y

yield 464

Z

zero defects program 459

저 | 자 | 소 | 개

이 상 범

〈약 력〉

서울대학교 상과대학 경영학과 졸업(경영학사)
한국과학기술원 산업공학과 졸업(산업공학 석사)
미국 Columbia University 대학원 졸업(경영학 박사)
미국 The City University of New York 조교수
한국경영과학회 부회장, 한국생산관리학회 고문
서울시립대학교 제5, 6대 총장
현재: 서울시립대학교 경영대학 명예교수
E-mail: sblee@uos.ac.kr

〈저서 및 논문〉

생산계획 및 재고관리
현대 생산 · 운영관리
경영분석을 위한 기초 통계
경영의사결정론
Management Science, Operations Research, Asian-Pacific Operational Research, 한국경영과학회지, 대한산업공학회지 등 국내외 학술지에 다수의 논문 발표

안 성 제

〈약 력〉

서울대학교 공과대학 산업공학과 졸업(공학사)
미국 University of Pennsylvania 대학원 졸업(경영학 박사)
한국경영과학회 이사, 한국생산관리학회 이사
서울시립대학교 기획처장, 경영대학장
현재: 서울시립대학교 경영대학 교수
E-mail: sjahn@uos.ac.kr

〈저서 및 논문〉

경영과학(역서)
European Journal of Operational Research, 한국경영과학회지 등 국내외 학술지에 다수의 논문 발표

양 재 환

〈약 력〉

한국과학기술원 경영과학과 졸업(이학사)
미국 The Ohio State University 대학원 졸업(산업공학 석사, 박사)
미국 i2 Technologies Application Engineer
(주) LG CNS 선임컨설턴트, 차장
인천대학교 경영학부 전임강사
한국SCM학회 이사, 대한산업공학회 이사
현재: 서울시립대학교 경영대학 교수
E-mail: jyang@uos.ac.kr

〈저서 및 논문〉

수요-공급 체인관리(역서)
21세기 기업생존을 위한 초우량 서플라이 체인(역서)
Journal of Scheduling, International Journal of Production Research, Computers and Operations Research, Transportation Research, International Journal of Sustainable Transportation, 한국경영과학회지, 대한산업공학회지, 한국SCM학회지 등 국내외 학술지에 다수의 논문 발표

문 용 마

〈약 력〉

서울대학교 공과대학 산업공학과 졸업(공학사)
미국 The Pennsylvania State University 대학원 졸업 (산업공학 석사, 박사)
한국경영과학회 이사, 한국품질경영학회 이사
한국경영과학회지 편집위원, 중소기업연구 편집위원
공인회계사시험 출제위원, 공무원시험 출제위원
현재: 서울시립대학교 경영대학 교수
E-mail: yongma@uos.ac.kr

〈저서 및 논문〉

경영과학(역서)
Decision Sciences, International Journal of Production Economics, Computers and Operations Research, Renewable Energy, Energies, Service Science, Electronic Commerce Research and Applications, Computers and Industrial Engineering, 한국경영과학회지, 대한산업공학회지, 한국시뮬레이션학회논문지 등 국내외 학술지에 다수의 논문 발표

제6판 현대 생산운영관리

1995년 1월 10일 초 판 1쇄 발행
2000년 12월 5일 제2판 1쇄 발행
2007년 8월 25일 제3판 1쇄 발행
2012년 8월 20일 제4판 1쇄 발행
2015년 7월 20일 제5판 1쇄 발행
2021년 8월 10일 제6판 1쇄 발행
2022년 7월 15일 제6판 3쇄 발행

저 자 **이상범 · 안성제 · 양재환 · 문용마**
발행인 **한 의 명**
발행처 **명 경 사**
(본사) 서울특별시 강남구 선릉로 120 우성 B/D 3-102
전화 : 010-6211-8981, 02) 2164-1591(代)
팩스 : 0504-338-2135
(지사) 경기도 파주시 맥금동 557-24
Home page : www.mkspub.com
E-mail : mkspub@daum.net
등록 2000년 8월 9일 제10-2024(倫)

• 정가 **39,000**원

ISBN 979-11-88052-19-6

이 도서의 국립중앙도서관 출판예정도서목록(CIP)은 서지정보유통지원시스템 홈페이지(http://seoji.nl.go.kr)와 국가자료공동목록시스템(http://www.nl.go.kr/kolisnet)에서 이용하실 수 있습니다. (CIP제어번호 : CIP2015017146)